国家出版基金项目
NATIONAL PUBLICATION FOUNDATION

GZC 高校主题出版
GAOXIAO ZHUTI CHUBAN

The Changes of the Legal System
in the Forty Years of
Reform and Opening-up

改革开放40年法律制度变迁

总 主 编　张文显
执行主编　柳经纬

知识产权法卷

Intellectual Property Law

林秀芹◎主编

厦门大学出版社
XIAMEN UNIVERSITY PRESS

国家一级出版社
全国百佳图书出版单位

图书在版编目（CIP）数据

改革开放 40 年法律制度变迁. 知识产权法卷 / 林秀
芹主编. -- 厦门：厦门大学出版社，2022.9
ISBN 978-7-5615-7251-1

Ⅰ. ①改… Ⅱ. ①林… Ⅲ. ①知识产权法－法制史－
研究－中国－现代 Ⅳ. ①D929.7

中国版本图书馆CIP数据核字(2020)第135205号

出 版 人	郑文礼
策　　划	施高翔
责任编辑	李　宁
装帧设计	李夏凌
技术编辑	许克华

出版发行 厦门大学出版社

社　　址 厦门市软件园二期望海路 39 号
邮政编码 361008
总　　机 0592-2181111　0592-2181406(传真)
营销中心 0592-2184458　0592-2181365
网　　址 http://www.xmupress.com
邮　　箱 xmup@xmupress.com
印　　刷 厦门集大印刷有限公司

开本 787 mm×1 092 mm　1/16
印张 30.25
字数 602 千字
版次 2022 年 9 月第 1 版
印次 2022 年 9 月第 1 次印刷
定价 168.00 元

本书如有印装质量问题请直接寄承印厂调换

厦门大学出版社
微信二维码

厦门大学出版社
微博二维码

The Changes of the Legal System
in the Forty Years of
Reform and Opening-up

《改革开放40年法律制度变迁》丛书编委会

编委会主任

张文显（中国法学会副会长、学术委员会主任）

张　彦（厦门大学党委书记）

编委会成员 （按姓氏拼音排序）

卜建林（中国政法大学教授，诉讼法学研究院院长）

韩大元（中国人民大学教授）

黄　进（中国政法大学教授、校长）

孔庆江（中国政法大学教授、国际法学院院长）

李建发（厦门大学教授、副校长）

林　嘉（中国人民大学教授、法学院党委书记）

林秀芹（厦门大学教授、知识产权研究院院长）

柳经纬（中国政法大学教授）

卢代富（西南政法大学教授、经济法学院院长）

齐树洁（厦门大学教授）

曲新久（中国政法大学教授、刑事司法学院院长）

宋方青（厦门大学教授、法学院院长）

宋文艳（厦门大学出版社总编辑）

王树义（武汉大学教授）

薛刚凌（华南师范大学教授）

张卫平（清华大学教授）

赵旭东（中国政法大学教授、民商经济法学院副院长）

郑文礼（厦门大学出版社社长）

秘　书

甘世恒（厦门大学出版社法律编辑室主任）

总　序

改革开放 40 年
中国法治的历程、轨迹和经验

　　今年是中国改革开放 40 年，也是中国厉行法治 40 年。厦门大学出版社立意高远地策划了"改革开放 40 年法律制度变迁"这一重大选题，旨在通过聚合我国当今知名法学家，全面回顾总结改革开放 40 年来我国法律制度变迁和依法治国事业取得的伟大成就，系统梳理改革开放 40 年来中国特色社会主义法律体系在中国特色社会主义事业波澜壮阔的发展进程中的变迁逻辑、生成规律和实现路径，启迪、展望和探索新时代我国法律制度的建构与发展，以唱响我国法学界献礼改革开放 40 周年主旋律和最强音，为庆祝改革开放 40 周年营造良好社会舆论环境，为我国学术界和实务界在新时代更好推动中国特色社会主义法律体系发展完善，推进全面依法治国、建设法治中国新征程，开创法治发展新时代贡献力量。

　　值此本套丛书出版之际，我以"改革开放 40 年中国法治的历程、轨迹和经验"为主题作序，与各位作者和编辑一道，豪情满怀地纪念改革开放 40 年，抒发中国特色社会主义法治的理论自信、制度自信和实践自信。

一、中国法治 40 年的历程

　　1978 年，中国共产党召开了十一届三中全会，结束了长达十年的"文化大革命"。这次全会做出了"加强社会主义法制"的决定并提出了"有法可依、有法必依、执法必严、违法必究"的法制工作方针。以十一届三中全会为起点,中国特色社会主义法治经历了三大历史阶段,实现了三次历史性飞跃。

(一)法制创建新时期(1978—1997)

这一时期,我国的法制建设以恢复重建、全面修宪和大规模立法为引领,主要有以下重要历史节点和重大事件:

1.“一日七法”。中共十一届三中全会召开时,虽然“文化大革命”从形式上已经结束,但中国仍处于“无法可依”的状态,国家法律几乎是空白。因此,当务之急是制定一批法律,迅速恢复法律秩序和以法律秩序为支撑的社会秩序。在党中央的领导下,1979 年 7 月 1 日,五届全国人大二次会议一天之内通过了 7 部法律,即《刑法》《刑事诉讼法》《地方各级人民代表大会和地方各级人民政府组织法》《全国人民代表大会和地方各级人民代表大会选举法》《人民法院组织法》《人民检察院组织法》《中外合资经营企业法》,被法学界称为中国法治史上著名的“一日七法”。以“一日七法”为先导,我国陆续制定了《民法通则》《行政诉讼法》等一大批重要法律,形成了中国特色社会主义法律体系框架。

2.“九九指示”。有了刑法、刑事诉讼法等法律,能否确保法律实施,在当时的情况下却是一个大大的问号。为此,中共中央于 1979 年 9 月 9 日发出了《关于坚决保证刑法、刑事诉讼法切实实施的指示》。该《指示》要求各级党委要保证法律的切实实施,充分发挥司法机关的作用,切实保证人民检察院独立行使检察权,人民法院独立行使审判权,使之不受其他行政机关、团体和个人的干涉。这是改革开放初期,我们党着手清除法律虚无主义,纠正以党代政、以言代法、有法不依等错误习惯的重要文献,意志坚定、观点鲜明、有的放矢、意义重大。

3.世纪审判。在社会主义法制恢复重建初期,发生了中国现代历史上最重大的法律事件,即对林彪、江青反革命集团的大审判。1980 年 11 月 22 日,《人民日报》发表特约评论员文章,指出:“对林彪、江青反革命集团的审判,是我国民主和法制发展道路上的一个引人注目的里程碑,它充分体现了以法治国的精神,坚决维护了法律的权威,认真贯彻了社会主义民主和法制的各项原则。”

4.全面修宪。新中国成立之初,党中央和中央人民政府就启动了制定宪法的程序。1954 年 9 月 20 日,第一届全国人民代表大会通过《中华人民共和国宪法》。这部《宪法》以“根本法”“总章程”的定位,以人民民主原则和社会主义原则为支点,构建了中国历史新纪元的宪法框架,构筑了中国社会主义制度的“四梁八柱”。在“文化大革命”中制定的 1975 年《宪法》和 1978 年《宪法》是带有严重错误和缺点的宪法。1980 年,中共中央决定全面修改“七八宪法”。经过 29 个月的艰苦努力,1982 年 12 月 4 日,五届全国人大五次会议通过了全面修订后的《中华人民共和国宪法》。30 多年来的发展历程充分证明,现行宪法及其修正案有力地坚持了中国共产党领导,有力地保障了人民当家做主,有力地促进了改革开放和社会主义现代化建设,有力地推动了社会主义法治国家建设进程,有力地维护了国家统一、民族团结、社会稳定,具有显著优势、坚实基础、强大生命力。

5.全民普法。在法制恢复重建之初,党和政府启动了全民法制宣传教育活动。1985年11月22日,六届全国人大常委会第四次会议通过《全国人民代表大会常务委员会关于在公民中基本普及法律常识的决议》。至今,我国已经先后制定和实施了七个"五年普法规划"。中国的全民普法运动既是中国历史上、也是人类历史上规模空前和影响深远的法治启蒙运动,是一场先进的思想观念和文明的生活方式的宣传教育运动。

(二)依法治国新阶段(1997—2012)

在中国法治的历史上,1997年是一个难忘的国家记忆。1997年召开的中共十五大划时代地提出"依法治国,建设社会主义法治国家",开启了依法治国新阶段。在这个阶段,主要有以下历史节点和重大事件。

1.确立依法治国基本方略。1997年9月,中共十五大召开。江泽民同志在十五大报告中明确提出,要"进一步扩大社会主义民主,健全社会主义法制,依法治国,建设社会主义法治国家"。这是中共首次将依法治国作为治国理政的基本方略。1999年3月15日,九届全国人大二次会议通过《中华人民共和国宪法》修正案,将"依法治国,建设社会主义法治国家"纳入宪法,使依法治国成为党领导人民治理国家的基本方略,建设社会主义法治国家成为国家建设和发展的重要目标之一。这标志着我国迈向了法治建设新阶段。

2.确立依法执政基本方式。2002年10月,中共十六大召开。江泽民同志在十六大报告正式提出"依法执政"概念。2004年9月19日,党的十六届四中全会通过了《中共中央关于加强党的执政能力建设的决定》,把加强依法执政的能力作为加强党的执政能力建设的总体目标之一,并就依法执政的内涵作出科学规定。依法执政基本方式的确立,表明我们党开启了依法治国基本方略与依法执政基本方式有机结合的治国理政的新境界。

3.形成中国特色社会主义法律体系。2011年3月10日,在十一届全国人大四次会议上,全国人大常委会工作报告庄严宣布:一个立足中国国情和实际、适应改革开放和社会主义现代化建设需要、集中体现党和人民意志的,以宪法为统帅,以宪法相关法、民商法等多个法律部门的法律为主干,由法律、行政法规、地方性法规等多个层次的法律规范构成的中国特色社会主义法律体系已经形成,国家经济建设、政治建设、文化建设、社会建设以及生态文明建设的各个方面均实现有法可依。中国特色社会主义法律体系的形成,是我国依法治国、建设社会主义法治国家历史进程的重要里程碑,也是世界现代法制史上最具标志性事件,其意义重大而深

远,其影响广泛而深刻。

(三)全面依法治国新时代(2012 —)

以中共十八大为历史节点,中国特色社会主义进入新时代,中国法治也跨入新时代。党的十八大以来,以习近平同志为核心的党中央在全面推进依法治国、加快建设中国特色社会主义法治体系和社会主义法治国家的伟大实践中,创造性地发展了中国特色社会主义法治理论,提出了全面依法治国新理念新思想新战略为坚持和开拓中国特色社会主义法治道路奠定了思想基础,为推进法治中国建设提供了理论指引。

1.明确定位"法治小康"。中共十八大提出全面建成小康社会。十八届三中全会、四中全会、五中全会、六中全会不断明晰和丰富全面建成小康社会的目标和各项要求。全面建成小康社会,在法治领域就是要达到依法治国基本方略全面落实,中国特色社会主义法律体系更加完善,法治政府基本建成,司法公信力明显提高,人权得到切实保障,产权得到有效保护,国家各项工作法治化。这是对我国法治建设目标的首次精准而全面的定位。

2.提出法治新十六字方针。2012 年,由习近平同志主持起草的中共十八大报告提出:"加快建设社会主义法治国家,必须全面推进科学立法、严格执法、公正司法、全民守法进程。"法学界称之为"新十六字方针"。"新十六字方针"体现依法治国新布局,为全面依法治国基本方略的形成奠定了理论和实践基础。

3.建设法治中国。"建设法治中国"是习近平总书记在十八大之后不久发出的伟大号召。2013 年,中共十八届三中全会通过的《中共中央关于全面深化改革若干重大问题的决定》提出要推进法治中国建设。2014 年,十八届四中全会进一步向全党和全国各族人民发出"向着建设法治中国不断前进""为建设法治中国而奋斗"的号召。"法治中国"概念是我们党在法治理论上的重大创新,也是对新时代中国法治建设的科学定位。在实践上,"建设法治中国",其要义是依法治国、依法执政、依法行政共同推进,法治国家、法治政府、法治社会一体建设。

4.全面依法治国。十八大之后,以习近平同志为核心的党中央在完善"五位一体"总体布局之后提出了"四个全面"的战略布局,并把全面依法治国放在总体战略布局之中统筹安排。在这个布局中,全面建成小康社会是战略目标,全面深化改革、全面依法治国、全面从严治党是三大战略举措,对实现全面建成小康社会战略目标一个都不能缺,要努力做到"四个全面"相辅相成、相互促进、相得益彰。根据习近平总书记的这一战略思想,2014 年 10 月,中共十八届四中全会通过了《中共中央关于全面推进依法治国若干重大问题的决定》,标志着我国法治建设站在了新的历史起点上。

5.建设中国特色社会主义法治体系。中共十八届四中全会是中国共产党执政历史上首次以法治为主题的中央全会,全会通过的《决定》原创性地提出全面依法治国的总目标是建设中国特色社会主义法治体系,建设社会主义法治国家。提出这个总目标,既明确了全面推进依法治国的性质和方向,又突出了全面推进依法治国的工作重点和总抓手。全面依法治国各项工作都要围绕这个总抓手来谋划、来推进。

6.开启全面依法治国新征程。中国共产党第十九次全国代表大会是中国特色社会主义进入新时代之后中国共产党召开的最为重要的会议。十九大明确了从现在到2020年、从2020年到2035年、从2035年到21世纪中叶一个时段、两个阶段的法治建设目标,为依法治国和法治中国建设指明了前进方向、基本任务、实践路径。十九大把坚持全面依法治国上升为新时代坚持和发展中国特色社会主义的基本方略,凸显了法治在"五位一体"总体布局和"四个全面"战略布局中的地位,提升了法治在推进国家治理现代化和建设社会主义现代化强国中的基础性、支撑性、引领性作用。

二、中国法治 40 年的轨迹

以中共十一届三中全会做出的"加强社会主义法制"历史性决策为起点,在40年发展历程中,中国法治留下了辉煌的历史轨迹,显现出中国特色社会主义法治发展的鲜明特征和规律。

(一)从"法制"到"法治"

"法制",望文思义,就是国家的法律和制度。改革开放初期,面对法律几乎"荡然无存"的局面,法制建设的重心是加快立法,健全法制,做到有法可依。之后,在法律体系基本形成的情况下,法治建设经历了从法制到法治的发展。主要体现为:

从"法制"概念到"法治"概念。十一届三中全会之后,在法制领域和法学体系中,最正式最流行的概念就是"法制""法制建设"。中共十五大之后,最正式最流行的概念演进为"法治""依法治国""全面依法治国"等。虽然"法治"与"法制"这两个概念表面上只有一字之差,其内涵和意义却大不相同:第一,"法治"突出了实行法治、摒弃人治的坚强意志和决心,针对性、目标性更强。第二,"法治""法治国家"意味着法律至上,依法而治、依法治权。第三,与"法制"比较,"法治"意味着不仅要有完备的法律体系和制度,而且要树立法律的权威,保证认真实施法律,切实依照法律治理国家和社会。第四,法治包容了法制,涵盖面更广泛,更丰富。

从"方针"到"方略"。改革开放初期,中共十一届三中全会把社会主义法制建设作为党和国家坚定不移的基本方针。中共十五大在社会主义法制基本方针的基

础上提出依法治国基本方略。从建设法制的方针到依法治国的方略,显现出中国法治理论和实践发生了深刻变化。

从"法制国家"到"法治国家"。1996 年 2 月 8 日,在中共中央第三次法制讲座上,江泽民同志在总结讲话中明确提出要依法治国,建设社会主义"法制国家",并对依法治国和建设法制国家的重大意义进行了阐述。1997 年 9 月,党的十五大报告根据各方面的建议、特别是依法治国的实践逻辑,把此前的提法修改为"依法治国,建设社会主义法治国家。"用"法治国家"代替"法制国家",是一次新的思想解放,标志着中央领导集体和全党认识上的飞跃。

从"健全社会主义法制"到"健全社会主义法治"。改革开放初期,面对无法可依、制度残缺的局面,党中央作出"健全社会主义法制"的决策,1982 年宪法沿用了"健全社会主义法制"的提法。2018 年,现行宪法第五次修改将原序言中的"发扬社会主义民主,健全社会主义法制"修改为"发扬社会主义民主,健全社会主义法治"。这一字"千金"的修改,从宪法上完成了从法制到法治的根本转型,反映出我国社会主义法治建设历史性的跨越和进步。

(二)从"依法治国"到"全面依法治国"

党的十五大将"依法治国"作为党领导人民治理国家的基本方略。十八大提出"全面推进依法治国"。十八届四中全会后,习近平总书记提出了内涵更为丰富、表述更为精致的"全面依法治国"概念。从"依法治国"到"全面推进依法治国"再到"全面依法治国",提法的变化表明我们党依法治国的思路越来越清晰、越来越精准。

(三)从建设"法治国家"到建设"法治中国"

十八大以后,习近平总书记明确提出"法治中国"的科学命题和建设法治中国的重大历史任务。"法治中国"比"法治国家"的内涵更加丰富,思想更加深刻,形态更加生动,意义更具时代性。从"法治国家"到"法治中国"的转型,意味着我国法治建设的拓展、深化和跨越。

(四)从建设"法律体系"到建设"法治体系"

在全国人大常委会宣布中国特色社会主义法律体系已经形成之后,法治建设如何推进? 这是摆在全党和全国人民面前的重大课题。习近平总书记经过深入调研和科学论证,提出"建设中国特色社会主义法治体系"。十八届四中全会正式将"建设中国特色社会主义法治体系"作为全面推进依法治国的总目标、总抓手、牛鼻子。从建设"法律体系"到建设"法治体系",体现了我们党对法治建设规律认识的重大突破。

(五)从"以经济为中心"到"以人民为中心"

中共十一届三中全会果断地、历史性地把党和国家的工作重心从以阶级斗争为纲转向以经济建设为中心,与此同步,中国的法制建设也转向了以经济建设为中心,为经济发展"保驾护航"成为法制的核心价值。中共十八大之后,党中央明确地提出"以人民为中心"的思想,这是统揽全局、指导全面的思想。在法治领域,树立"以人民为中心"的思想,就是要倍加关注人民对民主法治、公平正义、人权保障、产权保护、安定有序、环境良好的美好向往,以满足人民对美好法治生活的向往为宗旨;坚持法治为了人民、依靠人民、造福人民、保护人民,把体现人民利益、反映人民意愿、维护人民权益、增进人民福祉、促进人的全面发展作为法治建设的出发点和落脚点,落实到依法治国全过程各方面。

(六)从"法律之治"到"良法善治"

从1978年至1997年间,我国法制建设的基本方针是"有法可依、有法必依、执法必严、违法必究",总体而言,这是一种形式法治意义的"法律之治"。十八大提出"科学立法、严格执法、公正司法、全民守法",从理论和实践上都向形式法治与实质法治的结合前进一大步。十八大以后,我们党明确提出"法律是治国之重器,良法是善治之前提"。十九大报告进一步提出"以良法促进发展、保障善治"。这是对新时代中国特色社会主义法治作为形式法治与实质法治相统一的法治模式的精辟定型。从"法律之治"到"良法善治"是法治理念的根本性飞跃。

(七)从"法制建设"到"法治改革"

从1978年到21世纪第一个十年,在法治领域,总的提法是法制建设,而且总体上也是按照"建设"来规划部署的。中共十八大以来,习近平总书记多次指出,"全面依法治国是国家治理的一场深刻革命",并以革命的勇气和革命的思维,大刀阔斧地推进法治领域的改革,出台了数百项重大法治改革举措,大力解决立法不良、有法不依、执法不严、司法不公、监督疲软、权力腐败、人权保障不力等突出问题。实践充分证明,法治改革是加快推进法治中国建设的强大动力和必由之路。

(八)从常规建设到加快推进

改革开放以来,我国法制建设有序推进,取得了很大成就。但是,常规的、按部就班的法制建设难以适应全面深化改革、全面依法治国、全面从严治党的迫切要求,难以适应人民群众日益增长的多样化、高质量法治需要,难以跟进国家治理现代化的前进步伐。为此,党中央以时不我待、只争朝夕的姿态加快推进法治改革和法治建设,提出一系列"加快"各领域法治建设和改革的重大措施。

(九)法学教育从恢复重建到繁荣发展

中国的法学教育历史悠久,源远流长。但从 20 世纪 50 年代末,我国的法学教育随着法治的衰败而全面衰败。改革开放 40 年来,伴随着中国法治和中国高等教育前进的步伐,我国法学教育历经恢复重建、快速发展、改革创新,已经形成了具有一定规模、结构比较合理、整体质量稳步提高的教育体系。中国的法学教育已经跻身世界法学教育之林,法学教育的中国模式与法学教育的美国模式、欧洲模式呈三足鼎立态势。一个基本适应我国法治人才需要和法治中国建设需要、具有中国特色的法学体系初步形成。

(十)从人治到法治

40 年的中国法治轨迹,总括而言,就是从人治到法治。法治与人治是两种互相对立的治国方略。在这个问题上,我们有经验也有教训。改革开放初期,邓小平同志针对"要人治不要法治"的错误观念以及人治导致"文革"悲剧的沉痛教训,强调指出:"要通过改革,处理好法治和人治的关系"。后来,他又尖锐地指出:要保持党和国家长治久安,避免"文化大革命"那样的历史悲剧重演,必须从法制上解决问题。中共十八大以来,习近平总书记深刻地阐述了厉行法治、摒弃人治的历史规律和深远意义。他指出:"法治和人治问题是人类政治文明史上的一个基本问题,也是各国在实现现代化过程中必须面对和解决的一个重大问题。综观世界近现代史,凡是顺利实现现代化的国家,没有一个不是较好解决了法治和人治问题的。""经验和教训使我们党深刻认识到,法治是治国理政不可或缺的重要手段。法治兴则国家兴,法治衰则国家乱。什么时候重视法治、法治昌明,什么时候就国泰民安;什么时候忽视法治、法治松弛,什么时候就国乱民怨。"基于对人治教训的深刻分析和对治国理政规律的深刻把握,以习近平同志为核心的党中央采取一系列重大举措,推动党、国家和社会告别人治传统而步入法治的光明大道。

三、中国法治 40 年的基本经验

40 年的法治建设不仅取得了历史性成就,而且积累了一系列宝贵经验,形成了一整套科学理论。

(一)坚持和拓展中国特色社会主义法治道路

习近平总书记指出:"中国特色社会主义法治道路,是社会主义法治建设成就和经验的集中体现,是建设社会主义法治国家的唯一正确道路。""具体讲我国法治建设的成就,大大小小可以列举出十几条、几十条,但归结起来就是开辟了中国特色社会主义法治道路这一条。"坚持中国特色社会主义法治道路,"核心要义"是坚持党的领导,把党的领导贯彻到依法治国各方面和全过程,坚持中国特色社会主义制度,贯彻中国特色社会主义法治理论。改革开放40年来,我国的法治建设、法治改革和全面依法治国之所以能够取得历史性成就,根本原因在于我们坚定不移地走中国特色社会主义法治道路。

(二)坚持依法治国与以德治国相结合

法治与德治的关系问题,历来是治国理政的基本问题,是法学和政治学的基本论题。中共十五大以来,党中央总结古今中外治国理政的成功经验,明确提出了坚持依法治国与以德治国相结合的思想。中共十八届四中全会《决定》和习近平总书记在十八届四中全会上的讲话进一步明确提出依法治国与以德治国相结合是中国特色社会主义法治的基本原则,强调"必须坚持一手抓法治、一手抓德治";既重视发挥法律的规范作用,又重视发挥道德的教化作用,实现法律和道德相辅相成、法治和德治相得益彰。党中央关于依法治国与以德治国相结合的深刻论述,突破了法治、德治水火不容的僵化思维定式,阐明了一种现代法治和新型德治相结合的治国理政新思路。正是遵循了依法治国与以德治国相结合的思想路线和决策部署,我国的法治建设和道德建设才能呈现出相得益彰的良好局面。

(三)坚持依法治国与依规治党有机统一

坚持依法治国与依规治党有机统一,是以习近平同志为核心的党中央在治国理政新实践中探索出来的新经验、概括出来的新理论。依法治国与依规治党有着内在联系,治党与治国相辅相成,依法执政与依规执政高度契合,缺一不可。基于对依法治国与依规治党有机统一关系的深刻认识,我们党采取了一系列措施统筹推进依法治国和依规治党。一是把党内法规制度体系纳入到中国特色社会主义法治体系之中,加快形成完善的党内法规制度体系。二是注重党内法规同国家法律的衔接和协调,共同发挥在治党治国中相辅相成的作用。三是提出思想建党和制度治党紧密结合、同向发力。四是同步推进国家治理体系现代化和中国共产党治理体系现代化,提高党科学执政、民主执政和依法执政的本领。五是探索职能相近的党政机关合并设立或合署办公,推进党和国家治理体制改革,推进国家治理体系和治理能力现代化。

(四)坚持法治与自治良性互动

在一个现代化国家,国家法治与社会自治始终是国家治理的根基所在。依法自治为公民、社会组织等各类社会主体通过自我协商、平等对话、参与社会治理、依法解决社会问题留出了广阔空间。中共十八届三中全会《决定》提出,正确处理政府和社会关系,加快实施政社分开,推进社会组织明确权责、依法自治、发挥作用,并要求放宽社会组织准入门槛,实现依法自治管理。四中全会《决定》进一步提出鼓励和支持基层组织和部门、行业依法治理,支持各类社会主体自我约束、自我管理。两个《决定》开辟了社会依法自治的崭新局面。中共十九大报告进一步提出"打造共建共治共享的社会治理格局";发挥社会组织作用,实现政府治理和社会调节、居民自治良性互动;健全自治、法治、德治相结合的乡村治理体系。这些思想和方略,必将使法治、德治、自治更为有效衔接,推动国家治理和社会治理、国家法治与社会自治良性互动。

(五)坚持以依宪执政和依宪治国统领依法治国和法治中国建设

宪法是国家的根本法、总章程,是"治国理政的总依据""全面依法治国的总依据""国家各种制度和法律法规的总依据"。所以,依法治国首先要坚持依宪治国,依法执政首先要坚持依宪执政。1982 年宪法即现行宪法公布施行后,根据我国改革开放和社会主义现代化建设的实践和发展,在党中央领导下,全国人大先后 5 次对其个别条款和部分内容作出必要的、也是十分重要的修正,共通过了 52 条宪法修正案。现行宪法及其历次修改,为法的立改废释提供了宪法依据,使我国宪法以其科学理论、制度优势和强大权威,统领和引领着全面依法治国和法治中国建设的航程。

(六)坚持法治与改革双轮驱动

1978 年以来,中国特色社会主义事业有两大主题,一是改革开放,一是法治建设。两大主题有着内在的、相辅相成的必然联系。改革与法治如"鸟之两翼、车之双轮",共同推动小康社会建设,是小康社会必不可少的动力支持与保障力量。同时,坚持在法治下推进改革,在改革中完善法治,使改革因法治而得到有效推进,使法治因改革而得到不断完善。

(七)坚持统筹推进国内法治与国际法治

统筹国内国际两个大局是我们党治国理政的基本理念和基本经验。十八大以来,以习近平同志为核心的党中央审时度势,统筹推进"两个法治",使国内法治和国际法治相得益彰。我国以构建人类命运共同体为目标,以推动全球治理体系和治理规则变革为动力,秉持共商共建共享的全球治理观,建设国际法治,推进国际关系法治化,积极开展法律外交,主动参与国际立法,参与和支持国际执法、国际司法、国际仲裁,使国内法治与国际法治的契合达到前所未有的程度。

（八）坚持全面推进与重点突破相协调

全面推进依法治国是一项庞大的系统工程，必须统筹兼顾、把握重点、整体谋划，在共同推进上着力，在一体建设上用劲。在全面推进依法治国过程中，以习近平同志为核心的党中央注重统筹推进、协调发展。同时，善于牵住"牛鼻子"形成"纲举目张"的态势，如强调以中国特色社会主义法治体系为总目标、总抓手、"牛鼻子"；始终把"关键少数"作为依法治国的重中之重；注重重点突破瓶颈问题，如倾力推进司法体制改革、破解制约司法公正和司法公信的瓶颈问题，仅中央全面深化改革领导小组就先后42次审议司法改革方案，出台涉及司法体制改革的文件多达53件。。

（九）坚持顶层设计、科学布局与试点探索、先行先试相结合

改革开放初期，无论是经济改革，还是法制建设，几乎都是"摸着石头过河"。十八大以来，以习近平同志为核心的党中央加强了对法治改革和法治建设的统一领导和顶层设计，提出全面推进依法治国的总目标、法治中国建设的总路径。把依法治国纳入"四个全面"战略布局，并与"两个一百年"的奋斗目标对接，把中国特色社会主义法治体系建设与国家治理体系和治理能力现代化紧密连接，彰显出顶层设计的政治引领、理论导航、行动指南作用。在加强统一领导和顶层设计的同时，注重调动地方、部门改革积极性，激励和支持地方、行业先行先试。各地在先行先试中创造了经验，积累了可复制可推广的经验。这些经验又为党中央顶层设计和推进全面改革提供了实践基础和科学依据。

（十）坚持遵循法治规律与秉持中国法理相一致

改革开放40年来，中国法治建设和法治改革的一个十分鲜明的特点就是既重视规律又重视法理，遵循法治规律，秉持法理精神。中共十八大以来，在全面推进依法治国的整个过程中，习近平总书记反复要求解放思想，实事求是，不断深化对法治规律的认识，按照依法治国、依法执政、依法行政、依法自治的客观规律办事，充分发挥法治在治国理政中的基本方式作用。正是由于注重探索法治规律、总结法治经验、凝练法治理论，保证了中国特色社会主义法治始终沿着法治规律科学发展，从胜利走向胜利。

在尊重和遵循规律的同时，也秉持了法理精神。十八大以来，习近平总书记不仅反复强调要学会运用法治思维和法治方式治国理政，而且善于运用法理思维和法理话语提升中国特色社会主义法治理论的解释力、感召力，夯实全面依法治国重大部署和改革方案的法理基础。在他关于法治的讲话和论著中，可以说各篇都有法理金句，通卷闪耀法理珠玑。如法治兴则国泰民安，法治衰则国乱民怨；法安天

下,德润民心;法律的权威源自人民的内心拥护和真诚信仰;自由是秩序的目的,秩序是自由的保障;发展是安全的基础,安全是发展的条件;党的政策是国家法律的先导和指引;依法设定权力、规范权力、制约权力、监督权力,把权力关进制度的笼子;和平、发展、公平、正义、民主、自由,是全人类的共同价值;等等。习近平总书记提炼出来的一系列法理命题为法律体系和法治体系注入了强大生命力,对全党和全国人民保持法治定力、拓展法治道路、深化法治改革、建设社会主义现代化法治强国产生了强大的感染力和推动力。

张文显

2018 年 11 月 10 日

目 录

第一章

知识产权法律制度变迁的概述

第一节 改革开放前的知识产权法

从历史维度来看,知识产权法从诞生到发展,历经了数百年的岁月,并且随着科学技术的发展在不断变革和完善。从世界各国的维度来看,知识产权法律制度从 1623 年英国初步建立至今,已经在世界各国被普遍接受。随着 1994 年《与贸易有关的知识产权协定》(Agreement on Trade-Related Aspects of Intellectual Property Rights,以下简称《TRIPS 协定》)①的普遍实施,知识产权法律制度在世界各国的规定大同小异。虽然中国古代孕育了许多对世界各国都有着深远影响的技术发明,然而知识产权法律制度的发展却举步维艰。此种情况的出现与我国当时的政治、经济、文化等方面的土壤不适合知识产权法律制度的建立与发展有关。

---

① 《与贸易有关的知识产权协议》于 1993 年 12 月 5 日通过,1994 年 4 月 15 日正式签署,1995 年 1 月 1 日起生效。截至 2016 年 7 月 29 日,共有 164 个成员。WTO 官网,https://www.wto.org/english/thewto_e/whatis_e/tif_e/org6_e.htm#membermap,下载日期:2017 年 6 月 12 日。

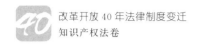

一、社会主义改造时期有关知识产权的立法与政策(1949—1956)

(一)立法的背景

1949年1月,中共中央发表的《中共中央毛泽东主席关于时局的声明》提出"废除伪法统";接着,中共中央于1949年2月22日发出《关于废除国民党〈六法全书〉与确定解放区的司法原则的指示》的中央文件明确提出废除国民党《六法全书》。① 这就意味着,不仅是民法、刑法,就连专利法等知识产权法律制度也难以避免被废除的命运。② 1949年新中国成立后,我国开始从新民主主义向社会主义过渡。在1952年至1956年期间,我国进入社会主义改造阶段。这个阶段全面展开的标志是1952年过渡时期总路线的提出。它的主要内容是对农业、手工业、资本主义工商业进行社会主义改造。"农业社会主义改造是通过合作化运动实现的,它仅用四五年的时间,基本完成了5亿农民从个体小农经济向社会主义集体经济的转变。个体手工业的社会主义改造,坚持自愿互利的原则,通过说服教育、典型示范和国家援助的方法引导他们在自愿的基础上联合起来,走合作化的道路,最后发展到社会主义性质的手工业生产合作社。对资本主义工商业实行利用、限制、改造的政策,逐步把生产资料的资本主义所有制改造成为社会主义的公有制。"③三大改造到1956年完成,它使我国的经济结构、阶级关系发生了根本变化。④ 社会主义三大改造,特别是农业合作化运动,为工业化提供粮食和原料,为工业化积累资金并提供市场,促进了社会主义工业化。⑤ 然而,在废除国民党《六法全书》的同时,我国却未能建立起适应社会主义制度的完善法律制度体系。

我国社会主义改造,在经济上,建立了社会主义计划经济体制,实行以全民所有制与集体所有制的社会主义经济制度,建立了按劳分配的社会主义分配制度,同时在国民经济第一个五年计划期间开始实行计划经济体制;在政治上,与经济制度相适应建立起高度集中的政治制度;在文化上,传承中国古代对于技术的鄙夷态度,将科学技术视为"奇技淫巧",同时不重视对于知识原创性的尊重和

---

① 郑朴:《彻底摧毁旧法制,肃清资产阶级法律思想——重读中共中央〈关于废除国民党的六法全书与确定解放区的司法原则的指示〉》,载《法学研究》1964年第2期。

② 顾金焰:《为何赢得诺奖,却失落了青蒿素的基本专利?——屠呦呦获诺奖背后的知识产权制度启示》,http://it.people.com.cn/n/2015/1019/c223607-27714233.html,下载日期:2018年11月28日。

③ 《什么是社会主义改造》,http://cpc.people.com.cn/GB/64156/64157/4418412.html,下载日期:2018年11月28日。

④ 《七月——传承红色记忆,欣赏红色经典绘画》,http://www.sohu.com/a/242663902_683095,下载日期:2018年11月28日。

⑤ 叶扬兵:《农业合作化运动研究评述》,载《当代中国史研究》2008年第1期。

保护,认为"窃书不算偷";①在社会上,由于刚经历抗日战争和国内战争,教育机构和教育活动长期停滞,社会的教育水平和文化水平普遍较为落后;在法律制度上,由于社会主义制度的建立,1949年之前的知识产权法律制度均遭到废除,而后国内对知识产权法律制度的研究缺乏,对国外知识产权法律制度又较为漠视,因此知识产权法律制度未建立起一个初步框架,无法对知识产权相关法律关系进行有效调整。

上述政治、经济、文化和社会等因素,与知识产权保护要求的市场环境与法治土壤格格不入。首先,政治上,由于当时人们普遍将知识产权法律制度等同于资本主义,国民党《六法全书》中与知识产权制度相关的法律已被废除,当时苏联的法律制度亦未涉及知识产权制度内容,因此就当时的政治制度而言,不适合知识产权法律制度的存在。其次,就经济制度而言,知识产权属于私权,涉及私人占有问题,而社会主义改造完成后形成的是全民所有制与集体所有制的计划经济制度,全民所有和集体所有强调公有,这与知识产权的私人占有之间相互排斥,同时难以进行计划生产与传播,这与计划经济的属性之间也相互背离,因此当时的经济制度也不允许知识产权法律制度的建立和完善。再次,在文化上,由于古代以来的"重农主义",重视农业、轻视商业以及儒家思想的影响,造成人们追求"义"而非"利",而知识产权制度所保护的财产利益是驱动技术发明的重要动力和燃起"天才之火"的"油",因此传统道德的认知与知识产权法律制度之间也相互对立;同时重视道德修为而不重视技术和原创知识,将技术视为"奇技淫巧",认定偷书不算偷,低估技术和原创性价值等传统认知,也与建立完善知识产权法律制度相互违背,因此传统文化也未能给知识产权法律制度的建立提供适当的土壤。最后,就历史进程而言,由于我国清末的"洋务运动"在中日甲午战争一役中破产,未经历工业革命的洗礼,重视创造的理念未在社会中广泛传播;同时接连经历抗日战争与国内战争,国内教育活动严重滞后,人们的教育水平和文化水平普遍偏低,此种社会教育和文化水平也难以对知识产权法律制度进行有效研究和吸收,无法产生建立完善的知识产权法律制度的制度和思想供给。

（二）立法的过程

1.专利相关的立法过程

新中国成立后,在社会主义改造的前期,基于国内复杂的阶级组成和经济成分,为了适应工业化目的,国家比较重视对发明创造的保护。中央人民政府政务院于1950年8月11日颁布了《保障发明权与专利权暂行条例》,并于同年10月颁发了该条例的实施细则,明确了对发明创造进行保护。1954年政务院又批准颁布了

---

① ［美］安守廉:《窃书为雅罪》,李琛译,法律出版社2010年版,第11～20页。

《有关生产的发明、技术改进及合理化建议的奖励暂行条例》（以下简称《奖励暂行条例》），进一步明细化与发明创造相关的奖励规定的具体实施。1955 年国务院针对《奖励暂行条例》在实际运行中存在的问题，颁布了《对执行"有关生产的发明、技术改进及合理化建议的奖励暂行条例"若干问题的解释》，对提出相应技术改进建议以及进行发明创造的奖励规则进行了精细化解释，以便实际操作中有据可循。1955 年，国务院颁布了《中国科学院科学奖金暂行条例》，针对科学研究工作或科学著作、学术成就的奖励进行了明确性规定。值得注意的是，这个阶段对技术发明者侧重给予物质和精神"奖励"，专利权随着对私有经济的改造和取消而被废止。

2.商标相关的立法过程

新中国成立初期和社会主义改造基本完成这段时期，为了适应当时存在较多民族资本主义企业家和个体工商业从业者拥有相应的商业标识，提高国家对商业标识和市场活动的管理能力，国家开始商标法律制度相关立法工作。1950 年 7 月，政务院颁布了《商标注册暂行条例》，分为 6 章 31 条，初步规定了商标注册的自愿原则和商标注册的程序性事项；随后又颁布了《商标注册暂行条例施行细则》以及《各地方人民政府商标注册证更换办法》，主要对商标注册的程序性事项进行细化规定。但是随着社会主义改造的进行，商标专用权逐渐从私人权利转化为商标的行政管理方式。1954 年 3 月，中央行政管理总局颁布《关于未注册商标的指示》以及《未注册商标暂行管理办法》，将商标自愿注册制度转变为强制登记制度。

3.著作权相关的立法过程

1949 年，中央提出"公私兼顾"改造出版业，对出版业进行公私合营。1950 年，国家出版总署主持召开的第一次出版工作会议，通过了《关于改进和发展全国出版事业的五项决议》，其中提出要支持和鼓励公民进行文学艺术创作，并通过改进出版工作，推动出版行业繁荣发展。社会主义改造期间，出版业从公私合营形式向国营形式逐步转变。1952 年，国家出版总署颁布了《关于国营出版社编辑机构及工作制度的规定》，其中第 4 条规定"丛书、期刊的出版，必须有编辑计划，并经出版行政机关批准"，这意味着出版审批制度初步建立。[①] 1955 年，成立了著作权法（当时称之为版权法）起草小组，起草著作权法，但是由于 1957 年反右派斗争的开始，该项法律的起草工作随之终止。

（三）立法的基本内容

1.专利相关的法律制度基本内容

1950 年 8 月 11 日政务院颁布的《保障发明权与专利权暂行条例》（以下简

---

① 郭楠：《探讨中国大陆出版管理制度从审批制到登记制的可能性》，http://blog.sciencenet.cn/blog-1203662-919625.html，下载日期：2018 年 11 月 28 日。

称《暂行条例》)[1]实行苏联式的双轨制,将发明创造分为发明权与专利权,分别颁发发明权证书和专利证书,并且规定了以化学方法获得的一切物质不颁发发明证书和专利证书,而制造该化学物质的新方法授予发明证书或专利证书。另外,规定了医疗方法以及与生产无关的学术发明不采取发明权或专利权保护,而是采取其他方法保护。《暂行条例》将发明权与专利权的权属与利用进行了区分。对于发明权,其权利归属于国家所有,公民个人享有署名、荣誉和奖励;对于专利权,可视为公民的个人财产,可作为遗产继承,并可申请国家奖励,甚至规定专利权可作为资产参与企业投资生产、进行转让等活动,并在权利遭受损害时提起民事损害赔偿。[2]《保障发明权与专利权暂行条例》规定,发明分为个人发明和职务发明两大类。凡职务发明的发明人拥有发明权,国家拥有独占使用权,自由发明的发明人拥有专利权。《暂行条例》对于发明权、专利权的所有权属,申请发明权、专利权的条件、手续及审批程序以及异议制度,发明人、专利权人的权利及义务,发明权、专利权的保护期限以及法律责任等作了较完整的规定,其中大部分制度理念与如今对专利权保护的基本原则是一致的。《暂行条例》在实行期间,主管部门,即中央技术管理局曾批准过 6 件发明权和 4 件专利权,其中 1951 年著名化学家侯德邦提出专利申请,1953 年著名的"侯式碱法"获得了专利权,有效期为 5 年。但是总体来说,《暂行条例》在鼓励创新与保护专利权方面,并未起到预期的效果。[3]

---

① 《保障发明权与专利权暂行条例》(中央人民政府政务院财政经济委员会 1950 年 8 月 17 日),http://history.mofcom.gov.cn/?datum＝％E3％80％8A％E4％BF％9D％E9％9A％9C％E5％8F％91％E6％98％8E％E6％9D％83％E4％B8％8E％E4％B8％93％E5％88％A9％E6％9D％83％E6％9A％82％E8％A1％8C％E6％9D％A1％E4％BE％8B％E3％80％8B％EF％BC％88％E4％B8％AD％E5％A4％AE％E4％BA％BA％E6％B0％91％E6％94％BF％E5％BA％9C,下载日期:2018 年 11 月 28 日。

② 《保障发明权与专利权暂行条例》第 5 条:根据本条例第三条之规定对于以化学方法获得之一切物质,不给予发明证书或专利证书,但对制造此种物质的新方法给予之。第 6 条:发明权人,除其发明之采用与处理权属于国家外,享有下列各种权利:(1)根据国家规定之奖励办法,领受奖金、奖章、奖状、勋章或荣誉学位,其办法另定之;(2)得将发明权作为遗产,继承此项遗产者,得领取奖金;(3)根据发明人之要求,经过中央主管机关批准后,得于发明物上冠以本人姓名或其他特殊名称。第 7 条:专利权人享有下列各种权利:(1)得以自己及资本或招股经营企业,运用其发明,从事生产。(2)将专利权转让他人或对任何机关与个人,发给采用发明许可证,取得报酬,其条件由专利权人与采用人以契约规定之。(3)非得专利权人许可,他人不得采用其发明;违犯者应依法赔偿专利权人之损失。(4)得将专利权作为遗产,继承此项遗产者,享有同样权利。曹文泽、王迁:《中国知识产权法制四十年:历程特征与展望》,载《法学》2018 年第 11 期。

③ 《"舶来"的知识产权制度:在进口中诞生的 1984〈专利〉》,http://www.sohu.com/a/258129338_100001660,下载日期:2018 年 11 月 28 日。

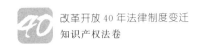
1954 年《有关生产的发明、技术改进及合理化建议的奖励暂行条例》规定,本条例的目的在于鼓励一切国营、公私合营、合作社经营及私营企业中的工人、工程技术人员和职员以及一切从事有关生产的科学与技术研究工作者的积极性和创造性,使他们充分发挥自己的知识、经验和智慧,致力于发明、技术改进、合理化建议的工作,以促进国民经济之发展。该条例按照《保障发明权与专利权暂行条例》规定取得了发明证书的、对企业现有机器设备机构或生产技术过程有重大改进建议的,或能提出更有效利用现有机器设备、原料、材料或劳动力的生产技术性建议的,按条例发予奖金。其中有关职务发明等一系列的奖励报酬分配安排的规定,是为了促进发明创造而制定的条款。

1955 年《对执行"有关生产的发明、技术改进及合理化建议的奖励暂行条例"若干问题的解释》中规定,凡有关生产的发明、技术改进和合理化建议,对于工业、建筑业、制造业、交通运输业以及国营农场的生产效率和技术有改进帮助的,可以予以奖励。但是该部分的发明、技术改进或合理化建议不是用于生产性技术的除外。非生产性技术如能鼓励或提高人的积极性,以利于改进工作,提高工作效率,采用建议的单位可根据建议的意义酌情给予物质奖励或荣誉奖励。其中对参与发明和技术研发的人员,引进国外已有的、国内尚未公知的发明和技术的人员,作出后续技术改进的人员的奖励制度都进行了细化。同年颁布的《中国科学院科学奖金暂行条例》,针对科学研究工作的奖励进行了细化规定。

2.商标相关的法律制度基本内容

1950 年政务院颁布的《商标注册暂行条例》以及《商标注册暂行条例施行细则》采取自愿注册原则,注册之后获得商标专用权,同时适用先注册原则。两人以上对于相同或近似商标,在同类商品上分别提出商标注册申请的,应允许先申请人进行商标注册。如果两人或者多人对于相同或近似商标在同一天提出商标注册申请的,应准许先使用的人进行商标注册。商标注册采取分类原则,即商标注册在不同商品种类上时,应分别进行注册申请。已申请或核准注册的商标可以进行转让,但是商标的转让行为必须经过中央私营企业局的核准后方为有效。连同营业一并转让者,并应附有转让营业的证件。商标可作为遗产为继承人继承。继承移转,亦应申请核准,并附有合法继承的证件。这说明商标转让可连同营业一同转让,亦可单独转让。商标注册申请通过后,将会在相关的公报上进行公告,公告期为 4 个月,如果期限届满无人提出异议,那么商标注册完成,颁布商标注册证。商标注册申请被驳回的,申请人不服驳回申请的,可以请求商标注册机关再审。商标的有效期为 20 年,从注册时起计算,商标保护期届满的可以续展。在以下情况下,商标可予以撤销:商标权人自行更换注册商标;停止商标使用已满 1 年;商标专用权转让后满 6 个月,未申请转让登记的。外国人进行商标注册申请的,应委托中国相关的代理人进行。《各地方人民政府商标注册证更换办法》[①]规定,经地方政府登记注册的商标,应向中央私营企业局报备和重新审查;各地方人民政府注册或审定的商标,如与他人有相同或近似的,得提出异议。前项异议,以使用先后的原则裁定之。

《关于未注册商标的指示》以及《未注册商标暂行管理办法》的制定,其目的在于防止商标滥用,清除带有腐朽落后思想的商标,然而基于当时的社会背景,商标登记演化为行政管理手段,其中明确商标也必须经过注册方可获得,未注册商标也必须进行登记,这便成了商标强制登记制度的源头。

3.著作权相关的法律制度基本内容

新中国成立初期,对于鼓励公民进行创作方面存在共识,对作者创作的作品给予保护也有过讨论。如1954年《宪法》第87条规定,公民有言论、出版等自由;第95条规定,公民可进行科学研究、文学艺术创作和其他文化活动。[②] 1955年,曾专门成立著作权法起草小组[③],对著作权法律草案进行初步的拟定工作,但是由于1957年的反右派斗争而不得不终止。

二、社会主义建设时期知识产权制度的凋谢(1957—1978)

(一)历史背景

随着1956年我国社会主义三大改造的完成,社会主义制度在我国基本建立起来。此后,我国进入了全面建设社会主义的新阶段。中共八大提出国内的主要矛盾从工人阶级与资产阶级之间的矛盾转变为人民对于建立先进的工业国的要求同落后的农业国的现实之间的矛盾,是人民对于经济文化迅速发展的需要同当前经济文化不能满足人民需要的状况之间的矛盾;解决这个矛盾的办法是发展社会生产力,实行大规模的经济建设。[④] 为此,大会做出了党和国家的工作重点必须转移

---

① 《各地方人民政府商标注册证更换办法》第2条:凡前向各地方人民政府领得商标注册证者,均应自本办法公布之日起四个月内,将原证连同领证费五万元、图样十张,送交当地商业行政机关转寄中央私营企业局换领新证,如过期不换者,不保障其专用权。第3条:经各地方人民政府审定公告,尚未给证的商标,自本办法公布后,应由中央私营企业局重行审查,列表登载商标公报,公告四个月,始发给注册证,领取注册证前,应缴取证费五万元。第4条:经各地方人民政府发给审定书尚未公告者,应自本办法公布之日起四个月内,将原审定书连同领证费五万元、图样十张、印版一枚(印版亦可由中央私营企业局代制,附缴制版费),送交当地商业行政机关转寄中央私营企业局,经重行审查后,登载商标公报,公告四个月,始发给注册费。第5条:各地方人民政府注册或审定的商标,如与他人有相同或近似的,得提出异议。前项异议,以使用先后的原则裁定之。

② 1954年颁布的《中华人民共和国宪法》第87条以及第95条。

③ 《〈中华人民共和国著作权法〉的制定与完善》,http://www.ncac.gov.cn/chinacopyright/contents/537/20676.html,下载日期:2018年11月28日。

④ 刘斌:《论新时代我国社会主要矛盾转变的根源、条件与基础》,http://ex.cssn.cn/zzx/yc_zzx/201802/t20180209_3846326.shtml,下载日期:2018年11月28日。

到社会主义建设上来的重大战略决策。大会在总结中国第一个五年计划实施经验的基础上,继续坚持既反保守又反冒进,即在综合平衡中稳步前进的经济建设方针。[①] 中共八大以后,党中央准备在全党开展整风运动,提高处理日益突出的各种人民内部矛盾的能力。探索在中国如何建设社会主义的道路,是一个十分艰难的过程,需要经历复杂的考验。

进入社会主义建设时期后,国家在诸多政策方面一再发生严重失误,使探索过程出现了歧途和曲折。首先,在政治上,1957 年的反右派斗争扩大化,从理论上修改了中共八大关于我国社会主要矛盾的科学论断,认为在社会主义建成以前,无产阶级同资产阶级的斗争、社会主义道路同资本主义道路的斗争,始终是我国内部的主要矛盾。以阶级斗争为纲,这就成为后来党在阶级斗争问题上连续犯错误的理论根源。其次,在经济上,1958 年提出的"社会主义建设总路线",忽视了客观规律,片面突出和夸大了人的主观能动作用,单纯地宣传"速度是总路线的灵魂",盲目求快,压倒了一切,从而改变了中共八大提出的在综合平衡中稳步前进的经济建设方针。最后,在法律制度上,由于 1957 年反右派斗争扩大化以及 1959 年反右倾运动,使得初步建立起来的部分法律制度被破坏得所剩无几。1966 年"文化大革命"开始,使得当时脆弱的法制环境进一步遭受彻底的破坏。

社会主义建设时期的前期,我国对知识产权法律制度的建立有过短暂的探索,但很快便陷入了困境。1963 年,国务院制定了《商标管理条例》,开始实行全面注册制,未注册商标一律不准使用。1963 年 11 月国务院发布的《发明奖励条例》和《技术改进奖励条例》,取代了《保障发明权与专利权暂行条例》,从而将专利制度变为单一的发明奖励与技术奖励制度,不再对发明授予专利权这一私人独占权,专利制度因此被废弃。《发明奖励条例》第 23 条规定,发明属于国家所有,任何个人或单位都不得垄断,全国各单位(包括集体所有制单位)都可利用它所必需的发明。1978 年 12 月,国务院颁布的新《发明奖励条例》第 9 条明确规定,发明属于国家所有,全国各单位(包括集体所有制单位)都可利用它所必需的发明。此规定进一步明确,无论个人或集体的发明均属于国家,而非发明人私人占有。发明得为任何单位予以无偿使用,否认了个人独占性享有其产生的经济价值。这个阶段在政治、经济等方面都不适合知识产权法律制度的建立和完善。首先,政治上,以阶级斗争为纲,盲目扩大打击面,被认为属于右派制定的部分知识产权法律制度以及主持的工作遭到废弃;同时知识产权法律制度被视为资本主义的产物,知识产权法律制度相关立法活动也被迫中止。其次,在经济上,继续强化高度集中的计划经济体制,强化公有制对于国民经济生活的控制,使得知识产权法律制度建立的经济基础被剥

---

① 《中国共产党第八次全国代表大会在北京举行》,http://cpc.people.com.cn/GB/33837/2534764.html,下载日期:2018 年 11 月 28 日。

夺,知识产权法律制度再无立足基础。最后,"文化大革命"的爆发,使得新中国成立初期和社会主义改造时期初步建立起来的有关知识产权制度遭到彻底的破坏。

(二)作为私权的知识产权的消灭

1.专利制度的转变——奖励取代专利权

由于社会主义改造基本完成,我国进入了社会主义建设时期,与社会主义制度不相符合的相关法律制度遭到废弃。其中,《保障发明权与专利权暂行条例》中规定专利权属于公民个人所有,可作为遗产继承,专利权可以作为资产参与企业投资以及转让于他人,并且在发生专利权被侵犯时,可提起民事赔偿诉讼的制度设计,都由于高度集中的社会主义市场经济制度的建立而显得格格不入。高度集中的全民所有制与集体所有制难以容纳建立在私权基础上的《保障发明权与专利权暂行条例》的存在。于是在1963年11月,国务院颁布了《发明奖励条例》和《技术改进奖励条例》,同时废止了《保障发明权与专利权暂行条例》,将发明归属于国家,任何单位得以无偿使用,个人可申请奖励,但不再享受专利权,专利制度遭受废弃。

2.强制性商标注册——进一步强化行政管理

社会主义改造使得社会主义计划经济体制建立起来,进入社会主义建设时期后为了加强对经济社会的管理。1957年1月17日,国务院颁布了《中央工商行政管理局关于实行商标全面注册的意见》后,我国全面实行商标强制注册制度。该意见要求所有的企业、合作社所拥有的商标必须进行注册,未进行注册的商标应在1957年6月30日前向相关商标注册管理部门完成商标注册申请手续,如若商标注册申请未被核准,则该商标禁止继续使用。这一方面是为了防止商标的滥用,清理带有落后思想的商标,促使企业注意维持和提高商品质量;另一方面也是为了强化对经济社会的行政管理。之后未经核准的商标不得使用。1963年在商标管理的实际工作的经验基础上,全国人大常委会批准颁布的《商标管理条例》,正式将商标强制注册制度以法律的形式确定下来。

3.著作权立法探索——加强出版审批

1957年进入社会主义建设时期后,随着反右派斗争的开始,文化艺术产业受到极大的冲击,特别是反右派斗争扩大化之后,与著作权有关的立法工作全部终止。文化出版行业实行的出版审批制度,时至"文化大革命"时期进一步受到强化。在1954年开始管理文化出版行业的文化部出版事业管理局在"文革"中无法正常管理出版活动,除了政治出版物外的其他出版活动均被迫暂停。在社会主义建设时期便开始组织的著作权相关立法草案工作被迫终止。

(三)立法的基本内容

1.专利相关的法律制度基本内容

1963年《发明奖励条例》规定,发明是一种新的科学技术成就,应具备以下三

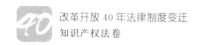
个条件:前人所没有或国外虽有而未公布;经过实践证明可应用;比现有的先进。这三个条件概括来说分为非公知性、实用性和先进性,这三个条件较之现在的专利法对于发明的要求较低。对于发明的鉴定与核准工作,由国家科委与国防部分别负责,国家科委仅能审查非国防专用发明。发明经批准后,属于国家所有,全国各单位均可使用,发明人仅能向国家申请奖励。1978 年新《发明奖励条例》第 9 条进一步明确规定,发明属于国家所有,全国各单位(包括集体所有制单位)都可利用它所必需的发明。

1963 年《技术改进奖励条例》规定,为了鼓励群众改进技术的积极性,促进国民经济发展,制定本条例。该立法目的条款中"群众"这一法律主体用词,颇具政治色彩,并非法律惯常用语,说明该条例制定工作已经受到了以阶级斗争为纲的口号影响。《技术改进奖励条例》第 2 条规定技术发明是经过群众提出的技术改进建议,经实验研究和实际应用,使某一单位的生产或工作更加多、快、好、省,包括工业方法、建筑方法、生物品种改良方法、统计计算方法等。该条例强调行政机关对于技术改进的领导工作,且仅适用全民所有制单位,对于集体所有制应根据该条例另行规定。技术改进建议经过鉴定具备促进效率效果的,由国家给予奖励,包括荣誉奖励与物质奖励,根据技术改进形成的系统技术资料归属国家所有。

《发明奖励条例》和《技术改进奖励条例》的颁布,意味着取消了发明权制度以及专利权制度,不再认可专利权,也不认可个人对发明享有权利,发明创造属于国家所有。对于公民的发明创造,实行发明奖励与技术改进奖励制度。

2.商标相关的法律制度基本内容

1963 年《商标管理条例》之目的在于加强商标的行政管理而非进行授权,其中规定了商标强制登记制度、商标的构成要件制度、不授予商标制度、商标先申请制度、商标撤销制度以及外国人申请商标制度等,相关规定较之社会主义改造期间的商标管理法规进一步细致化,但与现代意义的商标法相去甚远。

《商标管理条例》规定企业使用商标必须向中央工商管理局申请注册,即意味着商标管理权限收归中央行使,商标注册管理事项归属中央职权范围。对于不使用商标的商品,也应当注明企业的名称与地址,以便行政管理。同时规定了不构成商标的四种情形,如与中华人民共和国的国旗、国徽、军旗、勋章相同或近似的;与外国的国旗、国徽或军旗相同或近似的;同红十字会、红新月标志、名称相同或近似的;政治上有不良影响等。还要求商标上不得标注外国文字,除非是用于出口的商标。另外,规定了商标的撤销条件,如粗制滥造降低商品质量的、自行变更商标名称或图形的、商标停止使用已满一年未经核准保留的以及人民群众等要求经过核准应予以撤销的。外国人在中国申请注册商标的,其有效期限由中央行政管理局核定,但并未明确规定有效期限。

3.著作权相关的法律制度基本内容

社会主义建设时期,除了延续社会主义改造时期形成的出版审批制度即相关出版管理规定以外,在著作权立法方面的工作基本陷入停滞甚至倒退,出版工作一度瘫痪,出版物的类型随着阶级斗争影响的深入逐步单一化。1958年3月,文化部在全国出版工作跃进会议的总结报告中提出:"出版工作的大跃进,应该有明确的目的和方针,这就是加强社会主义和爱国主义教育,繁荣和发展科学文化,为反对国内外的敌人,灭资兴无,多快好省地建设社会主义,促进社会生产力服务。"此阶段的出版活动基本为阶级斗争服务,忽视出版的其他方面功能。1963年4月,中共中央宣传部召开了全国出版工作座谈会,报告中强调"出版工作,是意识形态领域无产阶级同资产阶级斗争的重要阵地之一",出版工作"必须坚持政治第一"等,此阶段许多出版机构被撤销,出版活动遭到严重破坏,根本无暇进行著作权有关的立法。

三、小结

社会主义改造时期和社会主义建设时期,我国对于知识产权法律制度的建立和发展进行了一定的探索,但是囿于当时的社会实践和制度动因,仅建立和发展了部分有助于行政管理的法律,并未建立现代意义的知识产权法律制度。

从专利法律制度来看,社会主义改造时期保护发明创造法律制度已经有了初步的框架,如将专利权认定为私权,可进行转让、作为资产投资以及作为遗产继承,但是在以奖励为主的政策导向以及当时技术环境较差等因素影响下,实际运行效果不佳。社会主义改造时期有关发明创造的法律制度与目前我国实行的专利法律制度存在较大差别,如发明权与专利权的二元划分制度、可专利规则及除外制度、保护期限制度等方面均有显著差异。从社会主义改造时期进入社会主义建设时期后,由于计划经济制度开始实施,反右派斗争和反右倾运动扩大化,阶级斗争为纲在社会生活全面得到贯彻,《保障发明权与专利权暂行条例》确立的若干具有现代意义专利保护制度遭到废弃,公民个人的发明创造不再归个人所有,而是统一为国家所有,仅给予个人荣誉和奖励。

从商标法律制度来看,社会主义改造时期商标注册相关的暂行条例及其实施细则,除商标转让行为的生效要件不一致外,其他制度与目前我国使用的商标注册基本制度比较一致。但是毋庸讳言,该时期的商标法律制度相关规定较为粗糙,关于商标构成要件制度、不构成商标制度等实体性规则规定较少,对商标注册管理相关的程序规则规定较多。随着社会主义改造时期发展至社会主义建设时期,商标法律制度的行政管理属性进一步加强,改变了社会主义改造前期确立的商标注册自愿原则,而代之以商标强制注册原则;社会主义建设时期的相关商标法律制度立法较之社会主义改造时期并未有较大突破,该时期仅就商标管理工作中的部分经

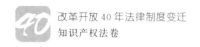
验进行了总结,相关规定较为粗糙。

从著作权法律制度角度来看,无论是社会主义改造时期还是社会主义建设时期,著作权相关的法律制度一直未得到建立。其中,社会主义改造时期的文化出版相关立法集中在如何管理出版行业等行政管理工作上,并未涉及著作权的相关问题;该时期曾酝酿制定著作权法草案,但是由于接下来的反右派斗争而流产。社会主义建设时期由于不断开展反右派斗争、反右倾运动以及"文化大革命"爆发,文化领域和出版活动受到极大冲击,文化领域万马齐暗,出版内容政治化和单一化,著作权法律制度不可能得到建立与发展。

第二节　改革开放与知识产权法律制度的初创(1978—1992)

回首改革开放以来的 40 余年,中国知识产权制度取得了巨大的进步。国内与国际环境的改变使得我们党和国家的工作重心开始发生转移,一方面,随着改革开放的开始和深入,我们认识到改革要自我革新工作思路和工作方法,另一方面我们又认识到,如果要将改革开放进一步深化,还需要去接受那些我们从来没有过的,但是已经在国际社会和其他国家得到验证的经验、方法。与改革开放前的知识产权制度不同,中国如果想要跟上时代的步伐,投身到科技革命的国际浪潮中,必须在建设社会主义市场经济的进程中建立起完善的知识产权制度体系。

一、改革开放与被动接受期(20 世纪 70 年代末—80 年代末)

1978 年改革开放之后,我们党和国家的工作重心发生了转移。尽管我国知识产权制度体系建立较晚,但实际上早在 1973 年,周恩来同志就已批准时任贸促会法律事务部部长任建新率中国代表团出席了世界知识产权组织领导机构会议,而在 1976 年 10 月粉碎"四人帮"、结束"文化大革命"后,中国有了"毛泽东同志在世的时候所没有的","比过去好得多的"国际国内条件。[①] 在这一背景下,1977 年 8 月,党的十一大重提周恩来总理在四届人大一次会议上提出的在 20 世纪末实现四个现代化的奋斗目标,更关注中国与发达国家的差距在什么地方,如何建设更为富强的国家的问题。如果说毛泽东在世的时候中国对外开放遇到的最大的障碍是西方国家的封锁,邓小平这时遇到的最大障碍则是体制和观念的束缚。[②] "文化大革命"结束后,十一届三中全会前夕,邓小平视察东北时指出,经过几年的努力,有了

---

① 邓小平:《邓小平文选》(第 2 卷),人民出版社 1994 年版,第 127 页。

② 张爱茹:《新中国走向开放的曲折历程——从毛泽东到邓小平的艰辛开拓》,https://www.wxyjs.org.cn/wxzj_1/dbzb/201406/t20140610_150245.htm,下载日期:2018 年 11 月 28 日。

今天这样的、比过去好得多的国际条件,使我们能够吸收国际先进技术和经营管理经验,吸收他们的资金。这是毛泽东同志在世的时候所没有的条件。邓小平基于他对世界政治经济形势的观察和判断,敏锐地意识到20世纪六七十年代以来新科技革命即第三次科技革命的兴起,对世界经济结构的重大影响,及其对社会生产力发展的巨大推动作用。此后邓小平在不同的场合一再讲新科技革命给世界带来的重大变化,讲中国同世界的差距[①],并大力支持专利制度的建立。1978年5月,邓小平在一封有关一项科研成果的人民来信上批示:"如果成果可靠,应迅速推广,并在国际上取得专利权。"此后,邓小平在会见跨国公司和外国著名企业领导人时,都无一例外地提出,中国要引进国外的先进技术,就要解决如何保护知识产权的问题,中国是个计划经济国家,"一家引进,百家享用"的方式,使外商望而却步。[②]

1978年上半年,中共中央相继派出四路人马分别赴东欧、日本、西欧和港澳地区进行考察,时任副总理谷牧后来回忆说:"当时我理解,小平同志对于实行开放的决心已定,他正在思索和考虑的不是'要不要开放',而是'怎么搞对外开放'。"[③]在各代表团考察归国后,我国在1978年下半年对考察总结和四个现代化建设问题进行了密集讨论,10月10日,邓小平在会见德意志联邦共和国新闻代表团时首次使用了"实行开放政策"一词。[④]

1978年12月18日至22日,党的十一届三中全会召开,全会决定停止使用"以阶级斗争为纲"的错误口号,把党和国家的工作重点转移到以经济建设为中心的社会主义现代化建设上来,并且做出了改革开放的重大决策。[⑤] 全会公报指出,在自力更生的基础上积极发展同世界各国平等互利的经济合作,努力采用世界先进技术和先进设备。此后,1984年的中共十二届三中全会通过了《中共中央关于经济体制改革的决定》,改革开放全面推开。1985年,中共中央又分别作出《关于教育体制改革的决定》和《关于科技体制改革的决定》。1988年6月,邓小平同志根据当代科学技术发展的趋势和现状,在全国科学大会上提出了"科学技术是第一生产力"的论断。这一论断的提出,不仅明确了我国经济发展的路径,也给我国知识产权制度的体系化建立了基础。

---

① 中共中央文献研究室编:《邓小平年谱(1975—1997)》(上),中央文献出版社2004年版,第210页。

② 陈志兴主编:《改革开放三十年中的知识产权》,文汇出版社2008年版,第3页。

③ 谷牧:《小平同志领导我们抓对外开放》,载中共中央文献研究室编:《回忆邓小平》(上),中央文献出版社1998年版,第155~156页。

④ 邓小平:《邓小平文选》(第2卷),人民出版社1994年第2版,第132页。

⑤ 张爱茹:《新中国走向开放的曲折历程——从毛泽东到邓小平的艰辛开拓》,https://www.wxyjs.org.cn/wxzj_1/dbzb/201406/t20140610_150245.htm,下载日期:2018年11月28日。

可以说,在改革开放之后,我国明确了党和国家的工作重心,同时也确立了经济发展的重要手段和方法。根据我国的国情学习国际经验,同时又指出应当积极发展自己的文化教育和科学技术,而对于科学技术重要性的正确定位,为我国创建知识产权制度保护创新奠定了政策基础。与此同时,美国等发达国家提出保护知识产权的迫切要求,在《中美高能物理合作执行协议》中,美国坚持加入了知识产权保护条款:"双方认识到,需要就有关版权保护以及在执行本协议的过程中或按本协议所作出或设想出的发明或发现的处理,达成协议条款以便按此进行具体活动。"同年签署的《中美贸易关系协定》加入了"缔约双方同意在互惠基础上,相互给予对方自然人或法人专利权、商标权及版权的保护"的条款。在这一时期,随着我国经济体制的不断改革和国民经济的发展,邓小平在多个场合强调了知识产权制度的重要性,指出无论是从眼前看还是长远看,中国都应该建立知识产权保护制度①;并在多个场合强调了专利②、著作权③等知识产权制度的重要性,伴随着我国商品经济体制与计划经济体制的调和,知识产权相关立法也逐步展开。

二、有计划的商品经济制度转变与知识产权法律制度的恢复

改革开放之后,我国对于经济政策的改革始终在进行,对于计划经济和市场经济的分析与判断也在不断进行。1984 年 10 月 20 日,中共十二届三中全会通过了《中共中央关于经济体制改革的决定》,认为改革计划体制,首先要突破把计划经济同商品经济对立起来的传统观念,明确认识社会主义计划经济必须自觉依据和运用价值规律,是在公有制基础上的有计划的商品经济。发展社会主义商品经济必须按价值规律进行,理顺产权关系在商品的交换过程中,商品的生产者对于商品和生产资料的产权关系是十分明确的。④ 随后在 1985 年发布的《中共中央关于科学技术体制改革的决定》中,非常明确地指出:"国家通过专利法和其他相应的法规,对知识产权实行保护。"

而对商品经济与计划经济关系的讨论和决定也体现在知识产权相关立法中,商品经济的发展需要知识产权制度的保护,不论是商标、专利还是著作权,⑤我国早在新中国成立之初就有了《保障发明权和专利权暂行条例》(1950)、《发明奖励条例》(1963)等立法,改革开放之后,我国经济体制改革有赖于知识产权制度的建立,

① 左玉茹:《千淘万漉虽辛苦,吹尽狂沙始到金:记述中国知识产权制度 30 年建设》,载《电子知识产权》2011 年第 10 期。

② 田力普:《知识产权与改革开放 30 年》,知识产权出版社 2008 年版,第 1~2 页。

③ 郑成思:《我国的知识产权法律制度》,载《中国市场监管研究》2001 年第 7 期。

④ 李波:《发展社会主义商品经济必须理顺产权关系——对搞活国营大中型企业的思考》,载《经济研究参考》1992 年第 Z3 期。

⑤ 王少娟:《商品经济与知识产权关系研究》,载《南方经济》1997 年第 4 期。

这也是我国在 20 世纪 90 年代密集通过知识产权相关立法的前提。随着《商标法》和《专利法》的制定和实施,1986 年通过并于 1987 年生效的《民法通则》明确保护著作权、专利权和商标专用权,[①]尽管《著作权法》于 1990 年才通过,但我国知识产权法律制度已经初具形态。

(一)商标法律制度的建立

尽管 1949 年中华人民共和国成立以来,政府曾先后发布《商标注册暂行条例实施细则》(1950)、《商标管理条例》(1963)、《商标管理条例实施细则》(1963),但我国真正意义上关于商标保护的立法始于 1978 年国务院发布的《关于成立工商行政管理总局的通知》。根据该通知,我国成立了工商行政管理总局,并内设了商标局。商标局设立后,开始对商标法立法做准备工作。[②] 1979 年 5 月,商标局成立商标法起草小组,正式开始起草商标法。当时起草商标法所确立的一个重要原则是:区别于新中国成立之初商标权属于国家商标管理制度,社会主义制度下的商标专用权是一种工业产权,应当与经济体制改革结合起来。[③]

在 1982 年《商标法》通过之前,我国商标管理部门已经开始逐步为商标法的实施进行前期准备,包括 1980 年《商标公告》第 1 期的出版、《关于改进酒类商品商标的联合通知》(1980)和《关于调查处理混同商标的通知》(1980)的发布、"国家著名商标证书"(1980)的颁发等工作的落实。1982 年 8 月 23 日,第五届全国人大常委会第二十四次会议通过《中华人民共和国商标法》,并将工商行政管理总局的名称确定为国家工商行政管理局。1983 年,国务院发布施行了《商标法实施细则》。1985 年中国成为《保护工业产权巴黎公约》(以下简称《巴黎公约》)成员国,1988 年起正式采用《商标注册用商品和服务国际分类》和《商标图形要素国际分类》,1989 年正式加入《商标国际注册马德里协定》。

《商标法》(1982)是我国第一部知识产权法律。总体上看,1982 年《商标法》是一部较为完整和全面的法律,该法共分 8 章 43 条,包括总则、商标申请、商标审查与核准、商标转让和使用许可、商标争议裁定、商标使用管理、商标保护和附则。

这部法律解决的第一个主要问题是对于商标功能与商标专用权的认识。1963 年通过的《商标管理条例》第 1 条规定:为了加强商标的管理,促使企业保证和提高产品的质量,制定本条例。强调商标立法的目的在于加强商标的管理,以促使企业

---

① 《民法通则》(1987)第 94 条、第 95 条、第 96 条。

② 如 1979 年 2 月工商总局与贸促会组团参加世界知识产权组织在日内瓦召开的商标注册条约临时委员会第四次会议;1979 年 4 月国务院在批转报告中要求从速回复商标统一注册制度等。

③ 田力普:《知识产权与改革开放 30 年》,知识产权出版社 2008 年版,第 591～592 页。

保证商品质量。而在 1982 年《商标法》中,该部分则有较大变化。① 第 1 条规定: "为了加强商标管理,保护商标专用权,促使生产者保证商品质量和维护商标信誉, 以保障消费者的利益,促进社会主义商品经济的发展,特制定本法。"从立法目的和 对商标功能认识的角度来看,1982 年《商标法》有了较大程度的改善,将"保护商标 专用权"与"加强商标管理"并列为立法目的,并把维护商标信誉和保障消费者利益 确定为立法所追求的价值目标。我国曾在《商标注册暂行条例》(1950)中确立了关 于商标专用权的规定,②后来因为种种原因被删除。权利归属问题无法明确引发 了人们对商标权保护的疑虑,而《商标法》(1982)在第 1 条和第 3 条明确规定要保 护商标专用权,商标注册人享有商标专用权并受法律保护。商标专用权属性的定 位意味着商标权成了实质上的私人财产权,其权利主体为注册人或其他合法权利 人,义务人则是任意不特定的他人,③这就为注册商标的权利主体、客体和权利属 性进行了较高层级的规定,也消除了人们对于权利保护的担忧。这使商标权在立 法上初步实现了从"管理工具"和"私权"的华丽转身。

该法强调的第二个重点问题在于商标注册。1982 年《商标法》规定,商标专用 权的取得以商标合法注册为要件,但并未要求凡商标的使用均需注册,这与以往的 规定有所不同。④ 即从我国第一部《商标法》生效起,就确定了商标的使用不以注 册为要件的制度,且历次修法均沿用了这一规定,但需强调的是,商标专用权的取 得仍以注册为要件,并且对于国家规定必须使用注册商标的,应当根据法律规定进 行注册。在商标注册人的身份问题上,以往的规定要求注册人应当为公私厂、商、 合作社,⑤或者直接规定仅企业可提起商标注册申请,⑥改革开放后制定的 1982 年 《商标法》则将注册人的身份进行了扩展,规定企业、事业单位和个体工商户均有权 申请注册商标。⑦

第三个重点在于进一步解决了外国人在华申请注册商标的问题。在 1982 年

---

① 1982 年《商标法》则将其立法目的扩大到"加强商标管理""保护商标专用权""促使生产者保 证商品质量和维护商标信誉""以保障消费者的利益""促进社会主义商品经济的发展"等五个要点。

② 《商标注册暂行条例》(1950)第 1 条:为保障一般工商业专用商标的专用权,制定本条例。

③ 邓正来、袁成弟:《新商标法初探》,载《法学杂志》1983 年第 4 期。

④ 《商标注册暂行条例》(1950)规定需专用商标的应注册,《商标管理条例》(1963)第 2 条则直 接规定企业使用的商标,应当向中央工商行政管理局申请注册。

⑤ 《商标注册暂行条例》(1950)第 2 条规定:一般公私厂、商、合作社对自己所生产、制造、加工 或拣选的商品,需专用商标时,应依本条例的规定,向政务院财政经济委员会中央私营企业局申请 注册。

⑥ 《商标管理条例》(1963)第 2 条规定:企业使用的商标,应当向中央工商行政管理局申请 注册。

⑦ 1982 年《商标法》第 4 条规定:企业、事业单位和个体工商业者,对其生产、制造、加工、拣选 或者经销的商品,需要取得商标专用权的,应当向商标局申请注册。

《商标法》之前,我国要求外国申请人如欲在华申请注册商标的,需申请人所在国家系同中国建立外交关系、订立商约之国家,或者双方达成互惠协议且已在其本国注册。[①] 而 1982 年《商标法》则放宽到了双边协议、国际条约,并将对等原则引入,进一步便利了外国申请人在华注册商标。对于改革开放之初的中国来说,这样的规定无疑为外国投资者来华投资经商提供了极大的便利。

1982 年《商标法》的第四个立法重点在于对注册商标的保护。在以往的立法中,对于商标专用权的保护要么完全未提及,要么模糊而宽泛,而 1982 年《商标法》则用单独第 7 章规定了商标专用权的保护,包括对侵权行为的列举和概括式规定,权利人的行政和民事救济,并首次规定了以"侵权人获利"为赔偿标准的赔偿原则,同时还规定了侵犯商标权的刑事责任。

从 1982 年我国《商标法》的生效至 1993 年《商标法》的修改,我国商标法律制度基本建立起来。总体而言,我国 1982 年《商标法》是一部当时较为全面的知识产权立法,这一部法律总结了正反两方面的历史经验,同时还借鉴了相关国际经验,[②]对于改革开放之初的中国来说,较大程度上便利了国内商品经济的发展,也迈出商标制度与国际接轨的步伐,为我国社会主义市场经济体制的建立做了相应的准备。

(二)专利法律制度的建立

1973 年,时任贸促会法律事务部部长任建新同志经周恩来总理批准带领中国代表团出席了世界知识产权组织领导机构会议,回国后即向中央提出了在中国建立专利制度的建议。但鉴于当时的国内外环境,没有进展。我国 1978 年开始改革开放,大力鼓励、吸引外国投资,但由于我国没有建立专利制度,面对世界各国向我国提出的专利申请、专利双边协议的签订请求等,一时无法应对。[③] 在这一背景下,1979 年 6 月,时任国家科委副主任武衡率领的代表团在访问了世界知识产权组织以及考察了欧盟国家的专利制度后,形成了《关于我国建立专利制度的请示报告》并上报国务院,1979 年,我国成立了专利法起草小组,正式开始中国专利法的起草工作。随着国家专利局于 1980 年成立,我国于同年 3 月申请加入世界知识产权组织,至此我国专利法律制度逐步形成。

专利制度在我国的确立并非一帆风顺,由于经济体制的原因,我国在较长的一

---

① 《商标注册暂行条例》(1950)第 5 条:已与中华人民共和国建立外交关系、订立商约之国家的商民,如需专用商标时,得在订立商约的规定范围内,依本条例申请。《商标管理条例》(1963)第 12 条:"外国企业如果申请商标注册,须具备下列两个条件:(一)申请人的国家和中华人民共和国之间已经达成商标注册互惠协议;(二)申请注册的商标已经用申请人的名义在他本国注册。"

② 田力普:《知识产权与改革开放 30 年》,知识产权出版社 2008 年版,第 40~41 页。

③ 田力普:《知识产权与改革开放 30 年》,知识产权出版社 2008 年版,第 8~9 页。

段时间里只给予发明成果奖励,不实行专利保护。郑成思在论述我国建立专利制度的必要性时对反对意见也进行了总结:(1)我国发明可以通过出售专有技术的方式保护,并无必要搞专利制度;(2)我国只要有外汇,总能买到设备,无须担心我国无专利法而导致外商拒绝出售设备的问题;(3)我国技术较落后,需引进的多而出口的少,如果进行专利保护,岂不是保护了外国人的专利权?[①] 尽管这些问题在现在看来已经不是问题,但在当时的社会环境下,仍然对我国专利法律制度的建立形成了阻力。针对当时关于专利制度的建立存在着反对和支持的激烈辩论,邓小平同志果断决策指示我国需要建立专利制度。[②] 曾任中国专利局副局长的沈尧曾也指出,尽管专利制度是商品经济的产物,但社会主义经济中发展商品经济是应当大力支持的,专利制度能够在竞争中促进优胜劣汰,专利制度能够有效促进生产技术的研发,对于企业改进生产技术起到刺激和推动作用。[③]

1984 年 3 月,第六届全国人大常委会审议通过了《中华人民共和国专利法》(以下简称《专利法》),并规定该法于 1985 年 4 月 1 日生效,成为我国建立专利制度的重要标志和开端。随着《专利法》的实施,我国也逐步落实了相应的配套法律法规和组织机构。1984 年 6 月,国务院指定的涉外专利代理机构——中国国际贸易促进委员会专利代理部开业;8 月,国家专利局发布《关于在全国设置专利工作机构的通知》;12 月,中国向世界知识产权组织递交加入《保护工业产权巴黎公约》的相关文件。1985 年 2 月,最高人民法院发布了《关于开展专利审判工作的几个问题的通知》,人民法院开始审理专利纠纷案件。[④] 此后,关于专利国际申请、优先权、专利代理等相关文件陆续出台[⑤],我国形成了较为完整的专利法律制度。至此,我国专利保护制度开始与国际接轨。

1984 年《专利法》共 8 章 69 条,包括总则、授予专利权的条件、专利的申请、申请的审查和批准、专利权的期限终止和无效、专利实施的强制许可、专利权保护和附则。这部专利法的制定、公布和实施,标志着我国科学技术管理的根本性改变,从此之后,技术管理由"无偿使用"到"有偿转让",是我国技术发明由"技术封锁"到"技术公开"、由"平均主义"到"奖励发明"、由"随意侵权"到"保护产权"的转变。[⑥]可以说,我国 1984 年《专利法》是一部较为完善的专门立法。

---

① 郑成思:《试论我国建立专利制度的必要性》,载《法学研究》1980 年第 6 期。

② 田力普:《知识产权与改革开放 30 年》,知识产权出版社 2008 年版,第 10～11 页。

③ 沈尧曾:《社会主义条件下建立专利制度的实践与展望》,载《知识产权》1992 年第 1 期。

④ 《关于开展专利审判工作的几个问题的通知》规定了专利案件受案范围、管辖和诉讼程序等问题,同时还对专利刑事案件作出相应的规定。

⑤ 包括 1984 年 8 月发布的关于外国人优先权问题的专利局第 1 号公告、《专利代理暂行规定》(1985)等文件。

⑥ 赵恒珊:《略论我国的专利制度》,载《学习与探索》1984 年第 4 期。

在 1984 年《专利法》中,解决的第一个重要问题就是确定了发明创造的专有权地位,我国不再一律将发明视为国家所有[①],而是赋予权利人以专有权。1987 年生效的《民法通则》将专利权规定为财产权,专利财产权的规定极大调动了社会对于技术研发的积极性,对于发明创造的有偿转让也起到了重要推动作用。

1984 年《专利法》的第二个典型特点是带有突出的社会主义色彩和计划经济色彩,如关于职务发明方面的规定,特别指出"全民所有制企业的职务发明归该单位所有""全民所有制企业的专利申请权或专利权转让需经上级主管机关批准",这样的规定能够较好地配合当时我国经济体制的发展,"确认社会主义单位的专利权对于技术的应用和有偿转让权利,对于技术经济效益的实现和创新的激励都有较好的效果"。[②] 此外,该法还规定国家可以根据经济计划,用行政的手段来推广应用发明创造。[③] 尽管这些规定在后来修法过程中有所改变,但在当时看来,亦有存在的必要,商品经济在我国逐步展开,社会主义市场经济体制尚未建立,我国需要在计划经济体制向社会主义市场经济体制过渡的过程中实现较为稳步的转变,既需要结合当时的国家经济发展水平和国民对于发明创造的认识,又要与《巴黎公约》《TRIPS 协定》等国际协定和其他国家接轨。

第三个值得关注的特点在于专利权当地实施要求。1984 年《专利法》第 51 条规定,专利权人负有自己在中国制造其专利产品、使用其专利方法或者许可他人在中国制造其专利产品、使用其专利方法的义务。对于这一条款而言,有较为明显的时代性,在当时,我国科技研发水平较低,出于我国科学技术推广使用和技术创新的需要,要求在我国申请的专利需在我国国内使用。这一规定在 1992 年修改《专利法》时予以删除。

其他值得关注的问题还包括专利授权范围、保护期限以及异议程序等问题。1984 年《专利法》规定不授予"食品、药品和调味品""药品和用化学方法获得的物质"专利权,这两项不授予专利权的规定在 1992 年修改《专利法》时被删除。从保护期限上看,对于发明专利的保护期为 15 年,而对于实用新型和外观设计的保护期限仅为 5 年(可续展 3 年),这与其他国家有较大的区别,因此这一规定也在 1992 年修改《专利法》时进行了修改。而在异议程序方面,我国在 1984 年《专利法》设置了授权前异议程序和授权后的无效审查程序,规定在申请公告 3 个月内,任何人可提起异议程序,由于异议程序的实际作用并不明显,反而延长了大量专利的授权期限,该程序在 1992 年修改《专利法》时被删除,由撤销程序取代,规定授权

---

① 《发明奖励条例》第 9 条:发明属于国家所有,全国各单位(包括集体所有制单位)都可利用它所必需的发明。

② 程开源:《一部具有中国特色的专利法》,载《现代法学》1985 年第 1 期。

③ 1984 年《专利法》第 14 条。

后 6 个月内为撤销期,6 个月后为无效审查请求期。由于撤销程序与无效审查极为相似,2000 年修改《专利法》时,删除了撤销程序,由无效审查作为授权后行政审查的唯一程序。

总体而言,我国专利法律制度的初步建立主要在改革开放后至 1992 年,并在 1992 年基本达到国际条约的要求。1992 年修改的《专利法》在专利权授予范围、专利保护期限、专利强制许可、专利国际申请以及专利异议程序等方面做了较大幅度的修改。1992 年 12 月,我国正式提出建立社会主义市场经济体制,专利法律制度依赖并有利于市场经济的发展,专利制度发展环境愈加优越。

(三)著作权法律制度的建立

改革开放之前,我国没有关于著作权保护的立法,仅有的也只是政策和行政规章,如《关于改进和发展出版工作的决议》(1950)、文化部《关于文学和社会科学书籍稿酬的暂行规定》(1956)等,但这一时期的此类规定完全没有“版权”或“著作权”的概念,而仅仅是对作者的获取酬劳的规定,到了反右派斗争时期,这种“获酬权”也被废止。[①]

1979 年中美就《中美高能物理合作执行协议》进行谈判时,双方在美方提出的版权保护要求问题上陷入僵局,可以说这是我国开始正视现代版权保护的一个代表性事件。就此问题,1979 年 4 月,国家出版局向国务院呈报了关于制定版权法和建立版权机构的报告,胡耀邦同志批示表示同意报告,并要求尽快着手草拟版权法。同年 5 月,全国出版工作会议讨论了包含版权条款在内的《中华人民共和国出版法(草案)》。1980 年,国家出版局草拟出了《中华人民共和国版权法(草案)》。1982 年,草案修改为《中华人民共和国版权保护暂行条例》并印发全国征求意见。这一时期,理论界和实务界就我国是否应当制定著作权法展开论战,饱受“文革”极“左”思潮压抑的广大文学、艺术和科学工作者,为改变文学艺术创作万马齐喑,广大作家的创作活动得不到鼓励,创作成果得不到尊重的局面,发出了启动著作权立法的时代呼唤,[②]在我国改革开放的背景下,制定著作权法对于促进文化繁荣、保护作者权利和打击侵权问题十分有必要,但这对于传统的知识分享意识来说则是一个重大的挑战,反对者认为,著作权制度对于实现作品的社会效益不利。[③] 反对知识私有、反对天价版权费也成为反对著作权制度的理由。[④] 一直到 1990 年,我

① 田力普:《知识产权与改革开放 30 年》,知识产权出版社 2008 年版,第 60 页。

② 王自强:《我国著作权法律制度建立及发展》,http://www.ncac.gov.cn/chinacopyright/contents/555/385476.html,下载日期:2019 年 5 月 18 日。

③ 邱伯友:《我国应当制定著作权法》,载《法商研究》1986 年第 3 期。

④ 夏辰旭:《中国知识产权法律制度的历史发展与变革》,载《人民论坛》2013 年第 14 期。

国版权法的立法工作主要出台了若干行政法规和部门规章。[①]

相较而言,《著作权法》的颁布实施晚于《专利法》和《商标法》,在 1990 年《著作权法》颁布实施之前,我国《民法通则》已经将著作权规定为财产权进行保护。1990年第七届全国人大常委会通过《著作权法》后,相关配套立法密集出台,包括《计算机软件著作权登记办法》(1991)、《著作权法实施条例》(1991)、《计算机软件保护条例》(1991)等。此外,1994 年第八届全国人大常委会审议通过了《关于惩治侵犯著作权的犯罪的决定》,至此,我国国内的著作权法律制度较为全面地建立起来。从国际层面上看,随着我国《著作权法》和相关法律法规的出台,我国于 1992 年加入了《世界版权公约》和《保护文学和艺术作品伯尔尼公约》(以下简称《伯尔尼公约》),1993 年加入《保护录音制品制作者防止未经许可复制其录音制品公约》。为了更好地将国内立法与国际条约协调起来,1992 年国务院发布了《实施国际著作权条约的规定》。至此,我国形成了较为全面的著作权法律制度体系。

1991 年生效的《著作权法》共 6 章 56 条,包括总则、著作权、著作权许可使用合同、出版表演录音录像播放、法律责任和附则。从 1980 年《中华人民共和国版权法(草案)》至 1990 年《著作权法》的生效,我国《著作权法》的立法经历了较长的过程,甚至在 1987 年再次征求意见时,仍然有相当大的反对意见认为著作权法的实施会妨碍使用外国图书和期刊,其依据主要是购买外国版权所需资金较大。对此刘春田教授认为这是一种个别单位罔顾改革开放大局强调小团体利益的看法。[②]尽管阻力重重,我国仍然破除阻力通过了这部《著作权法》,这部法律较为全面地规定了作品的范围、对作者和邻接权人的权利保护、作品的合理使用和侵权责任承担等问题。我国第一部《著作权法》的诞生在法律上承认和维护了知识分子的权益,[③]自此,我国形成了《商标法》《专利法》《著作权法》三部主要立法的知识产权保护体系,对于科技工作者以及文学艺术作者来说,极大提高了他们的创造热情,对于社会经济的发展起到了极大的积极作用。

《著作权法》(1991)立法之初,不得不提及的一个首要话题是学界对使用"版权法"还是"著作权法"的不同看法,乃至于郑成思、刘春田等学者均专门撰文进行讨论。此外,还有学者认为,用"著作权"一词容易混淆政治权利(言论出版自由)与民事权利(作者的特殊权利)之间的界线,而用"版权"则不存在这样的问题。[④]刘春田教授则认为使用"著作权"一词有历史经验,且其最大的好处是不会令人误解为

[①] 主要包括 1984 年文化部颁发的《书籍稿酬试行规定》、1985 年生效的《图书、期刊版权保护试行条例》、1987 年《录音录像出版物版权保护暂行条例》和《录音录像出版工作暂行条例》、1990 年版权局发布的《关于适当提高书籍稿酬的通知》和《关于适当提高美术出版物稿酬的通知》等。

[②] 田力普:《知识产权与改革开放 30 年》,知识产权出版社 2008 年版,第 473 页。

[③] 谢怀栻:《著作权法公布有感》,载《群言》1990 年第 11 期。

[④] 沈仁干:《版权与著作权小议》,载《中国出版》1987 年第 2 期。

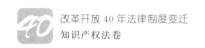
该权利属于出版商。① 当然,在当时也有学者认为此二者并无实质差异,乃是统一含义,不必过分争论。② 在这个问题上,尽管争论颇多,但在 1986 年通过的《民法通则》第 94 条表述为:公民、法人享有著作权(版权),依法有署名、发表、出版、获得报酬等权利。而后来通过的《著作权法》第 51 条中对此进行了统一定义:本法所称的著作权与版权系同义语。尽管在使用"著作权"还是"版权"这一问题上颇费了一番周折,但是可以看到,在立法之初,无论是学者还是当时的立法机关,均对我国第一部《著作权法》高度期待和负责,立法过程中的学术争锋构成著作权法历史上一段优美的插曲。

《著作权法》(1991)解决的第二个问题是对作者著作权的认可,③且一步到位地对国内和国外作者的著作权进行了规定,并为国际条约在这个问题上的适用留下空间。在规定著作权属于作者的前提下,将"国籍原则""地域原则""互惠原则"并行,④在这一点上,主要依据《伯尔尼公约》和《世界版权公约》展开。

第三个值得关注的问题是作品范围的划定。整体上看,我国对于著作权作品范围的认定与世界各国关于这一问题的认定并无明显差异,但在著作权取得的认定问题上有较为特殊的地方,1991 年《著作权法》第 4 条规定:依法禁止出版、传播的作品,不受本法保护。这一规定方式在 2001 年修改《著作权法》时并未进行修改,即仍然强调著作权取得所依据的作品当为合法出版和传播的作品,当时的立法原因在于强调不保护"淫秽的、反动的作品"⑤,这一条所带来的问题还在于何谓"依法禁止",甚至有美国代表指出"是不是说凡是未经中国政府审查通过的出版物都不受中国著作权法的保护",乃至于在较长时期内影响到了国际间版权贸易问题。而在 2010 年修改《著作权法》时改为:著作权人行使著作权,不得违反宪法和法律,不得损害公共利益。删除了上述认定方式,将作品合法性与著作权取得进行区分,不再排除非法出版和传播的作品的著作权,而是规定不给予此类作品以法律保护。

除此之外,我国《著作权法》在体现中国特色和与国际接轨方面均体现出了较高的水平。《著作权法》(1991)对著作权的自动保护、作者精神和财产权利、保护期限等问题上均达到了《伯尔尼公约》的要求,同时在职务作品保护、体现中国文化的

---

① 田力普:《知识产权与改革开放 30 年》,知识产权出版社 2008 年版,第 478 页。

② 张用江:《浅谈版权和著作权》,载《法律适用》1988 年第 1 期。

③ 《著作权法》(1991)第 2 条:中国公民、法人或者非法人单位的作品,不论是否发表,依照本法享有著作权。外国人的作品首先在中国境内发表的,依照本法享有著作权。外国人在中国境外发表的作品,根据其所属国同中国签订的协议或者共同参加的国际条约享有的著作权,受本法保护。

④ 郭登科:《谈我国著作权立法的基本原则》,载《河北法学》1990 年第 6 期。

⑤ 田力普:《知识产权与改革开放 30 年》,知识产权出版社 2008 年版,第 474 页。

曲艺作品保护、合理使用等问题上有较强的中国特色。[①]

总体而言，改革开放后，我国著作权立法工作是在紧锣密鼓中进行的。尽管面对国内和国际的诸多不同意见和看法，最终通过的《著作权法》以及相关配套法律法规仍然较为完善地对我国著作权法律保护进行了规定。这些规定对于后来的社会主义市场经济体制的建立和发展起到了重要作用。

三、小结

改革开放最初的几年，我国处于大幅度转折与调整阶段，发展商品经济、引进外国资本与技术是这一时期的主要命题。在这一关键的历史时期，邓小平同志作为改革开放的总设计师不仅确定了我国经济体制改革的方向，同时意识到要引进外国资本和技术，必须建立知识产权保护制度。

从 1982 年《商标法》的通过到 1984 年《专利法》、1990 年《著作权法》的通过，再到对各部专门立法的配套立法，仅仅 10 年间，我国迅速地建立起一套涵盖商标、专利、著作权的知识产权保护制度。这一制度的快速建立有特殊的历史背景和契机，特别是国际社会对改革开放的中国提出了知识产权保护的要求，这是当时中国快速建立知识产权法律制度的重要动因。更为重要的是，把握国家发展方向的领导者实事求是，积极回应了这一要求，力排众议，坚定不移地支持知识产权保护。考虑到改革开放之初，中国在全球 GDP 仅占 1.8%（1978 年）[②]，在自身创新成果乏善可陈的历史背景下，中国领导人坚持保护知识产权的决心是需要开阔的胸怀和卓越的远见的。

第三节　扩大开放与知识产权法的变革(1992—2000)

一、市场经济体制的确立对知识产权法的影响

知识产权制度与市场经济有着密切的联系，经济背景改变，知识产权法的制度设计也必然会发生变化。1992 年年初，邓小平同志的南方谈话为市场经济体制的创建指明了方向。1992 年 10 月，党的十四大第一次明确提出了建立社会主义市场经济体制的目标模式。党的十四届三中全会作出《关于建立社会主义市场经济体制若干问题的决定》历史性决议，确定以建立市场经济为目标，加强法律制度建

---

①　陈美章：《试论我国著作权法的国际性和中国特色》，载《知识产权》1991 年第 6 期。

②　国家统计局：《1978 年以来我国经济社会发展的巨大变化》，http://www.gov.cn/jrzg/2013-11/06/content_2522445.htm，下载日期：2018 年 11 月 11 日。

设,强调引入竞争机制,保护知识产权,实行技术成果有偿转让。形成市场经济的前提条件是市场主体之间能够进行平等交往和自由交易,市场经济得以正常运行的必要保证是法律对私有财产所有权进行平等地保护和确认,市场经济法治的首要任务是明晰的产权界定制度。① 随着我国社会主义市场经济体制的建立,经济社会发展迅速,知识产权的保护水准不断提升,例如,1992 年我国《专利法》修订,将化学物质、药品、食品、饮料和调味品列入专利权保护范围;知识产权法成为经济转型升级、社会创新发展的法律保障与制度支撑。② 知识、信息是一种特殊商品,产权的主要特征是私有性和独占性,知识产品要成为知识财产必须解决其产权界定问题。知识产权制度依据市场要求,赋予产品所有人专属所有权,保障和促进了知识产品在市场中的交易和流转,最终实现知识产品的社会价值,市场的竞争离不开法律的规范管制。根据马克思的观点,商品交换的本质反映了社会经济关系,交易的本质是交换所有者的权利。"知识产品在市场中的流转是实现知识产品社会价值的必要条件,因为知识产品转化为效益即价值实现需要凭借市场的交换。"③知识产权制度中法律制度设立了对侵权行为的制裁与惩罚措施,提高了侵权行为成本,加大对侵权行为的惩罚力度,规范市场产权的交易,维护良好的竞争秩序。在市场经济建设过程中,自由、平等和法治,保证了知识产品的所有权人实现等价交换,自由地追逐自己的最大利润。市场经济建设发展初期,知识产权制度有相对应的设计。知识产权法作为平衡知识产权人与社会公众利益的协调器,需要国家以公权介入进行调整,对市场经济实行引导、促进和宏观调控作用,尤其是对维护知识产权市场规范,鼓励技术创新,促进信息交流具有重大的作用。知识产权与市场经济存在着联动关系,知识产权的产生是社会商品经济发展到一定程度的客观要求。知识产权随着市场经济的国际化发展而取得世界性进步,知识产权制度的建立和逐步健全又对市场经济的素质提高和阶段演进起巨大的保障和激励作用。知识产权制度建设对市场经济的推进作用主要表现在:为市场提供了大量值得开发的新信息、新技术、新材料、新能源、新方法,极大加速了商品生产劳动的物化过程和商品的市场流转速度,使市场上的新产品新品种成倍增长;通过专有知识对提高劳动生产率、扩大或深化劳动分工、缩小交换的时空界限等作用,拓展了市场的广度和深度,扩大了市场规模,促进新市场形成和发展。④

　　知识产权制度与市场经济有着密切的联系。知识产权制度产生于市场经济土壤,并作用于市场经济。富田彻男从市场特征和市场竞争的角度,分析了社会状态

① 袁峥嵘、杜霈:《试论知识产权制度与市场经济的关系》,载《特区经济》2014 年第 1 期。

② 吴汉东、刘鑫:《改革开放四十年的中国知识产权法》,载《山东大学学报(哲学社会科学版)》2018 年第 3 期。

③ 冯晓青:《知识产权法利益平衡理论》,中国政法大学出版社 2006 年版,第 194 页。

④ 郑英隆:《市场经济与知识产权》,载《经济科学》1993 年第 5 期。

发生异常变化时知识产权制度如何发挥作用,讨论了知识产权制度对社会、经济作用的机制。[1] 加快社会主义市场经济体制建设,就是要通过完善我国知识产权制度、加强知识产权保护,使之符合市场经济发展,实现全社会创新资源的高效配置,促进科学技术的发展。20 世纪 80 年代,我国《商标法》《专利法》《著作权法》先后出台,从政策层面上看,这些立法活动是我国推行改革开放基本国策的需要;20 世纪 90 年代,我国《商标法》《专利法》《著作权法》的相继修订,是构建社会主义市场经济的现实需要,在一定程度上是我国为加入世界贸易组织所做的政策安排。

1992—2000 年是我国扩大开放与知识产权法变革的全面深化时期。随着冷战结束,全球政治经济格局发生改变,世界各国都将发展经济作为提升本国国际地位的战略手段。在此背景下,一方面,经济全球化成为国际共识;另一方面,发达国家企图通过控制国际贸易规则特别是知识产权规则的制定权为本国企业争取竞争优势。于是,保护知识产权成为最敏感的问题,知识产权成为各国交往的核心问题。随着市场经济的发展,知识产权法变革是我国推动改革开放和实现"四个现代化"、建设创新型国家的内生需求和战略抉择,也有应对外部国际压力的因素。在我国实施专利制度的实践中,国际压力一直居高不下,围绕知识产权保护,中美两国争端频发,主要有 3 个标志性事件:一是 1992 年签署《中美政府关于保护知识产权的谅解备忘录》,这是对我国知识产权立法影响重大的一个双边协议;二是 1995 年签署《中美知识产权磋商协议》,以《有效保护及实施知识产权的行动计划》作为附件,这对我国知识产权执法,特别是行政执法,影响巨大;三是 1999 年中美两国政府就中国加入世界贸易组织达成双边协议,签署《关于中国加入世界贸易组织的协议》,对于我国加入世界贸易组织具有决定性意义。此阶段,我国知识产权法研究的重点已经从"起步"向"深入"过渡,知识产权法的理论研究取得了许多重要成果,有些研究成果已被立法、司法所采用。

二、知识产权法的变革

(一)著作权法的变革

1990 年 9 月 6 日,《中华人民共和国著作权法》经第七届全国人大常委会第十五次会议通过,1991 年 5 月 30 日国家版权局发布《中华人民共和国著作权法实施条例》,1991 年 6 月 1 日起《著作权法》生效。《计算机软件保护条例》1991 年 10 月 1 日生效,《实施国际著作权条约的规定》1992 年 9 月 30 日生效,《关于惩治侵犯著作权的犯罪的决定》在 1994 年 7 月 5 日第八届全国人民代表大会常务委员会第八次会议通过并于第二天公布施行。《著作权法》作为改革开放的产物,在中国特色

---

① [日]富田彻男:《市场竞争中的知识产权》,廖正衡等译,商务印书馆 2000 年版,第 3 页。

社会主义市场经济体制初步建立期间开始实施,在中国著作权保护法律史上有着十分重要的意义。① 这部法律采纳了英美法系和大陆法系在著作权保护上的理念,形成了中国著作权保护自有的特点:人身权和财产权并重,权利主体法定,作品范围广泛,权利限制突出。② 随着著作权国际交流的扩大,我国政府于 1992 年加入《伯尔尼公约》和《世界版权公约》,分别于 1992 年 10 月 15 日和 1992 年 10 月 30 日对我国生效,推动了我国著作权制度与国际接轨。1993 年 4 月 30 日,《保护录音制品制作者防止未经许可复制其录音制品公约》在我国开始生效。1994 年 7 月 5 日,第八届全国人大常委会通过《关于惩治侵犯著作权的犯罪的决定》,我国立法首次将侵犯著作权行为纳入刑法制裁的范围。1997 年 3 月 14 日,《中华人民共和国刑法》由第八届全国人大第五次会议修订,侵犯著作权犯罪第一次被纳入刑法典。1998 年 12 月,第九届全国人大常委会第六次会议开始审议《著作权法修正案(草案)》。③ 1990 年《著作权法》不仅从法律层面揭示著作权法律制度的形成,而且彰显了国家和社会对创作精神的尊重、对创作自由的确认和对创作成果的保护。在当时的立法水平和背景之下,尽可能做到了平衡从事创造性劳动的著作者和传播者、社会公众乃至国家民族的利益,做到了在借鉴国外先进立法经验、参照国际著作权保护原则惯例的同时又结合中国实际情况作出具体规范,对中国的文化、科学、教育事业的发展起到积极推动作用。④

1990 年《著作权法》也有其局限性,有些规定是适应当时经济文化发展水平和社会需求的,但随着时代的发展不可避免地存在某些方面的问题与不足,需要在市场经济建设过程中不断调整和完善。⑤ 比如仅根据实际损失或违法所得计算赔偿数额而未规定法定赔偿类型,致使在著作权案件中举证困难;仅依据谁主张谁举证的举证制度,而未规定推定过错,致使被侵权人难以取得制作环节的证据;未对著作权集体管理加以规定,使得我国著作权集体管理机构在开展工作时缺乏足够的法律依据,难以实施有力的管理和保护手段。修法历经 10 年,于 2001 年完成第一次修改。涉及头体性规定的重要修改就包括作品的种类、权利的内容、保护期、合理使用与法定许可的范围和条件等,并增加了临时措施、证据保全、举证责任倒置等有利于著作权人和邻接权人的程序性规定。这次《著作权法》的修改是一次"大修",法律条文由原来的 56 条增至 60 条,多数条款均有变动,其中涉及实际内容的

---

① 沈仁干:《谈我国著作权法的修改》,载《知识产权》2001 年第 6 期。
② 张平主编:《知识产权法》,北京大学出版社 2015 年版,第 33～34 页。
③ 宁立志主编:《知识产权法》,武汉大学出版社 2011 年版,第 192 页。
④ 唐宋:《十年不平凡的历程——纪念著作权法颁布十周年座谈纪要》,载《出版法范》2000 年第 11 期。
⑤ 郑成思:《"社科规划"九五期间(1996—2000)中国知识产权法的研究状况》,载《河南省政法管理干部学院学报》2000 年第 5 期。

增删改有 53 处。这次修改增加了许多重要的规定：为了便于著作权人行使和维护自己的权利，分别列出 16 种权利和对这些权利内涵的界定，并为权利人实现自己的权利确立了集体管理组织的制度；为了适应参加世贸组织的需要，在著作权保护的客体、权利的内容、作品的保护期和权利的限制等方面作了修改，使之与国际公约相一致，包括将备受关注的原《著作权法》第 43 条"广播电台、电视台使用录音制品不经许可也不付酬"修改为必须按规定付酬；对外解决了同世贸组织的《TRIPS 协定》不相符合的问题，而其实际意义是提高了我国著作权人的保护水平；妥善解决了信息网络环境下的著作权保护问题，既使作者和其他权利人获得信息网络传播权，又对如何实施这项权利留有一定程度的灵活性；为加大打击侵权盗版的力度，在司法审判和行政执法上作出多项新规定，在强化司法审判权威的同时，也强化了行政执法的权威。[1]

这部《著作权法》，起草 10 年后完成立法，立法 10 年后完成修法。在 1995 年前后，国务院有关部委和 8 个省市区进行执法检查和修法调研；从 1993 年到 1998 年先后四次听取国家版权局执法情况和修法意见的汇报；与国家版权局联合从 1995 年到 1998 年四次召开全国性的修法专题研讨会。在修正案提请全国人大常委会审议后，先后两次分片召开各有 10 个省市代表出席的征求意见座谈会，并与全国人大法律委、法工委联合在京召开六次征求意见座谈会。在修法过程中，1998 年 12 月国务院提请第九届全国人大常委会审议，1999 年 6 月在常委会完成一审即将进行二审时，因有一些重要的不同意见难以达成一致，又被送审机关撤回，2000 年 11 月国务院将经进一步修改的著作权法修正案再次提请全国人大常委会审议，这在审议其他法律时是不曾有过的。对原《著作权法》第 43 条的修改，像有堵高墙一样难以逾越，主张修改的呼声虽然很高，但 1998 年修正案未作修改，直到 2000 年再次提请审议时才越过了这道难关。[2]

通过宣传和普及，《著作权法》逐渐成为社会广泛关注的法律。这部法律对发展科学文化的重要性及其所具有的特殊性质，在立法和修法过程中出现的那些难点和难题，在之后的执法中也不断出现。在 1992 年到 2000 年期间，最高人民法院将计算机软件著作权、电视节目预告表使用权、出售假冒其署名的美术作品、音像大世界侵犯著作权、县志编纂委员会等著作权、电脑商情报社著作权、修建灵塔办公室著作权、电视台著作权等 13 个著作权侵权案件列为经典案例，尤其是美国沃

---

[1]　宋木文：《来之不易的重要进展——亲历著作权法修改感言》，载《出版发行研究》2001 年第 12 期。

[2]　唐宋：《十年不平凡的历程——纪念著作权法颁布十周年座谈纪要》，载《出版法苑》2000 年第 11 期。

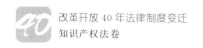
尔特·迪斯尼公司诉北京出版社等侵犯著作权纠纷案①列为 1996 年第 2 期经典案例,起到警示示范作用。

(二)商标法的变革

我国《商标法》自 1983 年 3 月实施以来,强有力地保障和促进了我国商标事业的繁荣和发展。1982 年我国商标注册申请为 18566 件,1992 年新申请商标达 90795 件,申请总量达 13.9 万件之多,居世界第五。这部《商标法》被称为有中国特色的经济立法的典范,是一部先进的现代化的知识产权法。②

随着改革开放的深入和不断扩大,特别是社会主义市场经济体制的确立,《商标法》实施 10 年来,其中有些规定与当时的经济发展和商标注册保护等实际运作不相适应。1990 年,美国将中国列为重点观察国家,指责我国未对知识产权进行充分的法律保护。1992 年年初,我国与美国就保护知识产权达成了协议,为了满足协议要求,兑现协议承诺,我国展开了《商标法》的第一次修订。③ 这次修订看似是在美国的压力下展开的,实则也是顺应中国商标法的发展趋势,符合商标法的国际发展潮流。1993 年 2 月 22 日第七届全国人大常委会通过《关于修改〈中华人民共和国商标法〉的决定》和《关于惩治假冒注册商标犯罪的补充规定》。1994 年 8 月 9 日加入《商标注册用商品和服务国际分类尼斯协定》、1995 年 12 月 1 日加入《商标国际注册马德里协定有关议定书》。经过修订后的《商标法》加强了对商标权的保护力度,加重了对侵权人的处罚力度,扩大了商标保护范围。将服务商标纳入商标法律保护范围,完善了商标注册程序,增加了对假冒他人注册商标和侵犯他人商标专用权行为的惩罚力度。④ 它标志着我国商标法制建设日趋完善,以服务和满足社会主义市场经济的发展需要和向国际商标制度接轨的趋势。⑤

计划经济时代,所有的经济活动都是政治活动,私人成为公民,而个人利益完全寓于国家利益和集体利益之下,人民大众既是国家管理的执行者也是管理的对象,各种经济活动都是不可独立于社会主义经济机器中的一个有机部分,都是被管理的对象。计划经济时期的法律必然以加强管理作为其首要目标,"加强商标管理"作为 1982 年《商标法》立法宗旨,是计划经济体制的逻辑结果。我国从计划经济体制向市场经济体制过渡的过程中,原计划经济时期的大量政府管制会保留下来,各个领域都存在着计划经济时期遗留下来的各种政府管制制度。从 1992 年开

---

① 中华人民共和国最高人民法院公报,http://gongbao.court.gov.cn/Details/bb3d5da308a29c976cde19af624be8.html,下载日期:2019 年 5 月 18 日。

② 刘佩智:《中国商标法制的建立和完善》,载《中国工商管理研究》1999 年第 10 期。

③ 王美娟:《我国商标法的修改和完善》,载《法学论坛》1993 年第 6 期。

④ 管荣齐:《中国知识产权法律制度》,知识产权出版社 2016 年版,第 25 页。

⑤ 曹中强:《中国商标领域的新进展》,载《知识产权》1999 年第 3 期。

始,市场经济逐步取代计划经济;市场经济要求经济与政治分离,把民法中的公民恢复为民法中的私人,国家以宏观调控为主要的经济调控手段,国家的角色也从单纯的经济秩序维护者、仲裁者,演变为结果取向的干预者、结构取向的管理者,行政机关因此从管理者转变为服务者。市场经济中法律的强制性规范并不"管制"人民的私法行为,而是提供一套自治的游戏规则,不是为了加强管理,而是为了最终实现社会的有序发展,实现从"加强商标管理"到"加强商标服务"理念的转变。20世纪90年代初,为争取恢复关贸总协定缔约国地位,第七届全国人民代表大会常务委员会于1993年2月22日第30次会议通过了《关于修改〈中华人民共和国商标法〉的决定》。①《商标法实施细则》也作了相应的修改,主要内容有②:

1.拓宽《商标法》的保护范围

现行《商标法》及其《实施细则》拓宽了《商标法》的保护范围,增加了对服务商标、集体商标和证明商标的注册保护。

2.地名不得作为商标注册

原《商标法》没有关于禁止地名作为商标注册的规定。1988年修改《商标法实施细则》时,增加了有关规定,1993年《商标法》第8条对此作了规定:"县级以上行政区划的地名或者公众知晓的外国地名,不得作为商标注册,但是,地名具有其他含义的除外,已经注册的使用地名的商标继续有效。"

3."一表一类"和"一表多类"

1993年《商标法》第12条规定:"同一申请人在不同类别的商品上使用同一商标的,应当按商品分类表提出注册申请。"这一条和原条文相比,主要修改的是,删去了原《商标法》中规定的应当按商品分类表"分别"提出注册申请的"分别"二字。我国于1989年10月正式成为《商标国际注册马德里协定》(以下简称《马德里协定》)的成员国。根据该协定规定,同一申请人可以就同一商品或服务在同一申请表格上申请多类注册,即一表多类,而我国原《商标法》规定的是一表一类,这既不符合《马德里协定》中的有关规定,又不利于商标申请人申请商标注册,手续烦琐,效率低下。《商标法实施细则》第9条关于一表一类的规定未作修改,商标国际注册申请,按《马德里协定》一表多类办理,国内仍暂按一表一类办理,这充分体现了立法的原则性和灵活性相统一。

4.注册商标的撤销

原《商标法》只规定了注册商标争议撤销程序,1993年《商标法》增加了对注册不当商标的撤销程序。已经注册的商标,违反本法第8条规定,或者是以欺骗手段

---

① 何怀文:《商标法:原理规则与案例讨论》,浙江大学出版社2015年版,第20~21页。

② 赵惜兵:《完善商标法律制度,适应我国入世需要——商标法修改内容简介》,载《科技与法律》2001年第4期。

或者其他不正当手续取得注册的,商标局可依职权或其他单位或个人请求商标评审委员会裁定撤销该注册商标。《商标法实施细则》中对何为欺骗手段和不正当手段作了具体规定,并且规定,这种撤销的注册商标,其商标专用权为自始即不存在。

5.工商行政管理部门对商标侵权行为的管辖权

原《商标法》规定,对侵犯注册商标专用权的行为,被侵权人可以向侵权人所在地县级以上工商行政管理部门要求处理。1993 年《商标法》规定,被侵权人可以向县级以上工商行政管理部门要求处理。

6.法律责任

此次修改《商标法》加重了假冒他人注册商标的法律责任。其中《商标法实施细则》提高了处罚的力度,将罚款由非法经营额 20% 提高为 50%,侵权所获利润的 2 倍提高至 5 倍;另外规定对侵犯注册商标专用权的单位的直接责任人员可处以 1 万元以下罚款。

《商标法》通过确立和保护商标专用权,维护了公平竞争秩序,保护了消费者权益,在保护先进生产力、推动我国科技进步、经济发展和对外贸易的繁荣等方面,发挥了积极的作用,功不可没。1992 年至 2000 年,有 6 个商标侵权纠纷案件被列为最高人民法院经典案例,其中"香港山顿国际有限公司诉深圳市华达电子有限公司侵犯商标专用权纠纷案"[①],就商标侵权赔偿起到示范作用。

(三)专利法的变革

进入 20 世纪 90 年代以后,我国市场经济发展迅速,国际经济关系和环境也发生了很大的变化。此前,中国的企业很少关注《专利法》的实施,《专利法》主要是在技术引进、设备引进过程中被外方应用。[②] 1990 年 11 月,在关税与贸易总协定(乌拉圭回合)多边贸易谈判中,《TRIPS 协定》的达成,标志着保护知识产权的新国际标准形成。出于扩大开放的需要,我国积极履行保护知识产权的国际义务,努力使知识产权保护水平向新的国际标准靠拢。我国从 1990 年就开始着手《专利法》的修改工作;1992 年 9 月 4 日,第七届全国人大常委会第 27 次会议通过了《关于修改〈中华人民共和国专利法〉的决定》,该决定于 1993 年 1 月 1 日施行。《专利法》修改的内容主要有:扩大了授予专利权的范围;延长了专利权的有效期;修改了强制许可的条件;扩大了专利权的保护范围;取消专利授权前的异议程序,增加专利授权后的行政撤销程序,进一步明确了被撤销的和宣告无效的专利权的法律效力。[③]

① 最高人民法院:《中华人民共和国最高人民法院公报》,http://gongbao.court.gov.cn/Details/206c829e3a4a4a7ed6ebac29b00d9a.html,下载日期:2019 年 5 月 18 日。

② 姜颖:《在改革开放中诞生和发展的中国专利制度》,载《知识产权》1998 年第 9 期。

③ 张平:《知识产权法》,北京大学出版社 2015 年版,第 116~117 页。

这次修改的重点放在《专利法》实体规定中与《TRIPS 协定》不相一致的条款,包括[①]:(1)扩大专利保护的领域,对化学物质和药品实行专利保护。(2)强化专利权人的权利,在《专利法》中授予了专利权人以进口权,并规定方法专利的效力延及用该方法直接获得的产品。(3)延长专利保护的期限,规定发明专利的保护期为 20 年,实用新型专利和外观设计专利的保护期为 10 年,均自申请日起计算。(4)修改了对授予实施强制许可条件的规定,增加为了国家利益或公共利益的强制许可。

修改后的我国专利的保护水平进一步向国际高标准靠拢,已与《TRIPS 协定》基本接轨。[②] 为了进一步加强对外专利合作,1994 年 1 月 1 日,我国成为《专利合作条约》成员国,中国专利局成为《专利合作条约》的受理局、国际检索单位和国际初步审查单位。1995 年 7 月 1 日,我国成为《国际承认用于专利程序的微生物保存布达佩斯条约》成员国。1996 年 9 月,我国成为《建立工业品外观设计国际分类洛迦诺协定》成员国。1997 年 6 月,我国成为《国际专利分类斯特拉斯堡协定》成员国。至此,我国已加入世界知识产权组织管理的全部有关专利的国际条约。在此期间,我国的专利工作全面向前推进,得到了快速发展。关于专利工作体系建设,中国专利局在历次机构改革中,逐步得到加强,尤其是在 1998 年年初的机构改革中,国务院将中国专利局更名为国家知识产权局,使该局成为国务院主管专利工作和统筹协调涉外知识产权事宜的直属机构,并承担原国务院知识产权办公会议办公室的工作。这是我国政府重视和加强知识产权保护工作的一项重要措施。[③]

经修改后的《专利法》具有如下特点[④]:

1.专利保护的高水平

经修订的我国《专利法》除了动植物品种没有给予产品专利保护以外,专利保护的范围完全达到了发达国家的水平。它的一个标志是我国增加对食品、调味品、药品、用化学方法获得的物质授予专利权;另一个标志是扩大保护利用专利方法直接取得的产品和专利产品的进口权。

2.尊重国际惯例,与国际条约保持一致

现在各国对专利有效期的规定一般在 10 年至 20 年之间,而且越来越多的国家倾向于 20 年有效期,如《欧洲专利公约》。修改后的《专利法》延长发明专利有效期,从 15 年延至 20 年。

① 吴伯明:《专利法研究(1992)》,专利文献出版社 1992 年版,第 63～95 页。

② 郑成思:《"社科规划"九五期间(1996—2000)中国知识产权法的研究状况》,载《河南省政法管理干部学院学报》2000 年第 5 期。

③ 吴伯明:《关于中华人民共和国专利法的修改》,专利文献出版社 1992 年版,第 63～95 页。

④ 姜颖:《在改革开放中诞生和发展的中国专利制度》,载《知识产权》1999 年第 1 期。

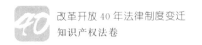

3.具有可操作性

《专利法》的修订考虑到了我国专利法发展的实际情况,反映了我国国民经济和科技发展的客观需要。原《专利法》实行专利申请公告和异议结合的制度,主要鉴于《专利法》颁布初期缺乏经验,检索资料不健全。当专利审查经验丰富,检索手段和档案日臻完备,采取授予专利权后异议和撤销制度的条件已经成熟时,作出以上修改顺理成章。另外,异议期延长至 6 个月,以及撤销专利权和宣告专利无效实行无追溯力和公平原则相结合的原则,都是为了适合我国实际情况,使《专利法》日趋完善。

1993 年新修订的《专利法》进一步加快了专利事业的发展,最为明显的是专利申请量逐年急剧上升。1993 年三种专利申请量达到 77000 多件,其中发明专利申请接近 20000 件,比 1992 年增长了 36％,冲破了前几年停滞不前的状态。此后几年,三种专利申请量每年以约 10％的速度上升,其中发明专利申请的增长速度高出约 1.4 个百分点。至 1999 年年底,国家知识产权局累计受理专利申请超过710000 件,批准专利超过 410000 件。[①] 在国际方面,此次修改履行了我国对外承诺的义务,为恢复我国关贸总协定缔约国的地位创造了条件。1992 年至 2000 年,有 13 个专利纠纷案件列为最高人民法院经典案例,针对维权诉讼起到示范作用。

三、小结

1992 年至 2000 年,是我国扩大开放与知识产权法的变革时期。随着改革开放不断深化,社会主义市场经济体系逐步建立,与科技进步、发挥知识分子作用相关的知识产权制度,成为社会主义市场经济运行的重要法律保障。与此同时,随着冷战结束,全球政治经济格局发生改变,围绕知识产权保护,中美两国争端频发,保护知识产权成为最敏感的问题。在这个时期,知识产权法变革是我国推动改革开放和实现"四个现代化"的内在需求和战略抉择,也有应对外部国际压力的因素。知识产权法也成为经济转型升级、社会创新发展的法律保障与制度支撑。[②]《专利法》于 1992 年完成第一次修订,《商标法》于 1993 年完成第一次修订,《著作权法》于 1991 年实施,到 2001 年才完成第一次修订。在知识产权法发展、完善、修订的过程中,《专利法》增加了专利产品的进口保护,扩大了专利保护范围,对化学物质、药品、食品、饮料和调味品给予专利权保护,增设了本国优先权以及一系列程序性规范。而《商标法》的修订主要体现在扩大了商标保护范围,将服务商标纳入其中,排除了地名商标的注册,简化和完善了商标注册和撤销程序,加重了对假冒注册商标犯罪行为的处罚四个方面。《著作权法》实施、修订历经 10 年,重要修改包括作

---

① 吴观乐:《专利代理实务》,知识产权出版社 2007 年版,第 7 页。
② 吴汉东、刘鑫:《改革开放四十年的中国知识产权法》,载《山东大学学报(哲学社会科学版)》2018 年第 3 期。

品的种类、权利的内容、保护期、合理使用与法定许可的范围和条件等,并增加了临时措施、证据保全、举证责任倒置等有利于著作权人和邻接权人的程序性规定。为保障社会主义市场经济健康发展,我国《反不正当竞争法》于 1993 年出台。该法在总则中设置了市场竞争的"一般条款",并在分则中对虚假宣传、侵犯商业秘密、商誉诋毁等 11 种不正当竞争行为进行了专门规制。至此,我国已完整勾勒出了知识产权法的基本框架。[①]

第四节　中国加入 WTO 与知识产权法的发展(2001—2008)

一、加入 WTO 与知识产权有关的谈判

1979 年 7 月,中美两国签订的《中美贸易关系协定》中第 6 条涉及知识产权保护的承诺,由此我国开启了知识产权立法方面的基本工作。我国在建立国内知识产权保护体系的同时,也积极参与了知识产权国际公约与国际组织的活动。1980 年,我国加入了世界知识产权组织(World Intellectual Preperty Organization,简称"WIPO"),后续分别加入《保护工业产权巴黎公约》(1985 年 3 月)、《商标国际注册马德里协定》(1989 年 10 月)、《保护文学和艺术作品伯尔尼公约》(1992 年 10 月)、《世界版权公约》(1992 年 10 月)、《专利合作条约》(1994 年 1 月)等国际公约。

1986 年以前知识产权保护问题是在世界知识产权组织范围内进行协商探讨的。1986 年 9 月乌拉圭回合部长级会议将知识产权作为多边贸易谈判的议题之一列入谈判日程。此次谈判的目标是在总协定内建立一套知识产权保护体系,降低因知识产权保护缺乏导致的贸易不便与阻碍。[②] 在此期间,中国政府便为恢复关税及贸易总协定(General Agreement on Tariffs and Trade,以下简称"GATT")的缔约方地位而努力,1995 年 1 月 1 日,世界贸易组织(World Trade Organization,以下简称"WTO")取代了 GATT 之后又为加入 WTO 而奋斗。在此过程中经历了从 1986 年 7 月 11 日正式提出"复关"到"入世"的长时间谈判,几起几落,所探讨的议题也较为丰富,大致可分为以下四个阶段。

第一阶段为 1986 年 7 月至 1989 年 5 月间。从 1986 年 7 月中国常驻日内瓦联合国代表团大使钱嘉东照会关贸总协定总干事阿瑟·邓克尔正式提出复关申请

---

① 郑成思:《"社科规划"九五期间(1996—2000)中国知识产权法的研究状况》,载《河南省政法管理干部学院学报》2000 年第 5 期。

② 刘光溪:《论新一轮知识产权后期谈判的焦点问题》,载《国际贸易》1990 年第 11 期。

到 1989 年 5 月中美第五轮关贸总协定双边磋商达成谅解。[①] 1988 年 5 月美国提出了有关保护知识产权附件的草案,对此中美双方围绕版权问题、计算机软件与专利保护进行了多次谈判。在此阶段中国与主要缔约方进行了十几次双边磋商,对中国复关的相关重要问题达成了谅解,复关谈判顺利进行。

第二个阶段为 1989 年 6 月至 1992 年 2 月第 10 次中国工作组会议召开。在此阶段现代国际经济和政治关系不稳定的因素和以美国为首的西方经济发达国家的阻碍,影响了此阶段谈判的顺利进行。[②] 1991 年,美国依据《综合贸易法》中的"特别 301 条款"对中国发起了调查,针对知识产权保护的标准、中国知识产权保护水平等问题,中美双方开始了第一次的谈判,并在 1992 年签订了专门的知识产权保护的双边协定——《中美关于保护知识产权的谅解备忘录》。

第三阶段为 1992 年 2 月至 1995 年年底。在此阶段中国从复关谈判转入入世谈判,复关谈判重新启动。在此期间,中国参加了 GATT 乌拉圭回合谈判的全过程,签订了最后一揽子协议。[③] 在此阶段虽然中国政府实施了许多有力的知识产权保护措施,美国依然坚持认为"中国在加强法制方面并未履行谅解备忘录所规定的义务,使得对版权和商标的盗用行为在中国日益繁荣的东海岸地区的所有大城市泛滥",并在 1994 年 6 月 30 日对中国进行"特别 301 条款"调查。[④] 1994 年 11 月 28 日中国做出 1994 年年底结束中国复关实质性谈判最后限期的重大决定,最终没有达成协议,复关谈判未能出现转折。中美谈判此后经历了 1995 年 1 月在北京的谈判失败和同年 2 月的贸易报复与反报复等多回合的交涉。为了在知识产权保护问题中重新寻求接触,中美双方 1995 年 2 月 13 日在北京举行中美知识产权谈判,经过一系列的讨论于同年 2 月 26 日草签了《中美知识产权保护协议》,这对中国加入 WTO 提供了很好的条件。

第四阶段为 1995 年以后至最终入世。1995 年 11 月中国复关谈判工作组更名为 WTO 中国工作组,并在 1006 年 3 月召开第一次工作组会议。[⑤] 1996 年 4 月,美国公布的"特别 301 条款"年度审查报告又一次以中国在知识产权执法与相关市场的准入方面存在问题为由将中国列入"重点外国",通过谈判最终达成第三个知

① 李双元、蒋新苗主编:《世贸组织(WTO)的法律制度——兼论中国"入世"后的应对措施》,中国方正出版社 2001 年版,第 51~52 页。

② 李双元、蒋新苗主编:《世贸组织(WTO)的法律制度——兼论中国"入世"后的应对措施》,中国方正出版社 2001 年版,第 52~53 页。

③ 李双元、蒋新苗主编:《世贸组织(WTO)的法律制度——兼论中国"入世"后的应对措施》,中国方正出版社 2001 年版,第 53 页。

④ 程文浩:《中美知识产权谈判的回顾和评析》,载《国际政治研究》1996 年第 1 期。

⑤ 李双元、蒋新苗主编:《世贸组织(WTO)的法律制度——兼论中国"入世"后的应对措施》,中国方正出版社 2001 年版,第 54~55 页。

识产权协定,即双方的部长换函和附件《关于中国在 1995 年知识产权协定项下所采取的实施行动的报告》《其他措施》。1997 年起,中美双边关系有了改善迹象,但由于各种因素尤其是政治因素影响了谈判的进程。1999 年 11 月 15 日中美签订《关于中国加入世界贸易组织的协议》。除了与美国进行知识产权谈判以外,2000年 5 月 19 日我国又与欧盟达成双边协议,加快了我国加入 WTO 的步伐。最终通过不断的努力,2001 年 12 月 11 日,中国正式加入 WTO,成为全球最大的多边贸易组织的第 143 个成员。

二、WTO 对中国知识产权法发展的影响

从新中国成立到加入 WTO 前的 50 年间,我国知识产权制度处于"调整性适用"阶段。这一时期,我国经历了从计划经济到市场经济的转型,知识产权制度处于"法律本土化"的摸索阶段。其中前 30 年在计划经济体制下,知识产权制度强化管理功能,主要依赖一些行政规章保护知识产权;后 20 年在市场经济体制下,知识产权立法工作得以"拨乱反正",建立健全了知识产权法律体系,并向知识产权国际规则靠拢。从加入 WTO 到现阶段,我国知识产权制度进入"主动性安排"阶段。[1]

《TRIPS 协定》是 WTO 的核心文件之一,明确了国民待遇原则,最低保护原则和最惠国待遇原则等基本原则。《TRIPS 协定》的产生使国际贸易与知识产权紧密结合起来,不仅展现了国际贸易在知识经济时代的迅速发展,也体现了知识产权保护国际化的加强,使 WTO 成员方按照高标准保护知识产权。[2] 在加入 WTO以前,按照最低要求我国知识产权法与《TRIPS 协定》的差距还是很大的,在知识产权的保护范围、有关知识产权的行政终局决定、对知识产权侵权行为的打击力度、对受害人的救济措施等方面还存在许多不完善之处。[3] 中国在知识产权方面与 WTO 的接轨就是与 WTO 的《TRIPS 协定》接轨,这对于我国知识产权的保护带来了挑战与发展,其广度、深度和难度,绝不亚于改革开放后重建知识产权制度,堪称中国历史上第二次知识产权全面立法。[4]

(一)著作权法发展的影响

1990 年我国第一部《著作权法》(以下简称 1990 年版《著作权法》)颁布后,国内方面经济体制产生了根本性变化,在文化、科技等方面国际交流日益突出,加入的《保护文学和艺术作品伯尔尼公约》和《世界版权公约》产生了影响,最为重要的

---

① 吴汉东:《中国知识产权法制建设的评价与反思》,载《中国法学》2009 年第 1 期。

② 陈洁、赵倩编著:《WTO 与知识产权法律实务》,吉林人民出版社 2001 年版,第 13 页。

③ 陈洁、赵倩编著:《WTO 与知识产权法律实务》,吉林人民出版社 2001 年版,第 26~31 页。

④ 张乃根:《论 WTO 法下的中国知识产权制度变革》,载《世界贸易组织动态与研究》2011 年第 5 期。

是 GATT 乌拉圭回合谈判结束后为加入 WTO、履行入世承诺的背景下,原有的著作权制度已无法完全与新局势相适应。因此,《著作权法》的第一次修订拉开了序幕,经过多年的探讨最终在 2001 年 10 月 27 日通过了修订后的《著作权法》(以下简称 2001 年版《著作权法》)。此外为了达到更好的配套效果,我国对《著作权法实施细则》和《计算机软件保护条例》也进行了修订,并分别在 2002 年 8 月与 2001 年年底经国务院审议通过。《著作权法》第一次修订涉及内容较为全面,法条数目从 56 条增加为 60 条,内容上有 53 处增减变化。变化部分主要涉及保护客体、权利内容、权利的限制、许可使用、权利转让、法律责任等方面。① 《著作权法》第一次修改的内容主要体现在以下几个方面:

1.对著作权的保护客体进行了扩大

2001 年版《著作权法》第 3 条对著作权保护客体做了调整与增加,主要表现在:将摄影作品分离出来作为单独的一类作品;把"电影、电视、录像作品"的表述修改为"电影作品和以类似摄制电影的方法创作的作品";将"工程设计、产品设计图及其说明"和"地图、示意图等图形作品"两类作品类型整合为一类作品即工程设计图、产品设计图、地图、示意图等图形作品和模型作品;增加了杂技艺术作品、建筑作品、模型作品、汇编作品。其中有关汇编作品,2001 年版《著作权法》第 14 条作了专门规定,体现了对数据汇编(数据库)保护的国际趋势。②

2.对著作权的权利内容进行了完善

1990 年版《著作权法》对著作权人的财产权并没有作具体的规定,无法与当时快速发展的经济与国际交流相适应,也无法保障著作权人的财产权利。因此 2001 年版《著作权法》第 10 条较为详细地列举了 12 项财产权利,即复制权、发行权、出租权、展览权、表演权、放映权、广播权、信息网络传播权、摄制权、改编权、翻译权、汇编权与应当由著作权人享有的其他权利。并对每一项作了相应的介绍,其中出租权、放映权与信息网络传播权是新增加的财产权利,很好地对应了国际规则。

3.对邻接权进行了修改

有关邻接权,2001 年版《著作权法》第 35 条规定了出版者对版式设计的专有权利;第 37 条完善了表演者的权利,加入了许可他人从现场直播和公开传送其现场表演、许可他人录音录像,许可他人复制、发行录有其表演的录音录像制品,许可他人通过信息网络向公众传播其表演,并获得报酬的权利;第 41 条增加了录音录

---

① 杨荣珍、蔡春林主编:《国际知识产权保护与贸易》,北京师范大学出版社 2008 年版,第 275~276 页。

② 杨荣珍、蔡春林主编:《国际知识产权保护与贸易》,北京师范大学出版社 2008 年版,第 276 页。

像制作者的出租权和信息网络传播权;第 44 条增加了广播电台、电视台的权利,即广播电台、电视台有权禁止未经其许可将其播放的广播、电视转播,录制在音像载体上以及复制音像载体的权利等。

4.对著作权权利的限制进行了修改

首先在合理使用的范围方面,与国际公约的相关要求不同,我国 1990 年版《著作权法》规定的 12 种情形的范围过宽。2001 年版《著作权法》随之对其进行了限缩,主要体现在:第 22 条第 3 项将"为报道时事新闻,在报纸、期刊、广播、电视节目或者新闻纪录影片中引用已经发表的作品"改为"不可避免地再现或者引用已经发表的作品";第 22 条第 4 项将"报纸、期刊、广播电台、电视台刊登或者播放其他报纸、期刊、广播电台、电视台已经发表的社论、评论员文章"改为"已经发表的关于政治、经济、宗教问题的时事性文章,但作者声明不许刊登、播放的除外";第 22 条第 7 项国家机关为执行公务使用已经发表的作品中增加了"在合理范围内"的限制描述;第 22 条第 9 项对免费表演中的"免费"进行了具体的描述,即"该表演未向公众收取费用,也未向表演者支付报酬"等。[①]

5.对司法保护进行了加强

2001 年版《著作权法》通过结合《TRIPS 协定》的内容,第 49 条和第 50 条增加了诉前禁令、财产保全与证据保全等措施;第 48 条确认了著作权侵权行为的法定赔偿标准;第 52 条确定了过错推定原则与过错原则相结合的归责原则。这些方面的修改给著作权的司法保护提供了有力保障。[②]

6.对行政处罚的范围与种类进行了增加

盗版问题是当时最迫切需要解决的难点问题,国际上也密切关注着我国的盗版问题。因此 2001 年版《著作权法》通过修改行政处罚的范围和种类,在第 47 条新增了没收、销毁侵权复制品和没收主要用于制作侵权复制品的材料、工具、设备等措施,加大了行政保护力度。

此外,2001 年版《著作权法》第 8 条对著作权集体管理组织的法律定位进行了明确的规定,整体的修改与《TRIPS 协定》相符合。《计算机软件保护条例》在软件定义、软件登记、合理使用、保护期限、权利内容等方面所作的修改顺应了《TRIPS协定》的要求,使计算机软件的保护水平得到了极大提高。[③] 2006 年实施的《信息网络传播权保护条例》在信息网络传播权的适用范围、网络服务提供者的义务与免

① 王建平主编:《〈TRIPS 协定〉与我国知识产权法衔接研究》,四川大学出版社 2006 年版,第170~171 页。

② 杨荣珍、蔡春林主编:《国际知识产权保护与贸易》,北京师范大学出版社 2008 年版,第278~279 页。

③ 孔祥俊、武建英、刘泽宇编著:《WTO 规则与中国知识产权法——原理·规则·案例》,清华大学出版社 2006 年版,第 65~66 页。

责情形、著作权人与互联网内容提供者的义务与责任等方面的规定,使信息网络传播权得到了有效的保护。

(二)商标法发展的影响

《商标法》颁布后在 1993 年进行了第一次修改(以下简称 1993 年版《商标法》),整体修改幅度小,无法与发展的经济生活相适应,与 WTO 规则相差较大,因此为了更好地满足我国对外开放和经济发展的需要,推进我国加入 WTO 的进程,2001 年 10 月 27 日通过了《商标法》的第二次修正案(以下简称 2001 年版《商标法》),并于 2001 年 12 月 1 日开始施行,新增 23 条,修改 23 条。相应地,也对《商标法实施细则》进行了修订,并于 2002 年 9 月 15 日开始施行。此后国家工商总局为进一步完善商标注册、管理与保护制度,2003 年颁布了《驰名商标认定和保护规定》《集体商标、证明商标注册和管理办法》《马德里商标国际注册实施办法》,充分体现了《TRIPS 协定》的精神。[①]《商标法》修改后的内容符合国际惯例,适应了商标国际保护的趋势,在国际交流中更全面地为商标权保护提供了保障。《商标法》第二次修改的内容主要体现在:

1.对商标保护的范围进行了扩大

为了协调《TRIPS 协定》第 15 条、第二部分之第三节等相关内容,2001 年版《商标法》增加了几类保护客体,并对地理标志进行了规定:第 3 条新增了集体商标和证明商标作为注册商标的种类,并对其作了定义;第 8 条将商标的客体扩大到三维标志和颜色组合在内的可视性标志,把《TRIPS 协定》中可视的区别性由平面扩展至立体,使商标的形式更加完善;[②]第 16 条将地理标志纳入保护范围。

2.对商标权利主体进行了扩大

1993 年版《商标法》中规定商标权利主体仅包含企业、事业单位和个体工商业者,与国际规则和惯例不相符,限制了自然人作为商标的主体,但对国外自然人没有限制,表现为超国民待遇。因此 2001 年版《商标法》第 4 条将商标权利主体的范围扩大到包括自然人、法人和其他组织,适应了当时经济快速发展,自由职业者愈来愈多的趋势,有助于我国经济的发展。[③] 第 5 条规定了共同申请的内容,即"两个以上的自然人、法人或者其他组织可以共同向商标局申请注册同一商标,共同享有和行使该商标专用权"。

---

① 张汉林主编:《中国入世两周年评估报告》,中国人民大学出版社 2004 年版,第 457 页。

② 张丽娜主编:《WTO 与中国知识产权法律制度研究》,中国民主法制出版社 2006 年版,第 126 页。

③ 张丽娜主编:《WTO 与中国知识产权法律制度研究》,中国民主法制出版社 2006 年版,第 127 页。

3.对驰名商标增加了保护规定

我国 1993 年版《商标法》并没有对驰名商标作出相应的规定,但鉴于《巴黎公约》的要求,我国国家工商行政管理局从 1989 年起先后几批认定了 196 件国内商标作为驰名商标,[①]并在 1996 年发布了《驰名商标认定和管理暂行规定》,但是作为行政规章效力偏低,无法满足对驰名商标有力的保护也无法满足《TRIPS 协定》第 16 条对驰名商标的保护内容,因此 2001 年版《商标法》第 13 条和第 14 条增加了对驰名商标保护的规定。其中第 13 条规定了禁止使用复制、摹仿或翻译他人的驰名商标;第 14 条规定了驰名商标的认定标准。[②]

4.对注册商标的实质条件进行了完善

2001 年版《商标法》第 9 条在 1993 年版《商标法》有关商标注册的实质条件基础上,增加了"不得与他人在先取得的合法权利相冲突";并在第 11 条第 2 款对该条第 1 款列举的"不得作为商标注册"的标志作出了例外规定,确定了商标可通过使用产生显著性,与国际规则相适应。

5.对优先权进行了规定

优先权原则作为知识产权保护的一项基本原则,最初在《巴黎公约》第 4 条规定中得到了体现,此后也在《TRIPS 协定》中进行了规定。为了与此相衔接,2001 年版《商标法》第 24 条"已在国外申请的商标在中国申请优先权的取得及程序"、第 25 条"在国际展览会上首次使用的商标优先权的取得及程序"中规定了与优先权有关的内容。

6.对恶意抢注作出了禁止性规定

《TRIPS 协定》第 16 条第 1 款对在先权利进行了规定,因此 2001 年版《商标法》第 31 条增加了有关不得损害他人在先权利、不得抢先注册的规定。为了有效地解决日益增多的恶意抢注情形,2001 年版《商标法》第 15 条规定了代理人或代表人禁止恶意注册他人商标的内容。这些修改内容与"诚实信用原则"和"公平竞争原则"进行了很好的衔接,适应了《TRIPS 协定》的要求。[③]

7.对销售者的法律责任进行了加大

在 2001 年版《商标法》第 52 条商标侵权行为中对销售者的法律责任进行了加大,从主观上的故意、"明知"转变为无论主观上是否有故意,只要销售了侵权商品就构成侵权,此外在第 56 条第 3 款规定了免责条款:"销售不知道是侵犯注册商标专用

---

① 王建平主编:《〈TRIPS 协定〉与我国知识产权法衔接研究》,四川大学出版社 2006 年版,第 205 页。

② 孔祥俊、武建英、刘泽宇编著:《WTO 规则与中国知识产权法——原理·规则·案例》,清华大学出版社 2006 年版,第 121 页。

③ 杨荣珍、蔡春林主编:《国际知识产权保护与贸易》,北京师范大学出版社 2008 年版,第 290 页。

权的商品,能证明该商品是自己合法取得的并说明提供者的,不承担赔偿责任。"

8.对禁止反向假冒作出了规定

2001 年版《商标法》第 52 条第 4 款规定了"未经商标注册人同意,更换其注册商标并将该更换商标的商品又投入市场的"属于侵犯注册商标专用权,加大了对商标的保护力度。

9.对赔偿数额的有关规定进行了完善

《TRIPS 协定》第 45 条规定了:"对于故意或有充分理由应知道自己从事侵权活动的侵权人,司法机关有权责令侵权人向权利持有人支付足以补偿其因知识产权侵权所受损害的赔偿。司法机关还有权责令侵权人向权利持有人支付有关费用,其中可包括有关的律师费用。在适当的情况下,各成员可授权司法机关责令其退还利润和(或)支付法定的赔偿,即使侵权人并非故意或没有充分理由知道自己从事侵权活动。"对此 2001 年版《商标法》第 56 条进行了完善,增加了赔偿为制止侵权行为所支付的合理开支的规定。与此同时,2001 年版《商标法》第 56 条第一次纳入了法定赔偿额的规定,减少了与《TRIPS 协定》的差距。

10.对临时保护措施进行了完善

《TRIPS 协定》第 50 条对临时措施作出了详细的规定,使商标的保护与证据的保存得到了有力的保障。2001 年版《商标法》也将临时保护措施纳入了规定内容中,其第 57 条诉前财产保全、第 58 条证据保全有关内容中对临时保护措施进行了增加与完善。

11.对商标行政管理进行了加强

《TRIPS 协定》第 46 条的"其他救济"是与"赔偿""禁令"等一般救济相对应的。[1] 为了与此相适应,并解决我国当时存在的行政部门查处侵权行为补救措施的欠缺问题,2001 年版《商标法》在第 53 条有关商标侵权行为的法律责任与行政、司法救济的规定,第 54 条有关商标侵权的行政查处的规定及第 55 条有关工商行政管理部门查处商标侵权的职权规定中加大了行政执法力度,对行政机关相关的权限进行了扩充,新增了必要的执法手段,为商标保护提供了有力保障。

12.对行政裁决的司法审查制度进行了规定

《TRIPS 协定》第 41 条第 4 款和第 62 条规定了商标权确认的司法终审制。其中第 41 条第 4 款规定了对于初审的司法判决,在符合一定条件的前提下,应当使当事人有上诉提请复审的机会。对行政部门的终局决定或裁决,都应使当事人有机会要求司法审查。[2] 与 1993 年版《商标法》规定的行政终审制,形成了不同。为了达到《TRIPS 协定》的要求并且为权利人的权益提供全面有效的保护,2001 年版

---

① 郑成思:《WTO 知识产权协议逐条讲解》,中国方正出版社 2001 年版,第 156 页。
② 郑成思:《WTO 知识产权协议逐条讲解》,中国方正出版社 2001 年版,第 149 页。

《商标法》第 43 条取消了行政终审制,改为商标行政裁决的司法审查制度。

（三）专利法发展的影响

1992 年我国为了加入当时的 GATT 并与《中美关于保护知识产权的谅解备忘录》有效对接,对《专利法》进行了第一次修订（以下简称 1992 年版《专利法》）,扩大了专利法保护范围、延长了保护期、增设进口权、修改了强制许可的条件等,加强了知识产权的保护。① 不过 1992 年版《专利法》与《TRIPS 协定》的要求还存在一定的差距,因此为了加入 WTO,满足 WTO 在专利保护方面的最低要求,2000 年 8 月 25 日对《专利法》进行了第二次修改,并在 2001 年 7 月 1 日开始施行（以下简称 2001 年版《专利法》）。《专利法》第二次修改的幅度较大,使我国知识产权制度与《TRIPS 协定》有效对接,满足了入世的要求。

2001 年版《专利法》与《TRIPS 协定》和《专利合作条约》保持一致的地方很多,其中与《TRIPS 协定》接近的修改内容主要有:

1.在侵权范围中纳入许诺销售

我国 1992 年版《专利法》没有规定有关许诺销售的内容,为了与《TRIPS 协定》保持一致,2001 年版《专利法》第 63 条第 1 款增加了许诺销售的内容,即"专利权人制造、进口或者经专利权人许可而制造、进口的专利产品或者依照专利方法直接获得的产品售出后,使用、许诺销售或者销售该产品的"不视为侵犯专利权。

2.弥补"即发侵权"理论的空缺

《TRIPS 协定》第 50 条第 3 款规定了面对即将发生侵权,权利人有权请求司法机关采取必要的措施,防止侵权行为的发生。"即发侵权"理论是对传统侵权构成"四要件"的突破,增加了诉前临时措施的有关内容。因此有效防止了侵权产品流入市场,降低了侵权损失的发生。此外,《TRIPS 协定》第 50 条规定了临时措施,对制止知识产权侵权行为的发生,以及及时保存与侵权有关的证据提供了保障。在《专利法》第二次修订前,由于我国传统的民法理论认为侵权的构成要件必须以已经造成的实际损失为要件,因此缺乏与"即发侵权"有关的规定内容。此外,当时的《民事诉讼法》虽然规定了财产保全措施,但对临时措施没有明确的规定,给知识产权的保护带来了许多障碍。因此为了提高知识产权保护的力度与对侵权行为的约束,2001 年版《专利法》第 61 条规定:"专利权人或者利害关系人有证据证明他人正在实施或者即将实施侵犯其专利权的行为,如不及时制止将会使其合法权益受到难以弥补的损害的,可以在起诉前向人民法院申请采取责令停止有关行为和财产保全的措施。"同时,最高人民法院起草并于 2001 年 7 月 1 日施行的《关于对诉前停止侵犯专利权行为适用法律问题的若干规定》对诉前停止侵犯专利权

---

① 单晓光:《中美贸易战中的知识产权问题分析》,载《人民论坛·学术前沿》2018 年第 17 期。

行为申请的主体、条件、申请的审查、担保的确定、证据的保全以及先予执行等方面进行了详细的规定。①

3.修改"善意使用原则"

1992 年版《专利法》第 62 条规定"使用或者销售不知道是未经专利权人许可而制造并售出的专利产品的"不视为侵犯专利权,即善意的第三人制造、销售侵犯专利权产品的行为是专利权侵权的例外,亦可称作"善意使用原则"。虽然该原则存在也有一定的合理基础,不过给专利权侵权的规避提供了可乘之隙,不利于与国际接轨。因此 2001 年版《专利法》第 63 条第 2 款规定了"为生产经营目的的使用或者销售不知道是未经专利权人许可而制造并售出的专利产品或者依照专利方法直接获得的产品,能证明其产品合法来源的,不承担赔偿责任",弥补了原先规定的不足。

4.取消单位"持有"

随着我国经济的发展与国际化进程的加快,1992 年版《专利法》第 6 条第 1 款有关单位"持有"的规定已不符合经济体制的改革与《TRIPS 协定》中有关知识产权是私权的规定,因此 2001 年版《专利法》取消了专利权所有人和持有人的区别。

5.取消计划许可有关的内容

1992 年版《专利法》第 14 条规定中的"国家计划"与"全民所有制单位"与《TRIPS 协定》中的强制许可的内容不相符,因而 2001 年版《专利法》第 14 条将计划许可修改为强制许可。

6.明确专利确权和强制许可的司法终审制度

依据《TRIPS 协定》,针对行政性决定或裁定,无论何种情形都应使权利人有机会要求司法审查。1992 年版《专利法》第 43 条第 3 款规定"专利复审委员会对申请人、专利权人或者撤销专利权的请求人关于实用新型和外观设计的复审请求所作出的决定为终局决定"是与《TRIPS 协定》不相符的,因此 2001 年版《专利法》对此进行了修改,在第 41 条规定了专利申请复审,并且修改了第 55 条的起诉情形,确立了专利确权和强制许可的司法终审制度,有利于权利人更全面维护合法权益。将所有专利和商标的授权和维持程序改为司法终局裁决后,以专利复审委员会和商标评审委员会为被告的诉讼案件迅速增长。②

7.确定侵权赔偿数额的计算方法

《TRIPS 协定》第 45 条对损害赔偿进行了规定,我国 1992 年版《专利法》对损

---

① 王建平主编:《〈TRIPS 协定〉与我国知识产权法衔接研究》,四川大学出版社 2006 年版,第 151～153 页。

② 孔祥俊、武建英、刘泽宇编著:《WTO 规则与中国知识产权法——原理·规则·案例》,清华大学出版社 2006 年版,第 3 页。

害赔偿没有进行规定,而只是在最高人民法院的司法解释中进行了规范,与《TRIPS协定》明显存在差别,不利于司法审判有效进行。[①] 因此修改后的2001年版《专利法》第60条规定了:"侵犯专利权的赔偿数额,按照权利人因被侵权所受到的损失或者侵权人因侵权所获得的利益确定;被侵权人的损失或者侵权人获得的利益难以确定的,参照该专利许可使用费的倍数合理确定。"

8.修改交叉许可的规定

1992年版《专利法》第53条规定了交叉许可的条件是"后一发明比前一发明在技术上先进",并没有做很严格的标准,对我国科学技术的发展提供了有利条件。不过与《TRIPS协定》第31条规定的"后一发明比前一发明应具有相当经济效益的重大技术进步"不符,且在当时遭到了美国的反对,提出改进专利必须有实质性的变化。[②] 为了加入WTO,达到《TRIPS协定》规定的标准要求,2001年版《专利法》第50条改为后一发明比前一发明具有显著经济意义的重大技术进步。

9.对方法专利侵权案件的举证责任进行了规定

因方法专利侵权案件较为特殊,被侵权人时常在举证环节遇到困难,对此《TRIPS协定》第34条规定了举证责任倒置的条件。相应地,2001年版《专利法》第57条第2款作了专门规定,"专利侵权纠纷涉及新产品制造方法的发明专利的,制造同样产品的单位或者个人应当提供其产品制造方法不同于专利方法的证明;涉及实用新型专利的,人民法院或者管理专利工作的部门可以要求专利权人出具由国务院专利行政部门作出的检索报告",有效对应了《TRIPS协定》的内容。

三、小结

中国加入WTO是中国深度参与经济全球化的里程碑,标志着中国改革开放进入历史新阶段,对知识产权带来的影响是有目共睹的,不仅在入世前修改了相关的法律以有效对接《TRIPS协定》,入世后为了解决知识产权保护方面遇到的挑战也作出了积极的改进与提升。

著作权法方面,2001年版《著作权法》是一个迎接挑战、适应挑战并与国际接轨的一次修订,此次在著作权的保护客体、权利内容、邻接权、权利的限制、司法保护、行政处罚、著作权集体管理组织等方面进行了明确规定与完善,进一步与《TRIPS协定》靠拢。

商标法方面,我国加入WTO的进程使《商标法》的修改与《TRIPS协定》相衔

---

① 杨荣珍、蔡春林主编:《国际知识产权保护与贸易》,北京师范大学出版社2008年版,第285页。

② 王建平主编:《〈TRIPS协定〉与我国知识产权法衔接研究》,四川大学出版社2006年版,第159~160页。

接,提高与完善了商标保护力度与市场竞争规则,适应了经济的发展与当时的国情。此次在商标保护的范围、权利主体、驰名商标、优先权、恶意抢注、销售者的法律责任、禁止反向假冒、赔偿数额、临时保护措施、商标行政管理、行政裁决的司法审查制度等方面进行了修改,弥补了 1993 年版《商标法》存在的许多不足与空白。商标法的修订为推进改革开放事业、加快中国社会主义市场经济的发展,达成WTO 的入世承诺具有重要意义。

专利法方面,《专利法》第二次修订与《专利法实施细则》的颁布等举措很大程度上与 WTO 的《TRIPS 协定》有关,对许诺销售、即发侵权、善意使用原则、单位"持有"、计划许可、司法终审制度、侵权赔偿数额、交叉许可、方法专利侵权案件的举证责任等方面进行了对应的修改。整体呈现以"调整性适用"的方式使我国专利的保护更加符合入世的要求。加入 WTO 后我国的专利制度也面临了许多挑战,国外的专利申请对我国的技术创新带来的一定的冲击,一些技术欠缺领域里的国内外技术差距的拉大、发达国家专利战略的影响、国际接轨与国家主权如何相得益彰等方面都带来了新的思考与行动。为此 2008 年《专利法》第三次修订中提高了对侵犯专利权行为的处罚力度,加大了意思自治的适用范围,增加了对遗传资源利用的专门规定,增设了专利强制许可制度。①

除了以《著作权法》《商标法》《专利法》以及相关实施条例修订为核心,中国为了履行《TRIPS 协定》下的国际义务而修订或新制定的相关知识产权法律法规包括《外贸法》(2004 年 7 月 1 日修订施行)、《知识产权海关保护条例》(2003 年 12 月2 日修订公布)、《计算机软件保护条例》(2002 年 1 月 1 日修订公布)、《集成电路布图设计保护条例》(2001 年 4 月 1 日公布)、《药品管理法实施条例》(2002 年 8 月 4日公布)等。②

加入 WTO 后,我国知识产权研究发生了变化,突破了对《TRIPS 协定》的盲从,在人权属性、药品专利与公共健康、传统知识与生物多样性的保护等方面开始考察《TRIPS 协定》对我国将要或已经产生的影响,开始探讨与知识产权法有关的法典化问题并开启了从社会发展的角度对知识产权进行的全景式研究。③

WTO 对中国的知识产权发展带来了重要的影响,不仅是在国际技术与制度方面的引进、消化与吸收,也引起了我国对科技、经济、法律的重视、促进与支持。此外,加入 WTO 也使得国内自主知识产权在国际上得到了保护,我国在履行加入

---

① 郭禾:《创新是社会进步的根本动力——〈专利法〉第三次修订评述》,载《电子知识产权》2009 年第 3 期;陶鑫良:《〈专利法〉第三次修改后的强制许可规范》,载《电子知识产权》2009 年第3 期。

② 张乃根:《论 WTO 法下的中国知识产权制度变革》,载《世界贸易组织动态与研究》2011 年第 5 期。

③ 何华:《改革开放三十年中国知识产权研究的回顾与展望》,载《知识产权》2008 年第 6 期。

WTO 之后成员方应履行的义务的同时,自身的权利也会受到该规则的保护。[①] 回望中国入世后,知识产权方面所做的努力并没有辜负 WTO 对中国在知识产权保护方面的信任和期许。立法层面所进行的修改与弥补空白,促进形成了统一、透明的法律体系,使我国在国际平台中拥有了更多的合作与交流。进入 21 世纪以来,我国知识产权立法已经摆脱了被动移植的局面,从"调整性适用"进入"主动性安排"阶段。[②] 行政层面所做的努力与立法相辅相成,有效解决了许多知识产权执法难点问题,形成了保护全面、有效衔接的知识产权保护模式,为知识产权的发展、科技的创新、文化的传播、经济的发展、教育的进步、社会的繁荣带来了有力的保障与重要的支持,总体体现了将履行国际义务与本国国情相结合、知识产权权利人利益与公众利益的平衡、面向新世界的战略性导向发展的特点。[③]

第五节　创新驱动发展与知识产权法的鼎新(2009—2012)

一、创新驱动发展战略概况

人类社会的演进本身就是创新发展的历史。[④] 创新驱动作为一个发展阶段最早是由迈克尔·波特提出来的,他将经济发展划分为四个阶段:第一阶段是要素驱动阶段,第二阶段是投资驱动阶段,第三阶段是创新驱动阶段,第四阶段是财富驱动阶段。[⑤] 目前,世界正处于第六次科技革命的"拂晓",科学技术发展呈现出群发突破的态势,一些领域孕育着群发性、系统性突破,继而涌现一批新兴交叉前沿方向和领域,进而引发新一轮科技革命。[⑥] 发达国家和新兴经济体为迎接新科技革命,纷纷把科技作为国家发展战略的核心,出台一系列创新战略和行动计划,通过加大科技创新投入,在新能源、新材料、信息网络、生物医药、节能环保、低碳技术、绿色经济等重要领域加强布局,更加重视通过科技创新来优化产业结构,促进可持

---

① 聂辰:《浅析加入 WTO 与中国知识产权的保护》,载《中国国际财经(中英文)》2016 年第 19 期。

② 吴汉东:《中国知识产权法制建设的评价与反思》,载《中国法学》2009 年第 1 期。

③ 张乃根:《论 WTO 法下的中国知识产权制度变革》,载《世界贸易组织动态与研究》2011 年第 5 期。

④ 《关于"十三五"时期创新驱动发展的时代意义与战略思考》,http://theory.people.com.cn/n1/2016/1111/c217905~28854587.html,下载日期:2018 年 12 月 15 日。

⑤ 洪银兴:《关于创新驱动和协同创新的若干重要概念》,载《经济理论与经济管理》2013 年第 5 期。

⑥ 白春礼:《把握科技发展新态势　实现创新驱动新发展》,载《中国青年报》2013 年 1 月 4 日。

续发展和提升国家竞争力,力图保持科技前沿领先地位,抢占未来发展制高点。我国面临发达国家蓄势占优和新兴经济体追赶比拼的双重挑战。[1] 而就国内情况而言,从生产要素相对优势看,过去,我们有源源不断的新生劳动力和农业富余劳动力,劳动力成本低是最大优势,引进技术和管理就能迅速变成生产力。现在,人口老龄化日趋发展,劳动年龄人口总量下降,农业富余劳动力减少,在许多领域我国科技创新与国际先进水平相比还有较大差距,能够拉动经济上水平的关键技术人家不给,这就使要素的规模驱动力减弱。[2]

因此,面对新形势新挑战,我们必须加快从要素驱动为主向创新驱动发展转变,发挥科技创新的支撑引领作用,推动实现有质量、有效益、可持续的发展。[3] 2012 年党的十八大报告明确提出:科技创新是提高社会生产力和综合国力的战略支撑,必须摆在国家发展全局的核心位置,要实施创新驱动发展战略。[4] 我们把创新驱动发展战略作为国家重大战略,着力推动工程科技创新,实现从以要素驱动、投资规模驱动发展为主转向以创新驱动发展为主。[5] 可以说,这是根据世情的新变化、国情的新特征、科学发展的新要求作出的战略部署。[6]

所谓创新驱动指的是创新成为推动经济增长的主动力。与其他阶段相区别,不是说创新驱动不需要要素和投资,而是说要素和投资由创新来带动。[7] 实施创新驱动发展战略,就是要推动以科技创新为核心的全面创新,坚持需求导向和产业化方向,坚持企业在创新中的主体地位,发挥市场在资源配置中的决定性作用和社会主义制度优势,增强科技进步对经济增长的贡献度,形成新的增长动力源泉,推动经济持续健康发展。[8] 创新驱动的增长方式不只是解决效率问题,更为重要的是依靠知识资本、人力资本和激励创新制度等无形要素实现要素的新组合,是科学

---

[1] 万钢:《紧紧抓住重大战略机遇　努力实现创新驱动发展》,载《求是》2012 年第 16 期。

[2] 中共中央文献研究室编:《习近平关于科技创新论述摘编》,中央文献出版社 2019 年版,第3 页。

[3] 中共中央文献研究室编:《习近平关于科技创新论述摘编》,中央文献出版社 2019 年版,第6 页。

[4] 人民网:《胡锦涛在中国共产党第十八次全国代表大会上的报告》,http://cpc.people.com.cn/n/2012/1118/c64094-19612151-4.html,下载日期:2018 年 12 月 14 日。

[5] 习近平:《让工程科技造福人类、创造未来》,http://opinion.people.com.cn/n/2014/0604/c1003-25101839.html,下载日期:2019 年 8 月 4 日。

[6] 国务院:《国家创新驱动发展战略纲要》,https://baike.baidu.com/item/国家创新驱动发展战略纲要/19678331? fr＝aladdin,下载日期:2018 年 12 月 2 日。

[7] 洪银兴:《关于创新驱动和协同创新的若干重要概念》,载《经济理论与经济管理》2013 年第5 期。

[8] 中共中央文献研究室编:《习近平关于科技创新论述摘编》,中央文献出版社 2019 年版,第8 页。

技术成果在生产和商业上的应用和扩散。创新驱动作为发展战略本身也有个从外生向内生转变的问题。这就是转变技术进步的模式，由外生转为内生，立足于自主创新，依靠原始创新和引进技术的再创新，形成具有自主知识产权的关键技术和核心技术。创新驱动需要注重协同创新，最为重要的是知识创新和技术创新的协同。[①]

按照著名创新经济学家熊彼特的分析，创新的过程就是一个创造性毁灭的过程，创新给我们带来了技术与产业的更替，电动机代替了蒸汽机，计算机淘汰了打字机，旧的技术与产业随着创新的大浪衰退并消失，新的技术和产业蓬勃发展成为时代的宠儿。创新改变了我们的工作与生活，给人类社会的进步与发展带来动力。[②] 实施创新驱动发展战略，是应对环境变化、把握发展自主权、提高核心竞争力的必然选择，是加快转变经济发展方式、破解经济发展深层次矛盾和问题的必然选择，是更好引领我国经济发展新常态、保持我国经济持续健康发展的必然选择。[③] 自提出实施创新驱动发展战略以来，以习近平同志为核心的党中央带领全国人民在建设新时代中国特色社会主义进程中，不断丰富新时代创新驱动发展战略思想内涵，先后用"新动力""关键支撑""牛鼻子""先手棋"等语言来形象阐述创新的极端重要性，切实把创新提升到发展全局的核心位置，始终坚持创新立足传统、突破传统、依托现实、推动变革，有力推动了国家持续健康发展、民族和谐进步，为在更好基础、更高层次上，更有信心、更有决心、更有能力实现全面建成小康社会和"两个一百年"奋斗目标提供了战略支撑。[④]

二、创新驱动发展战略下知识产权法的鼎新

创新是多方面的，包括理论创新、体制创新、制度创新、人才创新等，但科技创新地位和作用十分显要。[⑤] 实施创新驱动发展战略，最根本的是要增强自主创新能力，最紧迫的是要破除体制机制障碍，最大限度解放和激发科技作为第一生产力所蕴藏的巨大潜能。[⑥] 党的十八大报告将创新驱动发展战略上升为国家发展战

① 洪银兴：《论创新驱动经济发展战略》，载《经济学家》2013年第1期。
② 中国共产党新闻：《关于"十三五"时期创新驱动发展的时代意义与战略思考》，http://theory.people.com.cn/n1/2016/1111/c217905-28854587.html，下载日期：2018年12月15日。
③ 国务院新闻办公室、中央文献研究室、中国外文局：《习近平谈治国理政》（第2卷），外文出版社有限责任公司2017年版，第267页。
④ 谭志敏：《中国创新驱动发展战略思想体系研究》，华南理工大学2018年马克思主义中国化研究学博士学位论文。
⑤ 中共中央文献研究室编：《习近平关于科技创新论述摘编》，中央文献出版社2019年版，第8页。
⑥ 新华网：《在中国科学院第十七次院士大会、中国工程院第十二次院士大会上的讲话》，http://cpc.people.com.cn/n/2014/0609/c64094-25125270.html，下载日期：2018年12月14日。

略,继续强调要实施知识产权战略,并使其成为创新驱动战略的重要组成部分。[①]
在创新驱动发展战略的推动下,知识产权法律制度不断革故鼎新。在 2009 年到
2012 年这一阶段,为了适应国内科技创新和发展的需求、解决知识产权保护中的
突出问题,我国《著作权法》《商标法》《专利法》更加注重自主、自觉地设计和实施,
知识产权法的鼎新体现了由被动到主动的"质"的转变。

(一)著作权法的鼎新

2010 年我国立法机关将《著作权法》的第二次修改定位于"小修",这次修改的
主要内容只限于已经没有太多争议的条款,比如将第 4 条修改为:"著作权人行使
著作权,不得违反宪法和法律,不得损害公共利益。国家对作品的出版、传播依法
进行监督管理。"增加一条,作为第 26 条:"以著作权出质的,由出质人和质权人向
国务院著作权行政管理部门办理出质登记。"

对于《著作权法》第 4 条,在《著作权法》第一次修改之后不久就有修改的讨论,
但并没有引起关注。直到 2007 年 8 月 13 日爆发的"中美知识产权争端 WTO 第
一案",《著作权法》的这一条款才引起了意外的波澜。这一争端涉及美国对我国知
识产权法及执法措施提出的多项指控。美国认为,根据我国《著作权法》第 4 条第
1 款,实际上相当于对于那些尚未获准在中国出版或传播的作品而言,中国拒绝对
其著作权和邻接权提供保护;因此,上述规定及由此而采取的对外国作品的事先审
查的措施违背了我国基于《TRIPS 协定》的相关义务。依据世界贸易组织争端解
决规则,中美之间关于知识产权的争议将交由设立专家组作出裁决。专家组经审
理,于 2009 年 1 月 26 日公布了报告,报告驳回了美国的大多数指控,但对其中针
对我国《著作权法》第 4 条的指控给予了支持。2009 年 3 月 20 日,中美都决定对专
家组的报告不上诉,这起争端尘埃落定。2010 年 2 月 26 日第十一届全国人民代
表大会常务委员会第十三次会议通过关于《著作权法》的决定,中国对《著作权法》
第 4 条作出相应的修改。新增的第 26 条也是实践中已经取得比较一致看法的内
容。关于作品登记,国家版权局早在 1994 年就通过了《作品自愿登记办法》。作品
根据自愿的原则登记,在出现纠纷以后,登记内容作为初步证据是这一制度的基本
内容。在《著作权法》中明确作品登记制度有利于提高权利保护意识、减少纠纷发
生。在著作权质押方面,国家版权局早在 1996 年就通过了《著作权质押合同登记
办法》,其中第 4 条规定"国家版权局是著作权质押合同登记的管理机关。国家版
权局指定专门机构进行著作权质押合同登记"。2008 年 6 月 5 日,国务院发布了
《国家知识产权战略纲要》,其中包括"进一步完善版权抵押、作品登记和转让合同
备案等制度,拓展版权利用方式,降低版权交易成本和风险"的任务。在《著作权

[①] 人民网:《胡锦涛在中国共产党第十八次全国代表大会上的报告》,http://cpc.people.
com.cn/n/2012/1118/c64094-19612151-4.html,下载日期:2018 年 12 月 14 日。

法》中将著作权质押合同登记的管理机关加以明确并不是个新的内容,但会提高权利人依法利用权利的意识。[1]

随着互联网技术的发展,新的商业模式层出不穷,社会经济等方方面面的变化导致法律与现实之脱节,对于一部搭乘新技术高速发展列车的法律来说,亟须作出回应。相较于 2001 年 12 月为了配合我国入世的需要和履行入世之承诺以《TRIPS 协定》为蓝本对《著作权法》的第一次修订以及 2010 年 4 月为了履行世贸组织有关中美知识产权争端裁决的决定对《著作权法》的第二次修订,2011 年 7 月启动的修订则完全是基于国内社会、经济、科技发展之需而进行的一次大调整。此次著作权法的鼎新开门立法,海纳百川,让权利人、使用人、传播者以及产业、行业协会、司法人士等各方主体建言献策,在充分讨论中,明晰各方利益诉求,集思广益,将进一步促进版权产业健康持续发展,推进文化创新。

(二)商标法的鼎新

截至 2012 年上半年,我国商标累计申请量、累计注册量分别为 1054 万件、717 万件,有效注册商标已达 609 万件,均位居世界第一。但是,随着我国社会主义市场经济的发展,商标在经济生活中的作用越来越大,现行《商标法》有的内容已难以适应实践需要,主要是商标注册程序比较烦琐,商标确权时间过长,商标异议案件经商标局审理裁定就需约 20 个月时间;恶意注册商标现象比较常见,商标领域的不正当竞争现象比较严重;商标侵权尚未得到有效遏制,注册商标专用权保护有待加强。为了实施国家知识产权战略,充分发挥商标制度作用,更好地为加快转变经济发展方式服务,有必要对现行《商标法》进行修改。[2]

实质上,早在 2003 年年底,国家工商行政管理总局即正式启动《商标法》第三次修订工作,至 2013 年 8 月 30 日由全国人大常委会通过《关于修改〈中华人民共和国商标法〉的决定》,《商标法》第三次修订历时 10 年,其间国务院、全国人大常委会商标局和商标评审委员会向社会公开征求意见,不同版本修订稿的条文公开透明,均经历了激烈的争论和反复的探讨。

根据 2012 年 10 月 31 日国务院第 223 次常务会议讨论通过的《中华人民共和国商标法修正案(草案)》的主要内容来看,首先,针对商标异议主体和理由过于宽泛、程序过于复杂的问题,为方便申请人及时获得商标注册,修法完善了商标注册异议制度:一是限定提出异议的主体和理由;二是简化程序,规定商标局对商标注册异议进行审查后直接作出准予或者不予注册的决定,既省略了对商标局异议裁

---

[1] 管育鹰:《关于〈著作权法〉第二次修改的一点看法》,http://www.iolaw.org.cn/showarticle.asp?id=2746,下载日期:2018 年 12 月 2 日。

[2] 中国人大网:《关于〈中华人民共和国商标法修正案(草案)〉的说明》,http://www.npc.gov.cn/npc/xinwen/lfgz/flca/2012-12/28/content_1749326.htm,下载日期:2018 年 12 月 2 日。

定的复审、诉讼程序,又保障了异议人、被异议人获得救济的权利;三是根据国际商标领域的发展趋势和我国的实际需要,草案增加可以注册的商标要素,规定声音、通过使用取得显著特征的单一颜色等可以作为商标注册,明确"一标多类"申请方式,规定申请人可以通过一份申请就多个类别的商品申请注册同一商标,增加审查意见书制度,规定商标局在审查过程中可以向申请人发送《审查意见书》,要求申请人对其商标申请作出说明或者修正。其次,为维护公平竞争的市场秩序,草案一是明确对驰名商标实行个案认定、被动保护,以此回应驰名商标沦为一种"荣誉称号"和广告手段从而误导消费者的现象;二是禁止抢注因业务往来等关系明知他人已经在先使用的商标;三是禁止将他人商标用作企业字号的"傍名牌"行为,构成不正当竞争行为的,依照《中华人民共和国反不正当竞争法》处理。最后,为加强商标专用权保护,草案一是增加了应承担法律责任的侵犯注册商标专用权行为种类,包括故意为侵权提供便利条件的,帮助他人实施侵犯商标专用权的行为;二是针对实践中权利人维权成本高、往往得不偿失的现象,增加了惩罚性赔偿的规定并提高侵权赔偿额;三是针对实践中权利人"举证难"导致损害赔偿数额偏低现象,减轻权利人举证负担。

在《商标法》修订的立法过程中,中国的司法机关和行政机关并未仅仅在原地等待修法,而是在现有法律所允许的空间内尽可能地向着前述目标推动实践的发展,最高人民法院通过司法解释、司法政策、年度报告和典型案例等尽力在现有法律中找出解决问题的答案或通过对法律的巧妙解释来解决问题,商标局和商标评审委员会也加快了案件审理速度并对审理标准进行了一定的调整,从新修订的《商标法》诸多变化的条文中可以看到司法机关和行政机关这些年进行尝试的痕迹。[①]如果说《商标法》1993 年第一次修正和 2001 年第二次修正时,面临着加入 WTO 和美国等发达国家的压力,很大程度上是为了符合《巴黎公约》《TRIPS 协定》等国际公约的要求,那么,在此阶段的《商标法》的鼎新则是立足国情,求真务实,有助于解决我国实践中存在的问题。

(三)专利法的鼎新

2008 年 12 月 27 日,第十一届全国人大常委会第六次会议审议通过了《关于修改〈中华人民共和国专利法〉的决定》。此次《专利法》的修改是贯彻科学发展观、建设创新型国家的需要,是满足创新主体制度供给的需要,是借鉴世界知识产权实践与理论最新成果的需求,中国经济经过改革开放三十年的发展,国家发展的战略和战术与改革开放初期已经有了很大的不同,《专利法》作为直接调整与技术创新

---

① 孟璞、李江、杜山杉、尹龙植:《商标法第三次修订综述》,载《中国专利与商标》2013 年第 4 期。

相关的社会关系的法律制度,必然需要对此作出回应。[①] 这次修订的重要特色是强化了对创新能力的提高以及加强对专利权的保护,提升创新能力主要体现在立法宗旨条款和关于专利授权条件的改革等方面,加强对专利权的保护则体现于专利行政执法、诉前临时措施、损害赔偿等方面。[②]

为了保证修改后的《专利法》的顺利实施,《专利法实施细则》作为《专利法》相配套的重要法规,亦进行了相应修改。2009 年 12 月 30 日,国务院第 95 次常务会议审议通过了《国务院关于修改〈中华人民共和国专利法实施细则〉的决定》。温家宝总理于 2010 年 1 月 9 日签署国务院第 569 号令,公布了该《决定》,并规定自 2010 年 2 月 1 日起施行。

修改后的《专利法实施细则》,新增了 9 条规定,删除了 5 条规定,并对 47 条规定进行了实质性修改,不但对《专利法》增加和修改的内容作了进一步的细化规定,而且对《专利法实施细则》本身的规定也作了诸多改进,是一次全面细致的修改,对完善我国专利制度具有重要意义。[③]

第一,关于向外申请专利的保密审查。修改后的《专利法》规定,在中国完成的发明创造向外国申请专利,应当事先报经国务院专利行政部门进行保密审查。为了施行该规定,《专利法实施细则》作了如下规定:一是考虑到研究开发的跨国合作日益增多,为正确界定需要进行保密审查的范围,将《专利法》所称"在中国完成的发明或者实用新型"界定为"技术方案的实质性内容在中国境内完成的发明或者实用新型";二是对保密审查程序作出了具体规定,既确保保密审查工作的正常进行,也确保申请人能够在尽可能短的时间内得知保密审查的结论,从而能够及时向外申请专利。第二,关于遗传资源信息披露制度:修改后的《专利法》中增加了有关遗传资源的规定。为了实施该规定,《专利法实施细则》根据《生物多样性公约》,明确了"遗传资源"的定义,即"遗传资源"是指"取自人体、动物、植物或者微生物等的含有遗传功能单位并具有实际或者潜在价值的材料"。同时,考虑到发明创造虽然利用了生物资源、但并未利用其遗传功能的情形较多,范围较大,为与《生物多样性公约》保持一致,《专利法实施细则》将"依赖遗传资源完成的发明创造"界定为"利用了遗传资源的遗传功能完成的发明创造"。此外,《专利法实施细则》还规定了披露遗传资源来源信息的方式,即"就依赖遗传资源完成的发明创造申请专利的,申请人应当在请求书中予以说明,并填写国务院专利行政部门制定的表格"。第三,关

[①] 郭禾:《创新是社会进步的根本动力——〈专利法第三次修订评述〉》,载《电子知识产权》2009 年第 3 期。

[②] 冯晓青:《〈专利法〉第三次修改的特点——提升创新能力与加强专利保护为视角》,载《电子知识产权》2009 年第 3 期。

[③] 国家知识产权局条法司:《〈实施细则〉修改基本情况介绍》,载《电子知识产权》2010 年第 4 期。

于专利权评价报告制度:修改后的《专利法》将实用新型专利权检索报告制度修改为实用新型、外观设计专利权评价报告制度,明确了专利权人及其利害关系人可以请求国务院专利行政部门作出专利权评价报告,作为审理、处理专利侵权纠纷的证据。为方便当事人获得专利权评价报告,《专利法实施细则》对当事人请求作出专利权评价报告的形式要求和国务院专利行政部门作出专利权评价报告的时限作了具体规定,即请求作出专利权评价报告,请求人应当提交专利权评价报告请求书,写明专利号,每项请求应当限于一项专利权;国务院专利行政部门应当在收到请求书后 2 个月内作出专利权评价报告。第四,关于强制许可制度:修改后的《专利法》根据世界贸易组织《TRIPS 协定》及相关国际条约的规定,增加了强制许可的类型,明确了强制许可的适用范围。为施行《专利法》的相关规定,《专利法实施细则》将"未充分实施专利"界定为"专利权人及其被许可人实施其专利的方式或者规模不能满足国内对专利产品或者专利方法的需求"。为使强制许可制度适合应对公共健康危机的需要,《专利法实施细则》根据世界贸易组织关于《修改〈与贸易有关的知识产权协定〉议定书》的规定,将"取得专利权的药品"界定为"解决公共健康问题所需的医药领域中的任何专利产品或者依照专利方法直接获得的产品,包括取得专利权的制造该产品所需的活性成分以及使用该产品所需的诊断用品"。鉴于《修改〈与贸易有关的知识产权协定〉议定书》对实施药品专利的强制许可规定了详细的条件和程序,为使我国给予的实施药品专利的强制许可符合国际条约的要求,《专利法实施细则》规定:"国务院专利行政部门依照专利法第五十条的规定作出给予强制许可的决定,应当同时符合中国缔结或者参加的有关国际条约关于为了解决公共健康问题而给予强制许可的规定,但中国作出保留的除外。"此外,《专利法实施细则》对假冒专利行为的行政处罚进行了规定,对专利申请、审查程序的规定进行了补充和细化,减少了四项收费项目,放宽了当事人享有优先权的限制以及改进了职务发明奖励报酬制度等。①

此次《专利法》的修改是为了更好地适应国际国内形势发展的需要,及时解决我国专利制度运作中存在的问题,更有效地发挥专利制度促进我国自主创新和经济社会发展的重要作用。② 在此阶段的《专利法实施细则》的修订亦是从我国国情出发,根据我国现阶段科技发展的实际需要,适时进行的革故鼎新,既平衡了各方利益,也为鼓励创新、促进专利事业的发展提供了制度保障。

---

① 《国务院法制办负责人就〈国务院关于修改《中华人民共和国专利法实施细则》的决定〉答记者问》,载《司法业务文选》2010 年第 6 期。

② 国家知识产权局:《专利法第三次修改的背景》,http://www.sipo.gov.cn/zcfg/zcjd/1020190.htm,下载日期:2018 年 12 月 16 日。

三、小结

创新是一个民族进步的灵魂,是一个国家兴旺发达的不竭动力,也是中华民族最深沉的民族禀赋。在激烈的国际竞争中,唯创新者进,唯创新者强,唯创新者胜。① 随着我国经济发展进入新常态,经济增长的传统动力逐渐减弱,唯有依靠创新驱动才能实现经济的跨越式和可持续发展。知识产权法作为激励创新的机制,是创新驱动发展的重要引擎。在 2009 年至 2012 年期间,知识产权法顺应时代发展革故鼎新,这一阶段的"新"不单体现为新的法律制度,也体现了新的修法态度——由被迫接受到自主设计,在遵循有关知识产权国际保护规则的同时,立足国情设计和完善知识产权法律制度,为创新驱动发展保驾护航,实现真正意义上的普遍的创新驱动发展。

第六节　新时代中国特色社会主义时期 与知识产权法的跨越(2012 年至今)

一、新时代中国特色社会主义时期"五位一体"发展对知识产权法的影响

"五位一体"总体布局是对社会主义现代化建设的总体把握和战略部署,新时代下,"中国经济、社会已进入重要的转型期。在日臻完善的市场经济中,作为基本财产制度的知识产权的作用日益突出",②而作为一门综合性极强的法律学科,知识产权法具有极强的开放性与不稳定性,其主体、客体、内容、行使、限制以及保护等核心内容均会受到社会发展状态的影响,如何在新形势下应对中国特色社会主义时期"五位一体"发展对知识产权法的影响,实现知识产权制度应有的功能,是一项重要的研究课题。

(一)经济建设对知识产权法的影响

"实现智力成果的市场化是知识产权制度的一大目标",③而知识产权法不仅"肇始于近代资本主义商品经济的发展",④其发展也会深受科技、经济与国际贸易

---

① 人民网:《习近平在欧美同学会成立 100 周年庆祝大会上的讲话》,http://cpc.people.com.cn/n/2013/1022/c64094-23281641.html,下载日期:2018 年 12 月 14 日。

② 《"十三五"时期知识产权焦点、难点和热点问题学术研讨会综述》,载《知识产权》2016 年第 4 期。

③ [日]富田彻男:《市场竞争中的知识产权》,廖正衡等译,商务印书馆 2000 年版,第 3 页。

④ 吴汉东、刘鑫:《改革开放四十年的中国知识产权法》,载《山东大学学报(哲学社会科学版)》2018 年第 3 期。

的强烈影响,具有很强的开放性。根据世界知识产权组织和美国康奈尔大学等机构发布的《2018 年全球创新指数报告》显示,我国创新指数国际排名从 2012 年第 44 名跃升至 2018 年第 17 名,是唯一进入 20 强的中等收入经济体,这是通过创新形式驱动经济发展的结果,也是运用知识产权制度转变经济发展方式,促进经济发展质量提升的结果。

党的十九大报告指出,要"健全现代文化产业体系和市场体系,创新生产经营机制,完善文化经济政策,培育新型文化业态",然而,国际在鼓励新经济业态,创新商业模式的同时,也对知识产权制度提出了不小的挑战。首先,知识经济时代下,以知识产品为核心的无形财产取得日益重要的地位,其保护范围开始逐渐扩大,"原来没有出现的许多智力活动成果,比如域名、数据库、商品特有名称、包装和装潢、集成电路布图设计、地理标志等等,都相继进入知识产权法保护客体范围;原来虽然存在,但由于各种原因没有进入知识产权保护客体范围的许多智力成果,比如商业秘密、植物新品种等等,也都进入了知识产权法的保护范围之中"。① 另外,网络经济尤其是网络交易平台提供商也对传统知识产权制度形成不小的冲击,其不仅使知识产权保护主体与对象扩大化与复杂化,同时也加大了知识产权侵权方式的多样性与复杂性。在此发展态势下,"知识产权本身覆盖含义、专有性排他性界定、知识产权成果的门类、知识产权的效力空间、知识产权保护的方式及手段等也相应呈扩张之势",②这都需要在下一步的发展中对其作出更加准确的界定,这无疑对知识产权制度的创新发展提出了新的要求。

(二)政治建设对知识产权法的影响

知识产权制度作为激励创新、保护创新的重要法律制度,是我国知识产权战略有效实施的基础与保障。自 2008 年《国家知识产权战略纲要》实施以来,我国各项知识产权法律规范开始新一轮修订,这是对创新驱动发展战略、知识产权强国建设等政策的重要回应,标志着知识产权在我国开始从一项法律制度上升为国家发展战略,这不仅是知识产权法政策工具属性③的重要彰显,同时也是我国为推动经济和社会发展,协调、配合科教兴国战略、人才强国战略和可持续发展战略而做出的重大战略决策和重要政策安排。

2013 年,随着"一带一路"倡议的提出与不断深入,中国同沿线国家贸易往来

---

① 李扬:《论民法典编纂中知识产权不宜独立成编》,载《陕西师范大学学报(哲学社会科学版)》2017 年第 2 期。

② 谭毅、李红娟:《互联网背景下的知识产权保护新态势》,载《中国国情国力》2017 年第 5 期。

③ 吴汉东:《中国应建立以知识产权为导向的公共政策体系》,载《中国发展观察》2006 年第 5 期;吴汉东:《利弊之间:知识产权制度的政策学分析》,载《法商研究》2006 年第 5 期;徐瑄:《知识产权的对价理论》,法律出版社 2013 年版,第 354 页。

将日趋频繁,跨国交易、技术贸易、对外投资等活动中,必然涉及知识产权的市场交易、专利保护、法庭诉讼等一系列问题,我国在借势"一带一路"促进自身发展的同时,也必须随之跟进,与之保障,实现与沿线不同国家相关制度的融合与调整,建构更加公平、合理的知识产权国际保护新秩序,实现知识产权区域一体化制度创新与和谐发展。

2014 年,针对知识产权审判工作面临的实际困难,以党的十八大精神为指引,进一步深入实施国家知识产权战略,优化知识产权保护体系,在中央依法治国理念与决策下,4 家知识产权法院①相继建立,这不仅是妥善协调司法保护和行政执法关系,发挥司法保护知识产权主导作用的制度安排,也是根据国家知识产权战略要求,实现依法治国战略的重要举措。

过去十年间,我国知识产权战略持续推进,战略规划日趋完善,战略实施效果良好,在知识产权的创造、运用、保护、管理、服务等层面取得了一系列可圈可点的成果。知识产权法作为战略实施的基础与保障,在我国知识产权战略运行过程中,发挥了重要作用,不仅为知识产权战略规划的制定提供了法律根基,同时也为创新战略、运用战略、保护战略、管理战略、服务战略等各项知识产权战略的有效实施提供了法律保障。随着 2015 年《国务院关于新形势下加快知识产权强国建设的若干意见》的发布,我国知识产权战略运行进入了新的阶段,中国开始从"知识产权大国"向"知识产权强国"转变。

(三)文化建设对知识产权法的影响

在文化建设方面,其对知识产权制度的影响主要在传统文化保护与新兴文化创意产业发展两个方面的挑战。

在传统文化保护方面,为推进知识产权法与传统知识保护之间的协调,我国开启了对传统知识进行知识产权保护的理论探讨与实践探索。首先,对于民间文学艺术,其在动态传承过程中,已"逐渐具有了与特定社会经济内容紧密相连的属性,这使得某些组织、个人等为了追求民间文艺作品经济利益,不当利用甚至滥用民间文艺作品",②尽管我国无论从国家立法层面还是地方性立法层面看,对于民间文艺作品的保护都有所涉及,但其在民间文艺作品的著作权保护方面还存在很多问题,如何保护、以何种立法模式来有效地保护民间文艺作品就成为当下迫切需要解

---

① 十二届全国人大常委会通过了《关于在北京、上海、广州设立知识产权法院的决定》,正式设立 3 家知识产权法院,分别为北京知识产权法院(11 月 6 日挂牌成立,并于 12 月 16 日正式开庭)、广州知识产权法院(12 月 16 日)以及上海知识产权法院(12 月 28 日)。十三届全国人大常委会第二十四次会议表决通过了《关于设立海南自由贸易港知识产权法院的决定》。

② 刘立甲:《著作权保护视阈下的民间文艺作品》,载《理论月刊》2018 年第 11 期。

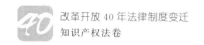
决的问题,①而随着我国《民间文学艺术作品著作权保护条例(征求意见稿)》的公布,推动我国民间文艺作品更为系统、有序的保护,将在社会主义文化建设浪潮下翻开新的篇章。另外,对于传统医药的知识产权保护问题,学者们也提出专利权保护②、地理标志保护③以及特别权利保护④等多种保护模式,这些都为未来知识产权法与传统医药保护之间的协调提供了重要参考。

而在新兴文化创意产业方面,由于知识产权业态自身"从线下到线上"的趋势,网络逐渐代替实体成为知识产权发展的重要载体,以在线内容为主的文化服务体系也随之逐渐形成。⑤ 在这个过程中,"信息传播的交互性、即时性、整合性不断增强,各个主体之间的利益格局也发生巨大改变,网络著作权问题、网络不正当竞争问题等网络技术所引发的知识产权法律问题日益凸显"。⑥ 为此,国家先后出台了《信息网络传播权保护条例》等一系列规制网络著作权的法律、法规及司法解释,并在 2017 年修订的《反不正当竞争法》中新增了专门的"网络反不正当竞争"规定。⑦可以说新的时代背景下,文化建设在传承优秀民族文化以及维护我国文化繁荣的同时,也对知识产权制度提出了新的要求,因此,完善社会主义新时期著作权保护相关立法以及司法保护机制,是我国当前面临的重要任务。

(四)社会建设对知识产权法的影响

法律制度本身就是社会制度下的一分子,且知识产权法作为一门综合性学科涵盖社会生活的方方面面,知识产权法以赋予文学艺术创作者和科学技术创造者财产权利的方式,保障知识产权法人权价值的实现。但与此同时,随着知识产权保护水平与保护范围的不断提升与扩大,现代知识产权法也会在一些时候片面强调

---

① 为此,学界主要有著作权保护模式和特别权利保护模式两种观点,前者可见管育鹰:《民间文学艺术作品的保护机制探讨》,载《法律科学》2016 年第 4 期;王瑞龙:《民间文学艺术作品著作权保护的制度设计》,载《中南民族大学学报(人文社会科学版)》2004 年第 5 期。后者可见黄玉烨:《我国民间文学艺术的特别权利保护模式》,载《法学》2009 年第 8 期;严永和:《我国民间文学艺术法律保护模式的选择》,载《知识产权》2009 年第 3 期。

② 周时更、许方泳等:《我国传统医药知识产权专利申请与授权分析》,载《医学与社会》2017 年第 4 期;陈庆:《传统医药信息用途专利模式构建及侵权责任认定研究》,载《河北法学》2015 年第 11 期。

③ 王艳翠、宋晓亭:《道地药材地理标志保护模式研究》,载《时代法学》2014 年第 3 期。

④ 黄玉烨:《浅谈中国传统医药知识产权保护策略》,载《科技与法律》2005 年第 3 期。

⑤ 例如,抖音、快手、火山小视频等的兴起,给知识产权制度尤其是版权制度带来不小的影响。

⑥ 吴汉东、刘鑫:《改革开放四十年的中国知识产权法》,载《山东大学学报(哲学社会科学版)》2018 年第 3 期。

⑦ 郑友德、王活涛:《新修订反不正当竞争法的顶层设计与实施中的疑难问题探讨》,载《知识产权》2018 年第 1 期;田小军、朱莫:《新修订〈反不正当竞争法〉"互联网专条"评述》,载《电子知识产权》2018 年第 1 期。

对权利人的保护而忽视社会公共利益,进而引发知识产权与生命健康权、知识获取权、环境权、隐私权等基本人权保护之间的冲突。[①] 尽管《TRIPS 协定》在其序言部分做出知识产权是"private right"的宣示,[②]这使得国内众多学者将知识产权法自然地认作"私权"。[③] 但从二元价值属性——工具论[④]角度看,知识产权法早已冲破传统私权属性,变为一种政府实现公共政策的制度工具。[⑤]

因此,在社会主义发展新时期社会建设路径下,合成医药领域、合成生物学领域以及传统文化保护等涉及知识产权公共服务的发展都将使知识产权制度与基本人权保护、公共健康保护、遗传资源保护、传统知识保护等诸多冲突的协调问题变得越来越重要。例如,合成生物学飞速发展,为生命科学研究带来了新思维、新方法,这不仅极大提升了人类对生命本质的理解,由此催生科学与技术、文化与产业的革命,也引发了合成生物学领域在研发投入、产业转化、教育培训、知识产权、公众认知,以及伦理和生物安全监管等方面的讨论。因此,对于社会建设,知识产权的发展需要在关注人类利益的基础上进行发展,过多强调私权保护以及对于人类本身的忽视都是不可取的,维持二者之间的利益平衡将成为新时代下知识产权制度面临的重要课题。

(五)生态文明建设对知识产权法的影响

生态文明建设其实是把可持续发展提升到绿色发展高度,为后人"乘凉"而"种树",也是给后人留下更多的生态资产。而生态文明建设与知识产权制度的关系主要体现在生物技术、遗传资源的开发与应用方面。

一方面,随着生物技术的发展,遗传资源(尤其是比较稀缺的遗传资源)开始作为技术研发之基础,其商业价值与日俱增。然而,我国目前并未制定有关遗传资源保护的专门法律制度,关于遗传资源获取和利用的规定主要散见于《野生动物保护法》《种子法》《渔业法》《畜牧法》《农作物种质资源管理办法》《野生药材资源保护管理条例》《野生植物保护条例》等一些有关环境和生物资源保护以及农牧渔业发展

[①] 王渊、马治国:《现代知识产权与人权冲突的法理分析》,载《政治与法律》2008 年第 8 期。

[②] 《TRIPS 协定》序言。关于"private right"一词中文翻译及其影响问题,参见唐艳:《知识产权私权话语表达之探讨——以对〈TRIPS 协定〉"private rights"的翻译为切入点》,载《知识产权》2013 年第 4 期。

[③] 刘春田主编:《知识产权法》,高等教育出版社 2015 年第 5 版,第 21 页;吴汉东:《知识产权法》,法律出版社 2014 年版,第 6 页;金海军:《知识产权私权论》,中国人民大学出版社 2004 年版,第 19 页;李琛:《论知识产权法的体系化》,北京大学出版社 2005 年版,第 144 页;刘春田:《知识财产权解析》,载《中国社会科学》2003 年第 4 期。

[④] 朱冬:《知识产权的私权形式与工具本质》,载《贵州师范大学学报(社会科学版)》2018 年第 3 期。

[⑤] 吴汉东:《知识产权本质的多维度解读》,载《中国法学》2006 年第 5 期。

的法律法规之中,且其对遗传资源的保护多是原则性规定,甚至概念都不统一。[①]为保护遗传资源,我国在 2008 年《专利法》修订时,增加了对遗传资源利用的专门规定,[②]但依然难以达到对遗传资源进行充分保护的目的,真正实现知识产权法与遗传资源保护之间的协调。

另一方面,对于基因技术的发展与应用,其在推动生物制药产业进步以及保持与创造生物多样性的同时,也会造成对现有生物资源以及整个生态的影响。甚至于引发社会伦理、道德问题,因此这些都需要引起知识产权制度的关注,知识产权制度在给予基因药品等相关产品及技术以知识产权保护时,也应当对其保护范围进行严格限制,逐步形成符合基因技术特点的知识产权保护模式。

可以说,新时代中国特色社会主义时期"五位一体"建设与知识产权制度的发展息息相关,彼此形成了一个有机的整体,这也要求知识产权优秀学者在"推进国家治理体系和治理能力现代化的总目标,统筹推进各领域各方面改革,不断推进理论创新、制度创新、科技创新、文化创新以及其他各方面创新"的新时代下,积极开发自身聪明才智,为新时代中国知识产权制度的发展创新蓄水添薪。

二、知识产权跨越发展的展望——知识产权法体系化

2021 年 1 月 1 日,《民法典》正式实施。本次民法典编纂并未将知识产权独立成编,而是于第 123 条明确规定:"民事主体依法享有知识产权",并列明相关客体。尽管《民法典》仅对知识产权进行原则性认定,但关于知识产权体系化的讨论并未结束。如何科学、合理看待知识产权法与民法的关系,未来知识产权法体系化路在何方,仍值得学界充分关注。在此背景下,回顾知识产权法入典争论,反思本次民法典编撰排除知识产权编,对于未来知识产权法的体系化仍具有重要指导价值。

(一)对知识产权"入典"的诘难

总体而言,虽然立法者最初的设想是将其做单编处理,且已责成众学者起草了相应的条款,[③]然而,在最终出台的《民法典》中却没有知识产权编,而只是在总则中对其保护范围一笔带过,[④]且在学界探讨过程中,不纳入民法典的观点也占据了主导地位。其主要理由在于:

① 《种子法》和《农作物种质资源管理办法》中称为"种质资源",《野生药材资源保护管理条例》称为"野生药材资源",《野生动物保护法》和《野生植物保护条例》中分别称为"野生动物资源"和"野生植物资源",《渔业法》中称为"水产种质资源",《畜牧法》中称为"畜禽遗传资源"。转引自孙昊亮:《论遗传资源获取与来源披露对专利授权的影响》,载《法律科学》2009 年第 4 期。

② 《中华人民共和国专利法》第 5 条以及第 26 条第 5 款之规定。

③ 例如,郑成思教授负责起草了《民法(草案)》知识产权编。郑成思:《民法草案与知识产权篇的专家建议稿》,载《政法论坛》2003 年第 1 期。

④ 《民法典》第 123 条。

首先,知识产权制度本身具有特殊性,其中包含大量公法规范,例如,专利、商标、植物新品种、集成电路布图设计等知识产权法中都包含的大量申请、审查、异议、授权、撤销、无效宣告、行政管理等程序性规范以及公法性规定,"在民法典中规定了一些保护知识产权的行政规范和刑事规范,将会影响民法典的体系美"[①]并"冲击民法典的私法属性,违背私法自治的根本理念"。[②]

其次,知识产权制度变动不居,不符合民法典稳定性追求。[③] 法典的权威性在于其稳定性,而"知识产权不同于传统物权,其种类、内容、行使、限制和保护等核心内容都具有开放性,受科技、经济与国际贸易影响深刻,这决定了知识产权法在立法技术上也需要保持适度的开放性和变动性,这种开放性、变动性与民法典的相对稳定性之间存在深刻矛盾"。[④]

再次,"民法奉行'权利本位'与'个人利益至上'价值观,而知识产权法则以'平衡精神'为根本价值导向,由此导致民法与知识产权法对实质理性的追求存在难以消解的隔阂",而袁真富甚至认为"知识产权法的内容自成一体,涉及传统民法全部内涵,有与传统民法并驾齐驱的趋势"。[⑤]

最后,从历史发展角度看,无论是英美法系还是大陆法系国家,采取的一直是民事特别法或单行法立法模式,与民法典编纂没有任何关系。尽管"进入 20 世纪后,为了回应知识产权客体不断拓展和知识产权在整个财产权中地位不断强化的状况,意大利、俄罗斯、荷兰、蒙古、越南等大陆法系国家开始尝试将知识产权纳入民法典体系当中,并在 20 世纪 90 年代兴起的法典编纂运动中达到了高潮,但并没有成功的范例"。[⑥]

(二)知识产权法典化的范式选择

然而,不少学者却对知识产权入典给予足够支持。吴汉东指出,"知识产权单'入典'成编是 20 世纪 90 年代以来民法法典化运动的'历史坐标'。对当下中国而

---

① 胡开忠:《知识产权法典化的现实与我国未来的立法选择》,载《法学》2003 年第 2 期。

② 李扬:《论民法典编纂中知识产权不宜独立成编》,载《陕西师范大学学报(哲学社会科学版)》2017 年第 2 期。

③ 胡开忠:《论无形财产权的体系及其在民法典中的地位和归属》,载《法商研究》2001 年第 1 期;王利明:《中国民法典的体系》,载《现代法学》2001 年第 4 期;马俊驹、周瑞芳:《制定民法典的指导思想及其理论构想》,载《吉林大学社会科学学报》2001 年第 5 期;袁真富:《论知识产权法的独立性》,载《中国知识产权报》2002 年 10 月 30 日第 3 版;王利明:《关于我国民法典体系构建的几个问题》,载《政法论坛》2003 年第 1 期。

④ 李扬:《论民法典编纂中知识产权不宜独立成编》,载《陕西师范大学学报(哲学社会科学版)》2017 年第 2 期。

⑤ 袁真富:《知识产权法不宜编入我国民法典》,载《法制日报》2002 年 10 月 31 日。

⑥ 李扬:《论民法典编纂中知识产权不宜独立成编》,载《陕西师范大学学报(哲学社会科学版)》2017 年第 2 期。

言,这是回应知识产权经济发展、完善民事权利体系、承继《民法通则》立法传统的制度需求"。① 因此,围绕着知识产权法与民法典的关系,除前文主张采用分离模式的观点外,还有关于知识产权法以何种方式进入民法典的讨论,主要包括纳入、链接以及糅合 3 种模式②,具体阐述如下。

1.纳入式

所谓纳入式即主张将知识产权全部纳入民法典并将其单独成编,该观点以易继明教授的"九编制民法典"为代表,③他主张将知识产权法编置于物权编之后、合同编之前,这样可先通过物权编阐明财产权的一般规则,然后再通过合同编中对包括知识产权在内的财产流转加以规范。④

2.链接式

链接式实质上是对分离式和纳入式的折中,指在民法典中对知识产权进行原则性规定,而后单独编纂知识产权法典或者保留知识产权单行法,使知识产权制度与民法典成链接状。具体而言,链接式又分为"点"式、"面"式以及"点面"结合的链接方式。

梁慧星主张"点"的链接,即在现行《民法典》第 123 条规定的前提下,"考虑到专利法、商标法和著作权法已构成一个相对独立的知识产权法体系,因此建议民法典不设知识产权编,而以专利法、商标法和著作权法作为民法典外的民事特别法"⑤;而费安玲主张在"点"的链接基础上,进一步地主张"面"的链接,即"将知识产权一般规则放在民法典中,而具体规则可以放在单行法中加以规定"⑥;吴汉东则主张在"两步走"的基础上,实现"点"与"面"的结合。第一步,在民法典中设置知识产权编;第二步则制定知识产权法专门法典。其所谓的"面"的链接模式,就是在民法典中独立设置知识产权编,从各单行法中抽象出共同适用的规则加以规定,但

① 吴汉东:《知识产权应在未来民法典中独立成编》,载《知识产权》2016 年第 12 期。

② 曹新明:《知识产权与民法典连接模式之选择——以〈知识产权法典〉的编纂为视角》,载《法商研究》2005 年第 1 期。

③ 支持该观点的还有徐国栋教授。徐国栋主编:《绿色民法典草案》,社会科学文献出版社 2004 年版,第 397~399 页;徐国栋:《民法典草案的基本结构——以民法的调整对象理论为中心》,载《法学研究》2000 年第 1 期。

④ 易继明:《历史视域中的私法统一与民法典的未来》,载《中国社会科学》2014 年第 5 期;易继明:《中国民法典制定背景下知识产权立法的选择》,载《陕西师范大学学报(哲学社会科学版)》2017 年第 2 期。

⑤ 梁慧星:《关于制定中国民法典的思考》,载《人民法院报》2000 年 2 月 12 日第 3 版。

⑥ 费安玲:《论我国民法典编纂活动中的四个关系》,载《法制与社会发展》2015 年第 5 期;费安玲:《论知识产权与民法典的互动——以立法形式为分析视角》,载《陕西师范大学学报(哲学社会科学版)》2017 年第 2 期。

不包括有关权利的取得、变动、管理程序等特别规范。①

3.糅合式

所谓糅合式,即将知识产权视为一种无形物权,使之与一般物权实现整合。②尽管表面看来,该种模式是将知识产权法如同纳入式般整体置于民法典中,但二者存在本质上的区别,糅合式下,知识产权法并非单独成编,而是被传统财产权制度所吸收,导致"只见知识产权之神韵,不见知识产权之身影"③的局面。

(三)小结

"知识产权的法典化问题,是知识产权法律规范自身的体系化构建,最大限度地体现为知识产权的一种形式理性",④尽管《民法典》未将知识产权独立成编,而是第 123 条中,将知识产权作为一种民事权利置于第五章之下,无疑宣示了本次民法典编撰中知识产权"入典"与否的终结,但围绕着知识产权法如何体系化,及以何种方式"入典"则继续激励着一代又一代的学者,让他们试图透过知识产权法进入民法典的方式,探索民法典的现代化。而于作者而言,"点面"链接式的模式未尝不是一种最好的折中方式,⑤也是新时期社会发展状态下知识产权法本身体系化进程不断加快和深入的理性选择,这不仅符合知识产权本身的特有属性,同时也是《民法总则》隐隐所透出的重要信息。

三、小结

改革开放四十年来,我国知识产权制度相继建立并逐渐完善,对社会主义建设起到了重要的积极促进作用。新时代中国特色社会主义时期,随着科学技术的不断创新与发展,其对知识产权制度也提出了不小的挑战,网络技术的发展,开启了文字作品在线创作与音乐作品在线传播等新型著作权客体利用的方式,并带来了新型的著作权商业运营模式;⑥网络游戏产业直播平台的日益繁荣,带来了游戏软

---

① 吴汉东:《民法法典化运动中的知识产权法》,载《中国法学》2016 年第 4 期。

② 主要代表是 1995 年 1 月 1 日开始施行的《蒙古国民法典》。

③ 曹新明:《知识产权与民法典连接模式之选择——以〈知识产权法典〉的编纂为视角》,载《法商研究》第 2005 年第 1 期。

④ 易继明:《中国民法典制定背景下知识产权立法的选择》,载《陕西师范大学学报(哲学社会科学版)》2017 年第 2 期。

⑤ 对于上述四种模式的利弊分析,参见易继明:《中国民法典制定背景下知识产权立法的选择》,载《陕西师范大学学报(哲学社会科学版)》2017 年第 2 期。

⑥ 梅夏英、姜福晓:《数字网络环境中著作权实现的困境与出路——基于 P2P 技术背景下美国音乐产业的实证分析》,载《北方法学》2014 年第 2 期;熊琦:《音乐著作权许可模式的转型路径选择》,载《法学家》2014 年第 1 期;熊琦:《音乐著作权制度体系的生成与继受》,载《法学》2013 年第 12 期。

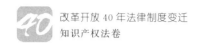
件、游戏画面等新型客体的著作权保护与运营的问题;①随之也引发了体育赛事直播与网络游戏直播作为著作权客体的法律保护问题;②基因检测、基因治疗等基因技术的实际应用,则衍生出将基因技术作为专利客体予以保护的实践探索;人工智能与区块链技术则带来了知识产权主体、客体以及知识产权保护与布局方面的新的探索等。

可以说在新时代背景下,"五位一体"的总体布局在对知识产权制度本身发展提出挑战的同时,也创造了新的机遇,知识产权法的跨越式发展将以此为契机,并"沐浴在民法总则的阳光雨露之下,与其他民事制度有机衔接、和谐相处",③"以法典化的结构形式、现代化的规则设计、国际化的制度立场,迎接挑战、应对变革",④从而更好地服务于社会主义建设,发挥其在科技创新和经济发展的过程中的巨大保障作用,实现我国从"知识产权大国"向"知识产权强国"的跨越,也实现知识产权制度的跨越。

---

① 崔国斌:《认真对待游戏著作权》,载《知识产权》2016 年第 2 期;凌宗亮:《网络游戏的作品属性及其权利归属》,载《中国版权》2016 年第 5 期。

② 关于体育赛事直播著作权问题的相关论述,参见王迁:《论体育赛事现场直播画面的著作权保护——兼评"凤凰网赛事转播案"》,载《法律科学》2016 年第 1 期;丛立先:《体育赛事直播节目的版权问题析论》,载《中国版权》2015 年第 4 期。关于网络游戏直播著作权问题的相关论述,参见冯晓青:《网络游戏直播画面的作品属性及其相关著作权问题研究》,载《知识产权》2017 年第 1 期;祝建军:《网络游戏直播的著作权问题研究》,载《知识产权》2017 年第 1 期;李扬:《网络游戏直播中的著作权问题》,载《知识产权》2017 年第 1 期。

③ 《"十三五"时期知识产权焦点、难点和热点问题学术研讨会综述》,载《知识产权》2016 年第 4 期。

④ 吴汉东、刘鑫:《改革开放四十年的中国知识产权法》,载《山东大学学报(哲学社会科学版)》2018 年第 3 期。

第二章

商标法律制度的变迁

第一节　改革开放 40 年商标法律制度的概述

一、立法背景

新中国成立后,为配合改革开放发展和我国经济发展的需要,我国需要加快商标方面的立法进程;同时,从国际层面来看,我国于 1980 年 3 月 3 日递交了《建立世界知识产权组织公约》加入书,随后,我国于 1980 年 6 月 3 日成为世界知识产权组织的成员国。

一方面是国内改革开放逐步推进、市场经济逐渐发展的需要,另一方面是来自相关国际公约中承诺遵守、义务履行的需要;因此,新中国成立后我国通过的《商标注册暂行条例》(1950 年 8 月 28 日通过)和《商标管理条例》(1963 年 3 月 30 日)两个法规具有浓厚的计划经济色彩,已然不能满足当时我国的需求。这些因素促使我国新的商标立法应运而生。

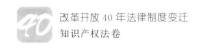
二、立法过程

1.《中华人民共和国商标法》的首次颁布

1982 年 8 月 23 日,我国通过了《中华人民共和国商标法》,该法于 1983 年 3 月 1 日起生效。这既是新中国成立以来制定的第一部民商事法律,也是第一部商标法方面的专门法律,更是我国在知识产权领域的首部法律,意义十分重大。

这部《商标法》在总结以往既有立法成果的基础上,增添了许多新的内容,可谓同时反映了计划经济和商品经济的双重色彩。该法第 1 条明确规定,立法目的是"加强商标管理,保护商标专用权",以"促使生产者保证商品质量和维护商标信誉,以保障消费者的利益,促进社会主义商品经济的发展"。由此可见,1982 年版《商标法》的立法目的首先是强调对商标的行政管理,其次是保护商标权利。

2.商标法的第一次修订

1993 年我国《商标法》的第一次修订,从国际背景来看,重要原因在于为争取恢复我国的关贸总协定缔约国地位,加上我国已先后于 1985 年和 1989 年加入《保护工业产权巴黎公约》和《商标国际注册马德里协定》,为了与国际通行做法相衔接,而国内背景是我国已初步建立了市场经济体制。

此次修订的亮点在于新增了对服务商标的保护内容,并且确立了针对不当注册商标的撤销制度。

3.商标法的第二次修订

2001 年 10 月 27 日我国商标法的第二次修订,主要是为了适应我国全面建立市场经济制度后的需求,以及我国加入世界贸易组织的国际背景。

4.商标法的第三次修订

随着社会经济发展,商标的使用需求及其作用、价值越来越大,2001 年版《商标法》已经难以满足国内外实践的需要,针对商标注册、使用、保护范围、侵权抗辩、管理等各方面存在的主要问题,参考其他国家或地区商标立法、司法实践的最新发展趋势、动态,我国于 2013 年完成了对《商标法》的第三次修订,该法自 2014 年 5 月 1 日起实施。

商标法的第三次修订,明确规定了商标申请注册、使用中的诚实信用原则,新增了商标在先权制度,规定了商标审查的时间限制,优化了商标注册申请的程序,强化了对商标权的保护,修正了关于驰名商标性质、地位及其认定等方面的规定。

5.商标法的第四次修订

根据 2019 年 4 月 23 日第十三届全国人民代表大会常务委员会第十次会议《关于修改〈中华人民共和国商标法〉的决定》,我国对商标法进行了第四次修订,即最新修订。此次修订之处较少,新法于 2019 年 11 月 1 日施行。

三、立法变迁的主要亮点

1.1993 年《商标法》修订的主要亮点

1993 年《商标法》第一次修改的亮点在于,新增了对服务商标的保护内容,并且确立了针对不当注册商标的撤销制度。

(1)扩大了商标保护的范围,增加了对服务商标的注册和保护;

(2)加大了对商标侵权行为的打击力度;

(3)增加地名不得作为商标注册的规定;

(4)增加商标使用许可的规定;

(5)确立了针对不当注册商标的撤销制度。

2.2001 年《商标法》修订的主要亮点

(1)扩大了商标权的主体和客体。将集体商标、证明商标纳入《商标法》;商标构成要素增添了新内容,如立体商标,被准予注册;增加对驰名商标保护的内容,明确了认定驰名商标时应考虑的因素;

(2)商标确权程序增加了司法审查;

(3)加大了工商行政管理部门查处商标侵权行为的手段,增加诉前申请财产保全、证据保全等救济措施。

3.2013 年《商标法》修订的主要亮点

(1)增加了关于商标审查时限的规定;

(2)完善了商标注册异议制度;

(3)优化了商标注册程序;

(4)理清了驰名商标保护制度,重新明确驰名商标的性质和地位;

(5)加强了对商标专用权保护;

(6)规范了商标申请和使用行为,禁止抢注他人商标,维护公平竞争的市场秩序;

(7)规范了商标代理活动;

(8)增加了商标先用权的规定,进一步明确了在先使用与商标注册的关系;

(9)增加了可以注册的商标的构成要素,如声音商标,修改了商标的定义。

4.2019 年《商标法》修订的主要亮点

(1)明确规定,将驳回不以使用为目的的恶意商标注册申请。[①]

(2)提高了针对恶意侵权的赔偿数额标准。新《商标法》第 63 条规定,对恶意侵犯商标专用权,情节严重的,可以在参照该商标许可使用费的一倍以上五倍以下确定赔偿数额。在法定赔偿额度方面,该条还规定,由人民法院根据侵权行为的情节判决给予 500 万元以下的赔偿,对比之前的 300 万元,有大幅度提高。

---

① 2019 年《商标法》第 4 条。

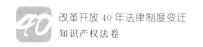
（3）新增了关于如何处理假冒注册商标商品的规定。新法第 63 条规定，"人民法院审理商标纠纷案件，应权利人请求，对属于假冒注册商标的商品，除特殊情况外，责令销毁；对主要用于制造假冒注册商标的商品的材料、工具，责令销毁，且不予补偿；或者在特殊情况下，责令禁止前述材料、工具进入商业渠道，且不予补偿"；"假冒注册商标的商品不得在仅去除假冒注册商标后进入商业渠道"。

四、立法后的实施情况

客观地说，每一次的商标法修订，均很好地回应了我国经济发展的现实需求，同时或多或少地反映了与国际接轨的发展趋势。从《商标法》在我国的实施情况来看，这四十年来，无论是商标权的行政管理、行政保护（包括海关保护），还是司法保护水平，均有质的提升与飞跃。伴随着每一次的立法、修法活动，随着司法实践和行政管理、保护经验的累积，广大国民的商标权保护意识渐强，广大行政工作者和司法工作者对商标法的理解、认识及适用等方面也日趋清晰、理性和深刻。

总体而言，我国《商标法》立法及修法后的实施情况是十分理想的，这与我国的立法、修法工作的前期准备工作、法律教育普及工作、法律相关配套法规政策及时出台、司法解释配套适用、指导案例的定期公布及标杆意义等各方面的工作所发挥的作用，均是密不可分的。

（一）《商标法》相关配套法律法规不断完善

应当说，相关配套法律法规的完善与更新，在《商标法》实施过程中举足轻重，这在我国第二次和第三次修订《商标法》时尤为突出。

为配合 2001 年修订后新《商标法》的施行，最高人民法院于 2002 年 1 月 9 日和 10 月 12 日先后发布了《关于审理商标案件有关管辖和法律适用范围问题的解释》《关于诉前停止侵犯注册商标专用权行为和保全证据适用法律问题的解释》《关于审理商标民事纠纷案件适用法律若干问题的解释》，[1]国务院 2002 年 8 月 3 日发布了《中华人民共和国商标法实施条例》，[2]原国家工商行政管理总局于 2002 年 9 月 17 日发布了《商标评审规则》，[3]于 2003 年 4 月 17 日发布了《驰名商标认定和保护规定》。随后，《中华人民共和国知识产权海关保护条例》也于 2003 年 12 月 2 日被修改，《中华人民共和国对外贸易法》于 2004 年 4 月 6 日被修改。之后，最高人民法院还出台了《关于审理注册商标、企业名称与在先权利冲突的民事纠纷案件若干问题的规定》（法释〔2008〕3 号）、《关于审理涉及驰名商标保护的民事纠纷案件应用法律若干问题的解释》（法释〔2009〕3 号）和《关于审理商标授权确权行政案件

---

① 第一个、第三个司法解释已于 2020 年修订，第二个司法解释已失效。

② 该条例于 2002 年 9 月 15 日生效。

③ 该《商标评审规则》于 2002 年 10 月 17 日生效。

若干问题的意见》等。

2013年我国《商标法》修订后,为配合其施行,国务院于2014年4月29日发布了新的《商标法实施条例》;最高人民法院和原国家工商行政管理总局也分别发布了关于商标法新法与旧法过渡方面的相关规定。与此同时,我国《商标评审规则》和《驰名商标认定和保护规定》也作了相应修改。其后,最高人民法院于2017年1月11日发布了《关于审理商标授权确权行政案件若干问题的规定》(法释〔2017〕2号),该司法解释自2017年3月1日起施行。

(二)商标权的保护水平不断提高

无论是从法律对商标侵权行为的禁止性规定,侵权的行为方式、手段,还是对商标侵权法定赔偿金额的提高等方面,都明显反映了我国法律对商标权保护水平的提高。

就商标侵权的法定赔偿额而言,我国法律规定从原先的50万元提升至300万元,2019年修订的《商标法》更是再次提高到了500万元。同时,对于那些恶意、重复或反复性的商标侵权行为,我国立法还逐渐确立了惩罚性赔偿制度。

(三)商标权保护趋于理性化

纵观我国《商标法》几次修订及其实施情况,无论是司法保护还是工商、海关等行政执法工作,一个较明显的特点在于,更加重视商标使用,更好地协调商标注册制度与商标使用之间的关系,对商标权的保护朝着更理性的方向发展。比如,《商标法》2001年的第二次修订,新增了经过使用取得第二含义、获得显著性的内容,体现了对商标经过使用后获得显著性的重视,并将此情况作为商标不准予注册的例外情形。

2013年修订后的《商标法》实施,也突出体现了这一特点。

1.商标先用权——作为商标侵权的抗辩事由

2013年《商标法》的第三次修订,还新增了商标先用权的规定,为商标的在先使用者提供了法定的对抗注册商标侵权指控的抗辩事由,比之前更注重实体公平公正,更有利于实现注册制度与实际使用之间的冲突与平衡。

下面以我国2013年《商标法》实施后的首个涉及商标先用权的"尚丹尼"案为例。该案是我国司法实践中首次适用现行《商标法》第59条第3款,即未注册商标先用人适用商标先用权进行抗辩取得成功的案件。一审法院是北京市朝阳区人民法院。

2014年1月14日,谭某经核准在第44类美容院、理发店等服务上注册了第11358870号"尚丹尼"文字商标。2008年1月11日,北京尚丹尼美发中心(下称尚丹尼中心)经核准成立,并分别于2011年5月3日、2013年3月29日和2013年5月27日开办了三家北京尚丹尼美发中心(其中部分店是分店)。尚丹尼中心以及

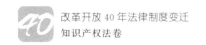
上述店面的经营范围均为理发服务。在上述店面的门头以及路边指示牌上,均使用有"尚·丹尼造型"字样。2008 年 1 月起,尚丹尼中心一直通过大众点评网以"尚·丹尼造型"名义推广多家店面并提供团购服务,其尚丹尼建国门店大众点评网累计点评 1960 次,并被标注为五星服务。大众点评网上多家店面地址也以"尚丹尼造型"作为位置指向标。另外,谭某的配偶曾于 2010 年 10 月至 2011 年 2 月期间在尚丹尼中心处工作。后原告谭某诉至法院,认为尚丹尼中心未经其许可,擅自在其店面门头、网络宣传推广中使用"尚丹尼"商标,侵犯了其享有的上述商标专用权。故请求法院判令尚丹尼中心立即停止侵权并赔偿经济损失及诉讼合理支出共计 20 万元。

庭审过程中,被告辩称自己对"尚丹尼"商标的使用早于原告对该商标的注册申请时间,以《商标法》第 59 条第 3 款规定的商标先用作为抗辩,并提交了顾客在大众点评网上的留言、评价等信息作为自己对该商标先使用的证据材料。

经审理,法院认为,尚丹尼中心成立于 2008 年,并自 2008 年开始通过网络以"尚·丹尼造型"的名义进行服务推广,有证据确认尚丹尼中心自 2008 年成立以来一直以"尚丹尼"作为商业标识予以使用,即已构成未注册商标;尽管未注册,但是自 2008 年成立以来多年网络合作推广等证据,可证明被告使用"尚丹尼"商标已经在一定范围内具有了一定影响。尚丹尼中心在谭某申请注册前已使用"尚丹尼"多年,属于使用在先。而原告谭某就"尚丹尼"商标并未实际使用。因此,法院最终认定,被告的使用行为是合法的,原告无权禁止被告在涉案使用范围内继续使用"尚丹尼"商标。谭某亦可以要求尚丹尼中心在使用涉案商标时适当附加区别标识以区别服务来源。

该案引起了广泛关注,而且,在 2013 年《商标法》立法框架下为进一步规范商标注册秩序、遏制商标抢注行为,进行了有益尝试。

可见,商标先用权抗辩,有利于保护那些未注册已使用商标——尤其是在商标注册申请日之前便已开始使用并形成了一定影响力的商标,保护其使用者的正当权益,该在先使用者可以在"原有范围内"继续使用该商标。

2.正当使用不构成侵权①

在我国《商标法》的几次修订过程中,商标侵权的抗辩事由均是关注的重点。在以往的司法实践中,法院时常遭遇到正当使用不构成商标侵权方面的法律制度资源相对匮乏的情形。比如在"金丝"肉松饼等案件中,"金丝"这一词语的使用是否属于构成商标侵权的使用,抑或系对肉松性状的描述性使用,一度成为法院庭审

---

① 法律依据在于,我国现行《商标法》第 59 条规定,"注册商标中含有的本商品的通用名称、图形、型号,或者直接表示商品的质量、主要原料、功能、用途、重量、数量及其他特点,或者含有的地名,注册商标专用权人无权禁止他人正当使用"。

过程中双方当事人争执不下的一个关键问题。

从《商标法》的立法目的等方面来看,几种典型的正当使用,比如描述性使用、对商品原料或口味等的正当使用,以及有正当理由、有必要性的其他情形的合法使用等情形,理应成为商标维权时的合法抗辩事由,成为商标法规定中的应有之义。

在现行《商标法》的实施过程中,应当肯定的是,我们的执法部门、司法部门已经从最初单纯地强调对商标保护力度的提高,逐渐过渡到对商标权更为理性地保护,一方面,承认并提升对商标权的合法保护,另一方面,强调实体公正,并重视对商标的使用,不过度夸大对商标权的保护范围。

以"85℃"商标侵权案为例,美食达人公司等诉光明乳业股份有限公司侵害商标权纠纷案等,是正当使用不构成商标侵权的一个典型案例,[①]涉及"85℃"这一商标的使用问题。原告认为,光明公司的标注方式属于商标性使用,在接到原告书面通知后仍大量使用,主观上具有侵权故意,客观上造成混淆,不构成描述性使用。被告光明公司则辩称,标注85℃意在描述产品的加工工艺和新鲜特色,并非区分商品来源的商标意义上的使用,属于善意、合理地使用。因此该案核心问题之一在于,被告光明公司对"85℃"商标的使用,是否构成商标侵权,抑或构成正当使用从而不构成商标侵权。

该案一审法院认为,当注册商标具有描述性时,他人出于说明或者客观描述商品特点的目的,以善意方式在必要的范围内予以标注,不会导致相关公众将其视为商标而引起来源混淆的,构成正当使用;判断是否属于善意、必要,可参考商业惯例等因素。光明公司标注的85℃本身属于描述性词汇,表明温度概念,但法院仍需审查其具体使用方式以及通过使用方式体现出来的正当性与否,即强调使用行为的正当性。法院认为,光明公司标注85℃并非必要,也应当立即予以避让,或者改变在显著位置突出标注的方式,以尊重他人已有的权利,维护商标管理的秩序,但其仍继续大量使用被控侵权标识,此种使用难谓善意;在商业活动中完整使用他人注册商标的使用方式已经超出说明或客观描述商品本身的特点和正当使用的界限,其主观上难谓善意,客观上可能造成相关公众对商品来源的混淆。因此,光明公司对"85℃"字样的标注不属于正当使用,抗辩主张不能成立。

该案二审法院则采信了光明公司所举证的在其使用的巴氏杀菌技术生产工艺过程中包括了"15秒钟使用85℃的温度杀菌"的事实,认定,光明公司的使用属于对温度标识的正当使用,不会造成相关公众的混淆和误认,没有侵害美食达人公司的涉案商标专用权。

可见,对上述案例,一审法院与二审法院的不同认知,本质是对温度标识合理

---

① 上海市黄浦区人民法院(2016)沪0101民初24718号民事判决书、上海知识产权法院(2018)沪73民终289号民事判决书。

使用范围的争议,即"正当使用"的认定问题。

综上,我国商标法律制度的理论与实践均取得了长足的发展与进步,实施情况良好,取得了预期的效果并正朝着更好、更理性的方向发展。

五、商标制度的作用和意义

(一)商标的作用和价值

1.标示出处或来源

商标是一种标记、标识,或谓符号,其最基本的作用或功能是识别功能,即标注商品或服务的来源或出处。应当说,标示商品或服务的出处或来源是商标的最基本功能。面对琳琅满目的商品或服务,如何才能最有效地降低消费者的搜寻成本,商标提供了独特的、无可替代的工具价值。欧洲法院曾指出,"商标的核心功能是保证商标标识的产品的来源真实一致,让消费者没有混淆的顾虑地将源于此的商品与源于彼的商品区别开来。欧盟条约的目的是建立不被扭曲的市场竞争环境,商标要在此制度下发挥核心功能,就必须确保所有带有同样商标的商品或服务来源于同一家对其质量负责的企业"[1]。

2.表彰质量或品质

除了标示出处或来源外,商标还是一种具有价值的符号,它象征着商品或服务的质量或品质,直接反映着商家的口碑和信誉。因此,除了向消费者传递商品或服务来源方面的信息外,商标同时还传递着关于品质的信息。消费者基于对某些特定商标的信赖,对其所表彰的品质的认可,才会选择继续购买。

3.广告宣传

一般认为,商标自身具有宣传推广商品或服务的作用。一旦商标与消费者喜欢的事物建立联系,商业标志本身就可以促销商品,具备独立的价值。[2] 显然,商家可以利用商标本身来进行广告宣传。在现今互联网信息时代,商标的广告功能愈加显著;若能对商标本身的广告宣传功能善加利用,必将对促进销售、提升知名度大有裨益。

(二)商标法律制度的作用和意义

商标法律制度是指专门调整因商标的注册申请、准予注册、使用、管理、保护等所产生的社会关系的法律规范。从法律渊源来看,商标法律制度主要是由所有调整商标法律关系的法律、法规、条例、细则和办法等组成。

---

① See Case C-10/89 HAG GF (HAG Ⅱ) [1990] ECR Ⅰ-3711 PARAS. 13-14.

② Frank I. Schechter, The Rational Basis of Trade-Mark Protection, 40 *Harvard Law Review* 813(1927).

一般认为,商标法律制度是随着商品经济的产生和发展而产生的,其在社会生活中发挥着十分重要的作用。

于大部分国家或地区而言,商标法的立法目的或宗旨在于对各类商标予以保护或进行有效管理,尤其是对注册商标专用权的保护。因此,学界一般认为,商标法律制度的价值或作用在于保护商标专用权、维护商标信誉、保护消费者和生产经营者的利益。[①] 商标法往往通过对商标专用权的保护,保护消费者的合法权益,维护正常的、公平的市场竞争秩序。也有西方商标法学者认为,商标法的价值或价值目标主要在于两个方面,即"制造商激励"和"消费者保护"。

1.制造商激励

制造商激励,一般是指商标法通过对制造商注册或使用的商标予以一定的保护,对制造商的投入、投资等予以肯定,从而激励制造商对自己的品牌、商标持续性投入,并保护其投资应得的收益,制止其他制造商"搭便车"。典型的做法是保护制造商的商标专用权,包括驰名商标保护。

2.消费者保护

消费者保护,一般是指商标法通过对商标的保护,维护消费者利用商标的识别性获得自己想要的商品或服务,不被易混淆的商标混淆视听。

我国现行《商标法》的规定同样体现了以上价值目标。该法第 1 条规定:"为了加强商标管理,保护商标专用权,促使生产、经营者保证商品和服务质量,维护商标信誉,以保障消费者和生产、经营者的利益,促进社会主义市场经济的发展,特制定本法。"

六、商标权的性质

与其他种类的知识产权相类似,商标权的性质属于私权。部分国际公约对此有明确的定性,如《TRIPS 协定》。

虽然从商标权的申请、授予、规范管理、撤销等制度来看,注册商标专用权的取得需要以注册申请、核准等行政程序作为前提,但其从本质上讲,商标权是一种私权,是一种民事权利。对此,我国《民法典》第 123 条也有明确规定。

在我国商标法历史发展的早期,曾有学者指出,商标法过于强调法律的管理作用,忽略了商标权的"私权"属性。[②] 笔者认为,经过若干年的理论研究与实践摸索,无论是立法规定,还是现今商标行政执法部门和司法部门均已普遍认可了这一点,在其工作中也较充分地贯彻、体现了商标权的"私权"属性。

---

① 胡开忠:《商标法学教程》,中国人民大学出版社 2008 年版,第 37 页。
② 冯晓青:《商标法第三次修改若干问题》,载《中华商标》2007 年第 4 期。

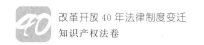
第二节　商标的构成要素

一、商标的显著性

商标的显著性，一般是指商标的独特个性，其最核心、最根本的功能在于该商标表彰某生产经营者，即特定商品或服务的来源。在某标识具备显著性的情形下，消费者往往能直接将该标识与某商家联系或对应起来。从此种意义上讲，显著性是连接消费者与商品或服务的来源之间的桥梁。

我国现行《商标法》明确规定，"申请注册的商标，应当有显著特征，便于识别"。可见，显著性是商标获得注册、受法律保护的根本必备要件。显著性包括先天的、与生俱来的显著性，以及后天获得的显著性。

一般认为，臆造商标、任意商标天生具有较强的显著性，而暗示性商标、普通名词商标不具备先天的显著性，或者显著性较低。但是，显著性可以通过使用行为所累积的商誉，通过后天去培养。原本不具备显著性，但经过使用获得显著性从而被成功注册的商标之实例，也不在少数，如"田七"牙膏。相反，原本具有显著性的商标，也可能由于普遍性使用行为而沦为某种通用名称，或因其他原因导致显著性的丧失。

因此，商标的显著性有无以及强弱的判定，是一个动态发展的过程，有可能随着时间的流逝而发生变化。显著性的衡量，一般以普通消费者，即相关公众的认知状况为认定标准。

二、传统商标的构成要素

从传统意义上说，商标的构成要素，主要包括文字、图形、颜色、立体形状以及上述各种要素的组合。

商标的历史是一个动态的发展史。单看我国的《商标法》，商标标志的构成要素由最初的文学、图形或者其组合，[①]到增加为文字、图形、字母、数字、三维标志和颜色组合，[②]再到增加了声音要素，将可视性要素扩展为可感知的要素，[③]可以作为商标的标志越来越多。商标种类的增加与企业的需求分不开。企业已经不满足于

---

①　1982 年《商标法》第 7 条：商标使用的文学、图形或者其组合，应当有显著特征，便于识别。使用注册商标的，并应当标明"注册商标"或者注册标记。同 1993 年《商标法》第 7 条。

②　2001 年《商标法》第 8 条：任何能够将自然人、法人或者其他组织的商品与他人的商品区别开的可视性标志，包括文字、图形、字母、数字、三维标志和颜色组合，以及上述要素的组合，均可以作为商标申请注册。

③　2013 年《商标法》第 8 条。

将传统的文字、图形作为商标,非传统商标如颜色、声音、气味、位置商标、商业外观、全息图和动作商标等也可将企业的产品与竞争对手的产品区别开并且更能吸引消费者。[①]

三、非传统商标的构成要素

随着传统商标资源的大量被挖掘与充分利用,经营者们纷纷将眼光投向新的元素或要素,非传统的元素成为热门话题,如声音、气味、动态形象、单一颜色,甚至位置商标,等等。以下仅以单一颜色商标和声音商标为例,作简要介绍。

(1)单一颜色商标

关于单一颜色商标,已在美国和欧盟等国家或地区获准注册。美国最高法院在 1995 年审理 Qualitex 案时认为,1946 年修改的兰哈姆商标法对可以用作商标的要素并未施加任何限制,允许任何"词汇、名称、符号及标记"作为商标,而且在司法实践中,形状、声音甚至气味也都已作为商标受到了法律保护。因此,没有理由单禁止保护单一颜色商标。比如,在绝缘材料上使用粉红色,在干洗衬垫上使用一种特殊的金绿色,等等;关键是需要满足商标保护的一般要求。欧洲共同体法院则于 2003 年 5 月 6 日在 C-104/01 橙色商标案中,对单一颜色商标的可注册性问题进行了表态:即使从空间上没有特别限定,就某些商品或服务而言,单纯的颜色可以被认定具有显著性,只要该种颜色的书面表达能做到"明白、准确、完整独立、便于接触、易于理解、持久和客观"[②]。

而在我国,2013 年《商标法》在修改草案中曾提及单一颜色商标,但在最终文本中删除了相关内容,以"等标记"这一表述进行了替换,有学者认定,可以理解为单一颜色商标并未被我国 2013 年商标法绝对排除在外。[③]

目前,我国现行《商标法》第 8 条明确规定,"任何能够将自然人、法人或者其他组织的商品与他人的商品区别开的标志,包括文字、图形、字母、数字、三维标志、颜色组合和声音等,以及上述要素的组合,均可以作为商标申请注册"。可见,法律取消了原先对商标的"可视性"要求,理论上已经为各种非传统商标的新加入敞开了大门。

(2)声音商标

近年来,我国对非传统商标的研究有了一定的研究成果。从实践来看,声音商标已成为我国可以注册的新商标形态之一。声音商标进入我国《商标法》保护的时

---

① Nathon, Natalie, *Position Marks in the European Union*, Studia Iuridica Auctoritate Universitatis Pecs Publicata, 2011, p.158.

② 黄晖:《商标法》,法律出版社 2016 年第 2 版,第 39 页。

③ 例如,黄晖学者即持此观点。黄晖:《商标法》,法律出版社 2016 年第 2 版,第 39 页。

间并不长,是 2013 年《商标法》新修订的内容之一。因此,我国对声音的显著性审查也在不断探索中。

以腾讯公司曾两次提起申请的 QQ 提示音商标注册案为例,早在 2014 年 5 月 4 日,腾讯公司便向原国家工商行政管理总局商标局提出了"嘀嘀嘀嘀嘀嘀"这一声音商标的注册申请。2015 年 8 月 11 日,商标局以"申请商标在指定使用项目上缺乏显著性"为由驳回了其申请。随后,腾讯公司向商标评审委员会提出复审申请,并提交了多份证据材料,但商标评审委员会以"难以起到区分服务来源的作用"为由,驳回了注册申请。

2018 年 10 月,北京市高级人民法院终审判决认定,腾讯公司申请的"嘀嘀嘀嘀嘀嘀"声音商标具有显著性,支持该商标的注册。这是我国商标法领域经司法判决的首例声音商标案件。北京知识产权法院和北京市高级人民法院审理认定,该 QQ 提示音在指定使用的服务项目上能够起到标识服务来源的功能。

也许假以时日,待时机成熟,部分其他类型的非传统商标也可能加入我国可注册的新商标种类的行列。

第三节　商标的注册条件

任何国家或地区,对商标注册都规定了一定的条件或要求,比如,申请人的主体资格,标志本身应具备的条件、不得存在的因素,等等。

在我国,除了合格的申请人、恰当的商业标志外,在实体条件方面,还需要具备合法性、显著性、非功能性,以及不得侵犯他人的在先权等条件。一般认为,合法性、非功能性和显著性这三者,属于不能注册的绝对理由,违反此三者之一及以上者,将构成"绝对"不能注册;而他人的在先权,属于不能注册的相对理由。[①]

一、商标不予注册的绝对理由

如前所述,商标不予注册的绝对理由,首要的是合法性问题,集中体现于商标法等法律的禁止性规定(或称禁用条款)。我国《商标法》第 10 条、第 11 条、第 12 条等对提交注册申请的商标作了一系列禁止性规定。

1.违反现行《商标法》第 10 条

(1)法律规定

根据现行《商标法》第 10 条的规定,"下列标志不得作为商标使用:(一)同中华人民共和国的国家名称,国旗、国徽、国歌、军旗、军徽、军歌、勋章等相同或者近似

---

①　黄晖:《商标法》,法律出版社 2016 年第 2 版,第 43 页。

的,以及同中央国家机关的名称、标志、所在地特定地点的名称或者标志性建筑物的名称、图形相同的;(二)同外国的国家名称、国旗、国徽、军旗等相同或者近似的,但经该国政府同意的除外;(三)同政府间国际组织的名称、旗帜、徽记等相同或者近似的,但经该组织同意或者不易误导公众的除外;(四)与表明实施控制、予以保证的官方标志、检验印记相同或者近似的,但经授权的除外;(五)同"红十字""红新月"的名称、标志相同或者近似的;(六)带有民族歧视性的;(七)带有欺骗性,容易使公众对商品的质量等特点或者产地产生误认的;(八)有害于社会主义道德风尚或者有其他不良影响的"。

该法第 10 条第 2 款还规定:"县级以上行政区划的地名或者公众知晓的外国地名,不得作为商标。但是,地名具有其他含义或者作为集体商标、证明商标组成部分的除外;已经注册的使用地名的商标继续有效。"

(2)关于上述第 10 条第 1 款第(1)项(含国家名称)的适用

我国商标局、商评委在 2016 年 12 月共同颁布施行的《商标审查及审理标准》中,对包含国家名称商标的审查问题作了较详细规定,尤其是列举了 3 种虽包含我国国家名称,但准予注册使用的例外情形,即:a.描述的是客观存在的事物,不会使公众误认的,如"中华鲟""中华龙鸟"等;b.商标含有与我国国家名称相同或近似的文字,但其整体是报纸、期刊、杂志名称,且与申请人名义一致的,如"中国邮政快递报""中国知识产权报"等;c.商标含有与我国国家名称相同或近似的文字,但其整体是企事业单位简称。其中,适用情形 c 需具备的条件是:申请人主体资格应当是经国务院或其授权的机关批准设立的,申请人名称应经名称登记机关依法登记;申请商标与申请人名称的简称一致,简称是经国务院或其授权机关批准的。

同时,我国最高人民法院《关于审理商标授权确权行政案件若干问题的规定》也对此问题作了更明确的规定。该解释第 3 条规定:"我国商标法第 10 条第 1 款第(1)项规定的同中华人民共和国的国家名称'相同或者近似',是指商标标志整体上与国家名称等相同或者近似。对于含有中华人民共和国的国家名称等,但整体上并不相同或者不相近似的标志,如果该标志作为商标注册可能导致损害国家尊严的,人民法院可以认定属于我国商标法第 10 条第 1 款第(8)项规定的情形。"

另外,我国《商标审查及审理标准》还规定,商标含有我国国家名称,导致国家名称的滥用,可能对社会公共利益和公共秩序产生其他消极、负面影响的,构成我国《商标法》第 10 条第 1 款第(8)项规定的"有害于社会主义道德风尚或者有其他不良影响的"的禁用商标。

在实践中,"中国黄金珠宝集团香港国际有限公司"商标注册申请一案即一个典型例子。因为该商标是该中国香港企业的全称,并非国务院或其授权的机关批准设立的,因而不属于《商标审查及审理标准》中禁止使用我国国家名称作为商标的例外情形。按照相关规定,似乎应按《商标法》第 10 条第 1 款第(1)项的规定予

以驳回。但是,北京市高级人民法院认为,由于"中国黄金珠宝集团香港国际有限公司"是一个整体,"中国"只是其文字内容的一小部分,且在文字内容、含义等方面与我国国家名称差异明显,不应认定与我国国家名称相同或近似,所以该案不宜适用我国《商标法》第10条第1款第(1)项的规定。最终,北京市高院作出了商标评审委员会应当对申请商标是否符合我国《商标法》其他条款的规定予以审查的终审判决。

(3)关于地名作为商标

原则上,不得将县级以上行政区划的地名或者公众知晓的外国地名作为商标申请注册。但是,当某地名具有其他含义或者作为集体商标、证明商标组成部分时,属于例外情形,可以申请注册为商标。同时,之前已经注册的使用地名的商标继续有效。

另外,最高人民法院《关于审理商标授权确权行政案件若干问题的意见》第4条还规定,"实践中,有些商标由地名和其他要素组成,在这种情形下,如果商标因有其他要素的加入,在整体上具有显著特征,而不再具有地名含义或者不以地名为主要含义的,就不宜因其含有县级以上行政区划的地名或者公众知晓的外国地名,而认定其属于不得注册的商标"。

可见,单独以地名作为商标构成要素的,须受《商标法》第10条第2款规定的限制;而由地名与其他要素共同组成的商标,在注册申请时则须具体问题具体分析,若其整体上具有显著特征,不再具有地名含义或者不以地名为主要含义,则不宜适用该条款的规定。

2.不具备显著性(包括违反现行《商标法》第11条的情形)

显著性,于商标而言是非常重要的,往往是指商业标志本身所具有的能令消费者或相关公众识别此商品或服务来源的独特特征,是此标志区别于其他标志的本质特征。

我国商标法对申请注册的商标的显著性的要求主要体现在两个方面。其一,《商标法》总则中规定,"申请注册的商标,应当有显著特征,便于识别";其二,该法第11条规定,"下列标志不得作为商标注册:仅有本商品的通用名称、图形、型号的;仅直接表示商品的质量、主要原料、功能、用途、重量、数量及其他特点的;其他缺乏显著特征的"。

当然,商标的显著性不是绝对的。如若具备上述法律规定所列举之情形的标志经过使用取得了显著特征,并且便于识别的,依法可以作为商标注册。可见,显著性的判定是一个具有相对性的问题,是有可能随着时间推移而发生变化的。

3.具有功能性(包括违反现行《商标法》第12条)

这主要是针对立体商标而言的。当三维立体标志本身是具有功能性的形状时,将不得作为商标提起注册申请,否则将被驳回。根据我国《商标法》第12条的规定,凡是以三维标志申请注册商标的,仅由商品自身性质产生的形状、为获得技术效果而需要的商品形状或者使商品具有实质性价值的形状,将不能作为商标申请注册。

二、商标不予注册的相对理由

除了上述几项商标不予注册的绝对理由外,商标的注册还可能存在其他方面的阻却事由,即不予注册的相对理由,这主要是指侵犯了他人的在先权利,或者抢先注册他人的商标,包括损害他人驰名商标相关利益等。

(一)对他人驰名商标的抢注或损害(违反现行《商标法》第 13 条)

我国《商标法》第 13 条[①]对复制、摹仿、翻译他人驰名商标的商标注册申请作了禁止性规定,体现了对他人在先驰名商标的保护。因此,凡是复制、摹仿、翻译他人已在中国申请注册或者未在中国申请注册保护的驰名商标,容易给他人造成误认,不便于识别的,不得作为商标申请注册。

(二)代理人、代表人等的恶意抢注

现行《商标法》第 15 条规定:"未经授权,代理人或者代表人以自己的名义将被代理人或者被代表人的商标进行注册,被代理人或者被代表人提出异议的,不得注册并禁止使用。就同一种商品或者类似商品申请注册的商标与他人在先使用的未注册商标相同或者近似,申请人与该他人具有前款规定以外的合同、业务往来关系或者其他关系而明知该他人商标存在,该他人提出异议的,不予注册。"

最高人民法院在 2010 年《关于审理商标授权确权行政案件若干问题的意见》中指出,商标代理人、代表人或者经销、代理等销售代理关系意义上的代理人、代表人未经授权,以自己的名义将被代理人或者被代表人商标进行注册的,人民法院应当认定属于代理人、代表人抢注被代理人、被代表人商标的行为。

(三)侵犯他人在先权利的注册申请

现行《商标法》第 32 条规定:"申请商标注册不得损害他人现有的在先权利,也不得以不正当手段抢先注册他人已经使用并有一定影响的商标。"此处的"他人现有的在先权利",一般是指在注册申请人在提出商标注册申请之前,他人已经合法取得或者依法享有的受法律保护的权利,通常包括著作权、姓名权、肖像权、外观设计专利权等。

当申请注册的商标本身与他人的在先合法权利发生冲突时,除法律另有规定

---

① 《商标法》第 13 条规定:"就相同或者类似商品申请注册的商标是复制、摹仿或者翻译他人未在中国注册的驰名商标,容易导致混淆的,不予注册并禁止使用。就不相同或者不相类似商品申请注册的商标是复制、摹仿或者翻译他人已经在中国注册的驰名商标,误导公众,致使该驰名商标注册人的利益可能受到损害的,不予注册并禁止使用。"

外,法律通常将优先维护在先的权利。强调尊重他人的在先权利是民法诚实信用原则的体现。如若涉嫌侵犯他人的在先权利,对于拟申请注册的商标,该在先权利人可以根据相关法律规定,通过商标异议程序或撤销程序来阻却该商标的注册程序,维护自身权益。

(四)损害他人已使用并有一定影响的商标的注册申请

如上所述,《商标法》第 32 条规定,申请商标注册不得以不正当手段抢先注册他人已经使用并有一定影响的商标。

三、商标注册"不良影响"的认定

在商标注册申请的授权审查过程中或者司法实践中,有损公序良俗的标志是《商标法》第 10 条第 1 款明确禁止使用的。该法第 10 条第 1 款第(6)项至第(8)项规定了四种情况:(1)带有民族歧视的标志;(2)带有欺骗性的标志;(3)有害于社会主义道德风尚的标志;(4)有其他不良影响的标志。

1.民族歧视性标志

民族歧视性标志一般是指带有或暗含民族歧视性含义的标志。另外,涉嫌种族歧视的相关标志也会被视为"有其他不良影响"。如"DARKIE"英文意思中隐含对黑人的蔑视,就因涉及"种族歧视"问题而被禁止使用。

2.欺骗性标志

《商标法》第 10 条第 1 款第(7)项规定,"带有欺骗性,容易使公众对商品的质量等特点或者产地产生误认的",禁止作为商标使用。

3."有害于社会主义道德风尚或者有其他不良影响"的认定

"不良影响"的认定,是一个至关重要但又可能存在着不同意见的现实性问题。比如,几年前的"微信"商标案就闹得沸沸扬扬,引起了社会公众的热烈讨论,众说纷纭,莫衷一是。

所谓"社会主义道德风尚",据《商标审查及审理标准》(2016)所作的界定,是指"人们共同生活及其行为的准则、规范以及在一定时期内社会上流行的良好风气和习惯"。有学者认为,可以将其与民法上所谓的"善良风俗"基本对应。实际上,社会主义道德风尚,或谓善良风俗,其内涵、外延颇具弹性,在不同国家、地域、文化背景下均有所不同。是否有害于社会主义道德风尚,需要考虑商标的构成及其指定使用的商品和服务。因此,取决于主流的道德意识。例如,关于"霸道 BA DAO"商标(丰田旗下的"霸道"是一款汽车),我国司法实践曾认为,该商标有害于社会主义道德风尚。①

---

① 北京市第一中级人民法院(2009)一中行初字第 1063 号判决书、北京市高级人民法院(2009)高行终字第 1238 号判决书。

对于"有其他不良影响"的商标,据《商标审查及审理标准》(2016)的界定,是指"商标的文字、图形或者其他构成要素对我国政治、经济、文化、宗教、民族等社会公共利益和公共秩序产生消极的、负面的影响"。2010年《关于审理商标授权确权行政案件若干问题的意见》明确指出,"如果有关标志的注册仅损害特定民事权益,由于商标法已经另行规定了救济方式和相应程序,不宜认定其属于具有其他不良影响的情形"。比如,"毛大爷maodaye"商标,原拟定使用于指定商品项目第34类,即香烟、雪茄烟、烟丝等,由于社会公众有可能联想到已故国家主席毛泽东,因而,法院认定该商标具有"其他不良影响"[①]。

虽然法律规定对以上几项区分较细,但在实践中,我国商标评审委员会和法院经常会比较笼统地审查或判定某商标是否具有不良影响,而不去深究属于哪种不良影响。

而且,对于司法实践中的某些常见标志或申请注册行为,涉及"不良影响"的问题,部分法院业已形成特定的判定思路。例如,《北京市高级人民法院关于商标授权确权行政案件的审理指南》(2014)第14条就规定,若将政治、宗教、历史等公众人物的姓名作为商标申请注册,足以对我国政治、经济、文化、宗教、民族等社会公共利益和公共秩序产生消极、负面影响的,可以认定属于《商标法》第10条第1款第(8)项规定的"有其他不良影响"的情形。"鲁迅""冰心"等商标都曾被作为商标申请注册,结果分别被商标局和法院驳回或否定。

四、商标"恶意注册"的认定问题

现行《商标法》第4条规定:"自然人、法人或者其他组织在生产经营活动中,对其商品或者服务需要取得商标专用权的,应当向商标局申请商标注册。不以使用为目的的恶意商标注册申请,应当予以驳回。"可见,恶意注册(包括恶意抢注)行为已经成为我国商标法的规制重点。

在现行《商标法》(2019年)之前,恶意注册通常包括四种主要情形:一是代理人、代表人等实施的抢注;二是损害他人在先权利的商标注册;三是对他人驰名商标造成损害的注册;四是损害他人已使用并有一定影响的商标的注册。而现行《商标法》又明确新增了一个条款,即"不以使用为目的的恶意商标注册申请"。

实际上,恶意注册问题,是采用注册制的国家普遍感觉棘手的一个问题。而商标的恶意注册之认定,往往需要从主、客观两方面综合考量后认定。主观是指行为人的主观意图,客观则是指行为人所实施的注册行为。在认定恶意注册时,"恶意"意味着注册人的主观意图至少是明知或应知他人商标的存在,他人的商标已经使

[①] 北京市第一中级人民法院(2009)一中行初字第699号判决书。

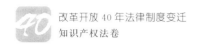
用在先;在客观行为方面,注册人在明知或应知的前提下仍对他人的商标欲实施注册行为。

第四节　商标注册程序的优化

一、商标注册程序

商标注册程序,一般是指商标注册申请相关的行政程序,包括在商标注册申请过程中的申请与审查程序、可能存在的商标异议程序、不服商标局决定的复审程序等。

我国的商标注册以自愿注册为原则,强制注册为例外。[①]

二、商标注册程序的优化

随着我国《商标法》的修改与完善,我国的商标注册程序也在不断优化与完善。

(一)明确允许"一标多类"申请,增加电子申请方式

在 2013 年之前,我国《商标法》及《商标法实施条例》规定的是"按类申请",即一份申请只能指定某一类商品或服务,必须按照商品或服务分类表来进行对应的申请。而 2013 年修改后的《商标法》规定,允许商标注册申请人"通过一份申请就多个类别的商品申请注册同一商标",即所谓的"跨类申请"。同时,为提升商标注册申请的便捷程度,2013 年修改后的《商标法》还规定允许提交电子申请,允许以"数据电文方式"提交商标注册申请文件。由此,商标注册申请人可以通过一份申请就多个类别的商品申请注册同一商标,可选择用传统方式或电子方式来提交。

(二)重新采纳"审查意见书"制度

我国 1993 年版《商标法实施细则》第 16 条曾规定:商标局对受理的商标注册申请,认为申请内容可以修正的,发给《审查意见书》,限其在收到通知之日起 15 天内予以修正;未作修正、超过期限修正或者修正后仍不符合《商标法》有关规定的,驳回申请。但后来的《商标法》并未采纳该制度。2013 年修改《商标法》时又增加了相关规定:"商标局认为商标注册申请内容需要说明或者修正的,可以要求申请

---

① 现行《商标法》第 6 条。

人做出说明或者修正。申请人未做出说明或者修正的,不影响商标局做出审查决定。"①

当然,该制度是否能达到真正良好的效果,是否会因为增加了该程序而影响审查效率,还有待实践的检验。

(三)明确规定注册商标申请及复审的审查时限

关于注册商标申请和复审的审查时限,以前我国《商标法》并未规定,但 2013 年《商标法》作了明确规定。比如,商标局初步审查的时限为 9 个月;对异议申请调查核实的时限为 12 个月(经批准,可延长 6 个月)。商标评审委员会对商标局驳回申请不予公告的决定进行复审的时限为 9 个月(经批准,可延长 3 个月);对商标局认为异议成立而不予注册的决定进行复审的时限为 12 个月(经批准,可延长 6 个月),等等。

(四)优化商标注册申请的异议程序

在商标审查过程中,经过初步审定的商标注册申请,将在《商标公告》上被公布,接下来是为期三个月的异议期。在异议期内,可能会有人提出异议。因此,商标异议程序属于商标注册审查程序中的重要一环。

2013 年《商标法》对商标注册异议制度作了重大修订。

1.对提出商标注册异议的主体及理由作了限定和限缩

2001 年《商标法》曾规定,任何人均可以在 3 个月的异议期内提出异议。但这样容易导致异议程序被滥用。因此,2013 年《商标法》第 33 条区分了基于绝对理由和相对理由②的商标异议,并对主体资格进行了限制。出于绝对理由的异议,任何人均有资格提出异议,而基于相对理由的异议,则仅有在先权利人和利害关系人才可以提出此类异议。

因此,如若在先权利人或利害关系人以外的其他人,基于相对理由欲对商标注册提出异议,则无权提出异议,只能依法嗣后对获得注册后的商标申请宣告无效。

2.对商标异议之后的后续法律程序作了重要修订

根据 2001 年《商标法》的规定③,不服商标局异议裁定的,当事人的法律救济手段如下:对于初步审定后公告的商标提出异议请求的,商标局听取异议人和被异议人陈述事实和理由,调查核实后作出裁定;当事人不服的,可以自收到通知之日起 15 日内向商标评审委员会申请"复审",由商标评审委员会作出裁定,书面通知异议人和被异议人。当事人对商标评审委员会的裁定不服的,可以自收到通知之

---

① 2013 年《商标法》第 29 条。

② 一般认为,绝对理由包括《商标法》第 10 条、第 11 条和第 12 条的规定,相对理由包括《商标法》第 13 条第 2 款和第 3 款、第 15 条、第 16 条第 1 款、第 30 条、第 31 条和第 32 条的规定。

③ 2001 年《商标法》第 33 条第 1 款等条款的规定。

日起 30 日内向人民法院起诉;人民法院应当通知商标复审程序的对方当事人作为第三人参加诉讼。

2013 年《商标法》则进行了改革,将相关程序设计得更为简明合理。新修订后的《商标法》第 35 条规定,对初步审定公告的商标注册申请提出异议的,由商标局听取异议人和被异议人陈述事实和理由;经调查核实后,商标局自公告期满之日起 12 个月内作出是否准予注册的决定,并书面通知异议人和被异议人;有特殊情况需要延长的,经国务院工商行政管理部门批准,可延长 6 个月。后续程序视情况而定:(1)若商标局认为异议不成立,则即刻生效,由商标局核准注册、颁发商标注册证,并予以公告,若异议人不服,其只能对已注册商标提起无效宣告。(2)倘若商标局认为异议成立,则作出不予注册的决定,若被异议人不服,其可求助于"商标复审程序"救济,具体说来,其可自收到通知之日起 15 日内向商标评审委员会申请复审,商标评审委员会应当自收到申请之日起 12 个月(若有特殊情况需延长的,经批准可延长 6 个月)内作出复审决定,并书面通知异议人和被异议人;若被异议人对商标评审委员会的决定不服,可以自收到通知之日起 30 日内向人民法院起诉,人民法院应当通知异议人作为第三人参加行政诉讼。

可见,相较之下,2013 年《商标法》简化了商标异议程序,规定商标局在对异议进行审查后直接作出准予注册或者不准予注册的决定。

值得一提的是,商标注册申请过程中的最后一个步骤,即 3 个月的异议期届满后,若无人提出异议,或者商标局裁定异议不成立,此时,商标注册申请应当予以核准注册。注册商标专用权的起始取得时间,无论何种情况,均为商标初审公告后 3 个月异议期满之日。商标注册申请的另一种可能性则是商标不予注册,注册申请被驳回。

第五节　商标的无效与撤销

一、商标的无效

在 2013 年《商标法》修订生效之前,我国商标法中并无商标"无效"这一术语,法律中所采用的是商标"争议"或者"撤销"之类的表述。

2013 年《商标法》第 47 条规定,"依照本法第四十四条、第四十五条的规定宣告无效的注册商标,由商标局予以公告,该注册商标专用权视为自始即不存在"。

可见,商标的无效,是指已注册商标经过国家有关部门的无效宣告程序而被宣告为无效。某注册商标一旦被宣告无效,即产生该商标自始即不存在的效力,这显然有别于商标被撤销后的嗣后不存在的效力。因此,我国 2013 年《商标法》将这种自始不存在称为"无效"。

商标的无效原因主要可分为两大类,一是违反了法律规定的商标不得注册的绝对理由,二是违反了法律规定的商标不得注册的相对理由。前者如违反了合法性、显著性或非功能性,或者以欺骗手段或其他不正当手段取得注册的商标,此种情况可由商标局主动依职权宣告该商标无效,也可由其他单位或个人请求商标评审委员会宣告其无效;①后者如侵犯他人在先权的情形,须由在先权利人或利害关系人向商标评审委员会提出宣告无效的申请。

现行《商标法》规定了两种不同程序的商标无效,分别由商标局和商标评审委员会宣告无效。

1.由商标局宣告的商标无效

现行《商标法》第 44 条第 1 款规定,已经注册的商标,违反本法第 4 条、第 10 条、第 11 条、第 12 条、第 19 条第 4 款规定的,或者是以欺骗手段或者其他不正当手段取得注册的,由商标局宣告该注册商标无效;其他单位或者个人可以请求商标评审委员会宣告该注册商标无效。可见,此种违反商标不得注册的绝对理由的情形,该商标既可以依职权宣告无效,也可以依申请宣告无效。

该法第 44 条第 2 款还规定,商标局作出宣告注册商标无效的决定,应当书面通知当事人。当事人对商标局的决定不服的,可以自收到通知之日起 15 日内向商标评审委员会申请复审。商标评审委员会应当自收到申请之日起 9 个月内作出决定,并书面通知当事人。有特殊情况需要延长的,经国务院工商行政管理部门批准,可以延长 3 个月。当事人对商标评审委员会的决定不服的,可以自收到通知之日起 30 日内向人民法院起诉。

2.由商标评审委员会宣告的商标无效

现行《商标法》第 44 条第 3 款规定,其他单位或者个人请求商标评审委员会宣告注册商标无效,商标评审委员会收到申请后,书面通知有关当事人,并限期提出答辩。自收到申请之日起 9 个月内,商标评审委员会应当作出裁定,维持注册商标或宣告注册商标无效,并书面通知当事人。有特殊情况需要延长的,经国务院工商行政管理部门批准,可以延长 3 个月。当事人对商标评审委员会的裁定不服的,可以自收到通知之日起 30 日内向人民法院起诉,商标裁定程序的对方当事人经法院通知应当作为第三人参加诉讼。

另外,根据现行《商标法》第 45 条规定:已经注册的商标,违反本法第 13 条第 2 款和第 3 款、第 15 条、第 16 条第 1 款、第 30 条、第 31 条、第 32 条规定的,自商标注册之日起 5 年内,在先权利人或者利害关系人可以请求商标评审委员会宣告该注册商标无效。对恶意注册的,驰名商标所有人不受 5 年的时间限制。

---

① 现行《商标法》第 44 条第 1 款。

值得注意的是,对于已经在商标注册申请阶段提出过异议的利害关系人(也包括潜在的在先权利人),若商标局认定异议不成立、准予商标注册,该利害关系人也只能就该已注册商标申请宣告无效,而不得提起复审请求或提起行政诉讼。

关于被宣告无效的效力问题,当注册商标被宣告无效后,商标专用权自始无效。但是,自始无效的追溯力受到一定的限制;对此,《商标法》第 47 条第 2 款专门作了规定:宣告注册商标无效的决定或者裁定,对宣告无效前人民法院作出并已执行的商标侵权案件的判决、裁定、调解书和工商行政管理部门作出并已执行的商标侵权案件的处理决定以及已经履行的商标转让或者使用许可合同不具有追溯力;但因商标注册人的恶意给他人造成的损失,应当给予赔偿。当然,倘若依照上述规定不返还商标侵权赔偿金、商标转让费、商标使用费,将导致明显违反公平原则的结果时,依照该条款的规定,就应当全部或部分返还此类费用。

二、商标的撤销

即使是已注册商标,其注册商标专用权也不是永远没有任何风险的。若因使用不当,或者持续一段时间不使用且无正当理由,已注册商标将可能面临被撤销的风险。

(一)注册商标因使用不当而被撤销

现行《商标法》第 49 条规定,商标注册人在使用注册商标的过程中,自行改变注册商标、注册人名义、地址或者其他注册事项的,由地方工商行政管理部门责令限期改正;期满不改正的,由商标局撤销其注册商标。

(二)注册商标因退化为通用名称而被撤销

现行《商标法》第 49 条第 2 款规定,注册商标成为其核定使用的商品的通用名称或者没有正当理由连续 3 年不使用的,任何单位或者个人可以向商标局申请撤销该注册商标。商标局应当自收到申请之日起 9 个月内作出决定。有特殊情况需要延长的,经国务院工商行政管理部门批准,可以延长 3 个月。

与 2001 年《商标法》的相关规定相比,上述新规定显然更为具体、明确,不仅明确了行使撤销申请权的主体——任何单位或个人,还明确了相关时限。

(三)注册商标因持续不使用且无正当理由而被撤销

从《商标法》第 49 条第 2 款的规定来看,持续三年不使用是导致注册商标可被撤销的又一重要原因。

根据 2014 年《商标法实施条例》第 67 条的规定,属于《商标法》第 49 条规定的"正当理由"包括以下几项:(1)不可抗力;(2)政府政策性限制;(3)破产清算;(4)其他不可归责于商标注册人的正当事由。

当然,在所谓的"撤三"申请中,商标"使用"的认定问题,一直是一个颇有争议的问题。最高人民法院 2010 年《关于审理商标授权确权行政案件若干问题的意见》第 20 条第 2 款规定,"实际使用的商标与核准注册的商标虽有细微差别,但未改变其显著特征的,可以视为注册商标的使用"。

关于撤销的程序,持续 3 年不使用以及退化成为通用名称这两种情况下的商标撤销程序,是应申请人的申请启动的;除此以外的注册商标撤销,一般是商标行政主管机关依职权采取的行为。

关于商标被撤销的效力问题,根据现行《商标法》第 55 条第 2 款的规定,被撤销的注册商标,由商标行政管理部门予以公告后,其注册商标专用权自公告之日起终止。

商标被撤销后,当事人不服的,可以寻求法律救济。为此,现行《商标法》第 54 条规定了救济方式:"对商标局撤销或者不予撤销注册商标的决定,当事人不服的,可以自收到通知之日起十五日内向商标评审委员会申请复审。商标评审委员会应当自收到申请之日起九个月内做出决定,并书面通知当事人。有特殊情况需要延长的,经国务院工商行政管理部门批准,可以延长三个月。当事人对商标评审委员会的决定不服的,可以自收到通知之日起三十日内向人民法院起诉。"

对于被撤销或者被宣告无效的注册商标,法律还规定了一定的禁止被注册的限制,以防止相关消费者对商品或服务来源发生混淆或误认。现行《商标法》第 50 条规定,"注册商标被撤销、被宣告无效或者期满不再续展的,自撤销、宣告无效或者注销之日起一年内,商标局对与该商标相同或者近似的商标注册申请,不予核准"。

第六节　商标专用权的转让与许可

一、商标专用权的转让

作为一项财产性权利,注册商标专用权可以转让,也可以许可给其他主体使用。不过,要受到法律上相关规定的限制,包括须履行的相关程序方面的义务。

现行《商标法》第 42 条规定,转让注册商标专用权的转让人和受让人应当签订转让协议,并共同向商标局提出申请。受让人应当保证使用该注册商标的商品质量。如果商标注册人在同种商品上注册有近似商标,或者在类似商品上注册有相同或近似商标,则必须一并转让。对容易使相关公众混淆或者有其他不良影响的转让,商标局有权拒绝核准。经核准后,注册商标专用权转让应予以公告;自公告之日起,受让人才享有注册商标专用权。

可见,经协商达成的商标专用权的转让,一般须经两项程序:一是商标转让协议的达成(书面协议的签订),向商标局共同提出申请;二是商标局的核准及公告程序。

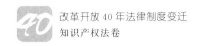
公告程序的主要目的在于使商标的转让产生公示公信的效力。

二、商标专用权的许可

根据《商标法》第 43 条的规定,注册商标专用权许可需要签订商标使用许可合同。许可人应将商标使用许可报商标局备案,由商标局公告,否则注册商标专用权许可不得对抗善意第三人。

注册商标专用权人将商标权许可给他人使用,在商业实践中是一种普遍做法。比如,广药集团就曾将自己的"王老吉"商标许可给加多宝公司使用,双方签订了许可使用合同。不过,按上述规定,许可人须将此种许可报商标局备案,并由商标局公告,才能产生对抗善意第三人的效力。

在商标许可实践中,存在着不同类型的许可方式,可以根据被许可人权利范围的大小来进行分类。一般认为可分为独占使用许可、排他使用许可和普通使用许可三种。独占使用许可,是指注册商标专用权人在约定的时间和地域范围内,以双方约定的方式,将该商标仅许可给被许可人独占性地使用,包括该许可人在内的其他任何主体依照约定均不得使用该商标。排他使用许可,是指注册商标专用权人在约定的时间和地域范围内,以约定的方式,将该商标许可给被许可人使用,其不得同时再许可给其他被许可人使用该商标,但该许可人自身依约定可以使用该商标。普通使用许可,是指注册商标专用权人在约定的时间、地域范围内,以约定的方式将该商标许可给被许可人使用,但该许可人自身依约定可以使用该商标,许可人也仍然可以再许可其他主体使用该商标。

以上三种商标使用许可方式,除了许可人所受的限制不同外,在相关的诉讼纠纷中,诉讼主体资格方面也有所不同。根据《最高人民法院关于审理商标民事纠纷案件适用法律若干问题的解释》(2002 年)第 4 条的规定,在侵犯注册商标专用权纠纷中,独占使用许可合同的被许可人可以向人民法院提起诉讼;排他使用许可合同的被许可人可以和商标注册人共同起诉,也可以在商标注册人不起诉的情况下,自行提起诉讼;普通使用许可合同的被许可人需经商标注册人明确授权,才可以提起诉讼。

第七节　商标侵权的救济

商标权属于一种民事权利,因此,商标侵权一般也被视为民法上的侵权行为。

一、商标侵权行为

侵犯商标权的表现方式是十分丰富多样的,某些侵权方式比较直观、明显,某些比较隐蔽或间接,因此,无论是我国法律法规(立法层面)还是司法解释(司法层面)等都希望能较全面地对各种形态的商标侵权行为予以列举或者规范。

(一)《商标法》规定的典型的商标侵权行为

《商标法》第 57 条规定了"侵犯注册商标专用权的行为"。该条列举了七项行为。以下分述之。

1.未经商标注册人的许可,在同一种商品上使用与其注册商标相同的商标。

这是最典型的商标侵权行为,直接侵犯了权利人对注册商标的独占性使用权。此种行为,往往被直接认定为商标侵权,无须考虑是否已导致或者是否容易导致混淆。商标相同,比如,文字、图形或者其商标标志以及其组合相同的商标。

2.未经商标注册人的许可,在同一种商品上使用与其注册商标近似的商标,或者在类似商品上使用与其注册商标相同或者近似的商标,容易导致混淆的。

这种在同种商品或服务上使用近似商标,或者在类似商品上使用相同或近似商标的行为,尚须考察是否容易导致混淆后,才能认定侵权与否。近似商标的判定或认定,一般需要根据商标的具体形态和种类来判断,可以从以下几方面来考察:若是图形商标,可以看商标外形是否相似,相似程度如何;若是文字商标或者含有语言文字的组合商标,可以看文字的发音,中文的看拼音或常规读音,外文的看外文发音或者消费者的一般读法;涉及文字的,还可以看其意义是否相似或相近。不过,在个案中,具体的相似程度、是否容易导致混淆等情形,尚须具体分析,不宜一概而论。

3.销售侵犯注册商标专用权的商品的。

这类商标侵权行为发生在商品流通领域的居多,侵权人是销售者但非生产者或制造商。当然,关于赔偿责任的承担,根据《商标法》第 64 条的规定,销售不知道是侵犯注册商标专用权的商品,能证明该商品是自己合法取得并说明提供者的,不承担赔偿责任。

4.伪造、擅自制造他人注册商标标识或者销售伪造、擅自制造的注册商标标识的。

商标标识是注册商标的载体,十分重要。因此,对注册商标标识的管理理当严格、规范。伪造是指假冒或仿冒商标标识,擅自制造则是指未经商标权利人委托或授权而制造,或者是超越委托或授权的范围而制造商标标识的行为。此类商标标识一旦被用于商品或服务,为下一步冒充他人商品或服务做准备,流入市场后必将造成市场混淆甚至混乱,因此也被纳入注册商标侵权行为之行列。

5.未经商标注册人同意,更换其注册商标并将该更换商标的商品又投入市场的。

这一形式是我国 2001 年修订《商标法》时的新增内容。学者一般将此种行为称为"反向假冒"。一般的商标侵权行为往往直接涉及对他人注册商标的使用,属

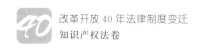
于"正向"的假冒,而此种更换商标并再次投入市场的行为,方向正好相反,而且,将商品本身与原注册商标分离了,剥离了原注册商标所附着的商品与该注册商标之间的联系,从而进一步剥夺了该注册商标在消费者群体中建立或积累商誉的宝贵机会。由此,虽然有部分学者认为此类行为并非直接使用他人注册商标的行为,但我国《商标法》多次明确规定,反向假冒也属于商标侵权行为。

6.故意为侵犯他人商标专用权行为提供便利条件,帮助他人实施侵犯商标专用权行为的。

这是一类典型的帮助侵权行为。一般认为,提供便利条件的行为包括仓储、运输、邮寄、隐匿等。虽然并未直接使用他人的注册商标,但故意为他人侵权提供帮助、便利的,也属于法律所列的商标侵权行为。

7.给他人的注册商标专用权造成其他损害的。

由于侵犯商标权行为的具体形态或表现在现实生活中众多,立法不太可能穷尽列举或周延,所以立法者专门在最后留了一个开放式的兜底性条款。

(二)其他商标侵权行为

除了我国《商标法》所规定的上述列举的各种商标侵权行为外,我国还有部分其他规范性文件、司法解释等规定也涉及对商标侵权行为的规定。

1.将他人注册商标或近似标志作为商品名称或商品装潢使用、误导公众的,可能构成商标侵权。

我国现行《商标法实施条例》第 76 条明确规定,在同一种商品或者类似商品上将与注册商标相同或者近似的标志作为商品名称或者商品装潢使用,误导公众的,属于《商标法》第 57 条第(2)项规定的侵犯注册商标专用权的行为。因此,上述行为要达到"误导公众"的程度,才属于侵犯注册商标专用权的行为。

2.将他人注册商标作为企业字号使用的,可能构成商标侵权。

《最高人民法院关于审理商标民事纠纷案件适用法律若干问题的解释》(2002年)①第 1 条第(1)项规定,"将与他人注册商标相同或者相近似的文字作为企业的字号在相同或者类似商品上突出使用,容易使相关公众产生误认的"行为,属于《商标法》(2001)第 52 条第(5)项规定的给他人注册商标专用权造成其他损害的行为;也即 2019 年新《商标法》的第 57 条第(7)项所规定的"给他人的注册商标专用权造成其他损害的"行为。

同时,根据《商标法》第 58 条的规定,将他人注册商标、未注册的驰名商标作为企业名称中的字号使用,误导公众,构成不正当竞争行为的,依照《中华人民共和国

---

① 最高人民法院 2020 年修订了《关于审理商标民事纠纷案件适用法律若干问题的解释》,新司法解释于 2021 年 1 月 1 日生效。新司法解释第 1 条第(1)项、第(3)项与 2002 年司法解释的表述保持一致,下文不再赘述。

反不正当竞争法》处理。因此,未经许可地将他人注册商标作为企业字号使用但非"突出使用",可能构成不正当竞争行为。

当然,如若行为人是在合法注册自身的企业名称后,规范地使用企业名称,则通常不构成对他人注册商标的侵犯。

3.将他人注册商标作为网络域名使用的,可能构成商标侵权。

未经许可将他人注册商标作为网络域名使用的,应适用《商标法》第57条第(7)项。《最高人民法院关于审理商标民事纠纷案件适用法律若干问题的解释》(2002年)第1条第(3)项规定,"将与他人注册商标相同或者相近似的文字注册为域名,并且通过该域名进行相关商品交易的电子商务,容易使相关公众产生误认的",属于《商标法》(2001)第52条第(5)项规定的给他人注册商标专用权造成其他损害的行为,也即2019年新《商标法》第57条第(7)项所规定的"给他人的注册商标专用权造成其他损害的"行为。

除上述列举的若干种商标侵权形态外,尚有部分行为涉嫌商标侵权或构成不正当竞争行为,比如,将他人注册商标作为关键词埋设在自己经营的网页中,以便消费者通过搜索他人的注册商标(关键词)而直接进入自己的网站网页中;其目的在于争夺网络用户的注意力,但未经许可而使用他人注册商标作为关键词,已属不当利用,其结果同样有可能导致相关公众混淆或误认,可能构成商标侵权。就我国业已发生的案例而言,较典型的是搜索结果中出现了他人注册商标并且显示了与其核定商品相同或类似的商品名称,如八百客(北京)软件技术有限公司与北京沃力森信息技术有限公司侵犯注册商标专用权纠纷案[1],二审法院认为,被告的行为构成对原告注册商标的侵犯,容易导致相关公众混淆或误认。不过,关于关键词广告行为的性质判定,是否构成商标侵权,抑或不正当竞争,学术界和司法界均尚存争议或些许疑虑,尚需进一步研究。

二、商标侵权的法律责任

根据商标侵权行为后果的严重程度不同、处理侵权行为的机关不同,商标侵权行为的法律责任可分为民事责任、行政责任和刑事责任这三种。

(一)民事责任

民事责任是商标权遭到侵犯后,侵权人应当承担的最基本的法律责任。根据《商标法》和其他民事法律的规定,侵犯商标权至少应承担停止侵害、赔偿损失等责任。

关于损害赔偿金额的计算,《商标法》第63条规定:"侵犯商标专用权的赔偿数

---

[1] 北京市第一中级人民法院(2010)一中民终字第2779号民事判决书。

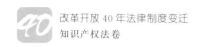
额,按照权利人因被侵权所受到的实际损失确定;实际损失难以确定的,可以按照侵权人因侵权所获得的利益确定;权利人的损失或者侵权人获得的利益难以确定的,参照该商标许可使用费的倍数合理确定。"

关于法定赔偿额的标准或上限,倘若权利人的实际损失、侵权人所获利益、注册商标许可使用费难以确定的,由法院根据侵权行为的情节判决给予 300 万元以下的赔偿;2019 年《商标法》再一次提高了法定赔偿的限额,从 300 万元提升至 500 万元,由法院给予 500 万元以下的赔偿。

另外,关于恶意商标侵权问题,《商标法》还规定了所谓的"惩罚性赔偿"条款,①即对于恶意侵犯商标专用权,情节严重的,可以在按照实际损失、实际获利或者商标许可使用费等方法确定赔偿数额的 1 倍以上 3 倍以下确定赔偿数额。该赔偿数额还应当包括权利人为制止侵权行为所支付的合理开支。

(二)行政责任

行政责任是国家行政管理部门为维护正常的市场秩序,对侵权商标专用权的行为所给予的法律制裁。在我国,此种行政责任的主要表现形式包括罚款、没收、销毁侵权商品等,行政法律责任的目的出于公法的目的,而非基于私法上对权利人的经济赔偿或补偿。

《商标法》第 60 条至第 62 条对商标侵权可能导致的行政责任作了规定。

该法第 60 条第 2 款的规定,当因注册商标专用权侵权行为、当事人请求工商行政管理部门处理时,该部门认定侵权行为成立的,责令立即停止侵权行为,没收、销毁侵权商品和主要用于制造侵权商品、伪造注册商标标识的工具,违法经营额 5 万元以上的,可以处违法经营额五倍以下的罚款,没有违法经营额或者违法经营额不足 5 万元的,可以处 25 万元以下的罚款。对 5 年内实施 2 次以上商标侵权行为或者有其他严重情节的,应当从重处罚。销售不知道是侵犯注册商标专用权的商品,能证明该商品是自己合法取得并说明提供者的,由工商行政管理部门责令停止销售。

同时,在工商行政管理部门处理商标侵权纠纷时,对于侵犯商标专用权的赔偿数额的争议,当事人也可以请求进行处理的工商行政管理部门调解。该法第 61 条还规定,对侵犯注册商标专用权的行为,工商行政管理部门有权依法查处。

《商标法》第 62 条规定了县级以上工商行政管理部门在对涉嫌侵犯注册商标专用权行为进行查处时能够行使的职权,包括:询问有关当事人,调查与侵权有关的情况;查阅、复制当事人与侵权活动有关的合同、发票、账簿以及其他有关资料;对当事人涉嫌从事侵权活动的场所实施现场检查;检查与侵权活动有关的物品,对

---

① 2013 年《商标法》修订时于第 63 条新增"惩罚性赔偿"条款。

有证据证明是侵权的物品,可以查封或扣押。

此外,关于商标代理机构的违法行为,工商行政管理部门也有权予以监管,进行相应的处理。①

(三)刑事责任

对于严重的侵犯商标权的行为,我国《商标法》和《刑法》等法律法规及相关司法解释还规定了相应的刑事法律责任。

《商标法》第 67 条规定,未经商标注册人许可,在同一种商品上使用与其注册商标相同的商标,或者,销售明知是假冒注册商标的商品,或者,伪造、擅自制造他人注册商标标识或者销售伪造、擅自制造的注册商标标识,构成犯罪的,均依法追究刑事责任。根据最高人民法院司法解释的规定,这三种商标犯罪行为的罪名为:假冒注册商标罪②,销售假冒注册商标的商品罪③,非法制造、销售非法制造的注册商标标识罪④。

第八节　驰名商标的保护

一、驰名商标的概念

驰名商标(well-known trademark),是一类特殊的商标。一般是指那些知名度高、声誉好、影响力大的商标。驰名商标重点是强调其"驰名",而不论其是否已注册。驰名商标的范围既包括已注册的驰名商标,也包括未注册的驰名商标。

驰名商标是被相关公众所广泛知晓的商标,而对驰名商标提供强有力的保护则属于国际惯例。从国际层面来看,不仅《巴黎公约》《TRIPS 协定》等国际公约为驰名商标提供了高于普通商标的保护,许多国家或地区也是如此。

我国 1982 年《商标法》并未涉及对驰名商标的保护这一问题,但是,我国于 1985 年正式加入了《巴黎公约》,因此,驰名商标的保护问题自然要被纳入随后的商标法修改过程。我国现行有效的《驰名商标认定和保护规定》(2014 年 8 月 1 日颁行,国家工商行政管理总局令第 66 号)第 2 条将"驰名商标"定义为"在中国为相关公众所熟知的商标"。

---

① 详见 2019 年《商标法》第 68 条的规定。
② 我国现行《刑法》第 213 条。
③ 我国现行《刑法》第 214 条。
④ 我国现行《刑法》第 214 条。

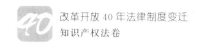
二、驰名商标的认定

(一)驰名商标的认定机构

关于驰名商标的认定机构,根据《巴黎公约》第 6 条第 2 款的规定,认定机构应当是国家法律规定的机构。

根据相关法律法规,我国目前驰名商标的认定机构有两个:一是市场监督管理部门;二是人民法院。这两种方式通常被称为行政认定和司法认定。

(二)驰名商标的认定标准

2001 年《商标法》第 14 条的规定[①]是我国法律对驰名商标认定方面的最主要规定。该条规定,认定驰名商标应当考虑下列 5 个因素:(1)相关公众对该商标的知晓程度;(2)该商标使用的持续时间;(3)该商标的任何宣传工作的持续时间、程度和地理范围;(4)该商标作为驰名商标受保护的记录;(5)该商标驰名的其他因素。其后的《驰名商标认定和保护规定》(2003 年)也作了相同规定。

最高人民法院 2009 年 4 月 23 日公布的《关于审理涉及驰名商标保护的民事纠纷案件应用法律若干问题的解释》,[②]也有与驰名商标认定有关的规定。该《解释》规定,当事人主张商标驰名的,应当根据案件具体情况,提供下列证据,证明被诉侵犯商标权或者不正当竞争行为发生时,其商标已属驰名:(1)使用该商标的商品的市场份额、销售区域、利税等;(2)该商标的持续使用时间;(3)该商标的宣传或者促销活动的方式、持续时间、程度、资金投入和地域范围;(4)该商标曾被作为驰名商标受保护的记录;(5)该商标享有的市场声誉;(6)证明该商标已属驰名的其他事实。前款所涉及的商标使用的时间、范围、方式等,包括其核准注册前持续使用的情形。

而关于"持续"时间、"持续"使用的问题,我国《驰名商标认定和保护规定》(2014)的要求是:"该商标为未注册商标的,应当提供证明其使用持续时间不少于五年的材料。该商标为注册商标的,应当提供证明其注册时间不少于三年或者持续使用时间不少于五年的材料。"

(三)驰名商标的认定程序

在我国,对驰名商标的认定方式经历了一些重要变化。2003 年以前,我国驰名商标的认定主要采用"批量认定、主动保护"方式,而根据 2003 年 6 月 1 日起施

---

① 我国现行《商标法》第 14 条第 1 款也延续了 2001 年《商标法》第 14 条的规定,即两者对驰名商标认定标准的规定是相同的。

② 最高人民法院 2020 年修订了《关于审理涉及驰名商标保护的民事纠纷案件应用法律若干问题的解释》,新司法解释于 2021 年 1 月 1 日生效。新司法解释关于下述所提供证据表述与 2009 年司法解释表述保持一致。

行的《驰名商标认定和保护规定》的要求,驰名商标的认定改为了"个案认定""被动保护"。现行有效的《驰名商标认定和保护规定》(2014 年)第 4 条也明确规定:"驰名商标认定遵循个案认定、被动保护的原则。"

根据现行《商标法》第 14 条第 2 款的规定,在商标注册审查、工商行政管理部门查处商标违法案件过程中,当事人依照该法第 13 条规定主张权利的,商标局根据审查、处理案件的需要,可以对商标驰名情况作出认定。

至于司法认定,人民法院在审理相关商标纠纷时,也可以根据当事人的请求对所涉商标是否构成驰名商标进行认定,但只有特定的人民法院可以进行此种认定。《商标法》第 14 条规定,"驰名商标应当根据当事人的请求,作为处理涉及商标案件需要认定的事实进行认定";该条第 4 款还规定,在商标民事、行政案件审理过程中,当事人依照该法第 13 条主张权利的,最高人民法院指定的人民法院根据审理案件的需要,可以对商标驰名情况作出认定。

(四)驰名商标的认定效力

在商标注册审查、商标争议处理和工商行政管理部门查处各类商标违法侵权等案件的过程中,若当事人主张请求获得驰名商标保护时,可以提供该商标曾在中国作为驰名商标受保护的记录。

在司法实践中,倘若被诉侵犯商标权行为或不正当竞争行为发生前,曾经被司法认定或行政认定为驰名商标的商标,被告对该商标的驰名与否没有异议的,法院可以认定其为驰名商标;被告提出异议的,原告须对该商标驰名的事实负举证责任。

目前我国对驰名商标的认定是个案认定、被动保护。因此,现行《商标法》明确规定,驰名商标认定仅具个案效力。

三、驰名商标的保护机制

无论是已注册驰名商标,还是未注册驰名商标,都能得到法律的保护;而且,与普通的非驰名商标相比,总体而言,驰名商标能享受更强、更好的法律保护。驰名商标的高知名度,也使其易受侵害。

(一)禁止复制、摹仿或翻译他人的驰名商标

1.对于未注册驰名商标

对于未注册的驰名商标,《商标法》第 13 条第 2 款规定:"就相同或者类似商品申请注册的商标是复制、摹仿或者翻译他人未在中国注册的驰名商标,容易导致混淆的,不予注册并禁止使用。"同时,关于"容易导致混淆",《关于审理涉及驰名商标保护的民事纠纷案件应用法律若干问题的解释》(2020 年)第 9 条明确规定:足以使相关公众对使用驰名商标和被诉商标的商品来源产生误认,或者足以使相关公

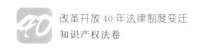
众认为使用驰名商标和被诉商标的经营者之间具有许可使用、关联企业关系等特定联系的,属于《商标法》第 13 条第 2 款规定的"容易导致混淆"。

可见,在法律保护层面,未注册的驰名商标权利人能够依法禁止他人对该商标的抢先注册,也能够依法禁止他人对商标进行"容易导致混淆"的使用;其可以禁止他人注册或使用易导致混淆的相同或近似性标志。

2.对于已注册驰名商标

对于已注册驰名商标,法律则在更广的范围内禁止复制、摹仿或翻译。

《关于审理商标民事纠纷案件适用法律若干问题的解释》(2020 年)第 1 条第(2)项规定,"复制、摹仿、翻译他人注册的驰名商标或其主要部分在不相同或者不相类似商品上作为商标使用,误导公众,致使该驰名商标注册人的利益可能受到损害"的行为,属于《商标法》第 57 条第(7)项规定的给他人注册商标专用权造成其他损害的行为。

可见,对已注册驰名商标的保护,已明显跨越商品或服务种类之限制,拓展到了十分广泛的范围,力度上显然也是更强。

(二)某种程度上部分体现了反淡化保护的精神

《关于审理涉及驰名商标保护的民事纠纷案件应用法律若干问题的解释》(2020 年)明确规定,足以使相关公众认为被诉商标与驰名商标具有相当程度的联系,而减弱驰名商标的显著性、贬损驰名商标的市场声誉,或者不正当利用驰名商标的市场声誉的,属于《商标法》第 13 条第 3 款规定的"误导公众,致使该驰名商标注册人的利益可能受到损害"。

从上述司法解释的规定来看,无论是"减弱""显著性",还是"贬损"市场声誉,抑或是"不正当利用"市场声誉等,都是那些对驰名商标实行反淡化保护的国家所惯常采用的保护手段,因此,有学者甚至认为我国在司法解释层面实际上已承认了对驰名商标的反淡化保护。当然,笔者认为,我国并未正式承认或确立对驰名商标的反淡化保护。

(三)规定了特殊的请求保护的期限

现行《商标法》第 45 条规定:已经注册的商标,违反本法第 13 条第 2 款和第 3 款、第 15 条、第 16 条第 1 款、第 30 条、第 31 条、第 32 条规定的,自商标注册之日起 5 年内,在先权利人或者利害关系人可以请求商标评审委员会宣告该注册商标无效。对恶意注册的,驰名商标所有人不受 5 年的时间限制。

显然,相比之下,对于那些恶意注册行为,驰名商标的所有人在质疑或挑战那些抢注行为时,将拥有比普通商标更足的底气。而普通的、非驰名的商标,在同等条件下,一般要受到 5 年的时间限制。

(四)一定条件下可对抗他人企业名称

根据我国现行《商标法实施条例》第53条之规定,商标所有人认为他人将其驰名商标作为企业名称登记,可能欺骗公众或者对公众造成误解的,可以向企业名称登记主管机关申请撤销该企业名称登记。企业名称登记主管机关应当依照《企业名称登记管理规定》处理。

同时,《商标法》第58条规定,"将他人注册商标、未注册的驰名商标作为企业名称中的字号使用,误导公众,构成不正当竞争行为的,依照《中华人民共和国反不正当竞争法》处理"。可见,关于驰名商标与企业名称(或字号)之间的冲突问题,需依具体情形而定,有可能构成商标侵权或/和不正当竞争行为。

(五)一定条件下驰名商标可对他人域名提出挑战

《最高人民法院关于审理涉及计算机网络域名民事纠纷案件适用法律若干问题的解释》(2020年)第6条规定,法院在审理域名纠纷案件时,根据当事人的请求和案件具体情况,可以对涉及的注册商标是否驰名依法作出认定。

该《解释》第4条规定,人民法院审理域名纠纷案件,对符合以下各项条件的,应当认定被告注册、使用域名等行为构成侵权或者不正当竞争:(1)原告请求保护的民事权益合法有效。(2)被告域名或其主要部分构成对原告驰名商标的复制、模仿、翻译或音译;或者与原告的注册商标、域名等相同或近似,足以造成相关公众的误认。(3)被告对该域名或其主要部分不享有权益,也无注册、使用该域名的正当理由。(4)被告对该域名的注册、使用具有恶意。

该《解释》第5条还规定,被告的行为被证明具有下列情形之一的,人民法院应当认定其具有恶意:(1)为商业目的将他人驰名商标注册为域名的;(2)为商业目的注册、使用与原告的注册商标、域名等相同或近似的域名,故意造成与原告提供的产品、服务或者原告网站的混淆,误导网络用户访问其网站或其他在线站点的;(3)曾要约高价出售、出租或者以其他方式转让该域名获取不正当利益的;(4)注册域名后自己并不使用也未准备使用,而有意阻止权利人注册该域名的;(5)具有其他恶意情形的。

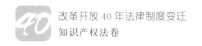

第
三
章

专利法律制度的变迁

第一节　改革开放 40 年专利法律制度变迁的概述

我国于晚清时代便已制定了专利法律制度,此后新中国刚成立时也制定了相应的专利法律制度。然而,1963 年中央政府正式废止《保障发明权与专利权暂行条例》及其实施细则,使得专利制度变得停滞。改革开放以后,自 1985 年开始实施《专利法》以来,在短短的三十几年的时间里,进行了四次修改,推动我国专利法律制度从无到有,从被动建立到主动修改,专利法律制度的实施有效地保护发明创造,鼓励发明人进行发明创造的积极性,促进发明技术向全社会公开与传播,促进国家科学技术的迅速发展,促进国民经济的发展。

一、近现代中国专利法的立法历史背景

"专利"(patent)一词并非源自中国传统的法律制度,而是西方国家为了推动保护其生产的工业产品中包含的技艺而产生的一种法律制度。1474 年《威尼斯专利法》的颁布,为现代专利法律制度奠定了基础,是现代专利法的雏形。随着资本主义工业革命的兴起,英国于 1623 年颁布《垄断法》,被认为是近代意义的世界第

一部完整的专利法,此法案已初步具备了现代专利法的基本要素。此后为了保护本国的工商业,欧美其他国家纷纷效仿英国,相继建立了专利制度,如美国1790年颁布《专利法》,进而确立了普遍存在的专利制度。

我国首次开始接触专利制度的思想要追溯到晚清政府时期。鸦片战争后,为了民族的自强和复兴,维新派的知识分子开始了解和学习西方法律制度,也正是在这一过程中将能够保护传统工商业技艺的专利制度引入中国。我国最早的一部有关保护工业技艺的法律诞生于光绪年间维新变法时期。1898年(光绪二十四年),光绪皇帝在维新派的建议下颁布了《振兴工艺给奖章程》,这是我国专利制度建立的最初雏形,该章程十分简短,仅有12条规定,分别列举了保护期为50年、30年、10年的专利。"百日维新"结束后,该章程随之终结,并没有得到完全的实施。

1912年,孙中山领导的辛亥革命推翻了封建帝制,正式确立了极具资本主义色彩的中华民国,因而使得专利制度的思想再度被引入立法活动,当年6月13日便制定了《奖励工艺品暂行规定》,参议院于12月12日颁布施行。该章程规定,对发明或者改良的产品进行奖励,奖励的方式是分等级授予发明人或者改进人5年以内的专利权,但对食品和药品排除适用。同时,还规定了对发明或改进的假冒、伪造者的处以罚金或者徒刑的条款。但是,这一立法并不完善,没有对发明或者改良产品的授权程序、奖励情形作出具体规定。为弥补这一立法漏洞,民国政府于1932年颁布并实施《奖励工艺品暂行条例》,将对发明和改良产品的奖励、审查机构、授权条件、授权方式等作出了更为细致的规定,并且于1939年修改条例时,增加了"新型"和"新样式"两种全新的授权对象,成为我国现行专利法中"实用新型"和"外观设计"的立法雏形。

我国历史上第一部真正意义上的专利法形成于抗日战争结束之前,南京国民政府于1944年5月颁布了《中华民国专利法》,共有12章133条。此次立法在《奖励工艺品暂行条例》立法模式基础上,明确了专利权的私权属性,对发明、新型和新样式三种专利分别保护,给予不同的审查条件、审查程序、保护周期。同时,该法还首次提出了专利委托代理人申请的问题,初步构建了专利文献的公开制度以及四种专利撤销情形。虽然该法由于战争原因没有在中国大陆得到充分的实施,但是从具体条文来看,该法不仅吸收了当时英美等国家的先进经验,同时也立足我国当时的实际国情和已有的法律基础,在专利制度的理论构建上为新中国时期专利法的酝酿奠定了良好的基础。1912年颁布《奖励工艺品暂行章程》到1944年颁布《中华民国专利法》的32年之间,民国政府授予专利总量一共达692件,平均每年只授予20余件专利。[①] 因此当时的专利制度对我国科学技术发展、进步起到的作

---

① 尹新天:《中国专利法详解(缩编版)》,知识产权出版社2012年版,第2页。

用是微乎其微的,专利制度还只是徒有其名而已。①

自晚清时期专利制度思想引入中国,到民国时期初步搭建了专利制度,再到新中国成立之前的抗日战争、解放战争,50 年的历史中,中国社会一直处于动荡不安的环境中,并没有为专利制度的施行创造出应有的环境和条件。

二、新中国时期专利法的立法过程

1949 年 10 月 1 日新中国正式成立,由于常年的战争,百废待兴,我国传统的农业、商业、工业在遭到极大创伤后需要尽快恢复。同时,国民党《六法全书》均被废除,专利制度也随之终结,新中国体制下的法律制度有待重构。为了推动当时经济的发展,保护工业的创造性,1950 年 8 月中央人民政府政务院颁布了《保障发明权与专利权暂行条例》,这也是新中国成立后形成的第一部有关专利制度的法规,同年 10 月政务院财政经济委员会又颁布了该条例的实施细则。上述条例参照苏联专利的立法模式,采用了发明证书与专利证书双轨制的管理方法,即对某些情形下的发明只授予发明证书,而不授予专利证书,②某些情形下发明证书与专利证书的转换。③ 同时,该条例排除了对医疗方法、与生产无直接关系的学术发明、化学方法获得的新物质的适用,将发明定义为"在生产上创造新的生产方法,确能提高生产效能,或产制新的生产品,确能增加使用价值者",要求发明必须在工业或者农业生产制造中得以实现。④ 在当时经济体制为公有制的前提之下,双轨制的专利管理办法是具有一定科学性的。但是,令人惋惜的是该条例实际只实施到 1957 年,在此期间我国一共发放 6 件发明证书、4 件专利证书。⑤

1963 年中央政府正式废止《保障发明权与专利权暂行条例》及其实施细则,国务院颁布了新的《发明奖励条例》。与之前不同的是,此次立法摒弃了发明与专利双轨制的授权方法,采用了单轨制的发明权,将发明保护制度转换为发明奖励制度,也即在《发明奖励条例》实施情况下,不再对发明人的发明采用私权的保护形式,发明人可依据其发明获得国家和政府一定数量的奖金和荣誉奖励,但其科技成

---

① 赵元果:《中国专利制度的孕育与诞生》,知识产权出版社 2003 年版,第 8 页。

② 《保障发明权与专利权暂行条例》第 8 条,发明有下列情形之一者仅给予发明证书,不给予专利证书:(1)有关国防机密、军事技术或军事制造工业之发明;(2)关系大多数人民福利有迅速推广之必要者,如医药品及农牧业品种等之发明;(3)发明者在国家工厂、矿场、科学研究所、技术局、实验室或其他研究机关工作并在其本身职务范围内所完成的发明;(4)发明者受国家机关、企业、社会团体委托并领取报酬所完成的发明。

③ 《保障发明权与专利权暂行条例》第 16 条,已发给发明证书的发明,如政府不需采用,得由中央主管机关给予专利证书。

④ 《保障发明权与专利权暂行条例》第 3 条。

⑤ 尹新天:《中国专利法详解》,知识产权出版社 2011 年版,第 3 页。

果应归国家所有,由国家统一安排该成果的应用。正因为如此,发明人的创造积极性被大幅度降低,阻碍了当时社会经济的进步。直至1978年党的十一届三中全会之前的这一段时间,我国受到极"左"思想的严重影响,忽略了市场运行的规律,在相当长的时间内无法接受专利制度的私权性质,认为专利私有制度与社会主义的理论在本质上是不相容的,是为鼓励资本主义发展而产生的工具,与我国的国体无法兼容。因此,这一段时间内并没有真正建立起专利制度,也没有很好地实施已有的奖励制度。

党的十一届三中全会以后,我国的战略发展目标转移到社会主义现代化建设中来。一方面,邓小平同志提出的"科学技术是第一生产力""党的工作重心转移到经济建设上来"等重要论述,为我国科技工作提供了新的方向。另一方面,我国当时面临着对外开放和加入世界贸易组织,为建立专利制度提供了现实的需要和压力。基于国内外的经济、政治等种种原因,1978年党中央在批复外交部、对外贸易部、对外经济联络部的一份报告中,第一次明确提出"我国应建立专利制度",其后将专利工作归口到当时的国家科委管理。① 国家科委为此先后向日本、法国、美国、英国等发达国家派遣使团学习各国先进的专利立法。1979年3月,为了适应改革开放中技术创新与技术引进等问题,我国开始为专利法的制定进行准备活动,当月19日国家科委正式成立了专利法起草小组。1980年,国务院正式批准国家科委《关于我国建立专利制度的请示报告》,并成立了国家专利局。然而在制定《专利法》的过程中遭到了极大的阻力,很多中央部委都认为专利制度从本质上与社会主义公有制的目标是相违背,是资本主义私有制的衍生品,会妨碍社会主义建设的问题。因此,专利法起草委员会的立法活动一度受到阻碍,数次陷于停滞状态,迟迟无法顺利进行。

经过不懈努力,新中国成立以来第一份《中华人民共和国专利法(草案)》于1983年9月29日正式面世了,该草案将提请全国人大常委会进行审议。1984年3月12日,先后历经25稿的专利法草案于第六届全国人民代表大会常务委员会表决通过,改革开放以来第一部《中华人民共和国专利法》(以下简称《专利法》)公布,并于1985年4月1日正式施行,这标志着我国专利制度的建立。为了配合《专利法》的更好实施,国务院于1985年1月19日审核通过《中华人民共和国专利法实施细则》,并于当日公布,宣告与《专利法》同日施行。

---

① 赵元果:《改革开放时期中国专利法的创制》,https://max.book118.com/html/2016/0527/44087833.shtm.,下载日期:2018年12月12日。

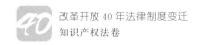
三、我国专利法四次修改的主要亮点

(一)1984 年《专利法》及其特点

1984 年《专利法》广泛借鉴国外专利制度的经验,博采众长,同时立足于当时我国的具体国情,充分考虑到社会主义初级阶段向商品经济转型的需求。总体看来,我国的第一部《专利法》有着起点高、具有鲜明特色社会主义的色彩的立法规范,其主要特点在于:

(1)将三种形式的专利合并规范在一部专利法中。与国外对发明、实用新型和外观设计的分别立法模式不同,1984 年《专利法》将这三类专利类型统一规定在专利法内,由专利法调整所形成了各种法律关系。这是有一定历史原因和具体国情原因的。一方面,从 1939 年开始,我国有关发明的立法就产生了"新型"和"新样式"两种全新的授权对象,也即"实用新型"与"外观设计",可以说 1984 年的《专利法》是对我国专利制度历史的承继。另一方面,改革开放初期,我国科学技术水平并不发达,在很长一段时间内都是以小发明、低创新的专利居多,为了保障这一部分创造人的积极性和相关权利,《专利法》将这三种专利放在一起,统一给予专利的荣誉,极具中国特色。

(2)采用单一专利保护制度,司法与行政共同维权制度。在专利申请方面,当时苏联及东欧社会主义国家大都采取与西方传统制度不同的双轨制,即发明人证书制和专利证书制。这种制度兼顾了社会主义公有制经济和市场经济,但不利于国际交流。[①] 我国采用单一的专利授权制度,加强了与《巴黎公约》的协调性,在任何情况下发明、实用新型和外观设计都统一授予专利权。但为了保证社会主义公有制的经济基础,1984 年《专利法》还规定对全民所有制的单位产生的发明创造归单位所有的制度。在专利维权方面,我国将司法途径和行政执法相结合,使得专利行政部门具有了准司法的色彩。

(3)采用专利先申请制的审查方式。为了达到专利能够尽快被应用于市场,他人能够更早获得专利信息,我国在专利的审查方面学习德国的先进经验,对发明专利采用了早期公开、延迟审查制;对实用新型与外观设计采用形式审查登记,快速授权的模式。

(4)建立专利的计划许可模式。计划许可考虑到全民所有制经济和集体制经济在专利制度中的重要作用,对这些单位产生的发明创造,有关部门可以根据国家的相关计划指定其他单位实施。计划许可与强制许可制度的并存,一方面遵循了专利的国际规则,另一方面也充分考虑了我国当时的具体国情。

---

① 吴汉东:《知识产权法》,北京大学出版社 2014 年第 4 版,第 126 页。

（二）1992 年《专利法》第一次修改

1988 年，中美两国进行了有关知识产权的谈判，并签订了《中美关于保护知识产权的谅解备忘录》，时值我国正面临加入关税贸易总协定的有关谈判，美国政府借此向中国政府施加了极大的贸易压力和政治压力，要求中国必须在 1993 年 1 月 1 日之前完成对《专利法》的修改并予以施行。为了尽快与《TRIPS 协定》进行接轨，我国政府开始考虑对《专利法》进行第一次修改。1992 年 9 月 4 日，在第七届全国人大常务委员会第二十七次会议上通过了《专利法》修正案，宣布新法于 1993 年 1 月 1 日正式施行。此次修法的主要内容有以下几个方面：

（1）扩大了专利授权的范围。在《中美关于保护知识产权的谅解备忘录》中，美国政府要求我国政府承诺对药品和化学物质提供专利保护，在新法的修订中删除了原《专利法》第 25 条有关不授予专利权情形中的第 4 项、第 5 项，也即将关于食品、饮料、调味品、药品和用化学方法获得的物质列入专利权保护的范围。同时，此次修订将方法专利的保护延伸到依据该方法直接产生的产品，对该产品一并授予专利权。

（2）增设专利进口权。增设进口权主要是为了解决在改革开放初期，我国因需要大量引进国外先进技术，从而产生的知识产权保护的问题。在 1984 年的《专利法》中并未对此作出规定，修法后将进口权定义为专利权人有权阻止他人未经专利权人许可，为生产经营的目的进口其专利产品或者进口依照其专利方法直接获得的产品。①

（3）延长了专利的保护期限。1984 年《专利法》规定发明专利保护年限为 15 年，实用新型与外观设计专利保护期限为 5 年，外加 3 年的续展保护期。修法后，将发明专利权的保护期延长至 20 年，实用新型与外观设计的保护期增长至 10 年，不再进行续展。

（4）增设专利的本国优先权。原《专利法》为了与国际公约有关优先权规定契合，规定了国外优先权，只给外国申请人在国外第一次申请后，由在我国提出申请以优先权。而新法增设国内优先权，要求申请人自发明或者实用新型在中国第一次提出专利申请之日起 12 个月内，又向专利局就相同主题提出专利申请的，可以享有优先权。

（5）对专利的程序问题作出细化规定，如对发明专利的申请时间设定为自申请日满 18 个月即行公布；增设有关专利的撤销制度，自专利授权后 6 个月内属于撤销期。

（三）2000 年《专利法》第二次修改

1994 年《TRIPS 协定》签订后，我国专利法不得不再次作出修订，以满足国际

---

① 1992 年《专利法》第 11 条第 3 款。

条约的要求。2000 年 8 月 25 日,第九届全国人大常委会第十七次会议通过了关于修改《中华人民共和国专利法》的决定,并公布自 2001 年 7 月 1 日起正式施行。此次修改主要围绕《TRIPS 协定》进行,主要修改的内容有:

(1)取消专利授权后的撤销制度,仅保留专利无效制度。

(2)增加专利诉讼案件中的关于侵权赔偿的计算方法和法定赔偿等内容。2000 年《专利法》规定:侵犯专利权的赔偿数额,按照权利人因被侵权所受到的损失或者侵权人因侵权所获得的利益确定;被侵权人的损失或者侵权人获得的利益难以确定的,参照该专利许可使用费的倍数合理确定。[①]

(3)加强对专利权的保护,专利权的范围增设许诺销售权。

(4)进一步放开对全民所有制企业或者单位的专利的管控,取消单位对专利的"持有"制度,使得国有企事业单位在专利转让中不再需要向上级主管部门批准,国有企业享有对专利完全的自主处分权。

(四)2008 年《专利法》第三次修改

此次修法的出发点在于满足国内的科技创新需求,打破国际交易中实力不均衡的局面,是内发性的一次修订,而非由外界压力造成。同时,也是对落实 2008 年我国《国家知识产权战略纲要》的一次立法实践,为转变中国的经济形势和经济结构,实现国内科学技术的可持续发展进行的修改。2008 年《专利法》修改的主要内容有:

(1)增加有关生物遗传资源的国家主权原则。为了加强对国家生物遗传资源的管控,防止本国遗传资源流失,赋予专利申请人披露该遗传资源的获取路径和相关情况的义务。新修订的《专利法》要求"依赖遗传资源完成的发明创造,申请人应当在专利申请文件中说明该遗传资源的直接来源和原始来源;申请人无法说明原始来源的,应当陈述理由"。[②]

(2)提高专利授权标准,采用绝对新颖性要求。2008 年《专利法》扩大了专利新颖性的判断范围,抛弃以往仅要求书面公开的世界新颖性标准,增加了现有技术条款,符合国际严格的立法标准。[③]

(3)细化专利诉讼中的法定赔偿范围。2008 年修订中将专利赔偿规定进行了细化,明确了赔偿计算方法的适用顺序,按照实际损失、侵权获利、专利许可费的倍数的顺序确定,在前三者无法确定的情况下,适用法定赔偿,向专利权人支付 1 万到 100 万不等的赔偿数额。

(4)增设为公共健康目的的专利强制许可制度。为了践行《关于 TRIPS 协议与公共健康的宣言》的相关精神,我国在 2008 年修订专利法的过程中,增设有关公

---

① 2000 年《专利法》第 60 条。
② 2008 年《专利法》第 26 条第 5 款。
③ 2008 年《专利法》第 22 条第 1 款。

共健康的专利强制许可。

(5)增加不视为专利侵权的情形。为了专利药品生产行政审批的需要,我国首次引入"Balor 例外"规则,在上述目的下,制造、使用、进口专利药品或者专利医疗器械的,以及专门为其制造、进口专利药品或者专利医疗器械的行为均不视为专利侵权行为。

(五)2020 年《专利法》第四次修改

随着我国自主创新能力的不断提高、科研成果愈发显著,我国经济也正在从制造大国逐渐向创造大国转型,加强知识产权保护具有强大的内在动力。2011 年 11 月,国务院发布《进一步做好打击侵犯知识产权和制售假冒伪劣商品工作的意见》,要求建立更加健全的知识产权保护制度,研究修订相关法律法规和规章,加大惩处力度。为了贯彻落实这一目标,国家知识产权局从 2011 年 11 月开始筹备《中华人民共和国专利法》的第四次修改工作。2012 年,在国家知识产权局的局长办公会上正式确定了此次修法的指导思想和加大保护力度的重点内容。2015 年 4 月 1 日,时值我国《专利法》实施 30 周年,国家知识产权局公布了《专利法修改草案(征求意见稿)》,并公开征求修改意见。征求意见稿历时三年后,第十三届全国人大常委会第七次会议对《中华人民共和国专利法(修正案草案)》进行了审议,2019 年 1 月 4 日,《中华人民共和国专利法(修正案草案)》在中国人大网公布,向社会公开征集意见。经广泛征求意见并修改、审议后,全国人大常委会于 2020 年 10 月 17 日正式通过《中华人民共和国专利法修正案(2020)》。自 2008 年《国家知识产权战略纲要》颁布十年后,我国又迎来了一次自主性的专利法修改,此次修改吸收了先进的国际立法例,对部分外观设计、专利当然许可以及专利诉前禁令等多方面内容进行了修订,主要内容有以下几个方面:

(1)专利保护期限改变。2008 年《专利法》中规定对发明专利的保护期限为 20 年,对实用新型和外观设计的保护期限为 10 年。此次修法改变了外观设计的保护期限,将其延长至 15 年。此外,增加补偿创新药品行政审批的时间制度,国务院可以决定对此类药物的保护期限进行合理的延长,最长不超过 5 年,创新药上市后总的有效期专利权期限不超过 14 年。①

(2)将专利的强制许可一章更改为专利实施的特别许可。在特别许可制度中开放许可制度成为一大亮点。开放许可也即专利权人通过书面形式向国务院专利行政部门表示愿意向任何单位或者个人许可其专利,并明确许可使用费的支付方式和标准,权利人也可以随时撤回开放许可的声明。开放式许可制度进一步简化了专利许可中的许可流程和搜寻成本,许可人可依据国家专利行政部门公开的信

---

① 2020 年《专利法》第 42 条。

息直接联系专利权人,其性质有些类似于著作权中的"法定许可",只不过这是基于权利人自身的意愿而产生的制度。[1]

（3）完善专利行政执法。此次修订中,增加了一条,作为第 70 条:"国务院专利行政部门可以应专利权人或者利害关系人的请求处理在全国有重大影响的专利侵权纠纷。地方人民政府管理专利工作的部门应专利权人或者利害关系人请求处理专利侵权纠纷,对在本行政区域内侵犯其同一专利权的案件可以合并处理;对跨区域侵犯其同一专利权的案件可以请求上级地方人民政府管理专利工作的部门处理。"[2]

（4）明确单位对职务发明创造的处置权。此次修订在原《专利法》第 6 条第 1 款末尾增加如下内容:"该单位可以依法处置其职务发明创造申请专利的权利和专利权,促进相关发明创造的实施和运用。"[3]

（5）提升专利侵权赔偿数额,减轻专利权人的损失数额的举证责任。此次修订规定在可以确定权利人实际损失或者侵权人因侵权获利的数额前提下,可以在确定数额的一倍以上五倍以下获得赔偿,按照上述方法难以确定赔偿数额的,将法定赔偿数额提升至 10 万元以上 500 万元以下。对于赔偿数额,此次修订还减轻了权利人的举证责任,在权利人尽力举证的前提下,可以请求法院责令侵权人提供与侵权行为相关的账簿与资料,若拒绝提供,法院可以参考权利人的主张进行判赔。[4]

四、我国专利法的实施情况

（一）专利申请与授权量变化

迄今为止,我国专利法已经施行 30 余年,先后经历三次专利法修订,对我国的专利的申请和授权产生了重要的影响。根据表 3-1 所示,自 1985 年施行《专利法》至 2007 年间,我国专利申请总量达 400 余万件,授权量达到 208 万件,授权比例达到 50% 以上。其中绝大部分的专利来自国内申请,这标志着我国科研实力的迅速提升,国内创新水平随着专利法的实施在不断提高。到 2010 年,我国专利申请量突破百万大关,当年专利申请量高达 122.2 万件,之后一直保持持续增长状态,截至 2017 年,我国专利申请量高达 369.8 万余件。历经 30 余载的积累,我国已然成为世界上的专利大国。

[1] 2020 年《专利法》第 50 条、第 51 条、第 52 条。
[2] 2020 年《专利法》第 70 条。
[3] 2020 年《专利法》第 71 条。
[4] 2020 年《专利法》第 72 条。

表 3-1 1985 年《专利法》颁布后我国专利申请授权量统计表①

年份	1985—2007	2008	2009	2010	2011	2012	2013	2014	2015	2016	2017
申请量（万件）	400.5	82.8	97.7	122.2	163.3	205	237.7	236.1	279.9	346.5	369.8
授权量（万件）	208.9	41	58	81.5	96	125.5	131.3	130.3	171.8	175.4	183.6

参考图 3-1 中我国近十年的专利申请量和授权量趋势,可以发现自我国 2008 年颁布《国家知识产权战略纲要》和第四次专利法修改以来,我国专利申请量一直保持持续增长的状态。如上文所述,第三次专利法修改主要是因国内需求而进行的调整,虽然将专利审查标准转变为绝对新颖性标准,提高专利审查的门槛,但并未对我国专利申请量的增长产生负面作用,这一点说明我国科研实力已经具备了国际的高标准要求。2008 年至 2010 年期间我国专利申请量增长持平稳状态,每年增量 20 余万件。2010 年至 2013 年期间,我国专利申请量大幅度上升,每年同比上一年增长 40 万件。2013 年至 2014 年期间,我国专利申请与授权情况持平,基本没有涨幅,2014 年以后专利申请再次恢复活力。值得注意的是,虽然我国自 2008 年以后专利申请量一直处于不断上升的状态,但是对

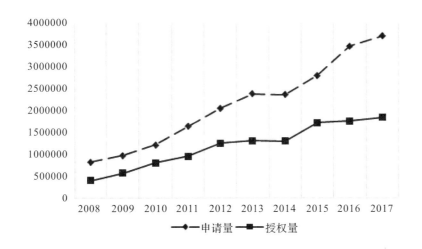

图 3-1 近十年中国专利申请与授权趋势图

---

① 本表及以下图表中的数据均来源于国家知识产权局《专利统计年报》。

比专利授权量的幅度来看,我国专利授权比例一直处于下降趋势。在 2011 年以后,专利申请每年的涨幅远远高于专利授权量,2012 年至 2014 年以及 2014 年至 2017 年两个区间段内,我国专利授权量基本持稳定状态。这说明一方面我国目前越来越重视发明创造的质量,另一方面也能看出我国目前存在的"垃圾发明"较多,在大量专利申请中能够符合专利三性审查标准的发明创造越来越少,创新力还有待提高。

图 3-2 反映了我国近十年发明、实用新型和外观设计三类专利申请量的变化趋势,可以发现我国发明和实用新型专利一直处于高产出状态,每年的申请量都较前一年有所提升,且这两种专利的申请量基本持平。近三年,我国实用新型的申请量较发明专利申请量增幅明显,一方面是由于专利制度中实用新型的审查标准较发明更低,另一方面实用新型本身也被称为小发明,其研发成本更为低廉,有此增长这也属正常。而反观外观设计专利的申请趋势,自 2012 年以后,我国外观设计专利的申请量便一直处于低迷期,甚至呈现出下降趋势,从侧面虽然能够映衬出我国发明创造的质量在逐步提高,但也说明我国现在的创新设计遭遇到瓶颈,还需进一步加强,通过法律制度或者政策的引导激发更多的新理念设计。

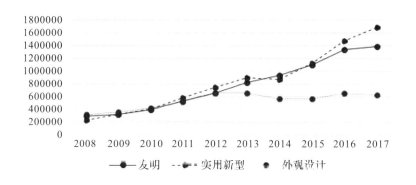

图 3-2　近十年三类专利申请量趋势图

对比三类专利授权比例来看,我国三类专利中平均授权比例最高的是实用新型,其次是外观设计,发明授权比例最低。如表 3-2 所示,发明专利授权率在近几年内没有太大变化,基本维持在 30% 左右,而实用新型的授权比例自 2014 年后一直处于下滑趋势,2017 年实用新型授权比例达到近十年最低,仅有 57.7%。外观设计专利的授权比例在近几年浮动较大,但也呈现下降趋势。

表 3-2　近十年我国三类专利授权情况统计

单位(万)		2017	2016	2015	2014	2013	2012	2011	2010	2009	2008
发明	申请	138.1	133.9	110	92.8	82.5	65.3	52.6	39.1	31.5	29
	授权	42	40.4	35.9	23.3	20.8	21.7	17.2	13.5	12.8	9.4
	比例	30%	29.8%	32.6%	25.1%	24.2%	33.2%	32.7%	34.5%	40.6%	32.4%
实用新型	申请	168.7	147.6	112.8	86.9	89.2	74	58.5	41	31.1	22.6
	授权	97.3	90.3	87.6	70.8	69.3	57.1	40.8	34.4	20.4	17.7
	比例	57.7%	61.2%	77.7%	81.5%	77.7%	77.2%	69.7%	83.9%	65.6%	78.3%
外观设计	申请	62.9	65	56.9	56.5	65	65.8	52.1	42.1	35.1	31.3
	授权	44.3	44.6	48.3	36.2	41.2	46.7	38	33.5	25	14.2
	比例	70.4%	68.6%	84.9%	64.1%	63.4%	71%	72.9%	79.6%	71.2%	45.7%

(二)专利司法、行政案件数量的变化

根据最高人民法院 2018 年 4 月 19 日发布的《中国法院知识产权司法保护状况(2017)》(白皮书)[1]统计,我国近五年来专利诉讼案件只增不减,其中包括专利民事案件和专利行政案件,这反映出我国公民和单位的知识产权意识越来越强,更愿意通过司法途径来解决专利纠纷。如图 3-3 所示,我国法院受理的一审专利案件中绝大部分是民事案件,也即关于专利侵权、确权等一类的案件,每年仅有 10% 以下的专利行政案件。2017 年,我国专利民事案件高达 16010 件,同时也成为专

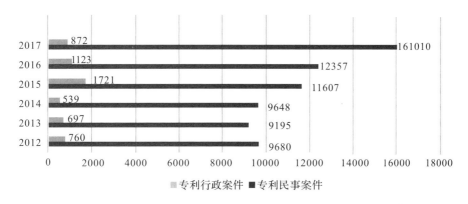

图 3-3　2012—2017 年中国法院受理一审专利诉讼案件数量分布[2]

---

① 中国法院网:《最高法通报中国法院知识产权司法保护状况》,https://www.chinacourt.org/article/detail/2018/04/id/3272468.shtml,下载日期:2019 年 3 月 24 日。

② 以上数据来源于最高人民法院公布的《中国法院知识产权司法保护状况(2017)》(白皮书)。

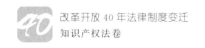

利民事纠纷增幅最高的一年,案件量同比上一年增长 30％左右。2015 年大幅度上升,达到 1721 件,近两年专利行政案件又有所下降。总体看来,我国司法部门之后依然会面临着专利纠纷案件不断上涨的局面。

目前,我国各大城市相继设立知识产权法庭,促进案件审理部门的专门化。

作为中国司法改革的重要举措,案例指导制度为专利法的适用和专利案件的纠纷解决提供了极高的参考价值。2015 年,我国正式实施知识产权案例指导制度,并在北京知识产权法院设立了"最高人民法院知识产权案例指导研究(北京)基地",由各路专家组成庞大的评审委员会,包括知识产权学者、律师以及法官,从裁判案件中挑选出极具代表性的知识产权案例进行汇编和整理。

图 3-4 即 2007 年至 2017 年间,最高人民法院发布的有关专利纠纷案件的指导案例。2014 年之后连续 3 年专利指导案例超过 10 件,2016 年指导案例数量达 22 件,这对统一裁判尺度、提高知识产权案件总体审判水平发挥了重要作用。2018 年,中共中央印发的《关于加强知识产权审判领域改革创新若干问题的意见》中强调要完善知识产权案例指导制度,加强司法大数据应用。显然,我国法院以后将进一步提高司法判例的作用。

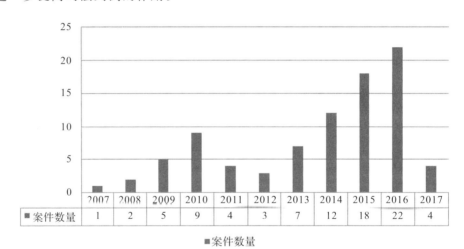

	2007	2008	2009	2010	2011	2012	2013	2014	2015	2016	2017
■案件数量	1	2	5	9	4	3	7	12	18	22	4

■案件数量

图 3-4 2007—2017 年最高人民法院发布专利指导案件数量统计①

五、专利制度的作用与意义

(一)激励发明人的创造力

专利制度的本质在于通过授予创造者在一定时间内的排他权,使得权利人可

---

① 以上数据来源于知产宝:《中国专利司法保护现状及趋势分析报告(2013—2017 年)》。

以通过专利的实施、转让或许可,从而获得物质收益,使权利人获得技术回报的机会,这样激发创造者开发新技术和新产品的积极性,进而促进科学技术的发展。同时,在市场竞争中,专利保护会使商业竞争对手另辟蹊径,自行进行技术的开发、创新或者改良,努力超越对手的技术以获得更好的市场竞争优势。这样的循环促进效果会让市场竞争更充分,为创新型经济结构打造良好的市场土壤。此外,专利制度是以公开换取的垄断权,创造人若想得到专利的保护,必须将自己的技术文献公开,这些已经公开的技术文献将成为新一代技术发展的基础,这无疑提高了技术创新的起点,同时也能有效避免重复研发的概率,使得社会的物质资源、科学资源等更合理分配,以此提高创新效率。

(二)创造无形财产,获取市场优势地位

现今市场的交易已经远远不限于货物贸易,还包括货币贸易、无形资产贸易等重要内容。无论是国际贸易,还是国内贸易,专利许可与产品的代理也往往被捆绑在一起。专利技术作为一项无形财产可以给权利人带来巨大收益,技术市场的收益已然成为国家经济收入的重要支柱。目前,国际和国内层面都在发展知识产权融资质押的新兴市场,在国内已经可以将专利作为出资入股创办公司,拥有高价值的专利就意味着获得了更多的市场资本机会。同时,随着经济全球化的影响,拥有大量技术的跨国公司,专利已经不再单纯作为许可工具获得利益,更多的是作为与市场竞争对手谈判的重要砝码,控制一种技术等于获取了该市场的先入标准,形成巨大的市场竞争优势。企业之间还可以通过交叉许可互换利益,防止竞争冲突,互相弥补技术不足。

(三)保护专利权人的合法利益

保护专利权人的合法利益是专利法律制度的核心,只有对专利权人的利益进行强有力的保护,才能使得专利权人更愿意进行技术创新,创造出更多的技术。我国对专利权人的保护力度一直处于加强的过程,特别是 2020 年通过的《专利法》第四次修订,明确提出增加惩罚性赔偿条款,而且规定 1～5 倍的惩罚性赔偿,显示了我国对专利权的保护力度加大,由衡平原则向惩罚性原则的转变,对专利侵权行为进行严厉打击。

(四)提高创新能力,促进科学技术进步和经济社会发展

随着国际形势的发展变化和我国经济实力的快速提升,我国越来越重视创新能力的提高,党的十八大明确提出实施创新驱动发展战略,用创新来实现科学技术的进步和社会经济的发展。在这激烈的国际竞争中,自主创新能力显得尤为重要,专利制度是开发和利用智力劳动成果的基本制度,调整人们在创造、运用专利过程中产生的利益关系,激励创新,专利制度日益成为国家发展的战略性资源和国际竞争力的核心要素。专利制度在建设创新型国家的进程中,可以完善社会主义市场

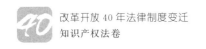

经济体制,规范市场秩序,增强我国企业市场竞争力,提高国家核心竞争力,从而促进科学技术进步和经济社会发展。

六、新技术与新业态对专利法律的挑战

改革开放以来,我国知识产权法制建设突飞猛进,取得了举世瞩目的发展成就。在未来以创新为主要增长动力的发展模式下,知识产权法将在经济社会的发展中展现出更大积极效用。与此同时,当代科学技术革命的浪潮,人工智能、量子技术、大数据等的发展正在猛烈冲击着专利法制度,为适应新技术与新业态,专利权法律制度也应当保持与时俱进。

我国知识产权法在过去四十年的发展过程中,无时无刻不面临着新技术发展带来的现代化挑战,以当前网络技术、基因技术、人工智能技术的运作特点来看,未来我国知识产权法的现代化发展,主要表现为知识产权主体界定标准、客体利用方式和权利保护模式三个层面的法律变革。[1] 专利制度与新技术的发展紧密相关,技术创新的成果首先考虑是否用专利给予保护,在技术创新基础上,商业模式的创新有利地促进了传统产业的升级,使得互联网经济中涌现出大量的新业态。在创造性高度合理的把握、采用实用新型保护短周期创新成果的可行性和软件相关专利的权利稳定性方面存在着挑战。[2]

随着新技术与新业态的发展,首先,对专利法律制度的挑战在于,可专利的客体方面,我国的专利法律制度经过四次的修改,可专利的客体一直在扩充,对于新技术带来的新发明是否可以属于授予专利权的客体,比如互联网下的商业模式问题,人工智能创作物是否可以授予专利权的客体,基因和克隆人的技术的发展是否考虑要给予其专利权的保护。其次,在专利的授权条件方面,创造性的标准比较难把握,对于商业模式的创造性标准用传统的"三步法"进行衡量存在难度,需要对其进行适应性的调整。再次,关于专利的保护强度的选择问题。专利制度应当与我国的经济社会发展相适应,在新技术与新业态的发展过程中,我国与世界上的大部分国家起步相对一致,在做出创新性成就的重要领域需要加强保护,形成我们的优势。最后,专利的审查制度在大数据和人工智能的影响下,会变得越来越智能化,审查人员和人工智能如何能有机结合起来,为专利制度的运行提供便利,是一个新课题。

---

① 吴汉东:《改革开放四十年的中国知识产权法》,载《山东大学学报(哲学社会科学版)》2018年第3期。

② 闫文锋、苏丹:《试论新业态对专利制度的挑战》,载《知识产权》2018年第5期。

第二节　专利权的客体

世界各国普遍认为专利保护的客体是"发明"(invention),而我国采用的是"发明创造"(invention-creation),主要是我国专利法律制度囊括了发明、实用新型和外观设计三种不同类型的专利。随着每一次法律的修改,这三种类型的专利包括的范围随之扩大。

一、专利权的客体概述

专利权的客体,是指依法应授予专利权并受到《专利法》保护的"发明创造"。因为专利权的客体是一种无形财产,不存在毁损、灭失等情况,需要法律来界定其范围。按照《巴黎公约》第 1 条的规定,专利是工业产权保护的客体之一,而实用新型、外观设计等与专利并行,作为工业产权保护的客体。但是公约对专利没有进行解释,缔约国可以在本国法律中对专利的保护对象自由定义。世界上大多数国家都参照《巴黎公约》,仅将发明确定为专利权的客体,授予专利权并给予保护,如美国、英国;也有一些国家采用另行专门立法的形式,将实用新型和外观设计也授予专利权,如德国、日本;我国将发明、实用新型、外观设计三者共同作为专利权的客体,自 1984 年第一部《专利法》制定即实行统一的保护,是我国专利制度的一大特色。

在 2008 年修改《专利法》以前,这三种不同类型的专利的定义体现在《专利法实施细则》中,2008 年修改之后,发明、实用新型、外观设计三者的定义作为《专利法》的基本概念之一,与"发明创造"定义共同放在第 2 条中,使得法条自身的内在结构更加严谨。依据我国《专利法》规定,发明、实用新型必须同时具备新颖性、创造性和实用性三项条件才能被授予专利权,外观设计必须具备新颖性才能被授予专利权。

我国《专利法》不仅从正面对上述三种专利权客体作出了规定,还从反面作出了一些限制性规定,用来排除不给予专利权保护的客体。此类限制性规定主要涉及《专利法》第 5 条、第 25 条,在专利法的几次修改中,排除客体的范围也在不断发生变化,以顺应我国的经济科学发展水平,并与国际规则接轨。

二、发明

广义的发明,就是创造新的事物,首创新的制作方法。而专利法保护下的发明,要作狭义解释。大多数国家的专利法并不对发明作出正面的定义,仅从反面规定一些不属于发明的内容。专利法中对发明下了定义的国家仅有日本等少数国家。日本特许法对发明的定义是:"利用自然规律,作出一定高度水平的技术思想的创作。"罗马尼亚发明与革新法中对发明的定义是:"一种技术的或科学的创造,同世界上已知的工艺现状相比,显示出新颖性和进步性,尚未在国外取得专利权或未在印刷出版物上发表过,它代表一种技术方案,并可用于解决经济、科学、保健、国防或其他经济社会中的问题。"①

1978 年我国的《发明奖励条例》第 2 条规定:"发明是一种重大的科学技术新成就,它必须同时具备下列三个条件:(1)前人所没有的;(2)先进的;(3)经过实践证明可以应用的。"这三个条件对应着现行法律所规定的新颖性、创造性和实用性。1985 年《专利法实施细则》第 2 条第 1 款规定:"发明,是指对产品、方法或者其改进所提出的新的技术方案。"此定义一直沿用,并于 2008 年修法时移至《专利法》第 2 条第 2 款。

从法条中来看,对发明的正面限定主要是"技术方案"。《专利审查指南 2010》中对技术方案的解释是:"技术方案是对要解决的技术问题所采取的利用了自然规律的技术手段的集合。技术手段通常是由技术特征来体现的。未采用技术手段解决技术问题,以获得符合自然规律的技术效果的方案,不属于专利法第二条第二款规定的客体。气味或者诸如声、光、电、磁、波等信号或者能量也不属于专利法第二条第二款规定的客体。但利用其性质解决技术问题的,则不属此列。"②由此可知,一个技术方案最终可以拆分成若干个技术特征。例如,产品技术方案的技术特征可以是零件、部件、材料、器具、设备、装置的形状、结构、成分等;方法技术方案的技术特征可以是工艺、步骤、过程以及所采用的原料、设备、工具等。各个技术特征之间的相互关系也是技术特征。

根据发明的定义,发明可以分为产品发明和方法发明两大类,对应着产品技术方案和方法技术方案。产品,包括一切有形物体,如机器、设备、部件、仪器、装置、用具、组合物、化合物等。方法,包括所有利用了自然规律的方法,如加工方法、制造方法、测试方法、操作使用方法等。

专利保护的发明也可以是对现有产品或方法的改进。例如对某些技术特征进行新的组合或新的选择,只要这种组合或选择产生了新的技术效果,它就是可以获得专利的发明。

三、实用新型

实用新型的概念本身并不明确,但其实质上可以看作是小发明。从历史发展来看,1877 年的德国专利法对授予专利的发明提出了相当高的技术进步要求,而

---

① 庄崇信:《对专利法中发明定义的我见》,载《法学》1984 年第 6 期。
② 国家知识产权局:《专利审查指南 2010》,知识产权出版社 2010 年版,第 20～50 页。

当时的手工业非常发达,一些新颖的工具、器具、日用品等手工业产品具有非常重要的实用价值,这些设计申请发明专利的保护创造性高度又不够,为弥补这一缺陷,德国于 1891 年颁布《实用新型保护法》,对上述小发明予以保护,这部法律也是实用新型的起源。

据统计,目前世界上大约有 75 个国家和地区提供了不同形式的实用新型保护,其中包括德国、法国、奥地利等欧盟国家,也包括由经济欠发达的非洲国家组成的非洲知识产权组织(OAPI),当然,在亚太地区选择实用新型制度的国家更多,如中国、日本、韩国等。但是,也有一些国家没有选择实用新型制度,如美国、英国和加拿大等。① 由于每个国家对实用新型的基本设定不同,因此各国对此类制度的称呼也不尽相同,在澳大利亚被称作"创新专利",在马来西亚被称作"实用创新",在法国被称作"实用证书",而在比利时被称作"短期专利"。

实用新型的保护客体各国的具体规定均有所不同,但大都具有以下特点:一般为技术含量较低的小发明,其专利性的评价标准各方面均低于发明专利,不进行实质审查,审批速度快,收费低廉,可以很快获得保护。这些特点使得实用新型保护制度深受发明人、中小企业和发展中国家的欢迎。

我国在 1984 年第一部《专利法》制定时起,即创设了发明、实用新型、外观设计三种专利并行的模式,其中实用新型保护制度的总体框架一直保持不变,沿用至今。但其保护客体的范围经历了一个由相对宽松到狭窄再到相对扩大的变化过程。1985 年《专利法实施细则》第 2 条第 2 款规定:"实用新型,是指对产品的形状、构造或者其结合所提出的适于实用的新的技术方案。"并没有更为具体的规定来限定实用新型的保护客体。但是,1989 年 12 月中国专利局颁布了第 27 号公告,其以排除法的方式明确规定下列各项不属于实用新型的保护范围:"(1)各种方法,产品的用途;(2)无确定形状的产品,如气态、液态、粉末状、颗粒状的物质或材料;(3)单纯材料替换的产品,以及用不同工艺生产的同样形状、构造的产品;(4)不可移动的建筑物;(5)仅以平面图案设计为特征的产品,如棋、牌等;(6)由两台或两台以上的仪器或设备组成的系统,如电话网络系统、上下水系统、采暖系统、楼房通风空调系统、数据处理系统、轧钢机、连铸机等;(7)单纯的线路,如纯电路、电路方框图、汽动线路图、液压线路图、逻辑方框图、工作流程图、平面配置图以及实质上仅具有电功能的基本电子电路产品(如放大器、触发器等);(8)直接作用于人体的电、磁、光、声、放射或其结合的医疗器具。"这是因为当时许多申请人对三种专利的认识不清楚,有些申请人仅仅关注到实用新型"短、平、快"的特点,缺乏长远考虑,将一些大型、复杂的产品装置提出实用新型专利申请,未能充分保护其创新成果;

① 冯媛媛:《我国实用新型专利制度的现状与变革研究》,中国政法大学 2010 年民商法学博士学位论文。

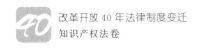

同时,在审查过程中,对某些技术领域的标准不易掌握,审查员的水平参差不齐,审查尺度也不明确,因此,颁布了上述公告,对实用新型专利客体保护范围进行了限定。

2001 年 6 月,中国专利局发布了第 77 号公告,废止上述第 27 号公告,此公告规定:自 2001 年 7 月 1 日起,实用新型专利权保护对象的范围依照自同日起实行的修改后《专利法实施细则》第 2 条第 2 款以及审查指南的规定执行,从而对实用新型专利保护客体范围完全按照法律所规定的范围进行审查。这是伴随着我国专利制度日趋成熟,为适应并促进我国科技发展而做出的调整,把原有的限制性条件去除,从而扩大实用新型专利客体范围,以此鼓励相关领域科技人员发明创造的积极性,吸引外商来华投资设厂和转让新技术。在 2008 年《专利法》第三次修改中,将原《专利法实施细则》第 2 条第 2 款关于实用新型的定义移至新《专利法》第 2 条第 3 款,未涉及实用新型的保护客体范围变化。

从法条上看,实用新型与发明一样限定在了"技术方案",不同的是实用新型只限于产品,不能是方法。具体而言,包括产品、产品形状、产品构造或者其结合。《专利审查指南 2010》中对产品形状的解释是:"产品的形状是指产品所具有的、可以从外部观察到的确定的空间形状。对产品形状所提出的改进可以是对产品的三维形态所提出的改进。无确定形状的产品,例如气态、液态、粉末状、颗粒状的物质或材料,其形状不能作为实用新型产品的形状特征。"

《专利审查指南 2010》中对产品构造的解释是:"产品的构造是指产品的各个组成部分的安排、组织和相互关系。产品的构造可以是机械构造,也可以是线路构造。机械构造是指构成产品的零部件的相对位置关系、连接关系和必要的机械配合关系等;线路构造是指构成产品的元器件之间的确定的连接关系。复合层可以认为是产品的构造,产品的渗碳层、氧化层等属于复合层结构。物质的分子结构、组分、金相结构等不属于实用新型专利给予保护的产品的构造。"

在不同时期,为了适应国情的需要,对实用新型专利保护的客体有不同的规定,国家知识产权局通过公告的形式来调整实用新型专利权客体保护范围,通过政策的调整来促进科技经济的发展。实用新型保护适应了我国作为一个发展中国家的技术和经济发展的需要,对鼓励发明创造、促进科技进步和经济发展,特别是保护非职务发明的个人申请和中小企业的权益方面的作用十分显著。在与人们日常生活密切相关的技术领域中,实用新型专利制度发挥了特殊的作用。

但是,随着技术的发展,实用新型的客体面临着挑战,比如对于发展较快的纳米材料领域,其在化学工业、电子计算机、电子工业、机械工业、生物领域都有着广泛的用途,材料并不能获得实现新型专利的保护,我国实用新型保护的客体范围比较窄。[①] 关于电学类涉及控制、处理等功能性器件、单元或模块的实用新型，审查意见会认为是计算机软件程序或协议的方法特征，不是对形状、构造特征，不属于实用新型的保护客体。[②] 因此，在计算机、生物技术、新材料、区块链和人工智能等技术的飞速发展下，我国专利法对实用新型专利保护客体范围面临着一定的滞后性，使我国实用新型专利保护客体面临着严峻的挑战，需要对此展开深入研究，适当扩大实用新型专利保护的客体。

四、外观设计

外观设计也称为工业品外观设计，是对产品外表所做的设计。由于外观设计存在于产品表面，容易被模仿，模仿行为的泛滥可能会阻碍创新，所以世界各国基本都建立了外观设计的创新保护制度。最早对外观设计进行保护的国家是法国和英国，18 世纪工业革命之后，为了保护纺织工业中纺织品的图案、色彩、式样等，针对特定对象而进行的专门立法。随着社会经济的发展，法律制度的成熟，这种工业品外观设计的保护逐渐扩展到其他工业领域。而后，美国于 1842 年、德国于 1876 年、日本于 1888 年相继制定颁布保护外观设计的法律，世界上主要的国家和地区都建立了外观设计保护制度。

1970 年国际工业设计协会（ICSID）将工业设计定义为：根据产业状况决定制作物品的适应特质的具有创造性的活动。适应物品的特质，不仅仅指物品的结构，而是平衡考虑使用者和生产者的观点，把抽象的概念系统化，完成统一而具体化的物品形象，换言之，着眼于根本的结构与机能间的相互关系，扩大了人类环境的局面。1980 年 ICSID 又给工业设计作了一个新的定义：“就批量生产的工业品而言，凭借训练、技术知识、经验以及视觉感受，而赋予材料、结构、构造、形态、色彩、表面加工、装饰以新的品质和资格，叫作工业设计。”[③]这个定义赋予了“工业设计”广泛的外延，而大多数国家专利制度中的外观设计，通常是狭义的工业设计，即工业产品的造型设计。

在 1984 年《专利法》颁布之前，对于外观设计要不要保护、怎样保护，曾有过深入讨论。最后基于两点原因，立法决定同时保护发明、实用新型、外观设计三种专利。第一，外观设计是关于工业产品外表造型、图案和色彩的设计，不涉及产品的内部设计，一般无法与发明或实用新型合并保护，所以全世界有 110 多个国家和地区保护外观设计；第二，由于当时一些单位已经开始创造新的设计，但缺乏保护，不

---

① 柴爱军：《扩大实用新型保护客体的探讨》，载《知识经济》2010 年第 19 期。

② 冯倩：《关于电学类实用新型保护客体的审查意见通知书答复》，载《中国发明与专利》2016 年第 12 期。

③ 张渭涛：《20 世纪椅子设计史与人机关系的发展》，载《西安工程大学学报》2002 年第 3 期。

得不采取封锁保密的措施,这严重阻碍了工业和外观设计工作发展。[1]

1985 年《专利法实施细则》第 2 条第 3 款规定:"外观设计是指对产品的形状、图案、色彩或者其结合所作出的富有美感并适于工业上应用的新设计。"在 2000 年《专利法》第二次修改后,细则对此定义做出了调整。2001 年《专利法实施细则》第 2 条第 3 款规定:"外观设计,是指对产品的形状、图案或者其结合以及色彩与形状、图案的结合所作出的富有美感并适于工业应用的新设计。"修改后的定义强调,色彩要与形状、图案的结合才能获得外观设计专利权保护。2008 年《专利法》第三次修改,将此定义移至《专利法》第 2 条第 4 款。

2008 年《专利法》修改对外观设计制度调整很大,规定"对于平面印刷品的图案、色彩或二者的结合做出的主要起标识作用的设计"不授予专利权,将其排除在外观设计专利的保护客体范围之外。此次修改主要考虑到,组合形成标识作用的外观设计(如标贴、平面包装袋等)专利申请在我国数量很大,且外观设计专利权与商标专用权、著作权之间的权利交叉和冲突的可能性很高,故将此类设计予以排除。

2015 年 12 月,国务院法制办就第四次修订的《专利法修订草案(送审稿)》公开征求意见。该草案又对外观设计的定义进行了调整,拟将《专利法》第 2 条第 4 款建议修改为:"外观设计,是指对产品的整体或者局部的形状、图案或者其结合以及色彩与形状、图案的结合所作出的富有美感并适于工业应用的新设计。"修改点在于增加了"整体或者局部的",表明将把局部外观设计纳入了专利法的保护范围。此次修改的主要原因是,专利法对于产品的局部设计创新还不能提供有效的知识产权保护。在这种情况下,产品局部设计只能依附于其所应用的产品寻求整体的保护。由于外观设计在比较时遵循"整体观察,综合判断"的原则,因此,当创新的局部在整体产品中不能占有显著地位时,往往在整体观察时被认为对整体视觉效果不具有显著影响。由此导致模仿产品局部设计创新的侵权风险比较小,创新主体不能全面地保护自己的智力劳动成果。若第四次修订的专利法保护"局部外观设计",至少应当排除以下两种情形:第一,如果设计不能占据一定的实体空间,则不能构成"局部外观设计",例如产品表面的一条非封闭的轮廓线;第二,请求保护的"局部"应当相对完整和独立。此外,零部件作为完整产品中可以分离的部件,可以通过整体产品的获得保护,也可以通过局部外观设计的方式获得保护。

法律规定层面的外观设计与发明、实用新型差别很大,具体来说:第一,外观设计不能脱离产品而单独存在,设计方案应当附着在产品上,以产品作为其载体。第二,形状、图案、色彩是外观设计的三个要素,构成外观设计的是产品的外观设计要素或要素的结合,并且应当直接作用于视觉。单一色彩不能得到外观设计保护。

---

[1] 林笑跃、刘桂荣:《外观设计专利 30 年历史回顾与展望》,载田力普编:《历史的抉择 伟大的实践——国家知识产权局成立 30 周年纪念文集》,知识产权出版社 2010 年版,第 549 页。

第三，外观设计应富有美感，强调产品外观给人的视觉感受，而不是产品的功能特性或技术效果，这是外观设计与发明、实用新型的本质区别。

《专利审查指南 2010》还从反面规定了不给予外观设计专利保护的客体：(1)取决于特定地理条件、不能重复再现的固定建筑物、桥梁等。例如包括特定的山水在内的"山水别墅"。(2)因其包含有气体、液体及粉末状等无固定形状的物质而导致其形状、图案、色彩不固定的产品。(3)产品的不能分割、不能单独出售或者使用的局部或部分设计，例如袜跟、帽檐、杯把、棋子等。(4)对于由多个不同特定形状或图案的构件组成的产品，如果构件本身不能成为具有独立使用价值的产品，则该构件不属于外观设计专利保护的客体。例如对于一组由不同形状的插接块组成的拼图玩具，只有将所有插接块共同作为一项外观设计申请时才属于外观设计专利保护的客体。(5)不能作用于视觉或者肉眼难以确定需要借助特定的工具才能分辨其形状、图案、色彩的物品。例如其图案是在紫外灯照射下才能显现的产品。(6)要求保护的外观设计不是产品本身常规的形态，例如手帕扎成动物形态的外观设计。(7)以自然物原有形状、图案、色彩作为主体的设计。(8)纯属美术范畴的作品。(9)仅以在其产品所属领域内司空见惯的几何形状和图案构成的外观设计。(10)文字和数字的字音、字义不属于外观设计保护的内容。(11)产品通电后显示的图案。例如，电子表表盘显示的图案、手机显示屏上显示的图案、软件界面等。

外观设计专利相对于发明和实用新型专利、商标以及著作权有其特殊性，外观设计的保护客体、保护制度的目的、保护方式等问题，争议还很大，世界各国对工业品外观设计的法律保护模式也多种多样，没有统一性。[①] 随着社会经济的发展，在上述客体中，对部分外观设计和图形用户界面外观设计两部分内容产生了比较多的争论。

(一)部分外观设计

刘桂荣和苏平认为部分与产品不可分割，[②]但袁真富、朱华持相反观点。[③] 有观点认为零件可以作为部分外观设计进行保护，卞永军认为立体产品中部分外观设计的附属件可以成为外观设计专利部分保护的对象，当然，此外观设计也可以以零部件产品作为独立的外观设计来进行整体申请。[④] 与此相对，也有观点认为零

① 王太平：《工业品外观设计的法律保护模式》，载《科技与法律》2002 年第 3 期。

② 刘桂荣：《关于部分外观设计保护的探讨》，载《知识产权(双月刊)》2004 年第 3 期；苏平：《部分外观设计专利问题探析与思考》，载《中国发明与专利》2012 年第 10 期。

③ 袁真富、朱华：《"部分外观设计"的制度设计及其影响——以美国部分外观设计审查实践为借鉴》，载《中国发明与专利》2016 年第 11 期。

④ 卞永军：《浅析外观设计保护对象的拓宽》，载国家知识产权局专利局外观设计审查部主编：《外观设计与知识产权保护》，知识产权出版社 2002 年版，第 247～248 页。

件外观设计与部分外观设计有着本质的不同,张黎明认为零部件并不涉及部分外观设计的问题。部分产品,顾名思义,即不是独立的产品,零部件却属于独立的产品,其可与产品分割,具有独立使用价值。[①] 实务中,也将零件视为独立的产品,不属于部分外观设计。[②]

外观设计专利的有关基础理论是部分外观设计专利正当性的理论基础。其中涉及外观设计专利保护对象的问题。《专利法》明确规定"外观设计,是指……新设计",郑成思教授也认为外观设计保护的是设计方案。[③] 在第三次《专利法》修订工作中,对原第 56 条第 2 款关于外观设计保护范围的表述,由原来的"产品"改为了"设计",进一步明确了保护客体为设计方案。但吴溯等认为中国外观设计客体还存在"产品客体论"。[④]

与此同时,中国还存在从理论路径对部分外观设计专利予以反对的意见。

第一点,部分外观设计与外观设计定义和保护范围中"产品的"外观设计这一要求不相符。尹新天在《中国专利法详解》中提到,产品的部分并非独立的产品,所以其外观设计不构成"产品的"外观设计。[⑤]

第二点,有观点认为部分外观设计的本意并不是保护产品部分的外观设计,而仍是保护整个产品的设计,只不过表明主要创作部位是一部分而已。[⑥]

第三点,有观点认为部分外观设计专利保护与"整体观察、综合分析"的判断方式矛盾,后者必须对整个产品进行比较。外观设计必须以整件产品作为载体,若保护部分外观设计,载体就成为一个不能单独存在的部分而非整件产品。[⑦]

虽然在理论层面尚存争议,但 2020 年第四次修订后,部分外观设计可以获得《专利法》保护。

(二)图形用户界面外观设计

《专利审查指南 2010》中对图案作了如下规定,产品图案必须是可见的、固定

① 张黎明:《产品部分外观设计在中国的变通申请与保护》,载《中国发明与专利》2015 年第 1 期。

② 国家知识产权局专利复审委员会编:《外观设计专利无效宣告典型案例评析》,知识产权出版社 2013 年版,第 10 页。

③ 郑成思:《知识产权论》,法律出版社 2007 年版,第 131 页。

④ 吴溯、陈晓、秦锋:《美国部分外观设计保护制度和图形用户界面保护制度的发展及启示》,载《电子知识产权》2014 年第 9 期。

⑤ 尹新天:《中国专利法详解》,知识产权出版社 2011 年版,第 655 页。

⑥ 吴观乐:《外观设计专利的保护》,载国家知识产权局条法司编:《〈专利法〉及〈专利法实施细则〉第三次修改专题研究报告》,知识产权出版社 2006 年版,第 538 页。

⑦ 吴观乐等:《外观设计专利的保护》,载国家知识产权局条法司编:《〈专利法〉及〈专利法实施细则〉第三次修改专题研究报告》,知识产权出版社 2006 年版,第 493 页。

的,不可以是时有时无的或者需要在特定的条件下才能看见的。2014 年 3 月 12 日通过了《国家知识产权局关于修改〈专利审查指南〉的决定》,不把原来《专利审查指南 2010》中排除图形用户界面外观设计专利保护的规定删除,而且增加了涉及图形用户界面外观设计专利的申请和审查的规定。

2014 年 5 月 1 日北京金山网络科技有限公司在我国提交了名称为"带动态图形用户界面的手机"外观设计专利申请(申请号为 201430114552.6),公开了逐步展现动态效果的图片,就对上述审查指南提出了挑战。图形用户界面由于其交互性,必然是由一系列的动态图案构成的,因此对动态图形用户界面进行保护显得十分有必要。[①] 外观设计客体保护的是设计本身,但立法机关和外观设计专利审查部门都强调,外观设计专利必须"以工业产品为载体"。[②] 因此,图形用户界面被认为是可以授予外观设计专利权的客体。

五、专利权的排除客体

专利权的排除客体主要体现于《专利法》第 5 条与第 25 条。1984 年、1992 年、2000 年的《专利法》第 5 条均规定:"对违反国家法律、社会公德或者妨害公共利益的发明创造,不授予专利权。"许多国家都有类似的条款,将此类发明创造排除在专利权客体保护之外,如:克隆人的方法、吸毒设备、伪造国家货币的设备,不能被授予专利权。2008 年修改时,在本条增加了第 2 款:"对违反法律、行政法规的规定获取或者利用遗传资源,并依赖该遗传资源完成的发明创造,不授予专利权。"此次修改的目的是落实《生物多样性公约》(CBD)的相关规定,完善并协调我国的专利制度与遗传资源保护制度的关系,以促进我国遗传资源的合理利用。

《专利法》第 25 条规定了专利权客体的禁区。1984 年《专利法》规定:"对下列各项,不授予专利权:(一)科学发现;(二)智力活动的规则和方法;(三)疾病的诊断和治疗方法;(四)食品、饮料和调味品;(五)药品和用化学方法获得的物质;(六)动物和植物品种;(七)用原子核变换方法获得的物质。对上款第四项至第六项所列产品的生产方法,可以依照本法规定授予专利权。"

1992 年第一次修改时,将《专利法》第 25 条中"药品和用化学方法获得的物质"以及"食品、饮料和调味品"从专利权客体禁区中删除,意味着对上述产品也可以授予专利权。此次修改对发明专利的影响尤为深远,也使得我国专利制度与当时制定中的《TRIPS 协定》一致。

[①] 杜超凯:《图形用户界面的外观设计客体研究》,华东政法大学 2015 年知识产权实务硕士学位论文。

[②] 全国人大常委会法制工作委员会编:《〈中华人民共和国专利法〉释解及实用指南》,法律出版社 2014 年版,第 913 页。

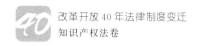
2008 年又对《专利法》第 25 条做出调整，将"平面印刷品的图案、色彩或者二者的结合作出的主要起标识作用的设计"纳入专利权客体禁区。

2015 年《专利法修订草案(送审稿)》中，将第 25 条"用原子核变换方法获得的物质"修改为"原子核变换方法以及用原子核变换方法获得的物质"。这是考虑到原子核变换方法以及用该方法所获得的物质均关系到国家的经济、国防、科研和公共生活的重大利益，不宜为单位或私人垄断，因此不能被授予专利权。在《专利审查指南 2010》已经将其明确为"原子核变换方法"以及"用原子核变换方法获得的物质"这两项，此次修改完善了《专利法》的表述。

第三节　专利权的授予制度

专利从申请以后就进入了审查程序，审查程序围绕着授权的条件开展，包括形式审查和实质审查两个部分，下面对专利权的授予制度进行介绍。

一、专利权授予的实体条件

(一)发明或实用新型专利权授予的实体条件

《TRIPS 协定》第 27 条第 1 款规定：任何发明，无论是产品还是工艺，只要在所有技术领域是新的发明，包括发明步骤并且能够工业上应用，都应授予专利权。[1] 各国专利法也都规定了专利权授予的实体条件，[2]我国在 1985 年《专利法》第 22 条第 1 款也规定：授予专利权的发明和实用新型，应当具备新颖性、创造性和实用性。这款规定一直沿用于 1992 年、2000 年、2008 年以及 2020 年《专利法》，这款规定未曾变动，足可见此条款在《专利法》中的重要性。

1 新颖性

新颖性是指被授予专利权的发明或实用新型应当是"新"的，是前所未有的。

1985 年、1992 年、2000 年《专利法》规定了授予专利权的新颖性，并且对于新颖性的规定一直未曾更改，直到 2008 年《专利法》才对专利权的新颖性作出新的规定。

旧法中规定：新颖性，是指在申请日以前没有同样的发明或者实用新型在国内外出版物上公开发表过、在国内公开使用过或者以其他方式为公众所知，也没有同

---

① 原文是 Patents shall be available for any inventions，whether products or processes，in all fields of technology，provide that they are new，involve an invention step and are capable of industrial application。

② 尹新天：《中国专利法详解(缩编版)》，知识产权出版社 2017 年版，第 180 页。

样的发明或者实用新型由他人向专利局提出过申请并且记载在申请日以后公布的专利申请文件中。[①] 2008 年《专利法》规定：新颖性，是指该发明或者实用新型不属于现有技术；也没有任何单位或者个人就同样的发明或者实用新型在申请日以前向国务院专利行政部门提出过申请，并记载在申请日以后公布的专利申请文件或者公告的专利文件中……本法所称现有技术，是指申请日以前在国内外为公众所知的技术。[②] 在 2008 年《专利法》修改前，现有技术包括两种类型：一种是出版公开的现有技术，另一种是以其他方式公开的现有技术，使用公开是"以其他方式公开"的一个举例。而且只有在国内使用公开的技术才构成现有技术，仅在国外使用的技术不在现有技术之列。这样的规定造成一些投机分子"钻空子"，寻找一些仅在国外被使用且未被公开的技术或仅在国外出售的产品在中国申请专利，降低了我国的专利质量。[③] 2008 年《专利法》扩大了现有技术的范围，将在国外使用公开的技术也纳入现有技术的范围内，提高了新颖性的标准，使我国新颖性标准从"相对新颖性标准"上升到"绝对新颖性标准"。对现有技术的清楚界定使新颖性的规定简明扼要。依照 2008 年修改后的《专利法》的规定，判断一件发明或实用新型是否具备新颖性，应当从两方面判断，即发明或实用新型既不属于现有技术也不属于抵触申请。

按照 2008 年《专利法》的规定，抵触申请是指有任何单位或者个人就同样的发明或者实用新型在申请日以前向国务院专利行政部门提出过申请，并记载在申请日以后公布的专利申请文件或者公告的专利文件中，即"申请在先，公布在后"的专利申请。相较于此前的《专利法》，2008 年《专利法》主要有三点不同。第一，它明确抵触申请的申请日应早于在后申请的申请日。第二，它扩大了抵触申请的范围。抵触申请从"他人"提出的在先申请，扩大到"任何单位或个人"包括本人提出的在先申请，这种修改更有利于贯彻落实"禁止重复授权原则"。[④] 第三，抵触申请还可记载在申请日以后公告的专利文件中，这是取消了实用新型专利的异议制度与撤销制度后，为使专利法的表述更加清晰而作的修改。

2.创造性

创造性是发明和实用新型专利权授予的最重要的实体条件，2008 年《专利法》对旧法进行略微的变动，其 22 条第 3 款规定：创造性是指与现有技术相比，该发明具有突出的实质性特点和显著的进步，该实用新型具有实质性特点和进步。这是结合第 5 款现有技术的定义，对创造性条款做出的变动，将旧法中"申请日以前已

① 《中华人民共和国专利法》（2000 修正版）第 22 条第 2 款。

② 《中华人民共和国专利法》（2008 修正版）第 22 条第 2 款、第 5 款。

③ 关于《中华人民共和国专利法修正案（草案）》的说明，2008 年 8 月 25 日在第十一届全国人民代表大会常务委员会第四次会议上。

④ 尹新天：《中国专利法详解（缩编版）》，知识产权出版社 2012 年版，第 194 页。

有的技术"改为"现有技术",与新颖性的概念同时建立在现有技术的基础上,使法条的表述更加简明。另外,实质性特点是指专利技术方案同申请日与现有技术相比具有本质上的区别,或者具有区别技术特征;进步是指申请专利的技术方案与现有技术相比具有良好的效果。从法条可以看出,对发明的创造性要求要高于实用新型。

同时,创造性也是发明和实用新型专利权授予的最难判断的实体条件。我国借鉴了欧洲专利局的"问题—方案"判断标准,并转化成了我国的"三步法"判断标准。① 首先,需要确定所属技术领域最接近的现有技术;其次,确定发明的区别技术特征和发明实际解决的技术问题;最后,从最接近的现有技术和发明实际解决的技术问题出发,判断要求保护的发明对本领域的普通技术人员来说是否显而易见。如果这种技术对于本领域的普通技术人员来说是显而易见的,则该发明创造不具有创造性;反之,则具有创造性。

"三步法"判断标准统一了我国的创造性审查标准,但是它也存在着很大的弊端,这也是世界各国判断发明创造性所必须面对的问题——"事后诸葛亮"。由于审查员是了解发明内容之后才做出的判断,因而容易对发明的创造性估计偏低,从而犯"事后诸葛亮"的错误。② 尽管《专利审查指南》中明确提醒审查员注意这个问题,减少和避免主观因素的影响,但是这种影响仍然存在,需要我国在后续的立法、专利审查工作中积极解决。

3.实用性

相较于新颖性和创造性,实用性是最容易进行判断的。一般判断一项技术方案能否被授予专利,应当先判断它是否具有实用性,如果不具有实用性则没有必要再判断新颖性和创造性。

从 1985 年到 2008 年《专利法》,再到 2020 年修订通过的《专利法》,关于实用性的规定一直未变。实用性是指该发明或者实用新型能够制造或者使用,并且能够产生积极效果。③ "能够制造或使用"是指发明或实用新型能够通过产业中的标准化模式被稳定地再现,④即本领域的普通技术人员能够根据该技术方案重复制造相同的产品,达到相同的效果。因此,发明或实用新型应当符合自然规律,违反自然规律的"永动机"是不可能被授予专利的。此外,"积极效果"是指发明或实用新型能够带来有益的技术效果、经济效果或者社会效果,能够促进社会的进步,如

---

① 牛强:《专利"创造性"判断中的"事后诸葛亮"——兼评我国〈专利法〉第 22 条及〈审查指南〉中相关规定》,载《知识产权》2009 第 4 期。

② 中华人民共和国国家知识产权局编:《专利审查指南 2006》,知识产权出版社 2006 年版,第 174 页。

③ 《中华人民共和国专利法》(2000 修正版)第 22 条第 4 款。

④ 王迁:《知识产权法教程》,中国人民大学出版社 2016 年版,第 327 页。

果一项发明或实用新型不能带来有益的效果,则也是不能被授予专利的,例如会给人的眼睛带来不可逆伤害的防狼喷雾,这种技术明显无益并且还带来了不良的影响。

专利法最重要的目的就是鼓励发明创造,推动发明创造的应用,促进科学技术进步和经济社会发展,实用性标准维护了技术的进步和社会的发展,是不可或缺的实体条件。

(二)外观设计专利权授予的实体条件

1985 年和 1992 年《专利法》第 23 条规定:"授予专利权的外观设计,应当同申请日以前在国内外出版物上公开发表过或者国内公开使用过的外观设计不相同或者不相近似。"这是对外观设计专利权授予实体条件的全部规定。

2000 年《专利法》对 23 条进行了细微的变动,将"不相同或者不相近似"改成了"不相同和不相近似",表明外观设计专利权的授权标准包括两个层次的条件,[①]并增加了"并不得与他人在先取得的合法权利相冲突"这个新的授权条件。

2008 年《专利法》对 23 条进行了大幅度的修改,规定:授予专利权的外观设计,应当不属于现有设计;也没有任何单位或者个人就同样的外观设计在申请日以前向国务院专利行政部门提出过申请,并记载在申请日以后公告的专利文件中。授予专利权的外观设计与现有设计或者现有设计特征的组合相比,应当具有明显区别。授予专利权的外观设计不得与他人在申请日以前已经取得的合法权利相冲突。本法所称现有设计,是指申请日以前在国内外为公众所知的设计,总结了外观设计专利权的三个实体条件:新颖性、区别性、不与其他权利相冲突。

1.新颖性

外观设计的新颖性标准与发明和实用新型相同,在 2008 年《专利法》修改后,出于公共利益的考量都采用了"绝对新颖性"标准。但是与发明和实用新型不同的是,判断发明和实用新型是否具有新颖性,是由审查员采用"单独对比原则"比较国内外的技术方案做出的,目前我国的实用新型专利审查只有部分抽查进行实质审查,绝大部分都只有形式审查程序;而一项外观设计是否具有新颖性,有没有与之相同或实质相同的外观设计,审查员进行审查时是以消费者作为判断主体,基于外观设计产品的一般消费者的认识水平和认知能力做出的判断。[②]

2.区别性

"授予专利权的外观设计与现有设计或者现有设计特征的组合相比,应当具有明显区别。"这是 2008 年修改《专利法》增加的条款。此前对外观设计授权仅有新颖性的要求,因此外观设计专利权的授予门槛比较低,使我国的外观设计申请量远

---

① 尹新天:《中国专利法详解(缩编版)》,知识产权出版社 2012 年版,第 202 页。
② 王迁:《知识产权法教程》,中国人民大学出版社 2016 年版,第 328 页。

远高于发明和实用新型专利。[①] 专利法修改之后，要求外观设计应当具有独有的特征，提高了我国外观设计的授权标准。

3.不得与其他权利相冲突

外观设计不经实质审查即可授权，在实践中存在著作权、商标权与外观设计专利权冲突的情况，并且旧法难以解决这个问题。因此，2000 年增加了"不得与他人在先取得的合法权利相冲突"这一条款，2008 年对此条款进行了完善，明确了"在先取得的合法权利"应当是在申请日以前取得的权利。2020 年修订的《专利法》对此也未做调整。

关于专利权授权的条件，其新颖性和创造性判断存在一些难点，比如在参数限定化学产品权利要求的新颖性判断就存在着困难，需要考虑，推定方法作为新颖性判断的特殊方法，其适用时需满足已知事实证据确凿、该事实与推定结论有一定因果关系的前提条件。[②] 对于创造性的判断更加存在困难，比如如何判断本领域的普通技术人员、判断预料不到的技术效果[③]、商业上的成功[④]等等。

二、专利权授予的程序制度

出于促进科技发展和社会进步的考虑，我国专利权的取得不像著作权一样自动取得，需要专利权人向国家知识产权提出专利申请，经过国家知识产权审查符合法律规定的，才能被授予专利权。我国专利权授予的程序制度可分为三个步骤：专利的申请、审查和授权。

（一）申请

（1）发明和实用新型的申请文件

申请发明或者实用新型专利的，应当提交请求书、说明书及其摘要和权利要求书等文件。从《专利法》施行到现在，发明和实用新型专利的申请文件形式都未变过，只是在 2008 年修法时对申请文件的内容作出了新的规定。

首先，将第 26 条第 2 款中的"请求书应当写明发明人或设计人的姓名"修改为"请求书应当写明发明人的姓名"。在我国专利法的规定中，发明或实用新型的创造者被称为"发明人"，外观设计的创造者被称为"设计人"，这款规定是针对发明或

① 冯晓青：《知识产权法》，武汉大学出版社 2009 年版，第 152 页。

② 赵锴、苑伟康：《推定方法在参数限定化学产品权利要求新颖性判断中的适用》，载《中国知识产权报》2016 年 11 月 16 日第 011 版。

③ 马文霞、何炜、李新芝等：《"预料不到的技术效果"在创造性判断中的考量》，载《中国发明与专利》2013 年第 2 期。

④ 吴蓉：《专利创造性判断中的商业成功——最高人民法院（2012）行提字第 8 号判决评析》，载《知识产权》2013 年第 9 期；郑希元、李海霞：《浅析发明专利创造性判断中的"商业成功"》，载《专利代理》2018 年第 1 期。

实用新型作出的规定,在这款规定中描述设计人纯属多余,前后矛盾,基于此删除了"设计人的姓名"。

其次,将第 26 条第 4 款中的"权利要求书应当以说明书为依据,说明要求专利保护的范围"修改为"权利要求书应当以说明书为依据,清楚、简要地限定要求专利保护的范围"。这来源于国际对权利要求的普遍认知,以《欧洲专利公约》和《专利合作条约》(以下简称"PCT")为例,《欧洲专利公约》第 84 条规定:权利要求应当限定要求保护的主题;权利要求应当清楚、简要,并得到说明书的支持。PCT 第 6 条规定:权利要求应当限定要求保护的主题;权利要求应当清楚、简明;权利要求应当得到说明书的充分支持。

最后,第 26 条增加了一款规定:依赖遗传资源完成的发明创造,申请人应当在专利申请文件中说明该遗传资源的直接来源和原始来源;申请人无法说明原始来源的,应当陈述理由。这款规定是为了防止发生我国多样的生物遗传资源被窃取使用,但是我国及生物遗传资源地的居民未得到任何利益的情况,要求遵循国家主权、知情同意、惠益分享的原则,实现保护遗传资源的目标。

(2)外观设计的申请文件

外观设计申请文件的规定也是在 2008 年修法时更改的,现在规定于 2008 年《专利法》第 27 条。

首先,删除"应当写明使用该外观设计的产品及其所属的类别",修改为"申请外观设计专利的,应当提交请求书、该外观设计的图片或者照片以及对该外观设计的简要说明等文件"。外观设计的类别是难以确定的,而申请人自行写明的类别不能代替审查员自行查明的类别,并且我国专利法也并未要求发明和实用新型的申请人写明类别,为了统一制作专利申请文本,删除了这一条款。

其次,增加第 2 款"申请人提交的有关图片或者照片应当清楚地显示要求专利保护的产品的外观设计",对申请人提交的外观设计专利申请文件提出了更高的要求,也对应了 26 条第 3 款、第 4 款对发明、实用新型的说明书和权利要求书的实质要求,有助于提高我国的外观设计专利质量。

《专利法》第 33 条规定了对专利文件的修改原则:申请人可以对其专利申请文件进行修改,但是,对发明和实用新型专利申请文件的修改不得超出原说明书和权利要求书记载的范围,对外观设计专利申请文件的修改不得超出原图片或者照片表示的范围。1985 年《专利法》仅简要规定了"申请人可以对其专利申请文件进行修改,但是不得超出原说明书记载的范围",1992 年修法时对这项规定做出补充。申请人在提交申请后,国家知识产权局已经认定申请提交的日期为申请日,而申请人是在原申请日不变的情况下修改专利申请文件,如果修改超出了原有的申请文件的范围,不仅对其他的申请人不公平,还损害了社会公益。因此,1992 年《专利法》确定了"修改不能超范围"的专利申请文件修改的基本原则。

(二)优先权

由于专利具有地域性,且专利权是由每个国家分别授予的,申请人在本国申请专利后再去别的国家申请专利存在时间差,存在申请人在外国提交专利申请时,在本国提交的专利申请文件已被公开,申请的技术或设计方案变成了现有技术或现有设计。因此为了方便申请人进行专利的国际申请,《巴黎公约》最早规定了优先权。随着优先权制度的发展,优先权不仅适用于首次在本国提交申请后又在外国再次提出申请的情形即外国优先权,还适用于首次在本国提交申请后又在本国再次提出申请的情形即本国优先权。

1.外国优先权

1985 年《专利法》只规定了外国申请人享有优先权,可先在外国提交专利申请后在一定时间内向我国提交专利申请。1992 年《专利法》修改了外国优先权的主体,规定:申请人自发明或者实用新型在外国第一次提出专利申请之日起十二个月内,或者自外观设计在外国第一次提出专利申请之日起六个月内,又在中国就相同主题提出专利申请的,依照该国同中国签订的协议或者共同参加的国际条约,或者依照相互承认优先权的原则,可以享有优先权。[①] 这条规定为专利申请人提供了更大范围的保护。

2.本国优先权

本国优先权是在 1992 年修法时增加的:申请人自发明或者实用新型在中国第一次提出专利申请之日起十二个月内,又向国务院专利行政部门就相同主题提出专利申请的,可以享有优先权。我国规定本国优先权与国际普遍认知保持一致,还为专利申请人带来了便利,例如实现发明和实用新型的相互转换。

需要注意的是,一直到 2008 年《专利法》,我国都只规定了发明和实用新型的本国优先权,尽管在 2008 年修法时,有观点建议增加外观设计的本国优先权,但是此观点并未被采纳。[②] 2020 年《专利法》修订中,增加了外观设计专利申请的本国优先权制度,规定:申请人自外观设计在国内第一次提出专利申请之日起六个月内,又就相同主题在国内提出专利申请的,可以享有优先权,完善了专利权的授权制度。

3.单一性

单一性原则指一件专利申请应当限于一项发明创造,同时还存在单一性的例外。发明和实用新型的单一性例外是"属于一个总的发明构思的两项以上的发明或者实用新型,可以作为一件申请提出";2008 年修法前,外观设计的单一性例外只有一种情况,用于"同一类别并且成套出售或者使用的产品的两项以上的外观设

---

① 《中华人民共和国专利法》(1992 修正版)第 29 条。
② 尹新天:《中国专利法详解(缩编版)》,知识产权出版社 2012 年版,第 292 页。

计,可以作为一件申请提出",修改后增加了"同一产品两项以上的相似外观设计,可以作为一件申请提出"的情况,扩大了外观设计申请人提出合案申请的范围。此外,专利申请的权利是一项民事权利,申请人拥有处分权,因此申请人在被授予专利权之前可以随时撤回专利申请。①

(三)审查

1.发明专利申请的审查

(1)初步审查

初步审查是对发明专利申请文件是否齐全、格式是否正确,是否已经缴纳相关费用,是否明显不具备单一性等明显缺陷的审查。若初步审查合格后,发明专利申请自申请日起满18个月自行公布,申请人也可以申请提前公布。② 提前公布发明专利申请文件能避免重复研究,最大限度地减少社会资源的浪费。

(2)实质审查

对于发明专利申请,我国采用了"早期公开,延迟审查"的制度,申请人可以自申请日起三年内提出实质审查的请求,国务院专利行政部门也可以自行决定对专利申请进行实质审查。③ 这项制度一方面给了申请人充分的时间,考虑技术方案是否有申请专利的价值;另一方面,发明专利申请的审查工作复杂烦琐、周期长,延迟审查减轻了国务院专利行政部门的审查压力。

发明专利的申请人提出实质审查请求时,应当提交相关的参考资料。1985年《专利法》还规定:发明专利已经在外国提出过申请的,申请人请求实质审查的时候,应当提交该国为审查其申请进行检索的资料或者审查结果的资料;无正当理由不提交的,该申请即被视为撤回。这是当时我国的检索能力不足、资源不够作出的规定。随着我国专利行政部门的审查经验的累积与审查水平的提高,以及检索系统的完善,这条规定对申请人来说过于严格。2008年修法时修改为:发明专利已经在外国提出过申请的,国务院专利行政部门可以要求申请人在指定期限内提交该国为审查其申请进行检索的资料或者审查结果的资料;无正当理由逾期不提交的,该申请即被视为撤回。

2.实用新型和外观设计专利申请的审查

不同于发明专利申请,实用新型和外观设计专利申请不需经过实质审查,只要初步审查后合格的,就能被授予专利权。由于未经实质审查,实用新型和外观设计专利的稳定性较差,存在大量的重复授权,实践中也产生了很多纠纷。

1985年《专利法》还规定了专利申请的异议制度:专利申请自公告之日起3个

---

① 《中华人民共和国专利法》(2008修正版)第32条。

② 《中华人民共和国专利法》(2008修正版)第34条。

③ 《中华人民共和国专利法》(2008修正版)第35条。

月内,任何人都可以依照本法规定向专利局对该申请提出异议。[①] 1992 年《专利法》删除了此项制度。新增撤销制度:自专利局公告授予专利权之日起 6 个月内,任何单位或者个人认为该专利权的授予不符合本法有关规定的,都可以请求专利局撤销该专利权。[②] 同时规定了专利无效宣告程序,二者都是对已经生效的专利提出权利质疑,无效宣告程序是自专利局公告授予专利权之日起 6 个月后,请求理由包括了撤销制度的理由,还增加了不符合《专利法》第 26 条第 3 款、第 4 款,第 33条等的规定,受理部门为专利复审委员会,而撤销请求的受理部门为原审查部门。撤销制度与无效宣告制度之间存在很多近似的地方,撤销制度还存在诸多问题,比如撤销制度的请求理由太窄,专利授权公告以后必须要等 6 个月才能对不符合《专利法》第 26 条第 3 款、第 4 款提出权利质疑,[③]也有学者认为撤销程序的设置不但无益,而且不利于无效宣告程序的适用,建议取消。[④] 2000 年《专利法》修改时删除了撤销制度。

3.专利申请的复审

对于在审查中被驳回的专利申请,申请人有获得救济的机会,2008 年《专利法》第 41 条规定:专利申请人对国务院专利行政部门驳回申请的决定不服的,可以自收到通知之日起 3 个月内,向专利复审委员会请求复审……专利申请人对专利复审委员会的复审决定不服的,可以自收到通知之日起 3 个月内向人民法院起诉。早在 1985 年《专利法》就规定了专利申请的复审制度,但是它还限制了实用新型和外观设计复审请求人对复审决定不服时向法院起诉的权利。2000 年修法时删除了此项规定,复审请求人对发明、实用新型和外观设计专利申请的复审决定不服的,都可以向法院起诉。申请复审是向法院起诉的前置条件。

4.授权

专利权的授予也经历了一系列的修改。1985 年《专利法》第 39 条、第 40 条、第 44 条规定,发明经初步审查和实质审查、实用新型经初步审查符合规定的,并不直接授予专利权,专利局需要予以公告,经过 3 个月的异议期后公众无异议或异议不成立的,才授予专利权。1992 年删除了异议制度,因此授权的规定也做了相应的修改,发明经初步审查和实质审查、实用新型经初步审查符合规定的,就授予专利权。但是 1992 年修法时未规定专利权的生效期限,2000 年修改《专利法》时增加了相关的规定,发明、实用新型和外观设计专利权自公告之日起生效。

---

① 《中华人民共和国专利法》(1985 修正版)第 41 条。

② 《中华人民共和国专利法》(1992 修正版)第 41 条。

③ 胡海山:《对专利权撤销和宣告专利权无效有关规定存在问题的探讨》,载《知识产权》1993年第 4 期。

④ 罗观祥:《专利法应取消现有的撤销程序——对修改中华人民共和国专利法的建议》,载《华南理工大学学报(社会科学版)》1999 年第 1 期。

此外,1992年《专利法》增加的撤销制度"自专利局公告授予专利权之日起六个月内,任何单位或者个人认为该专利权的授予不符合本法有关规定的,都可以请求专利局撤销该专利权",在2000年修法时也予以删除。

总体上说,我国的专利权授予制度越来越完善。

第四节 专利的无效宣告制度

专利无效宣告制度,指自国家知识产权局公告授予专利权之日起,任何单位或个人认为该专利权的授予不符合专利法规定的,可以请求专利复审委员会宣告该专利权无效的制度。在实践中,专利行政管理机关或多或少会对不符合专利法规定条件的发明创造,作出不当的专利权授予。为了纠正这些权利瑕疵,维护专利权授予的公正性,我国设置了专利无效宣告制度。自1984年《专利法》规定专利无效宣告制度后,1992年和2000年的两次修改均对专利无效宣告制度做了些许调整。

一、专利无效宣告的条件

(一)无效宣告请求的时间和主体

1984年《专利法》第48条规定,在专利权被授予后,任何单位或者个人都可以请求专利复审委员会宣告专利权无效。在1992年第一次修改时,将该条文修改为:自专利局公告授予专利权之日起满6个月后,公众才可以请求宣告无效。这是因为1984年《专利法》第41条中规定了异议程序,即任何单位或者个人在授予专利权之前的异议期内可以向专利局提出异议。但在实践中,公众提出异议的数量很小,而大多数已公告的专利申请却要推迟至少3个月才能授权,这段时间申请人的权利处于不确定状态,影响专利技术尽快转化为生产力。[①] 在随后的1992年第一次修改《专利法》时,将第41条授权前的异议程序改为授权后的撤销程序,规定自授权公告之日起6个月内可以提出撤销专利权的请求。为了避免撤销程序与无效宣告程序时间上的重合,1992年《专利法》将无效宣告程序的起始时间规定为自授权公告之日起满6个月之日。但是由于撤销程序和无效宣告程序都是纠正专利行政管理机关不当授权而设置的程序,总体来说是一种程序上的重复设置,同时对撤销和无效宣告决定不服都可以向人民法院起诉,对一审判决不服的还可以上诉,这样众多的程序最终导致专利权长时间处于不

---

① 高卢麟:《关于〈中华人民共和国专利权法修正案(草案)〉的说明》,http://www.npc.gov.cn/wxzl/gongbao/2000-12/14/content_5002778.htm,下载日期:2018年10月1日。

确定的状态,专利权人无法有效行使权利。[①]

所以在 2000 年第二次修改的《专利法》中,取消了撤销程序,只保留了无效宣告程序,规定在专利行政部门公告授予专利权之日起,即在授予专利权之后,到专利权因期限届满而终止或者在期限届满之前被终止,任何单位或者个人都可以申请无效宣告。2008 年第三次修订的《专利法》和 2020 年第四次修订的《专利法》都没有对该条进行修改,如表 3-3 所示。

表 3-3 历年专利法修改变化

1984 年	异议程序,专利申请自公告之日起 3 个月内提出。 无效宣告程序,专利权被授予后提出。
1992 年	撤销程序,自专利局公告授予专利权之日起 6 个月内提出。 无效宣告程序,自专利局公告授予专利权之日起满 6 个月后提出。 取消撤销程序。
2000 年以后	无效宣告程序,自国务院专利行政部门公告授予专利权之日起提出。

从请求主体条件来看,自 1984 年《专利法》规定任何单位和个人都可以提出无效宣告申请后,往后都没有对此进行修改。但是按照《专利法》第 19 条第 1 款规定,在中国没有经常居所或者营业所的外国人、外国企业或者外国其他组织请求宣告专利权无效的,应当委托我国依法设立的专利代理机构办理。

(二)无效宣告的理由

《专利法》第 45 条规定,任何单位或者个人认为专利权的授予不符合专利法"有关规定"的,可以请求宣告专利权无效。"有关规定"的范围在《专利法实施细则》予以详细规定。2002 年《专利法实施细则》第 64 条第 2 款规定:"无效宣告请求的理由,是指被授予专利的发明创造不符合专利法第二十二条、第二十三条、第二十六条第三款、第四款、第三十三条或者本细则第二条、第十三条第一款、第二十条第一款、第二十一条第二款的规定,或者属于专利法第五条、第二十五条的规定,或者依照专利法第九条规定不能取得专利权。"

2008 年《专利法》第 2 条对发明创造进行定义,修改了第 20 条第 1 款,以及增加了第 27 条第 2 款外观设计的图片要求,所以 2010 年修改的《专利法实施细则》中规定的无效理由有所变化。

---

① 姜颖:《关于〈中华人民共和国专利权法修正案(草案)〉的说明》,http://www.npc.gov.cn/wxzl/gongbao/2000-12/17/content_5009004.htm,下载日期:2018 年 10 月 1 日。

根据 2010 年修改的《专利法实施细则》第 65 条的规定,可以请求宣告专利权无效的理由包括:

1. 被授权专利权的主题不符合《专利法》第 2 条关于发明、实用新型或外观设计的定义;

2. 被授予专利权的发明创造属于《专利法》第 5 条规定的情形,即违反国家法律、违法社会公德或者妨害公共利益,或者发明创造的完成依赖于违反法律、行政法规的规定而获取或者利用的遗传资源;

3. 被授予的专利权依照《专利法》第 9 条的规定不能取得专利权,即该专利权的授予将导致对同样的发明创造重复授予专利权,或者该专利权的申请人不是对同样的发明创造最先提出专利申请的人;

4. 被授予专利权的发明或者实用新型不符合《专利法》第 20 条第 1 款的规定,即该发明或者实用新型系在中国完成,专利权人未事先请求国家知识产权局进行保密审查即向外国提出申请;

5. 被授予专利权的发明、实用新型不符合《专利法》第 22 条的规定,即该发明或者实用新型不具备新颖性、创造性和实用性;

6. 被授予专利权的外观设计不符合《专利法》第 23 条的规定,即该外观设计不具备新颖性、创造性,或者与他人在申请日以前已经取得的合法权利相冲突;

7. 被授予专利权的主题属于《专利法》第 25 条规定的不能授予专利权的内容;

8. 发明或者实用新型专利文件不符合《专利法》第 26 条第 3 款或者第 4 款的规定,即说明书没有充分公开发明或者实用新型,权利要求书未以说明书为依据,清楚、简要地限定要求专利保护的范围;

9. 外观设计专利文件不符合《专利法》第 27 条第 2 款的规定,即其图片或者照片未清楚地显示要求专利保护的产品的外观设计;

10. 对专利申请文件的修改不符合《专利法》第 33 条的规定,即对发明或者实用新型专利申请文件的修改超出原说明书和权利要求书记载的范围,或者对外观设计专利申请文件的修改超出原图片或者照片表示的范围;

11. 发明或者实用新型专利的权利要求书不符合《专利法实施细则》第 20 条第 2 款的规定,即独立权利要求未从整体上反映发明或者实用新型的技术方案,未记载解决技术问题的必要技术特征;

12. 被授予的专利权不符合《专利法实施细则》第 43 条第 1 款的规定,即该专利权是基于分案申请授予的,而该分案审查超出原申请记载的范围。

上述各项是对请求宣告专利权无效理由的穷尽性规定。凡其理由不属于上述各项之一的无效宣告请求,专利复审委员会不予受理。

无效宣告请求可以涉及一项专利权的全部,也可以只涉及其中一部分,即请求宣告专利权部分无效。

二、专利无效宣告的程序

(一)无效宣告请求的审查程序

1984 年制定的《专利法》第 49 条第 1 款规定:专利复审委员会对宣告专利权无效的请求进行审查,作出决定,并通知请求人和专利权人。宣告专利权无效的决定,由专利局登记和公告。

到了 20 世纪 90 年代末期,国家知识产权局受理的三种专利申请的数量急剧增加,由于审查人员不足而造成了审查周期增长,其中对发明专利申请的实质审查、对复审请求的审查以及对无效宣告请求的审查的问题最为突出,引起了广大申请人和社会公众的不满,这也成为 2000 年修改《专利法》时公众意见最为强烈的问题。立法机关对此高度重视,在 2000 年修改的《专利法》中,对国家知识产权局的审查工作提出了明确要求,除了在《专利法》第 21 条第 1 款规定"国务院专利行政部门及其专利复审委员会应当按照客观、公正、准确、及时的要求,依法处理有关专利的申请和请求"之外,又在调整后的 46 条第 1 款专门增加了专利复审委员会对宣告专利权无效的请求"应当及时进行审查和作出决定"的规定。此后,国家知识产权局采取了多种措施缩短审查周期,明显缓解了专利申请、复审请求和无效宣告请求的审查案件积压的现象。

但在实践中,当事人会以不同的理由反复对同一专利提出无效宣告请求。为了更好地纠正不当授权,增强专利的稳定性,并节约社会资源,在 2015 年 4 月的《专利法修改草案(征求意见稿)》第 46 条中,增加了专利复审委员会除了对当事人在无效宣告请求中提出的理由和证据进行审查外,必要时,可以对专利权是否符合专利法有关规定的其他情形进行审查。但在 2019 年第十三届全国人大常委会第七次会议审议的《专利法(修正案草案)》中,将这部分增加删除了。

依照《专利法》第 46 条第 1 款的规定,专利复审委员会对专利权无效的请求,按以下程序处理:

1. 对专利权无效的请求,应当及时进行审查。专利复审委员会对宣告专利权无效的请求的审查,包括形式审查与实质审查。

对专利权无效请求的形式审查,主要是审查无效宣告请求书是否符合规定的格式,请求书中是否说明了提出无效宣告请求所依据的事实和理由,以及提出的理由是否符合《专利法》第 45 条的规定等。对不符合规定的格式的,专利复审委员会应当要求请求人在指定的期限内补正,期满未补正的,该无效宣告请求视为未提出。对请求书中未说明所依据的事实和理由,或者提出的理由不符合本法规定的,专利复审委员会对该请求将不予受理。专利复审委员会应当将收到的无效宣告请求书的副本和有关文件的副本送交专利权人,要求其在指定的期限内陈述意见。专利权人可以修改专利文件,但不得扩大原专利权保护的范围;专利权人在指定的期限内未答复的,不影响专利复审委员会的审理。

对专利权无效请求的实质审查,是指审查提出宣告专利权无效的理由是否成立,即审查被请求宣告无效的专利权是否确有不符合法律规定的授权条件的情形,包括审查被授予专利权的发明和实用新型是否符合有新颖性、创造性和实用性的标准;被授予专利权的外观设计是否属于现有设计;被授予专利权的外观设计是否与他人在申请日以前已经取得的合法权利相冲突;被授予专利权的发明创造是否属于违法、违反社会公德和妨害社会公共利益;被授予专利权的发明创造所依赖的遗传资源的获取或者利用是否违反法律、行政法规规定,等等。专利复审委员会收到宣告专利权无效的请求后,应当按照本条的规定及时进行审查,提高审查工作的效率和质量,以及时处理专利纠纷,维护当事人的权益。

2. 专利复审委员会对宣告专利权无效的请求依法审查完毕后,应当及时作出处理决定。经审查确认请求宣告无效的理由成立的,根据不同情况,作出专利权无效或部分无效的决定;审查确认请求宣告无效的理由不成立的,应作出维持专利权的决定。

3. 专利复审委员会对宣告专利权无效的请求作出决定后,应及时通知请求人和专利权人。对宣告专利权无效的决定,应由国务院专利行政部门予以登记和公告,使公众了解。依照《专利法》第47条的规定,被宣告无效的专利权,视为自始无效。

(二)专利无效宣告请求的司法程序

1984年制定的《专利法》第49条第2款、第3款规定了当事人对专利复审委员会的复审决定不服的司法救济程序:对专利复审委员会宣告发明专利权权利无效或者维持发明专利权的决定不服的,可以在收到通知之日起3个月内向人民法院起诉。专利复审委员会对宣告实用新型和外观设计专利权无效的请求所作出的决定为终局决定。

2000年《专利法》第46条第2款增加规定,当事人对专利复审委员会决定不服向法院起诉的,法院应当通知无效宣告请求程序的对方当事人作为第三人参加诉讼的规定。无效宣告请求一般都涉及大量具体事实和证据,只有双方当事人最为清楚,虽然《行政诉讼法》第27条规定:"同提起诉讼的具体行政行为有利害关系的其他公民、法人或者其他组织,可以作为第三人申请参加诉讼,或者由人民法院通知参加诉讼。"但在2000年修改《专利法》前的审判实践中,法院往往不允许对方当事人作为第三人参加诉讼程序,从而影响了对方当事人在法庭陈述意见和提起上诉的合法权利。在这样的情况下,专利复审委员会处于两难境地:如果对诉讼采取较为消极的态度,则有可能损害对方当事人的利益;反之,则实际上成为对方当事人的代言人,有悖于专利复审委员会作为行政机关应当从国家利益和公众利益的角度出发,不偏不倚,持公正立场的基本原则。[①] 根据专利权无效宣告程序的特点和实际需要,2000 年修改的《专利法》增加上述规定,对完善无效宣告制度,确保双方当事人的合法权益具有突出意义。

在专利行政诉讼程序存在一些问题,产生了"循环诉讼"、"马拉松诉讼"和诉累等困惑,专利复审委员会的诉讼地位和诉讼权利也存在着一些问题,在专利无效程序中,专利复审委处于两难境地:如果它采取相对消极的态度应诉,则有可能损害另一方当事人的利益;反之,如果它采取的是相对积极的态度应诉,则实际上成为他方当事人的代言人,有违专利复审委作为行政机关,代表国家和公众利益行使职权应当中立、依法公正处理的初衷。[②] 专利复审委员会作为被告应当适用不同的程序法。当事人对专利复审委员会的确权决定不服,提起诉讼,应仍按行政诉讼处理。但在专利无效诉讼中,表面看来似乎是当事人对于专利复审委员会的决定不服,实质问题则是无效请求人与权利人因专利有效性所起争执,如其中一方起诉,则应以对方为被告,这样既可促使被告积极参与诉讼,也可避免专利复审委员会的角色错位问题。[③]

此外,2000 年修改《专利法》时,因为《行政诉讼法》的实施,对我国行政管理制度产生了根本性变革,《专利法》有关规定要与《行政诉讼法》保持一致,而且我国专利制度经过了十余年的发展时间,法院审理专利案件的能力大为提高。同时《TRIPS 协定》第 62 条第 5 款中明确规定,在知识产权的获得与维持以及有关当事人之间的程序中作出的终局行政决定应当受司法机关或者准司法机关的复审,所以在 2000 年《专利法》中删除了关于专利复审委员会对实用新型和外观设计专利权无效宣告案件所作出的决定为终局决定的规定,改为当事人对专利复审委员会就所有三种专利权作出的无效宣告请求审查决定不服的,均可以向法院起诉。[④] 这对确保公平公正的审理结果、维护当事人的合法权益有重要意义。

但是,如此规定还是有缺陷,即延长了对无效宣告请求最终作出决定所需的时间,常常会影响专利权人及时获得有效法律保护,不利于专利制度的正常运作。现实中大部分无效宣告请求都由与专利权有利害关系的人提出,其中又以专利侵权诉讼的被诉侵权人或者受到专利侵权指控威胁的人居多,因此专利无效案件常常与专利侵权诉讼如影随形。

---

① 尹新天:《中国专利法详解(缩编版)》,知识产权出版社 2012 年版,第 359 页。

② 张敢冲、高林娜:《浅析新时代背景下专利复审委员会的困境及出路》,载《法制与社会》2016 年第 24 期。

③ 张献勇、闫文锋:《专利复审委员会的诉讼地位——复审委是否该站在专利无效诉讼被告席上?》,载《知识产权》2005 年第 5 期。

④ 尹新天:《中国专利法详解(缩编版)》,知识产权出版社 2012 年版,第 344 页。

按照 1992 年颁布的《最高人民法院关于审理专利纠纷案件中若干问题的解答》和 2001 年颁布的《最高人民法院关于审理专利纠纷案件适用法律问题的若干规定》的规定,被诉侵权人在专利侵权纠纷的处理、诉讼程序中提出无效宣告请求的,处理或者审理专利侵权纠纷案件的管理专利工作的部门和法院普遍采取了中止侵权处理程序或者侵权审理程序的做法,等待无效宣告请求的审查、审理结果。在无效程序中,无效宣告请求要经历专利复审委员会审查、一审法院、二审法院三道程序,此外当事人还可请求最高人民法院进行再审。如果无效宣告请求程序终结后,结果是维持专利有效或者部分有效,其可能又经历一轮程序,可见,请求宣告无效和侵权纠纷案件处理需要相当长的时间。所以 2008 年修改《专利法》的整个过程中,缩短无效宣告请求程序和专利侵权诉讼程序的呼声很高。国家知识产权局、全国人大教科文卫委员会和全国人大常委会法制工作委员会高度重视,对各方面提出的有关修改建议曾多次组织调研,但最终 2008 年修改《专利法》仍然保持规定不变。这主要是出于如下考虑:(1)专利无效诉讼很难界定是民事诉讼性质还是行政诉讼性质;(2)不能简单地将专利复审委员会认定为"准司法机构",来作为法院审理案件中的强大后盾,这将会混淆我国行政管理和司法审判之间的界限;(3)对于成立专门的专利上诉法院或者知识产权上诉法院来处理相关的案件,与我国目前采用的基本司法制度不符,需要以修改我国《人民法院组织法》为前提条件,这并非短期之内能够实现的。[①]

所以 2008 年修改的《专利法》和 2020 年修订的《专利法》,都未对本条进行修改。这可谓一大遗憾。

第五节　专利的转让与许可

一、专利权的转让

（一）概述

专利权的转让是指专利权的主体发生了变更。广义的转让既包括专利权人因自愿转让而发生的,如买卖、交换、赠与,也可包括因法定原因而产生的,如因专利权人的死亡或失去存在(指单位)而产生的权利继承或继受。但严格说来,专利权的转让与专利权的继承不同,后者与特定身份关系相联。[②] 狭义的转让仅限于买卖、交换、赠与等专利权人自愿转让的情况。本书中所指的专利权的转让是指狭义的转让。

---

① 尹新天:《中国专利法详解(缩编版)》,知识产权出版社 2012 年版,第 364~366 页。

② 冯晓青、刘友华:《专利法》,法律出版社 2010 年版,第 20 页。

专利权是财产权,和普通财产权一样可以转让。2000 年修改前的《专利法》第 10 条第 2 款规定,全民所有制单位转让专利申请权和专利权的必须经上级主管机关批准。显然,这一规定带有计划经济体制的色彩。在市场经济体制下,转让专利申请权和专利权的权利属于企业自主经营权的范围,政府主管部门不必也不宜干预。因此,2000 年修改《专利法》时删除了该款规定。当然,国有企业转让专利申请权和专利权仍需遵照《企业国有资产法》有关转让国有资产的规定,履行国有资产流转的相应手续。

(二)专利权转让合同的订立方式

根据《中华人民共和国合同法》(下称《合同法》)第 10 条的规定,订立合同可以采用口头形式、书面形式和其他形式。但是,根据《专利法》第 10 条第 3 款的规定,专利申请权和专利权的转让合同应当采用书面形式。《合同法》第 355 条规定:"法律、行政法规对技术进出口合同或者专利,专利申请合同另有规定的,依照其规定。"因此,按照特别法优先于普通法的原则,专利申请权和专利权的转让合同应当依照《专利法》的规定采用书面形式。

《专利法》之所以规定书面形式的要求,主要是为了保障专利权的交易安全。因为专利申请权和专利权是无形的,权利人不可能实际占有和转移占有,书面协议和国家知识产权局的登记簿为专利申请权和专利权的归属提供权利的外观表现,便于保护权利人和相对人。

(三)专利权转让的登记、公告和生效

由于专利权的客体是一种无形财产,无法像有形财产那样被占有和交付,只能如同不动产的变动那样采用登记的公示方式。因此,《专利法》第 10 条第 3 款规定,转让专利申请权和专利权应当向国家知识产权局登记,并由国家知识产权局进行公告。值得注意的是,国家知识产权局予以登记和公告的事项是专利申请权或者专利权的转让这一民事法律行为,而不是专利申请权或者专利权转让合同。转让专利申请权或者专利权的,应当按照《专利审查指南 2010》的规定办理著录事项变更手续,手续合格的,国家知识产权局才能予以登记和公告。

2000 年修订前的《专利法》第 10 条第 4 款规定:"转让专利申请权或者专利权的,当事人必须订立书面合同,经专利局登记和公告后生效。"似乎对转让合同的成立登记采取要件主义。这一规定在实践中产生了如下问题。

第一,该规定将登记和公告均作为转让生效的要件,会影响当事人权利的正常行使。由于对实用新型和外观设计专利申请只进行初步审查而不予公布,国家知识产权局在对实用新型和外观设计专利申请公告授权之前负有保密义务。如果实用新型和外观设计的申请人在授予专利权之前将其专利申请权转让给他人,国家知识产权局不能单就这一转让行为进行公告,受让人只能等到该实用新型或者外观设计被授予专利权后才能行使其权利。因此,规定专利申请权的转让在公告后才能生效,会对专利申请权的正常转让产生妨碍作用。

第二,这一规定往往会引起误解。2000 年修改前的《专利法》第 10 条第 4 款规定"经专利局登记和公告后生效",却没有明确是指转让合同生效还是指权利的移转生效,导致一些人认为专利申请权和专利权的转让合同需要经过登记和公告才能生效。事实上,登记和公告并不是专利申请权和专利权转让合同生效的要件,而仅仅是转让行为的生效要件。

2000 年修改《专利法》时,将修改前的第 10 条第 4 款的规定拆分为两句话,成为 2000 年《专利法》第 10 条第 3 款,其中第一句话规定当事人需要办理的事项(即订立书面转让合同,并向国家知识产权局登记)以及国家知识产权局需要办理的事项(即对专利申权或者专利权的转让予以公告);第二句话规定专利申请权或者专利权的转让(而不是转让合同)后的权利自登记之日起生效,从而一并解决了上述两个问题。

关于合同权利转让性质有以下几种学说,(1)无因的准物权合同说。这种观点以德国法为代表,我国台湾地区的制度规定和绝大部分学者亦采此说。[①] 该学说是以物权行为理论为基础的,将法律行为区分为债权行为(负担行为)和物权行为(处分行为),承认物权行为的独立性和无因性。(2)债权合同说。无论标的物是有体物抑或债权,法国民法对物权行为的存在本身都持否定态度。既然不承认物权行为的独立性,自然也就不会产生债权行为无效或被撤销时,对物权行为的效力有无影响的问题,因此在采取法国民法的理论构成中,也就没有讨论有因性或无因性的必要。[②] (3)合同说。该种学说以英美法为代表。在英美法上,"转让"(assignment)一词一般仅用于对财产权利的转移,而几乎不用于特定物的转移。[③] 物权变动必须通过移转占有、登记等公示形式对外表现出来。[④] 至于专利实施权让与,则无须采用特别的公示方式,至少目前我国法律尚未对其提出特别的公示要求。

二、专利权的许可

(一)概述

所谓专利权的许可是指专利权人或者其授权的人作为许可方许可他人在一定范围内实施其专利,被许可方支付约定使用费的一种法律行为。

---

① 黄立:《民法债编总论》,中国政法大学出版社 2002 年版,第 610～612 页。
② 崔建远、韩海光:《债权让与的法律构成论》,载《法学》2003 年第 7 期。
③ [德]海因·克茨:《欧洲合同法》(上卷),周忠海等译,法律出版社 2001 年版,第 385 页。
④ [德]迪特尔·梅迪库斯:《德国民法总论》,邵建东译,法律出版社 2000 年版,第 169 页。

按照被许可人取得的实施权的范围,可以将专利实施许可分为以下几种类型:

1. 独占实施许可。简称独占许可,是指在约定的时间和地域范围内,专利权人只许可一个被许可人实施其专利,而且专利权人自己也不得实施该专利。

2. 排他实施许可。简称排他许可,也称独家许可,是指在约定的时间和地域范围内,专利权人只许可一个被许可人实施其专利,但专利权人自己有权实施该专利。

3. 普通实施许可。简称普通许可,是指在约定的时间和地域范围内,专利权人许可某人实施其专利的同时保留许可第三人实施该专利的权利。普通许可是专利实施中最为常见的一种类型。

4. 交叉实施许可。简称交叉许可,也称作互换许可,是指两个专利权人互相许可对方实施自己的专利。订立这种许可,如果两项专利的价值大体相当,合同双方可以约定彼此免收许可使用费;如果二者的技术效果或者经济效益差距较大,也可以约定由一方给予另一方适当的许可费。

5. 分实施许可。简称分许可,是针对基本许可而言的,即基本许可的被许可人依照与专利权人的约定,许可第三人实施同一专利,被许可人与第三人订阅的这种实施许可就是分许可。

需要指出的是,专利实施许可合同一般都是比较复杂的合同,并非简单地约定被许可人有权实施许可人的专利权,而是涉及方方面面,不仅涵盖专利,也常常涵盖商标、著作权、商业秘密等其他知识产权,实际上是在双方当事人之间建立一种合作关系,需要全面约定合作双方的权利和义务。在发达国家,专利实施许可的订立一般有律师或者专利代理人参与,以求约定事项清楚、完整、可行、缜密,尽量避免遗留法律问题。我国专利代理行业过去较为偏重于专利申请事项的代理,随着我国知识产权制度的不断完善,订立专利实施许可合同的服务已经越来越普遍。

(二)专利实施许可合同

订立专利实施许可合同实质上旨在实现一种利益交换:专利权人将实施专利的权利授予被许可人,从而部分地放弃了《专利法》赋予他的排他权,但是换取了被许可人支付的专利使用费,不仅有望回收其发明创造的投入,还有可能获得更多的经济收益;被许可人向专利权人支付实施专利的使用费,付出了一定的经济代价,但换取了实施专利的权利。但是,《专利法》第 12 条规定被许可人无权允许合同约定以外的任何单位或者个人实施该项专利,除非经专利权人的特别允许。

专利权人可以允许被许可人在专利权的整个有效期限内以及在专利权效力所及的全地域内从事各种类型的实施专利行为,即制造、使用、许诺销售、销售、进口专利产品,使用专利方法,以及使用、许诺销售、销售、进口依照专利方法直接获得的产品;也可以对被许可人的实施行为施加种种限制,例如限定实施的行为、限定实施的地域、限定实施的时间期间。

(三)关于专利实施许可合同的订立形式

2008 年修订的《专利法》对第 12 条规定进行了修改,删除了原规定中的"书面"二字。原因在于落实《合同法》第 10 条关于合同订立方式的原则性规定。

1987 年 1 月 1 日起施行的《民法通则》第 56 条规定:"民事法律行为可以采取书面形式、口头形式或者其他形式。法律规定用特定形式的,应当依照法律规定。"1999 年 10 月 1 日起施行的《合同法》第 10 条秉承这一原则,明确规定:当事人订立合同,有书面形式、口头形式和其他形式。法律、行政法规规定采用书面形式的,应当采用书面形式。当事人约定采用书面形式的,应当采用书面形式。2008 年修改前的《专利法》第 12 条规定专利实施许可合同应当是书面合同。

然而,《合同法》第 10 条同时也规定,法律规定用特定形式的,应当依照法律规定。《合同法》第 342 条规定,技术转让合同(包括专利权转让、专利申请权转让、技术秘密转让、专利实施许可合同),应当采取书面形式。

上述规定将专利实施许可合同纳入"技术转让合同"的范畴,规定应当采用书面形式。《合同法》第 342 条将专利实施许可合同的性质确定为技术转让合同,是简单继承原《技术合同法》有关规定的结果。原《技术合同法》从技术转移的角度广义地看待"专利实施"的含义,认为专利实施与专利转让都是合同的一方当事人将有关技术"传授"给另一方当事人,使后者能够实施该项技术,因而认为都属于"技术转让合同"的范畴。

然而,在专利法的意义上,专利权的转让和专利权的许可是两个不同的法律概念。转让专利权意味着权利主体的变化和权利客体的让渡,而专利实施许可合同仅仅意味着被许可人获得了以约定方式实施专利的权利。这种合同主要涉及双方当事人的利益,而不直接涉及公众的利益(触犯《反垄断法》规定的除外)。因此,专利实施许可合同自合同成立之日起生效,无须经国家知识产权局登记和公告。然而,《专利法实施细则》第 89 条和第 90 条对专利实施许可合同的备案作了规定,国家知识产权局还于 2011 年公布实施了《专利实施许可合同备案管理办法》。对于此种备案的法律效果如何并不明确,根据最高人民法院 2004 年《关于对诉前停止侵犯专利权行为适用法律问题的若干规定》第 4 条第(2)项,专利独占实施许可或排他实施许可的被许可人在发现有人侵犯专利权时,可以专利实施许可合同备案证明为证据,要求法院采取诉前禁令保护。此外,有人认为专利实施许可合同备案具有对抗善意第三人的效力。

(四)《专利法》第四次修订增加的新制度——专利开放许可

国家知识产权局于 2014 年下半年启动了专利法第四次修订准备工作,在广泛征求意见的基础上形成《专利法修订草案(送审稿)》,该《送审稿》新增第 50 条、第 51 条、第 52 条第 3 项条款规定了专利开放许可的使用程序、许可使用费、备案和

禁令,以及纠纷解决机制,全国人大常委会通过了这些修订。专利开放许可制度的引入旨在促进专利的实施和运用,推动专利权经济价值的实现,是本次法律修订的一大亮点。

专利开放许可是指权利人在获得专利权后自愿向国家专利行政部门提出开放许可声明,明确许可使用费,由国家专利行政部门予以公告,在专利开放许可期内,任何人可以按照该专利开放许可的条件实施专利技术成果。虽然专利开放许可本质上属于普通许可的范畴,但是其具有很多不同于专利普通许可的特点和优点。简言之,专利开放许可制度具有以下特点:一是有利于促进专利技术供需双方的对接,为专利权人和公众搭建专利转化和推广应用平台,可以有效降低专利许可交易中与专利状态相关的法律风险,也可以促进高校、科研院所专利更广泛地传播和运用;二是需求方能以公开、合理、无歧视的许可使用费和便捷的方式获得专利许可,这不仅降低许可谈判的难度,同时也提高了被许可人进行专利转化的意愿,有利于企业进行更多的专利商业化活动;三是有助于改善和加强专利保护,公众的重视和参与程度会大大提升。可见,专利开放许可具有开放性、共享性、公平性、自愿性的特点,建立专利开放许可制度有助于降低交易成本和交易风险,让技术需求方能以公开、合理、无歧视的许可费和便捷的方式获得专利许可,并能削弱技术供需双方及相关市场中存在的信息不对称现象,促进供需双方对接,是促进科技成果转移转化的一项重要制度创新,对于提升专利转移转化,整体推进我国创新能力有重要意义。

从域外经验来看,专利开放许可制度构建时间较早,理论基础比较成熟,并在实践中显现出积极效果。首先,虽然专利开放许可在《TRIPS协定》或其他国际条约里没有予以明确规定,但鉴于专利开放许可制度在促进专利技术成果转化实施中的重要作用,除了英国、德国、法国等发达国家设置了专利开放许可制度之外,不少发展中国家,如泰国、巴西、印度、波兰、马来西亚、南非、俄罗斯等也都设有专利开放许可制度。其次,从国际上的实践来看,专利开放许可制度的实施也显现出了积极的效果。以英国为例,2012年共批准专利开放许可2097项,占当年专利许可授权总数的30%;2013年共批准专利开放许可2130项,达到当年专利许可授权总数的40%。[1]

第六节　专利权的限制和例外

专利权限制,是指专利法允许第三方在法定情形下,可以未经专利权人同意实施专利,且实施行为不构成侵权的一种法律制度。专利法保护专利权人的独占权,

---

[1]　罗莉:《我国〈专利法〉修改草案中开放许可制度设计之完善》,http://www.iolaw.org.cn/showNews.aspx? id=70990,下载日期:2019年3月16日。

但是，为了防止专利权人滥用权利、平衡专利权人与社会公众之间的利益，各国专利法都在不同程度上对专利权人的权利作了限制性的规定。我国对专利权的限制主要表现为不视为侵犯专利权行为的规定和专利实施的强制许可。

我国 1984 年制定的《专利法》在专利权的限制和强制许可方面的规定比较简单。《专利法》在 1992 年、2000 年和 2008 年经过三次修改，对专利权的限制和例外的规定也发生了较大变化。

一、不视为侵犯专利权的行为

《专利法》的立法宗旨是："保护专利权人的合法利益，鼓励发明创造，推动发明创造的应用，提高创新能力，促进科学技术进步和经济社会发展。"由此可见，建立专利制度的目的不仅是为了保护专利权人的利益，同时应该兼顾社会公众的利益。为此，我国《专利法》规定了不视为侵犯专利权的情形。

(一)1984 年《专利法》规定的不视为侵犯专利权的情形

1984 年《专利法》第 62 条规定，不视为侵犯专利权的行为有下列五个方面的情形：

第一，"专利权人制造或者经专利权人许可制造的专利产品售出后，使用或者销售该产品的"。此项规定了专利权用尽原则，即专利权人或被许可人将专利产品合法置于流通之后，原权利人的专利权因此用尽。专利产品的合法购得者可以自由地使用、许诺销售、销售该产品，从而达到"物尽其用"的目的。

第二，"使用或者销售不知道是未经专利权人许可而制造并售出的专利产品的"。此项规定保护的是善意第三人的合法权利。

第三，"在专利申请日前已经制造相同产品、使用相同方法或者已经做好制造、使用的必要准备，并且仅在原有范围内继续制造、使用的"。此项规定的是先用权。根据我国《专利法》的规定，我国专利制度采用了先申请制，即"两个以上的申请人分别就同样的发明创造申请专利的，专利权授予最先申请专利的人"。但是，事实上首先提出专利申请的人不一定是最先作出该发明创造的人。如果有人先作出同样的发明创造并且实施应用，只是因为未提交或晚提交专利申请，造成先发明人不能合理使用自己的智力成果，则会显失公平。因此，本条作了上述规定。

第四，"临时通过中国领土、领水、领空的外国运输工具，依照其所属国同中国签订的协议或者共同参加的国际条约，或者依照互惠原则，为运输工具自身需要而在其装置和设备中使用有关专利的"。该规定的理据在于：运输工具处在不断运动的过程中，如果将出于运输工具自身需要而使用有关专利的行为视为侵犯专利权的行为，会限制运输工具进入其他国家或者地区，影响国际交通运输的正常进行。

第五，"专为科学研究和实验而使用有关专利的"。本项规定是为了贯彻落实《专利法》第 1 条规定的促进科学技术进步的立法宗旨。没有这一条规定，就有可能使专利制度产生妨碍科学技术进步的负面作用。但是,在我国初步建立制度的时候,有一种观点认为按照本项规定,可以在所有科学研究和实验中任意使用任何专利而不承担侵犯专利权的责任。这种观点是值得商榷的,根据《欧共体专利公约》第 27 条第(b)项的规定"欧共体专利所赋予的权利不延及为实验目的进行的与授予专利权的发明主题有关的行为",得到豁免的行为明确限定为针对获得专利权的发明主题进行实验的行为,而不是泛指一切实验行为。

"实验使用例外"制度肇始于美国 1813 年发生的"惠特莫尔诉卡特"案,是法官造法的产物。[①] 实验使用例外制度作为一种公共利益考量,既可以防止专利权抑制后续研究与发展,又可以实现更彻底、更有效的专利技术披露。单纯提高专利权保护强度并不必然能够促进社会整体福利。专利权作为一项排他性垄断权,虽然可以保护专利权人回笼研发投资的能力,激励发明创造,但同时也使得以他人发明为基础进行研究变得愈发困难,对后续创新产生负激励效应。[②] 披露制度的预期目标即允许竞争者在专利有效期内可以不经专利权人许可"使用"披露信息。如果直到专利有效期过后才允许对专利技术进行相关实验行为,披露制度将丧失其设立的最初意义。研究工具专利是一种涵盖所有可用以发现有用产品的基础技术专利。[③]

1992 年修改《专利法》时,未对上述规定进行修改。

(二)2000 年《专利法》对不视为侵犯专利权行为规定的改动

我国在 2000 年修改《专利法》时,将修改前第 62 条改为第 63 条,并对原条文第(一)项和第(二)项进行修改,具体如下:

第一,关于专利权用尽原则,修改为"专利权人制造、进口或者经专利权人许可而制造、进口的专利产品或者依照专利方法直接获得的产品售出后,使用、许诺销售或者销售该产品的"。1992 年修改《专利法》时强化了专利权的效力,在第 11 条中增加了对产品制造方法的延伸保护,将制造方法专利权的保护扩大到依照该方法直接获得的产品,然而当时没有对权利用尽条款作相应修改,致使前后规定不尽一致;2000 年修改《专利法》时,在第 11 条中增加了"未经专利权人许可不得许诺销售专利产品或者依照专利方法直接获得的产品"的规定,同时需要在权利用尽条款中有所呼应。

第二,删除原第(二)项"使用或者销售不知道是未经专利权人许可而制造并售

---

① 王淑君:《实验使用例外制度的反思与完善——兼评〈专利法〉第 69 条第 4 项》,载《知识产权》2015 年第 3 期。

② [英]J.D.贝尔纳:《科学的社会功能》,陈体芳译,商务印书馆 1995 年版,第 219 页。

③ 周慧菁、曲三强:《研究工具专利的前景探析——兼评专利权实验例外制度》,载《知识产权》2011 年第 6 期。

出的专利产品的,不视为侵犯专利权"的规定,改为"为生产经营目的使用或者销售不知道是未经专利权人许可而制造并售出的专利产品或者依照专利方法直接获得的产品,能证明其产品合法来源的,不承担赔偿责任",加强对专利权的保护。

(三)2008 年《专利法》对不视为侵犯专利权行为规定的改动

2008 年修改《专利法》时,将修改前第 63 条的序号改为第 69 条,并再次对其条文进行了修改,修改之处在于:

1. 把本条第(一)项的规定改为"专利产品或者依照专利方法直接获得的产品,由专利权人或者经其许可的单位、个人售出后,使用、许诺销售、销售、进口该产品的"。此项关于专利权用尽原则的修改规定,明确了允许平行进口行为的立场。

专利权用尽原则可以分成专利权的国内用尽和专利权的国际用尽。专利权的国内用尽是指对于在我国获得的专利权,专利权人或者其被许可人在我国境内销售出其专利产品或者依照专利方法直接获得的产品后,购买者在我国境内使用、许诺销售、销售该产品不视为侵犯该专利权的行为。而专利权的国际用尽主要涉及平行进口的问题,如专利权人同时在中国和美国申请并获得了专利权,那么购买者在美国购买该产品并带到中国使用或者转售,其行为是否因涉及侵犯了专利权人在中国的专利权而被禁止?《巴黎公约》和《TRIPS 协定》都没有禁止平行进口,我国 2008 年《专利法》明确允许平行进口。

2. 增加本条第(五)项关于"Bolar 例外"的规定,即"为提供行政审批所需要的信息,制造、使用、进口专利药品或者专利医疗器械的,以及专门为其制造、进口专利药品或者专利医疗器械的"。"Bolar 例外"的正当性在于:自 20 世纪 80 年代以来,各国对新药上市采取更为严格、全面的质量管理制度,药品上市许可的行政审批程序繁杂,耗时颇多,实际上延长了专利权的保护期限。

本项条文涉及的对象是"专利药品"和"专利医疗器械",即取得专利权的药品和取得专利权的医疗器械。2010 年修改的《专利法实施细则》第 73 条第 2 款规定:"专利法第五十条所称取得专利权的药品,是指解决公共健康问题所需的医药领域中的任何专利产品或者依照专利方法直接获得的产品,包括取得专利权的制造该产品所需的活性成分以及使用该产品所需的诊断用品。"关于医疗器械,《医疗器械监督管理条例》第 3 条已经作了明确定义,其范围也明确限定为用于人体的医疗器械,在确定本项所述"医疗器械"的含义时,应当适用该条例的规定。

对允许进行的行为,本项区分了两种情况分别予以规定:一种是仿制药品的研究试验者本人为获取行政审批所需要的信息而进行的行为,包括制造、使用、进口专利药品或者专利医疗器械的行为。另一种是他人为研究试验者获取行政审批所需要的信息而进行的行为,包括制造、进口专利药品或者专利医疗器械的行为,且制造、进口的目的应当仅仅限于专门提供给研究试验者,而不能以生产经营为目的自己予以使用,也不能向除研究试验者之外的其他单位或者个人许诺销售或者销售。

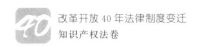
3. 将本条修改前第 63 条第 2 款的规定"为生产经营目的使用或者销售不知道是未经专利权人许可而制造并售出的专利产品或者依照专利方法直接获得的产品,能证明其产品合法来源的,不承担赔偿责任"分离出来,单独作为一条"损失赔偿责任的免除"予以规定,即《专利法》第 70 条。

二、强制许可

专利实施的强制许可制度,是指未经专利权人同意,政府依法授权他人实施其专利、被许可人支付一定补偿费的制度。这一制度是防止专利权人滥用权利,保障公共利益的重要法律制度,对实现专利法的立法宗旨、促进专利技术的推广应用、维护国家和公众的利益具有非常重要的意义。

(一)给予强制许可的理由

专利法从 1984 年颁布以来一直都有强制许可制度,历年的变化比较大,其法条变化情况如表 3-4 所示。

表 3-4　历年专利法关于强制许可制度变化情况

1984 年	第五十一条　专利权人负有自己在中国制造其专利产品、使用其专利方法或者许可他人在中国制造其专利产品、使用其专利方法的义务。 第五十二条　发明和实用新型专利权人自专利权被授予之日起满三年,无正当理由没有履行本法第五十一条规定的义务的,专利局根据具备实施条件的单位的申请,可以给予实施该专利的强制许可。 第五十三条　一项取得专利权的发明或者实用新型比前已经取得专利权的发明或者实用新型在技术上先进,其实施又有赖于前一发明或者实用新型的实施的,专利局根据后一专利权人的申请,可以给予实施前一发明或者实用新型的强制许可。 在依照上款规定给予实施强制许可的情形下,专利局根据前一专利权人的申请,也可以给予实施后一发明或者实用新型的强制许可。
1992 年	第五十一条　具备实施条件的单位以合理的条件请求发明或者实用新型专利权人许可实施其专利,而未能在合理长的时间内获得这种许可时,专利局根据该单位的申请,可以给予实施该发明专利或者实用新型专利的强制许可。 第五十二条　在国家出现紧急状态或者非常情况时,或者为了公共利益的目的,专利局可以给予实施发明专利或者实用新型专利的强制许可。 第五十三条　一项取得专利权的发明或者实用新型比前已经取得专利权的发明或者实用新型在技术上先进,其实施又有赖于前一发明或者实用新型的实施的,专利局根据后一专利权人的申请,可以给予实施前一发明或者实用新型的强制许可。 在依照上款规定给予实施强制许可的情形下,专利局根据前一专利权人的申请,也可以给予实施后一发明或者实用新型的强制许可。

续表

2000 年	第四十八条　具备实施条件的单位以合理的条件请求发明或者实用新型专利权人许可实施其专利,而未能在合理长的时间内获得这种许可时,国务院专利行政部门根据该单位的申请,可以给予实施该发明专利或者实用新型专利的强制许可。 第四十九条　在国家出现紧急状态或者非常情况时,或者为了公共利益的目的,国务院专利行政部门可以给予实施发明专利或者实用新型专利的强制许可。 第五十条　一项取得专利权的发明或者实用新型比前已经取得专利权的发明或者实用新型具有显著经济意义的重大技术进步,其实施又有赖于前一发明或者实用新型的实施的,国务院专利行政部门根据后一专利权人的申请,可以给予实施前一发明或者实用新型的强制许可。 在依照前款规定给予实施强制许可的情形下,国务院专利行政部门根据前一专利权人的申请,也可以给予实施后一发明或者实用新型的强制许可。
2008 年	第四十八条　有下列情形之一的,国务院专利行政部门根据具备实施条件的单位或者个人的申请,可以给予实施发明专利或者实用新型专利的强制许可: (一)专利权人自专利权被授予之日起满三年,且自提出专利申请之日起满四年,无正当理由未实施或者未充分实施其专利的; (二)专利权人行使专利权的行为被依法认定为垄断行为,为消除或者减少该行为对竞争产生的不利影响的。 第四十九条　在国家出现紧急状态或者非常情况时,或者为了公共利益的目的,国务院专利行政部门可以给予实施发明专利或者实用新型专利的强制许可。 第五十条　为了公共健康目的,对取得专利权的药品,国务院专利行政部门可以给予制造并将其出口到符合中华人民共和国参加的有关国际条约规定的国家或者地区的强制许可。 第五十一条　一项取得专利权的发明或者实用新型比前已经取得专利权的发明或者实用新型具有显著经济意义的重大技术进步,其实施又有赖于前一发明或者实用新型的实施的,国务院专利行政部门根据后一专利权人的申请,可以给予实施前一发明或者实用新型的强制许可。 在依照前款规定给予实施强制许可的情形下,国务院专利行政部门根据前一专利权人的申请,也可以给予实施后一发明或者实用新型的强制许可。 第五十二条　强制许可涉及的发明创造为半导体技术的,其实施限于公共利益的目的和本法第四十八条第(二)项规定的情形。

　　1984 年制定《专利法》时,参考当时一些国家的专利立法,规定了"未实施专利"的强制许可。第 51 条规定:"专利权人负有自己在中国制造其专利产品、使用其专利方法或者许可他人在中国制造其专利产品、使用其专利方法的义务",第 52 条规定:"发明和实用新型专利权人自专利权被授予之日起满三年,无正当理由没有履行本法第五十一条规定的义务的,专利局根据具备实施条件的单位的申请,可以给予实施该专利的强制许可。"此后,1992 年修改《专利法》时,删除了不实施专

利的强制许可。我国专利法对强制许可作了过多的严格限制。① 1992 年修改的《专利法》把第 51 条改为:"具备实施条件的单位以合理的条件请求发明或者实用新型专利权人许可实施其专利,而未能在合理长的时间内获得这种许可时,专利局根据该单位的申请,可以给予实施该发明专利或者实用新型专利的强制许可。"并在第 54 条规定了给予强制许可的程序条件:"依照本法规定申请强制许可的单位和个人,应当提出未能以合理条件与专利权人签订实施许可合同的证明。"这两条规定是重复的。有学者指出,1992 年修改的《专利法》第 51 条误解了《TRIPS 协定》第 31 条的规定,因为没有意识到给予强制许可的"理由"不同于给予强制许可的"条件"。②

2008 年修改《专利法》时,对 1992 年制定的《专利法》第 51 条再次进行了三个方面的修改。第一,规定专利权人在规定时间内未实施或者未充分实施其专利,可以适用强制许可。很多人都对"未充分实施其专利"的含义持有疑虑,因此 2010 年修改的《专利法实施细则》第 73 条第 1 款作了如下规定:"专利法第四十八条第(一)项所称未充分实施其专利,是指专利权人及其被许可人实施其专利的方式或者规模不能满足国内对专利产品或者专利方法的需求。"第二,增加了给予强制许可的一种新理由,即专利权人行使权利的行为被依法认定为垄断行为,为消除或者减少该行为对竞争产生的不利影响,可以给予强制许可。第三,明确了依据本条申请给予强制许可的主体资格,即具备实施条件的单位或者个人。

1. 2008 年修改《专利法》的时候,规定了第 49 条:"在国家出现紧急状态或者非常情况时,或者为了公共利益的目的,国务院专利行政部门可以给予实施发明专利或者实用新型专利的强制许可。"

2. 为了落实《TRIPS 协定》相关议定书以及在必要时帮助那些不具有制造专利药品能力或者能力不足的国家或者地区解决公共健康的问题,2008 年修改《专利法》时增加了第 50 条关于出口专利药品的强制许可:"为了公共健康的目的,对取得专利权的药品,国务院专利行政部门可以给予制造并将其出口到符合中华人民共和国参加的有关国际条约规定的国家或者地区的强制许可。"

3. 根据我国《专利法》的规定,发明和实用新型专利权的保护范围以其权利要求书为准。也就是说,一项权利要求记载的技术特征,都是该权利要求保护的技术方案应当包含的技术特征,当另一项发明和实用新型的客体中也包含了之前权利要求记载同样的技术特征,就存在从属专利的权利冲突现象。所谓从属专利,是指在后发明或者实用新型是对在先发明或者实用新型的改进,在后专利的某项权利

---

① 林秀芹:《中国专利强制许可制度的完善》,载《法学研究》2006 年第 6 期。

② 单晓光等:《专利强制许可制度》,载国家知识产权局条法司编:《专利法及专利法实施细则第三次修改专题研究报告》,知识产权出版社 2006 年版,第 1288 页。

要求记载了在先专利的某项权利要求记载的全部技术特征,除此之外又增加了另外的技术特征。因此,我国在 2008 年修改《专利法》时,增加了第 51 条的规定:"一项取得专利权的发明或者实用新型比前已经取得专利权的发明或者实用新型具有显著经济意义的重大技术进步,其实施又有赖于前一发明或者实用新型的实施的,国务院专利行政部门根据后一专利权人的申请,可以给予实施前一发明或者实用新型的强制许可。""在依照前款规定给予实施强制许可的情况下,国务院专利行政部门根据前一专利权人的申请,也可以给予实施后一发明或者实用新型的强制许可。"

4. 2001 年修改的《专利法实施细则》第 72 条第 4 款对半导体技术的强制许可作出了规定,其目的在于与《TRIPS 协定》第 31 条第(c)项规定保持一致:"这种使用的范围和期间应受许可使用的目的限制,并且在半导体技术的情形,只能限于为公共的非商业性使用,或者用于经司法或行政程序确定为反竞争行为而给予的补救。"2008 年修改《专利法》时,将 2001 年《专利法实施细则》第 72 条第 4 款转移到《专利法》中,作为第 52 条"强制许可涉及的发明创造为半导体技术的,其实施限于公共利益的目的和本法第四十八条第(二)项规定的情形"。

关于强制许可的实施限制,《TRIPS 协定》第 31 条第(f)款规定:"这种使用的许可应当主要是为了供应给予许可的成员的本国市场。"因此,我国在 2008 年修改《专利法》时,把此列进第 53 条规定:"除依照本法第四十八条第(二)项、第五十条规定给予的强制许可外,强制许可的实施应当主要为了供应国内市场。"

(二)颁发强制许可的程序

专利实施强制许可的程序专利权以外的任何单位或者个人,要申请强制许可,需要遵守专利法规定的下述程序。

1. 申请人必须向专利局提出请求,申请专利实施强制许可的单位或者个人,必须向专利局提交一份《强制许可请求书》,在请求书中要附具本法所规定的证明文件和申请人具备实施该发明专利或者实用新型专利条件的说明材料。还应当根据《专利法》第 54 条的规定,提出未能以合理条件与专利权人签订实施许可合同的证明。

2. 专利局对申请人请求进行审查。专利局收到申请人的请求书和有关证明后,应当审查请求书及相关证明是否属实,并且应当及时通知专利权人在指定的时间内陈述自己的意见。

3. 专利局作出相应的决定。专利局在听取了申请和专利权人双方的意见后,对于专利权人不实施或者不许可他人实施其专利有正当理由,应当作出不准申请人强制实施的决定;反之,专利局应当作出允许申请人强制实施此专利发明或者实用新型的决定。

4. 对强制许可的决定予以登记和公告。

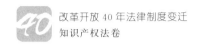
第七节　侵犯专利权的救济

专利权是一种无形财产权,其侵权表现与救济形式均与有形财产不同。三十余年来,我国专利法关于侵犯专利权的救济制度发生了较大的变化。

一、侵犯专利权的行为

侵犯专利权的行为是指在专利权有效期内,行为人以生产经营为目的,未经专利权人的许可,非法实施他人专利的行为。依据专利法规定,是指未经专利权人许可,以生产经营为目的,制造、使用、许诺销售、销售、进口其专利产品,使用其专利方法,以及使用、许诺销售、销售、进口依照该专利方法直接获得的产品,制造、许诺销售、销售、进口某外观设计专利产品的行为。侵犯发明或者实用新型专利权的行为以及侵犯外观设计专利权的行为表现不同,下面分而述之。

(一)侵犯发明专利和实用新型专利的行为判定

判断行为人的行为是否构成侵犯发明专利和实用新型专利,应当以权利要求书的内容为准。2000 年《专利法》第 59 条规定:"发明或实用新型专利权的保护范围以其权利要求的内容为准,说明书和附图可以用于解释权利要求。"2008 年《专利法》第 59 条规定:发明或者实用新型专利权的保护范围以其权利要求的内容为准,说明书及附图可以用于解释权利要求的内容。现行专利法的修改之处在于将"说明书和附图可以用于解释权利要求"改为"说明书及附图用于解释权利要求的内容"。这一变化的目的在于更加明确地解释了说明书和附图的作用是解释权利要求书的内容,是对其进行限定。据此,专利权的保护范围应当仅以其权利要求书记载的技术特征为准。具体来说,人民法院应当根据权利要求所记载的全部技术特征,结合说明书及附图后,并在以本领域普通技术人员的标准对该技术方案的理解上,确定专利权的保护范围。

目前,各国普遍形成的共识是,侵犯专利权的行为包括相同侵权和等同侵权。

相同侵权(literal infringement)又称为字面侵权,是指在被控侵权的产品或者方法中能够找出与权利要求记载的每一技术特征相同的对应的技术特征。[①] 专利保护范围"以权利要求书中明确记载的必要技术特征所确定的范围为准",而不是以专利权人生产的专利产品为准。认定侵权成立与否不是将被诉侵权的产品与原告生产的产品进行比对,而是将被诉侵权产品的技术特征与权利要求书记载的技术特征相比较。

---

① 尹新天:《中国专利法详解(缩编版)》,知识产权出版社 2012 年版,第 462 页。

表 3-5　相同侵权判断

相同侵权的判断		
权利要求	被控侵权行为	结论
1、2、3	1、2、3	成立
1、2、3、4	1、2、3	不成立
1、2、3	1、2、3、4	成立
1、2、3、4	1、2、3、4	成立

通过对比表 3-5 中的信息可以得出以下结论：

1. 侵权物的技术特征与专利权利要求书中记载的必要技术特征完全相同。

所谓完全相同,是指侵权物的技术特征与专利的技术特征相比,其专利权利要求中要求保护的全部必要技术特征均被侵权物的技术特征所覆盖,在这种情况下,侵权成立。如表 3-5 第一行所示。这种显而易见的侵权,实际上是在对专利产品进行仿冒的行为。其仿冒的产品包括专利保护的发明或者实用新型的全部必要技术特征,这些技术特征与权利要求中记载的技术特征存在一一对应的关系,基本上无差异。这种情形在现实生活中较少见。

2. 侵权物的技术特征少于权利要求书中记载的必要技术特征。

权利要求书中记载的技术特征应当作为一项技术整体,其整体内容具有不可分割性。也就是说,权利要求书中记载的所有独立权利要求均被侵权行为所利用时才能成立侵权。如表 3-5 第二行所示,如果被控侵权行为没有包含权利要求中的某一技术特征,应当得出该行为不侵权的结论。需要注意的是,侵权不成立的情形并不限于表 3-5 第二行所示的情形,只要缺少一个或者一个以上的必要技术特征,该行为也就不会构成侵权。此时如果被控侵权物仅仅利用了其中的 1 项乃至 3 项技术特征,不成立侵权,只有 4 项技术特征全部被利用时才构成侵犯专利权。因为,被控侵权行为如果能够在利用较少技术特征的情况下到达与专利权利相同的技术效果的话,这实际上是一种技术进步或创新,因此不能视为侵权。

另一种情形是被控侵权物的技术特征包含权利要求书中记载的必要技术特征的 1 项乃至 3 项,但是其还具有其他技术特征,并且这一(些)不同的技术特征与专利权利要求书记载的必要技术特征相比,不相等,也不是其替代物(不是本领域普通技术人员认知的等同技术特征),则不成立侵权。

3. 侵权物的技术特征多于专利权利要求书记载的必要技术特征。

如表 3-5 第三行所示,被控侵权物的技术特征不但包含了专利权要求书中记载的全部技术特征,而且增加新的技术特征,在这种情况下,侵犯专利权成立。

在实践中,与专利技术相比,增加了技术特征的侵权物,有的也获得了专利权

（从属专利）。未经许可实施该增加特征的从属专利也是侵权行为，这时，应注意查明侵权物是否属于从属专利。从属专利的特征在于保留了基本专利的必要技术特征，并在此基础上增加新的技术特征。因此，从属专利的实施也应当得到基本专利权人的许可，否则构成侵犯专利权。

4. 侵权物的技术特征与专利权利要求书中记载的必要技术特征不同部分属于等同技术特征。

等同侵权，是指侵权物的技术特征同专利权利要求中记载的必要技术特征相比，表面上看有一个或者若干个技术特征不同，但实质上是用相同的方式或者相同的技术手段，替换了专利技术方案中的一个或者若干个必要技术特征，使侵权物产生了与专利技术实质上相同的效果。[①]

2001 年颁布的《最高人民法院关于审理专利纠纷案件适用法律问题的若干规定》第 17 条规定：《专利法》第 56 条第 1 款所称的"发明或者实用新型专利权的保护范围以其权利要求的内容为准，说明书及附图可以用于解释权利要求"，是指专利权的保护范围应当以权利要求书中明确记载的必要技术特征所确定的范围为准，也包括与该必要技术特征相等同的特征所确定的范围。等同特征是指与所记载的技术特征以基本相同的手段，实现基本相同的功能，达到基本相同的效果，并且本领域的普通技术人员无须经过创造性劳动就能够联想到的特征。我国专利法并未明确规定等同侵权，而是通过司法解释引入等同原则，所谓等同也应当是指各对应技术特征之间的等同，而不是指专利技术方案与被控侵权行为之间的"整体等同"。

2015 年《最高人民法院关于〈修改最高人民法院关于审理专利纠纷案件适用法律问题的若干规定〉的决定》第 4 条规定："专利法第五十九条第一款所称的'发明或者实用新型专利权的保护范围以其权利要求的内容为准，说明书及附图可以用于解释权利要求的内容'，是指专利权的保护范围应当以权利要求记载的全部技术特征所确定的范围为准，也包括与该技术特征相等同的特征所确定的范围。等同特征，是指与所记载的技术特征以基本相同的手段，实现基本相同的功能，达到基本相同的效果，并且本领域普通技术人员在被诉侵权行为发生时无需经过创造性劳动就能够联想到的特征。"

2008 年修改《专利法》时，国家知识产权局最初公布的修改草案征求意见稿曾经建议增加有关等同侵权的规定，即侵犯发明或者实用新型专利权，是指被诉侵权人实施的技术具有与发明或者实用新型专利一项权利要求所记载的一项技术方案的全部技术特征相同或者等同的技术特征。[②] 对于此条款，由于最高人民法院的

[①] 国家知识产权局人事司编：《专利法教程》，知识产权出版社 2011 年版，第 293 页。

[②] 尹新天：《中国专利法详解（缩编版）》，知识产权出版社 2012 年版，第 466 页。

司法解释中采用了等同原则,不必写入《专利法》中,国家知识产权局接收了这一意见,在上报国务院的修改草案中删除了有关等同原则的建议。

等同特征,是指被诉侵权人所实施技术的某个技术特征与发明或者实用新型专利权利要求记载的相应技术特征相比虽有不同,但所属领域的技术人员在侵权行为发生时通过阅读专利说明书、附图和权利要求书,无须经过创造性劳动就能够认识到对应的特征是采用基本相同的手段,实现基本相同的功能,产生基本相同的效果。

侵权物的技术特征与专利权利要求书中记载的必要技术特征的某一项或几项相比,虽然二者在构成内容的特征方面有所不同,但是经过该领域的普通技术人员比较,侵权物与专利技术所不同的技术特征属于等同手段代替的,仍然成立侵犯专利权。

(二)侵犯外观设计专利权的行为判定

1984 年《专利法》规定:外观设计专利权的保护范围以表示在图片或者照片中的该外观设计专利产品为准。1992 年和 2000 年两次修改《专利法》时,均未对上述规定进行修改。2008 年修改的《专利法》规定,外观设计专利权的保护范围以表示在图片或者照片中的该产品的外观设计为准,简要说明可以用于解释图片或者照片所表示的该产品的外观设计。修改之处在于将"该外观设计专利产品"改为"该产品的外观设计",并且增加了"简要说明可以用于解释图片或者照片所表示的该产品的外观设计"的规定。从此条规定可以看出外观设计专利与发明和实用新型专利的保护不同,外观设计专利没有权利要求书。

2008 年《专利法》第 2 条第 4 款规定:外观设计,是指对产品的形状、图案或者其结合以及色彩与形状、图案的结合所作出的富有美感并适于工业应用的新设计。通过该定义可知,外观设计专利的保护客体不是产品本身,而是由产品的形状、图案、色彩等设计要素构成的该产品的外观设计,而产品仅仅是该外观设计的载体,不是权利保护的客体。由于外观设计保护客体的特殊性,2009 年颁布的《最高人民法院关于审理侵犯专利权纠纷案件应用法律若干问题的解释》作了以下几条规定:

1. 在与外观设计专利产品相同或者相近种类产品上,采用与授权外观设计相同或者近似的外观设计的,人民法院应当认定被诉侵权设计落入专利法第五十九条第二款规定的外观设计专利权的保护范围。(第 8 条)

2. 人民法院应当根据外观设计产品的用途,认定产品种类是否相同或者相近。确定产品的用途,可以参考外观设计的简要说明、国际外观设计分类表、产品的功能以及产品销售、实际使用的情况等因素。(第 9 条)

3. 人民法院应当以外观设计专利产品的一般消费者的知识水平和认知能力,判断外观设计是否相同或者近似。(第 10 条)

4. 人民法院认定外观设计是否相同或者近似时,应当根据授权外观设计、被诉侵权设计的设计特征,以外观设计的整体视觉效果进行综合判断;对于主要由技术功能决定的设计特征以及对整体视觉效果不产生影响的产品的材料、内部结构等特征,应当不予考虑。(第11条)

下列情形,通常对外观设计的整体视觉效果更具有影响:

1.产品正常使用时容易被直接观察到的部位相对于其他部位。

2.授权外观设计区别于现有设计的设计特征相对于授权外观设计的其他设计特征。

被诉侵权设计与授权外观设计在整体视觉效果上无差异的,人民法院应当认定两者相同;在整体视觉效果上无实质性差异的,应当认定两者近似。

3.假冒专利权的行为。

假冒专利行为在旧《专利法》中分别规定为假冒他人专利行为与冒充专利行为,是旧《专利法》及《专利法实施细则》中规定的两种特殊侵权行为。假冒他人专利行为既侵犯了他人的专利权,又侵害了消费者的利益;冒充专利行为虽然未侵犯特定专利权人的利益,但是侵犯了国家专利管理秩序和消费者的利益,因此,都属于专利法禁止之列。

2010年修改的《专利法实施细则》第84条第1款规定:"下列行为属于专利法第六十三条规定的假冒专利的行为:(一)在未被授予专利权的产品或者其包装上标注专利标识,专利权被宣告无效后或者终止后继续在产品或者其包装上标注专利标识,或者未经许可在产品或者产品包装上标注他人的专利号;(二)销售第(一)项所述产品;(三)在产品说明书等材料中将未被授予专利权的技术或者设计称为专利技术或者专利设计,将专利申请称为专利,或者未经许可使用他人的专利号,使公众将所涉及的技术或者设计误认为是专利技术或者专利设计;(四)伪造或者变造专利证书、专利文件或者专利申请文件;(五)其他使公众混淆,将未被授予专利权的技术或者设计误认为是专利技术或者专利设计的行为。"

上诉规定是直接侵犯专利权的行为,对于间接侵犯专利权的行为,我国《专利法》未作规定,但它是客观存在的。在对间接侵权行为进行认定时,是否要以直接侵权行为的存在为前提,理论界一直存有"从属说"[1]与"独立说"[2]两种观点。"从属说"认为,间接侵权行为依附于直接侵权行为而生,只有在发生了直接侵权时,才有间接侵权存在的空间;"独立说"则认为,间接侵权可被视为一类独立的侵权种

① 张玉敏、邓宏光:《专利间接侵权制度三论》,载《学术论坛》2006年第1期;杨萌、郑志柱:《专利间接侵权与专利侵权判定原则》,载《知识产权》2011年第4期。

② 吴凤玲、王成梅:《关于专利间接侵权的独立性》,载《厦门科技》2004年第3期;王凌红:《我国专利间接侵权的立法方向——以利益平衡为视点求解〈专利法〉第三次修改的未决立法课题》,载《电子知识产权》2009年第6期。

类,可独立对其考量,故不需考虑是否存在直接侵权。

主要表现在以下几个方面:[1]

(1)制造、销售专利产品的一个或几个部件(包括销售尚未组装的配套专利产品),而这种部件是专门用于专利产品的,行为人制造、销售的目的是专门提供给他人实施专利权人的专利。

(2)制造、销售专用于实施专利的产品和模具,或者用于实施专利方法的机器设备。

(3)未经专利权人授权或者委托,擅自许可他人实施其专利。

(4)专利权共有人未经其他共有人同意擅自转让超过其应有份额的权利,此时许可人间接侵犯了其他共有人享有的专利权。

此外,行为人擅自委托他人加工制造专利产品,或者向他人出租、出借营业执照、公章、税务发票等进行制造、使用、出售专利产品的,在他人实施直接侵权时,也构成间接侵权。[2]

二、法律责任

专利权是一种财产权。我国就侵犯专利权规定了民事责任、行政责任、刑事责任。

(一)专利侵权的民事责任

《民法通则》第 118 条规定:公民、法人的著作权、专利权、商标专用权、发现权、发明权和其他科技成果权受到剽窃、篡改、假冒等侵害的,有权要求停止侵害,消除影响,赔偿损失。

2010 年《侵权责任法》第 15 条规定:"(一)停止侵害;(二)排除妨碍;(三)消除危险;(四)返还财产;(五)恢复原状;(六)赔偿损失;(七)赔礼道歉;(八)消除影响、恢复名誉。以上承担侵权责任的方式,可以单独适用,也可以合并适用。"

与《民法通则》和《侵权责任法》相比,《专利法》属于下位法同时又是特别法。然而,我国 2008 年《专利法》并没有对侵犯专利权的行为应承担的责任作出具体规定。但是,2008 年《专利法》第 11 条明确地规定:"发明和实用新型专利权被授予后,除本法另有规定的以外,任何单位或者个人未经专利权人许可,都不得实施其专利,即不得为生产经营目的制造、使用、许诺销售、销售、进口其专利产品,或者使用其专利方法以及使用、许诺销售、销售、进口依照该专利方法直接获得的产品。外观设计专利权被授予后,任何单位或者个人未经专利权人许可,都不得实施其专利,即不得为生产经营目的制造、许诺销售、销售、进口其外观设计专利产品。"同时

---

[1] 冯晓青、刘友礼:《专利法》,法律出版社 2010 年版,第 272 页。

[2] 冯晓青、刘友礼:《专利法》,法律出版社 2010 年版,第 272 页

第 60 条规定:"未经专利权人许可,实施其专利,即侵犯其专利权,引起纠纷的,由当事人协商解决;不愿协商或者协商不成的,专利权人或者利害关系人可以向人民法院起诉,也可以请求管理专利工作的部门处理。管理专利工作的部门处理时,认定侵权行为成立的,可以责令侵权人立即停止侵权行为,当事人不服的,可以自收到处理通知之日起十五日内依照《中华人民共和国行政诉讼法》向人民法院起诉;侵权人期满不起诉又不停止侵权行为的,管理专利工作的部门可以申请人民法院强制执行。进行处理的管理专利工作的部门应当事人的请求,可以就侵犯专利权的赔偿数额进行调解;调解不成的,当事人可以依照《中华人民共和国民事诉讼法》向人民法院起诉。"

由上可见,我国专利法规定行为人承担民事责任的方式有两种,一是责令侵权人立即停止侵权行为;二是责令侵权人赔偿专利权人受到的损失。关于侵权赔偿额的计算,我国专利法经历了较大的变化。

2000 年《专利法》第 60 条规定:侵犯专利权的赔偿数额,按照权利人因被侵权所受到的损失或者侵权人因侵权所获得的利益确定;被侵权人的损失或者侵权人获得的利益难以确定的,参照该专利许可使用费的倍数合理确定。

2008 年《专利法》第 65 条规定:"侵犯专利权的赔偿数额按照权利人因被侵权所受到的实际损失确定;实际损失难以确定的,可以按照侵权人因侵权所获得的利益确定。权利人的损失或者侵权人获得的利益难以确定的,参照该专利许可使用费的倍数合理确定。赔偿数额还应当包括权利人为制止侵权行为所支付的合理开支。权利人的损失、侵权人获得的利益和专利许可使用费均难以确定的,人民法院可以根据专利权的类型、侵权行为的性质和情节等因素,确定给予一万元以上一百万元以下的赔偿。"本条对侵权赔偿数额的确定提供了四种方式。

2018 年《专利法修正案(草案)》第 18 条规定:

> 将第六十五条改为第七十二条,修改为:侵犯专利权的赔偿数额按照权利人因被侵权所受到的实际损失确定;实际损失难以确定的,可以按照侵权人因侵权所获得的利益确定。权利人的损失或者侵权人获得的利益难以确定的,参照该专利许可使用费的倍数合理确定。对故意侵犯专利权,情节严重的,可以在按照上述方法确定数额的一倍以上五倍以下确定赔偿数额。
>
> 权利人的损失、侵权人获得的利益和专利许可使用费均难以确定的,人民法院可以根据专利权的类型、侵权行为的性质和情节等因素,确定给予十万元以上五百万元以下的赔偿。
>
> 赔偿数额还应当包括权利人为制止侵权行为所支付的合理开支。
>
> 人民法院为确定赔偿数额,在权利人已经尽力举证,而与侵权行为相关的账簿、资料主要由侵权人掌握的情况下,可以责令侵权人提供与侵权行为相关

的账簿、资料;侵权人不提供或者提供虚假的账簿、资料的,人民法院可以参考权利人的主张和提供的证据判定赔偿数额。

2018年《专利法修正案(草案)》首次提出了惩罚性赔偿制度,而且把法定赔偿金额上限提高到500万元,除了损害赔偿确定的顺序方面略有调整,草案的这一修订基本被2020年《专利法》所采纳。这将对侵犯专利权的行为起到极大的震慑作用。

(二)专利侵权的行政责任

对侵犯专利权的行为,我国相关法律不仅提供了司法救济途径,还提供了行政救济途径。

2000年《专利法》第58条规定:假冒他人专利的,除依法承担民事责任外,由管理专利工作的部门责令改正并予公告,没收违法所得,可以并处违法所得三倍以下的罚款,没有违法所得的,可以处5万元以下的罚款;构成犯罪的,依法追究刑事责任。第59条规定:以非专利产品冒充专利产品、以非专利方法冒充专利方法的,由管理专利工作的部门责令改正并予公告,可以处5万元以下的罚款。

2008年《专利法》第63条规定:假冒专利的,除依法承担民事责任外,由管理专利工作的部门责令改正并予公告,没收违法所得,可以并处违法所得四倍以下的罚款;没有违法所得的,可以处20万元以下的罚款;构成犯罪的,依法追究刑事责任。第72条规定:侵夺发明人或者设计人的非职务发明创造专利申请权和本法规定的其他权益的,由所在单位或者上级主管机关给予行政处分。

2020年《专利法》第68条对假冒专利法的法律责任,修改为:"假冒专利的,除依法承担民事责任外,由负责专利执法的部门责令改正并予公告,没收违法所得,可以处违法所得五倍以下的罚款;没有违法所得或者违法所得在五万元以下的,可以处二十五万元以下的罚款;构成犯罪的,依法追究刑事责任。"

可见,行政处罚力度不断加强。

(三)侵犯专利权的刑事责任

我国对专利侵权处罚的基本原则是民事处罚原则,即追究侵权者应当承担的民事责任。在侵犯专利权的行为中,适用刑事责任的只有假冒他人专利权且情节严重的侵权行为。

假冒他人专利,是指行为人以欺骗消费者为目的,违背专利权人的意志,在专利产品类似的产品或产品包装上,加上专利权人的专利标记或专利号,冒充为他人的专利产品,使别人相信该产品是专利权人的专利产品的行为。

一般情况下的假冒专利行为承担的是民事责任,但是在情节严重时将会产生承担刑事责任的风险。我国《刑法》第216条规定了假冒专利罪:假冒他人专利,情节严重的,处三年以下有期徒刑或者拘役,并处或者单处罚金。

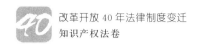
  无救济则无权利,一项没有救济的权利,就不是真正的权利。专利权作为民事权利中的绝对权,具有排他性,受到侵犯后,最重要的救济就是民事救济(停止侵权、赔偿损失),其次是行政救济,最后才是刑事救济。三种救济方式都是旨在保护专利权不被侵犯,维护健康有序的市场环境。

第
四
章

著作权法律制度的变迁

第一节　改革开放 40 年著作权法律制度变迁的概述

　　新中国成立后，面对我国经济状况相对落后、国内各行业百废待兴的挑战，包括著作权法在内的各部门法的立法过程较为曲折。虽然我国颁布一系列法律文件来规制出版行业盗印和滥印严重的现状，但是这些文件要么没有全面、系统地规范著作权人的权利，要么由于特殊的历史原因，没能真正实施。20 世纪 80 年代开启的改革开放对著作权法立法提出现实的客观需求，我国经济进入迅速发展的时期，社会各行各业逐步步入正轨，法律制度亦需日渐完善。经过了十年之久的起草，1990 年我国第一部著作权法问世，为顺应社会变革和国际著作权法的发展趋势，迄今第一部著作权法经历过两次修订，我国著作权法对著作权人的保护体系日趋完善和具体。

一、我国著作权法立法的总体发展脉络

(一)中国近代的著作权立法

追溯历史,虽然我国宋代就有通过官方禁止翻版刻印的做法,[①]但那只是以个别敕令或命令等方式禁止他人翻版刻印,并不是现代意义上的著作权保护。近代以来,20 世纪初受美国的压力,清朝政府与美国签署了《中美通商行船续订条约》,其中第 11 条规定"专备为中国人民所用之书籍、地图、印件、镌件者,或译成华文之书籍",保护期为 10 年。该条约是中国历史上第一部涉及著作权的条约,以法律的形式承认对版权的保护,可以说是近代版权法律制度被引入中国的开端。除此之外,还有《中日通商行船续约》。自条约签订之后,清朝政府一方面为了履行条约业务,另一方面亦是受保护版权的意识的影响,开始进行相关立法,并于 1910 年颁布了《大清著作权律》,其内容涵盖了通例、权利期限、获取权利的程序、客体范围、权利限制、侵权责任等几个部分,已经具有了现代著作权法体系与结构的基本雏形。日本明治三十二年(1899 年)著作权法被认为是《大清著作权律》制订的主要蓝本。[②]《大清著作权律》中的"著作权"称谓是受到了当时的日本 1899 年著作权法的影响。在此之后,北洋政府于 1915 年颁布的《北洋政府著作权法》及南京国民政府于 1928 年颁布的《中华民国著作权法》及实施细则均是以《大清著作权律》为蓝本,进行了增删、合并与改动。

(二)新中国版权立法的曲折历程

新中国成立后,包括《中华民国著作权法》在内的法律被废止,但对著作权应当进行保护的意识仍被认可。然而,当时我国各行业百废待兴,就出版行业而言,缺乏法律法规的规制,存在滥印现象。1950 年 9 月全国出版会议通过了《关于改进和发展出版事业的五项决议》,其中指出了应在作品中对作者进行署名,还指出"出版业应尊重著作权及出版权,不得有翻版、抄袭、篡改等行为"。同年颁行了《书稿报酬暂行办法》,该法律文件主要吸取了苏联的稿酬制度,通过"定期报酬"和"定量报酬"两种方式来保障书刊作者的稿酬获取权,但是没有规定其他相关著作人身权和著作财产权。1952 年 10 月,国家出版总署颁布《关于国营出版社编辑机构及工作制度的规定》。1953 年,国家出版总署颁布《关于纠正任意翻印图书现象的规定》,要求"一切机关团体不得擅自印出版社出版的书籍、图片,以重版权,而免浪费,并便利出版发行的有计划的管理与改进"。1951 年以后,国家出版总署开始组

---

① 邹身城:《保护版权始于何时何国》,载《法学研究》1984 年第 2 期。
② 王兰萍:《近代中国著作权法的成长(1903—1910)》,北京大学出版社 2006 年版,第 10~80 页。

织制定我国著作权法,1955 年草拟了一部《出版物的著作权保护条例》,但因为形势的变化没有成功。[①] 1958 年 7 月,文化部颁发了《关于文学和社会科学书籍稿酬的暂行规定草案》,1961 年 3 月,文化部发出了废除版税制,实行新的稿酬办法的通知。然而,上述文件后来受到了质疑,因当时的特殊历史原因,在 20 世纪六七十年代基本处于废止状态。

1978 年 12 月十一届三中全会召开,中国开始实行改革开放的政策。中国重新回到了经济与社会发展的正常轨道。在各项法律制度的恢复与重建过程中,与著作权保护相关的法律法规的制定逐渐引起了重视。1979 年 4 月,国家出版局向国务院呈送报告,请求制定版权法,报告获得了批准。1979 年 10 月 30 日,邓小平同志在中国文学艺术工作者第四次代表大会上的祝词中指出:"我们要在建设高度物质文明的同时,提高全民族的科学文化水平,发展高尚的丰富多彩的文化生活,建设高度的社会主义精神文明。"可以说,版权立法是我国当时社会发展的客观需求。

具体而言,第一,建立版权制度,是文化领域中改革的一项重要内容,是落实"尊重知识、尊重人才",保护作者合法权益的重要法律手段。[②]《中华人民共和国宪法》(1982 年)第 47 条规定:"中华人民共和国公民有进行科学研究、文学艺术创作和其他文化活动的自由。国家对于从事教育、科学、技术、文学、艺术和其他文化事业的公民的有益于人民的创造性工作,给以鼓励和帮助。"制定著作权法律,建立著作权制度,保护作者因创作文学、艺术和科学作品而产生的正当权益,正是鼓励公民积极参加各种文化活动,鼓励从事教育、科学、技术、文学、艺术和其他文化事业的公民进行有益于人民的创造性工作的重要手段,是促进优秀作品的创作与传播,提高全民族的科学文化水平,建设社会主义物质文明和精神文明的需要,也是尊重知识、尊重人才、执行知识分子政策和健全社会主义法治的一项重要工作。[③]如果对版权无法提供有效的保护,会挫伤作者的创作积极性,挫伤新闻出版、文化教育等部门传播作品的积极性,妨碍科学文化事业的发展。可以说,从根本上讲,对版权进行立法是繁荣社会主义科学、文化、艺术的必然要求。"只要我们真正做到了从法律上保护著作权这个最基本的工作,再配合上政治方面和经济方面的条件,我们的精神文明就能真正地在高层次上逐步建立起来。"[④]

第二,对版权进行保护是制止滥印现象的客观需要。改革开放以后,滥编滥印书刊的现象比较严重,1980 年国务院曾批转国家出版局等单位关于制止滥编滥印

---

① 最高人民法院著作权法培训班编:《著作权法讲座》,法律出版社 1991 年版,第 18 页。

② 郑成思:《论我国的全面版权立法》,载《法学研究》1986 年第 6 期。

③ 宋木文:《关于〈中华人民共和国著作权法(草案)〉的说明》,http://www.npc.gov.cn/wxzl/gongbao/1989-12/20/content_1479229.htm,下载日期:2019 年 10 月 1 日。

④ 谢怀栻:《著作权法公布有感》,载《群言》1990 年第 11 期。

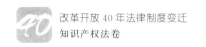
书刊和加强出版管理工作的报告的通知,要求各单位(包括出版社)和个人都应自觉维护著作权和出版者的版权,未经同意不得翻印出版社的图书。

第三,制定版权法是规范版权交易活动、处理版权纠纷的需要。1984 年 10 月,江苏省高级人民法院受理了全国文艺界注目的"16 号病房电影剧本诉讼案"曾面临着法院依照哪一部法律进行判决的问题。此外,还有作家孔厥的《新儿女英雄传》一书确权和稿酬分割纠纷、鲁迅先生的亲属诉某文学出版社稿酬纠纷、假冒范曾署名的假画侵权纠纷、李勤诉丁洁合作作品署名及稿酬纠纷、李淑贤诉李文达《我的前半生》一书的确权纠纷等。1988 年 12 月国家版权局《关于版权纠纷处理工作的若干意见》的发布亦能够印证此类纠纷在当时较多。制定著作权法,能够为著作权提供更全面的保护,"能调动广大人民群众和知识分子的创作积极性,促进社会主义精神文明和物质文明建设"。[①] 尽快制定适合我国国情的版权法,"对于知识的创作、传播、积累、继承和发展都具有深远意义"。[②]

第四,制定著作权法,是我国与其他国家和地区进行科学文化交流与合作的客观需求。1979 年 1 月的中美建交时,双方签订了《中华人民共和国国家科学技术委员会和美利坚合众国能源部在高能物理领域进行合作的执行协议》,其中提到了需要相互保护著作权。为履行承诺,国家出版局于 1979 年 4 月向国务院递交了《关于中美贸易协定中涉及版权问题的请示报告》。1979 年 5 月 14 日我国与美国签订了《中美贸易关系协定》,其中第 6 条涉及版权保护。1979 年 7 月 8 日我国与菲律宾签订的《中菲文化协定》第 4 条也涉及版权保护问题。随着文化事业的发展,我国出台版权法是适应国际文化交往的客观要求。

因著作权法内容庞杂,涉及多方利益,诸多争议,因此,著作权法的立法耗时较长。从 1980 年《中华人民共和国版权法草案》的提出到 1990 年《中华人民共和国著作权法》的正式通过,总共历经了 11 年的时间。在这期间,1986 年 4 月 12 日通过的《中华人民共和国民法通则》以法律的形式正式确认了著作权保护,第 94 条规定,公民、法人享有著作权(版权),依法有署名、发表、出版、获得报酬等权利。

(三)我国版权法的名称选择

版权与著作权两个称谓具有不同的语源,前者来自英美法系的"复制权"(copyright),后者源于日本对大陆法系国家"作者权"(author's right)的翻译。在我国相关立法的制定过程中,围绕"著作权法"或是"版权法"的称谓,争论较大,在人大常委会讨论时,有些委员主张改为版权法,有些委员则主张仍用著作权法。在学术界,郑成思教授认为,"毕竟是个不恰当的词,它既未反映出版权制度的起源,

① 黄勤南:《论保护著作权》,载《法学研究》1983 年第 2 期。

② 尹蓝天、陈虹:《尽快制定适合我国国情的版权法——访中国出版工作者协会版权研究小组沈仁干同志》,载《法学杂志》1983 年第 3 期。

又没能反映出保护作者这个实质。如果我们使用大陆法系国家'作者权'的概念,则从原意更合适些,但目前我国一直通用'版权'的概念……我国国内对版权这个词的使用也正在逐渐统一,因此,使用约定俗成的'版权'概念也无大的不妥"①。刘春田教授则认为,"英美法系国家把著作权当作一项财产,而不规定人格权的内容,这也正是他们称之为'版权'的一个原因。大陆法系和社会主义国家,一般都同时确认著作人格权(又称精神权利)和财产权(或称经济权利)。我国历来承认著作权具有人格权和财产权双重内容,立法也应当贯穿这个原则"②。1985年制定的《中华人民共和国继承法》第3条在遗产的规定上采用了"著作权"的称谓,1986年制定的《民法通则》第94条采用的是"著作权"的称谓,并以加括号的方式标注了"版权"二字。最终,立法机关考虑到我国现行法律以及我国历史上法律文件中的习惯用法,鉴于民法通则已规定为著作权(版权),最终采用了"著作权"的称谓,并在条文中明确规定"本法所称的著作权即版权"。

2001年在进行《著作权法》的第一次修订时,该部法的名称问题再次被提上议程。这次修改,有些委员建议将法的名称修改为"版权法",有些委员认为可以不修改。法律委员会对这两种意见进行了认真反复研究,认为鉴于这次是为进一步保护著作权人的合法权益,适应参加世界贸易组织的需要,对一些不适应的内容进行具体修改,同时考虑到法的名称的修改涉及一些复杂问题,是否改,如何改,委员们也还有不同的意见,因此建议法的名称不做修改,将《著作权法》第51条修改为:"本法所称的著作权即版权。"③

(四)《著作权法》诞生之前的规范性法律文件

改革开放之后,在《著作权法》面世之前,为应对版权管理方面的问题,一些行政法规、部门规章等规范性法律文件相继出台。1980年5月24日,《关于书籍稿酬的暂行规定》出台,于1980年7月1日起正式实行。1981年10月12日,国务院批转国家出版局颁发关于《加强对外合作出版管理的暂行规定》的报告的通知。1984年6月15日,文化部颁布关于《图书、期刊版权保护试行条例》,自1985年1月1日起生效。10月19日,文化部颁发《书籍稿酬试行规定》。1985年1月1日,文化部颁发《图书、若干版权保护试行条例实施细则》和《图书约稿合同》《图书出版合同》的通知。1月5日,文化部颁发《美术出版物稿酬试行办法》。5月24日,国

① 郑成思:《论我国的全面版权立法》,载《法学研究》1986年第6期。
② 刘春田主编:《关于我国著作权立法的若干思考》,载《法学研究》1989年第9期。
③ 中国人大网:《全国人大法律委员会关于修改著作权法的决定(草案)、关于修改商标法的决定(草案)、职业病防治法(草案)、海域使用管理法(草案)和修改工会法的决定(草案)修改意见的书面报告》,http://www.npc.gov.cn/wxzl/gongbao/2001-12/06/content_5280830.htm,下载日期:2019年10月2日。

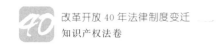
家版权局发出《关于内地出版港澳同胞作品版权问题的暂行规定》。1987 年 1 月，国家版权局转发《录音录像出版物版权保护暂行条例》《录音录像出版工作暂行条例》的通知。1990 年 6 月 15 日，国家版权局发布《关于适当提高书籍稿酬的通知》。7 月 10 日，国家版权局发布《关于适当提高美术出版物稿酬的通知》。

二、我国著作权法的立法和修订过程

(一)第一部《著作权法》的制定

十一届三中全会以来，我国的各项法制逐步健全。宪法、刑法、民法通则、经济合同法、民事诉讼法、继承法等的颁布，为制定著作权法提供了立法依据，创造了立法条件，曾经颁布过一些有关著作权的法规、条例、通知等，为制定著作权法打下了基础。①

我国著作权法的起草历经了 10 年左右的时间。1979 年 4 月，国家出版局向国务院呈报了关于制定版权法、建立版权机构的报告，并获得批示。1979 年 5 月，国家出版局着手起草版权法和出版法，并在当年 12 月召开的全国出版工作会议上，讨论了包含版权条款在内的《中华人民共和国出版法草案》。1980 年 7 月，国家出版局在北京组织讨论《中华人民共和国版权法草案》。1982 年 6 月，国家出版局合并到文化部，将《中华人民共和国版权法草案》修改为《中华人民共和国版权保护暂行条例》，印发全国征求意见。1983 年 7 月，文化部向国务院呈报《中华人民共和国版权保护条例草案》。1985 年 7 月，国务院批准成立国家版权局，1986 年 5 月，国家版权局向国务院呈报《中华人民共和国版权法草案》。1987 年 4 月，全国人大教科文卫委员会听取国家版权局关于版权法起草情况的汇报，要求版权法的工作要抓紧进行。1988 年 11 月，国家版权局向国务院呈报《关于加快版权法起草工作报告》，经国务院批准，成立版权法起草小组。该小组与国务院法制局一起，将版权法草案改成著作权法草案。1989 年 12 月 14 日，时任总理李鹏提请全国人大常委会审议《中华人民共和国著作权法（草案）》（以下简称《草案》）。1989 年 12 月 24 日，第七届全国人大常委会第十一次会议开始审议《草案》，受国务院委托，国家版权局局长宋木文对《草案》作了说明。在审议期间，委员们对著作权法与出版法的调整内容产生不同理解，要求在著作权法中写入出版法的内容，后经全国人大领导同志和有关专门委员会反复工作，并明确把出版法作为著作权法的配套法律尽快出台，才使得这部已对外作出承诺的法律按预计时间获得通过。全国人大法律委员会在对修改意见的汇报中指出，"著作权法是保护知识产权的民事法律，出版法是对出版书刊进行行政管理的法律，两个法律虽有联系，但是调整对象和适用范

---

① 邱伯友：《我国应当制定著作权法》，载《中南政法学院学报》1986 年第 5 期。

围不同,是各自独立的法律,同企业破产法和企业法的关系有所不同。因此,不一定必须先制定了出版法,再制定著作权法"。① 1990 年 9 月 7 日,第七届全国人民代表大会常务委员会第十五次会议通过《中华人民共和国著作权法》,自 1991 年 6 月 1 日起施行。"市场经济的正式倡导是在 1992 年的邓小平南巡讲话,著作权法无疑是市场经济的报春花。"②

1990 年第一部《著作权法》有 6 章,一共 56 条。按照总则、著作权、著作权许可使用合同、出版表演录音录像播放、法律责任和附则的顺序排列。配合《著作权法》的出台,1991 年 5 月 24 日国务院批准《著作权法实施条例》,该《条例》分为一般规定、著作权行政管理部门、著作权的归属和行使、著作权许可使用合同、与著作权有关权益的行使与限制、罚则和附则七个章节,该《条例》与《著作权法》同日开始施行。此外,相关的行政法规还有 1991 年 6 月 4 日国务院发布的《计算机软件保护条例》。

《著作权法》的制定对于保护智力成果,推动我国经济、文化和科学事业的发展产生了重要的积极作用。但是,其存在两点不足。第一,该版本的《著作权法》有着深刻的社会主义计划经济的痕迹。如刘春田教授认为,那时我国"还处在以传统印刷技术为代表的复制产业和相对落后的农业社会阶段,处于计划体制和两个阵容、两个市场的国内外大环境下。所以当时的社会条件跟知识产权法格格不入"③。第二,是在国内国际形势深刻变化的条件下实施的,其立法存在先天基础准备不足,其规范本身存在后天养分补充不足。④

(二)《著作权法》的第一次修改

20 世纪末,为融入世界经济贸易体系,我国各项知识产权法律规范纷纷做出修订。⑤ 相应地,已经实施了近十年的著作权法也亟待根据社会条件的变化进行改善。

国务院于 1998 年 11 月 28 日提请全国人大常委会审议《中华人民共和国著作权法修正案(草案)》的议案(以下简称《原议案》),《原议案》经同年 12 月下旬九届全国人大常委会第六次会议初步审议后,全国人大法律委员会、教科文卫委员会和全国人大常委会法工委进一步广泛征求意见,但"由于对著作权法第 43 条是否应

---

① 宋汝棼:《关于〈中华人民共和国著作权法(草案修改稿)〉修改意见的汇报》,http://www.npc.gov.cn/wxzl/gongbao/1990-08/30/content_1479218.htm,下载日期:2019 年 10 月 2 日。

② 刘家瑞:《论著作权法修改的市场经济导向——兼论集体管理、法定许可与孤儿作品》,载《知识产权》2016 年第 5 期。

③ 刘春田:《著作权法第三次修改是国情巨变的要求》,载《知识产权》2012 年第 5 期。

④ 王自强:《我国著作权法律制度的建立及其完善》,载《知识产权》2018 年第 9 期。

⑤ 吴汉东、刘鑫:《改革开放四十年的中国知识产权法》,载《山东大学学报(哲学社会科学版)》2018 年第 3 期。

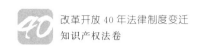
当进行修改,是否应当授予作者、表演者和录音制作者信息网络传播权等重要问题有比较大的分歧"①,各方意见难以达成一致,国务院于 1999 年 6 月经全国人大常委会委员长会议同意,撤回了原议案。1999 年 6 月在常委会完成一审即将进行二审时,因有一些重要的不同意见难以达成一致,又被送审机关撤回。著作权实施近十年,第一次的修订切实地关系到著作权人权利的范围、我国出版行业、影视行业和互联网行业的发展以及各方利益的重新分配,涉及的关系错综复杂,利益群体之间争执不下。

原议案撤回后,国务院法制办、国家版权局对现行著作权法继续抓紧研究修改。2000 年 12 月 22 日国家新闻出版署署长、国家版权局局长石宗源在第九届全国人民代表大会常务委员会第十九次会议上做了关于《中华人民共和国著作权法修正案(草案)》(以下简称《修正案草案》)的说明,《修正案草案》经国务院第 33 次常务会议通过。《修正案草案》以全国人大常委会在审议原议案过程中形成的修改稿为基础,充分吸收全国人大常委会组成人员对原议案的审议意见,意见已一致的,不再改动;《修正案草案》按照我国对外承诺,对现行著作权法中不符合世界贸易组织规则主要是知识产权协议的有关条款作相应修改,根据信息技术迅猛发展的新情况,增加关于网络环境下著作权保护的规定。

全国人大法律委员会于 2001 年 10 月 10 日和 10 月 16 日先后召开会议,对《修正案草案》进行了审议。法律委员会认为,为进一步保护著作权人的合法权益,适应我国加入世界贸易组织的需要,修改著作权法是必要的,《修正案草案》基本上是可行的。同时也提出了修改意见,形成了《修正案草案二次审议稿》,2001 年 10 月 22 日全国人大法律委员会在第九届全国人民代表大会常务委员会第二十四次会议上做了关于《中华人民共和国著作权法修正案(草案)》审议结果的报告。2001 年 10 月 27 日,在我国加入世界贸易组织前夕,《全国人民代表大会常务委员会关于修改〈中华人民共和国著作权法〉的决定》由第九届全国人民代表大会常务委员会第二十四次会议通过,当天予以公布,且公布之日起施行,以下简称"2001 年《著作权法》"。

伴随着《著作权法》的修订,《中华人民共和国著作权法实施条例》于 2002 年 8 月 2 日公布,自 2002 年 9 月 15 日起施行。1991 年 5 月 24 日国务院批准、1991 年 5 月 30 日国家版权局发布的《中华人民共和国著作权法实施条例》予以废止。因 1991 年的条例的一些条款被 2001 年《著作权法》所吸收,所以 2002 年的实施条例由原来的 55 条减少到 38 条。此外,新的《计算机软件保护条例》于 2001 年 12 月 20 日被公布,1991 年 6 月 4 日国务院发布的《计算机软件保护条例》予以废止。

《著作权法》的第一次修改工作始于 1997 年,2001 年《著作权法》的修改是我

① 沈仁干:《谈我国著作权法的修改》,载《中国法律》2001 年第 6 期。

国著作权法历史上重要的进展。条文从 56 条增加到 60 条,增加了作品类型和著作权人专用权利,细化了使用权的分类和定义,确立了著作权集体管理制度,调整了法定许可范围等。之后,国务院颁布了《著作权集体管理条例》,自 2005 年 3 月 1 日起施行。

(三)《著作权法》的第二次修改

2007 年 4 月,美国以中国相关法律不符合《TRIPS 协定》为由,提起 WTO 争端解决机制项下的磋商,其中涉及《著作权法》第 4 条依法禁止出版传播作品的著作权保护的问题。案件历时长达两年,根据 WTO 的裁决,我国原《著作权法》第 4 条第 1 款违反《伯尔尼公约》应当删改。为履行国际义务,第十一届全国人民代表大会常务委员会第十三次会议于 2010 年 2 月 26 日通过了《全国人民代表大会常务委员会关于修改〈中华人民共和国著作权法〉的决定》。2010 年《著作权法》进行了微小的修改,只修改了两个法条——违法作品的保护和质押登记部门的规定。修改第 4 条第 1 款与否并不会真正影响著作权的保护实践,而著作权质押机制早已存在于其他法律中。[①]《著作权法》第二次修改所坚持的原则是对于需要进一步研究的、国外相关各方意见分歧较大的问题,暂不修改。除了"著作权质押、删除依法禁止出版传播作品不受保护"这两个修改建议获得采纳之外,当时国家版权局提交的审议报告中的其他三项意见未被采纳,包括对"建立作品登记制度、地方人民政府著作权行政管理部门、著作权行政管理部门执法手段"的建议。

伴随《著作权法》的修订,《著作权法实施条例》进行了第一次修改。鉴于 2010 年《著作权法》只进行了小修,2011 年的《著作权法实施条例》主要是对条款顺序进行调整。2013 年 1 月 16 日国务院通过了对《著作权法实施条例》进行第二次修改的决定,新的条例自 2013 年 3 月 1 日起施行。此外,《计算机软件保护条例》也于 2011 年 1 月 8 日和 2013 年 1 月 30 日进行了两次修订。

(四)《著作权法》的第三次修改

如今,随着改革开放的全面和深入,我国全面开放的新格局加速形成,为适应新要求,《著作权法》第三次修订工作应运启动。国务院法制办公室 2014 年 6 月 6 日公布的《中华人民共和国著作权法(修改草案送审稿)》公开征求意见的通知解释了此轮修订的缘由,指出:著作权法实施 22 年来,我国所处的国际国内形势发生了深刻变化,主要体现在,第一,我国确立了社会主义市场经济制度,著作权得到进一步尊重;第二,伴随着数字和网络技术的快速发展和广泛运用,著作权传统保护制度面临新的挑战;第三,经济全球化进一步深入,包括著作权在内的知识产权已经成为国际贸易的重要载体,著作权保护在处理国际经贸关系时是不可回避的重要

---

① 宋慧献:《意义与缺憾:〈著作权法〉二修之管见》,载《电子知识产权》2010 年第 4 期。

问题;第四,改革开放以来,我国的发展理念发生了根本改变,包括著作权在内的知识产权在转变经济发展方式、提高国家的核心竞争力、促进文化繁荣发展的作用日益凸显。而现行著作权法"对著作权的保护不够,难以有效遏制侵权行为,不足以激励创作者的积极性;著作权授权机制和交易规则不畅,难以保障使用者合法、便捷、有效地取得授权和传播使用作品"这两大主要矛盾没有得到有效解决。[①] 因此,为适应新的时代背景,需要对著作权法进行进一步的修订。

《著作权法》第三次修改工作始于 2011 年,被列入国务院当年立法工作计划三档——需要积极研究、论证的项目。2011 年 7 月 13 日,《著作权法》第三次修改启动会议在京召开。2012 年 2 月 1 日,国务院立法规划将《著作权法》修改从三档提至二档——需要抓紧工作、适时提出的项目。2012 年 3 月 31 日,国家版权局发布关于《中华人民共和国著作权法(修改草案)》(以下简称《修改草案》)公开征求意见的通知。2012 年 7 月 6 日,国家版权局发布关于《中华人民共和国著作权法(修改草案第二稿)》(以下简称《修改草案第二稿》)公开征求意见的通知。2014 年 6 月 6 日,国务院法制办公室发布《中华人民共和国著作权法(修改草案送审稿)》(以下简称《送审稿》)公开征求意见的通知。前两次《著作权法》的修订受外在因素影响较大,我国《著作权法》的第三次修改,既非基于加入国际公约的需要,也非源于国际社会压力,而更多的是立足本土国情做出的主动性安排。[②] 修改《著作权法》是为了应对时代的挑战和国情的巨变。与 20 多年前初建著作权法律制度的时代背景相比,当下我国的国情以及国际环境都发生了翻天覆地的巨变。作为现代社会最重要的法律之一著作权法,必须适应已经改变并在不断改变的国情。[③]

在第三次修改过程中,草案一方面将目前规定于行政法规和司法解释中的一般性问题规定进《著作权法》,将业界反复呼吁并在实践中具有迫切的需要的内容纳入《著作权法》,另外,进一步与国际公约保持一致。不但在内容上进行了补充、修改和完善,《送审稿》将现行《著作权法》的 6 章 61 条修订为 8 章 90 条,而且,在参考我国其他知识产权法律、借鉴其他国家和地区著作权立法体例的基础上,《送审稿》对现行著作权法的体例结构进行了调整和完善,增加章节内容、修改部分章节名称、调整章节顺序,对与其他法律的衔接作出明确规定。

迄今,著作权法的第三次修改已经公布了《修改草案》《修改草案第二稿》《送审稿》共三稿,在国际形势和我国社会环境发生巨大变革的情势下,此次对我国著作权法的修改并非"零敲碎打式的修订,而是对大量条文都进行了调整和增删。这就

---

① 国务院法制办公室:《关于公布〈中华人民共和国著作权法(修订草案送审稿)〉公开征求意见的通知》,http://www.gov.cn/xinwen/2014-06/10/content_2697701.htm,下载日期:2019 年 10 月 2 日。

② 吴汉东:《著作权法第三次修改的背景体例和重点》,载《法商研究》2012 年第 4 期。

③ 刘春田:《著作权法第三次修改是国庆巨变的要求》,载《知识产权》2012 年第 5 期。

不可避免地导致对各方利益的重大影响,各种诉求因此集中爆发不足为奇"。[①]
《著作权法》第三次修改的主要分歧在以下几点:第一,关于著作权集体管理制度的修改是最具有争议性的问题,争议焦点集中在著作权延伸集体管理制度引入与否以及适用范围。《修改草案》引入了著作权延伸集体管理制度,而《修改草案第二稿》和《送审稿》逐步限缩了适用范围,三稿均对该问题进行了调整,体现了该制度在我国争议之大。第二,关于修改法定许可制度范围的问题,其中"音乐作品制作录音法定许可是《著作权法》第三次修改中社会关注最多的议题"[②],是否应当取消制作录音制品的法定许可引发广泛讨论,由于音乐作品权利人的强烈反对,《送审稿》取消了录音制品法定许可制度。第三,著作权法中核心概念的调整在学术界一直存在争议。在著作权法第三次修改中,对作品定义的属概念是选择智力成果还是智力表达,如何对实用艺术作品定义及其和美术作品、外观设计保护的界限,孤儿作品的设立都是学者们不同观点碰撞激烈的问题。

出于行文的需要,为区分我国著作权法立法过程中出现的若干个文本,本章对所有立法文件的简称在此做出以下澄清。

1989 年 12 月 14 日,提请全国人大常委会审议,并于 12 月 24 日第七届全国人大常委会第十一次会议开始审议的《中华人民共和国著作权法(草案)》,简称《草案》。

1990 年 9 月 7 日,第七届全国人民代表大会常务委员会第十五次会议通过并于 1991 年 6 月 1 日开始实施的《中华人民共和国著作权法》,简称"1990 年《著作权法》"。

1998 年 11 月 28 日国务院提请全国人大常委会审议的《中华人民共和国著作权法修正案(草案)》后又被撤回的议案,简称《原议案》。

2000 年 12 月 22 日国家新闻出版署署长、国家版权局局长石宗源在第九届全国人民代表大会常务委员会第十九次会议上做了说明的经国务院第 33 次常务会议通过的《中华人民共和国著作权法修正案(草案)》,简称《修正案草案》。

2001 年 10 月 10 日、10 月 16 日全国人大法律委员会审议的是《修正案草案》,10 月 22 日全国人大法律委员会在第九届全国人民代表大会常务委员会第二十四次会议上做了关于《中华人民共和国著作权法修正案(草案)》审议结果的报告,该审议的草案,简称《修正案草案二次审议稿》。

2001 年 10 月 27 日,《全国人民代表大会常务委员会关于修改〈中华人民共和国著作权法〉的决定》由第九届全国人民代表大会常务委员会第二十四次会议通过,当天予以公布,自公布之日起施行,简称"2001 年《著作权法》"。

---

① 王迁:《〈著作权法〉修改:问题与探索》,载《华东政法大学学报》2015 年第 2 期。
② 管育鹰:《我国著作权法定许可制度的反思与重构》,载《华东政法大学学报》2015 年第 2 期。

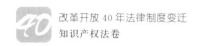
2010 年 2 月 26 日,第十一届全国人民代表大会常务委员会第十三次会议通过了《全国人民代表大会常务委员会关于修改〈中华人民共和国著作权法〉的决定》,自 2010 年 4 月 1 日起施行,简称"2010 年《著作权法》"。

2012 年 3 月 31 日,国家版权局发布关于《中华人民共和国著作权法(修改草案)》公开征求意见的通知,简称《修改草案》。

2012 年 7 月 6 日,国家版权局发布关于《中华人民共和国著作权法(修改草案第二稿)》公开征求意见的通知,简称《修改草案第二稿》。

2014 年 6 月 6 日,国务院法制办公室发布《中华人民共和国著作权法(修改草案送审稿)》,简称《送审稿》。

三、我国《著作权法》立法变迁的主要特色

我国《著作权法》立法变迁具有三个鲜明的特色,第一,回应了我国在建立社会主义市场经济体制进程中对著作权的保护提出的新问题;第二,回应了高新技术的发展为著作权的保护提出的新问题;第三,回应我国加入世贸组织以后为著作权保护提出的新问题。

(一)对权利人的保护水平更加合理

《著作权法》在修订的过程中,对著作权人享有的权利的规定越发具体,分列得更明确,并在对市场秩序和权利人造成重大危害的盗版活动中,为权利人取证、诉讼和获得应有的赔偿提供较为容易的途径。同时,《著作权法》亦对权利限制制度进行了必要的调整,以期在知识产权权利人与社会公众的利益之间寻求一种平衡。

在进行第一次修订时,主要从以下几个方面进行了修改:第一,扩大了著作权保护的客体。修改后的《著作权法》第 3 条将作品扩大到杂技艺术作品、建筑作品。第 14 条将对内容的选择或者编排体现独创性的作品规定为汇编作品。第二,增加和细化了著作权人的权利。修改后的《著作权法》第 10 条将原著作权法的使用权具体分类为复制权、发行权、出租权等 13 项著作财产权并规定了其内涵,其中新增加了出租权、放映权和信息网络传播权,并且新增规定著作权人可以全部或者部分转让这 13 项权利并获取报酬。修改后《著作权法》第 15 条增加了编剧、导演、摄影、作词、作曲等作者和制片者签订合同并获得报酬的权利。第三,扩大了邻接权人的权利。修改后《著作权法》第 37 条修改了原法第 36 条,增加了表演者许可他人复制、发行录有其表演的录音录像制品并获得报酬和许可他人通过信息网络向公众传播其表演的并获得报酬的权利;第 41 条修改了原法 39 条,增加了录音录像制作者许可他人出租和通过信息网络传播其录音录像制品的权利,并规定了这些邻接权人的财产权保护期限为表演发生后第 50 年的 12 月 31 日。第四,缩小合理使用范围、增加了法定许可类别。新修改《著作权法》第 22 条第 3 款将报道时事新闻的合理使用增加限定条件"不可避免的"再现或者引用已经发表的作品。第 4 款

将报纸期刊刊登文章的合理使用增加限定条件"关于政治、经济、宗教问题的实时性文章并规定作者声明不许刊登、播放的除外"。新修改《著作权法》第 44 条将广播电台、电视台播放已出版录音制品的合理使用行为调整到法定许可下,增加一条作为第 23 条规定了编写出版教科书使用他人作品的法定许可。第五,增加了著作权集体管理制度。新修改著作权法增加一条作为第 8 条规定著作权人和与著作权有关的权利人可以授权著作权集体管理组织行使著作权或者与著作权有关的权利。2014 年 6 月公布的国家版权局报请国务院审议的《送审稿》中对法定许可制度和集体管理制度进行了进一步调整。

(二)迎接技术变革所带来的挑战

著作权法律制度因技术而生,亦因技术的变革而获得不断的发展。早在我国《著作权法》的第一次修订,当时计算机、数码化、光纤通信等新技术已被运用,依1990 年《著作权法》无法保护著作权人的利益。作为上层建筑的法律要服务于经济基础[①],所以 2001 年《著作权法》参照国际公约和世界上其他国家和地区的制度,进行了较大的修改,对国际互联网上使用作品产生的新的著作权问题作出适合中国国情的回应。

在回应互联网等新技术对传统著作权制度的挑战的过程中,我国紧密地跟随着国际版权修改的进程,并适时进行行政法规和规章的制定。自信息网络传播权被纳入《著作权法》之后,2006 年 5 月 10 日国务院通过《信息网络传播权保护条例》,自 2006 年 7 月 1 日起施行。2013 年 1 月 16 日国务院通过了修改《信息网络传播权保护条例》的决定,自 2013 年 3 月 1 日起施行。《信息网络传播权保护条例》中详细规定了信息网络服务提供者的种类、技术措施和权利管理电子信息的保护规则、信息网络环境下的合理使用行为等,借鉴了欧美国家版权立法中规定的"避风港"原则、"红旗"标准和"通知加删除"规则。

数字化技术使得一些传统问题具备新的特征。在《著作权法》的第三次修改的过程中,"孤儿作品"被纳入立法者的视野。《送审稿》第 51 条规定:著作权保护期未届满的已发表作品,使用者尽力查找其权利人无果,符合下列条件之一的,可以在向国务院著作权行政管理部门指定的机构申请并提存使用费后以数字化形式使用:(1)著作权人身份不明的;(2)著作权人身份确定但无法联系的。该条基本上采用了法定许可的制度设计来规定孤儿作品,属于著作权立法上的创新。

(三)与国际通行的规则保持一致

在我国著作权法法律制度的发展过程中,我们在努力与国际通行的规则保持一致,积极地加入国际性公约,并逐渐地争取我国在国际公约制定过程中的话语

---

① 　沈仁干:《谈我国著作权法的修改》,载《中国法律》2001 年第 6 期。

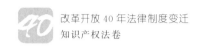
权。1992 年 7 月 1 日决定加入《世界版权公约》1971 年修订的巴黎文本,同时声明根据本公约第 5 条之二的规定,享有本公约第 5 条之三、之四规定的权利,本公约于 1992 年 10 月 30 日对我生效。国家版权局同年发布《实施国际著作权条约的规定》,自 1992 年 9 月 30 日起施行。随后,1992 年 10 月 15 日,我国成为《保护文学和艺术作品伯尔尼公约》成员国。1993 年 1 月 5 日我国加入《保护录音制品制作者防止未经许可复制其录音制品公约》。2001 年 12 月 11 日,中国正式成为 WTO 成员并开始履行《TRIPS 协定》。2004 年 8 月我国加入《保护非物质文化遗产公约》;2006 年 12 月 29 日批准加入了《保护和促进文化表现形式多样性公约》。2007 年 3 月 9 日加入《世界知识产权组织版权条约》和《世界知识产权组织表演和录音制品条约》,2007 年 6 月 9 日公约对我国生效。2012 年 6 月 26 日在北京与其他成员国共同签署了《视听表演北京条约》,并于 2014 年 7 月 9 日批准加入。2013 年 6 月 28 日我国签署了《关于为盲人、视力障碍者或其他印刷品阅读障碍者获得已出版作品提供便利的马拉喀什条约》(尚未批准)。

我们已完成的两次《著作权法》的修改正是为了与国际公约相契合而作出的调整。为了满足加入世界贸易组织的需要,与国际通行的贸易规则更加一致,2000 年立法机关对我国《著作权法》与世界贸易组织《TRIPS 协定》不一致的地方进行修改和补充。2010 年的《著作权法》第二次修改诚如立法者所说是一次小修,仅仅删除了原《著作权法》中"依法禁止出版、传播的作品,不受本法保护"的规定,修改成"著作权人行使著作权,不得违反宪法和法律,不得损害公共利益,国家对作品的出版、传播依法进行监督管理"。该条的修改是为了回应世界贸易组织专家组对于我国《著作权法》第 4 条违反《伯尔尼公约》第 5(1)条的报告而做出的调整。

在当下对《著作权法》进行第三次修改的背景下,《送审稿》增加了对实用艺术作品。我国现行《著作权法》没有明确规定实用艺术作品,但是在《实施国际著作权公约的规定》中明确了对外国实用艺术作品的保护,由此引发了对境外与境内作品保护不平等的讨论。《送审稿》在作品分类第(九)项规定了实用艺术作品,回应了这种呼声。①

四、我国《著作权法》颁布以来的实施情况

(一)著作权法的相关及配套制度和政策的制定和更新

著作权法律制度的制定和调整旨在满足社会的现实需要。自 1990 年《著作权法》实施以来,与之相关的配套制度亦在不断发展和修订,逐步形成了完善的著作权法律体系。时至今日,我国现已形成了较为系统完备、具备不同效力等级、符合

---

① 蔡恒、骆电:《我国〈著作权法〉第三次修改的若干问题思考》,载《法律适用》2017 年第 1 期。

国际规则的著作权法律规范体系。

在法律层面,1997年,我国《刑法》规定了侵犯著作权罪和销售侵权复制品罪,它们与《著作权法》为保护著作权共同起到了积极的作用。自2011年6月1日起施行《中华人民共和国非物质文化遗产法》、自2017年3月1日起施行《中华人民共和国电影产业促进法》等与版权产业密切相关。在政策层面,中央和地方不断出台政策措施,保护知识产权,激励作品创作生产,促进著作权流转使用,推动著作权产业快速发展,比如《国家知识产权战略纲要》《国家知识产权事业发展"十二五"规划》《"十三五"国家知识产权保护和运用规划》《国务院关于新形势下加快知识产权强国建设的若干意见》《关于推动传统出版和新兴出版融合发展的指导意见》《关于加强知识产权保护和行政执法工作的指导意见》等。国务院建立了"知识产权战略实施工作部际联席会议"制度,加强对包括著作权在内的知识产权工作的组织领导和统筹协调。国务院办公厅印发了《知识产权综合管理改革试点总体方案》,推动有条件的地方开展知识产权综合管理改革试点。

配合《著作权法》的制定和修改,《著作权法实施条例》也在不断修订。2006年5月10日国务院通过了《信息网络传播权保护条例》,自2006年7月1日起施行,2013年获得修订。国务院2004年12月28日发布《著作权集体管理条例》,2005年3月1日实施,2011年和2013年被修订两次。2001年12月20日国务院公布新的《计算机软件保护条例》,自2002年1月1日起施行,随后于2011年和2013年被修订两次,1991年10月1日起施行的《计算机软件保护条例》废止。此外,还有《传统工艺美术保护条例》《世界文化遗产保护管理办法》《著作权质权登记办法》《著作权行政处罚实施办法》《作品自愿登记试行办法》等规范性法律文件。

在文字和音像制品出版领域,2001年12月12日国务院通过了《出版管理条例》,自2002年2月1日起施行,随后分别于2011年、2013年、2014年、2016年历经了四次修订。2001年7月26日国务院通过了《印刷业管理条例》,自2001年8月2日起施行,随后历经了2016年和2017年的两次修订。2001年12月12日国务院通过了《音像制品管理条例》,自2002年2月1日起施行,随后历经了2011年、2013年、2016年的三次修订。此外,该领域的部门规章较为完备。2016年5月31日,国家新闻出版广电总局和商务部公布了《出版物市场管理规定》,自2016年6月1日起施行,此前新闻出版总署和有关部门颁布的《出版物市场管理规定》《音像制品批发、零售、出租管理办法》《外商投资图书、报纸、期刊分销企业管理办法》《中外合作音像制品分销企业管理办法》及有关补充规定同时废止。2014年9月23日国家版权局和国家发展和改革委员会公布了《使用文字作品支付报酬办法》,自2014年11月1日起施行。国家版权局1999年4月5日发布的《出版文字作品报酬规定》同时废止。《使用文字作品支付报酬办法》共17条,分别从版税、基本稿酬加印数稿酬、一次性付酬等支付方式规范使用文字作品支付报酬的标准和

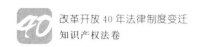
计算方法。对于在数字或者网络环境下使用文字作品,除合同另有约定外,使用者可以参照《使用文字作品支付报酬办法》规定的付酬标准和付酬方式付酬。2013年10月22日国家版权局、国家发展和改革委员会公布《教科书法定许可使用作品支付报酬办法》,自 2013 年 12 月 1 日起施行。此外,还有自 2017 年 1 月 22 日起施行的《出版物进口备案管理办法》。

在广播电视和影视领域,与著作权法有相关性的法规和规章逐渐健全,《广播电视设施保护条例》自 1997 年 9 月 1 日起施行,2013 年和 2017 年获得两次修订。《电影管理条例》自 2002 年 2 月 1 日起施行。此外,还有《广播电台电视台播放录音制品支付报酬暂行办法》《有线电视管理暂行办法》《卫星地面接收设施接收外国卫星传送电视节目管理办法》《卫星电视广播地面接收设施管理规定》《专网及定向传播视听节目服务管理规定》《广播电视视频点播业务管理办法》《点播影院、点播院线管理规定》《进口影片管理办法》等。这些管理性规定不仅涉及了对相关领域事务的管理,也对权利人的著作权提供了完备的行政保护。

伴随着互联网产业的蓬勃发展,与互联网相关的规范性法律文件逐渐增多,其中包含了有关著作权保护的内容。2000 年 9 月 20 日国务院通过了《互联网信息服务管理办法》,2000 年 9 月 25 日公布施行。《互联网新闻信息服务管理规定》自 2017 年 6 月 1 日起施行,《互联网著作权行政保护办法》自 2005 年 5 月 30 日起实施,《网络出版服务管理规定》自 2016 年 3 月 10 日起施行,《互联网文化管理暂行规定》自 2011 年 4 月 1 日起施行。

除上述行政法规和部门规章之外,北京、上海、广东、内蒙古、江苏、浙江、山东、湖北、广西等地结合本省的实际情况,制定了著作权方面的地方性法规和政府规章。

(二)著作权的司法保护与行政保护力度逐步加强

在司法保护层面,在 1990 年《著作权法》实施之前,受制于版权人和社会公众的版权意识淡薄,版权类纠纷较少,且诉由较为单一,多为涉及确权、署名、稿酬等的纠纷。法官在相关的法律知识和审判经验上较为欠缺。《著作权法》实施后,经过对知识产权法官队伍的建设和培养,法院系统逐步健全著作权审判体制机制,统一裁判标准,优化审判资源配置,积极推动著作权纠纷多元化解决,为著作权人提供了有力的司法保障。自 2014 年起,北京知识产权法院、上海知识产权法院、广州知识产权法院先后成立,郑州、天津、长沙、西安、杭州、宁波、济南、青岛、福州、合肥、深圳、南京、苏州、武汉和成都等知识产权法庭相继成立。2018 年 10 月 26 日第十三届全国人大常委会通过了最高人民法院提请审议的《关于专利等案件诉讼程序若干问题的决定》,自 2019 年 1 月 1 日起施行,将由最高人民法院设立知识产权法庭,统一审理全国范围内专业技术性较强的专利等的民事、行政上诉案件,这将进一步促进有关知识产权案件审理专门化、管辖集中化、程序集约化和人员专业化,为建设知识产权强国和世界科技强国提供有力司法服务和保障。

2017 年 7 月 12 日发布的《我国著作权法实施 26 年来取得六大成效》中指出,2010 年至 2016 年,人民法院共受理知识产权民事一审案件 521807 件,其中,著作权一审案件 393577 件,占比高达 75.42%。2017 年 8 月 28 日在第十二届全国人民代表大会常务委员会第二十九次会议上,全国人民代表大会常务委员会执法检查组关于检查《中华人民共和国著作权法》实施情况的报告指出,2010 年至 2016 年,各级法院共审结著作权民事一审案件 368611 件,审结著作权刑事案件 6746 件。2010 年以来,全国公安机关共侦破著作权刑事案件 9826 件,抓获犯罪嫌疑人 11302 名;各级检察机关共对 8453 名侵犯著作权、销售侵权复制品的犯罪嫌疑人提起公诉,有力震慑了违法犯罪行为。

在司法审判机关审理著作权案件的过程中,面临科技和社会发展所带来的新问题,最高人民法院先后出台了《关于审理著作权民事纠纷案件适用法律若干问题的解释》《关于审理涉及计算机网络著作权纠纷案件适用法律若干问题的解释》《关于审理侵害信息网络传播权民事纠纷案件适用法律若干问题的规定》,与最高人民检察院共同出台了《关于办理侵犯知识产权刑事案件具体应用法律若干问题的解释》等相关司法解释和指导性文件,此外,最高人民法院还定期发布包括著作权纠纷在内的指导性案例。

在行政保护层面,著作权保护状况明显改善。自《著作权法》实施以来,国务院和各省(区、市)政府成立了打击侵犯知识产权和制售假冒伪劣商品工作领导小组,严厉打击侵权盗版行为,把尊重和保护著作权、打击著作权侵权盗版行为作为一项长期性的重要工作统筹安排。根据 2017 年 8 月 28 日全国人民代表大会常务委员会执法检查组关于检查《中华人民共和国著作权法》实施情况的报告中的数据统计,2005 年至 2016 年,各级著作权主管部门共办理行政处罚案件 9.35 万件,收缴各类侵权盗版制品 5.08 亿件。国家新闻出版广电总局、工信部、公安部等部门连续 12 年组织开展"剑网行动",集中打击网络侵权盗版行为,共查办网络侵权案件 5560 起,依法关闭网站 3082 个,有效净化了网络环境。国务院建立了"推进使用正版软件工作部际联席会议"制度,大力推动软件正版化工作。

(三)公民著作权保护意识不断增强

第一部《著作权法》于 1991 年 6 月开始实施。在正式实施前,1990 年 9 月 15 日,国家版权局在人民大会堂召开著作权法实施座谈会。1991 年 6 月 8 日中国版权研究会、中国作家协会、中国电影家协会举行"庆祝著作权法实施座谈会"。在座谈会上,与会专家认为,本法的颁布不但完善了我国的知识产权制度,而且保护了我国社会主义精神文明建设和物质文明建设创作者的权益。通过保护作者对其创作的文学、艺术作品等的署名权、发表权,维护了作者的合法权益,提高了知识分子创作的积极性。通过规定著作权人和传播者的权利义务,培养了他们的法律观念,减少侵权纠纷。著作权法可以成为我国更好地行使国际公约权利、履行国际公约义务的法律依据,有利于我国的对外交流。但是必须认识到,当时我国人民比较贫穷,知识分子经历多次运动,知识产权意识薄弱,社会环境相对落后,知识产权理论体系还没有建立,所以《著作权法》无法马上发挥作用,无法很好地适应当时的社会环境。随后的二十年,《著作权法》先后经过两次修订,将我国的著作权保护提高到一个更高的水平,使著作权法的保护水平和国际接轨,进一步激励了广大人民进行文学艺术创作,推动我国文化艺术以及科学和经济的发展,促进我国的对外文化交流合作。时至今日,伴随着普法宣传活动在全社会的展开,我国公民的著作权意识增强,法治化水平提高取得了显著成效。[①]

(四)著作权社会服务体系的建立

时至今日,我国已经初步构建起以著作权登记、集体管理、交易平台、中介服务等为主要内容的著作权社会服务体系。已批准设立了 5 家著作权集体管理组织,包括中国音乐著作权协会、中国音像著作权集体管理协会、中国文字著作权协会、中国摄影著作权协会和中国电影著作权协会。我国已设立 14 家国家级著作权交易中心或贸易基地,覆盖 6 大行政区域,建成了一批集著作权评估、质押、投融资为一体的交易平台。此外,我国还批准 8 家涉外著作权认证机构在华开展涉外著作权的认证和联络工作。一些著作权相关行业协会、产业联盟和中介服务组织也相继成立。此外,在社会上,亦存在围绕著作权进行质押、评估、交易等的专业服务机构。

五、我国著作权法律制度的价值与意义

(一)《著作权法》的立法宗旨

1990 年《著作权法》第 1 条规定了《著作权法》的立法宗旨,且该规定延续至今,"为保护文学、艺术和科学作品作者的著作权,以及与著作权有关的权益,鼓励有益于社会主义精神文明、物质文明建设的作品的创作和传播,促进社会主义文化和科学事业的发展与繁荣,根据宪法制定本法"。从该陈述可以看出,《著作权法》立法的宗旨有三个重要方面:第一,保护著作权人的合法权益;第二,鼓励创作、保护创作作品并进行有益的传播;第三,促进文化、科学事业的发展。在这三个重要方面中,保护创作原则是《著作权法》的第一宗旨,只有在原创作者的利益得到有效的保护下,才能进一步强调保护传播者和后续使用者的权利。2012 年 3 月国家版权局公布的《著作权法》第三次《修改草案》对立法宗旨做了两处修改:(1)将"与著

---

① 赖名芳:《我国著作权法实施 26 年来取得六大成效,公众版权意识显著提高》,载《中国新闻出版广电报》2017 年 7 月 12 日。

作权有关的权益"改为"传播者的相关权";(2)将"促进社会主义文化和科学事业的发展与繁荣"改为"促进社会主义文化、科学和经济的发展与繁荣"。2012 年 7 月公布的《修改草案第二稿》和 10 月份的《送审稿》对此未作任何改动。

（二）著作权法律制度的价值

《著作权法》的颁布与实施改变了过去对作品无法提供足够保护的局面。改革开放以来，人人都有进行文学、艺术和科学作品创作的自由，人人的创作成果都应得到社会的尊重，人人都可以拿起著作权保护这一法律武器来维护自己基于创作作品享有的权利。① 著作权法律制度使得人们对著作权领域的权利保护观念更深厚。《著作权法》的颁布实施，成就了我国版权事业和产业的迅速发展，扭转了文学、艺术和科学作品创作枯竭凋敝的局面，重新激发了文学、艺术和科学作品创作者的创作热情，我国文学、艺术和科学作品的创作与运用逐步进入稳步发展的快车道。经过著作权法律保护二十多年的社会实践，我国文学、艺术和科学作品创造与运用生产力得到了极大的释放，社会精神文化需求高涨，进而推动了版权产业的快速发展。

我国加入国际性的版权公约并制定《著作权法》对外国人的作品给予保护，这不仅有利于国际文化交流和促进国际间的合作，能使外国优秀的作品被引入我国，也有利于我国的文化输出。对于发展中国家来说，著作权法律制度的建立，对本国人的创作成果给予保护，能够激发民族的自尊心和创造力，有利于减少对外国作品的依赖和减少智力资源的外流。②

需要指出的是，"现行著作权法虽然分别于 2001 年和 2010 年进行过两次修改，但都囿于其被动性和局部性，没能完全反映和体现我国经济社会发生的深刻变化，为适应我国经济发展、科技进步、文化繁荣、改革开放深入、国际地位提升的新时代背景，亟须对现行著作权法进行主动、全面的修订"。③ 从而使得著作权法律制度的作用能够得到更加实质性的发挥。

（三）著作权法律制度的意义

从颁布的《著作权法》发挥的作用来看，1990 年第一部《著作权法》的出现完善了知识产权体系，在人们知识产权意识普遍不高的社会环境下，保障了著作权人的合法权益；第一次《著作权法》的修订主要作用是为了满足加入世界贸易组织的需要，对我国《著作权法》与世界贸易组织《TRIPS 协定》不一致的地方进行修改和补

---

① 王自强：《我国著作权法律制度的建立及其完善》，载《知识产权》2018 年第 9 期。

② 沈仁干、钟颖科：《著作权法概论》，商务印书馆 2003 年版，第 17 页。

③ 国务院法制办公室：《关于公布〈中华人民共和国著作权法（修订草案送审稿）〉公开征求意见的通知》，http://www.gov.cn/xinwen/2014-06/10/content_2697701.htm，下载日期：2019 年 10 月 2 日。

充,并弥补了面临互联网挑战时原有著作权制度的不足;第二次《著作权法》的修订的作用是执行 WTO 裁决;第三次著作权的修订是为创新型国家量身设计《著作权法》,我国政府计划在 2020 年把我国建设成创新型国家,并建成完全的市场经济社会。为此制定了包括知识产权战略在内的一系列国家战略。知识产权体系正是实现上述战略的法律保障,著作权法的修改是这一战略的组成部分。[①]

从著作权法制度体系整体来看,著作权法发挥着平衡各主体利益的作用,而在著作权环境下,利益平衡是促进文化繁荣的关键。一件作品蕴含着创作者的辛苦劳动和精神世界知识积累等信息,而作者在创作作品时,除了自己的智力劳动成果,还需要继承前人的智慧,这样在作品传播过程中可能会出现作品的使用者、作品的传播者和作者本人之间的利益冲突。著作权法一个重要的意义就是平衡各方的利益,把握好著作权保护的度,既不能过度保护增加新作品的成本,也不能保护不足降低作者的创作热情。这样便不难理解著作权制度中合理使用的价值。后创作的作品无可避免地要借鉴前人的作品,那么前一个著作权人就应该在一定程度上容忍别人无偿使用自己的作品,这也为持续创新提供支持。著作权法不仅仅是担任着保护作者和传播者的利益,还要促进文化交流,鼓励创作,以此来促进文化科学的繁荣昌盛。

六、新技术与新业态对著作权法律制度的挑战

改革开放以来,我国知识产权法制建设突飞猛进,取得了举世瞩目的发展成就。在未来以创新为主要增长动力的发展模式下,知识产权法将在经济社会的发展中展现出更大的积极效用。与此同时,当代科学技术革命的浪潮,正在猛烈地冲击着包括著作权法在内的法学的各个领域,为适应新技术与新业态,著作权法律制度也应当保持与时俱进。

1986 年 9 月 11 日瑞士联邦主席阿方斯·艾德里在瑞士首都伯尔尼召开的世界上第一个著作权公约——《保护文学艺术作品伯尔尼公约》一百周年大会上谈到当前国际保护著作权制度面临的重大问题时,首要提出的就是"新技术对现有版权制度的冲击"。"知识产权法基于科技革命而生,由于科技革命而变,其制度史本身就是一个法律制度创新与科技创新相互作用、相互促进的过程。从 17 世纪产生至今,经过了从工业革命到信息革命全部四次科技革命,知识产权法的每一次的重大发展变革都与科学技术的发展密切相关"[②],例如现如今互联网新兴产业的发展如火如荼,如何在权利人与传播者之间寻求利益平衡是完善著作权法律保护制度的关键。

---

① 刘春田:《著作权法第三次修改是国庆巨变的要求》,载《知识产权》2012 年第 5 期。
② 吴汉东:《科技、经济、法律协调机制中的知识产权法》,载《法学研究》2001 年第 6 期。

"我国知识产权法在过去四十年的发展过程中，无时无刻不面临着新技术发展带来的现代化挑战。以当前网络技术、基因技术、人工智能技术的运作特点来看，未来我国知识产权法的现代化发展，主要表现为知识产权主体界定标准、客体利用方式和权利保护模式三个层面的法律变革。"[1]随着人工智能的普及和基因技术的成熟快速发展，虚拟人、机器人，甚至"克隆人"都有可能进入作品创作、发明创造等智力活动之中，成为知识产权的权利主体。随着越来越多种类人工智能生成成果的出现，其被不断地商业化，具有经济价值的人工智能生成成果已成为事实上可交易的财产权客体。[2] 人工智能在书稿创作等智力创造活动中的应用，引来学者们对"人工智能生成内容能否成为著作权法所保护的客体"的问题的讨论。

现如今网络著作权产业蓬勃发展，基于网络传播与存储相较于传统的复制与发行行为具有特殊性，网络传播侵权责任的认定成为司法实务中的难题。随着创新的商业模式的不断出现，实务中出现了围绕游戏直播、短视频、体育赛事节目、深度链接与定向链接、网络实时转播等一系列的新问题。在新技术与新业态不断涌现的创新时代，一方面，我们要有效维护著作权人的合法权益，强化著作权保护力度，加强保护措施，另一方面，也要考虑到著作权人的权利滥用对公共利益的损害。在著作权法进行第三次修改的当下，"要进一步推进著作权制度的改革和发展，就必须将之放在我国甚至全球政治、经济、文化等社会大环境和我国著作权司法发展大背景中来考量，秉承积极、稳妥、科学和理性态度，正确处理好技术进步导致的经济关系变革、市场经济的要求和文化发展等重要问题之间的关系，努力实现权利保护、作品传播和正当使用之间的协调和平衡"。[3]

第二节　著作权的主体与归属

著作权人是指对文学、艺术和自然科学、社会科学等作品享有著作权的人，依照《著作权法》行使权利，承担义务。著作权的归属是指作品的著作权应当归谁所有，由谁行使。在我国《著作权法》的修改过程中，围绕权利主体和权利归属，相对制度有所改动，从而使得我国的制度更能符合我国科学技术和社会经济的发展需要。

---

① 吴汉东：《改革开放四十年的中国知识产权法》，载《山东大学学报（哲学社会科学版）》2018年第3期。

② 陶乾：《论著作权法对人工智能生成成果的保护——作为邻接权的数据处理者权之证立》，载《法学》2008年第4期。

③ 刘春田：《著作权法第三次修改是国情巨变的要求》，载《知识产权》2012年第5期。

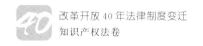
一、著作权的主体

（一）著作权的主体范围

在最初的《著作权法草案》中，仅规定了"除本法另有规定的以外，著作权属于作者。如无相反证明，在作品上署名的人为作者"。当时在征求意见时，有些委员和部门提出，有些作品是由法人或者非法人单位创作的，应当规定法人或者非法人单位也可以成为作者。因此，建议在这一条中增加 2 款，作为第 2 款、第 3 款："创作作品的公民是作者。""由法人或者非法人单位主持、代表法人或者非法人单位意志创作，并由法人或者非法人单位承担责任的作品，法人或者非法人单位视为作者。"① 在 1990 年 4 月 30 日审改著作权法的一个文本草案中，曾出现"法人是作者"的表述，而不是视为或看作作者，支持这种提法的观点持有的理论包括"法人实在说"和"法人拟制说"。但是，必须注意的是，著作权从来不包括思想、意志和情感，只保护它的表现形式，那么完成其表现形式的，恰恰是任何社会组织都不行，只能由自然人完成。不承认法人是实际作者，这是国际上各国法律普遍遵循的一个原则。②

1991 年开始实施的《著作权法》第 9 条规定："著作权人包括：（一）作者；（二）其他依照本法享有著作权的公民、法人或者非法人单位。"1991 年制定的《著作权法实施条例》第 2 条第 2 款对非法人单位进行了界定："不具备法人条件，经核准登记的社会团体、经济组织或者组成法人的各个相对独立的部门，为非法人单位。"曾有学者指出这一界定存在的问题，"在确实遇到纠纷而法人或者自然人'两不沾边'，从而需要求助于向'非法人团体'靠拢时，却发现 1991 年制定的《著作权法实施条例》反倒把这些'两不沾边'的团体排除在外"。③ 2001 年 10 月 27 日我国修订的《著作权法》为了取得"与其他民事法律的一致，扩大非法人单位的外延"，将原来对著作权人的定义和对著作权的归属的条款中"非法人单位"的提法一律修改为"其他组织"，但是这就使问题复杂化了。根据《最高人民法院关于适用〈中华人民共和国民事诉讼法〉若干问题的意见》第 40 条规定"民事诉讼法第四十九条规定的其他组织是指合法成立、有一定的组织机构和财产，但又不具备法人资格的组织"。其中将"组成法人的各个相对独立的"无须核准登记的"部门"给排除了，使得界定的范围进一步缩小。

---

① 宋汝棼：《全国人大法律委员会对〈中华人民共和国著作权法（草案）〉审议结果的报告》，http://www.npc.gov.cn/wxzl/gongbao/1990-06/20/content_1479227.htm，下载日期：2019 年 10 月 2 日。

② 最高人民法院著作权法培训班编：《著作权法讲座》，法律出版社 1991 年版，第 71 页。

③ 郑成思：《版权法修订本》，中国人民大学出版社 1997 年第 2 版，第 26 页。

2017年10月1日开始正式实施的《中华人民共和国民法总则》采用了自然人、法人和非法人组织的三分法,在第102条规定了非法人组织的定义和类型。非法人组织是不具有法人资格,但是能够依法以自己的名义从事民事活动的组织。非法人组织包括个人独资企业、合伙企业、不具有法人资格的专业服务机构等。《著作权法》的第三次修改会将"其他组织"修改为与《民法总则》相一致的"非法人组织"。

(二)享有著作权的外国主体

1990年《著作权法》第2条规定:"外国人的作品首先在中国境内发表的,依照本法享有著作权。外国人在中国境外发表的作品,根据其所属国同中国签订的协议或者共同参加的国际条约享有的著作权,受本法保护。"这是我国加入《伯尔尼公约》后为达到其规定的最低保护标准的需要。2001年第一次修订《著作权法》时,对于第2条做了细化。第3款规定:"外国人、无国籍人的作品根据其作者所属国或者经常居住地国同中国签订的协议或者共同参加的国际条约享有的著作权,受本法保护。"第4款规定:"外国人、无国籍人的作品首先在中国境内出版的,依照本法享有著作权。"也就是说,第一,加入了对无国籍人的作品的规定。第二,增加了"经常居住地国"作为"所属国"的备选,进而扩大了受我国《著作权法》所保护的作者的范围。

第2条又增加了新的规定,第5款规定:"未与中国签订协议或者共同参加国际条约的国家的作者以及无国籍人的作品首次在中国参加的国际条约的成员国出版的,或者在成员国和非成员国同时出版的,受本法保护。"也就是说,不需要有同中国的协议或条约关系的要求,只要作品首先在中国参加的国际条约的成员国出版的,或者在成员国和非成员国同时出版的,依照我国《著作权法》享有著作权。

(三)著作权的继承

著作权的继承和授权行使,仅指著作权中经济权利的继承和授权行使。至于作者的发表权、作者身份权等精神权利,因为与作者本人密不可分,只能由作者享有与行使,不能继承与转让。在1990年《著作权法》和2001年修改的《著作权法》中均规定了著作财产权的继承。

1990年《著作权法》规定,"著作权属于公民的,公民死亡后,其作品的使用权和获得报酬权在本法规定的保护期内,依照继承法的规定转移。著作权属于法人或者非法人单位的,法人或者非法人单位变更、终止后,其作品的使用权和获得报酬权在本法规定的保护期内,由承受其权利义务的法人或者非法人单位享有;没有承受其权利义务的法人或者非法人单位的,由国家享有"。鉴于2001年修改的《著作权法》已将"非法人单位"改为"其他组织",将"使用权和获得报酬权"改为包括复制权、发行权在内的若干财产性权利,因此,2001年修改的《著作权法》将第19条修改为:"著作权属于公民的,公民死亡后,其本法第10条第1款第(5)项至第(17)

项规定的权利在本法规定的保护期内,依照继承法的规定转移。著作权属于法人或者其他组织的,法人或者其他组织变更、终止后,其本法第 10 条第 1 款第(5)项至第(17)项规定的权利在本法规定的保护期内,由承受其权利义务的法人或者其他组织享有;没有承受其权利义务的法人或者其他组织的,由国家享有。"

(四)著作权的利用

著作权法律制度本来应当是市场经济的产物。但是第一部著作权制度带着一些社会主义计划经济的烙印,与文明社会公民权利平等、市场公平竞争的原则相悖,不利于社会主义市场经济体制的建立与发展。[①] 在对《著作权法》已完成的两次修订以及正在进行的第三次修改过程中,立法对著作权的许可、转让、质押等利用方式的规定得到了不断的发展和完善。

1990 年《著作权法》仅仅对著作权的许可进行了规定,"使用他人作品应当同著作权人订立合同或者取得许可,本法规定可以不经许可的除外";"合同的有效期限不超过十年。合同期满可以续订";使用作品的付酬标准由国务院著作权行政管理部门会同有关部门制定。合同另有约定的,也可以按照合同支付报酬。在 2001 年修改时,这一条被修改为"使用他人作品应当同著作权人订立许可使用合同,本法规定可以不经许可的除外",这样的规定间接要求著作权许可合同应以书面形式订立。对于合同内容,修订后的《著作权法》将"许可使用作品的方式"改为"许可使用的权利种类",将"许可使用的范围、期间"明确为"许可使用的地域范围、期间",此外还包括"许可使用的权利是专用使用权或者非专有使用权、付酬标准和办法、违约责任、双方认为需要约定的其他内容"。同时,2001 年修订的《著作权法》将合同有效期的规定予以删除,充分保障了合同双方当事人的意思自治。另外,对于使用作品的付酬标准,2001 年修订的《著作权法》调整了语序,将"约定"放于"法定"之前,同时对约定不明时的处理方式给予了明确。"使用作品的付酬标准可以由当事人约定,也可以按照国务院著作权行政管理部门会同有关部门制定的付酬标准支付报酬。当事人约定不明确的,按照国务院著作权行政管理部门会同有关部门制定的付酬标准支付报酬。"

鉴于 1990 年《著作权法》没有对著作权的转让作规定,而随着社会主义市场经济的发展,著作权人转让财产权的行为势必越来越普遍这一情况,2001 年《著作权法》新增加了对著作权的转让的规定。针对著作权中的财产权转让合同的具体特点,即合同约定的可以是全部财产权的转让,也可以是部分财产权的转让,草案增加规定"转让著作权中的财产权,应当订立书面合同",并具体规定了合同的主要内容,即"作品的名称;转让的权利种类、地域范围;转让价金;交付转让价金的日期和

[①] 沈仁干:《关于修改著作权法的思考》,载《中国法律》1998 年第 6 期。

方式;违约责任;双方认为需要约定的其他内容"。同时,将第 3 章章名"著作权许可使用合同"相应地修改为"著作权许可使用和转让合同"。在 2010 年对《著作权法》进行第二次修改时,增加了对著作权质押的规定:"以著作权出质的,由出质人和质权人向国务院著作权行政管理部门办理出质登记。"

1990 年《著作权法》第 7 条规定:"科学技术作品中应当由专利法、技术合同法等法律保护的,适用专利法、技术合同法等法律的规定。"这样规定,存在三个问题:一是容易引起专利法、技术合同法等法律的效力高于著作权法的误解;二是没有提商标法;三是技术合同法已被纳入修改后的合同法。因此,2001 年《著作权法》将该条予以删除。

如今,在《著作权法》第三次修改的过程中,在国家版权局于 2012 年 3 月 31 日发布的关于《中华人民共和国著作权法(修改草案)》公开征求意见的通知中,专门增设了一章"著作权的行使",其中第一节为"著作权和相关权合同"。"著作权人可以通过许可、转让、设立质权或者法律允许的其他形式利用著作权中的财产权利",这一版草案用了 10 个条文对于许可、转让和质押进行了详细的规定。2012 年 7 月 6 日国家版权局发布的《中华人民共和国著作权法(修改草案第二稿)》以及之后由国务院法制办公室于 2014 年 6 月 6 日公布的《中华人民共和国著作权法(修改草案送审稿)》(以下简称《送审稿》),对于著作权的行使基本维持了第一稿的内容,仅有少许改动。其中,明确了"许可使用的权利是专有使用权的,许可使用合同应当采取书面形式"。另外,对于许可使用的方式,"合同中未明确约定许可使用的权利是专有使用权的,视为许可使用的权利为非专有使用权;合同中约定许可使用的方式是专有使用权,但对专有使用权的内容没有约定或者约定不明的,视为被许可人有权排除包括著作权人在内的任何人以同样的方式使用作品"。另外,《送审稿》对于图书出版有专门的规定,以期解决实务领域的常见问题。

《送审稿》对于著作权的利用所涉及的法律问题的规定旨在进一步促进权利运用,对授权机制和市场交易规则进行适当的调整。根据《国家版权局关于〈中华人民共和国著作权法〉(修改草案送审稿)的简要说明》,本次修法的重点内容是要保持保护著作权人权利与促进作品广泛传播的一致性,建立科学、合理、规范的著作权授权机制和交易规则,改变当前我国著作权人的权利得不到应有尊重,以及使用者无法通过合法途径获得海量作品授权的困境。因此,在对《著作权法》的第三次修改中,为有效解决著作权交易过程中"一权二卖"的问题,切实保护合同相对方的合法权益,增加关于专有许可合同与转让合同缔约过程中权利登记的规定,确保著作权交易安全。根据我国二十多年的著作权交易的社会实践和国际经验,增加关于著作权和相关权登记的规定,为降低版权交易风险、避免权属争议提供制度保障。为适应数字网络环境下海量使用作品的需要,解决数字环境下使用作品获取授权难的困境,增设了"孤儿作品"授权机制的规定,允许使用者在向有关机构申请

并提存使用费后以数字化形式使用作品。在《修改草案第二稿》中，曾"考虑到'孤儿作品'相关规定属于立法中的创新，为谨慎起见，本次修改在草案基础上吸取社会各界的意见和建议，将其适用范围明确为报刊社对已经出版的报刊中的作品进行数字化形式的复制，以及其他使用者以数字化形式复制或者通过信息网络向公众传播作品两种情形"①，但《送审稿》将对适用范围的限定予以删除。

二、著作权的归属

著作权的归属，即著作权应该归谁享有，由谁来行使。根据现行《著作权法》第11条规定，著作权属于作者，但是该法另有规定的除外。创作作品的公民是作者，但由法人或者其他组织主持，代表法人或者其他组织意志创作，并由法人或者其他组织承担责任的作品，法人或者其他组织视为作者。改编、翻译、注释、整理已有作品而产生的作品，其著作权由改编、翻译、注释、整理人享有，但行使著作权时，不得侵犯原作品的著作权。一般情况下，作者可以依据《著作权法》的规定行使著作权，比如通过合同约定许可他人在一定范围内使用其作品。法律在对于特定的情况下著作权的归属专门作了特殊规定。

（一）汇编作品的著作权归属

1990年制定的《著作权法》规定了"编辑作品"的权利归属。"编辑作品一般是指组织众多的作者撰写，由编辑者总其成的作品，如百科全书、词典、年鉴、报纸、杂志、多人文集等。"②第14条规定："编辑作品由编辑人享有著作权，但行使著作权时，不得侵犯原作品的著作权。编辑作品中可以单独使用的作品的作者有权单独行使其著作权。"

2001年修订《著作权法》时，对第14条进行了较大的修改，将编辑作品的表述改为汇编作品，一方面，这一称呼更准确地反映了这类作品的特性；另一方面，"汇编"也与"编辑"区别了开来，避免造成误解。③"汇编若干作品、作品的片段或者不构成作品的数据或者其他材料，对其内容的选择或者编排体现独创性的作品，为汇编作品，其著作权由汇编人享有，但行使著作权时，不得侵犯原作品的著作权。"汇编作品可以分为两大类，一是对受著作权法保护的作品或者作品片段进行汇编。二是对不受著作权法保护的数据或者其他材料进行汇编。著作权法保护汇编者的著作权不是来源于汇编的构成材料，而是汇编者在汇编时进行取舍、选择和编排顺序上所体现的价值和汇编过程中投入的具有创造性的劳动。

---

① 国家版权局：《关于〈中华人民共和国著作权法〉（修改草案第二稿）修改和完善的简要说明》，https://www.1633.com/patent/zixun_594105.html，下载日期：2019年10月2日。

② 沈仁干、钟颖科：《著作权法概论》，辽宁教育出版社1995年版，第57页。

③ 李明德、许超：《著作权法》，法律出版社2009年版，第80页。

（二）职务作品的著作权归属

公民为完成法人或者其他组织工作任务所创作的作品是职务作品。关于职务作品如何规定，在制定《著作权法》时争议较大，最核心的是劳动法律关系和著作权法法律关系怎么协调的问题，[①]"在当时的立法背景之下，集体主义思潮依然盛行，计划经济的体制模式尚未完全消退"。[②] 在第一次制定的《著作权法》草案中，曾规定"作为本职工作或者工作任务所创作的作品，除法律、法规另有规定或者合同另有约定的以外，著作权由作者享有，但作者所在单位有权在其正常业务活动范围内无偿使用，无须作者同意"。但是考虑到各种行业的职务作品的情况不同，有些职务作品除作者享有署名权外，著作权的其他权利也应由法人或者其他组织行使。因此，最终通过的《著作权法》在该条之下增加了第 2 款，将该条修改为"公民为完成法人或者非法人单位工作任务所创作的作品是职务作品，除本条第 2 款的规定以外，著作权由作者享有，但法人或者非法人单位有权在其业务范围内优先使用"。

1990 年《著作权法》在规定"职务作品"时，将其归属分类为两种情况，后来的两次修改沿袭了最初的立法，仅仅将"非法人单位"改为"其他组织"，将"产品设计图纸及其说明"改为"产品设计图"。因此，现行《著作权法》上的职务作品依然分为两种。第一种是一般职务作品，著作权由作者享有，但法人或者其他组织有权在其业务范围内优先使用。作品完成两年内，未经单位同意，作者不得许可第三人以与单位使用的相同方式使用该作品。同时，依据《著作权法实施条例》第 12 条第 1 款，职务作品完成两年内，经单位同意，作者也可以许可第三人以与单位使用的相同方式使用作品，不过所获报酬要由作者与单位按约定的比例分配。第二种是特殊职务作品，主要是利用法人或者其他组织的物质技术条件创作，并由法人或者其他组织承担责任的工程设计图、产品设计图、地图、计算机软件等职务作品以及法律、行政法规规定或者合同约定著作权由法人或者非法人单位享有的职务作品，作者享有署名权，著作权的其他权利由法人或者其他组织享有，法人或者其他组织可以给予作者奖励。对于特殊职务作品应该涵盖哪些作品类型，在不同的立法时期，均存在很大的争议。在 1990 年通过的《著作权法》的立法过程中，全国人大法律委员会对《中华人民共和国著作权法（草案）》审议结果的报告曾有委员建议的是"……电影、电视、地图、设计图、计算机软件、大型雕塑等职务作品"。在《著作权法》第三次修改过程中，国家版权局 2012 年 7 月公布的《修改草案第二稿》曾加入了"受聘于报刊社或者通讯社的记者为完成报道任务创作的作品"，最终的《送审稿》未予采纳。

---

① 最高人民法院著作权法培训班编：《著作权法讲座》法律出版社 1991 年版，第 80 页。
② 陈明涛：《著作权主体身份确认与权利归属研究》，北京交通大学出版社 2014 年版，第 127 页。

《著作权法实施条例》第 11 条规定,职务作品规定中的"工作任务",是指公民在该法人或者该组织中应当履行的职责。职务作品有三个构成要件:一是作者与法人或者其他组织存在劳动雇佣关系;二是作者是为完成单位的工作任务、履行职责而创作;三是作者依自己的意志自发进行创作,而非代表法人或者其他组织的意志、在其主持下进行创作,否则构成《著作权法》第 11 条第 3 款的单位作品。是否构成职务作品和作者是否利用工作时间进行创作没有必然联系,如果作品是单位的员工为了履行工作职责而完成,即便是工作之外利用业余时间也是职务作品。对于"物质技术条件"的含义,依据《著作权法实施条例》第 11 条是指法人或者组织为公民完成创作专门提供的资金、设备或者资料。所以单位没有专门提供物质技术条件,而作者只是利用单位的电脑、打印机或者其他常用办公用品完成的作品不能构成特殊职务作品。另外,特殊职务作品还可以通过法律、行政法规规定或者合同约定。例如《计算机软件保护条例》第 13 条规定,自然人在法人或者其他组织中任职期间所开发的软件有下列情形之一的,该软件著作权由该法人或者其他组织享有,该法人或者其他组织可以对开发软件的自然人进行奖励:一是针对本职工作中明确指定的开发目标所开发的软件;二是开发的软件是从事本职工作活动所预见的结果或者自然的结果;三是主要使用了法人或者其他组织的资金、专用设备、未公开的专门信息等物质技术条件所开发并由法人或者其他组织承担责任的软件。

1990 年通过的《著作权法》在对职务作品的规定上具有深刻的时代烙印,"在我国,相当一批作者是领取工资的机关、团体和企业、事业单位的工作人员,从事文学、艺术和科学作品的创作活动是他们的本职工作或工作任务,他们创作的作品属于职务作品"[①]。如果是在市场经济条件下,企事业单位与工作人员的关系会更为灵活。这次《送审稿》的一个重要变化,是在作品归属上体现了约定优先的原则,这一点同样反映在职务作品的规定上。职务作品认定的原则争议不大,争议主要体现在扩张的特殊职务作品的范围和措辞等细节上,以及职务作品与委托作品尤其是法人作品的关系上。在对措辞进行规范和统一的情况下,《送审稿》确立职务作品的权利归属当事人约定优先的原则,同时针对不同的法定情形规定了相对方的权利,即职务作品的权利归属由作者与所在单位自行约定,没有约定或约定不明的,权利属于作者,单位在特定时间内有权使用。对于计算机程序、产品设计图等特定品,著作权归属于单位,这样规定总体可行。只是条文中"单位"的提法不太恰当,应当采用《民法总则》中"法人和非法人组织"的提法。

---

① 宋木文:《关于〈中华人民共和国著作权法(草案)〉的说明》,http://www.npc.gov.cn/wxzl/gongbao/1989-12/20/content_1479229.htm,下载日期:2019 年 10 月 2 日。

(三)委托作品的著作权归属

我国现行《著作权法》第 17 条沿用了 1990 年《著作权法》的规定,受委托创作的作品,著作权的归属由委托人和受托人通过合同约定。合同未作明确约定或者没有订立合同的,著作权属于受托人。但受托人在享有著作权同时也受到一定的限制,依据最高人民法院《关于审理著作权民事纠纷案件适用法律若干问题的解释》第 12 条,在委托作品著作权属于受托人的情形下,委托人在约定的使用范围内享有使用作品的权利,双方没有约定使用作品范围的,委托人可以在委托创作的特定目的范围内免费使用该作品。在 2014 年公布的《送审稿》中,对委托作品的规定有了一定程度的调整,将上述司法解释的内容融入法律条文中。"受委托创作的作品,其著作权归属由当事人约定。当事人没有约定或者约定不明的,委托作品的著作权由受托人享有,但委托人在约定的使用范围内可以免费使用该作品;当事人没有约定使用范围的,委托人可以在委托创作的特定目的范围内免费使用该作品。"

(四)视听作品的著作权归属

影视类作品的制作过程烦琐,涉及人员众多,所以关于电影作品的著作权归属问题也相对比较复杂。《伯尔尼公约》第 14 条之二第(2)款(a)项对于电影作品的著作权归属作出了规定,电影著作权的归属由被请求保护国确定。著作权人可能像"电影著作权"制度规定的一样,是享有原始权利的制作者,也可能是通过法定转让取得权利的制作者,还可能是电影的各个艺术创作者。国内法可以自行采用上述任何一种制度。①《伯尔尼公约》把电影作品的归属问题留给了各公约国自行决定。

我国 1991 年开始实施的《著作权法》规定"电影、电视、录像作品的导演、编剧、作词、作曲、摄影等作者享有署名权,著作权的其他权利由制作电影、电视、录像作品的制片者享有"。2001 年进行修改时,该条文被修改为"电影作品和以类似摄制电影的方法创作的作品的著作权由制片者享有,但编剧、导演、摄影、作词、作曲等作者享有署名权,并有权按照与制片者签订的合同获得报酬"。对权属进行的规定更加明确。

随着互联网科技的发展,微电影、微视频、网络直播等新型作品的出现,传统的"电影作品和以类似摄制电影的方法表现的作品"这种法律制度无法满足现实需要,国际上逐步使用"视听作品"的概念。2012 年我国启动了《著作权法》第三次修改工作之后,目前为止公布了三个修改草案,草案均对电影作品的归属做了修改。修改草案第一稿将"电影作品和以类似摄制电影的方法创作的作品"改为国际社会

---

① 刘波林译:《保护文学和艺术作品伯尔尼公约指南》,中国人民大学出版社 2002 年版,第 68 页。

较普遍使用的"视听作品",修改了视听作品著作权归属,增加了视听作品著作权首先通过合同约定的规定,如无约定则归制片者,但是编剧、作词、作曲等作者对视听作品的后续使用享有获酬权。[①] 视听作品作为集体创作的作品,其著作权保护主要包括明确视听作品本身权利归属和保护参与创作的各类作者两个方面。我国现行法没有规定视听作品各创作作者的"二次获酬权"——各创作作者从视听作品后续利用中获得报酬的权利。

在征集了社会各界的意见之后,《中华人民共和国著作权法(修改草案第二稿)》基于产业的实际情况,并参考世界主要国家和地区的立法实践,将视听作品整体著作权归属由原草案中可以约定的规定改回为现行法中直接赋予制片者的规定。[②]《送审稿》再次修改视听作品的著作权归属,将现行著作权法关于视听作品的权利法定归属制片者调整为当事人约定优先,体现了当事人意思自治原则,同时增加了视听作品作者的利益分享机制。这三次修改草案,电影作品的归属从第一稿的"如无相反书面约定由制片者享有",到《修改草案第二稿》的"由制片者享有",再到《送审稿》的"由制片者和作者约定优先",归属制度争议之大,体现了电影作品中法律关系的复杂性和该制度的重要性。

(五)合作作品的著作权归属

我国现行《著作权法》第 13 条对于合作作品的规定沿用的是 1990 年《著作权法》中的规定,"两人以上合作创作的作品,著作权由合作作者共同享有。没有参加创作的人,不能成为合作作者。合作作品可以分割使用的,作者对各自创作的部分可以单独享有著作权,但行使著作权时不得侵犯合作作品整体的著作权"。合作作者要在客观上实际参与了作品创作,为作品贡献了具有独创性的智力劳动成果,仅仅为作品的创作提供咨询意见、想法的人不能成为合作作者。在主观上,合作作者要有合作的意图,合作各方都有意将各自的创作结合成一个作品。

合作作品主要有两种。一是数人共同创作成立的某一无法将每人所创作的部分予以分割而进行个别使用的单一合作作品。各国著作权法均规定,此种作品为合作人所共有。二是数人为共同利用的目的,将每个单一作品相互加以结合而成的结合合作作品。这类作品,其外观虽具有单一作品的形态,但实质为几个可独立使用的作品以形式上的结合。各国著作权法均规定,可以分割使用的合作作品,作者对各自创作部分单独享有著作权,但行使权利时不得侵犯合作作品整体的著作权。2014 年《送审稿》规定,"合作作品不可以分割使用的,其著作权由各合作作者

---

① 中华人民共和国国家版权局:《关于〈中华人民共和国著作权法〉(修改草案)的简要说明》,www.ncac.gov.cn/chinacopyright/contents/483/17745.html,下载日期:2019 年 10 月 2 日。

② 中华人民共和国国家版权局:《关于〈中华人民共和国著作权法〉(修改草案第二稿)修改和完善的简要说明》,https://www.1633.com/patent/zixun_594105.html,下载日期:2019 年 10 月 2 日。

共同享有,通过协商一致行使;不能协商一致,又无正当理由的,任何一方不得阻止他方使用或者许可他人使用,但是所得收益应当合理分配给所有合作作者"。他人侵犯合作作品著作权的,任何合作作者可以以自己的名义提起诉讼,但其所获得的赔偿应当合理分配给所有合作作者"。

（六）关于载体唯一性的美术作品等作品

在上述特殊类型的作品之外,著作权法还对美术等作品的著作权与作品载体的所有权之间的协调作出规定。现行《著作权法》第18条规定"美术等作品原件所有权的转移,不视为作品著作权的转移,但美术作品原件的展览权由原件所有人享有"。

近年来,陈列于公共场所的美术作品被损毁、拆除后,著作权人与原件所有人对簿公堂的案件时有发生,美术界、司法界等也多次呼吁加强和完善立法。[1] 因此,为回应社会呼声、解决实际问题,《著作权法》第三次修改时,建议增加一款规定以限制原件所有人的事实处分行为。在2014年《送审稿》中,为解决在原件是作品的唯一载体的特定情况下,原件的灭失将影响著作权行使的问题,增加关于载体唯一性的美术作品的著作权保护规定,"作品原件所有权的移转,不产生著作权的移转。美术、摄影作品原件的所有人可以展览该原件。作者将未发表的美术或者摄影作品的原件转让给他人,受让人展览该原件不构成对作者发表权的侵犯。陈列于公共场所的美术作品的原件为该作品的唯一载体的,原件所有人对其进行拆除、损毁等事实处分前,应当在合理的期限内通知作者,作者可以通过回购、复制等方式保护其著作权,当事人另有约定的除外"。

第三节　作品

作品是著作权法的客体,是作者创作出来能被公众感知和欣赏的智力成果。创作者的成果能否被称为著作权法意义上的作品决定着其能否被纳入著作权法的保护范围。自改革开放以来社会公众对著作权法保护的观念产生了变化,对作品的认知更加深刻,自1990年第一部《著作权法》后,为适应我国社会环境和国际环境,2001年和2010年的两次修订均对作品的制度做了一定程度的调整。在目前《著作权法》第三次修改的当下,作品制度应如何作出调整是立法者和学术界讨论的重要话题之一。

---

① 中华人民共和国国家版权局:《关于〈中华人民共和国著作权法〉（修改草案第二稿)修改和完善的简要说明》,https://www.1633.com/patent/zixun_594105.html,下载日期:2019年10月2日。

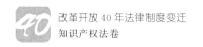
一、作品的构成要件

(一)作品的定义

在 1989 年的第一版《著作权法草案》中,规定了受保护的作品必须具有独创性,并能以某种物质形式复制,无须履行任何注册登记手续。这一规定明确了作品自动产生著作权的原则。

1990 年我国第一部《著作权法》对著作权法保护的客体进行细化,规定了作品的类型和不受《著作权法》保护的作品。但是,《著作权法》并未对作品加以定义,而是由配合《著作权法》而出台的《著作权法实施条例》来对作品加以定义,即著作权法所称作品,是指文学、艺术和科学领域内具有独创性并能以某种有形形式复制的智力成果。该定义在《著作权法实施条例》的后续三次修订中未做改动。值得一提的是,2014 年《送审稿》将《著作权法实施条例》中关于作品的定义上升为法律规定。"在著作权法中规定作品定义是国际上成熟的做法。同时,在著作权法中明确规定作品定义可以有效解决作品类型列举不全的弊端,使其可以涵盖因科技发展而产生的各种新作品类型。"①作品定义的立法表述,既要合乎逻辑,又要实现法律的规范功能。②《送审稿》用属加种差的方式对作品进行定义,并吸收了《著作权法实施条例》第 4 条对具体作品含义的解释。这种立法技术增强了法律的可预见性。

(二)从《著作权法实施条例》的规定看作品的构成要件

根据《著作权法实施条例》对作品的定义,可以将受著作权法保护的作品构成要件归纳为以下四个方面。第一,作品是一种智力成果。第二,作品具有独创性。第三,作品是可被客观感知的外在表达,即作品能"以某种有形形式复制","我国《著作权法》并不要求作品必须在创作完成时以某种物质载体固定下来,只要作品具有被复制的可能性即可,至于作品本身在创作完成时就已经被一定物质载体固定,还是尚未被某种物质载体固定并不重要"③。第四,作品是文学、艺术或科学领域的成果。我国于 1992 年加入《伯尔尼公约》成为该公约成员国,依据该《公约》第 2 条第 1 款,作品"包括文学、艺术和科学领域内的一切成果,不论其表现形式或者方式如何",从我国《著作权法实施条例》对作品定义的细化也可以看出改革开放后我国著作权法顺应国际知识产权的形势。

(三)2001 年《著作权法》对于第 4 条的修改

1989 年的第一版《著作权法草案》并无对违法作品的规定。在 1990 年 6 月 20

---

① 吴汉东:《著作权法第三次修改草案的立法方案和内容安排》,载《知识产权》2012 年第 5 期。
② 李琛:《论作品定义的立法表述》,载《华东政法大学学报》2015 年第 2 期。
③ 费安玲:《著作权法教程》,知识产权出版社 2003 年版,第 49 页。

日全国人大法律委员会对《中华人民共和国著作权法(草案)》审议报告中,建议新增加了"依法禁止出版、传播的作品,没有著作权,不受本法保护"。1991年开始实施的《著作权法》第4条规定,"依法禁止出版、传播的作品,不受本法保护。著作权人行使著作权,不得违反宪法和法律,不得损害公共利益"。2010年修改《著作权法》时将第4条修改为:"著作权人行使著作权,不得违反宪法和法律,不得损害公共利益。国家对作品的出版、传播依法进行监督管理。"

做出此修改的原因在于,第一,是履行国际条约义务而进行的修改,2007年美国对中国提起了WTO争端解决机制下的磋商,但争议没有得到解决。2009年WTO裁决我国《著作权法》第4条第1款违反了《伯尔尼公约》以及《TRIPS协定》,应当进行删改。第二,1990年制定《著作权法》时,我国尚无对作品出版、传播进行监督管理的具体法律规定。《著作权法》通过后,国务院先后公布实施了《音像制品管理条例》《电影管理条例》《出版管理条例》《广播电视管理条例》等。目前,对禁止出版、传播的作品已经有了明确规定,没有1990年通过的《著作权法》第4条第1款的规定也可以对作品出版、传播进行有效的监督管理。为此,删除了原《著作权法》第4条第1款规定。[①]

二、不属于作品的对象

1990年《著作权法》第5条规定了三类本法不适用的客体。第一项为官方文件,包括"法律、法规,国家机关的决议、决定、命令和其他具有立法、行政、司法性质的文件,及其官方正式译文"。虽然有可能是具有独创性和可复制性的智力劳动成果,但是基于社会公共利益的考量不宜将其纳入作品范围成为经许可才能使用的对象。第二项为时事新闻,《著作权法》将"时事新闻"排除在保护范围之外,与《伯尔尼公约》第2条第8款的规定一致,即"本公约所提供的保护不得适用于日常新闻或纯属报刊消息性质的社会新闻"。《著作权法实施条例》第5条第1款对时事新闻的定义是"通过报纸、期刊、广播电台、电视台等媒体报道的单纯事实消息"。时事新闻大多是根据事实进行的陈述,而对同一件事实的表达基本上没有智力创作的空间,达不到作品所要求的创造性的高度,所以时事新闻不能成为作品的对象。第三项为历法、通用数表、通用表格和公式,历法和公式是已经被社会公认的普遍应用的原理,而通用数表和通用表格是人们长期和反复运用的方式,如元素周期表等,这些根据特定方法简单套用就能计算出结果的劳动成果,不具有独创性,不是著作权法意义上的作品。值得注意的是,2001年修订的《著作权法》将"数表"限定为"通用数表",缩小了不受著作权法保护对象的范围,顺应了修法中扩大著作

---

① 柳斌杰:《关于〈中华人民共和国著作权法修正案(草案)〉的说明》,http://www.npc.gov.cn/wxzl/gongbao/2010-05/10/content_1580444.htm,下载日期:2019年10月2日。

权法保护客体的趋势。也即如果某一专有领域的数表不是通用的,尚未进入公有领域且具有独创性,就有可能会被纳入作品的对象。

在《著作权法》第三次修改过程中,《送审稿》第 9 条借用了《著作权法实施条例》中对时事新闻的概念界定并在立法条文中予以明示,其余两项未做改动。不过,在第 9 条中增加了一款"著作权保护延及表达,不延及思想、过程、原理、数学概念、操作方法等"。将学理上的普遍认可的内容规定到著作权法修改草案中。

三、作品的类型

(一)1990 年通过的《著作权法》第 3 条规定作品的类型

1990 年《著作权法》第 3 条规定本法所称的作品,包括以下列形式创作的文学、艺术和自然科学、社会科学、工程技术等作品,作品的类型包括文字作品;口述作品;音乐、戏剧、曲艺、舞蹈作品;美术、摄影作品;电影、电视、录像作品;工程设计、产品设计图纸及说明;地图、示意图等图形作品;计算机软件;法律、行政法规规定的其他作品。其中,鉴于国际上主要是通过著作权法对计算机软件进行保护,但由于它具有一些不同于一般作品的特点,因此,《著作权法》将保护计算机软件纳入著作权法体系的同时,又规定保护的期限和方法由国务院另作规定。

在立法过程中,曾经有建议是将第 3 条中关于文字、口述等作品的规定作较为具体的表述。因此,建议将这一条修改为:"本法所称的作品,包括下列独立创作的文字、艺术和科学作品:(一)小说、散文、诗词、论文等文字作品;(二)报告、讲学等口述作品……"[①]最终,立法机关认为原规定的文学、艺术作品列举项目太多、太细,应规定得概括一些。[②] 因此,最终对于文字作品和口述作品未做详细列举,而由《著作权法实施条例》来完成。

(二)2001 年修订《著作权法》时对作品类型的改动

2001 年《著作权法》增加了杂技艺术作品、建筑作品和模型作品这三种作品,并且扩大原"电影、电视、录像作品"范围到"电影作品和以类似摄制电影的方法创作的作品"。具体而言,修改的内容包括以下几点。

第一,在原第 3 条第 3 款增加了杂技艺术作品,依据《著作权法实施条例》第 4 条,杂技艺术作品的含义是"杂技、魔术、马戏等通过形体动作和技巧表现的作品",我国保护杂技艺术作品是因为"我国杂技在世界上享有很高的声誉,杂技造型具有

---

① 宋汝棼:《全国人大法律委员会对〈中华人民共和国著作权法(草案)〉审议结果的报告》,http://www.npc.gov.cn/wxzl/gongbao/1990-06/20/content_1479227.htm,下载日期:2019 年 10 月 2 日。

② 宋汝棼:《关于〈中华人民共和国著作权法(草案修改稿)〉修改意见的汇报》,http://www.npc.gov.cn/wxzl/gongbao/1990-08/30/content_1479218.htm,下载日期:2019 年 10 月 2 日。

独创性,应明确规定为著作权保护的客体",①所以修订后《著作权法》在音乐、戏剧、曲艺、舞蹈作品后新增杂技艺术作品。

第二,在原第 4 款增加建筑作品,将原第 4 款的摄影作品单独列为第 5 款。建筑作品的含义是"以建筑物或者构筑物形式表现的有审美意义的作品",1990 年著作权法没有单独规定建筑作品,配套实施的 1991 年《著作权法实施条例》第 4 条将建筑作品纳入美术作品范围内,和绘画、书法和雕塑同为美术作品的表现形式。在第一次修订著作权法过程中,"有的委员建议,按照伯尔尼公约的规定在著作权保护的客体中增加建筑作品",②后 2001 年修法增加建筑作品和美术作品平行进行保护。

第三,将原第 5 款的电视、录像作品修改为"类似摄制电影的方法创作的作品",电影作品和以类似摄制电影的方法创作的作品的含义是"指摄制在一定介质上,由一系列有伴音或者无伴音的画面组成,并且借助适当装置放映或者以其他方式传播的作品",修订后《著作权法》将原来的"电影、电视、录像作品"描述为"电影作品和以类似摄制电影的方法创作的作品"也是采纳了《伯尔尼公约》的提法。

第四,将原第 6 款、第 7 款合并为一款并增加模型作品。在对图形作品和模型作品进行修改时,《修正案草案二次审议稿》第 3 条对本法所称的作品作了规定,其中第(七)项规定:"与地理、地形、建筑或科学有关的插图、地图、设计图、草图和模型作品",有的委员提出,这样规定包括不了艺术设计等图形和模型作品。因此,法律委员会建议将该项修改为:"工程设计图、产品设计图、地图、示意图等图形作品和模型作品",增加模型作品是为了与《伯尔尼公约》第 2 条第 7 款规定接轨。

同时 2001 年《著作权法》修改 1990 年的《著作权法》第 14 条对于"编辑作品"的规定。2001 年修订后的《著作权法》第 14 条对汇编作品的定义是"汇编若干作品、作品的片段或者不构成作品的数据或者其他材料,对其内容的选择或者编排体现独创性的作品",这其中的变化,一是将 1990 年《著作权法》中的"编辑作品"更名为"汇编作品",二是原编辑作品仅指由若干作品或者作品片段汇集的作品,修订后将对"不构成作品的数据或者其他材料,对其内容的选择或者编排体现独创性的"汇编成果也纳入作品的对象。将数据库纳入汇编作品回应了互联网等新技术出现和发展,针对计算机的电子数据库的保护需要法律来填补漏洞,"数据库恰恰是一

---

① 顾昂然:《全国人大法律委员会关于〈中华人民共和国著作权法修正案(草案)〉修改情况的汇报——2001 年 4 月 24 日在第九届全国人民代表大会常务委员会第二十一次会议上》,http://qikan.cqvip.com/Qikan/Article/Detail? id=3000719550,下载日期:2019 年 10 月 2 日。

② 顾昂然:《全国人大法律委员会关于〈中华人民共和国著作权法修正案(草案)〉修改情况的汇报——2001 年 4 月 24 日在第九届全国人民代表大会常务委员会第二十一次会议上》,http://qikan.cqvip.com/Qikan/Article/Detail? id=3000719550,下载日期:2019 年 10 月 2 日。

种重要的智力劳动成果,如果著作权法不予保护,对信息产业的发展是不利的",①将数据库纳入著作权法保护范围,鼓励和促进了我国电子计算机数据库及相关行业的发展,也顺应了当时国际数据库保护的潮流。

另外,对于民间文学艺术作品,因其是集体创作的产物,具有诸多不同于个体创作的作品的特性,在版权保护方面遇到诸多困难。② 在我国著作权立法上,2001年《著作权法》保留了 1990 年《著作权法》的规定,即"其著作权保护办法由国务院另行规定"。当时的立法考量是"我国是一个多民族国家,各民族有丰富多彩的民间文学艺术,著作权法规定,民间文学艺术作品有著作权,但民间文学艺术作品与一般作品不同,因此保护的办法也不一样,对民间文学艺术作品的著作权保护办法,由国务院另行规定"。③ 国家版权局曾起草了《民间文学艺术作品著作权保护条例(征求意见稿)》并于 2014 年 9 月向社会公开征求意见,但是接下来未有下文。2014 年《送审稿》对称谓做了改动,将"民间文学艺术作品"修改为"民间文学艺术表达",第 10 条规定"民间文学艺术表达的保护办法由国务院另行规定"。实践中,也发生过多起涉及民间文学艺术作品的案例,比如黑龙江省饶河县四排赫哲族乡政府诉郭颂涉及赫哲族民间文艺曲调的纠纷案、贵州安顺市文化局状告《千里走单骑》导演张艺谋涉及民间文艺"安顺地戏"纠纷案。

在 1990 年通过的《著作权法》的制定过程中,全国人大法律委员会对于当时的著作权法草案修改稿提出了修改意见,意见之一是建议增加一条,作为第 7 条,"科学技术作品中应当由专利法、技术合同法等法律保护的,适用专利法、技术合同法等法律的规定"。该意见在最终通过的《著作权法》中被采纳。在 2001 年《著作权法》中被删除。

(三)《著作权法》第三次修改拟对作品类型的调整

关于作品的类型,是《著作权法》第三次修订的重点内容。《送审稿》为每一种类型的作品进行了定义,第 5 条的条文是:"本法所称的作品,是指文学、艺术和科学领域内具有独创性并能以某种形式固定的智力表达。作品包括以下种类:(一)文字作品,是指小说、诗词、散文、论文等以文字形式表现的作品;(二)口述作品,是指即兴的演说、授课等以口头语言形式表现的作品;(三)音乐作品,是指歌

---

① 乔晓阳:《全国人大法律委员会关于〈中华人民共和国引渡法(草案)〉审议情况的报告——2000 年 12 月 22 日在第九届全国人民代表大会常务委员会第十九次会议上》,http://qikan.cqvip.com/Qikan/Article/Detail? id=3000719363,下载日期:2019 年 10 月 2 日。

② 卢海君:《版权客体论》,知识产权出版社 2014 年版,第 385 页。

③ 宋汝棼:《全国人大法律委员会对〈中华人民共和国著作权法(草案)〉审议结果的报告》,http://www.npc.gov.cn/wxzl/gongbao/1990-06/20/content_1479227.htm,下载日期:2019 年 10 月 2 日。

曲、乐曲等能够演唱或者演奏的带词或者不带词的作品;(四)戏剧作品,是指戏曲、话剧、歌剧、舞剧等供舞台演出的作品;(五)曲艺作品,是指相声小品、快板快书、鼓曲唱曲、评书评话、弹词等以说唱为主要形式表演的作品;(六)舞蹈作品,是指通过连续的动作、姿势、表情等表现思想情感的作品;(七)杂技艺术作品,是指杂技、魔术、马戏、滑稽等通过连续的形体和动作表现的作品;(八)美术作品,是指绘画、书法、雕塑等以线条、色彩或者其他方式构成的有审美意义的平面或者立体的造型艺术作品;(九)实用艺术作品,是指玩具、家具、饰品等具有实用功能并有审美意义的平面或者立体的造型艺术作品;(十)建筑作品,是指以建筑物或者构筑物形式表现的有审美意义的作品,包括作为其施工基础的平面图、设计图、草图和模型;(十一)摄影作品,是指借助器械在感光材料或者其他介质上记录客观物体形象的艺术作品;(十二)视听作品,是指由一系列有伴音或者无伴音的连续画面组成,并且能够借助技术设备被感知的作品,包括电影、电视剧以及类似制作电影的方法创作的作品;(十三)图形作品,是指为施工、生产绘制的工程设计图、产品设计图,以及反映地理现象、说明事物原理或者结构的地图、示意图等作品;(十四)立体作品,是指为生产产品、展示地理地形、说明事物原理或者结构而创作的三维作品;(十五)计算机程序,是指以源程序或者目标程序表现的、用于电子计算机或者其他信息处理装置运行的指令,计算机程序的源程序和目标程序为同一作品;(十六)其他文学、艺术和科学作品。著作权自作品创作之日起自动产生,无需履行任何手续。"《送审稿》对作品种类的规定的亮点在于以下几个方面。

第一,将原"电影作品和以类似摄制电影的方法创作的作品"表述为"视听作品",同时在相关权部分取消了"录像制品"的规定,主要理由是视听作品的表述更加简洁,单设一类录像制品作为相关权客体的立法例不普遍,多数情况下录像制品都可作为"视听作品"保护。[①]

第二,新增加实用艺术作品类型,在实用艺术作品定义中新增条件,不仅要具有实际用途还要"有审美意义"。我国现行《著作权法》没有规定实用艺术作品类型,但在《实施国际著作权条约的规定》中,有对外国人实用艺术作品给予为期25年的保护的规定,这种超国民待遇的规定一直备受诟病。[②] 实务中,在我国一系列与实用艺术作品有关的侵害著作权纠纷中,有的人民法院适用美术作品的规定,给出了保护或不保护的结论,也有的人民法院以《著作权法》未明文规定为由拒绝保护。不平等待遇以及不断出现的纠纷,使得单独规定实用艺术作品的呼声甚高。[③]

① 中华人民共和国国家版权局:《关于〈中华人民共和国著作权法〉(修改草案)的简要说明》,www.ncac.gov.cn/chinacopyright/contents/483/17745.html,下载日期:2019年10月2日。

② 管育鹰:《实用艺术品法律保护路径探析——兼评〈著作权法〉的修改》,载《知识产权》2012年第7期。

③ 蔡恒、骆电:《我国著作权法第三次修改的若干问题思考》,载《法律适用》2017年第1期。

《送审稿》对于实用艺术作品的规定反映了现实需要,实用艺术作品即"玩具、家具、饰品等具有实用功能并有审美意义的平面或者立体的造型艺术作品"。所以《修改草案》增加了实用艺术作品类型。但是关于实用艺术作品争议较大,修法过程也几易其稿。实用艺术作品和美术作品、外观设计保护的界限模糊等问题,还有待于进一步明确。

第三,《送审稿》将原来兜底性条款中"法律、行政法规规定的其他作品"修改为"其他文学、艺术和科学作品"。此外,将"模型作品"更名为"立体作品",是指为生产产品、展示地理地形、说明事物原理或者结构而创作的三维作品;将"计算机软件"修改为"计算机程序",以文字作品保护计算机文档。

第四节　著作权的内容

著作权内容是著作权法最关键的部分,著作权内容的范围就是著作权人专有权利的范围,他人使用作品的特定行为是否落入著作权人专有权范围内,直接关系到该特定行为是否构成著作权侵权。著作权内容的界定是著作权最为基础的问题之一,所以在修订著作权法过程中对著作权内容尤其是著作人身权的修改格外谨慎。2001 年和 2010 年对著作权法的修订没有修改著作人身权,仅在 2001 年修法中调整了著作财产权。正在进行的著作权法第三次修订对著作人身权和著作财产权的具体权利种类和内容均进行了较大的改动,引发了社会各界人士的热议。

一、著作人身权

发表权、署名权、修改权和保护作品完整权是 1990 年通过的《著作权法》中规定的 4 项著作人身权。"发表权,即决定作品是否公之于众的权利;署名权,即表明作者身份,在作品上署名的权利,修改权,即修改或者授权他人修改作品的权利;保护作品完整权,即保护作品不受歪曲、篡改的权利。"作者的署名权、修改权、保护作品完整权的保护期不受限制。公民的作品,其发表权的保护期为作者终生及其死亡后五十年,截止于作者死亡后第五十年的 12 月 31 日;如果是合作作品,截止于最后死亡的作者死亡后第五十年的 12 月 31 日。法人或者其他组织的作品、著作权(署名权除外)由法人或者其他组织享有的职务作品、电影作品和以类似摄制电影的方法创作的作品、摄影作品,其发表权的保护期为五十年,截止于作品首次发表后第五十年的 12 月 31 日,但作品自创作完成后五十年内未发表的,著作权法不再保护。2001 年和 2010 年《著作权法》修改时对这 4 项权利的规定未做任何改动。

(一)对署名权的修改

按照学理上的解释,作者基于其作品而享有的署名权包括了两方面内容,第一是表明作者身份的权利;第二是作者对于是否署名和如何署名的自决权,作者既可以署真名,也可以署假名、笔名或者不署名。在对《著作权法》进行第三次修改时,2012 年 3 月国家版权局公布的《中华人民共和国著作权法(修改草案)》对署名权进行了调整。第一,修改了署名权的定义——决定是否表明作者身份及如何表明作者身份的权利,主要理由是现行法中"在作品上署名"的规定只是如何表明作者身份的一种方式。该意见被 2014 年《送审稿》采纳。在实践中,署名权纠纷还包括合作作品中对于署名顺序的争议、对于署名方式的争议以及假冒署名问题。2002年《最高人民法院关于审理著作权民事纠纷案件适用法律若干问题的解释》第 11条规定:"因作品署名顺序发生的纠纷,人民法院按照下列原则处理:有约定的按约定确定署名顺序;没有约定的,可以按照创作作品付出的劳动、作品排列、作者姓氏笔画等确定署名顺序。"对于假冒署名的行为应当由民法上的姓名权调整还是由著作权法上的署名权调整,曾有过争论。"假冒他人署名的实质不在于冒用他人的姓名,而在于通过冒用他人姓名(通常还同时仿制他人作品题材、风格)来达到混淆原作的目的。因而这种行为侵害的客体不仅仅是作者的姓名本身,而且在一定程度上直接指向作者的特定作品,或者某个作者的作者整体,其后果既损毁了作者的声誉也危及了其作品的市场价值。故著作权法中作此进行规定。"[1]

对于在作品上的署名,现行《著作权法实施条例》第 19 条规定:"使用他人作品的,应当指明作者姓名、作品名称;但是,当事人另有约定或者由于作品使用方式的特性无法指明的除外。"对于"由于作品使用方式的特性无法指明"这种情况,将由法院在个案中结合具体案情进行裁量。

(二)对修改权的修改

在学术界,对于修改权一直有比较大的争议。有观点指出,发表权和修改权与经济权利难以分割,在实践中基本上没有单独列为权项的必要。[2] 关于修改权与保护作品完整权的关系,学术界有不同的声音。有学者指出:"修改权与保护作品完整权具有相同的含义。从正面讲,作者有权修改自己的作品,或者可以授权他人修改自己的作品。从反面讲,作者有权禁止他人篡改、歪曲、割裂自己的作品。无论是自己修改还是禁止他人修改,目的都是维护作品的完整性,维护体现在作品中的作者和思想、情感、精神和人格。"[3]但另一种观点指出,二者似乎并不总是具有相同含义。在涉及作品的修改时,修改权控制的范围似乎更广,除了单纯的文字性修改外,所有的内容方面的修改都受到修改权的限制,不论该修改是否达到歪曲、篡改的程度。

---

① 韦之:《著作权法原理》,北京大学出版社 1998 年版,第 147 页。

② 李明德、管育鹰、唐广良:《著作权法专家建议稿说明》,法律出版社 2012 年版,第 221 页。

③ 李明德、许超:《著作权法》,法律出版社 2003 年版,第 79 页。

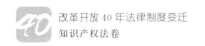
在征求意见过程中,多数意见认为修改权和保护作品完整权属于一个权利的两个方面,建议借鉴日本、德国等著作权法的规定。因此,草案删去修改权将其纳入保护作品完整权,使著作权中的人身权利缩减为三项:发表权、署名权和保护作品完整权。在 2012 年 7 月国家版权局关于《中华人民共和国著作权法(修改草案第二稿)》修改和完善的简要说明中,考虑到草案将修改权并入保护作品完整权后又在财产权部分增加了计算机程序的改编权。2014 年《送审稿》中规定"保护作品完整权,即允许他人修改作品以及禁止歪曲、篡改作品的权利"。

二、著作财产权

在第一次《著作权法》的立法过程中,除了四项著作人身权之外,还规定了一项财产权,即"使用权",在立法过程中,根据部分委员的意见,在《草案修改稿》第 10 条第(5)项规定"使用权"的后面,增加规定"和获得报酬权"[①]。最终于 1990 年获得通过的《著作权法》的规定是"使用权和获得报酬权,即以复制、表演、播放、展览、发行、摄制电影、电视、录像或者改编、翻译、注释、编辑等方式使用作品的权利;以及许可他人以上述方式使用作品,并由此获得报酬的权利"。同时,在 1991 年《著作权法实施条例》第 5 条中,对于复制、表演、播放、展览、发行、出版、摄制、改编、翻译、注释、编辑、整理行为进行了一一定义。著作财产权的保护期与上文所述的发表权的保护期一致。五十年这一期限的设定,当时考虑的是,"为鼓励作者创作更多有生命力的优秀作品,参照大多数国家的规定,同时也考虑不使一批三四十年代就很出名、但现已去世的作家的作品过早地丧失著作权",五十年这个保护期比新中国成立前实行过的著作权保护期长二十年,与当时世界上大多数国家现行著作权保护期基本协调。[②]

著作财产权是著作权制度中最为核心的部分,权利内容的制度发展是整个著作权制度中发展最显著的一个领域。技术变迁和法律观念的发展,都会促进著作权权利内容制度的迅速变更,尤其体现在权利种类以及权利内涵两方面,它们会伴随着技术和观念的变迁而发生巨大的变化。[③]《著作权法》的第一次大修和当下进行的第三次修改,正是著作权法律制度适应时代变迁的结果。

(一)第一次修改《著作权法》时对著作财产权的改动

在对《著作权法》进行修改的过程中,1990 年通过的《著作权法》对财产权的规

---

① 宋汝棼:《关于〈中华人民共和国著作权法(草案修改稿)〉修改意见的汇报》,http://www.npc.gov.cn/wxzl/gongbao/1990-08/30/content_1479218.htm,下载日期:2019 年 10 月 2 日。

② 宋木文:《关于〈中华人民共和国著作权法(草案)〉的说明》,http://www.npc.gov.cn/wxzl/gongbao/1989-12/20/content_1479229.htm,下载日期:2019 年 10 月 2 日。

③ 吴汉东:《著作权法第三次修改草案的立法方案和内容安排》,载《知识产权》2012 年第 5 期。

定被认为是比较概括。考虑到著作权中的财产权是著作权人的重要民事权利,法律对此需要作出具体规定。因此,草案借鉴国际上的通常做法,根据各方面达成的共识,将1991年开始实施的《著作权法》第10条第(5)项规定的"使用权和获得报酬权"加以具体化。[1] 因此,在对《著作权法》进行第一次修改时,做出了一系列的调整,使得各项权利的内涵更加明确,权利边界更加清晰。将原来的使用权和获得报酬权调整成十二项财产权利加一项兜底条款。具体而言,修法的变化在于以下几点。

第一,对使用权范围内的若干项权利予以分别单独的规定并加以定义,同时调整了各项权利的顺序:复制权,即以印刷、复印、拓印、录音、录像、翻录、翻拍等方式将作品制作一份或者多份的权利;表演权,即公开表演作品,以及用各种手段公开播送作品的表演的权利;展览权,即公开陈列美术作品、摄影作品的原件或者复制件的权利;发行权,即以出售或者赠与方式向公众提供作品的原件或者复制件的权利;摄制权,即以摄制电影或者以类似摄制电影的方法将作品固定在载体上的权利;改编权,即改变作品,创作出具有独创性的新作品的权利;翻译权,即将作品从一种语言文字转换成另一种语言文字的权利。

第二,将以播放方式使用作品的权利规定为广播权。广播权,即以无线方式公开广播或者传播作品,以有线传播或者转播的方式向公众传播广播的作品,以及通过扩音器或者其他传送符号、声音、图像的类似工具向公众传播广播的作品的权利。将以编辑方式使用作品的权利改为"汇编权",即将作品或者作品的片段通过选择或者编排,汇集成新作品的权利。

第三,关于表演权与放映权,在《著作权法》第二次修改的过程中,曾经是将"表演权"和"放映权"规定在一起,统称为"公开表演权",这是参照《伯尔尼公约》的做法,既包括通过演员的现场表演,也包括通过技术设备公开再现作品或者作品的表演(即机械表演),因此,2000年的《修正案草案》规定:著作权人享有"公开表演权,即通过演员的声音、表情、动作在现场直接公开再现作品,以及通过放映机、录音机、录像机等技术设备间接公开再现作品或者作品的表演的权利"。[2] 在审议过程中,有的委员提出,著作权人对电影作品和以类似摄制电影的方法创作的作品等享有的放映权,应单独规定为宜。因此,法律委员会建议增加一项对放映权的规定。最终通过的2001年《著作权法》即采纳了放映权与表演权分列的模式。放映权,即通过放映机、幻灯机等技术设备公开再现美术、摄影、电影和以类似摄制电影的方

① 石宗源:《关于〈中华人民共和国著作权法修正案(草案)〉的说明》,http://www.law-lib.com/fzdt/newshtml/20/20050820012813.htm,下载日期:2019年10月2日。

② 石宗源:《关于〈中华人民共和国著作权法修正案(草案)〉的说明》,http://www.law-lib.com/fzdt/newshtml/20/20050820012813.htm,下载日期:2019年10月2日。

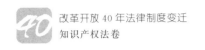
法创作的作品等的权利。

第四，关于出租权，考虑到"在复制品只租不卖的情况下，会导致作品的销售量下降，从而使作者的经济收益受到不利影响，与此同时，租赁人通过出租而获得复制品后可能进一步制作复制品"①，世界大多数国家的著作权法中都规定了出租权。2001 年《著作权法》增加了"出租权"，这是参照国际公约的有关规定，将出租权确定为著作权人的一项独立的财产权利，但是出租权行使的范围仅限于计算机程序和电影作品。《TRIPS 协定》第 11 条专立了作者的出租权："至少对于计算机程序及电影作品，成员应授权其作者或作者之合法继承人许可或禁止将其享有版权的作品原件或复制件向公众出租。"我国 2001 年修法最终采用的条款是"出租权即有偿许可他人临时使用电影作品和以类似摄制电影的方法创作的作品、计算机软件的权利，计算机软件不是出租的主要标的的除外"。单独规定"出租权"可以使其与"发行权"的界限变得确定。

第五，新增了对信息网络传播权的规定，即以有线或者无线方式向公众提供作品，使公众可以在其个人选定的时间和地点获得作品的权利。在 1998 年开始讨论修改著作权法时，计算机网络技术在我国的应用还不太普及，有关网络环境下的著作权保护的立法在国际上也还处于探索阶段。因此，1998 年 11 月 28 日提请全国人大常委会审议的原议案对网络环境下的著作权保护未作规定，该议案后被撤回。但是，在随后的一两年，计算机网络技术在我国取得较快发展，网络环境下的著作权纠纷时有发生，需要考虑列入著作权法的保护范围。同时，考虑到网络环境下的著作权保护问题还是一个新课题，需要进一步研究、探索，目前还难以作出具体规定。因此，2000 年 12 月 22 日公布的《修正案草案》规定：著作权人享有"传播权，即通过互联网络向公众提供作品，使公众可在其个人选定的时间和地点获得作品的权利"，并对现行著作权法涉及著作权人和与著作权有关的权利人的权利的有关条款作了相应修改。② 在 2001 年《修正案草案二次审议稿》中，"传播权"被改为"信息网络传播权"，同时，法律委员会建议增加规定：信息网络传播权的保护办法由国务院另行规定。

此外，2001 年《著作权法》未对 1990 年通过的《著作权法》中规定的"以注释方式使用作品的权利"进行规定。新增加了一项兜底条款，即第 10 条第 1 款第 17 项"应当由著作权人享有的其他权利"。

(二)《著作权法》第三次修改对著作财产权的内容的改动

2010 年《著作权法》的第二次修改未涉及对著作权权利内容的改动。由于"由

---

① 曲三强主编：《现代著作权法》，北京大学出版社 2011 年版，第 131 页。

② 石宗源：《关于〈中华人民共和国著作权法修正案(草案)〉的说明》，http://www.law-lib.com/fzdt/newshtml/20/20050820012813.htm，下载日期：2019 年 10 月 2 日。

于权利分类过多,权利内容之间特征不清、界限不明以及互有交叉,给权利的行使和权利的保护都带来了意想不到的困难,甚至成为司法实践中无法跨越的瓶颈问题"①,因此,在《著作权法》第三次修改中,拟对各项财产权进行调整,以期更符合国际条约的规定,更加贴合实践的需要,更加精确地规定相关内容,达到"进一步简化权利内容、廓清权利边界以及减少权利交叉重合"的修法目的。

第一,对于"复制权",2012年3月版权局的《修改草案》拟将复制权修改为包括数字化在内的任何形式。2014年《送审稿》采纳了这一意见,将复制权规定为"复制权,即以印刷、复印、录制、翻拍以及数字化等方式将作品固定在有形载体上的权利",删除了"拓印、翻录",将"录音、录像"合称为"录制"。同时,《送审稿》考虑到汇编权实际上可以由复制权控制,删除了汇编权。条文中对复制方式的列举是非穷竭的。在理论上,著作权法意义上的"复制"要求复制件能够基本呈现被复制的作品所能呈现的表达,是作品被相对稳定地固定在载体上,即包括将作品在同种载体上进行复制,也包括在不同种类的载体上进行的平面或立体的复制。

第二,对于"发行权",增加了其他转让所有权的方式,为数字环境下产生转让所有权效果的作品传输行为,提供了可适用的空间。《送审稿》的规定是"发行权即以出售、赠与或者其他转让所有权的方式向公众提供作品的原件或者复制件的权利"。理论上,有"发行权穷竭原则",又称"发行权权利用尽原则",对应的是商标法上的"首次销售原则",即当作品复制件已经被著作权人或者其授权的主体对外出售,该原件或复制件的受让人后续的发行行为不再受著作权发行权的限制。该原则是作品著作权与承载作品的载体的所有权之间存在独立关系的必然结果。

第三,对于"出租权",根据《世界知识产权组织版权条约》第7条规定,出租权客体增加了包含作品的录音制品的原件或复制件。

第四,"放映权"与"表演权"二者的关系,再次被提上议程。《送审稿》参考世界多数国家和地区的立法实践,取消放映权,将其并入表演权。表演权,即以演唱、演奏、舞蹈、朗诵等方式公开表演作品,以及通过技术设备向公众传播作品或者作品的表演的权利。

第五,对于"广播权"和"信息网络传播权"二者的界限,我国现行的2001年《著作权法》之下的"信息网络传播权"所能涵盖的行为仅指"向公众提供",而不包括国际公约原有意义上的"传播"。② 在2012年3月的《修改草案》中,"增加了有线播放的内容,同时为避免与广播混淆,将名称由广播权修改为播放权";"将信息网络传播权由交互式扩张为直播、转播等方式,以解决实践中提出的定时播放和转播等问

① 蔡恒、骆电:《我国著作权法第三次修改的若干问题思考》,载《法律适用》2017年第1期。
② 李明德、管育鹰、唐广良:《〈著作权法〉专家建议稿说明》,法律出版社2012年版,第402页。

题"。2012 年 7 月的《修改草案第二稿》考虑到《修改草案》关于广播权和信息网络传播权的设定以传播介质而非传播方式为基础,不能完全符合科技发展特别是"三网融合"的现状和趋势,因此将播放权适用于非交互式传播作品、信息网络传播权适用于交互式传播作品,以解决实践中的定时播放、(网络)直播以及转播等问题。最终,《送审稿》规定:"播放权,即以无线或者有线方式公开播放作品或者转播该作品的播放,以及通过技术设备向公众传播该作品的播放的权利","信息网络传播权,即以无线或者有线方式向公众提供作品,使公众可以在其个人选定的时间和地点获得作品的权利"。

第六,对于追续权,2012 年 3 月的《修改草案》考虑到我国目前艺术品市场的迅速发展和巨大规模,增加了追续权的规定。"追续权的设置是法律在自由与公平价值之间的一种平衡,其法律政策在一定程度上体现了立法部门的再分配功能。"[1]2012 年 7 月《修改草案第二稿》考虑到追续权本质上属于获酬权,因此将追续权单列一条规定(第 12 条),同时参考世界其他国家和地区立法,增加可操作性,将追续权的权利范围限定为通过拍卖方式的转售行为。《送审稿》最终增加追续权(送审稿中未出现追续权字样),同时考虑到其本质属于报酬请求权,有别于著作权的基本权利,因此单列条款规定,第 14 条规定"美术、摄影作品的原件或者文字、音乐作品的手稿首次转让后,作者或者其继承人、受遗赠人对原件或者手稿的所有人通过拍卖方式转售该原件或者手稿所获得的增值部分,享有分享收益的权利,该权利专属于作者或者其继承人、受遗赠人。其保护办法由国务院另行规定"。

第七,将"摄制权"并入改编权,"改编权,即将作品改变成其他体裁和种类的新作品,或者将文字、音乐、戏剧等作品制作成视听作品,以及对计算机程序进行增补、删节,改变指令、语句顺序或者其他变动的权利"。展览权、翻译权保持不变。兜底性条款(应当由著作权人享有的其他权利)依然需要,可以肯定的是,无论立法的前瞻性有多高,都不可能预知未来的所有作品使用方式,因此,应当为将来可能产生的新的作品使用方式预留适用上的灵活性。[2]

第五节　著作权的限制与例外

为了平衡著作权人和公众的利益,各国著作权法和国际著作权条约都允许对

---

① 李雨峰:《中国著作权法:原理与材料》,华中科技出版社 2014 年版,第 86 页。
② 李明德、管育鹰、唐广良:《著作权法专家建议稿说明》,法律出版社 2012 年版,第 221 页。

著作权人的权利进行必要的限制。① 但是在天平倾斜尺度的掌握上,严宽程度不尽相同。② 在我国《著作权法》立法之初,权利限制制度为《草案》的起草部门所重视。正如国家版权局局长宋木文 1989 年 12 月 20 日在第七届全国人民代表大会常务委员会第十一次会议上关于《草案》的说明中所强调的,"在承认和保护作者专有权利的同时,要求作者为社会承担一定的义务是必要的、合理的。在我国,文学、艺术和科学作品的作者,他们的目标和利益与全社会的目标和利益是一致的。为鼓励广大群众参加文化活动,迅速提高全民族的科学文化水平,根据我国社会经济发展的现状和人民群众学习科学文化知识的需要,有可能也有必要对作者行使著作权作适当的限制,以利作品的广泛传播"。③

一、合理使用制度

(一)1990 年《著作权法》规定的合理使用情形

所谓"合理使用",是指他人在特定情形下使用受著作权法保护的作品,可以不经著作权人许可,并不向其支付报酬,但必须指明作品来源或者出处的制度。1990 年通过的《著作权法》第 22 条规定了 12 项合理使用的具体情形,在这些情形下,可以不经著作权人许可,不向其支付报酬,但应当指明作者姓名、作品名称,并且不得侵犯著作权人依照本法享有的其他权利。具体如下:

第一,"为个人学习、研究或者欣赏,使用他人已经发表的作品"。此项规定属于"个人使用"的一种情形,即未经著作权人许可,以非商业目的、非公开化的方式使用作品,仅限于供个人学习、研究或欣赏使用。从著作权立法宗旨看,公共利益与著作权人的利益平衡是合理使用制度设计的初衷,允许合理的个人使用,是著作权法"合理使用"制度的应有之义。此外,由于个人使用他人作品的情况极为普遍,利用作品的范围又相当广泛,要求每个人在每次使用他人作品时均要征得著作权人同意并支付报酬,是不具现实可操作性的。

第二,"为介绍、评论某一作品或者说明某一问题,在作品中适当引用他人已经发表的作品"。依据当时有效的 1991 年《著作权法实施条例》的规定,"著作权法第 2 条第(2)项规定的适当引用他人已经发表的作品,必须具备下列条件:引用目的

---

① 顾昂然:《新中国第一部著作权法概述》,载《中国法学》1990 年第 6 期。"著作权法对著作权内容的规定是比较充分的,但是还必须考虑广大人民群众对文化生活的需求,考虑国家文化、科学、教育事业的发展,提高全民族文化科学水平的需要,考虑国家经济发展的需要。因此,对著作权又需要给以必要的限制。"

② 高卢麟:《中国著作权法修改初析》,载《知识产权》2002 年第 3 期。

③ 宋木文:《关于〈中华人民共和国著作权法(草案)〉的说明》,http://www.npc.gov.cn/wxzl/gongbao/1989-12/20/content_1479229.htm,下载日期:2019 年 10 月 2 日。

仅限于介绍、评论某一作品或者说明某一问题;所引用部分不能构成引用人作品的主要部分或者实质部分;不得损害被引用作品著作权人的利益"。而对于未发表的作品,未经许可不得以上述方式引用,否则构成对著作权人正当权益的损害。引用他人作品对某些作品的创作来说是不可避免的,因此,许多国家及国际公约对这种合理使用都有规定,如,《伯尔尼公约》第 10 条第 1 项规定,从一部合法公之于众的作品中摘出引文,包括以报刊提要形式引用报纸期刊的文章,只要符合合理使用,在为达到目的的正当需要范围内,就属合法。

第三,"为报道时事新闻,在报纸、期刊、广播、电视节目或者新闻纪录影片中引用已经发表的作品"。依据当时有效的 1991 年《著作权法实施条例》的规定,"著作权法第 22 条第(3)项的规定,指在符合新闻报道目的的范围内,不可避免地再现已经发表的作品"。"不可避免"限定了时事新闻引用的范围,更加符合国际条约的相关规定,否则容易造成权利滥用,损害著作权人的利益。这一规定与国际公约一致,如《伯尔尼公约》的规定是"为报道目的的正当需要范围内予以复制和公之于众"。

第四,"报纸、期刊、广播电台、电视台刊登或者播放其他报纸、期刊、广播电台、电视台已经发表的社论、评论员文章"。按照此条规定,刊登或者播放的对象涵盖所有的已发表的社论、评论员文章,并未对其类型作出限制,与《伯尔尼公约》不一致。《伯尔尼公约》第 10 条之二第 1 项规定,本同盟各成员国的法律得允许通过报刊、广播或对公众有线传播,复制发表在报纸、期刊上的讨论经济、政治或宗教的时事性文章,或具有同样性质的已经广播的作品,但以对这种复制、广播或有线传播并未明确予以保留的为限。但对比该条规定,除未限制文章范围外,也缺少对作者事先排除权利的规定。

第五,"报纸、期刊、广播电台、电视台刊登或者播放在公众集会上发表的讲话,但作者声明不许刊登、播放的除外"。公众集会一般是指为一定目的在公共场所举行的集会,本身就具有公开宣称的性质,因此,本条规定报纸、期刊、广播电台、电视台等媒体刊登或播放在公众集会上发表的讲话,可以不经著作权人许可,不向其支付报酬。但在某些特殊的情况下,作者并不愿意将其讲话在媒体上刊登或播放,此时就需要尊重作者意愿,不得刊登或播放。

第六,"为学校课堂教学或者科学研究,翻译或者少量复制已经发表的作品,供教学或者科研人员使用,但不得出版发行"。在立法过程中,部分委员建议规定"不以牟利为目的,可以影印、出版外国书刊,以了解外国的科学信息",但是,全国人大法律委员会认为,"影印、出版外国书刊问题,可以为教学和科研需要翻译或者少量复制,可以不经许可,不支付报酬;至于出版牟利的,将来与外国签订协议或者参加国际公约之后,应当支付报酬;在尚未与外国签订协议或者参加国际公约之前,暂时仍可以不支付报酬"。①

第七,"国家机关为执行公务使用已经发表的作品"。依据 1991 年的《著作权法实施条例》,"依照著作权法第 22 条第(6)、(7)项的规定使用他人已经发表的作品,不得影响作品的正常利用,也不得无故损害著作权人的合法权益"。国家机关包括立法机关、行政机关、审判机关、法律监督机关和军事机关,国家机关使用他人作品的情况很多,如,立法机关为制定法律,复印或者摘编某些法学论文。国家机关为执行公务使用他人已经发表的作品,不得随意扩大使用范围,不得损害著作权人的合法权益。

第八,"图书馆、档案馆、纪念馆、博物馆、美术馆等为陈列或者保存版本的需要,复制本馆收藏的作品"。图书馆、档案馆、纪念馆、博物馆、美术馆等收藏的作品中,有些因年代久远已陈旧、破损,有的是绝版图书或仅有一份真迹,为更好地保存历代优秀的、有意义的作品,著作权法将为保存或者陈列版本需要复制他人作品纳入合理使用范围。

第九,"免费表演已经发表的作品"。依据 1991 年《著作权法实施条例》的规定,"依照著作权法第 22 条第(9)项的规定表演已经发表的作品,不得向听众、观众收取费用,也不得向表演者支付报酬"。非营业性演出一般是为了丰富和活跃基层的文化生活,表演者并没有因此获得收入,因此,免费表演他人已经发表的作品可以不经著作权人许可,不向其支付报酬。此外,免费向公众表演时,应当尊重著作权人的其他权利,指明作者的姓名、作品的名称,并且不得任意修改、歪曲、篡改作品。

第十,"对设置或者陈列在室外公共场所的艺术作品进行临摹、绘画、摄影、录像"。此项规定主要是因为这些陈列或者设置于室外公共场所的艺术作品本身就具有长期公共及公益的性质,既然陈列或设置在室外公共场所,就难免有人临摹、绘画或者以此为背景拍照、录像,所以,让所有使用者去取得著作权人许可,并支付报酬不具有实际操作性。

第十一,"将已经发表的汉族文字作品翻译成少数民族文字在国内出版发行"。对于这一种情形,在立法过程中,有部分委员建议规定"将少数民族文字作品翻译成汉文在国内传播,也可以不经著作权人许可,不向其支付报酬"。对此,法律委员会认为翻译作品须经原作者同意,并向其支付报酬,这是著作权法规定保护著作权的原则,合理使用制度也不能与原则相背驰。《草案修改稿》规定把已经发表的汉族文字作品翻译成少数民族文字在国内传播,可以不经原作者同意,不向其支付报酬,是考虑到宪法规定国家帮助少数民族地区加速文化发展而作的特殊规定,是为

① 宋汝芬:《关于〈中华人民共和国著作权法(草案修改稿)〉修改意见的汇报》,http://www.npc.gov.cn/wxzl/gongbao/1990-08/30/content_1479218.htm,下载日期:2019 年 10 月 2 日。

了鼓励把汉族文字作品翻译成少数民族文字,以利于繁荣少数民族的文化;至于将少数民族文字作品翻译成汉文,则仍应按照保护著作权的一般原则规定保护少数民族作者的权益。

第十二,"将已经发表的作品改成盲文出版"。帮助残疾人学习科学文化知识,是每个作者都愿意担负的社会责任,这也是国际上惯常规定,如,《俄罗斯民法典》第 492 条规定,用凸点字形为盲人出版已发表的作品,可以不经作者同意和不支付著作酬金而利用作品。

除上述 12 项之外,第 43 条规定:"广播电台、电视台非营业性播放已经出版的录音制品,可以不经著作权人、表演者、录音制作者许可,不向其支付报酬。"在 2001 年修改《著作权法》时,将该条款变更为法定许可情形。

在第一部《著作权法》立法过程中,针对《草案修改稿》中合理使用的具体情形,有委员提出,"著作权法的制定要考虑作者和国家利益、社会利益的关系,合理使用范围应当比西方国家宽,要有利于意识形态领域的敌我斗争",对此,法律委员会的回应是:"修改稿在考虑保护作者权益的同时,也考虑了作者同国家、公众的关系问题。第 22 条规定使用作品可以不经著作权人许可,不向其支付报酬的有 12 项,较一些西方国家有关法律规定已经放宽了合理使用的范围。新华社内参等刊登国内外某些人的言论,可以适用该条第 7 项(国家机关为执行公务使用已发表的作品)的规定而不受限制。修改稿还规定,广播电台、电视台在制作节目时应支付报酬,在播放自己制作的节目和录音制品时不再付酬等,这些规定,都体现了在保护作者权益的同时,也考虑国家利益和社会公共利益的需要。至于意识形态领域的敌我斗争,不是著作权法能够解决的;对于违法出版物的管理,是出版法调整的范围。"①

(二)2001 年《著作权法》对合理使用制度的修改

《著作权法》第 22 条第 1 款规定的对作品"合理使用"的 12 种情形,与知识产权协议的相关规定多有出入。对此,在 2001 年《著作权法》第一次修改时,草案对该条款的五种情形进行了修订,其他七种情形未做实质性改动。修订过程中面临的主要问题包括以下几个方面。

第一,对于合理使用,是否有必要参考《伯尔尼公约》给其以一定的要素限定。鉴于伯尔尼公约对"合理使用"的原则,作了一定的限制,即"不损害作品的正常使用,也不至无故侵害作者的合法利益",因此,在 2000 年 10 月的《修正案草案》中,增加了规定:"合理使用"作品,"不得影响作品的正常使用,也不得不合理地损害著作权人的合法权利",但通过的 2001 年《著作权法》未采纳该建议,而是选择在

---

① 宋汝棼:《关于〈中华人民共和国著作权法(草案修改稿)〉修改意见的汇报》,http://www.npc.gov.cn/wxzl/gongbao/1990-08/30/content_1479218.htm,下载日期:2019 年 10 月 2 日。

2002 年《著作权法实施条例》第 21 条中规定，依照著作权法有关规定，使用可以不经著作权人许可的已经发表的作品的，不得影响该作品的正常使用，也不得不合理地损害著作权人的合法利益。

第二，对于时事新闻报道所涉及的合理使用，1990 年《著作权法》的规定未限定使用条件，超过了国际公约规定的"合理使用"范围，《伯尔尼公约》中规定，是"为报道目的正当需要范围内予以复制和公之于众"。据此，2001 年《著作权法》将该款进行了修改，将"引用已经发表的作品"改为"不可避免地再现或者引用已经发表的作品"，将"报纸、期刊、广播、电视节目或者新闻纪录影片"改为"报纸、期刊、广播电台、电视台等媒体中"。

第三，对于时事性文章的合理使用，1990 年《著作权法》规定的是"已经发表的社论、评论员文章"。但是，鉴于《伯尔尼公约》第 10 条之二第 1 款将这种使用仅限于关于政治、经济或宗教的时事性文章。据此，2001 年《著作权法》采用了与此相同的规定，并且增加了"但作者声明不许刊登、播放的除外"这一作者禁止权规定。因为在某些特殊的情况下，作者并不愿意将其讲话在媒体上刊登或播放，此时需要尊重作者意愿，不得刊登或播放。同时，在原条文的"报纸、期刊、广播电台、电视台"后面加上了"等媒体"字样。在媒体使用公众集会讲话这种情形下，亦同样添加了"等媒体"三个字。

第四，对于制作少数民族语言文字版本，虽然《TRIPS 协定》和《伯尔尼公约》都没有作这样的规定，但是，考虑到发展、繁荣我国少数民族文化的需要，现行著作权法上述规定还是被保留了下来，但该规定不宜适用于外国人。因此，2001 年《著作权法》将其限定为"将中国公民、法人或者其他组织已经发表的以汉语言文字创作的作品"翻译成少数民族语言文字作品在国内出版发行。

第五，对于国家机关公务性使用和免费表演，按照《伯尔尼公约》和《TRIPS 协定》的规定，对这两种情况的合理使用，还应加以适当限制。因此，2001 年《著作权法》将这两条修改为"国家机关为执行公务在合理范围内使用已经发表的作品"和"免费表演已经发表的作品，该表演未向公众收取费用，也未向表演者支付报酬"，即在前者中加入了"合理范围"，在后者中加入了"该表演未向公众收取费用，也未向表演者支付报酬"。

(三)第三次修法对合理使用制度的考量

与《著作权法》在 2001 年和 2010 年先后两次修改不同，2012 年《著作权法》第三次修改完全没有来自外部的压力，没有类似前两次的理由。这次修改的根本动力是来自于我国自身技术进步和经济社会的发展，是为了适应国情的巨大变迁，以满足社会实践和司法实践的迫切要求。所以，2012 年《著作权法》第三次修改显得更加从容、充分，顺应了社会的发展潮流，有助于解决在建设创新型国家时所遗留的历史任务。

第一，对于合理使用的原则性规定，2012 年 3 月，国家版权局草拟的《修改草案》将"不得影响该作品的正常使用，也不得不合理地侵害著作权人的合法权益"引入合理使用的限定范围。然而，2014 年 6 月 6 日的《送审稿》采纳了该做法，在对合理使用的定义中保持了原有条文的内容，在列举的所有合理使用情形之后，增加了一款，即"以前款规定的方式使用作品，不得影响作品的正常使用，也不得不合理地损害著作权人的合法利益"，从而将《著作权法实施条例》第 21 条的规定上升为法律。我国著作权法缺乏本土法律文化的支撑，在借鉴过程中也并未重视对相关判定标准的消化吸收，这导致我国的合理使用制度缺乏传统和判例的支撑，既无法实现以罗列的方式避免实践中的分歧，也无法有效解决新技术带来的新问题。① 在对合理使用的情形进行列举式立法的基础上，"加入了抽象性的判断要件，使司法上对著作权法所列举的行为能有一个统一的标准，具有重要的实践意义"。② 但是，该款仅规定了《伯尔尼公约》规定的"三步检验法"③中的两个条件，未明确规定"仅限于特殊情形"这个条件。

第二，对于为个人目的的合理使用，2012 年 3 月的《修改草案》将其修改为"为个人学习、研究，复制一份他人已经发表的作品"，删除了"欣赏"目的，缩小了为个人目的合理使用的空间和范围；2012 年 7 月 6 日国家版权局发布的《修改草案第二稿》再次对"为个人目的合理使用"进行了修改，规定为"为个人学习、研究，复制他人已经发表的文字作品的片段"，将作品限定为文字作品，目的在于缩小了为个人目的合理使用的空间和范围。然而，2014 年 6 月 6 日国务院法制办公室公布的《送审稿》又删除了对"文字作品"的限定，最终的送审条文变成了"为个人学习、研究，复制他人已经发表的作品的片段"。究其原因，在于作品类型多种多样，将个人使用的范围仅限定于"文字作品"未免归于狭窄，且无法满足实际生活需要。

第三，对于适当引用，2012 年 7 月 6 日《修改草案第二稿》加上了"引用部分不得构成引用人作品的主要或者实质部分"的限定，缩小了适当引用的范围，最终被《送审稿》采纳。

第四，对于第 3 项时事新闻报道中的使用、第 4 项对时事新闻文章的使用以及第 5 项对公众集会上的讲话的使用，2012 年 7 月 6 日发布的《修改草案第二稿》对于第 3 项和第 4 项都加入了"信息网络"，并将第 4 项的"不许刊登、播放"修改为"不得使用"，目的是适应信息网络社会的高速发展，使得条文更加具有科学性。2014 年《送审稿》删除了第 3 项中"时事新闻""信息网络"中的"时事""网络"的限

---

① 吴汉东：《著作权法第三次修改的背景、体例和重点》，载《法商研究》2012 年第 4 期。

② 吴汉东：《著作权法第三次修改草案的立法方案和内容安排》，载《知识产权》2012 年第 5 期。

③ 《伯尔尼公约》基于复制行为所提出的"三步检测法"：即对作品的利用(1)不得妨碍著作权人对其作品之正常使用；(2)不能对著作权人的合法利益造成不合理的损害；(3)不得超过使用目的的必要范围。

定,删除了第 4 项、第 5 项"信息网络"中"信息"的限定,最终《送审稿》这三项的条文内容是"为报道新闻,在报纸、期刊、广播电台、电视台、网络等媒体中不可避免地再现或者引用已经发表的作品;报纸、期刊、广播电台、电视台、网络等媒体刊登或者播放其他报纸、期刊、广播电台、电视台、网络等媒体已经发表的关于政治、经济、宗教问题的时事性文章,但作者声明不得使用的除外;报纸、期刊、广播电台、电视台、网络等媒体刊登或者播放在公众集会上发表的讲话,但作者声明不得使用的除外"。

第五,对于免费表演,《送审稿》增加了限定条件,规定"除未向公众收取费用、未向表演者支付报酬外,也未以其他方式获得经济利益",使得该项的适用条件更加严格等。

第六,对于室外艺术品的复制,2012 年 3 月的《修改草案》将 2001 年《著作权法》第 22 条第 1 款第(10)项的"摄影、录像"修改为"摄制",但是对草案进行评议时,委员认为"摄制"一词无法准确表达"摄影、录像"的含义,而且容易与著作权法其他条文中的"摄制权"一词造成混淆,因此未采纳该简称;2012 年 7 月 6 日《修改草案第二稿》增加关于对室外艺术作品进行临摹、绘画、摄影、录像后形成的成果后续使用的规定,将该条修改为"对设置或者陈列在室外公共场所的艺术作品进行临摹、绘画、摄影、录像并向公众提供,但不得以该艺术作品的相同方式复制、陈列以及公开传播",对其使用范围进行了更加严格的限定。最终,上述修改被《送审稿》采纳。

另外,对于制作少数民族语言文字版本,2012 年 3 月的《修改草案》将 2001 年《著作权法》第 22 条第 1 款第(11)项的"公民"改为"自然人",以规范"自然人、法人以及其他组织"的用词。《送审稿》未对现行《著作权法》合理使用条款的第 6、7、8 这三项进行改动。此外,在《修改草案第二稿》和《送审稿》增加了兜底条款"其他情形"作为第 13 项,试图将合理使用制度由现行《著作权法》的封闭式改为开放式。知识产权界对此变动评价不一,有的表示赞许,认为符合技术发展与利益平衡的需求,能够增加法律前瞻性,弥补成文法滞后性的缺陷,解决立法技术不够成熟和转型社会中的新问题、新情况不断出现的难题;有的表示质疑,认为合理使用只能是一种例外性制度,必须由立法明确列举,不宜引入弹性条款。在总体趋势上,越来越多的国家倾向于增加"合理使用"的立法弹性。[①] 例如,美国《版权法》第 107 条规定,为诸如批评、评论、新闻报道、教学、学术或研究的目的合理使用有版权的作品,不侵害版权。此条对目的的限定使用了"诸如"一词,表明上述列举的目的并非穷尽。

鉴于计算机程序的快速发展,实践中引起的争议案件渐呈爆发之势,考虑到计算机程序反向工程是计算机程序兼容必不可少的一个环节,多年来这个问题一直

---

① 李琛:《论我国著作权法修订中"合理使用"的立法技术》,载《知识产权》2013 年第 1 期。

未得到合理解决,2012 年 3 月的《修改草案》借鉴欧洲和德国等著作权法的做法,首次增加了技术限制的内容。被 2014 年《送审稿》第 45 条采纳,即"为了学习和研究计算机程序内含的设计思想和原理,计算机程序的合法授权使用者通过安装、显示、传输或者存储等方式使用计算机程序的,可以不经计算机程序著作权人许可,不向其支付报酬"。第 46 条规定"计算机程序的合法授权使用者在通过正常途径无法获取必要的兼容性信息时,可以不经该程序著作权人许可,复制和翻译该程序中与兼容性信息有关的部分内容。适用前款规定获取的信息,不得超出计算机程序兼容的目的使用,不得提供给他人,不得用于开发、生产或者销售实质性相似的计算机程序,不得用于任何侵犯著作权的行为"。在当前阶段,计算机软件著作权在一定程度上已经得到了人们的认可和接受,立法者也逐渐意识到其重要性及保护的必要性。但对计算机软件进行保护要遵循一定的原则和标准,防止权力被无限滥用,要给计算机软件的合理使用提供适度的空间,逐步制定切实、可用的技术保护措施。我国在制定《著作权法》的同时制定了《计算机软件保护条例》,于 1991 年 10 月 1 日起实施,于 2002 年做了修改。然而,仔细比较《著作权法》和《计算机软件保护条例》的规定,会发现除了有关软件的定义和权利的限制之外,其他的规定都与《著作权法》的相关规定雷同。因此,学术界很多人都建议,在《著作权法》中增加计算机程序的定义和必要的权利限制,然后废除《计算机软件保护条例》。[①]此外,关于第 45 条"为了学习和研究计算机程序内含的设计思想和原理"的规定,有学者认为显然多余,按照现行《著作权法》第 22 条第 1 项,为了个人学习、研究或者欣赏,使用他人已经发表的作品,不属于侵权;第 46 条的规定,为了兼容的必要而复制和翻译程序中相关的信息,完全可以与为了使用的修改合并在一起。[②]

二、法定许可制度

法定许可是指根据法律的直接规定,以某些方式使用他人已经发表的作品可以不经著作权人的许可,但应当向著作权人支付使用费,并应当注明作者姓名、作品名称和出处的一种制度。[③] 我国现行《著作权法》一共规定了四种法定许可,但是在《著作权法》的制定和修订中,还有其他的情形曾登上了法定许可的舞台,也有根据现行法的法定许可情形,被讨论是否应当删除,故下文将过去曾有的或者现在适用的情形均包含在内,一一说明。

---

① 李明德:《著作权法概论》,辽海出版社 2005 年版,第 28~287 页。

② 李明德:《我国〈著作权法〉的第三次修改与建议》,载《知识产权》2012 年第 5 期。

③ 郑成思:《伯尔尼公约与我国著作权法的权利限制》,载《法律科学(西北政法学院学报)》1992 年第 5 期。

（一）现行《著作权法》中的法定许可

1. 报刊转载

1990 年《著作权法》中的法定许可是以 1984 年文化部颁布的《图书、期刊版权保护试行条例》为基础，在内容上进行了完善和扩充。报刊转载的法定许可，在1990 年通过的《著作权法》中就有规定，并延续至今。"作品刊登后，除著作权人声明不得转载、摘编的外，其他报刊可以转载或者作为文摘、资料刊登，但应当按照规定向著作权人支付报酬。"2001 年《著作权法》第一次修改时，对该条未做改动。可见，我国《著作权法》规定的法定许可制度仅限于法律明确规定的情形，且仅限于已经发表的作品，使用者必须支付报酬，必须以著作权人没有声明不许使用为前提。不过，对于报纸杂志转载法定许可，有批评意见指出："报刊转载的法定许可之一制度弊大于利，在某种程度上造成了作者、首发报刊和转载者之间的关系失衡……为促进文化产业的发展和鼓励创新，针对所有作品的报刊转载法定许可的规定本身都应当取消。"①

2. 编写出版教科书

在 1990 年制定《著作权法》时，关于为义务教育的需要使用作品，曾有过讨论，当时的《草案》曾将这种情况列入合理使用中，即"选用已经发表的作品作为义务教育的课本出版、发行，可以不经著作权人同意，不向其支付报酬"。但是，在对该条进行审议时，教科文卫委员会提出：选用已经发表的作品作为义务教育课本出版、发行，还是应经著作权人同意。同时，因其作品为义务教育做出贡献，应受到奖励。根据教科文卫委员会的意见，考虑义务教育课本是照价出售，出版单位也有盈利，还是可以支付报酬的。② 因此，最终获得通过的 1990 年《著作权法》未将编写出版教科书作为对著作权的限制和例外情形。

为了实施科教兴国战略，在借鉴一些国家法律法规的基础上，2000 年公布的《修正案草案》增加了关于"编写出版教材使用他人作品"的法定许可制度。此项制度的设立，主要是考虑到教育事业是一项非营利的社会公益事业，全社会都应当给予大力支持。根据立法机关的解释，这一规定是考虑到教育事业关系国家经济、文化和科学事业的发展，借鉴了德国、日本著作权法的相关规定，将法定许可制度应用到了教育目的的使用之上。2000 年《著作权法》采纳了《修正案草案》的规定，将这种情况单列出来，作为法定许可事项。第 23 条第 1 款规定，"为实施九年制义务教育和国家教育规划而编写出版教科书，除作者事先声明不许使用的外，可以不经著作权人许可，在教科书中汇编已经发表的作品片段或者短小的文字作品、音乐作

---

① 李明德、管育鹰、唐广良：《〈著作权法〉专家建议稿说明》，法律出版社 2012 年版，第 398 页。

② 宋汝棼：《关于〈中华人民共和国著作权法（草案修改稿）〉修改意见的汇报》，http://www.npc.gov.cn/wxzl/gongbao/1990-08/30/content_1479218.htm，下载日期：2019 年 10 月 2 日。

品或者单幅的美术作品、摄影作品,但应当按照规定支付报酬,指明作者姓名、作品名称,并且不得侵犯著作权人依照本法享有的其他权利"。这样,不但可以满足中国不同经济发展状态区域义务教育的普及,而且,以全民教育素质提高为背景的社会公益对著作权人的专有权提出了限制要求。①

3.制作录音制品

1990 年 6 月 20 日公布的《草案》中,对于录音制作者使用他人未发表的作品与已发表的作品进行了区分,原因在于,有些委员和地方、部门提出,《草案》规定录音制作者使用他人已发表的作品,也要事先取得著作权人的同意,订立合同,执行起来很困难。同时,对使用未发表的作品和已发表的作品,应有所区别。1990 年 8 月 30 日公布的对《草案修改稿》的意见中,提议对于录音制作者使用他人已发表的作品这种法定许可形态,增加"著作权人声明不许使用的不得使用"的要求。最终获得通过的 1990 年《著作权法》采纳了上述意见,第 37 条规定"录音制作者使用他人未发表的作品制作录音制品,应当取得著作权人的许可,并支付报酬;录音制作者使用他人已发表的作品制作录音制品,可以不经著作人许可,但应当按照规定支付报酬;著作权人声明不许使用的不得使用"。同时还规定"录音录像制作者使用改编、翻译、注释、整理已有作品而产生的作品,应当向改编、翻译、注释、整理作品的著作权人和原作品的著作权人支付报酬"。需要注意的是,录像制作者使用他人作品制作录像制品,不属于法定许可情形,应当取得著作权人的许可,并支付报酬。

在 2001 年修法时,不再区分使用的是已发表作品还是未发表作品,要求"录音录像制作者使用他人作品制作录音录像制品,应当取得著作权人许可,并支付报酬。录音录像制作者使用改编、翻译、注释、整理已有作品而产生的作品,应当取得改编、翻译、注释、整理作品的著作权人和原作品著作权人许可,并支付报酬",同时将制作录音制品的法定许可由"使用他人已发表的作品制作录音制品"限缩于"使用他人已经合法录制为录音制品的音乐作品制作录音制品",此时才可以不经著作权人许可,仅需要按照规定支付报酬,但著作权人声明不许使用的不得使用。两者的区别在于:按照修改前的规定,只要作品已公之于众,不论其是否已被出版、表演、录音、广播,都可以不经作者授权制作录音制品;使用作品的种类可以是已发表的音乐作品,也可以是曲艺、文学故事、诗歌朗诵等作品。但按照修改后的规定,作品已被使用的方式仅限于合法录制,在报刊上发表、经现场表演都不能作为法定许可的条件;被合法录制为录音制品的作品种类仅限于音乐作品,曲艺、文学故事、诗歌朗诵等文字作品及其他作品,即使已被合法录制,使用时仍需经过著作权人许可。对录音制品的法定许可进行限缩,主要是考虑到《伯尔尼公约》第 13 条的规定,"本同盟每一成员国可就其本国情况对音乐作品作者及允许其歌词与音乐作品

---

① 张曼:《著作权法定许可制度研究》,厦门大学出版社 2013 年版,第 174 页。

一道录音的歌词作者授权对上述音乐作品以及有歌词的音乐作品进行录音的专有权利规定保留及条件;但这类保留及条件之效力严格限于对此作出规定的国家,而且在任何情况下均不得损害作者获得在没有协议情况下由主管当局规定的合理报酬"。因此,《伯尔尼公约》允许成员国对著作权人的录音权实行非自愿许可制度。在2001年修改著作权法时,从中国实际出发,仍然保留了录音权的法定许可制度,但按照《伯尔尼公约》的要求对法定许可的条件做了更严格的限制。

4.播放已发表的作品和播放录音制品中的作品

对于广播电台、电视台使用他人已发表的作品制作广播、电视节目,争议比较大。有的观点认为不应当支付报酬,有的观点认为不仅应当支付报酬,还应当经著作权人许可。1990年6月20日公布的《草案》中,有些委员和地方、部门提出,我国的广播电台、电视台担负着宣传、教育,满足人民群众文化生活的任务,播放节目并不收费,对作者、表演者按草案规定支付报酬,难以承受。因此,建议分别情况作以下规定:"广播电台、电视台使用他人未发表的作品制作广播、电视节目,应当取得著作权人的许可,并支付报酬。""使用他人已发表的作品制作广播、电视节目,可以不经著作权人许可,但应当按照规定支付报酬;本法规定可以不支付报酬的除外……广播电台、电视台非营业性播放已经出版的录音制品,可以不经著作权人、表演者、录音制作者许可,不向其支付报酬。"

1990年8月30日公布的《草案修改稿》继续坚持了《草案》的规定,同时,在修改意见中进行了说明,广播电台、电视台使用已发表的作品是大量的,我们社会主义国家的广播电台、电视台担负着宣传、教育,满足人民文化生活需要的任务,播放节目是不收费的,因此不能像资本主义国家规定的每次播放广播、电视节目以及录音制品都要向著作权人付酬(那样广播电台、电视台负担不了),但也不能一律不支付报酬。因此,《草案修改稿》规定制作节目、制作录音制品要向著作权人支付报酬,但这是一次性的,播放时不再付酬。这样规定,既考虑了保护著作权人的权益,也考虑了我国广播电台、电视台的实际情况。著作权人发表作品,一般是愿意将作品传播的,广播电台、电视台使用他人作品较多,有的时间性较强,如果都要事先经著作权人许可,执行起来较为困难,而且实际上必要性不大。考虑到某些作品虽已发表,但由于某些特殊原因,著作权人不愿意再让他人使用,因此,《草案修改稿》增加规定"著作权人声明不许使用的不得使用"。① 最终1990年通过的《著作权法》对于"广播电台、电视台使用他人已发表的作品制作广播、电视节目,可以不经著作权人许可,但著作权人声明不许使用的不得使用;并且除本法规定可以不支付报酬的以外,应当按照规定支付报酬"。有学者称该条是"一条很难用版权法中的术语

---

① 宋汝棻:《关于〈中华人民共和国著作权法(草案修改稿)〉修改意见的汇报》,http://www.npc.gov.cn/wxzl/gongbao/1990-08/30/content_1479218.htm,下载日期:2019年10月2日。

来归纳"的条款,与我国广播电视事业的一些特殊情况相关。该条与《伯尔尼公约》的规定相冲突。[①]

2001 年《著作权法》对该条做了几处修改,首先,对于广播电台、电视台使用作品的法定许可,对条文的更改包括以下几点:第一,将广播电台、电视台"使用"作品改为"播放"作品;第二,删除"制作广播、电视节目";第三,删除"但著作权人声明不许使用的不得使用";第四,删除"除本法规定可以不支付报酬的以外"。最终的条文是"广播电台、电视台使用他人已发表的作品制作广播、电视节目,可以不经著作权人许可,但著作权人声明不许使用的不得使用;并且除本法规定可以不支付报酬的以外,应当按照规定支付报酬"。

其次,增加了一项法定许可。即其将"播放含有作品的录音制品"从"合理使用"变更为"法定许可"。1990 年《著作权法》第 43 条规定的是"广播电台、电视台非营业性播放已经出版的录音制品,可以不经著作权人、表演者、录音制作者许可,不向其支付报酬"。根据当时的立法文件,将这种情况从"合理使用"变更为"法定许可"的原因在于:"伯尔尼公约第 11 条之二规定,作者对其作品享有播放权,行使权利的条件由成员国法律规定,但在任何情况下,这些条件均不应有损于作者获得合理报酬的权利。这次修改,根据伯尔尼公约上述规定,经同各有关方面反复商量,基本达成一致意见,认为:为了履行我国对外承诺,按照国际公约的要求,对该条作适当修改是必要的;同时,考虑到对这一条所规定的情形实行付酬制度,的确涉及诸多复杂问题,需要在进一步研究、论证的基础上,由国务院制定一个具体办法,否则,难以操作。"[②]因此,最终,2001 年《著作权法》规定"广播电台、电视台播放已经出版的录音制品,可以不经著作权人许可,但应当支付报酬。当事人另有约定的除外。具体办法由国务院规定"。这是一大突破,删去了非营业性播放,凡使用作品都要向著作权人付酬,解决了多年来争论不休的一大问题,有利于对"重物质财产、轻知识财产"的思想的扭转。[③]

5.《信息网络传播权保护条例》中规定的法定许可情形

2006 年实施的《信息网络传播权保护条例》以及 2013 年修订后的条例,其第 8 条均有规定制作和提供课件法定许可,"为通过信息网络实施九年制义务教育或者国家教育规划,可以不经著作权人许可,使用其已经发表作品的片段或者短小的文字作品、音乐作品或者单幅的美术作品、摄影作品制作课件,由制作课件或者依法取得课件的远程教育机构通过信息网络向注册学生提供,但应当向著作权人支付

① 郑成思:《版权法》,中国人民大学出版社 1997 年版,第 256 页。

② 石宗源:《关于〈中华人民共和国著作权法修正案(草案)〉的说明》,http://www.law-lib.com/fzdt/newshtml/20/20050820012813.htm,下载日期:2019 年 10 月 2 日。

③ 宋乃文:《完善我国版权保护制度的重要决策——我国著作权法修改的主要内容及其意义》,载《中国出版》2001 年第 11 期。

报酬"。该条"法定许可"的立法目的与"编写教科书法定许可"相同,都是为了促进九年制义务教育和国家教育规划的实施,实际上是将"编写出版教科书法定许可"延伸到了网络环境。[①] 网络和数字技术的发展,为教育发展提供了新的手段,丰富了教育的内容,极大拓宽了教育空间,使得远程教育成为可能。但远程教育在本质上与传统课堂教学是一致的,只是在教学方式上具有一定的特殊性。为适应网络环境下的需要,调整本国的著作权保护制度,在著作权保护上为发展远程教育提供便利,也是各国国家惯常的做法。

此外,《信息网络传播权保护条例》第 9 条规定了通过网络向农村提供特定作品的法定许可制度,"为扶助贫困,通过信息网络向农村地区的公众免费提供中国公民、法人或者其他组织已经发表的种植养殖、防病治病、防灾减灾等与扶助贫困有关的作品和适应基本文化需求的作品,网络服务提供者应当在提供前公告拟提供的作品及其作者、拟支付报酬的标准。自公告之日起 30 日内,著作权人不同意提供的,网络服务提供者不得提供其作品;自公告之日起满 30 日,著作权人没有异议的,网络服务提供者可以提供其作品,并按照公告的标准向著作权人支付报酬。网络服务提供者提供著作权人的作品后,著作权人不同意提供的,网络服务提供者应当立即删除著作权人的作品,并按照公告的标准向著作权人支付提供作品期间的报酬"。本条规定是为了方便借助网络和数字技术向农村地区传播文化,促进农村经济、文化发展而规定的。该规定并没有免除作品提供者取得许可的义务,只是改变了取得许可的方式,把通常通过个别约定取得许可的方式,规定为可以通过公告的方式批量取得许可,提供者提供作品的权利实质上仍然是通过许可取得的。因此,本条规定的制度不同于传统的法定许可,可以说是著作权制度上的一个创新。也就是说,《信息网络传播权保护条例》规定了一种类似法定许可,但又不是严格意义上法定许可的权利限制。[②]

(二)《著作权法》立法和第一次修改过程中删除的法定许可情形

1.表演已发表作品

1990 年《著作权法》第 35 条对于表演者表演作品的法定许可的规定与录音制作者使用作品的法定许可的规定较为类似:第一,要求是对于他人已发表的作品的演出,对未发表作品的演出应当取得著作权人的许可;第二,著作权人可以通过声明不许使用,使得这项法定许可被排除;第三,对于使用基于原作品而生的演绎作品进行营业性演出的,应向演绎作品著作权人和原作品的著作权人支付报酬。当时,有意见指出"规定表演者使用他人已发表的作品进行营业性演出,应经著作权人许可",但法律委员会认为:著作权人发表作品,表明愿意将作品公之于众,如果

---

① 王迁:《知识产权法教程》,中国人民大学出版社 2016 年第 5 版,第 243 页。
② 王迁:《知识产权法教程》,中国人民大学出版社 2016 年第 5 版,第 243～244 页。

演出此作品仍需经作者许可,会增加很多烦琐的手续,实际上必要性也不大。考虑到某些作品虽已发表,但由于某些特殊原因,著作权人不愿再让他人使用,[①]因此,允许权利人以声明的形式排除他人的法定许可使用。

2001 年第一次修改著作权法时,将这项表演作品的法定许可予以删除,要求"使用他人作品演出,表演者(演员、演出单位)应当取得著作权人许可,并支付报酬;演出组织者组织演出,由该组织者取得著作权人许可,并支付报酬"。此项修改是为了最大限度地保护作品作者的利益,因不再将作品进行是否发表的区分,即无论作品是否发表,表演者使用他人作品进行演出的,必须取得著作权人许可并支付报酬。著作权法的核心就是尊重和保护那些付出了创造性劳动,为社会创造、传播精神产品的人,而使用他人的作品即使用他人的劳动,应当尊重他人的精神权利和财产权利。表演者在表演作品时,除去对作品著作权人应尽的财产权上的义务外,还需充分尊重作品作者的人身权。

2.为教育或者科学研究的目的使用已发表三年的作品

在 1989 年 12 月 20 日讨论的《草案》中,限制作者行使著作权的情况中包括"强制许可",即按照规定的条件,当著作权人无正当理由拒绝他人出版或以其他方式传播其作品时,由国家著作权行政管理机关批准,可以强制出版或以其他方式传播其作品,但应向著作权人支付报酬(第 44 条)。该条在 1990 年 6 月的《草案》中,进行了内容上的少许调整。《草案》第 44 条规定:作品发表三年后,如果著作权人无正当理由拒绝授权他人出版或者以其他方式传播,为了教育或者科学研究的目的,经国家著作权行政管理机关批准,可以强制出版或者以其他方式传播,但必须按照国家的有关规定向著作权人支付著作权使用费。但有些委员和部门提出,这条规定涉及对外国人的作品的著作权保护问题,可以根据双边协定解决,著作权法可以暂不作规定。最终,在 1990 年通过的我国《著作权法》中,关于"著作权的限制与例外"规则中未规定这一强制许可制度。

(三)《著作权法》第三次修改过程中拟对法定许可制度的调整

1.法定许可情形的限缩

我国对于法定许可的规定看似完备,但一直以来都饱受质疑,与世界上其他国家的法定许可制度相比,其条文的具体操作及达到的社会效果很有很大的不同。我国《著作权法》直接以立法确定了"法定许可+选择退出"版权授权机制,但在二十多年的实践中并无实效。事实上,我国学界并不乏反对这种"不伦不类"之中国式法定许可制度的声音。[②]

---

① 宋汝芬:《关于〈中华人民共和国著作权法(草案修改稿)〉修改意见的汇报》,http://www.npc.gov.cn/wxzl/gongbao/1990-08/30/content_1479218.htm,下载日期:2019 年 10 月 2 日。

② 王清:《著作权限制制度比较研究》,人民出版社 2007 年版,第 279 页。

当下我国正在对《著作权法》进行第三次修改，法定许可制度的修改是此处修改的"重头戏"。2012 年 3 月 31 日国家版权局《关于〈中华人民共和国著作权法〉(修改草案)公开征求意见的通知》中指出：著作权法定许可制度允许他人使用作品不经权利人许可，本质上是对权利人权利的限制。如果权利人的报酬权不能保证，那么这项制度在实际上就会成为对权利人权利的剥夺。但是从著作权法定许可制度二十年的实践来看，基本没有使用者履行付酬义务，也很少发生使用者因为未履行付酬义务而承担法律责任，权利人的权利未得到切实保障，法律规定形同虚设。在第三次修法征求意见过程中，鉴于这项制度的实际效果，有专家建议取消法定许可制度。国家版权局组织专家经分析后认为，著作权法定许可制度的价值取向和制度功能符合我国的基本国情。[①] 但需要根据实践的需要，顺应国际立法趋势，对于具体情形进行修改和删除。

对于教材法定许可，2012 年 3 月的《修改草案》增加了图形作品。尽管 2012 年 7 月的《修改草案第二稿》提出要限缩法定许可情形，但还是保留了教材法定许可和报刊转载法定许可两种情形。但是，2014 年《送审稿》第 47 条最终的规定是"为实施国家义务教育编写教科书，依照本法第 50 条规定的条件，可以不经著作权人许可，在教科书中汇编已经发表的短小的文字作品、音乐作品或者单幅的美术作品、摄影作品、图形作品"。

对于报刊转载法定许可，2012 年 7 月的《修改草案第二稿》允许当事人约定专有出版权，同时规定专有出版权期限没有约定或者约定不明时的推定。2014 年《送审稿》第 48 条采纳了上述《修改草案第二稿》的相关条文，第 48 条规定："文字作品在报刊上刊登后，其他报刊依照本法第 50 条规定的条件，可以不经作者许可进行转载或者作为文摘、资料刊登。报刊社对其刊登的作品根据作者的授权享有专有出版权，并在其出版的报刊显著位置作出不得转载或者刊登的声明的，其他报刊不得进行转载或者刊登。"第 54 条第 4 款规定："报刊社与著作权人签订专有出版权合同，但对专有出版权的期限没有约定或者约定不明的，专有出版权的期限推定为一年。"

对于广播电台电视台播放作品的法定许可，2012 年 3 月的《修改草案》试图通过修整条文以保留，其取消了法定许可制度中声明不得使用的例外，录音法定许可调整为合法录音制品出版后 3 个月，将广电播放录音制品法定许可并入广电播放作品法定许可制度。但是，2012 年 7 月的《修改草案第二稿》根据权利人、相关著作权集体管理组织以及相关机构的意见，将该项连同对于录音制作法定许可一起予以取消，将其恢复为作者的专有权。2014 年《送审稿》根据相关国际公约和社会

---

①　国家版权局：《关于〈中华人民共和国著作权法〉(修改草案)公开征求意见的通知》，http://www.sapprft.gov.cn/sapprft/contents/6588/321183.shtml，下载日期：2019 年 10 月 2 日。

各界意见,将广播电台电视台的两项法定许可合并为一项,取消录音法定许可。我国过去"过于保护电台主播者的利益,与当前传媒行业重行政管理,轻市场竞争作用,广播电台与政府关系过于紧密,没有成为真正的市场竞争主体有关"。"为了限制市场和通讯空间垄断,保证作品低成本有效传播,保证公众以合理费用获得信息,对电台公开节目的转播应纳入法定许可。"①《送审稿》第 49 条的条文是:"广播电台、电视台依照本法第 50 条规定的条件,可以不经著作权人许可,播放其已经发表的作品;但播放视听作品,应当取得著作权人的许可。本条规定适用于中国著作权人以及其作品创作于中国的外国著作权人。"有学者指出:"适用范围限于中国著作权人以及其作品创作于中国的外国著作权人,反映了对《伯尔尼公约》第 11 条之二第 2 款的误读,应予以删除。"②

对于录音制作的法定许可,由于音乐人强烈反对,《送审稿》最终完全删除了制作录音制品的法定许可。录音制品,指任何凭听觉可感知的对表演的声音和其他声音的固定。录音制品制作者,指首次将表演的声音或其他声音固定下来的自然人、法人和其他组织,录音制品的载体通常是唱片、磁带、激光唱盘等。录音制品是使用他人作品制作完成的,必然要和作品的著作权人发生多方面的权利义务关系。制作录音制品源于著作权人的作品和表演者的表演,著作权人和表演者的权利应当得到全面的保护,不应当因为作品使用方式和环节增多而降低保护水平。

2.付酬机制和法律救济机制的完善

2012 年 3 月 31 日国家版权局《关于〈中华人民共和国著作权法〉(修改草案)公开征求意见的通知》指出目前法定许可制度不成功的原因在于付酬机制和法律救济机制的缺失。因此,《修改草案》对法定许可制度着重从这两方面进行了调整和完善,增加了关于法定许可必须事先备案,及时通过著作权集体管理组织付酬和指明来源等义务的规定,如使用者不及时履行上述义务,著作权行政管理机关可以根据具体情况课以行政处罚。这样的调整既满足了使用者使用作品的客观需要,也保证了权利人的基本权利。2012 年 7 月 6 日国家版权局的《修改草案第二稿》明确使用者在首次使用作品前进行一次性备案,将备案机构调整为相应的著作权集体管理组织;增加使用者在法定期限内可以直接向权利人支付报酬的规定。

在 2014 年《送审稿》中,对于涉及法定许可的付酬机制和法律救济机制的条文是第 50 条:"根据本法第 47 条、第 48 条和第 49 条的规定,不经著作权人许可使用其已发表的作品,必须符合下列条件:在首次使用前向相应的著作权集体管理组织

① 华鹰:《著作权法定许可制度的反思与重构——以著作权法第三次修改为视角》,载《中国版权》2014 年第 6 期。

② 王迁:《论著作权法中的权利限制条款对外国作品的适用——兼论播放作品法定许可条款的修改》,载《比较法研究》2015 年第 4 期。

申请备案;在使用作品时指明作者姓名或者名称、作品名称和作品出处,但由于技术原因无法指明的除外;在使用作品后一个月内按照国务院著作权行政管理部门制定的付酬标准直接向权利人或者通过著作权集体管理组织向权利人支付使用费,同时提供使用作品的作品名称、作者姓名或者名称和作品出处等相关信息。前述付酬标准适用于自本法施行之日起的使用行为。著作权集体管理组织应当及时公告前款规定的备案信息,并建立作品使用情况查询系统供权利人免费查询作品使用情况和使用费支付情况。著作权集体管理组织应当在合理时间内及时向权利人转付本条第一款所述的使用费。"在法律实施过程中,法定许可的使用人很少履行付酬义务,著作权人的利益很难得到切实保障,法律规定形同虚设。《著作权法》修订,应当完善相应的付酬机制和法律救济机制,如:理顺该制度的立法体例,合理确定付酬标准,建立付酬协商机制和争议裁决机制,建立法定许可的中止机制和加大侵权损害赔偿的力度。[①]

第六节　著作权的集体管理制度

著作权集体管理制度是指著作权人、邻接权人或者其他权利人授权依法成立的有关组织代其行使著作权或者相关权的制度。通说认为,著作权集体管理制度起源于法国,虽然在法国 1992 年公布的法律中,法国才真正意义上对集体管理组织制度予以立法确认,但早在 1777 年,前身为法国戏剧立法局的戏剧作家和作曲家协会(SACD)就已经成立了,扮演着类似于集体管理组织的角色。对于著作权人而言,著作权集体管理的最主要目的是产生规模效应,降低著作权许可的交易成本和著作权维权的在管理成本。[②] 自 1991 年《著作权法实施条例》中规定集体管理机构以来,我国的著作权集体管理制度走过了近二十个年头。

一、我国著作权集体管理制度的形成

我国著作权集体管理制度形成较晚,在制定著作权法时,曾在《草案说明》中指出"应逐步建立各种著作权集体管理机构"[③]。1990 年通过的《著作权法》中对于著作权的集体管理尚无规定。1991 年《著作权法实施条例》第 7 条第 3 款规定由国家版权局负责"批准设立著作权集体管理机构、涉外代理机构和合同纠纷仲裁机

---

　　① 　胡开忠:《广播电台电视台播放作品法定许可问题研究——兼论我国〈著作权法〉的修改》,载《知识产权》2013 年第 3 期。

　　② 　崔国斌:《著作权法:原理与案例》,北京大学出版社 2014 年版,第 541 页。

　　③ 　宋木文:《关于〈中华人民共和国著作权法(草案)〉的说明》,http://www.npc.gov.cn/wxzl/gongbao/1989-12/20/content_1479229.htm,下载日期:2019 年 10 月 2 日。

构,并监督、指导其工作"。第 54 条规定,"著作权人可以通过集体管理的方式行使其著作权"。这是"著作权集体管理"首次出现在我国行政法规中。但因为该条例中并未规定著作权集体管理制度的内容,只阐述了设立集体管理机构的权力机关,所以不能认为我国已经形成了完备的著作权集体管理制度。1992 年 12 月 17 日,中国第一家著作权集体管理组织中国音乐著作权协会(简称"音著协")成立,音著协由国家版权局和中国音乐家协会共同发起成立,是以维护作曲者、作词者和其他音乐著作权人合法权益的非营利性机构。

2001 年,面临加入世界贸易组织的需要以及我国改革开放的时代要求,全国人大常委会在修改《著作权法》时将"著作权集体管理"作为《著作权法》第 8 条,使之首次出现在我国的法律条文中。根据当时的立法文件,"我国在利用著作权集体行使组织代著作权人行使权利这方面的实践经验还很不足,如何通过规范化的用人少、成本低、效率高的制度,切实维护权利人的权利,还需要有一个不断摸索的过程,尚难在著作权法中作出具体规定"①。因此,2001 年《著作权法》增加一条原则规定,具体内容为:"著作权人和与著作权有关的权利人可以授权著作权集体管理组织行使著作权或者与著作权有关的权利。著作权集体管理组织被授权后,可以以自己的名义为著作权人和与著作权有关的权利人主张权利,并可以作为当事人进行涉及著作权或者与著作权有关的权利的诉讼、仲裁活动。著作权集体管理组织是非营利性组织,其设立方式、权利义务、著作权许可使用费的收取和分配,以及对其监督和管理等由国务院另行规定。"以上条文阐述了著作权集体管理制度的基本内涵和集体管理组织的非营利性组织的性质,明确其可以自己的名义为权利人主张权利。

二、著作权集体管理制度的完善

2004 年 12 月 28 日国务院发布《著作权集体管理条例》,对著作权集体管理组织的设立条件、组织机构、监督和管理等分别进行了专章规定。此条例所称著作权集体管理,是指著作权集体管理组织经权利人授权,集中行使权利人的有关权利并以自己的名义进行的下列活动:与使用者订立著作权或者与著作权有关的权利许可使用合同;向使用者收取使用费和向权利人转付使用费;进行涉及著作权或者与著作权有关的权利的诉讼、仲裁等。此条例所称著作权集体管理组织,是指为权利人的利益依法设立,根据权利人授权、对权利人的著作权或者与著作权有关的权利进行集体管理的社会团体。著作权法规定的表演权、放映权、广播权、出租权、信息网络传播权、复制权等权利人自己难以有效行使的权利,可以由著作权集体管理组

---

① 石宗源:《关于〈中华人民共和国著作权法修正案(草案)〉的说明》,http://www.law-lib.com/fzdt/newshtml/20/20050820012813.htm,下载日期:2019 年 10 月 2 日。

织进行集体管理。

根据条例第 10 条至第 12 条、第 15 条和第 16 条的规定,国务院著作权管理部门负责许可,国务院民政部门负责登记。在著作权集体管理组织的设立上采取政府许可制以规范组织行为便于统一管理,同时在业务活动中接受法律和社会的公开监督以避免权力滥用。根据条例第 8 条、第 11 条、第 13 条、第 14 条、第 15 条、第 17 条、第 18 条的规定,会员大会作为权力机构拥有多项职权,包括制定使用费标准、代权利人行使诉讼权利等。必须明确的是,集体管理组织在制定使用费收取标准时应当以使用时间因素、方式因素、地域差异因素、工作繁简因素和权利种属因素为标准来制定,但不论是章程还是各种收费标准转付办法等,其最终批准权归属于行政机关。[①]

我国著作权集体管理制度建立的目的主要是便于权利人行使权利,便于使用者使用作品和规范著作权集体管理组织活动。通过该制度,希望达到引导行业中的各项行为,保护各方合法权益的效果。

自《著作权集体管理条例》实施以来,我国又成立了四家著作权集体管理组织。2005 年国家版权局批准成立中国音像著作权集体管理协会,2008 年完成民政部的登记注册,简称"音集协",依法对音像节目的著作权以及与著作权有关的权利实施集体管理,音集协是在当时兴起的卡拉 OK 歌厅未获歌曲权利人授权的背景下成立,成立后不久即代表唱片公司起诉卡拉 OK 歌厅,掀起"维权风暴"。

2008 年 10 月 24 日,中国作家协会、国务院发展研究中心等 12 家著作权人比较集中的单位和 500 多位我国各领域著名的著作权人共同发起成立中国文字著作权协会,简称"文著协",2009—2010 年,文著协代表作家与美国谷歌公司就后者未经授权扫描中国作者作品一事进行多次商谈。2017 年文著协起诉《中国学术期刊(光盘版)》电子杂志社有限公司和同方知网(北京)技术有限公司侵犯著作权。

此外,2008 年 11 月 21 日,中国摄影家协会联合全国性摄影团体和著名摄影家共同发起设立中国摄影著作权协会,简称"摄著协";2009 年 7 月,中国电影版权保护协会经批准由行业维权组织转变为著作权集体管理组织,2009 年 10 月,经民政部审批,正式更名为中国电影著作权协会,简称"影著协"。

三、《著作权法》第三次修改拟对著作权集体管理制度的调整

"著作权集体管理制度是衡量一个国家或地区著作权保护水平的重要标志,也是解决广大使用者合法使用作品的重要途径。近年来,我国建立了一系列著作权集体管理组织,但是社会各界关于著作权集体管理的认识和知识尚有待提高,很多作者还没有加入相应的集体管理组织,在现实中常常出现使用者愿意合法使用作

---

① 符豪:《著作权集体管理组织制度完善探析》,海南大学 2018 年法律(法学)硕士学位论文。

品却找不到权利人的情况。"①为解决实务中我国存在的作品授权和维权的困境，根据我国国情，借鉴其他国家和地区的著作权集体管理制度，在当下进行的《著作权法》第三次修改过程中，2014 年《送审稿》专门设了一节以 7 个条文对著作权集体管理制度进行了调整和创新。

第一，《送审稿》第 61 条对著作权集体管理组织的定义和权利范围进行了修改。这种修改主要体现在三方面：一是 2012 年 3 月的《修改草案》对著作权和相关权的集体管理，除了根据权利人授权之外，增加了"或者法律规定"，被《送审稿》采纳；二是 2012 年 7 月的《修改草案第二稿》明确的著作权集体管理的权利是"权利人难以行使和难以控制的"著作权或者相关权，被 2014 年《送审稿》采纳；三是《送审稿》在"诉讼和仲裁活动"以外，赋予著作权集体管理组织作为当事人进行调解的权利。

第二，对于使用费标准，《送审稿》中增加了三点：一是该标准由著作权集体管理组织应当根据管理的权利提供；二是该标准在国务院著作权行政管理部门指定的媒体上公告实施；三是有异议的，由国务院著作权行政管理部门组织专门委员会裁定，裁定为最终结果，裁定期间收费标准不停止执行。对于异议的裁定，相比于2012 年 3 月的《修改草案》和 2012 年 7 月的《修改草案第二稿》，《送审稿》增加了对专门委员会组成的规定，即"前款所述专门委员会由法官、著作权集体管理组织的监管部门公务员、律师等组成"。

第三，对于两个或两个以上著作权集体管理组织对就同一使用方式向同一使用者收取使用费的，《修改草案》和《修改草案第二稿》规定"应当事先协商确定由一个集体管理组织统一收取，但当事人另有约定的除外"；《送审稿》的规定更为详细和完善，即"应当共同制定统一的使用费标准，并且协商确定由一个著作权集体管理组织统一收取使用费。收取的使用费应当在相应的著作权集体管理组织之间合理分配"。

第四，延伸集体管理制度，即对于具有广泛代表性的著作权集体管理组织，国务院著作权行政管理部门可以许可其代表非会员开展延伸性著作权集体管理业务。集体管理组织与用户签订版权许可协议，根据法律的特别规定可以延伸适用于集体管理组织之外的作者。② 2012 年 3 月《修改草案》第一稿引入了延伸集体管理制度，适用范围涵盖所有著作权或者相关权。该条款是自修改稿公布以来争议

---

① 中华人民共和国国家版权局：《关于〈中华人民共和国著作权法〉（修改草案第二稿）公开征求意见的通知》，http://www.ncac.gov.cn/chinacopyright/contents/483/17753.html，下载日期：2019 年 10 月 2 日。

② 刘家瑞：《论著作权法修订的市场经济导向——兼论集体管理、法定许可与孤儿作品》，载《知识产权》2016 年第 5 期。

最大的条款。延伸集体管理制度的适用范围到底应该限制在什么标准范围内一直被学者们所争论。2012年7月发布的《修改草案第二稿》对著作权集体管理组织延伸性集体管理进一步限制其适用范围,包括广播电台、电视台播放已经发表的文字、音乐、美术或者摄影作品以及自助点歌经营者通过自助点歌系统向公众传播已经发表的音乐或者视听作品。同时,保留了权利人书面声明不得延伸性集体管理的规定,增加了著作权集体管理组织平等对待所有权利人的规定。2014年最后的《送审稿》进一步将适用范围限制在卡拉OK厅。《送审稿》第63条规定:"著作权集体管理组织取得权利人授权并能在全国范围内代表权利人利益的,可以就自助点歌系统向公众传播已经发表的音乐或者视听作品以及其他方式使用作品,代表全体权利人行使著作权或者相关权,权利人书面声明不得集体管理的除外。著作权集体管理组织在转付相关使用费时,应当平等对待所有权利人。"对于延伸性集体管理制度,一些学者表示反对,认为该制度显然违反信托的基本原理,违背了著作权是私权的法律属性。[①] "由权力机关发起,再由其审批的做法本身就耐人寻味。再加上管理层成员与权力机关之间扯不断理还乱的关系,要想让其成为权利人利益的代表几乎是不可能的。"[②]事实上,集体管理组织覆盖面越广泛,延伸著作权集体管理就越能有效发挥作用。这样的做法能够更充分地发挥著作权集体管理制度的作用,既最大限度地保护数量最大但自身又"无维权意识、无立法话语权、无维权能力"的广大著作权人权利,又破解使用者"愿意遵守法律、愿意通过合法途径获得作品授权、愿意承担付酬义务"但又不可能从"分布广、数量大"的权利人手中获得海量作品授权的困境,《送审稿》优化了著作权集体管理制度的设计。[③] 该制度还可以防止著作权人随意限制他人利用其作品,从而促进文化产业的发展。[④]不过,《送审稿》有关著作权集体管理组织的规定仍然过于简略,还需要对《著作权集体管理条例》予以修订,切实加强对著作权集体管理组织的监督和管理,以充分保护著作权人和作品使用人的利益,为延伸性集体管理制度的实施创造良好的环境。[⑤]

第五,《送审稿》增加了对法定许可情形下权利人的获得报酬的权利的集体管理。即第64条规定"著作权和相关权权利人依据本法第14条(美术、摄影作品的原件或者文字、音乐作品的手稿通过拍卖转售的收益分享权)和第40条(使用录音

---

① 蒙柳:《数字图书馆的版权许可问题及对策》,载《当代经济》2010年第17期。

② 李明德、管育鹰、唐广良:《〈著作权法〉专家建议稿说明》,法律出版社2012年版,第398页。

③ 国务院法制办公室:《关于公布〈中华人民共和国著作权法(修订草案送审稿)〉公开征求意见的通知》,http://www.gov.cn/xinwen/2014-06/10/content_2697701.htm,下载日期:2019年10月2日。

④ 马继超:《音乐著作权集体管理制度相关问题之研讨》,载《电子知识产权》2011年第9期。

⑤ 胡开忠:《构建我国著作权延伸性集体管理制度的思考》,载《法商研究》2013年第6期。

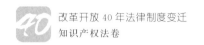
制品的法定许可)享有的获酬权,应当通过相应的著作权集体管理组织行使"。也就是将获酬权列为强制集体管理范畴。其中法定许可的付酬标准涉及社会公共利益,具有公共政策因素,所以必须由政府部门制定,授权性的使用费根据《著作权集体管理条例》规定,由集体管理组织制定、国家版权局公告。

第六,对于集体管理组织的监督管理,规定得更加具体和详细,将其单列为一条:"国务院著作权行政管理部门主管全国的著作权集体管理工作,负责著作权集体管理组织的设立、业务范围、变更、注销以及其他登记事项的审批和监督管理。国务院其他主管部门在各自职责范围内对著作权集体管理组织进行监督管理。"

此外,对《送审稿》中未规定的事宜,诸如著作权集体管理组织的设立方式、权利义务、著作权许可使用费的收取和分配、对其监督和管理、授权使用收费标准异议裁定等,由国务院另行规定。

第七节　技术措施与权利管理信息

随着我国经济和科技的发展,数字化信息时代的到来,著作权法律制度也迎来了新的挑战。数字化的复制技术和网络传输技术使得互联网环境下的侵权变得更为容易且更加难以发现和阻止。在当前信息网络高度发达的前提下,若只是进行事后的救济显然不足以保护和弥补权利人的损失。为此,著作权人通过技术运用事先预防的技术措施,在作品上附加技术管理信息,为了保护这些技术措施不被破坏、权利管理信息不被删除,相关的法律法规应运而生。我国著作权法律制度中对于技术措施与权利管理信息的规范,正是基于对权利人的保护以及应对数字化时代的要求两方面因素的考量。

一、技术措施

(一)我国著作权法律制度中规定的技术措施

在 1990 年我国制定第一部《著作权法》时,受制于当时的信息技术条件,对作品的数字化和网络传播较为少见,立法者自然不会预见到此类问题,未将其纳入著作权法。在西方国家,1995 年美国《国家创新倡议项目白皮书》就数字技术对版权法的挑战进行了深入的研究,并提出了包括技术措施和版权权利管理信息在内的立法建议。各行业对于版权技术保护措施的讨论较为激烈,反对者最主要的担忧是,对技术措施的过分保护会对合理使用制度构成威胁。最终,1998 年美国《数字千年版权法》中规定了对技术措施的反规避条文。在国际公约的层面,1996 年 12 月 20 日由世界知识产权组织主持缔结了《世界知识产权组织版权条约》,用以解决国际互联网络环境下应用数字技术而产生的版权保护新问题。条约中要求缔约各方应在法律中规定,未经权利人许可或法律准许,规避(包括破解)由权利人为实现版权保护而采取的技术措施为侵权行为。时至今日,世界诸多国家业已建立对技术措施进行保护的制度,从各国的立法界定上看,可以根据技术措施的功能,将其分为接触控制措施和版权保护措施。①

21世纪末,我国开始了对《著作权法》的第一次修改工作。这次修改主要是为了适应我国加入世界贸易组织的需要,通过修改使得我国的著作权保护符合《TRIPS协议》的规定。本次修订首次出现了对技术措施的保护的规定,其中在法律责任部分,第47条第6项规定:"未经著作权人或者与著作权有关的权利人许可,故意避开或者破坏权利人为其作品、录音录像制品等采取的保护著作权或者与著作权有关的权利的技术措施的,构成侵权。"该规定未对什么是"技术措施"下一个明确的定义。②

2006年国务院通过了《信息网络传播权保护条例》,作者对作品的信息网络传播行为的控制会涉及技术措施的应用。在该《条例》中,第26条为技术措施做了概念界定,"技术措施,是指用于防止、限制未经权利人许可浏览、欣赏作品、表演、录音录像制品的或者通过信息网络向公众提供作品、表演、录音录像制品的有效技术、装置或者部件"。该《条例》是在我国的著作权法律制度中首次对于什么是"技术措施"的明确,即限缩在著作权法现有框架下对作品采取的"技术措施",是出于权利人防止受侵犯而采取的。2013年《计算机软件保护条例》为"故意避开或者破坏著作权人为保护其软件著作权而采取的技术措施的"行为规定了责任承担的规则。

"技术保护措施和权利管理信息是《世界知识产权组织版权条约》和《世界知识产权组织表演和录音制品条约》的规定,2001年《著作权法》的规定,从逻辑上来讲并不完善,因为整部法律在前文中并没有关于技术保护措施和权利管理信息的定义和义务的规定。《信息网络传播权保护条例》虽然规定了技术措施和权利管理电子信息,但由于该《条例》仅适用于网络环境,对于非网络环境的技术措施和权利管理信息并无规定。而且,其仅仅是从网络传播的角度对技术措施进行保护,并未对改编权、复制权等其他相关权利的技术措施作出规定。因此,2007年我国加入上述国际条约时,关于技术保护措施和权利管理信息的规定实际上与该两部国际条约存在一定差距。"③

---

① 王迁:《论版权法对滥用技术措施行为的规制》,载《现代法学》2018年第4期。

② 王迁:《"技术措施"概念四辨》,载《华东政法大学学报》2015年第2期。

③ 国家版权局:《关于〈中华人民共和国著作权法〉(修改草案)的简要说明》,http://www.ncac.gov.cn/chinacopyright/contents/483/17745.html,下载日期:2019年10月2日。

(二)《著作权法》第三次修改过程中拟对技术措施的修订

"故意避开或破坏技术措施"和"故意删除或者改变……技术管理电子信息"这两种行为无法在著作权及相关权的具体权利内容中找到相对应权项,因此难以被称为"侵权",但是这两种行为使得权利人合法财产极易遭受侵害或者处于难以管理和有效运作的状态,损害了权利人的利益,应当予以规制。[①] 因此,考虑到技术保护措施和权利管理信息不属于著作权和相关权的内容,但与这两类权利密切相关,因此单设一章专门规定。相较于 2010 年《著作权法》第 48 条之规定以及《信息网络传播管理条例》而言,用"章"的形式对其进行界定,在形式上更加完善,篇幅的增加是对其详细阐述的前提。

1.技术保护措施的定义

2014 年《送审稿》将现行《著作权法》中的技术措施名称改为"技术保护措施"(technological protection measure),以与公约相符。第 68 条规定:本法所称的技术保护措施,是指权利人为防止、限制其作品、表演、录音制品或者广播电视节目被复制、浏览、欣赏、运行、改编或者通过网络传播而采取的有效技术、装置或者部件。对"技术措施"的概念重新进行了界定,也是基于著作权法的框架之下考量的结果,包括了复制、浏览、欣赏、运行、改编或者通过网络传播等行为,而不仅仅是对单一的网络传播权方面进行规定,更加细致完善。[②]

2.相关方的义务

2014 年《送审稿》第 69 条规定:为保护著作权和相关权,权利人可以采用技术保护措施。未经许可,任何组织或者个人不得故意避开或者破坏技术保护措施,不得故意制造、进口或者向公众提供主要用于避开或者破坏技术保护措施的装置或者部件,不得故意为他人避开或者破坏技术保护措施提供技术或者服务,但是法律、行政法规另有规定的除外。该条规定了禁止直接规避行为以及禁止提供规避手段,相较于《信息网络传播管理条例》,该规定保护的范围更广。但是有学者主张禁止直接规避行为缺乏现实可行性,一方面在于规避技术措施的后续行为往往是对作品的利用行为,规避技术措施本身并不是侵权行为;另一方面在于我国的国情,我国处于仍是发展中国家,对于技术措施提供较高水平的保护不符合我国的国情。[③]

3.技术措施保护的例外

技术措施从技术层面上为著作权人提供了保护机制,却存在诸多缺陷,不利于

---

① 李明德、管育鹰、唐广良:《〈著作权法〉专家建议稿说明》,法律出版社 2012 年版,第 285 页。
② 湛茜:《技术措施保护的国际条约义务研究——兼论我国〈著作权法〉第三次修改》,载《暨南学报(哲学社会科学版)》2014 年第 9 期。
③ 王迁:《论禁止规避技术措施的范围》,载《法学家》2016 年第 6 期。

消费者正常地获取和使用作品,不能真正缓解数字出版业与消费者之间的冲突。[①]因此,对于技术措施的保护,应当设定一些限制和例外,以期规范对技术措施的合理应用,平衡著作权人、出版发行商、网络传播者和消费者等主体之间的利益。

在对《著作权法》进行第三次修改过程中,2012 年《修改草案》和《修改草案第二稿》列明了四项技术措施保护的例外情形,但是这四项情形是主要参照了《信息网络传播权保护条例》第 12 条的规定进行的小修小补,以使其满足扩张至非网络环境的文字表达上的要求,包括删除了"提供"之前的"通过信息网络"字样;将"只能通过信息网络获取"替换为"无法通过正常途径获取";删除了"作品、表演、录音录像制品"中的"录像制品"。在 2014 年《送审稿》中,在吸纳了《修改草案》的基础之上,有三项大的改动:

第一,增加了对"广播电视节目"的规定。立法机关对此的说明是:根据《世界知识产权组织版权条约》和《世界知识产权组织表演和录音制品条约》相关规定,技术保护措施和权利管理信息只适用于作品、表演和录音制品。由于《世界知识产权组织保护广播组织条约》尚未缔结,技术保护措施和权利管理信息目前不适用于广播电视节目。但是从世界知识产权组织的磋商来看,目前各成员国对此基本没有争议。因此,本次修订在第 64 条将技术保护措施和权利管理信息扩大适用于广播电视节目,并对相应条款进行了修改。

第二,对测试机构增加了"具有安全测试资质的机构"这一要求。该项修改旨在禁止未经许可的个人以安全测试的名义来规避技术措施,从而达到限制该项例外规定被滥用的可能,该项修订体现出了逻辑上的严谨性。

第三,规定了反向工程的规定。由于程序开发人员在实践中往往需要对权利人享有排他性权利的内容进行复制、翻译等,增加反向工程的例外规定,旨在确定其合法性。

最终,2014 年《送审稿》第 71 条规定下列情形可以避开技术保护措施,但不得向他人提供避开技术保护措施的技术、装置或者部件,不得侵犯权利人依法享有的其他权利:为学校课堂教学或者科学研究,向少数教学、科研人员提供已经发表的作品、表演、录音制品或者广播电视节目,而该作品、表演、录音制品或者广播电视节目无法通过正常途径获取;不以营利为目的,以盲人能够感知的独特方式向盲人提供已经发表的作品,而该作品无法通过正常途径获取;国家机关依照行政、司法程序执行公务;具有安全测试资质的机构对计算机及其系统或者网络的安全性能进行测试;进行加密研究或者计算机程序反向工程研究。

---

① 华劼:《数字出版视域下的反规避技术措施规则延伸性研究》,载《科技与出版》2017 年第 11 期。

4.规避或破坏技术措施的法律责任

《送审稿》对于规避行为进行的救济措施也更加完善,包括民事责任、行政责任、构成犯罪的依法追究刑事责任,可见打击力度之大。第 72 条规定:"侵犯著作权或者相关权,违反本法规定的技术保护措施或者权利管理信息有关义务的,应当依法承担停止侵害、消除影响、赔礼道歉、赔偿损失等民事责任。"第 78 条规定:"下列违法行为,可以由著作权行政管理部门予以警告,没收违法所得,没收主要用于避开、破坏技术保护措施的装置或者部件;情节严重的,没收相关的材料、工具和设备,非法经营额五万元以上的,可处非法经营额一倍以上五倍以下的罚款,没有非法经营额、非法经营额难以计算或者非法经营额五万元以下的,可处二十五万元以下的罚款;构成犯罪的,依法追究刑事责任:(一)未经许可,故意避开或者破坏权利人采取的技术保护措施的,法律、行政法规另有规定的除外;(二)未经许可,故意制造、进口或者向他人提供主要用于避开、破坏技术保护措施的装置或者部件,或者故意为他人避开或者破坏技术保护措施提供技术或者服务的;(三)未经许可,故意删除或者改变权利管理信息的,本法另有规定的除外;(四)未经许可,知道或者应当知道权利管理信息被删除或者改变,仍然复制、发行、出租、表演、播放、通过网络向公众传播相关作品、表演、录音制品或者广播电视节目的。"以上的规定不但扩大了法律救济的形式,而且提高了打击的力度,从"处十万院以下罚款"提升至"非法经营额一倍以上五倍以下的罚款或者二十五万元以下的罚款",打击力度显著提升。[①]

综上,可以看出我国正在推进对技术措施的保护,而且与公约逐渐相符,兼采我国之特色。但是我国对于技术措施的规定仍存在不足,主要体现在例外规定方面,首先,对例外规定中的"少数""无法通过正常途径"等概念未进行明晰,容易导致无法起到应有之效;其次,技术措施与公众合理利用之间存在冲突,技术措施本身就有限制公众利用的效果,如果不进行合理的规制,不但会导致技术措施的滥用,而且侵犯公众合理利用之权益。[②]

二、权利管理信息

权利管理信息是指有关作品、作者等相关权利的识别信息,附属于作品或其复制件,以便于在传播过程中能够很好地识别或再现。权利管理信息能够起到识别盗版的作用,但其本身不能防止盗版,这与上文讲的技术措施存在着本质性的区别。在数字化高速发展的当下,作品传播的速度越来越快,作品未经许可复制、发

---

① 罗明东:《〈著作权法修订草案(送审稿)〉的技术措施条款之评述》,载《知识产权》2016 年第 3 期。

② 费安玲:《论防止知识产权滥用的制度理念》,载《知识产权》2008 年第 3 期。

行或者损坏等概率也大大增加,对于公众而言,如何了解作品的真实性,识别出作品的来源信息就显得至关重要,基于这种考虑,对其权利管理信息进行保护实有必要。对于权利管理信息的规定的不断发展体现了我国著作权法律制度在技术革新背景之下的发展。

(一)我国著作权法律制度中关于权利管理信息的规定历史

在我国对《著作权法》进行第一次修改时,正处于我国即将加入世界贸易的关键阶段,需要进一步完善著作权法律,[①]但是由于我国当时对于网络环境下如何保护权利人的权利管理信息未有深入的理论研究,更多的只能是参照《世界知识产权组织版权公约》第 12 条"关于权利管理信息的义务"的规定。[②]《著作权法》第一次修订新增的第 48 条第 7 款"未经著作权人或者与著作权有关的权利人许可,故意删除或者改变作品、录音录像制品等的权利管理电子信息的,法律、行政法规另有规定的除外"与上述条约基本类似,是为了明确禁止故意删除或改变之行为。但是该条款属于禁止性条款,并未对权利管理信息下一个明确的定义,即未明确什么样的信息属于权利管理信息,这样导致的另一个深层次的问题就是无法阐述什么样的行为是违反上述规定的。

2006 年的《信息网络传播权保护条例》对于权利管理信息规定更加完善,主要体现在以下三个方面:第一,明确阐述权利管理信息的概念,在《信息网络传播权保护条例》第 26 条中规定,"权利管理电子信息,是指说明作品及其作者、表演及其表演者、录音录像制品及其制作者的信息,作品、表演、录音录像制品权利人的信息和使用条件的信息,以及表示上述信息的数字或者代码"。上述对权利管理信息的界定参照了《世界知识产权组织版权条约》第 12 条第 2 款的规定,即"识别作品、作品的作者、对作品拥有任何权利的所有人的信息,或者有关作品使用的条款和条件的信息,以及代表此类信息的数字或代码"。

第二,对于侵害权利管理信息的行为,《信息网络传播权保护条例》在《著作权法》的基础上进一步完善,首先,在"作品、录音录像制品"之外,又增加了"表演";其次,为权利管理信息保护设置了一个例外,即"但由于技术上的原因无法避免删除或者改变的除外"。增加豁免条款主要是参照了美国《数字千年版权法》的规定,"主要包括在播放广告的同时表明权利管理电子信息;或者在实行数字/模拟信号

---

① 宋木文:《完善我国版权保护制度的重要决策——我国著作权法修改的主要内容及其意义》,载《中国版权》2001 年第 11 期。

② 《世界知识产权组织版权条约》第 12 条:(1)未经许可去除或改变任何权利管理的电子信息;(2)未经许可发行、为发行目的进口、广播、或向公众传播明知已被未经许可去除或改变权利管理电子信息的作品或作品的复制品。

转换时无法保存权利管理电子信息等情况"①。更重要的是,在"删除、改变"行为之外,又增加了一个"提供"行为,即"通过信息网络向公众提供明知或者应知未经权利人许可被删除或者改变权利管理电子信息的作品、表演、录音录像制品",这一增加旨在与《世界知识产权组织版权条约》第12条相一致。有观点指出,关于侵害权利管理信息的行为的规定,欠缺厘清权利管理信息保护与合理使用的关系的规定。② 此外,《信息网络传播权条例》第18条就"故意删除或者改变通过信息网络向公众提供的作品、表演、录音录像制品的权利管理电子信息,或者通过信息网络向公众提供明知或者应知未经权利人许可而被删除或者改变权利管理电子信息的作品、表演、录音录像制品的"行为规定了民事责任的承担方式,以及情节严重时应承担的行政责任和刑事责任。

第三,《信息网络传播权保护条例》将"通知删除"规则应用到了对权利管理信息的保护上,第14条规定,"对提供信息存储空间或者提供搜索、链接服务的网络服务提供者,权利人认为其服务所涉及的作品、表演、录音录像制品……被删除、改变了自己的权利管理电子信息的,可以向该网络服务提供者提交书面通知,要求网络服务提供者删除该作品、表演、录音录像制品,或者断开与该作品、表演、录音录像制品的链接"。

(二)《著作权法》第三次修改过程中拟对权利管理信息的修订

考虑到权利管理信息不属于著作权和相关权的内容,但与这两类权利密切相关,因此单设一章专门规定。2014年《送审稿》对于权利管理信息相关规定的修改主要集中在以下几个方面:第一,《送审稿》第68条第2款对于权利管理信息进行了明确的界定,与《信息网络传播权保护条例》中的"权利管理电子信息"不同,使用的是"权利管理信息",这是保护范围扩大的体现,不是只涵盖电子信息。如今,越来越多的纸质化发行的作品会通过扫描的方式上传网络,在这个过程中很容易发生修改或删除权利人的权利管理信息的情况,如果不对其进行保护,势必会造成权利人的损害。③ 但是《送审稿》未对权利管理信息的表现形式进行界定,没有厘清权利管理信息是否必须附加作品或其复制件上进行保护,这样不利于有效地保护权利管理信息。④《送审稿》第68条的规定与《信息网络传播权保护条例》第26条第3款的规定几乎相同,仅仅在权利人中增加了"广播电视节目及其广播电台电视

① 张建华主编:《信息网络传播权保护条例释义》,中国法制出版社2006年版,第24页。

② 孙雷:《权利管理信息保护若干问题探讨——兼评美国"墨菲案"》,载《中国版权》2011年第4期。

③ 谢惠加:《版权权利管理信息的法律保护》,载《中国出版》2013年16期。

④ 湛茜:《因特网条约权利管理信息条款研究——兼论我国〈著作权法〉第三次修改》,载《暨南学报(哲学社会科学版)》2015年第2期。

台"，《信息网络传播权保护条例》参照了《世界知识产权组织表演和录音制品条约》第 19 条第 2 款，"本条中的用语'权利管理信息'系指识别表演者、表演者的表演、录音制品制作者、录音制品、对表演或录音制品拥有任何权利的所有人的信息，或有关使用表演或录音制品的条款和条件的信息，和代表此种信息的任何数字或代码，各项信息均附于录制的表演或录音制品的每件复制品上或在录制的表演或录音制品向公众提供时出现"，而《送审稿》新增"广播电视节目及其广播电台电视台"是基于我国《著作权法》对于作品邻接权人的规定。最终的条文是"本法所称的权利管理信息，是指说明作品及其作者、表演及其表演者、录音制品及其制作者的信息、广播电视节目及其广播电台电视台，作品、表演、录音制品以及广播电视节目权利人的信息和使用条件的信息，以及表示上述信息的数字或者代码"。

第二，《送审稿》对于权利管理信息的禁止性规定依然是以《信息网络传播权保护条例》为基础。《送审稿》第 70 条规定"未经权利人许可，不得进行下列行为：故意删除或者改变权利管理信息，但由于技术上的原因无法避免删除或者改变的除外；知道或者应当知道相关权利管理信息被未经许可删除或者改变，仍然向公众提供该作品、表演、录音制品或者广播电视节目"。相比于《信息网络传播权保护条例》，《送审稿》将"明知或应知"改成了"知道或者应当知道"，文字描述更加严谨，且与我国其他民事法律规范中的文字表达相一致。

第三，《送审稿》第 72 条规定了对于违反权利管理信息有关义务如何进行救济的问题。在"权利的保护"一章除规定民事责任外，专门规定一条关于违反权利管理信息义务的行政责任和刑事责任。"侵犯著作权或者相关权，违反本法规定的技术保护措施或者权利管理信息有关义务的，应当依法承担停止侵害、消除影响、赔礼道歉、赔偿损失等民事责任。"第 78 条规定："未经许可，故意删除或者改变权利管理信息的，本法另有规定的除外；或者，未经许可，知道或者应当知道权利管理信息被删除或者改变，仍然复制、发行、出租、表演、播放、通过网络向公众传播相关作品、表演、录音制品或者广播电视节目的，上述行为可以由著作权行政管理部门予以警告，没收违法所得，没收主要用于避开、破坏技术保护措施的装置或者部件；情节严重的，没收相关的材料、工具和设备，非法经营额五万元以上的，可处非法经营额一倍以上五倍以下的罚款，没有非法经营额、非法经营额难以计算或者非法经营额五万元以下的，可处二十五万元以下的罚款；构成犯罪的，依法追究刑事责任。"上述规定同样是以《信息网络传播权保护条例》的条文为基础做了进一步完善，尤其是，对于行政管理部门有权进行行政处罚的行为给予了列举，包括"复制、发行、出租、表演、播放、通过网络向公众传播"，删除了《信息网络传播权保护条例》对于"同时损害公共利益的"之规定。

此外，《送审稿》中也规定了"通知删除"规则，但是并未像《信息网络传播权保护条例》那样将该规则中应用于"被删除、改变了自己的权利管理信息"这种情形。

第八节　侵犯著作权的救济

侵犯著作权指的是行为人实施了侵犯著作权人所享有的著作人身权和著作财产权的行为,即行为人未经著作权人或者相关权利人的许可,实施了受著作权控制的行为。对于侵犯著作权的行为,我国在民法、行政法和刑法领域均规定了救济或制裁手段。改革开放以来,我国在修订《著作权法》时对侵犯著作权的相关救济制度逐步完善,总体上呈不断加强保护的趋势。

一、侵犯著作权的行为

(一)1990 年通过的《著作权法》对侵犯著作权的行为的规定

我国现行《著作权法》对侵犯著作权行为采用"列举＋兜底条款"的立法模式。"侵权行为形态,是指侵权行为的不同表现形式,是对各类具体侵权行为的抽象和概括"[①],而著作权领域的侵权行为形态即侵犯著作权行为的不同外在表现形式。1990 年《著作权法》即采用列举具体侵权行为形态的立法技术,在第五章"法律责任"的第 45 条、第 46 条详细地规定侵犯著作权的若干种行为形态。列举式被认为是"一个鲜明的特色"[②]。1990 年通过的《著作权法》第 45 条为导致民事责任的侵权行为,第 46 条为既导致民事责任又可能导致行政责任的侵权行为。

侵犯作者的精神权利的四种行为包括:未经著作权人许可,发表其作品的;未经合作作者许可,将与他人合作创作的作品当作自己单独创作作品发表的;没有参加创作,为谋取个人名利,在他人作品上署名的;歪曲、篡改他人作品的行为。

侵犯著作权人的财产性权利的行为包括:第 45 条规定的"未经著作权人许可,以表演、播放、展览、发行、摄制电影、电视、录像或者改编、翻译、注释、编辑等方式使用作品的,本法另有规定的除外;使用他人作品,未按照规定支付报酬的",以及第 46 条规定的"剽窃、抄袭他人作品的;未经著作权人许可,以营利为目的,复制发行其作品的;出版他人享有专有出版权的图书的;制作、出售假冒他人署名的美术作品的"行为。

侵犯邻接权人的权利的行为包括:第 45 条规定的"未经表演者许可,从现场直播其他表演的"行为;第 46 条规定的"未经表演者许可,对其表演制作录音录像出版的;未经录音录像制作者许可,复制发行其制作的录音录像的;未经广播电台、电

---

①　杨立新:《侵权法论》(上册),吉林人民出版社 1998 年版,第 276 页。

②　应振芳:《对现行著作权法关于侵权行为及其责任规定的反思》,载《知识产权》2011 年第 3 期。

视台许可,复制发行其制作的广播、电视节目的"行为。

此外,第 45 条第 8 项"其他侵犯著作权以及与著作权有关的权益的行为"作为兜底性条款进行补充。

这种列举具体著作权侵权行为形态的法律规定,增加了法律适用的明确性和可预测性,同时其也被引用在著作权其他下位法的立法和著作权执法、司法领域,例如 1991 年《著作权法实施条例》第 50 条规定:著作权行政管理部门对著作权法第 46 条所列的侵权行为,可给予警告、责令停止制作和发行侵权复制品、没收非法所得、没收侵权复制品及制作设备和罚款的行政处罚。1997 年《著作权行政处罚实施办法》第 3 条规定:本办法所称的违法行为,其中之一是指《著作权法》第 46 条规定的侵权行为。

(二)2001 年修订《著作权法》对侵犯著作权的行为的修改

2001 年《著作权法》依旧沿用旧法对侵权行为形态的具体列举加兜底补充的立法形式,同时对 1990 年通过的《著作权法》第 45 条和第 46 条进行了较大的修改,增加了列举的侵权行为形态。这其中主要原因在于,2001 年《著作权法》增加和细化了著作权人及相关权利人的权利,相应地,侵犯著作权的具体形态也进一步得到调整。具体而言,将 1990 年通过的《著作权法》第 45 条改为第 46 条,将第 46 条改为第 47 条,因此,2001 年《著作权法》第 46 条为导致民事责任的侵权行为,第 47 条为既导致民事责任又可能导致行政责任和刑事责任的侵权行为。在具体条文内容上的改动包括以下几点:

第一,2001 年《著作权法》在著作财产权中新增加了"有偿许可他人临时使用电影作品和以类似摄制电影的方法创作的作品、计算机软件的权利"的出租权,在邻接权中新增加了录音录像制作者许可他人出租的权利,相应地,在第 46 条列举的侵权行为增加"未经电影作品和以类似摄制电影的方法创作的作品、计算机软件、录音录像制品的著作权人或者与著作权有关的权利人许可,出租其作品或者录音录像制品的"的行为形态。

第二,2001 年《著作权法》新增加了出版者有权许可或者禁止他人使用其出版的图书、期刊的版式设计的权利,相应地,第 46 条列举的侵权行为中增加侵犯出版者版式设计的行为形态,即"未经出版者许可,使用其出版的图书、期刊的版式设计"。

第三,2001 年《著作权法》扩大表演者的权利,新增"许可他人公开传送其现场表演"和"许可他人录音录像"的权利,相应地,第 46 条将侵犯表演者权的侵权形态由"从现场直播其他表演"扩大到"从现场直播或者公开传送其现场表演,或者录制其表演"。

第四,将"抄袭、剽窃他人作品的"行为从可导致行政处罚的 1990 年《著作权法》第 46 条调整到仅仅涉及民事责任的 2001 年《著作权法》第 46 条,并删除了"抄袭"。

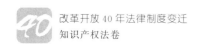

第五,在侵犯著作财产权的行为中,将"播放"改为"广播",删除了"编辑",将"摄制电影、电视、录像"改为"摄制电影和以类似摄制电影的方法使用作品";增加了"汇编、通过信息网络向公众传播";在责任形态上,将 1990 年《著作权法》第 45 条第 5 项中的以"表演、发行"的方式使用作品的,从仅仅导致民事责任的行为调整为亦可导致行政处罚和刑事责任的行为;将"复制发行"分成"复制、发行"并删除"以营利为目的"。最终,第 46 条承担民事责任的行为列举的第 6 项为"未经著作权人许可,以展览、摄制电影和以类似摄制电影的方法使用作品,或者以改编、翻译、注释等方式使用作品的,本法另有规定的除外";第 47 条承担民事、行政和刑事责任的行为列举的第 1 项为"未经著作权人许可,复制、发行、表演、放映、广播、汇编、通过信息网络向公众传播其作品的,本法另有规定的除外"。

第六,将"使用他人作品,未按照规定支付报酬的"修改为第 46 条第 7 项"使用他人作品,应当支付报酬而未支付的"。

第七,将"制作、出售假冒他人署名的美术作品的"改为第 47 条第 8 项"制作、出售假冒他人署名的作品的",删除了对作品形态的限定。

第八,对于侵犯邻接权的行为,增加了"通过信息网络向公众传播"其表演或制作的录音录像制品的行为,同时,增加了"本法另有规定的除外"作为例外;将"对其表演制作录音录像出版"修改为"复制、发行录有其表演的录音录像制品";将"复制发行其制作的广播、电视节目"修改为"播放或者复制广播、电视"。

第九,修改后,《著作权法》还增加了保护技术措施和权利管理信息的规定。对技术措施和权利管理信息进行法律保护是世界各国著作权立法潮流,修法后在第 47 条将"未经著作权人或者与著作权有关的权利人许可,故意避开或者破坏权利人为其作品、录音录像制品等采取的保护著作权或者与著作权有关的权利的技术措施的"和"故意删除或者改变作品、录音录像制品等的权利管理电子信息的"规定为侵权行为。

(三)《送审稿》拟对侵权行为进行的调整

2010 年第二次对著作权法的修正未涉及侵权行为条款,在当下正在进行的第三次《著作权法》修改中,《送审稿》"将民事侵权情形由现行著作权法的列举式修改为概括式,扩大了权利人主张权利的范围"。[①] 第 72 条规定:"侵犯著作权或者相关权,违反本法规定的技术保护措施或者权利管理信息有关义务的,应当依法承担停止侵害、消除影响、赔礼道歉、赔偿损失等民事责任。"因为"既然前文规定了明确的权利边界,那么只要是未经权利人许可使用擅入就构成侵权,承担民事责任不言

---

① 国务院法制办公室:《关于〈中华人民共和国著作权法〉(修订草案送审稿)的说明》,http://www.icsc1839.org/detail_news_50302.html,下载日期:2019 年 10 月 2 日。

而喻,因此承担民事责任的具体情形无列举之必要",①《送审稿》基于该思路仅保留列举了在民事责任之外还可导致行政处罚和刑事责任的侵权行为列举。

我国现行《著作权法》将规避技术措施和删除权利管理信息的行为作为侵权行为的两种形态来规定。在《送审稿》中新增一个条款单独规定这两种行为并将其定性为"违法行为",且吸收了《信息网络传播权保护条例》的相关内容。严格来说,规避技术措施和删除权利管理信息的行为"并不是侵害复制权等专有权利的行为,而是一种违反法律特别规定的行为,因此《著作权法》将其列为'侵权行为'并不合适。而《著作权法送审稿》第78条将该行为定性为'违法行为',这是正确的"。②

另外,《送审稿》根据《侵权责任法》和《网络传播权保护条例》增加了网络服务提供商侵权行为的规定。著作权法发挥着平衡各个利益主体的作用,在互联网行业的高速发展、信息传播越来越多样和快捷的环境下,平衡作品传播者、作品使用者和作品权利人的利益也就成为完善著作权法的重点。《送审稿》规定了网络服务提供者"知道或者应当知道他人利用其网络服务侵害著作权或者相关权,未及时采取必要措施"和"教唆或者帮助他人侵犯著作权或者相关权"的连带责任,规定了"通知删除"规则,同时对网络服务商的责任增加限制,若只是"为网络用户提供存储、搜索或者链接等单纯网络技术服务时,不承担与著作权或者相关权有关的审查义务","这在一定程度上达到了上述利益的平衡"。③

二、侵犯著作权的法律责任

侵犯著作权的法律责任视侵权行为形态不同可分为民事责任、行政责任和刑事责任。为了保护著作权人的权利,我国在修法的过程中也在不断完善侵犯著作权的法律责任制度。2001年《著作权法》将原第五章章名由"法律责任"修改为"法律责任和执法措施",2014年《送审稿》以强化著作权保护力度、有效防范侵权行为为本次修法的重点内容,将"法律责任和执法措施"修改为"权利的保护"。

(一)对民事责任制度的完善

1.损失的计算

1990年通过的《著作权法》列举了承担民事责任的方式,包括停止侵害、消除影响、公开赔礼道歉、赔偿损失等。2001年《著作权法》新增民事制裁条款作为第51条:人民法院审理案件,对于侵犯著作权或者与著作权有关的权利的,可以没收违法所得、侵权复制品以及进行违法活动的财物。

---

① 国家版权局:《关于〈中华人民共和国著作权法〉(修改草案)的简要说明》,http://www.ncac.gov.cn/chinacopyright/contents/483/17753.html,下载日期:2019年10月2日。

② 王迁:《论版权法对滥用技术措施行为的规制》,载《现代法学》2018年7月第4期。

③ 吴汉东:《著作权法第三次修改草案的立法方案和内容安排》,载《知识产权》2012年第5期。

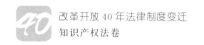
赔偿损失是对权利人进行救济的最主要的途径。1990 年《著作权法》只是作了应当赔偿损失的原则性规定,没有明确赔偿损失的方式和标准。在司法实践中主要是依照《民法通则》的规定,按照权利人的实际损失或者侵权人的违法所得来计算。但是当被侵权人的实际损失和侵权人的非法所得都不能确定时,就很难以确定赔偿损失数额。

2001 年修订的《著作权法》通过借鉴国外的立法经验,新增一条作为第 48 条规定了三种计算赔偿损失数额的方式。侵犯著作权或者与著作权有关的权利的,第一种是侵权人应当按照权利人的实际损失给予赔偿。第二种是在实际损失难以计算的情况下,可以按照侵权人的违法所得给予赔偿,无论是按照实际损失还是违法所得,赔偿数额还应当包括权利人为制止侵权行为所支付的合理开支。第三种是在权利人的实际损失或者侵权人的违法所得难以确定的,由人民法院根据侵权行为的情节,判决给予 50 万元以下的赔偿。2002 年《最高人民法院关于审理著作权民事纠纷案件适用法律若干问题的解释》第 26 条明确规定合理开支包括权利人或者委托代理人对侵权行为进行调查、取证的合理费用,同时人民法院根据当事人的诉讼请求和具体案情,可以将符合国家有关部门规定的律师费用计算在赔偿范围内。第 25 条规定人民法院在确定赔偿数额时,应当考虑作品类型、合理使用费、侵权行为性质、后果等情节综合确定。

《送审稿》在损害赔偿的计算上,做了三点调整。第一,改变了赔偿数额的计算方法,调整了权利人请求损害赔偿的选择方式。将现行著作权法关于确定损害赔偿数额的顺序性规定修改为选择性,即允许权利人在实际损失、侵权人违法所得、权利交易费用的合理倍数以及 100 万元以下的数额之中进行选择。第 76 条规定:侵犯著作权或者相关权的,在计算损害赔偿数额时,权利人可以选择实际损失、侵权人的违法所得、权利交易费用的合理倍数或者 100 万元以下数额请求赔偿。新引入了权利交易费用的合理倍数这一计算方式,为司法实践中难以确定实际损失和违法所得的侵权案件提供一条新路径。第二,《送审稿》同时提高了法定赔偿数额,由 50 万调整为 100 万。值得一提的是,2012 年 3 月《修改草案》对法定赔偿增加了限定条件,即必须进行著作权或相关权登记、专有许可合同登记或转让合同登记,2012 年 7 月的《修改草案第二稿》又取消了上述新增条件。第三,《送审稿》增加惩罚性赔偿的规定。实务专家认为,"建立知识产权惩罚性赔偿制度是我国经济、科技和文化发展现状的现实需求,顺应完善我国知识产权侵权赔偿制度的立法司法需求"[①]。对于两次以上故意侵犯著作权或者相关权的,人民法院可以根据前款计算的赔偿数额的二至三倍确定赔偿数额,这符合我国"加强知识产权保护"的司法政策。

---

① 朱丹:《知识产权惩罚性赔偿制度研究》,法律出版社 2016 年版,第 171 页。

对于赔偿数额的举证,2001年《著作权法》增加一条作为第52条规定:复制品的出版者、制作者不能证明其出版、制作有合法授权的,复制品的发行者或者电影作品或者以类似摄制电影的方法创作的作品、计算机软件、录音录像制品的复制品的出租者不能证明其发行、出租的复制品有合法来源的,应当承担法律责任。2014年《送审稿》适当增加了侵权人的举证责任,第76条新增损害赔偿的举证责任,即人民法院为确定赔偿数额,在权利人已经尽力举证,而与侵权行为相关的账簿、资料主要由侵权人掌握的情况下,可以责令侵权人提供与侵权行为相关的账簿、资料;侵权人不提供或者提供虚假的账簿、资料的,人民法院可以根据权利人的主张判定侵权赔偿数额。这降低了权利人的举证责任,有助于权利人主张权利。

2.网络服务提供者的责任

根据《侵权责任法》的相关规定,第三次修法时,拟增加网络服务提供商民事责任的规定。2012年《修改草案》明确规定提供纯技术服务的网络服务商不承担与著作权和相关权有关的审查义务,概要规定了通知移除程序。2012年7月的《修改草案第二稿》在第69条增加关于网络服务提供者教唆或者帮助侵权的,与侵权人承担连带责任的规定。2014年《送审稿》将避风港原则、通知删除规则等互联网领域的已基本成熟的规则规定于第73条,"网络服务提供者为网络用户提供存储、搜索或者链接等单纯网络技术服务时,不承担与著作权或者相关权有关的审查义务。他人利用网络服务实施侵犯著作权或者相关权行为的,权利人可以书面通知网络服务提供者,要求其采取删除、断开链接等必要措施。网络服务提供者接到通知后及时采取必要措施的,不承担赔偿责任;未及时采取必要措施的,对损害的扩大部分与该侵权人承担连带责任。网络服务提供者知道或者应当知道他人利用其网络服务侵害著作权或者相关权,未及时采取必要措施的,与该侵权人承担连带责任。网络服务提供者教唆或者帮助他人侵犯著作权或者相关权的,与该侵权人承担连带责任。网络服务提供者通过网络向公众提供他人作品、表演或者录音制品,不适用本条第一款规定"。

3.对于使用非会员权利人作品但已支付给著作权集体管理组织报酬的处理

对于现实中已经向著作权集体管理组织支付过使用费又被诉至法院的,《修改草案》规定豁免使用者的损害赔偿责任,但是要停止侵权并支付费用,主要理由是通过疏堵结合引导权利人运用著作权集体管理制度,鼓励合法使用作品,减少当事人恶意诉讼,促进作品的合法传播和使用。《修改草案第二稿》改变了《修改草案》中"不承担赔偿责任"的表述,在第70条进一步明确使用者在使用著作权人难以行使和难以控制的权利并愿意通过合法途径获得授权前提下,使用著作权集体管理组织非会员权利人作品时应当承担的停止侵权和赔偿损失的民事责任。在赔偿责任承担方面,如果使用者已经与相应的著作权集体管理组织签订合同,则对非会员权利人按照著作权集体管理使用费标准赔偿损失;如果未与相应的著作权集体管理组织签订合同,则对非会员权利人按照一般民事侵权损害赔偿原则赔偿损失。同时,此条第二款规定,对使用者恶意使用他人作品的三种情形,不适用著作权集体管理使用费标准赔偿损失,而应当适用一般民事侵权损害赔偿原则赔偿损失。2014 年《送审稿》采纳了《修改草案第二稿》的规定。

4.计算机程序的善意持有者的责任

《修改草案》和《修改草案第二稿》均延续了《计算机软件保护条例》第 30 条的规定"软件的复制品持有人不知道也没有合理理由应当知道该软件是侵权复制品的,不承担赔偿责任;但是,应当停止使用、销毁该侵权复制品。如果停止使用并销毁该侵权复制品将给复制品使用人造成重大损失的,复制品使用人可以在向软件著作权人支付合理费用后继续使用"。《送审稿》将计算机程序的善意持有者可以支付合理使用费后继续使用该程序的规定修改为其必须重新获得授权后才能继续使用,"计算机程序的复制件持有人不知道也不应当知道该程序是侵权复制件的,不承担赔偿责任;但是应当停止使用、销毁该侵权复制件。计算机程序复制件持有人需要继续使用该计算机程序的,应当取得该计算机程序著作权人的许可"。

(二)对行政责任与行政执法手段制度的完善

1990 年通过的《著作权法》第 46 条列举的侵权行为除了要承担民事责任之外,还有可能承担行政责任,即由著作权行政管理部门给予没收非法所得、罚款等行政处罚。配套施行的《著作权法实施条例》进一步细化,在第 50 条规定著作权行政管理部门对《著作权法》第 46 条所列的侵权行为,可给予警告、责令停止制作和发行侵权复制品、没收非法所得、没收侵权复制品及制作设备和罚款的行政处罚。在第 51 条对《著作权法》第 46 条所列侵权行为,视情节轻重规定不同的罚款数额。在对《著作权法》进行第一次修改时,考虑到"近几年来,侵权盗版、盗播屡禁不止,活动猖獗,不仅严重侵犯了著作权人的合法权益,而且严重损害社会公共利益。根据国家关于加大打击力度,端掉侵权制假'黑窝子'的精神",[①]2001 年的《著作权法》加大了对社会危害性较大的著作权侵权行为的行政处罚力度,除保留了没收非法所得和罚款的行政处罚外,吸收《著作权法实施条例》的规定,著作权行政管理部门有权没收、销毁侵权复制品;情节严重的,还可以没收主要用于制作侵权复制品的材料、工具、设备等,构成犯罪的,依法追究刑事责任。在具体条文设计上,2001年《著作权法》相比于 1990 年《著作权法》增加了"同时损害公共利益"这一要求。在对《著作权法》进行第三次修改时,2012 年 3 月的《修改草案》"以'破坏社会主义市场经济秩序'代替'同时损害公共利益'作为行政责任的构成要件",《送审稿》第 77 条删除了这一要件。《送审稿》在行政法律责任方面,根据著作权行政执法的实

---

① 石宗源:《关于〈中华人民共和国著作权法修正案(草案)〉的说明》,http://www.npc.gov.cn/wxzl/gongbao/2001-12/04/content_5280683.htm,下载日期:2019 年 10 月 2 日。

践需要,在《著作权法实施条例》规定的基础上提高了罚款的数额,将罚款的倍数由非法经营额的 3 倍提高为 5 倍,将 10 万元提高为 25 万元,以此提高行为人违法成本。

我国著作权保护制度实行行政保护和司法保护双轨制,但是 2001 年《著作权法》中没有规定任何行政强制手段,相关规定存在于 2003 年实施的《著作权行政处罚实施办法》。为有效打击侵权盗版行为,完善我国著作权行政保护制度,《修改草案》借鉴其他知识产权法律的做法(《商标法》第 55 条、《专利法》第 64 条规定),增加了著作权行政管理部门执法手段的规定,规定著作权行政管理部门对涉嫌侵权和违法行为进行查处时,可以询问有关当事人,调查与涉嫌侵权和违法行为有关的情况;对当事人涉嫌侵权和违法行为的场所和物品实施现场检查;查阅、复制与涉嫌侵权和违法行为有关的合同、发票、账簿以及其他有关资料;对于涉嫌侵权和违法行为的场所和物品,可以查封或者扣押。这其中特别是增加了查封扣押权。

(三)对刑事责任制度的完善

1990 年通过的《著作权法》和当时 1979 年的《刑法》都没有规定侵犯著作权的刑事责任。在《草案》中本是有"对有将他人作品当作自己的作品发表;未经著作权人许可,以复制、表演、播放、展览、发行、摄制电影、电视或者改编、翻译、注释、整理等方式使用作品等侵权行为,情节严重构成犯罪的,处五年以下有期徒刑或者拘役,可以单处或者并处罚金"的规定,但是,最终未被采纳的原因在于"有些委员和部门对本法是否规定刑事处罚有意见分歧,考虑对这个问题还没有把握,因此,建议暂不在本法中规定,以后可以另作决定或者在修改刑法时增加规定"[①]。

1992 年我国加入《世界版权公约》和《伯尔尼公约》,公约规定对严重侵犯著作权的行为应通过国内立法给予刑事处罚。为了和公约保持一致,1994 年八届全国人大常委会通过《关于惩治侵犯著作权的犯罪的决定》,以单行刑法的立法模式打击严重侵犯著作权行为。1997 年《刑法》在分则第三章增加了侵犯知识产权罪,在第 217 条和第 218 条规定了"侵犯著作权罪"和"销售侵权复制品罪"。2001 年《著作权法》在第 47 条增加了严重的侵犯著作权行为,构成犯罪的,依法追究刑事责任的条款。2004 年和 2007 年,最高人民法院和最高人民检察院两次出台了《关于办理侵犯知识产权刑事案件具体应用法律若干问题的解释》,通过对《刑法》第 217 条和第 218 条中的数额和情节的解释降低著作权犯罪处罚的门槛。

[①] 宋汝棼:《全国人大法律委员会对〈中华人民共和国著作权法(草案)〉审议结果的报告》,http://www.npc.gov.cn/wxzl/gongbao/1990-06/20/content_1479227.htm,下载日期:2019 年 10 月 2 日。

当侵犯著作权的行为造成一定程度的社会危害时,则构成犯罪,进入《刑法》的视野。[1] 在当下进行的对我国《著作权法》的第三次修改过程中,篇章体系内容均有较大的变动,《送审稿》对扩大了著作权保护的客体,增加细化了著作权人的权利,扩大了邻接权人的权利,而责任方面还是简单地规定"构成犯罪的,承担刑事责任",《刑法》中只有第 217 条和第 218 条规定了著作权犯罪,这就导致了《送审稿》的改动对"我国著作权刑法保护水平提出了更高要求"[2],但是目前《著作权法》和《刑法》的衔接并不顺畅,这个问题还有待于进一步完善。

(四)关于临时措施

在对《著作权法》进行第一次修改时,考虑到《TRIPS 协定》第 50 条规定"司法当局有权采取有效的临时措施,防止任何延误给权利人造成不可弥补的损害或者证据灭失",但我国 1990 年通过的《著作权法》对此未作规定,据此,并参照修改后的专利法的有关规定,2001 年《著作权法》增加了对财产保全和行为保全的规定。对于财产保全,第 49 条规定:"著作权人或者与著作权有关的权利人有证据证明他人正在实施或者即将实施侵犯其权利的行为,如不及时制止,将会使其合法权益受到难以弥补的损害的,可以在起诉前向人民法院申请采取责令停止有关行为和财产保全的措施。人民法院处理前款申请,适用《中华人民共和国民事诉讼法》第 93 条至第 96 条和第 99 条的规定。"对于证据保全,在第一次修法过程中,第一版的《修正案草案》仅规定了"在证据可能灭失或者以后难以取得的情况下,著作权人或者与著作权有关的权利人可以在诉讼前向人民法院申请保全证据",在审议时,最高人民法院提出,著作权法还应对诉前证据保全作出相应的程序规定,[3]而且,本条规定的申请证据保全措施范围过宽,应当有所限制,[4]因此,最终经法律委员会建议,将该条修改为:"为制止侵权行为,在证据可能灭失或者以后难以取得的情况下,著作权人或者与著作权有关的权利人可以在起诉前向人民法院申请保全证据。人民法院接受申请后,必须在四十八小时内作出裁定;裁定采取保全措施的,应当立即开始执行。人民法院可以责令申请人提供担保,申请人不提供担保的,驳回申请。申请人在人民法院采取保全措施后十五日内不起诉的,人民法院应当解除保全措施。"

---

① 姜伟:《知识产权刑事保护研究》,法律出版社 2004 年版,第 188 页。

② 俞锋、刘晖:《著作权刑法保护问题研究——以第三次〈著作权法〉修改为背景》,载《中国出版》2014 年第 7 期。

③ 顾昂然:《全国人大法律委员会关于〈中华人民共和国著作权法修正案(草案)〉审议结果的报告》,下载日期:2019 年 10 月 2 日。

④ 顾昂然:《全国人大法律委员会关于〈中华人民共和国著作权法修正案(草案)〉审议结果的报告》,下载日期:2019 年 10 月 2 日。

（五）举证不能时的过错推定

在 2001 年修改《著作权法》时,增加了关于举证不能时的责任规定:"复制品的出版者、制作者不能证明其出版、制作有合法授权的,复制品的发行者或者电影作品或者以类似摄制电影的方法创作的作品、计算机软件、录音录像制品的复制品的出租者不能证明其发行、出租的复制品有合法来源的,应当承担法律责任。"2014年《送审稿》进一步扩大了作品使用者过错推定的范围,新增网络用户不能证明其通过网络向公众传播的作品有合法授权的应当承担法律责任的规定。《送审稿》第81 条规定:"著作权和相关权的使用者在下列情形下,应当承担民事或者行政法律责任:复制件的出版者、制作者不能证明其出版、制作有合法授权的;网络用户不能证明其通过网络向公众传播的作品有合法授权的;出租者不能证明其出租视听作品、计算机程序或者录音制品的原件或者复制件有合法授权的;发行者不能证明其发行的复制件有合法来源的。"

（六）著作权纠纷的替代解决措施

1990 年《著作权法》中规定对著作权和邻接权纠纷的调解和仲裁,此外,为缓解司法实践中著作权案件数量多、增长快、压力大的问题,充分发挥著作权行政管理部门专业、高效、便捷的优势,在对《著作权法》进行第三次修改时,增加关于著作权纠纷行政调解的规定。[①] 第 85 条规定,"著作权行政管理部门可以设立著作权纠纷调解委员会,负责著作权和相关权纠纷的调解。调解协议的司法确认,适用《中华人民共和国民事诉讼法》有关确认调解协议的规定。著作权调解委员会的组成、调解程序以及其他事项,由国务院著作权行政管理机关另行规定"。

第九节　2020 年《著作权法》第三次修订的总体情况

2020 年 11 月 11 日第十三届全国人民代表大会常务委员会第二十三次会议通过《全国人民代表大会常务委员会关于修改〈中华人民共和国著作权法〉的决定》（以下简称《修改决定》）,意味着我国著作权法律制度迈入新的历史阶段。《修改决定》共 42 条内容,其中涉及著作权（狭义,不包含邻接权部分）的部分主要体现在以下几个方面。

第一,在著作权的主体与归属方面。将此前《著作权法》中的"其他组织"修改

---

① 国务院法制办公室:《关于〈中华人民共和国著作权法〉（修订草案送审稿）的说明》,http://www.icsc1839.org/detail_news_50302.html,下载日期:2019 年 10 月 2 日。

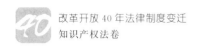
为"非法人组织","公民"修改为"自然人",实现了法律语言的一致性与严谨性。

第二,对作品的定义进行了修改。从此前的"包括以下列形式创作的文学、艺术和自然科学、社会科学、工程技术等作品"修改为"是指文学、艺术和科学领域内具有独创性并能以一定形式表现的智力成果,包括",将第六项修改为:"(六)视听作品";将第九项修改为:"(九)符合作品特征的其他智力成果"。对于这部分修改尤其是"开放作品类型"的争议较大,反对的意见认为对于作品修改是对《伯尔尼公约》相关条款的误读,就当前我国的国情而言,这种修订对于利益平衡将产生不良的作用;①支持的意见则认为这一修订为体育赛事节目、游戏直播画面等新型表达提供了法律依据。②

第三,修改了不适用《著作权法》的对象。将原第 5 条第 2 项的"时事新闻"修改为"单纯事实消息",这是考虑到实践中容易混淆时事新闻与时事性文章,尤其是后者往往包涵了作者大量的智力创作,此次修改能够避免实践中的这种混淆,有利于加强对这类作品的保护。③

第四,完善了著作权行政保护制度。结合我国实际,《修改决定》中对原第 7 条中的"主管"修改为"负责","各省、自治区、直辖市人民政府的著作权行政管理部门"修改为"县级以上地方主管著作权的部门",实现了著作权行政管理层级的下放,由省级扩大到县级,扩充了行政执法队伍,有利于加强知识产权行政保护。此外,此次修法还进一步增加了行政执法的手段并加强了行政处罚的力度。④

第五,完善了著作权集体管理制度。此次修法完善了著作权集体管理组织的定义,增加了有关使用费收取标准的相关规定,明确了使用费以及权利信息系统的透明机制。实现了加强权利保护、尊重市场自制、注重规范运营,改变过去对于收费标准争议解决问题规定不够具体、不够明确的现象,对纠纷解决途径有了指引;无论集体管理组织还是申请使用人,都有权对有关的收费标准提出异议,有利于费率设定的公平和灵活性。

第六,完善了著作权的权利内涵。此次修订完善了第 9 条中对复制权、出租权、放映权、广播权、信息网络传播权、摄制权等著作财产权定义的表述,实现了概念上的周延性。

第七,明确了作品登记制度。此次修订规定:"作者等著作权人可以向国家著作权主管部门认定的登记机构办理作品登记",这一新规定对于指导实践中作品登记具有统摄性价值。

① 王迁:《对〈著作权法修正案〉(草案)(二次审议稿)的四点意见》,载《知识产权》2020 年第 9 期。

② 孙山:《〈著作权法〉中作品类型兜底条款的适用机理》,载《知识产权》2020 年第 12 期。

③ 石宏:《〈著作权法〉第三次修改的重要内容及价值考量》,载《知识产权》2021 年第 2 期。

④ 石宏:《〈著作权法〉第三次修改的重要内容及价值考量》,载《知识产权》2021 年第 2 期。

第八，修改了合作作品的利用规则。将原第 13 条第 2 款"合作作品可以分割使用的，作者对各自创作的部分可以单独享有著作权，但行使著作权时不得侵犯合作作品整体的著作权"修改为第 14 条第 2 款"合作作品的著作权由合作作者通过协商一致行使；不能协商一致，又无正当理由的，任何一方不得阻止他方行使除转让、许可他人专有使用、出质以外的其他权利，但是所得收益应当合理分配给所有合作作者"，这有利于加强合作作品的传播与利用。

第九，明确了视听作品著作权归属。将第 15 条改为第 17 条，将原条款中的"制片者"修改为"制作者"，区分了电影、电视剧和其他类型的著作权权属规则，前者是当然属于制作者，后者则由当事人约定，没有约定或者约定不明的由制作者享有，作者享有署名和获得报酬的权利。

第十，完善了职务作品制度。在原"特别职务作品条款"基础上，增加一款，明确"报刊、期刊社、通讯社、广播电台、电视台的工作人员创作的职务作品"，作者享有署名权，著作权的其他权利由法人或者非法人组织享有，法人或者非法人组织可以给予作者奖励。这一修订解决了实践中在这些领域遇到的作品权属难题。

第十一，完善了权利限制的规则，在合理使用规则方面，将《著作权法实施条例》中的相关规则上位提取，将原第 22 条第 1 款修改为："在下列情况下使用作品，可以不经著作权人许可，不向其支付报酬，但应当指明作者姓名或者名称、作品名称，并且不得影响该作品的正常使用，也不得不合理地损害著作权人的合法权益"，完善了合理使用的"三步检验法"。此外，此次修订还完善了免费表演的合理使用规则，突出了"非营利性"；完善了教科书相关的法定许可规则语言，实现了用语的准确、简练。

第十二，完善著作权技术保护措施和权利管理信息的规定，这部分基本采纳了 2014《送审稿》第 68 条、第 69 条、第 70 条、第 71 条等的规定。

第十三，确立了侵犯著作权的惩罚性赔偿规则。相比于 2014 年《送审稿》，此次修订确立的惩罚性赔偿上限更高，为五倍、五百万元。此外，此次修订还新增确定损害赔偿时的举证妨害、人民法院对侵权物品的处理等方面的规则。[①]

在著作权部分，《修改决定》还对作品原件所有权转移时的著作权规则、被诉侵权人的举证责任等问题进行了进一步的细化，对相关条款的立法语言进行了精简，以实现法律条文的严谨、精炼，反映了立法水平的提升。总体来说，经过 2020 年的修订，我国《著作权法》法律规则实现了进一步的科学化，对于实现更高水平的著作权保护具有重要意义，但同时，此次《著作权法》修订相比于此前的《送审稿》有许多问题并未规定或者过于原则化，实践中许多难点问题的解决可能仍然会面临没有明确的法律依据的问题，对于这些问题，在《著作权法》配套的行政法规进行修订时应当重点关注。

---

① 参见 2020 年《著作权法》第 54 条。

第五章

邻接权法律制度的变迁

第一节　改革开放 40 年邻接权法律制度变迁的概述

随着我国改革开放,市场经济的逐渐建立与发展,以及我国公民权利意识的觉醒与产业发展的需要,我国于 1990 年颁布了第一部《著作权法》。《著作权法》的颁布标志着我国邻接权制度得以系统建立。当然,在 1990 年《著作权法》颁布之前,我国部分政策性文件中有与邻接权相关的零散性规定。由于我国加入世界贸易组织需求的直接推动,我国于 2001 年对《著作权法》进行了全面的修订。本节主要介绍邻接权制度的立法背景及其变迁的主要情况。

一、立法背景

邻接权(neighboring rights)是指"邻接于著作权的权利",亦称之为"与著作权有关的权利"(rights related to copyright)。邻接权主要是对作品传播者的保护,有学者认为,邻接权更确切的提法应该是"作品传播者权"。[①] 作品传播者,是连接作者和公众之间的桥梁,他们通过自己的劳动和投资,将原作品以一种新的方式传播给公众。传播者在传播作品的过程中付出了自己的劳动和大量投资,传播者传播作品的行为应当予以鼓励,传播作品的正当权益应该予以保护。因此,为了调动传播者的积极性,进一步促进文化的发展,邻接权制度应运而生。邻接权有广义与狭义之分,狭义的邻接权,按照世界知识产权组织的界定,邻接权系"为保护表演者、录音制作者和广播组织在公开使用作者的作品、各种艺术表演或向公众传播时事、信息及任何声音或图像过程中的利益而赋予他们的权利"。[②] 这种只保护表演者、录音制品制作者和广播组织的邻接权界定,就是狭义的邻接权概念。而广义邻接权的概念,是指一切传播作品的媒介所享有的专有权,或者那些与作者创作的作品尚有一定区别的产品、制品或其他既含有"思想的表达形式",又不能称为"作品"的内容(之上的权利)。[③] 由于我国现行《著作权法》第四章将出版、表演、录音录像与播放都纳入邻接权的规定,所以我国《著作权法》所指的邻接权是广义的邻接权,本部分亦以广义的邻接权为对象进行讨论。

从邻接权在全球诞生的过程来看,传播技术的发展是邻接权诞生的直接推动力。爱迪生在 1887 年对留声机的伟大发明开创了人类文明录音历史的先河,录音技术使稍纵即逝的现场表演可以离开表演者无数次再现。然而,这种无数次再现表演的录音技术却成了表演者的噩梦,现场表演被灌制的唱片替代,表演者的机会被无情地剥夺。随着有线、无线声音传播技术的发展,现场表演得以从表演现场向其他任何场所进行传播,由此进一步减少了表演者的表演机会。国际劳工局于1939 年出版的报告表明,1932 年至 1936 年,音乐等艺术行业的表演者进入前所未有的失业高峰,美国、法国、日本与奥地利都有数以万计的表演者失业,比如:1936年日本音乐工作者的失业比例为 41%,而维也纳音乐工作者的失业比例高达90%。[④] 在这种高失业率的情形下,表演者显然希望立法赋予其权利以控制对其表演的录制与传播。而作为固定表演的录音制品逐渐形成自己的市场,录音制品的制作者亦希望获取权利以控制其所录制录音制品的复制,因为录音制品的制作除了获取作者与表演者的许可并支付相关许可费之外,要求制作者必须进行录音

---

① 郑成思:《版权法》,中国人民大学出版社 1997 年修订版,第 49 页;李明德、许超:《著作权法》,法律出版社 2003 年版,第 178 页。

② WIPO,Intellectual Property Handbook,Policy Law and Usehandbook,2nd ed.,WIPO publication,Geneva,2004,p.48.

③ 郑成思:《版权法》,中国人民大学出版社 1997 年修订版,第 52 页。

④ [西]德利娅·利普希克:《著作权与邻接权》,中国对外翻译出版公司、联合国教科文组织2000 年版,第 277 页。

设备与录音专业人员劳动力的投资。[①] 几乎基于相同的原理,广播技术的进步是广播组织希望对其广播进行控制,以防止其广播被截播。不过,表演者、录制者与广播组织相关权利的诞生,却颇费周折。最初,表演者、录音制作者与广播组织试图通过将其纳入《伯尔尼公约》的保护得以在该条约成员国获得推广保护。在1908 年《伯尔尼公约》柏林修订会议上,英国提议将录音制作者纳入《伯尔尼公约》进行保护,不过被大会拒绝了,其原因是"该客体处于工业产权和著作权之间,其更适合工业产权"。[②] 在 1928 年《伯尔尼公约》罗马修订会议中,意大利提议在《伯尔尼公约》中保护表演艺术家,该提议因为太新奇而没能进入《伯尔尼公约》,大会要求各国政府仔细研究该问题。此后还包括 1948 年《伯尔尼公约》布鲁塞尔会议中比利时政府与意大利政府所提出的保护录制的表演的提议。这些提议都没有得到《伯尔尼公约》的采纳,学者认为最为主要的原因在于保护作者权利的公约中没有表演者与录音制作者的地位。[③] 不过,在这期间,很多国家国内法创立了类似邻接权的制度,诸如:奥地利(1920)、瑞士(1922)、意大利(1941)、德国(1910)以及英国的制定法与判例(1934、1940)。[④] 尽管如此,表演者、录音制作者与广播组织三者权利之间的某种联系为创设一个独立的国际公约进行保护成为可能。[⑤] 最终,1961 年在知识产权联合国际局、联合国教科文组织与国际劳动组织等联合努力下,缔结了《保护表演者、录音制品制作者和广播组织罗马公约》(以下简称《罗马公约》),[⑥]以保护表演者、录制者与广播组织。随后,1971 年所签订的《保护录音制品制作者防止未经许可复制其制品日内瓦公约》较全面地保护了录音制品制作者的权利,该公约要求成员国通过版权法、反不正当竞争法、刑法等多种立法来保护制止侵权行为。1974 年签订的《发送卫星传输节目布鲁塞尔公约》的主要内容是要求成员国承担防止本国广播组织非法转播卫星节目及防止假冒产品进口与销售。[⑦] 随着该国际条约的推广,世界各国或者在著作权法中规定了邻接权,或者通

---

① 刘铁光:《录音制品二次使用的法律问题研究》,厦门大学出版社 2010 年版,第 23 页。

② Stephen M. Stewart, *International Copyright and Neighboring Rights*,Butterworths,1989,2nd ed.,p.222.

③ Stephen M. Stewart, *International Copyright and Neighboring Rights*,Butterworths,1989,2nd ed.,p.221;[西]德利娅·利普希克:《著作权与邻接权》,中国对外翻译出版公司、联合国教科文组织 2000 年版,第 628~629 页。

④ Stephen M. Stewart, *International Copyright and Neighboring Rights*,Butterworths,1989,2nd ed.,p.222.

⑤ Stephen M. Stewart, *International Copyright and Neighboring Rights*,Butterworths,1989,2nd ed.,p.223.

⑥ Stephen M. Stewart, *International Copyright and Neighboring Rights*,Butterworths,1989,2nd ed.,p.224.

⑦ 李顺德:《知识产权概论》,知识产权出版社 2005 年版,第 360~363 页。

过单独的邻接权立法予以保护，邻接权制度得以在立法中确立。

邻接权制度在中国的建立时间较晚，尽管晚清处于西方列强压迫下，于 1910 年制定了《大清著作权律》，①然而《大清著作权律》并未确立邻接权制度。而且之后中华民国时期的 1928 年《著作权法》亦未能规定邻接权制度，其对当时的录音技术所引出的唱片保护问题，解释为"留声机片既非出版品，亦非著作物，并无专有公开演奏之权"。②直到 1944 年，国民政府颁布的《修正著作权法》始将"发音片"纳入版权保护范围，赋予发音片版权人享有"公开演奏或上演之权"。③新中国成立之后直到 1990 年《著作权法》颁布之前，都未能正式确立邻接权制度。直到 1990 年《著作权法》，才在第四章以"出版、表演、录音录像、播放"为题专章规定了邻接权制度。我国邻接权法律制度作为《著作权法》中的一部分，其立法背景就是整部《著作权法》的立法背景，随着经济社会的发展，既有个体权利意识的觉醒使作者与邻接权人提出的权利主张，又有中国因加入世界贸易组织的愿望而与美国谈判的直接推动。④

二、立法过程

新中国成立之后，邻接权制度直到 1990 年《著作权法》才得以正式确立。1990 年之前只能在零散的政策性文件中，找到部分邻接权制度的影子。直到 1990 年《著作权法》颁布之后，相对完整的邻接权制度才在《著作权法》中得以确立。所以，我国邻接权制度的立法可以大致分为前《著作权法》时期和《著作权法》时期。

（一）前《著作权法》时期（1990 年以前）

1990 年《著作权法》诞生之前，我国只是在部分政策性文件中对图书与期刊进行保护。其中与邻接权保护有关的第一项政策，是国家出版总署于 1950 年召开的第一届全国出版会议所颁发的《关于改进和发展出版工作的决议》。该决议指出，"在版权页上，对于初版、再版的时间，印数，著者、译者的姓名及译本的原书名等等，均应作忠实的记载。在再版时，应尽可能与作者联系，进行必要的修订……出版业应尊重著作权及出版权，不得有翻版、抄袭、篡改等行为"。其中所提及的出版权，应该是指出版社对其已经出版图书所享有的权利，而"不得有翻版"的规定，更是明确了对出版社所出版图书的保护，也就是说，出版社对其所出版的图书，享有

---

① 正因为《大清著作权律》是在西方列强压迫下制订的，所以被称之为"枪口下的法律"。李雨峰：《枪口下的法律：中国版权史研究》，知识产权出版社 2006 年版，第 79 页。

② 杜学亮主编：《著作权研究院文献目录汇编》，中国政法大学出版社 1995 年版，第 179 页，转引自周林、李明山主编：《中国版权史研究文献》，中国方正出版社 1999 年版，第Ⅷ页。

③ 杜学亮主编：《著作权研究院文献目录汇编》，中国政法大学出版社 1995 年版，第 179 页，转引自周林、李明山主编：《中国版权史研究文献》，中国方正出版社 1999 年版，第Ⅷ页。

④ 李雨峰：《枪口下的法律：中国版权史研究》，知识产权出版社 2006 年版，第 159～186 页。

禁止他人翻版即再次出版的权利。该《决议》还对作者稿酬及其与出版社之间关系进行了规定，"稿酬办法应在兼顾著作家、读者及出版家三方面利益的原则下与著作家协商决定；为尊重著作家的权益，原则上应不采取卖绝著作权的办法。计算稿酬的标准，原则上应根据著作物的性质、质量、字数及印数"。尽管有关稿酬的规定，本质上是对作者著作权的保护，但其对禁止卖绝著作权的规定，实质上是对出版社的限制，涉及作为我国后来《著作权法》中邻接权人之一即出版者，在与作者签订出版合同应该注意的问题。1953 年，国家出版总署又公布了《关于纠正任意翻印图书现象的规定》，其中指出："一切机关团体不得擅自翻印出版社出版的图书图片，以尊重版权。"该规定开始从政策要求所有的机关团体不得翻印出版社出版的图书图片，尽管字面上表述为尊重版权，但实质上是要求一切机关团体对出版社所出版图书的保护。1955 年，成立了著作权法起草小组，着手制定著作权法，尽管并未形成完整系统的《著作权法》，但该著作权法起草小组结合我国当时公私出版机构并存，侵犯作者权益在出版界比较严重的情况，起草《保障出版物著作权暂行规定》。① 该《规定》中有关于出版著作权的表述，但保护出版社所出版的图书不被翻印，实质上是对出版者的保护。1957 年，文化部出版局向国务院法制局报送了《保障出版物著作权暂行规定(草案)》，著作权法起草工作最终由于"文革"等历史原因被搁置。② 1979 年，中美就《中美高能物理协定》进行谈判时，因版权问题而陷入僵局，中央领导意识到版权保护问题关系重大，随后，中国《著作权法》起草工作重新启动。③ 在《著作权法》一时难以出台的情况下，乱编乱印图书等侵犯作者与出版者权益的行为相当普遍，文化部决定先制定《图书、期刊版权保护试行条例》，于1984 年 6 月印发全国新闻出版单位，内部执行。④ 该《条例》规定，"出版社对其在本条例生效之前已经出版或已经接受的作品，应继续享有为期五年的专用出版权，期限自本条例生效之年年底起计算。五年以后，出版权回归作者或其合法继承人。如出版社希望继续出版，应补签出版合同"。该规定中的专用出版权，非常接近我国现行《著作权法》中专有出版权的规定，属于邻接权制度的构成部分。

尽管在 1990 年《著作权法》诞生之前，并未形成系统与完整的邻接权制度，但各种政策性文件中还是可以发现保护邻接权制度的部分踪影，尤其是对出版者所

---

① 沈仁干：《艰辛、喜悦与期盼——改革开放中的著作权立法》，http://www.ncac.gov.cn/chinacopyright/contents/537/20677.html，下载日期：2018 年 10 月 3 日。

② 沈仁干：《艰辛、喜悦与期盼——改革开放中的著作权立法》，http://www.ncac.gov.cn/chinacopyright/contents/537/20677.html，下载日期：2018 年 10 月 3 日。

③ 沈仁干：《艰辛、喜悦与期盼——改革开放中的著作权立法》，http://www.ncac.gov.cn/chinacopyright/contents/537/20677.html，下载日期：2018 年 10 月 3 日。

④ 沈仁干：《艰辛、喜悦与期盼——改革开放中的著作权立法》，http://www.ncac.gov.cn/chinacopyright/contents/537/20677.html，下载日期：2018 年 10 月 3 日。

出版图书的保护,成为我国 1990 年《著作权法》对出版者保护的重要内容。

（二）《著作权法》的邻接权制度（1990 年以后）

如前所述,我国《著作权法》的诞生既有著作权人与邻接权人权利意识的觉醒,亦有中美谈判与中国加入世界贸易组织愿望的直接推动。在这种背景下,我国 1990 年《著作权法》得以诞生。从而,自 1990 年开始,我国《著作权法》就规定了相对系统的邻接权制度。我国著作权行政主管部门在《著作权法》之外,制定部分涉及邻接权保护的相关政策性文件。

1990 年 9 月 7 日,第七届全国人民代表大会常务委员会第十五次会议通过了《中华人民共和国著作权法》,其中第四章以"出版、表演、录音录像、播放"为题专章规定专门的邻接权制度,分别对出版者、表演者、录制者与广播组织予以保护。1991 年 5 月 30 日,为具体落实《著作权法》的相关制度,国家版权局发布《著作权法实施条例》,在第五章（共 14 个条文,从第 36 条至第 49 条）中规定了"与著作权有关权益的行使与限制"。随着改革开放的不断深入,为了适应市场经济发展的需要,尤其是加入世界贸易组织的需要,为了完善我国著作权保护制度,2001 年 10 月 27 日对《著作权法》进行了第一次修正。[①]主要内容是修改与市场经济体制不相适应的行政管理体制,拓宽对作品的保护范围,加大对包括邻接权在内的著作权的保护力度。2002 年 8 月 2 日,针对 2001 年新修订的《著作权法》,国务院颁布了新的《著作权法实施条例》。我国《著作权法》及《著作权法实施条例》中均未使用"邻接权"一词,而是采用"与著作权有关的权益"进行表述,包括出版者、表演者、录音录像制作者和广播组织者的相关权益。

1990 年《著作权法》在第四章规定了"出版、表演、录音录像、播放",该章从第 29 条至第 44 条用 16 个法律条文,分别对出版者、表演者、录制者与广播组织进行了保护。1991 年《著作权法实施条例》第五章专章规定了与著作权有关权益的行使与限制,是专门对邻接权制度的规定。该章从第 36 条至第 49 条用 13 个法律条文,分别细化了著作权法中的邻接权制度。其中第 36 条对邻接权进行了界定,即"著作权法和本实施条例所称与著作权有关权益,指出版者对其出版的图书和报刊享有的权利,表演者对其表演享有的权利,录音录像制作者对其制作的录音录像制品享有的权利,广播电台、电视台对其制作的广播、电视节目享有的权利"。在前面的定义条款中,对录音制品、录像制品、广播、电视节目、录音制作者、录像制作者以及表演者进行了专门的界定。为加入 WTO,我国于 2001 年对《著作权法》进行了全面修订。相对 1990 年《著作权法》,这次修订增加了一个法律条文。尽管有关邻接权的规定在内容上发生了较大变化,但依然在第四章从第 29 条至第 45 条用 17

---

① 虽然我国《著作权法》在 2010 年修订了一次,但该次修订只修订了第 4 条和增加了第 26 条,内容不涉及邻接权制度,本部分内容不予讨论。

个法律条文以"出版、表演、录音录像、播放"为题专章规定了邻接权制度。而 2002
年《著作权法实施条例》在定义条款中依然对邻接权的相关概念进行了界定,并从
第 26 条至第 35 条用 10 条文规定了邻接权人与著作权人之间的关系以及出版者、
表演者、录音录像制作者与广播组织所应该享有的权利。

三、立法变迁的主要亮点

《著作权法》1990 年颁布之后,随着经济社会的发展,其不能完全适用现实的
需要。而且随着中国加入 WTO 日期临近,《著作权法》本身亦存在诸多不符合
《TRIPS 协定》《伯尔尼公约》的规定,我国在 2001 年对《著作权法》进行了一次全
面和系统的修订,这一次修订几乎涉及邻接权制度的全部法律条文。[①] 以下就这
次变迁中直接涉及邻接权制度的主要亮点予以介绍。

(一)减少立法对权利主体意思自治的干预

1990 年《著作权法》第 30 条规定:"图书出版者对著作权人交付出版的作品,
在合同约定期间享有专有出版权。合同约定图书出版者享有专有出版权的期限不
得超过十年,合同期满可以续订。"该条规定的内容,涉及出版者的专有出版权以及
出版期限,根据该规定,只要出版者与著作权人之间出版合同,出版者就对其所出
版的图书享有专有出版权。出版者的专有出版权必须由著作权人授权方可享有,
著作权人并未授予出版者专有出版权,而由法律直接规定的有出版权实质上干涉
了著作权人的意思自治;出版期限亦应由著作权人与出版者约定,而不是由法律直
接规定期限的长短。为此,2001 年修改《著作权法》时,将该条修改为"图书出版者
对著作权人交付出版的作品,按照合同约定享有的专有出版权受法律保护,他人不
得出版该作品"。该规定明确专有出版权以及期限必须来自著作权人与出版者之
间的合同约定,约定专有出版权受法律保护。因此,修改更尊重著作权人与出版者
的意思自治。

(二)完善邻接权制度体系使权利人获得更为充分的保护

我国 2001 年《著作权法》是对 1990 年《著作权法》的全面修订,完善了邻接权
的制度体系,使邻接权的权利人可以获得更为充分的保护。具体表现如下:

1.增加版式设计权保护出版者

1990 年《著作权法》对版式设计的保护问题未作规定,2001 年修改后的《著作
权法》赋予了出版者的版式设计权,该法第 35 条规定:"出版者有权许可或者禁止
他人使用其出版的图书、期刊的版式设计。前款规定的权利的保护期为十年,截止

[①] 有部分内容实质上涉及著作权人与邻接权人之间在作品传播过程中的权利义务问题,这些
问题本质上不是邻接权的制度内容。

于使用该版式设计的图书、期刊首次出版后第十年的 12 月 31 日。"该条为出版者规定的版权设计权,使出版者对所出版图书、期刊的版式设计享有 10 年的专有权,有权禁止他人使用其所设计的图书、期刊的版式设计,使出版者在出版行业获得更为充分的保护。

2.完善表演者的权利体系

根据 1990 年《著作权法》第 36 条的规定,表演者所享有的权利主要有人身权与财产权。其中人身权为表明表演者身份、保护表演形象不受歪曲;而财产权主要有许可他人从现场直播以及许可他人以营利为目的的录音录像。2001 年修订《著作权法》将该条修改为第 37 条,除表演者所享有的人身权没有变化之外,财产权部分都做了比较大的修改:其一,增加了表演者享有控制公开传送其表演的权利,为表演者应对新的公开传送技术作出了回应;其二,删除 1990 年《著作权法》关于表演者控制录音录像必须以营利为目的的规定,无论是否以营利为目的录音录像,表演者都有权控制,这样对表演者利益的保护更为充分;其三,增加了许可他人复制、发行录有其表演的录音录像制品以及许可他人通过信息网络向公众传播其表演的权利,更有效地增加了表演者对录有其表演的录音制品市场与信息网络传播行为的控制,使其在新技术条件下获得更为充分的保护。

3.完善录音录像制作者的权利体系

根据 1990 年《著作权法》第 39 条的规定,录音录像制作者对其制作的录音录像制品享有复制发行的权利,即可以控制复制与发行行为。2001 年将该条修改为第 41 条,规定"录音录像制作者对其制作的录音录像制品,享有许可他人复制、发行、出租、通过信息网络向公众传播并获得报酬的权利"。也即为录音录像制作者增加了对录音录像制品出租、通过信息网络向公众传播进行控制的权利,以应对录音录像制品的出租市场以及基于互联网对录音录像制作者市场的影响。

4.完善广播组织的权利体系

根据 1990 年《著作权法》第 42 条的规定,广播组织对其所制作的广播、电视节目享有播放、许可他人播放以及许可他人复制发行其制作的广播、电视节目的权利。该规定存在的问题非常明显:(1)"播放"与"许可他人播放"的表述,属于重复。广播组织既然有权自己播放,自然应该有权许可他人播放。(2)对广播组织所制作的广播、电视节目,如果具有独创性,自然享有著作权,自然就应该享有相应的权利。因此,1990 年《著作权法》第 42 条所规定的广播组织者权,并未涉及广播组织利益最为关键的转播行为。2001 年修改《著作权法》时,将该条修改为第 44 条,广播电台、电视台有权禁止未经其许可将其播放的广播、电视转播;将其播放的广播、电视录制在音像载体上以及复制音像载体。这表明,广播组织有控制他人非经许可转播的权利,实质上是禁止截取信号予以转播的权利;而禁止将其播放的广播、电视录制在音像载体上以及复制音像载体的规定,使广播组织有权控制对其所播

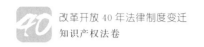
放的广播、电视的复制,无论其所播放的广播、电视是否属于著作权法意义上的作品,无论该作品上著作权是否归属于该广播组织。因此,根据修订之后《著作权法》第 44 条的规定,广播组织对其所播放的广播、电视有权禁止未经许可的转播与复制。

(三)回应传播技术与市场的现实

2001 年《著作权法》修订后,为表演者、录音录像制作者增加了信息网络传播权,[①]以应对新的传播技术对表演者与录音录像制作者所产生的冲击,使该两类主体有权从互联网市场中获取其应得的利益。为应对当时市场上的录音录像制品的出租市场,2001 年《著作权法》修订后,为录音录像制作者增加了出租权。[②]

(四)调整法定许可制度契合市场规律

1990 年《著作权法》第 37 条第 1 款规定,录音制作者使用他人未发表的作品制作录音制品,应当取得著作权人的许可,并支付报酬。使用他人已发表的作品制作录音制品,可以不经著作人许可,但应当按照规定支付报酬;著作权人声明不许使用的不得使用。这表明,1990 年《著作权法》以音乐作品发表与否,判定是否可以进行法定许可。而 2001 年修改之后的《著作权法》,将该条的规定调整到第 39 条第 3 款,规定为"录音制作者使用他人已经合法录制为录音制品的音乐作品制作录音制品,可以不经著作权人许可,但应当按照规定支付报酬;著作权人声明不许使用的不得使用"。因此,修改之后的规定则以音乐作品是否录制为录音制品作为是否适用该种法定许可的前提条件。这表明,立法将音乐作品首次录制的权利全部归还给音乐作品的著作权人,更符合音乐产业发展的市场需要。

1990 年《著作权法》第 40 条规定,广播电台、电视台使用他人未发表的作品制作广播、电视节目,应当取得著作权人的许可,并支付报酬。广播电台、电视台使用他人已发表的作品制作广播、电视节目,可以不经著作权人许可,但著作权人声明不许使用的不得使用。该规定表明,广播电台、电视台使用他人作品制作广播、电视节目,是否适用法定许可,则以作品是否发表为前提;而且其使用的范围,包括利用他人作品制作广播与电视节目。这实质上给广播组织极大的权利,因为广播、电视节目所要利用的作品非常广泛,而且广播、电视节目的形式也非常多样,这样对作品著作权的限制过大。为此,2001 年修订之后的《著作权法》,将该条规定为"广播电台、电视台播放他人未发表的作品,应当取得著作权人许可,并支付报酬。广播电台、电视台播放他人已发表的作品,可以不经著作权人许可,但应当支付报酬"。修改之后的规定将利用作品制作广播、电视节目调整为播放他人作品,对作

---

① 2001 年《著作权法》第 37 条第 1 款第 7 项、第 41 条第 1 款。

② 2001 年《著作权法》第 41 条第 1 款。

品的利用方式进行严格的限制,既保证广播组织广播作品的需要,又符合作品利用市场的需求。

四、立法后的实施情况

自1990年《著作权法》确立邻接权制度以来,我国相关部门通过各种政策措施实施《著作权法》中的邻接权制度。

首先,制定规范性文件以落实邻接权人的权利。1994年10月7日,国家版权局发布《关于〈录音法定许可付酬标准暂行规定〉的补充通知》,规定了对录音制作者经许可复制发行其他录音制作者制作的录音制品和广播电台制作的广播节目,向著作权人和表演者支付报酬,并规定了相应的付酬标准。因此,该规定明确了对表演者支付报酬的规定,属于对表演者权的保护。对于录有其表演的表演者,在录音制作者许可复制发行其录音制品和广播电台制作的广播节目,表演者收费的权利得以进一步明确,而收费标准的确定,确保表演者的该种权利得以实现。

其次,确立邻接权制度行政与司法的双轨保护机制。一方面,我国建立了邻接权司法保护体系,从最高人民法院到中级人民法院,基本上都建立了专门的知识产权审判庭,并在北京、广州与上海设立了专门的知识产权法院,形成了较为完备的知识产权司法保护体系,建立了民事、刑事和行政的司法保护体系,有力地打击各类侵犯邻接权的行为,有效地保护了邻接权人的合法权益。另一方面,我国重视发挥行政保护作用,加大打击侵权盗版行为的力度,不断强化邻接权行政执法作用。为加强对著作权(含邻接权)的保护,国家版权局于1997年颁发了《著作权行政处罚实施办法》,加强对包含邻接权在内的著作权侵权行政执法,该《办法》分别于2003年与2009年进行了修订,为邻接权的行政保护提供了具体的制度保障。

最后,落实邻接权的刑事保护。《刑法》第217条对侵犯著作权犯罪进行了具体规定,并通过司法解释对打击侵犯包括邻接权在内的著作权犯罪进行具体落实。2005年10月13日,最高人民法院、最高人民检察院发布《关于办理侵犯著作权刑事案件中涉及录音录像制品有关问题的批复》(法释〔2005〕12号),明确了办理侵犯著作权刑事案件中涉及录音录像制品的数量标准问题,规定未经录音录像制作者许可,通过信息网络传播其制作的录音录像制品的行为,应当视为《刑法》第217条第3项规定的"复制发行",即构成犯罪。2007年,最高人民法院、最高人民检察院就办理侵犯知识产权刑事案件具体应用法律的若干问题作出《关于办理侵犯知识产权刑事案件具体应用法律若干问题的解释(二)》(法释〔2007〕6号),该解释进一步明确侵犯著作权(包括邻接权)犯罪刑罚适用的具体标准。其第1条明确,以营利为目的,未经著作权人许可,复制发行其文字作品、音乐、电影、电视、录像作品、计算机软件及其他作品,复制品数量合计在500张(份)以上的,属于《刑法》第

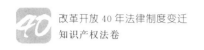
217 条规定的"有其他严重情节";复制品数量在 2500 张(份)以上的,属于《刑法》第 217 条规定的"有其他特别严重情节"。

五、邻接权的作用与意义

首先,现行《著作权法》第 1 条明确了立法目的,即著作权法的立法目的是保护文学、艺术和科学作品作者的著作权,以及与著作权有关的权益,鼓励有益于社会主义精神文明、物质文明建设的作品的创作和传播,促进社会主义文化和科学事业的发展与繁荣。该规定表明,著作权法的最终目标是鼓励有益于社会主义精神文明、物质文明建设的作品的创作和传播,促进社会主义文化和科学事业的发展与繁荣。为了实现该目标,著作权法在制度上进行了相应的分工,设置了著作权制度和邻接权制度。对作品,即文学、艺术和科学领域内具有独创性并能以某种有形形式复制的智力成果,采用著作权加以保护,以鼓励著作权人创作。然而,作品只有在传播中才有意义。一项作品即使具有再高的艺术性或文学性,如果不通过一定的媒介向公众传播出去,作品的价值无法实现,也就不能产生社会效益或转化为生产力。[①] 作品创作出来后需要通过出版者、表演者、录音录像制作者以及广播组织加以传播,将作品传播出去。因此,邻接权制度首要的意义是,邻接权的保护是作品得以传播的重要途径,是作品价值得以实现的保障。

其次,邻接权为文化产业的发展提供重要的制度保障。邻接权主要是基于传播作品而对传播的成果所享有的权利,无论是出版者,还是表演、录音录像制品和广播组织,都是文化产业不可或缺的重要组成部分。正如论者所言,它们本身是文化产品,同时也是其他文化产品,尤其是作品传播的重要媒介。[②] 以出版、表演、录音录像与广播为中心的传播产业,已经成为文化产业的重要构成部分,而邻接权制度则是传播产业的重要保障。

最后,邻接权制度为著作权人带来更多的利益获取机会。邻接权制度保护使邻接权人获取更多的收益,如果没有邻接权制度的保护,将使邻接权人的利益严重受损,其自然就没有收益再转付给其所传播作品的著作权人。比如国际劳工局于 1939 年出版的报告表明,1932 年到 1936 年间,音乐等艺术行业的表演者进入前所未有失业高峰,美国、法国、日本与奥地利都有数以万计的表演者失业,比如:日本 1936 年,音乐工作者的失业比例为 41%,而维也纳音乐工作者的失业比例高达 90%。[③] 试想,如果表演者完全失业之后,自然就没有任何收益再支付给词曲作者。

---

① 吴汉东等:《知识产权基本问题研究》,中国人民大学出版社 2005 年版,第 282 页。

② 孙雷:《邻接权研究》,中国民主法制出版社 2009 年版,第 1 页。

③ [西]德利娅·利普希克:《著作权与邻接权》,中国对外翻译出版公司、联合国教科文组织 2000 年版,第 277 页。

因此,邻接权制度可以充分保障作品传播活动相关主体的权益,鼓励作品传播活动相关主体的投资与创作,不但使相关主体获得收益,而且有更多的收益向作品的创作者进行回馈。邻接权制度是文学艺术作品传播的制度保障,从而更大限度地促进文化和科学事业的繁荣与发展。

六、邻接权与著作权的关系

邻接权是在作品的传播过程中形成的权利,属于广义著作权的组成部分,狭义的著作权不包括邻接权。邻接权与狭义著作权既有联系又有区别。

(一)邻接权与著作权的联系

首先,邻接权来源于传播受著作权保护的作品。尽管传播者也可以传播不受著作权保护的作品或其他诸如大自然的声音等[①]所享有的权利,但邻接权中出版者权、表演者权、录制者权和广播组织者权大部分来源其传播受著作权保护的作品所享有的权利,所以其被称为与著作权有关的权益。因此,在大多数情况下,邻接权系对传播受著作权保护之作品所享有的权利。因此,除法律特别规定外,作品的传播者需获得著作权人的许可,方能使用他人作品。比如出版者出版他人创作的图书、表演者公开表演他人作品、录音录像制作者将他人作品录制成录制品、广播组织广播他人的作品,都需要获得这些作品著作权人的授权。

其次,邻接权的行使不能侵犯著作权。传播者在行使出版者权、表演者权、音像制品制作者权和广播组织者权时,如果涉及对他人作品的利用,不得损害被使用作品和原作品著作权人的权利。[②] 比如我国《著作权法》第 42 条第 2 款规定,被许可人复制、发行、通过信息网络向公众传播录音录像制品,还应当取得著作权人、表演者许可,并支付报酬。第 46 条规定,电视台播放他人的电影作品和以类似摄制电影的方法创作的作品、录像制品,应当取得制片者或者录像制作者许可,并支付报酬;播放他人的录像制品,还应当取得著作权人许可,并支付报酬。该两条都明确规定,被邻接权人许可利用其录音录像制品涉及他人著作权的,还需要获得著作权人的许可;广播组织播放他人的录像制品,还应当取得著作权人的许可。

最后,邻接权与著作权相互依存。著作权人所创作的作品,必须传播出去之后方可实现作品的价值。而著作权人或因为自身专业的限制,或因为传播的成本,或因为传播的管制等原因,难以将其创作的作品传播出去。而作为邻接权人的出版者、表演者、录制者以及广播组织,具备作品得以传播的全部条件。邻接权人的作

---

① 比如表演可以是表演已经不受著作权保护的作品,录音制品可以是对大自然声音的首次录制,录像制品可以是对风景的录制,而广播的不一定是受著作权所保护的作品,但传播的结果均受邻接权保护。

② 王艳新:《我国邻接权制度研究》,载《长春理工大学学报(社会科学版)》2014 年第 8 期。

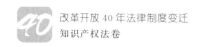
品传播活动可以被看作著作权价值的实现方式之一,著作权利益来源其对邻接权人收取的许可费用。因此,在某种程度上,著作权人权利的实现就必须依靠邻接权人对作品的传播。[①] 如前所述,在多数情况下,邻接权人的权利来源于对受著作权所保护作品的传播。因此,著作权与邻接权之间是一种依存关系,没有著作权,邻接权便成了无源之水,没有邻接权,著作权则没有流动的出口,便成为一潭死水。

(二)邻接权与著作权的区别

尽管邻接权来源于对受著作权作品的传播,其行使不得侵犯著作权,与著作权具有相互依存的关系。狭义的著作权与邻接权毕竟是两种权利,两者之间存在一定区别。

首先,权利产生的原因不同。《著作权法实施条例》第 6 条规定,著作权自作品创作完成之日起产生。因此,著作权来源于主体对作品的创作,即著作权因创作事实而产生,系自动取得。而邻接权来源于出版者、表演者、录音录像制作者、广播组织等对作品或非作品传播所形成的成果,来源传播的结果或传播信号。因此,二者产生的原因不同。

其次,主体不同。著作权来源于作品,其权利人首先是创作作品的作者,主要是自然人,在符合法律规定的前提下,可以是组织创作的法人或其他组织。[②] 邻接权保护的则是作品传播者的利益,邻接权的主体包括出版者、表演者、录音录像制作者和广播组织,除表演者外,[③]出版者、录制者与广播组织,基本上都是法人或其他组织,自然人主体相对较少。

再次,对象不同。著作权保护的对象是符合著作权法规定的作品。根据《著作权法实施条例》第 3 条规定,著作权法所称作品,是指文学、艺术和科学领域内具有独创性并能以某种有形形式复制的智力成果,其要求作品受保护必须具有独创性与可复制性。而邻接权保护的对象根据不同的传播者,所保护的对象不同,出版者权保护其基于与著作权合同所享有的专有出版权与版式设计,表演者权的保护对象是表演,录音录像制作者权的保护对象则是录音录像制品。至于广播组织权的保护对象,我国著作权法学界逐渐形成相对统一的意见,即其广播的信号。正如学者认为,只有将载有节目的信号设定为保护客体,才能既保护广播组织的利益,又

---

① 刘铁光:《著作权与邻接权之间的等级关系》,载《贵州社会科学》2011 年第 5 期。

② 比如根据《著作权法》第 16 条第 2 款的规定,在下列两种情况下,作品的著作权人可以是法人或其他组织:(1)主要是利用法人或者其他组织的物质技术条件创作,并由法人或者其他组织承担责任的工程设计图、产品设计图、地图、计算机软件等职务作品;(2)法律、行政法规规定或者合同约定著作权由法人或者其他组织享有的职务作品。

③ 当然,根据《著作权法实施条例》的规定,表演者也可以是非自然人,因为该《条例》第 6 条将表演者界定为演员、演出单位或者其他表演文学、艺术作品的人。

不至于造成法律逻辑的混乱、权利归属与授权机制的错位和对公有领域的侵蚀。[①]因此,邻接权的保护对象来源作品或非作品的传播结果,对其并没有要求作品受著作权保护必须有的独创性。

最后,权利内容与保护期限不同。第一,保护内容不同。著作权的内容包括财产权和人身权,而邻接权除表演者有表明表演者身份与表演形象不受歪曲外,不包括人身权利。著作权的财产权内容也要明显多于邻接权的财产权内容,如邻接权中财产权的内容不包括著作权中改编权、汇编权、展览权、放映权、发表权等;当然,邻接权也有著作权中没有的权项,比如广播组织有转播权、录像制品有电视播放的权利,著作权中除电影作品有这个权利,其他作品并没有电视播放权。[②] 第二,保护期限不同。无论是著作权还是邻接权中表演者的人身权,其保护期都不受限制,这是两者的共同点。两者在财产权的保护期限上,有不同的计算方式与不同的期限。著作权的保护期限,根据不同主体与不同类型的作品,其保护期限的计算方式不同,我国现行《著作权法》分别规定自然人、法人作为权利人的著作权保护期限,著作权中的署名权、修改权与保护作品完整权没有保护期限,发表权与其他财产权,自然人创作作品的著作权保护期限为作者终生及其死亡后 50 年,截止于作者死亡后第 50 年的 12 月 31 日;如果是合作作品,截止于最后死亡的作者死亡后第 50 年的 12 月 31 日。对于著作权(署名权除外)由法人或者其他组织享有的职务作品,其发表权与财产权的保护期为 50 年,截止于作品首次发表后第 50 年的 12 月 31 日,但作品自创作完成后 50 年内未发表的,本法不再保护。电影作品和以类似摄制电影的方法创作的作品、摄影作品,其发表权与财产权保护期为 50 年,截止于作品首次发表后第 50 年的 12 月 31 日,但作品自创作完成后 50 年内未发表的,本法不再保护。而邻接权的保护期限,除版式设计权是 10 年的保护期限外,即截止于使用该版式设计的图书、期刊首次出版后第 10 年的 12 月 31 日,表演者权的保护期限是表演发生后 50 年、录音录像制品制作者权是首次录制后 50 年以及广播组织者权是首次广播后 50 年,都截止于第 50 年的 12 月 31 日。因此,相对而言,著作权的保护期限一般要长于邻接权的保护期限。

第二节　邻接权制度的法理基础与主要内容

为什么要保护邻接权制度,或者说邻接权制度的法理基础是什么,这是邻接权

---

① 王迁:《广播组织权的客体——兼析"以信号为基础的方法"》,载《法学研究》2017 年第 1 期。

② 电视播放权是《著作权法》第 46 条所规定的权利,该条规定,电视台播放他人的电影作品和以类似摄制电影的方法创作的作品、录像制品,应当取得制片者或者录像制作者许可,并支付报酬;播放他人的录像制品,还应当取得著作权人许可,并支付报酬。

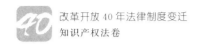
制度必须解决的基础性问题。邻接权曾经长期被排除在著作权法之外,就是因为邻接权制度法理基础界定的困扰。随着经济社会的发展和知识产权法理论研究的深入,学界对邻接权制度的法理基础逐渐形成相对统一的认识。

一、邻接权制度的法理基础

狭义著作权因为其独创性为公众提供独特的信息产品而获得保护,邻接权人因为其所传播的成果无须独创性的前提条件,曾经长期被排除在著作权法之外,《伯尔尼公约》排除对邻接权给予保护的历史便是很好的例证:1908 年《伯尔尼公约》柏林修订会议上,英国提出将录音制作者纳入《伯尔尼公约》进行保护,大会拒绝予以保护,原因是"该客体处于工业产权和著作权之间,其更适合工业产权"。[1]1928 年《伯尔尼公约》罗马修订会议中,意大利政府提出在《伯尔尼公约》中保护表演艺术家,以反对广播组织传播其表演以及改编其音乐用来机械乐器复制。该提议因为太新奇而没能进入《伯尔尼公约》,大会要求各国政府仔细研究该问题。1948 年《伯尔尼公约》的布鲁塞尔会议中比利时政府与意大利政府所提出的保护录制的表演的提议。当然这些提议都没有得到《伯尔尼公约》的采纳,主要原因在于保护作者权利的公约中没有表演者与录音制作者的地位。[2] 然而,邻接权同所有知识产权一样,既可以通过经典的理论获得应该予以保护的法理基础,还可以从产业发展的角度,获得应该保护的正当性。

首先,邻接权制度的法理基础可以获得"劳动理论"的合理解释。洛克的财产权劳动理论被学界广为引用,以论证知识产权得以存在的基础。洛克的财产权劳动理论认为,尽管土地和一切未附着人类劳动、处于原始自然状态的物品归一切人所共有,但是每个人对他自身享有一种所有权,除他之外,任何人都不享有这种权利。他的身体所从事的劳动和他的双手所进行的工作,应当归属于他个人。因此,无论什么物品,只要他改变了它的自然状态,混合了他自己的劳动,加入了属于他自己的东西,那么该物品就成为他的个人财产。[3] 尽管洛克的劳动理论提出之初,只是为了论证有体财产应该获得保护的正当性。然而,创造知识产品的创造性劳动,亦是劳动的一种,其结果自然应该获得保护。正如论者认为,如果洛克认为对土地和原材料的工作构成"劳动"从而使其对产品的所有权合法化的话,那么我们

① Stephen M. Stewart，*International Copyright and Neighboring Rights*，Butterworths，1989，2nd ed.，p.222.

② Stephen M. Stewart，*International Copyright and Neighboring Rights*，Butterworths，1989，2nd ed.，p.221；另见[西]德利娅·利普希克:《著作权与邻接权》,中国对外翻译出版公司、联合国教科文组织 2000 年版,第 628～629 页。

③ [英]约翰·洛克:《政府论(下篇)》,杨慧林、金莉译,中国人民大学出版社 2013 年版,第51 页。

没有理由认为创造新思想的劳动就不是"劳动"。[①] 而且知识共有物的存在由于可以满足劳动学说中的获得财产权的"先决条件"——智力创造者对其智力创造物的知识产权以不伤害其他人的同等的创造力为前提,以及以不妨碍从已有的文化和科学遗产中吸收涵养为前提——洛克的劳动学说也可以佐证知识产权制度的正当性。[②] 对于邻接权而言,无论是出版者对图书的出版、表演者的表演,还是录音录像制作者的录制以及广播组织的广播,不管传播的结果或过程是否具有创造性,都不能否认这些主体传播成果或过程投入的劳动或资金,[③]邻接权人在传播过程中付出了自己的劳动和资金投入,那么,其在传播作品过程中的合法权益应当予以保护。

其次,如前所述,受著作权保护的作品,必须依赖邻接权主体将其传播出去。如果没有邻接权的保护,邻接权人便无法通过法律所赋予的权利获取收益,自然无力承担作品传播的成本,更不可能通过权利的交易获取收益,自然无法向著作权人回馈收益,作品的价值与著作权人的利益便无法实现。不仅如此,还会影响整个文化产业的发展,以著作权为中心的文化产业,作品的传播是其核心构成部分。如果没有邻接权对传播者的保护,传播者便没有足够的动力进行传播。因此,如果没有邻接权保护,以传播者为代表的产业利益难以获得法律的保障,甚至会使整个文化产业陷入困境,导致整个文化产业的发展处于无序竞争环境。以音乐产业为例,从生产到最后的销售,包括词曲的创作、表演者的表演与表演的录制,其间还有作品、艺人与最后音乐制品的包装、宣传以及销售模式的选择、对受众反馈的回应等等,形成一种非常复杂的网状系统。但如果将音乐产业从生产到产出做一种直线考察,音乐产业从生产到最后的产出,是链条结构,即词曲作者创作词曲到表演者表演,再到录音制作者制作成录音制品,是由这三个环节形成的链条产业。[④] 这个链接结构中,如果表演者、录音制作者的权利不能获得法律保护,不但使词曲作者不能获得充分的回报,而且使整个音乐产业陷入困境。

因此,邻接权人对作品传播付出的劳动或投资应该获得保护,既可以获得经典"劳动理论"的支撑,还可以从整个文化产业发展的制度保障上获得该种制度的法理基础。

---

① 易继明:《评财产权劳动学说》,载《法学研究》2000 年第 3 期。

② 冯晓青:《知识共有物、洛克劳动学说与知识产权制度的正当性》,载《金陵法律评论》2003 年第 1 期。

③ 此处资金也是劳动积累的结果,本质上也可以看作是劳动的投入。

④ 刘铁光:《中国音乐文化产业的困境与出路》,载《贵州大学学报(哲学社会科学版)》2012 年第 1 期。

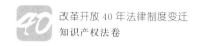

二、邻接权制度的主要内容

我国没有为邻接权的保护单独专门立法,而是将邻接权制度规定在《著作权法》中。2010 年《著作权法》第四章以"出版、表演、录音录像、播放"为题对邻接权制度进行了规定,该章共 4 节 17 个条文。2020 年《著作权法》将第四章名修改为"与著作权有关的权利"。[①] 第 1 节是关于图书、报刊出版的规定,共 7 个条文,从第 30 条至第 36 条,分别对专有出版权、版式设计权以及出版者、期刊社在出版图书、发表期刊论文中与著作权人之间的权利义务关系进行了规定。第 2 节是关于表演者权的规定,共 3 个条文,从第 37 条至第 39 条,分别对表演者的义务、表演者的权利以及表演者权的保护期作出了规定。第 3 节是关于录音录像制作者权的规定,共 3 个条文,从第 40 条至第 42 条,分别规定了录音录像制作者的义务、录音录像制作者与表演者合同以及录音录像制作者的权利以及音乐作品再录制的法定许可。第 4 节是关于广播组织者权的规定,共 4 个条文,从第 43 条至第 46 条,分别规定了广播电台、电视台广播已出版作品、录音制品的法定许可,播放电影与录像制品时的义务以及广播组织者权。

第三节　图书、报刊的出版

本节所涉及的内容包括图书、报刊的出版者,对其所出版图书、报纸与期刊的版式设计所享有的权利,还包括图书、报刊的出版者专有出版权,在出版图书、期刊中对著作权人的义务以及报刊转载的法定许可。

一、版式设计权

2010 年《著作权法》第 36 条第 1 款规定:"出版者有权许可或者禁止他人使用其出版的图书、期刊的版式设计。"此为版式设计专有使用权的内容,即版式设计权人有权许可他人使用其出版的图书、期刊的版式设计,对未经其许可,使用其出版的图书、期刊的版式设计有权予以禁止。版式设计权的客体是作品传播过程中产生的版式设计。[②] 版式设计是对印刷品的版面格式的安排,是指由文字排列的顺序、字体及其他排版材料的选用、行间和段间的空距、版面的布局等因素构成的印刷物总体,它是出版者在编辑加工作品时完成的劳动成果;立法并未要求版式设计

---

①　由于书稿形成于 2019 年,校对时 2020 年《著作权法》业已生效,故对法律规定的介绍也应体现此次修订后《著作权法》的变化。

②　梅术文:《著作权法:原理、规范和实例》,知识产权出版社 2014 年版,第 211 页。

必须具有独创性,而且被出版的作品是否受著作权法的保护并不影响版式设计权的成立,即使是印刷古籍作品,只要出版者投入了智力劳动,他仍然创造了受保护的版式。[1] 第 36 条第 2 款为版式设计权规定了保护期限,即版式设计者享有的许可或禁止他人使用其版式设计权利的保护期为 10 年,截止于使用该版式设计的图书、期刊首次出版后第 10 年的 12 月 31 日。

二、专有出版权

2010 年《著作权法》第 31 条规定,"图书出版者对著作权人交付出版的作品,按照合同约定享有的专有出版权受法律保护,他人不得出版该作品"。根据该条规定,图书出版者对其所出版的图书,根据其与著作权人的约定,享有专有出版权。也就是说,如果著作权人与出版者通过合同约定授予出版者对所约定的作品享有专有出版权,其他人不得再出版该作品。因此,专有出版权来自著作权人通过合同对出版者的授权。根据《著作权法实施条例》第 28 条的规定,图书出版合同中约定图书出版者享有专有出版权但没有明确其具体内容的,视为图书出版者享有在合同有效期限内和在合同约定的地域范围内以同种文字的原版、修订版出版图书的专有权利。根据 2010 年《著作权法》第 48 条第 2 项的规定,出版他人享有专有出版权的图书,构成对专有出版权的侵权。

三、出版者的权利与义务

本节除规定了专有出版权与版式设计权外,还对出版合同中出版者与著作权人之间的权利义务关系进行了规定,以下从出版者的权利与义务的角度进行阐述。

(一)出版者的义务

根据 2010 年《著作权法》的相关规定,出版者在出版图书、报纸与期刊中,承担如下义务:(1)与著作权人订立出版合同,并支付报酬的义务。《著作权法》第 30 条规定:"图书出版者出版图书应当和著作权人订立出版合同,并支付报酬。"根据国家有关出版的相关规定,图书出版合同属著作权许可使用合同的一种,具有出版资格的只能是经国家有关部门批准登记享有出版经营权的正式出版单位,著作权人如果希望以出版的方式使用《著作权法》第 10 条规定的复制权和发行权,只能通过与图书出版者订立图书出版合同,著作权人向图书出版者让与复制和发行的权利,而获得金钱补偿,图书出版者承诺由其承担一定的风险,按商定和法定条件进行复制和发行的工作。[2] (2)依据约定的期限出版作品的义务。根据 2010 年《著作权法》第 32 条第 2 款的规定,图书出版者应当按照合同约定的出版质量、期限出版图

---

① 刘春田主编:《知识产权法》,高等教育出版社 2015 年第 5 版,第 108 页。

② 国务院法制办公室:《中华人民共和国知识产权法典》,中国法制出版社 2014 年版,第 83 页。

书。图书出版者不按照合同约定期限出版,应当依照第 54 条的规定承担民事责任,即应当依照《中华人民共和国民法通则》《中华人民共和国合同法》等有关法律规定承担民事责任。(3)图书出版者重印、再版作品的,应当通知著作权人,并支付报酬。图书脱销后,图书出版者拒绝重印、再版的,著作权人有权终止合同。[①](4)出版演绎作品,应当取得相关权利人的许可,并支付报酬。2010 年《著作权法》第 35 条规定,出版改编、翻译、注释、整理、汇编已有作品而产生的作品,应当取得改编、翻译、注释、整理、汇编作品的著作权人和原作品著作权人的许可,并支付报酬。演绎作品是基于现有的作品,通过重新创作或改编而形成的作品。原有作品的演绎权属于该作品的作者或著作权人,任何以他人享有著作权的作品为基础创作演绎作品,都必须获得原有作品的作者或著作权人的许可。[②] 因此,出版演绎作品,不仅应当取得原作品的著作权人和演绎作品的著作权人的双重许可,还需双重支付报酬。

(二)出版者的权利

根据 2010 年《著作权法》的规定,图书、报纸与期刊出版者享有如下权利:(1)要求著作权人依据合同约定交付作品的义务。2010 年《著作权法》第 32 条规定,著作权人应当按照合同约定期限交付作品。(2)图书出版者对其所出版的作品享有修改的权利。《著作权法》第 34 条规定,图书出版者经作者许可,可以对作品修改、删节。报社、期刊社可以对作品作文字性修改、删节。对内容的修改,应当经作者许可。根据《著作权法》的固定,著作权人享有保护作品完整权与修改权,未经著作权人授权,出版者不得自行修改和删节,以免改变作品的原意,甚至被歪曲或篡改。但考虑到作品的创作水平不同,如果任何情况下出版者对作品都不能进行修改,不利于提高作品的质量。因此,为提高作品的质量,法律对于报刊、期刊社出版的时间相对紧迫的前提下,允许报刊、期刊社对出版的作品进行文字性修改、删节。图书出版的周期相对较长,修改、删节作品可以在取得著作权人同意后再进行。(3)报刊、期刊社有权在规定期限内决定是否录用著作权人的稿件。2010 年《著作权法》第 33 条规定,著作权人向报社、期刊社投稿的,自稿件发出之日起 15 日内未收到报社通知决定刊登的,或者自稿件发出之日起 30 日内未收到期刊社通知决定刊登的,可以将同一作品向其他报社、期刊社投稿;双方另有约定的除外。该规定表明,报社、期刊社有权在一定的期限内决定是否录用稿件,著作权人在规定的期限内,不得再次投稿。

---

① 《著作权法实施条例》第 29 条规定,著作权人寄给图书出版者的两份订单在 6 个月内未能得到履行,视为著作权法第 32 条所称图书脱销。

② 李明德、许超:《著作权法》,法律出版社 2003 年版,第 44 页。

四、报刊、期刊转载、摘编的法定许可

2010 年《著作权法》第 33 条第 2 款规定,作品刊登后,除著作权人声明不得转载、摘编的外,其他报刊可以转载或者作为文摘、资料刊登,但应当按照规定向著作权人支付报酬。这种无须获得著作权人许可但需要支付报酬的规定便是法定许可。《著作权法实施条例》第 33 条规定,著作权人依照《著作权法》第 33 条第 2 款声明不得转载、摘编其作品的,应当在报纸、期刊刊登该作品时附带声明。该种报酬的支付时间是自使用该作品之日起 2 个月内向著作权人支付报酬。[①]

第四节　表演

我国现行《著作权法》用 3 个条文,即从第 37 条至第 39 条,分别对表演者的义务、表演者的权利以及表演者权的保护期作出了规定。本节将主要讨论表演者权的主体、客体、内容与期限。

一、表演者权的主体与客体

(一)表演者权的主体

我国 2013 年《著作权法实施条例》第 5 条规定,表演者,是指演员、演出单位或者其他表演文学、艺术作品的人,包括作品的表演者与诸如杂技、魔术等非作品的表演者,包括表演的自然人,也可以是"演出单位",因为我国《著作权法实施条例》将法人或其他非自然人纳入表演者的范围,表明法人或单位亦是法律上认可的表演者权的享有者,而不仅仅是自然人。尽管从表演的实际情况来看,只有自然人方可进行表演。但此处的表演者,是指表演者权意义上的主体。因此,文学艺术作品必须由演出单位中的自然人表演,而有关的权利则可以归属于演出单位享有,这与表演者只能是自然人的说法并不矛盾。[②]

值得注意的是,2020 年《著作权法》新增一条,作为第 40 条:"演员为完成本演出单位的演出任务进行的表演为职务表演,演员享有表明身份和保护表演形象不受歪曲的权利,其他权利归属由当事人约定。当事人没有约定或者约定不明确的,职务表演的权利由演出单位享有。职务表演的权利由演员享有的,演出单位可以

---

① 《著作权法实施条例》第 32 条规定,依照著作权法第 23 条、第 33 条第 2 款、第 40 条第 3 款的规定,使用他人作品的,应当自使用该作品之日起 2 个月内向著作权人支付报酬。应当自使用该作品之日起 2 个月内向著作权人支付报酬。

② 李明德、许超:《著作权法》,法律出版社 2003 年版,第 185 页。

在其业务范围内免费使用该表演。""职务表演"规则使得实践中演员与表演单位就相关职务表演的权利分配问题的争议有据可循,这一新增规定也被认为解决了长期以来将"演出单位"作为"表演者"的问题。[①]

此外,我国《著作权法实施条例》第 33 条还规定了对外国表演者的保护。首先,外国人、无国籍人在中国境内的表演,受著作权法保护;其次,外国人、无国籍人根据中国参加的国际条约对其表演享有的权利,受著作权法保护。

（二）表演者权的客体

表演者权的客体是表演。表演是指表演者通过声音、动作、表情等或通过乐器、道具等向公众传达的艺术展现活动。因此,表演者权所保护的客体是表演者的表演,是表演活动本身。依据《罗马公约》和《世界知识产权组织表演和录音制品条约》(WPPT)的规定,"扮演、歌唱、演讲、朗诵、演奏和舞蹈"等都可以纳入表演的范围。[②]

二、表演者权的内容

表演者权是表演者对表演活动所享有的权利。表演者权不同于被表演者作品著作权人所享有的权利,表演者权是邻接权的一种,是表演者对表演活动所享有的权利,其包含人身权与财产权等多个权项;表演权是著作财产权的一项内容,是指著作权人自己或许可他人公开表演作品以及用各种手段公开播送作品的表演的权利,根据我国现行《著作权法》,表演者并不享有表演权。[③] 以下分别介绍表演者的人身权和财产权。

（一）表演者的人身权利

整个邻接权制度中,只有表演者享有人身权,具体为表明表演者身份和保护表演形象不受歪曲的权利。

1.表明表演者身份的权利

如同著作权人的署名权一样,表演者对其表演有权向公众表明其作为表演者的身份。该规定表明,表演者有权表明自己的身份,也有权不表明自己的身份,可以通过真名,也可以通过艺名表明自己的身份。由于表演形式的多样性,表明身份的方式也多种多样。如在宣传海报册、节目单上表明表演者的身份信息,由节目主持人向观众介绍表演者的身份信息,通过字幕在屏幕中显示表演者的身份信息等。此外,如果是几家单位共同演出,则每家单位均有权表明自己的身份;如果是一家

---

① 王迁:《〈著作权法〉修改:关键条款的解读与分析(下)》,载《知识产权》2021 年第 2 期。

② 《罗马公约》第 3 条和 WPPT 第 2 条的规定。

③ 根据我国现行《著作权法》的规定,表演者既不能控制他人对其表演的二次表演,也不能在他人对表演进行机器再现表演时,主张任何权利。

单位的人员演出,不仅该单位的主要演员有权表明自己的身份,这家单位也有权表明自己的身份。通常情况下,表演者人数不多时,所有表演者均有权表明自己的身份;表演者人数众多时,可仅表明主要演员的身份信息。

2.保护表演形象不受歪曲的权利

表演形象是表演者在表演活动中塑造的艺术形象,关乎表演者的名誉和声望,表演形象的优劣关系到观众的吸引度和评价的高低。[①] 歪曲表演者的表演形象,除了会损坏表演者的名誉和声望,影响表演者的表演生涯之外,还可能影响表演者的经济收入。[②] 表演者发现自己的表演形象受到歪曲,有权要求侵权人依照著作权法的相关规定,承担停止侵害、消除影响、公开赔礼道歉、赔偿损失的民事责任。[③] 表演形象不同于表演者的形象,前者是在表演活动中的形象,属于邻接权的保护范围,而后者是指表演者自身的形象,是表演活动之外的形象,属于肖像权的保护范围。[④]

（二）表演者的财产权利

1.许可他人从现场直播和公开传送其现场表演,并获得报酬

表演者享有许可他人从现场直播和公开传送其现场表演,并获得报酬的权利。这种权利亦可称为现场公开传送权,即通过无线电广播或电视系统等通信手段把现场表演直接传送给用户的权利。这里的现场直播指以无线方式向公众播放表演者现场表演的行为;"向公众传送其现场表演"是指通过除广播以外的任何媒体向公众的传播,比如使用扬声器将演唱者在音乐厅中的演唱传送到音乐厅外的现场,使不在现场的公众感受到现场的表演。[⑤] "向公众传送其现场表演"所强调的是在现场表演的同时,将该表演通过广播以外的任何媒体传播出去,因此,不包括那些将该现场表演录制下来再通过广播、录音机、录像机等其他方式对外传播的行为,也就是说,表演者仅享有现场控制其表演直播与传送的权利,不享有对录有其表演制品进行机械表演的权利。

2.许可他人录音录像,并获得报酬

未经表演者许可,任何人不得就其表演制作录音录像制品。1990 年《著作权法》中,表演者只能控制"以营利为目的"的录音录像行为,即只有"以营利为目的"的录音录像行为需要征得表演者的同意,并支付报酬;录音制作者权无权控制他人不以营利为目的的录音录像。2001 年修订的《著作权法》删除了"以营利为目的",

---

① 刘春田主编:《知识产权法》,高等教育出版社 2015 年第 5 版,第 103 页。
② 刘春田主编:《知识产权法》,高等教育出版社 2015 年第 5 版,第 103 页。
③ 刘春田主编:《知识产权法》,高等教育出版社 2015 年第 5 版,第 103 页。
④ 梅术文:《著作权法:原理、规范和实例》,知识产权出版社 2014 年版,第 215 页。
⑤ 姚红:《中华人民共和国著作权法解释》,群众出版社 2001 年版,第 229 页。

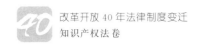

即无论是否以营利为目的,都应征得表演者的同意,并向其支付报酬。

3.许可他人复制、发行、出租录有其表演的录音录像制品,并获得报酬

为了保障表演者的财产权利,法律还赋予了表演者对表演进行二次利用的控制权,即许可他人复制、发行、出租录有其表演的录音录像制品,并获得报酬的权利。

4.许可他人通过信息网络向公众传播其表演,并获得报酬

应对互联网技术的发展,以使表演者有权控制他人通过互联网向公众传播其表演。我国 2001 年修订《著作权法》时,在第 37 条增加了表演者有权"许可他人通过信息网络向公众传播其表演,并获得报酬"的规定。

三、表演者的义务

根据 2010 年《著作权法》第 37 条之规定,表演者在使用他人享有著作权的作品进行表演时需要向著作权人履行一定的义务,包括:(1)表演者(演员、演出单位)使用他人作品演出,应当取得著作权人许可,并支付报酬。如果是演出组织者组织演出,则由该组织者取得著作权人许可,并支付报酬。(2)表演者使用改编、翻译、注释、整理已有作品而产生的作品进行演出,应当取得改编、翻译、注释、整理作品的著作权人和原作品的著作权人许可,并支付报酬。

四、表演者权的期限

表演者的人身权利不受限制,具有永久性;表演者的财产权利则存在法定的保护期限。根据 2010 年《著作权法》第 39 条第 2 款规定,表演者财产权的保护期为 50 年,截止于该表演发生后第 50 年的 12 月 31 日。

第五节　录音录像

录音录像制作者权是录音录像制作者对其制作的录音录像制品所享有的权利。根据我国《著作权法》的规定,录音录像制作者权中没有人身权,只享有财产权。本节除介绍、录制者权,还分析了录制者在录制表演时,对表演者与著作权人的义务。

一、录音录像制作者权的主体与客体

(一)录音录像制作者权的主体

录音录像制作者权的主体是指制作录音录像制品的人,既可以是自然人,也可以是法人。根据我国《著作权法实施条例》第 5 条第 4 项和第 5 项的规定,录音制

作者,是指录音制品的首次制作人;录像制作者,是指录像制品的首次制作人。换言之,只有首次制作录音录像制品者才享有录音录像制作者权。此处的首次录制,是排除从已经存在的录音录像制品进行复制的主体作为录制者权的主体,而不是排除对相同事物进行再次录制者成为权利主体。比如甲首次就某一自然景点制作了录像制品后,其不能阻止乙自己就该自然景点再次制作录像制品。这种情况下,甲与乙都是首次录制者,都享有录制者权。但如果乙是对甲已经录制成的录像制品进行复制,其对所复制的录像制品便不享有录像制作者权。因此,此处的"首次录制者"对应的是对"首次录制者"录制的录制品的再录制者,后者不能取得录音录像制作者权。

此外,我国《著作权法实施条例》第 34 条还规定了对外国录音制作者的保护:(1)外国人、无国籍人在中国境内制作、发行的录音制品,受著作权法保护;(2)外国人、无国籍人根据中国参加的国际条约对其制作、发行的录音制品享有的权利,受著作权法保护。

(二)录音录像制作者权的客体

录音录像制作者权的客体是录音录像制品。根据我国《著作权法实施条例》第 5 条第 2 项和第 3 项的规定,录音制品,是指任何对表演的声音和其他声音的录制品;录像制品,是指电影作品和以类似摄制电影的方法创作的作品以外的任何有伴音或者无伴音的连续相关形象、图像的录制品。从上述规定可知,录制的录音录像制品,除了可能是对受著作权保护的作品的表演外,还可能是对自然景观、正在发生的新闻事件、体育比赛,以及日常的对聚会、家庭生活的录制等。[①] 因此,录音录像制作者权的客体是其首次录制的录音制品与录像制品,无论该录音与录像制品的内容是否属于对作品的表演,也无论录制品呈现的内容是否具有独创性。

二、录音录像制作者权的内容

我国 2010 年《著作权法》第 42 条规定:"录音录像制作者对其制作的录音录像制品,享有许可他人复制、发行、出租、通过信息网络向公众传播并获得报酬的权利;被许可人复制、发行、通过信息网络向公众传播录音录像制品,还应当取得著作权人、表演者许可,并支付报酬。"根据上述规定可知,录音录像制作者对其制作的录音录像制品,享有以下四项财产权利。

(一)复制权

这里所说的录音录像制品,是指录音录像的原始制品,也即通常所说的"母带"(master recording),而不是通过"母带"制作的复制品,所以,录制者就其"母带"享

---

① 李明德、许超:《著作权法》,法律出版社 2003 年版,第 191 页。

有复制权,可以许可或禁止他人复制录音录像制品,并获得相应的报酬。① 这里的复制,既包括对录制品的全部复制,也包括对录制品的部分复制。

（二）发行权

录音制作者和录像制作者分别对其制作的录音制品、录像制品享有许可他人发行并获得报酬的权利。发行的方式包括通过销售、赠与等其他转让录音录像制品所有权的方式向公众提供录音制品或录像制品的原件或复制件。

（三）出租权

我国 2001 年修订后的《著作权法》对这项权利进行了明确,即录音录像制作者享有对其录音录像制品出租并获取报酬的权利。因此,我国《著作权法》上的出租权既适用于录音制品,也适用于录像制品。② 出租权成为录音录像制品首次销售的例外情形。

（四）信息网络传播权

随着国际互联网络的发展和广泛普及,录音录像制品可以在网上传输和为社会公众所利用。因此,有必要对录音录像制品制作者的此项权利予以保护。我国2001 年修订《著作权法》时增加了该项内容,规定录音录像制作者享有通过信息网络传播其录音录像制品的权利。

（五）录像制品制作者的电视播放权

该权利并未规定在录音录像制作者权一节中,但根据 2010 年《著作权法》第45 条的规定,③电视台播放他人的录像制品,需要获得录像制作者许可,并支付报酬。根据该规定,录像制作者自然对其录像制品享有电视播放权。

（六）对传播录音制品的获酬权

2020 年《著作权法》修订中增加了一条,作为第 45 条:"将录音制品用于有线或者无线公开传播,或者通过传送声音的技术设备向公众公开播送的,应当向录音制作者支付报酬。"这将增加录音录像制作者的经济获酬渠道,考虑到实践中对录音制品的使用者主体多样,这种获酬权的实现可能面临挑战,可以运用包括著作权集体管理等机制进行应对。

---

① 李明德、许超:《著作权法》,法律出版社 2003 年版,第 192 页。

② 刘春田主编:《知识产权法》,高等教育出版社 2015 年第 5 版,第 105 页。

③ 2010 年《著作权法》第 45 条规定,电视台播放他人的电影作品和以类似摄制电影的方法创作的作品、录像制品,应当取得制片者或者录像制作者许可,并支付报酬;播放他人的录像制品,还应当取得著作权人许可,并支付报酬。

三、录音录像制作者的义务

根据 2010 年《著作权法》第 40 条、第 41 条之规定,录音录像制作者在使用他人享有著作权的作品进行表演时需要履行一定的义务:(1)录音录像制作者使用他人作品制作录音录像制品,应当取得著作权人许可,并支付报酬;(2)录音录像制作者使用改编、翻译、注释、整理已有作品而产生的作品,应当取得改编、翻译、注释、整理作品的著作权人和原作品著作权人许可,并支付报酬;(3)录音录像制作者制作录音录像制品,应当同表演者订立合同,并支付报酬。

四、录音录像制作者权的期限

录音录像制作者享有的是财产权,保护期为 50 年,截止于该制品首次制作完成后第 50 年的 12 月 31 日。

五、音乐作品再录制的法定许可

根据《著作权法》第 39 条第 3 款的规定,录音制作者使用他人已经合法录制为录音制品的音乐作品制作录音制品,可以不经著作权人许可,但应当按照规定支付报酬;著作权人声明不许使用的不得使用。该规定就是音乐作品再录制的法定许可。

第六节　广播电台、电视台播放

随着有线传播和卫星传播技术的发展,通信卫星与广播电缆等传播作品的媒体也应运而生,广播组织逐渐形成并成为非常重要的传播媒介。广播组织在传播作品与非作品的过程中产生了权利诉求,以防止其他广播组织通过截取信号的方式窃取其传播利益。我国 2010 年《著作权法》从第 43 条至第 46 条用 4 个条文规定了广播电台、电视台的播放过程产生的广播组织者权以及在广播作品、录像、电影及录音制品对相关主体的义务。2020 年《著作权法》对本部分进行修订,删除了原第 44 条,增加了广播、电视的信息网络传播权。

一、广播组织者权的主体与客体

(一)广播组织者权的主体

广播组织者权的主体是广播组织。现在的广播组织还涵盖有线广播组织和卫星广播组织。我国《著作权法实施条例》第 35 条还规定了对外国广播组织的保护,即外国的广播电台、电视台根据中国参加的国际条约对其播放的广播、电视节目享

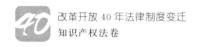
有的权利,受著作权法保护。

(二)广播组织者权的客体

我国 1990 年《著作权法》将"广播电台、电视台对其制作的广播、电视节目"作为广播组织者权的客体,2001 年《著作权法》修正案中则修改为"广播电台、电视台将其播放的广播、电视"作为保护对象。这表明,立法已经逐渐接受以广播信号作为广播组织者权保护的客体,并且将广播节目与广播信号等同看待,防止出现因技术上的差异和学术上的争论而带来的混淆。[①] 实际上,节目信号与广播组织自己创作的节目内容是两个完全不同的概念。广播组织所创作的具有独创性的节目内容,属于现有著作权法上的作品,节目内容是狭义著作权上的问题。享有著作权的保护,本质与广播组织者权无关。邻接权体系下,立法者只关心节目信号,不关心节目内容。[②]

二、广播组织者权的内容

根据 2010 年《著作权法》第 45 条的规定,广播组织主要有两个方面的权利:

(一)许可他人转播的权利

转播,是指一个广播组织的节目被另一个广播组织同时广播,它强调的是"同时",而将节目录制下来的再播放是重播而不是转播。[③] 转播广播、电视,指的是通过电磁波从一个收发射系统转到另一个收发射系统,而不是转播广播、电视"节目"。[④] 广播组织对于其播放的节目,或者是通过购买节目的著作权,或者是通过对体育赛事等的直播,并在播放中附载广告以获取收益。如果允许其他广播组织截取节目信号,并附载其自己的广告以获取收益,必然会导致收看该广播组织所播放节目的观众减少,从而影响其收益。为此,《著作权法》2001 年修订时,将禁止他人转播其播放的广播、电视的权利赋予广播组织。

(二)许可他人录制在音像载体以及复制该音像载体的权利

转播权只是赋予广播组织控制其他广播组织截取其传播信号同时转播该广播组织播放的广播、电视的行为。然而在实践中,常常有广播电台、电视台将其他广播电台、电视台播放的节目录制下来后,在其他的时间进行播放,这种行为涵盖录制行为和重播行为。由于在我国《著作权法》中并没有赋予广播组织以重播权,而转播权不能控制这种行为。《TRIPS 协定》第 14 条第 3 款规定,广播组织应该享

---

① 梅术文:《著作权法:原理、规范和实例》,知识产权出版社 2014 年版,第 227 页。
② 崔国斌:《著作权法原理与案例》,北京大学出版社 2014 年版,第 531 页。
③ 国务院法制办公室:《中华人民共和国知识产权法典》,中国法制出版社 2014 年版,第 87 页。
④ 国务院法制办公室:《中华人民共和国知识产权法典》,中国法制出版社 2014 年版,第 87 页。

有录制其广播、复制其录制品及通过无线广播方式转播其广播,以及将同样的电视广播向公众再转播的权利。为了符合《TRIPS 协定》要求以加入 WTO,我国《著作权法》2001 年修订时,在第 45 条为广播组织规定了录制在音像载体以及复制该音像载体的权利。通过该种权利,不仅可以直接控制广播组织播放的广播、电视,还可以间接地控制其他广播组织录制其所播放的广播、电视后再重播,以及控制他人未经许可发行录有广播组织广播电视的音像载体。

2020 年《著作权法》修订后,广播组织新增许可他人"将其播放的广播、电视通过信息网络向公众传播"的权利,因此,其权利扩张为三个方面。

具体而言,2020 年《著作权法》修订中将原第 45 条改为第 47 条,修改为:"广播电台、电视台有权禁止未经其许可的下列行为:(一)将其播放的广播、电视以有线或者无线方式转播;(二)将其播放的广播、电视录制以及复制;(三)将其播放的广播、电视通过信息网络向公众传播。""广播电台、电视台行使前款规定的权利,不得影响、限制或者侵害他人行使著作权或者与著作权有关的权利。""本条第一款规定的权利的保护期为五十年,截止于该广播、电视首次播放后第五十年的 12 月 31 日。"

三、广播组织者的义务

我国《著作权法》除规定广播组织权之外,还在广播组织播放他人享有著作权的作品时,负有相应的义务。

(一)广播电台、电视台对著作权人的义务

《著作权法》第 43 条规定,广播电台、电视台播放他人未发表的作品,应当取得著作权人许可,并支付报酬。广播电台、电视台播放他人已发表的作品,可以不经著作权人许可,但应当支付报酬,该规定实际上是对已经发表作品的法定许可。

(二)播放已经出版的录音制品的义务

《著作权法》第 44 条规定,广播电台、电视台播放已经出版的录音制品,可以不经著作权人许可,但应当支付报酬。当事人另有约定的除外。具体办法由国务院规定。该规定实际上,是已发表录音制品广播的法定许可。不过应予注意的是,由于我国表演者、录音录像制作者并不享有广播权,该规定所涉及广播权的法定许可,只是针对广播录音制品所涉及音乐作品著作权的法定许可,并不存在对录音制作者广播权法定许可的问题。

(三)电视台播放他人电影作品与录像制品的义务

《著作权法》第 46 条规定,电视台播放他人的电影作品和以类似摄制电影的方法创作的作品、录像制品,应当取得制片者或者录像制作者许可,并支付报酬;播放他人的录像制品,还应当取得著作权人许可,并支付报酬。因此,根据该规定,录像制作者与电影著作权人,享有电视播放权。

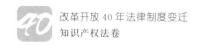

四、广播组织者权的期限

广播组织享有的上述权利的保护期为 50 年,截止于该广播、电视首次播放后第 50 年的 12 月 31 日。

第七节　邻接权的限制与例外

著作权的对象是附载信息的作品,邻接权是主要基于传播作品而产生的一种权利,其对公众获取信息具有非常重要的作用。因此,无论是著作权还是邻接权,都应该给予必要的限制。正如"知识共享与权利的独占是一对矛盾,为了协调著作权人的利益和社会公众的利益,需要对著作权做必要的限制"。[①] 邻接权同样需要限制与例外制度。

一、概述

从立法上看,2010 年《著作权法》第 22 条所规定的合理使用以及第 23 条所规定教材汇编的法定许可,都有"前款规定适用于对出版者、表演者、录音录像制作者、广播电台、电视台的权利的限制"的规定,表明第 22 条规定的合理使用,以及第 23 条规定的教材汇编的法定许可都适用于邻接权的限制。第 40 条第 3 款所规定的音乐作品再录制的法定许可,是针对音乐作品录制的法定许可,是对音乐作品机械复制权的限制,与邻接权中的出版者权、表演者权、录制者权与广播组织者权无关;第 43 条规定对已发表作品广播权的法定许可,实质上是对作品广播权的法定许可,由于我国 2010 年《著作权法》并未为出版者、表演者和录音录像制作者赋予广播权,因此,第 43 条所规定的已发表作品广播权的法定许可,并不存在对出版者权、表演者权、录音录像制作者权的适用问题。而第 44 条针对已出版录音制品的法定许可,由于出版者、表演者以及录音制作者依据我国 2010 年《著作权法》都不享有广播权,该种法定许可也只是针对词曲作品著作权人,而不存在适用到邻接权主体的问题。不过,除了立法明确规定的限制与例外之外,发行权一次用尽或发行权穷竭,可以适用到录音制品的发行。当然,邻接权的限制,同样应该适用我国《著作权法实施条例》第 21 条所规定的反限制,即必须是依据《著作权法》规定的限制,而且该种限制不影响该作品的正常利用,不得不合理地损害著作权人的合法利

---

① 刘春田主编:《知识产权法》,中国人民大学出版社 2009 年第 4 版,第 127 页。

益。① 虽然 2020 年《著作权法》对这部分有修改，但基本原理并未改变。

二、邻接权的合理使用

我国《著作权法》第 22 条第 1 款规定了 12 种合理使用的方式，根据该条第 2 款的规定，第 1 款所规定的 12 种合理使用，可以适用到对邻接权人的限制。不过，该 12 种合理使用，是否都可以适用到对邻接权的限制，则需要具体分析。

其中第 1 项涉及个人使用，由于为个人学习、研究或者欣赏的目的，也需要使用出版者享有权利的版式设计、录制表演、复制录音录像制品以及录制广播、电视，也可以享受该规定限制的庇护。第 2 项为合理引用，在实践中，也存在为介绍、评论他人的版式设计、表演、录音录像以及广播电视，或者说明某一问题，也可以适当引用他人的版式设计、表演、录音录像以及广播电视，亦构成对邻接权的限制与例外。第 3 项系时事新闻中不可避免地再现，时事新闻报道中，也存在不可避免再现版式设计、表演、录音录像制品以及广播电视的情况，该项合理使用也可以适用于对邻接权的限制。第 4 项涉及政治、经济、宗教问题的时事性文章的转摘与播放，由于文章本身属于狭义著作权上的作品，与邻接权无关，该项规定并不适用于邻接权。第 5 项是公众集会上的讲话，属于狭义著作权中的作品，亦与邻接权无关，不能适用于对邻接权的限制。第 6 项规定为课堂教学的使用，由于课堂教学可能会用到版式设计、表演、录音录像以及广播电视，因此，该项合理使用可以适用到邻接权。第 7 项规定的是公务使用，由于执行公务中可能使用到版式设计、表演、录音录像制品以及广播电视，执行公务的合理使用可以适用到邻接权制度。第 8 项是馆藏陈列与保存版本复制的合理使用，这种复制可能涉及版式设计与录音录像制品，可以适用到部分邻接权。第 9 项所规定的是免费表演，由于邻接权人都没有表演权，因此，该项合理使用不存在适用到邻接权的问题。第 10 项是对设置或者陈列在室外公共场所的艺术作品进行临摹、绘画、摄影、录像等合理使用，其只针对特定类型的作品，不可能适用到邻接权。第 11 项规定的是特定主体将以汉语言文字创作的作品翻译成少数民族语言文字作品，在国内出版发行的情况；如果涉及作品的版式设计，应该推定可以被合理使用；对于表演可以翻译后再录制发行，录音录像制品可以翻译后再复制发行，广播电视也可以翻译后再录制发行，如果权利主体是中国国籍的主体，应该适用该种合理适用。第 12 项规定的是将已经发表的作品改成盲文的情况，一般而言，只有文字作品方可改成盲文，而其他表演、录音录像、广播电视不存在可改成盲文的问题，所以该合理使用不能适用于邻接权。

---

① 《著作权法实施条例》第 21 条规定，依照著作权法有关规定，使用可以不经著作权人许可的已经发表的作品的，不得影响该作品的正常使用，也不得不合理地损害著作权人的合法利益。

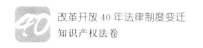
三、邻接权的法定许可

《著作权法》第 23 条规定,为实施九年制义务教育和国家教育规划而编写出版教科书,除作者事先声明不许使用的外,可以不经著作权人许可,在教科书中汇编已经发表的作品片段或者短小的文字作品、音乐作品或者单幅的美术作品、摄影作品,但应当按照规定支付报酬,指明作者姓名、作品名称,并且不得侵犯著作权人依照本法享有的其他权利。前款规定适用于对出版者、表演者、录音录像制作者、广播电台、电视台的权利的限制。如果九年制义务教育和国家教育规划编写的教材是有声教材,或者是涉及音像的教材,那么就有可能利用表演、录音录像以及广播电视,如果利用部分片段汇编进入九年制义务教育与国家教育规划教材,在解释上应该可以适用该条所规定的法定许可。

四、邻接权的发行权用尽

尽管《著作权法》并未明确规定权利用尽或发行权穷竭制度,但一般而言,发行权应该受发行权穷竭限制。所谓发行权穷竭,是指作品原件或者复制件以出租、出售等方式发行后,他人可以自由传播而不受著作权人的限制,即发行权只能行使一次。[①]当然,此处发行权只能使用一次,是指对于已经行使过发行权的作品载体,著作权人不再有权控制该作品载体所有权的转移。发行权穷竭原则的基本目的是为平衡著作权人与作品载体所有权人之间的利益,防止著作权人限制作品载体所有权人的处分权。对于邻接权人而言,表演者与录音录像制作者依法享有发行权,其发行权亦应该在行使之后,不能再以发行权控制作品载体所有权的转移。不过,由于录音录像制作者根据我国《著作权法》第 42 条的规定,享有出租权。因此,发行权在录音录像制品出租上并不用尽,即便录音录像制品是经其投放或经过其同意投放到市场的,录制者依然有权控制其录音录像制品的出租行为。

第八节　新技术的发展对邻接权制度的冲击

1961 年《罗马公约》标志着邻接权制度在全球范围内的确立,邻接权制度确立时所处的时代是互联网未到来的传播技术时代。在前互联网时期,邻接权制度的目的是以控制邻接权保护客体的公开使用为基础构建制度体系,比如表演者对录制的控制、对公开传送的控制,录制者对复制的控制、对发行的控制以及对出租的控制。而互联网技术到来之后,改变了作品的创作与利用方式,同样也改变了邻接

---

① 吴汉东主编:《知识产权法》,法律出版社 2014 年第 5 版,第 77～78 页。

权客体的制作、利用与传播方式。对广播的网络同步播放（internet-simulcasting）或网播（webcasting）给广播组织的冲击可以在现行立法框架内予以化解。广播的网络同步播放或网播是传统意义上的广播在网络空间的延伸，是指传统广播组织将其广播的节目通过数字化后上传网络，在互联网上进行同步播放。[①] 网络同步播放出现之后，开始在互联网上出现同时转播广播组织所播放的广播电视，对于该种网络同步播放或网播方式的转播，尽管此前广播组织因为没有信息网络传播权不能获得该种权利的保护，但由于我国 2010 年《著作权法》第 45 条为广播组织赋予了转播权，而网络同步播放或网播实际上就是转播转移到互联网领域，广播组织依据转播权可以控制互联网领域的同步播放。由于广播组织对其所播放的广播电视没有信息网络传播权，不能应对利用互联网对其播放的广播电视进行非同步的交互方式传播，但由于我国 2010 年《著作权法》为广播组织赋予了"将其播放的广播、电视录制在音像载体上以及复制音像载体"的权利，因此，其可以通过对其广播、电视录制的控制，以控制他人利用录制的广播、电视通过互联网向公众提供。尽管如此，以互联网为代表的新技术，还是对邻接权制度造成了一定的冲击。为了解决这些问题，2020 年《著作权法》专门规定了广播组织的信息网络传播权。

一、互联网技术产生传统邻接权制度所不控制的交互式传播

在互联网时代到来之前，邻接权客体的传播是单向的，比如观众对现场表演的观看、录音录像制品的发行以及广播电视的播放，公众必须按照邻接权人提供的时间接受该种信息，从信息接受方向看，都是单向的。邻接权在制度设置上，只需要通过立法控制这种传播行为即可，或者控制邻接权客体被复制后的再传播行为。比如根据我国《著作权法》的规定，表演者有权控制表演的现场直播与向公众传送、录制、发行录有其表演的录制品，而录制者有权控制对其录音录像制品进行的复制、发行、出租等。然而，互联网时代到来之后，改变了作品创作与传播方式，自然也就改变了邻接权客体的传播方式，其中最为典型的就是出现一种交互式的传播方式，即公众可以在个人选定的时间和地点接受所传播的邻接权客体。更为严重的是，这种交互式传播是一种低成本的传播，并且实现用户到用户的去中心化传播，即"去中心化"和"去阶层化"的网络用户之间共享。[②] 任何人都可以将表演、录音录像制品以及广播电视上传到互联网，实现用户之间通过互联网进行传播，因而互联网对整个包括邻接权在内的著作权制度都造成了巨大的冲击。

然而，互联网时代到来之前的传统媒体时期，无论是表演者权所控制的录制、

---

① 刘铁光：《录音制品二次使用的法律问题研究》，厦门大学出版社 2011 年版，第 158 页。

② Yochai Benkler, Sharing Nicely, On Shareable Goods and the Emergence of Sharing as a Modality of Economic Production, 114 *Yale L.J*.273（2004），p.278.

现场直播与公开传送,还是广播组织者权所控制的转播,基于知识产权法定的基本原则,都不能控制互联网技术所带来的交互式传播。而如何解决将交互式传播纳入权利人的控制范围这一问题,曾经是互联网技术所带来的难题。为此,世界知识产权组织在制定"因特网条约"之一的《世界知识产权组织版权条约》提供了一种伞形解决方案,大致背景如下:数字技术使复制权、发行权与向公众传播权之间的界限模糊,对"按需传播权"应该放在哪个权利下进行保护,产生很大争议。美国认为应该放在发行权下进行保护,而欧盟则认为应该通过扩大传播权的范围对其进行保护。最后形成《世界知识产权组织版权条约》第 8 条的向公众提供权(making available to the public)这种伞形解决方案:各国有义务授予权利人一项或多项专有权,以授权通过按需传输/传送使用作品和其他受保护的客体,或者将授权在此种传输/传送过程中从事某些行为。这是以一种尽可能中立的方式作出的规定,即不涉及任何专门的法律特征,当然,可能同时规定一些合理的例外;至于授予的权利,无论是多个享有权利的结合以及尽可能地扩张,还是一项新的专门权利的法律性质,则由各国国内法规定。因此,《世界知识产权组织版权条约》中不再有专门的广播权、表演权等。[①] 在这种背景下,我国《著作权法》选择为著作权人、表演者以及录音录像制作者规定了信息网络传播权,以控制由互联网所带来交互式传播的方式。[②]

二、互联网与数字技术改变邻接权客体(尤其是录音制品)的市场环境

互联网时代的到来改变邻接权客体尤其是录音制品的传播方式,使传统媒体环境中主要依赖录音制品物理介质销售以收回投资成本的商业模式难以为继。究其原因,互联网与数字技术使录音制品物理介质的销售大幅度下降。尽管唱片业开始转变经营模式,采用数字网络的营销模式,但由于物理介质录音制品初始规模过大以及下降速度快,比如 2008 年下降了 15.4%,数字音乐销售额的增长难以抑制唱片业的整体缩水。[③] 中国唱片业同样难逃整体缩水的命运,根据国际唱片业协会发布的《2008 年全球录制音乐数据报告》显示,中国物理介质的 CD 唱片从 2003 年的 1.601 亿美元跌至 2007 年的 0.377 亿美元,占市场份额的 54%;而数字音乐的销售额则从 2006 年的 0.281 亿美元上升至 2007 年的 0.318 亿美元,占市场份额的 46%。而唱片业总规模也从 2003 年的 1.601 亿美元下跌至 2007 年的

---

① [匈]米哈依·菲彻尔:《版权法与因特网》(下),郭寿康、万勇、相靖译,中国大百科全书出版社 2009 年版,第 291～294 页。

② 2010 年《著作权法》第 10 条第 1 款第 12 项、第 38 条第 1 款第 6 项、第 42 条第 1 款。

③ 数据来自国际唱片业协会(IFIP)2005—2009 的年度《录制音乐销售报告》(Recorded Music Sales)、《年度盗版报告》(Piracy Report)、《全球录制音乐数据报告》(Recording Industry in Number)。http://www.ifpi.org/content/section_statistics/index.html,下载日期:2019 年 10 月 2 日。

0.694 万美元,缩水 62%,将近 1 亿美元。这些数据表明中国唱片业处于"生死存亡关头",有人甚至感慨唱片业"死亡通知书"的来临。[①]

由于我国 2010 年《著作权法》未能为表演者与录音制作者赋予表演权与广播权,邻接权人中表演者与录音制作者无法从诸多机械表演与广播的使用行为中获取任何收益。如果在打击网络音乐盗版的同时,可以在制度上赋予表演者、录音制作者表演权与广播权,使其从众多的使用者获取部分利益,具体来看,表演者与录音制作者至少可以从如下三个群体中获取部分收益:其一,电视、广播电台就是最为主要的使用者,电视台与广播电台几乎无时无刻不在使用录音制品,其巨额的广告收益(2007 年全国广播电视总收入高达 1316 亿元)并不能抹杀录音制品的贡献。从电视台与广播电台巨额广告收益中分出一杯羹给唱片业,即表演者与录音制作者也是情理之中。其二,机场、车站、码头以及港口,甚至飞机、火车以及轮船等公共交通工具,还有宾馆、饭店等消费场所无不利用录音制品播放音乐,以装饰其经营环境。经过音乐装饰的消费环境已经同具体消费对象形成一个消费整体,这些经营者所获取的收益自然应将其部分份额回馈给表演者与录音制作者。其三,以音乐为直接消费对象的歌厅、舞厅更是如此。这么广大的录音制品使用者群体,而且这些群体都集中在营利相对较高的行业。[②]

值得欣喜的是,如前文所述,2020 年《著作权》修订时对邻接权部分进行了多处修改,试图解决实践中的疑难问题,例如赋予录音制作者对传播录音制品获酬权、赋予广播组织信息网络传播权。尽管以互联网为代表的新技术对邻接权制度与市场都造成了一定的冲击,但我们相信,经过 2010 年的修订,加之提高网络盗版的打击力度,可以使以围绕邻接权为中心的相关产业恢复良性和健康发展。

---

① 李广平:《音乐产业路在何方?》,载《北京日报》2009 年 6 月 8 日。
② 刘铁光:《中国音乐文化产业的困境与出路》,载《贵州大学学报(哲学社会科学版)》2012 年第 1 期。

第 六 章

反不正当竞争法的变迁

第一节　改革开放 40 年反不正当竞争法变迁的概述

一、立法背景

　　自新中国成立以来一直到 20 世纪的 70 年代末,竞争在我国一直被视为是资本主义国家的"专利",当时的计划经济体制也往往用社会主义劳动竞赛来取代竞争。[①] 直到党的十一届三中全会召开,我国才提出以经济建设为中心和改革开放的新决策,并着重提出了健全社会主义民主和加强社会主义法制的任务。而社会主义经济是否存在竞争以及竞争的性质、形式等问题也借此契机才逐步被社会广泛讨论和得以凝聚社会共识,国家也逐步重视发挥价值规律和市场机制对于国民经济运行的作用。因此,总的来说,从 1979 年至 1992 年,国家改变了过去高度集

---

　　① 李天霞:《反不正当竞争法释疑与诉讼策略文书标准格式》,吉林人民出版社 2000 年版,第 19 页。

中的计划经济体制,逐步开始实行计划经济与市场调节相结合的体制。① 而竞争机制正是市场调节的基本运行机制,但其并非总是发挥正向的激励作用。譬如,在转轨期间,各行各业在初步开放的市场中竞争愈演愈烈,甚至出现了以商品如方便面、白酒、电视机等为名目的价格、品牌大战,可以说在此竞争过程中,大多数经营者是通过改善经营管理、开发引进新技术新产品、降低生成运营成本和开拓国内市场等合法方式来开展竞争的,但亦有部分经营者是通过诋毁竞争对手、发布虚假广告、搭便车、商业贿赂等违背商业道德和诚信原则的不正当竞争行为来获取商业利益的。② 加之,在 1992 年 1 月 17 日,中美两国政府签署了《关于保护知识产权的谅解备忘录》,根据该文件我国政府承诺将根据《保护工业产权巴黎公约》(以下简称《巴黎公约》)第 10 条第 2 项的规定有效地防止不正当竞争,并将于 1993 年 7 月 1 日之前向立法机关提交提供该规定保护水平的议案,且尽最大努力于 1994 年 1 月 1 日前使该议案通过并实施,这客观上加快了我国竞争法立法的步伐。③ 正是在上述宏观政策积极改革、部分市场消极运行以及中美谈判加速推动的背景下,对市场竞争行为如何进行规制的问题才逐步引起国内各界的重视,反不正当竞争法的相关立法工作逐渐被视为是建立和保障社会主义市场经济的法制建设的重要组成部分,并最终促成了《中华人民共和国反不正当竞争法》的出台。

自 1993 年《中华人民共和国反不正当竞争法》(以下简称《反不正当竞争法》)颁布以来,该法的出台和实施在我国推进改革开放和建构市场经济体制的进程中承担着规范市场秩序的使命和重任,时至今日,其已成为我国市场经济体制中的基础性法律制度之一。然而,与 20 世纪 90 年代初相比,我国在经济规模、发展模式、竞争状态、竞争方式等方面都发生了广泛而深刻的变化。尤其在以计算机、信息网络等为代表的现代信息技术深刻改变社会面貌的现实背景下,法律的滞后性已越来越明显,而社会对该法的修订要求也越来越迫切。④ 其必要性亦能从修法的诸多理论争执和条款变动中凸显出来,包括:第一,新时代经济与技术的发展需要修法对实践中出现的新型不正当竞争行为做出适时回应;第二,相关概念界定和行为列举等需要修法进一步完善其规范的周延性和细致性;第三,反不正当竞争法与其他法律之间的交叉冲突问题需要通过修法加以厘清;第四,不正当竞争行为的规制和治理机制还不够完善也需要通过修法得以加强和创新等。⑤ 同时,在 2013 年十

---

① 漆多俊:《经济法学》,武汉大学出版社 2001 年版,第 59 页。

② 张富强:《经济法通论》,法律出版社 2013 年版,第 110 页。

③ 孙碗钟主编:《反不正当竞争法实用全书》,中国法律年鉴社 1993 年版,第 25 页。

④ 宁立志:《互联网不正当竞争条款浅析》,载王先林主编:《竞争法律与政策评论》(第 3 卷),法律出版社 2017 年版,第 7 页。

⑤ 张茅:《关于〈中华人民共和国反不正当竞争法(修订草案)〉的说明》,载《中华人民共和国全国人民代表大会常务委员会公报》2017 年第 6 期。

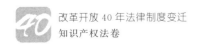
八届三中全会通过的《中共中央关于全面深化改革若干重大问题的决定》中,特别强调"建设统一开放、竞争有序的市场体系,是使市场在资源配置中起决定性作用的基础",凸显出在全面深化改革的新时代,完善相关的竞争规范仍是新时代的重要命题。足见,以上市场条件的变化、旧法的滞后性以及深化改革的政策支撑成为推动《反不正当竞争法》修法的重要背景。

二、立法过程

(一)《反不正当竞争法》(1993 年)立法过程

1.1978—1987 年酝酿铺陈阶段。事实上,自 1978 年十一届三中全会后,我国就开始纠正排斥市场机制和市场竞争的错误的经济政策,决定引进竞争机制,培育社会主义市场体系,在此基础上形成了初步的竞争政策。如 1980 年 10 月 17 日,国务院即发布了《关于开展和保护社会主义竞争的暂行规定》,从内容上看,其肯定了竞争对于现代化建设的重要作用,正式提出了鼓励公平竞争,反对垄断和不正当竞争的核心内容,并授权各地区、各部门根据该暂行规定的精神,制定实施办法,保护竞争的公平进行。在此规定的推动之下,各地方和部门也相继进行了反不正当竞争立法的有益探索。如 1985 年武汉制定了《制止不正当竞争行为试行办法》,这也是中国第一部反不正当竞争地方立法;1987 年上海制定了《制止不正当竞争暂行规定》;江西省于 1989 年制定了《江西省制止不正当竞争试行办法》;国务院也在 1983 年颁布了《国营工业企业暂行规定》,在其第 70 条中规定了一些有关不正当竞争的内容,在 1987 年又相继制定和出台了《价格管理条例》《广告管理条例》等,如后者第 2 条明确规定:"禁止广告的垄断和不正当竞争。"总体来看,这些相关规范既丰富了我国反不正当竞争的实践,也为反不正当竞争法的全国性统一立法提供了极其宝贵的经验。

2.1987—1993 年立法形成阶段。1987 年,国务院首次提出要制定全国性的制止不正当竞争行为法,并由国务院法制局、国家工商行政管理局等共七个部门组成联合小组起草《反不正当竞争法》,该小组起草了一个《禁止垄断和不正当竞争暂行条例》,前后四易其稿,但由于各方对立法中的一些基本问题意见分歧较大,加之缺乏相关经验,起草工作不得不停顿下来。直至 1991 年春,由于经济的发展和改革开放的进一步深入,全国人大常委会重新强调要加快经济立法,反不正当竞争立法才再次被提上日程,并在 1992 年年初被列入全国人大常委会的立法计划,并由国家工商局承担该法的起草任务,专门成立了起草小组。起草小组在前四稿的基础上,收集研究了国内外大量的相关法律资料,并派人赴美国、韩国等考察后,正式完成了《反不正当竞争法》征求意见稿。1993 年年初,召开了专家论证会,1993 年 9 月 2 日,第八届全国人大常委会第三次会议审议通过了《反不正当竞争法》,并于

1993 年 12 月 1 日起开始实施。[①] 至此,我国的反不正当竞争开启了竞争基本法的时代。

3.1993—2013 年补充完善阶段。在《反不正当竞争法》通过的二十年时间里,国家工商局又先后发布了一些配套规章,如《关于禁止公用企业限制竞争行为的若干规定》(1993 年 12 月 24 日发布)、《关于禁止有奖销售活动中不正当竞争行为的若干规定》(1993 年 12 月 24 日发布)、《关于禁止仿冒知名商品特有名称、包装、装潢的不正当竞争行为的若干规定》(1995 年 7 月 6 日发布)、《关于禁止侵犯商业秘密行为的若干规定》(1995 年 11 月 23 日发布)、《关于禁止商业贿赂行为的暂行规定》(1996 年 11 月 15 日发布)、《关于禁止串通招投标行为的暂行规定》(1998 年 1 月 6 日发布)等。一些省市也根据《反不正当竞争法》的规定,结合本地实际情况制定了一批地方性竞争法规,如《北京市反不正当竞争条例》(1994 年 7 月 22 日通过)、《上海市反不正当竞争条例》(1995 年 9 月 28 日通过)、《江苏省实施〈中华人民共和国反不正当竞争法〉办法》(1995 年 10 月 19 日通过)等。[②] 更重要的是,在此期间,与竞争相关的全国性法律也纷纷出台,如《消费者权益保护法》(1993 年 10 月 31 日通过)、《广告法》(1994 年 10 月 27 日通过)、《价格法》(1997 年 12 月 29 日通过)、《招标投标法》(1999 年 8 月 30 日通过)、《反垄断法》(2007 年 8 月 30 日通过)等。可以说,上述规范一方面有益地补充了《反不正当竞争法》规定的不足,也在一定程度上被后来的立法所吸收和借鉴;但另一方面也与《反不正当竞争法》产生了交叉和冲突,更凸显了其在内涵界定和规范列举上的局限性。这也为通过修法的形式清理和完善《反不正当竞争法》提供了规范上的理据和空间。

(二)《反不正当竞争法》(2017 年)修法过程

1.2013—2015 年修法启动阶段。《反不正当竞争法》仅实施五个年头后,就已有学者指出其规定的滞后性,并认为需要对其进行相应的法律修改。[③] 尤其是自《反垄断法》通过以来,学界对于梳理竞争法体系,修订《反不正当竞争法》的声音愈发高涨。[④] 而这一修订的契机则是源自 2013 年十八届三中全会通过的《中共中央关于全面深化改革若干重大问题的决定》,其中明确提出改革市场监管体系,反对不正当竞争,建立统一开放有序的市场体系的要求。中央全面深化改革领导小组

---

① 国家工商行政管理局条法司:《反不正当竞争法释义》,河北人民出版社 1994 年版,第 8～9 页。

② 黄赤东、孔祥俊:《反不正当竞争法及配套规定新释新解》,人民法院出版社 2001 年版,第 18～19 页。

③ 孔祥俊:《反不正当竞争法的适用与完善》,法律出版社 1998 年版,第 1～4 页。

④ 种明钊等:《竞争法》,法律出版社 2008 年版,第 108～110 页。

也将现行法的修订作为全面深化改革的工作要点。① 鉴此,在 2014 年 12 月 25 日通过的"全国人大常委会 2015 年立法工作计划"中,开始将《反不正当竞争法》的修改列为预备项目之一,②《反不正当竞争法》的修订工作也得以正式启动。

2.2015—2018 年修法加速阶段:虽然《反不正当竞争法》的修订已被列入 2015 年立法工作计划之中,但是作为预备项目,其在计划中被明确指出,这些立法项目由有关方面抓紧调研和起草工作,视情况在 2015 年或者以后年度安排全国人大常委会审议。③ 而在 2015 年 12 月 30 日,工商总局即向国务院报送了《反不正当竞争法(修订草案送审稿)》,《反不正当竞争法》的修订也因此在 2016 年 3 月 17 日通过的"国务院 2016 年立法工作计划"中被列为全面深化改革急需的项目。④ 在工商总局报送后,国务院法制办即开始征求有关部门、地方和行业协会的意见,公开征求社会意见,召开企业座谈会、专家论证会。根据各方意见反馈情况,会同工商总局并邀请最高人民法院法官反复研究修改,形成了《反不正当竞争法(修订草案)》,于 2016 年 11 月 23 日国务院第 155 次常务会议讨论通过,并提交全国人大常委会审议。⑤ 2017 年 2 月、2017 年 8 月,全国人大常委会对《反不正当竞争法(修订草案)》进行了两次审议。在此期间,全国人大常委会法制工作委员会将修订草案印发各省、自治区、直辖市、中央有关部门和部分企业、研究机构征求意见,并两次在全国人大网全文公布修订草案征求社会公众意见(2017 年 2 月 26 日至 3 月 25 日、2017 年 9 月 5 日至 9 月 24 日)。全国人大法律委员会、财政经济委员会和全国人大常委会法制工作委员会联合召开座谈会,听取中央有关部门和部分企业、专家对修订草案的意见。同时,经过实践调研,法律委员会、法制工作委员会就修订草案的有关问题与财政经济委员会、最高人民法院、国务院法制办公室、国家工商行政管理总局交换意见,共同研究,对修订草案进行了修改。⑥ 2017 年 11 月 4 日,第十二届全国人大常委会第十三次会议以 148 票赞成、1 票弃权,表决通过了修订后的《反不正当竞争法》,国家主席习近平签署主席令予以公布。新修订的《反不正当竞争法》也于 2018 年 1 月 1 日起开始施行。此举无疑标志着我国《反不正当竞争法》

① 张茅:《关于〈中华人民共和国反不正当竞争法(修订草案)〉的说明》,载《中华人民共和国全国人民代表大会常务委员会公报》2017 年第 6 期。

② 《全国人大常委会 2015 年立法工作计划》,载《中华人民共和国全国人民代表大会常务委员会公报》2015 年第 3 期。

③ 《全国人大常委会 2015 年立法工作计划》,载《中华人民共和国全国人民代表大会常务委员会公报》2015 年第 3 期。

④ 《国务院 2016 年立法工作计划》,载《国务院公报》2016 年第 12 期。

⑤ 张茅:《关于〈中华人民共和国反不正当竞争法(修订草案)〉的说明》,载《中华人民共和国全国人民代表大会常务委员会公报》2017 年第 6 期。

⑥ 王瑞贺、杨红灿:《中华人民共和国反不正当竞争法释义》,中国民主法制出版社 2017 年版,第 10~80 页。

的修法工作已收锣罢鼓,但其修法成效仍将有待于执法与司法实践的检验。

(三)《反不正当竞争法》(2019 年)最新修订

为了进一步加强对于知识产权的保护,反映国内外产业界、学术界对于进一步加强商业秘密保护的呼声,2019 年 4 月 23 日,第十三届全国人民代表大会常务委员会第十次会议通过了对《反不正当竞争法》的修改决定,此次修订进一步强化了对商业秘密的保护。

三、立法的主要亮点

(一)《反不正当竞争法》(1993 年)的中国特色

事实上,国际竞争立法早在 20 世纪初期就已经初具规模,尤其是 1900 年《巴黎公约》就已将反不正当竞争列入其调整范围,并在 1911 年的华盛顿文本中对制止不正当竞争的措施作了进一步规定。之后,在 1925 年的海牙文本中正式规定了不正当竞争行为的含义,并要求成员国向其他成员国提供反不正当竞争救济。该公约的反不正当竞争规定也逐渐具有国际竞争法的性质与意义,使得在 100 多个《巴黎公约》成员国中,其制止不正当竞争的法律基础不但基于国内立法,而且建立于国际水准之上。[①] 我国则于 1985 年 3 月 19 日正式加入《巴黎公约》成为其成员国,这事实上也推动了我国反不正当竞争立法的进程,我国的《反不正当竞争法》也吸收融入了现代国际竞争立法的先进经验与技术,但仍具有一些鲜明的中国特色,譬如:

第一,我国《反不正当竞争法》采用的是综合调整的立法模式。纵览各国竞争法制,其在反不正当竞争立法体例上虽各有差异,但一般为分立式、统一式或混合式的立法模式。其中分立式是指反不正当竞争法与反垄断法分别立法,如德国、日本等;而统一式则是制定一部市场竞争法来对不正当竞争行为、垄断行为等统一进行调整,如匈牙利和我国台湾地区等;混合式则指并没有专门的反不正当竞争法,而是通过若干法律、法规和判例来调整各种不公平交易行为,典型国家如美国。[②]而当初我国《反不正当竞争法》确定调整范围的原则是,借鉴国外立法经验,但主要从我国社会主义市场经济发展水平和实际情况出发,规范那些在我国经济生活中亟待加以规范的不正当竞争行为。依据这个原则,经考察认为,因我国尚处于社会主义初级阶段,典型的经济垄断和大部分限制竞争行为在我国并不突出,且受到传统体制的影响和财政包干体制的制约,我国存在着严重的部门垄断和地区封锁以

---

① 孔祥俊:《反不正当竞争法新论》,人民法院出版社 2001 年版,第 15 页。

② [德]弗诺克·亨宁·博德维希:《全球反不正当竞争法指引》,黄武双等译,法律出版社 2016 年版,第 10～100 页。

及某些公用企业限制竞争行为比较突出的现象,①立法最终选择了综合调整模式,即既调整狭义上的不正当竞争行为,也调整包括行政垄断在内的部分垄断行为,以适应社会发展的实际需要,这也体现了我国反不正当竞争立法的特色。

第二,我国《反不正当竞争法》侧重行政执法机关的主动干预。我国《反不正当竞争法》突出了政府主动干预原则,即带有强烈的行政干预色彩,其中干预的主体既包括该法的行政主管机关——各级工商行政管理机关,又包括各级人民政府和依法具有监督检查职能的其他部门。② 同时,虽然我国与域外国家一样规定了多种救济方式,如民事制裁、行政制裁和刑事制裁,但我国特别突出了对行政执法的规定,包括:责令停止违法行为、吊销营业执照、没收违法所得、罚款等。这主要与我国当时的国情相关,因我国地域广阔,法治观念薄弱,且处在市场经济刚刚起步的初始阶段,再加之我国有运用行政救济来处理纠纷的传统,而且与司法救济相比,行政救济具有快捷、简便的特点,③故在立法之初较为侧重行政执法机关的主动干预。

(二)《反不正当竞争法》(2017 年)的修订亮点④

从法律条文的整体变动情况来看,原《反不正当竞争法》共 33 条,修订后的《反不正当竞争法》共 32 条,其中删除 11 条,新增 10 条,修改 20 条,原法第 3 条分立为新法第 3 条、第 4 条,原法第 31 条、第 32 条合并修改为第 30 条,足见变动不小。具体从法律条文的修订内容来看,新法主要有以下亮点:

第一,表述科学,界定周严。本次修法充分考量了立法宗旨、法律衔接、执法依据、司法认定等问题。譬如第 1 条由"保障"改为"促进",反映出立法宗旨由"保守被动"向"积极主动"的转变;第 2 条第 1 款的"生产经营活动"改为"市场交易",通过这一严谨科学的表述,明确了反不正当竞争法所属的规制范畴,也便于司法机关做出清晰的判断;第 5 条由"国家机关工作人员"改为"国家机关及其工作人员","及其"二字的修改进一步明确了法律的规制对象。而新法在定义界定上的严谨性,则主要体现在其对定义内容的修改更为科学与系统,如对十不正当竞争行为、经营者及商业秘密的准确界定,增强了法律的适应性。

第二,增加列举,除旧迎新。本次修法对于新的或当初立法时未充分考虑到的典型的不正当竞争行为或对象适当增加了列举,如在第 6 条的混淆行为中增加了字号、社会组织名称、域名主体部分、网站名称、网页等内容。所谓"除旧"主要指删

----

① 国家工商行政管理局条法司:《反不正当竞争法释义》,河北人民出版社 1994 年版,第 10~11 页。

② 李天霞:《反不正当竞争法释疑与诉讼策略文书标准格式》,吉林人民出版社 2000 年版,第 19 页。

③ 国家工商行政管理局条法司:《反不正当竞争法释义》,河北人民出版社 1994 年版,第 12~13 页。

④ 宁立志、董维:《反不正当竞争法发展研究报告(2016—2017)》,载吴汉东主编:《中国知识产权蓝皮书(2016—2017)》,知识产权出版社 2018 年版,第 10~130 页。

除了旧法中关于规制排除、限制竞争行为的条款,将包括公用事业单位排除和限制竞争、行政垄断、企业以排挤竞争者为目的的低价倾销、捆绑销售以及串通招投标等行为交由反垄断法或招标投标法等法律规制,同时为了与新的广告法、新的商标法等法律衔接,对虚假宣传、混淆行为等的规定也进行了处理。而所谓"迎新"主要指新增了若干有亮点的条款,如修订后《反不正当竞争法》第 12 条的互联网条款,以概括加列举的形式对互联网相关的不正当竞争行为进行了规制,由于考虑到互联网技术及商业模式发展迅速,还增加了兜底条款以适应实践发展之需。

第三,汲取经验,回应热点。本次修法充分吸收和采纳了旧法实施以来,出台的配套规章、司法解释以及地方性法规的经验,同时还吸收了大量司法、执法案例所总结出来的对制度修正的经验及学术界的研究成果。如一般条款的设计问题、商业秘密的界定问题以及不正当宣传的表述问题等均有所体现。另外,对于现实中出现的热点不正当竞争问题,如商业贿赂中向影响交易第三人进行行贿的情形、互联网领域中的插入链接、强制进行目标跳转、网购刷单等新型不正当竞争行为等,本次修法均做出了积极的回应。

第四,完善执法权能,提升违法成本。本次修法进一步完善了行政执法权能的分配,增加了检查、查封、扣押、查询等强制措施。此外,本次修法在民事赔偿和行政处罚上突出了"违法行为成本恒定大于违法收益"的原则。对于不正当竞争行为的法律责任,一方面细化了民事赔偿责任,如第 17 条对赔偿数额的详细规定,另一方面提高了行政罚款的上限额度,如由"违法所得三倍以下罚款"提升为"违法经营额五倍以下罚款"等,同时加大了行政处罚的力度,新法的第 19 条、第 20 条均规定了"情节严重的,吊销营业执照"的处罚措施等。

(三)《反不正当竞争法》(2019)年的修订亮点

第一,进一步完善了侵犯商业秘密行为的情形。将"电子侵入"也作为侵犯商业秘密的行为之一;将第 1 款第 3 项中的"违反约定"修改为违反"保密义务"的情形,实现了法律语言上的周延性;增加一项作为第 4 项,将教唆、引诱、帮助他人获取商业秘密的行为也纳入侵犯商业秘密的行为之中。此外,还增加了一种视为侵犯商业秘密的法律拟制情形,即"经营者以外的其他自然人、法人和非法人组织实施前款所列违法行为的,视为侵犯商业秘密"。

第二,进一步强化侵犯商业秘密行为的法律责任。一方面,明确了恶意侵犯商业秘密的惩罚性赔偿规则,在第 17 条中增加规定,对于恶意实施侵犯商业秘密行为,情节严重的,按照权利人因被侵权所受到的实际损失或者侵权人因侵权所获得的利益的一倍以上五倍以下确定赔偿数额。另一方面,提升了民事侵权行为法定赔偿的上限,对权利人因被侵权所受到的实际损失、侵权人因侵权所获得的利益难以确定的,将人民法院判决的最高赔偿限额由 300 万元提高到 500 万元;加大对侵犯商业秘密行为的行政处罚力度,在第 21 条中增加没收违法所得的处罚,并将罚

款的上限由 50 万元、300 万元分别提高到 100 万元、500 万元。

第三,增加了关于商业秘密民事案件中举证责任转移的规则。此次修订增加了一条作为第 32 条,对侵犯商业秘密的民事审判程序中举证责任的转移作了规定,通过建立合理的举证责任转移规则,以期解决实践中权利人证明他人侵犯其商业秘密的困难。

四、立法后的实施情况

（一）《反不正当竞争法》（1993 年）实施概况

1.执法情况

从《中国工商行政管理年鉴》历年统计情况来看,我国的工商行政管理部门自 1996 年年鉴（统计 1995 年情况）起就开始专门统计了反不正当竞争执法案件情况。① 经过对 1995—2016 年这二十来年的执法案件数量、种类、罚款金额及案件总值等的统计与分析,可以勾勒出以下反不正当竞争执法概况：

第一,执法案件总数呈现双驼峰型。从统计图 6-1 可以观察,自《反不正当竞争法》（1993）实施以来,1995—2006 年出现执法案件总数波动上涨的情况,表明在市场经济建设的初期,随着市场化改革的推广,不正当竞争案件的爆发量也呈现一定的递增趋势。而自 2008 年以来,随着《反垄断法》的出台,对竞争行为的威慑力的加强和金融危机的爆发使得全球商业环境的衰退恶化等,执法案件总数又呈现了递减情况。直至 2012—2014 年,随着《商标法》修改的热潮以及国家工商总局《关于做好 2013 年一季度全国工商系统打击侵权假冒重点工作的通知》（办字〔2013〕18 号）的推动,使得在这一段期间假冒他人注册商标的查处行为力度较大,直接导致 2013 年达到自《反不正当竞争法》实施以来"假冒他人注册商标案件数量"和"执法总数"的最高峰,如 2013 年查处的假冒他人注册商标案件数量（10586

---

① 关于《中国工商行政管理年鉴》的统计有以下五点说明：第一,1994 年、1995 年年鉴未专门统计反不正当竞争执法案件情况,而是仍然沿用"全国处理投机倒把违法违章案件基本情况"的统计思路,遂无法提炼出《反不正当竞争法》（1993 年）在 1993—1994 年的实施情况,执法情况统计将从 1995 年开始；第二,《中国工商行政管理年鉴 2008 年》中并未专门统计 2007 年反不正当竞争执法案件情况,导致统计和分析时缺失此年份的数据；第三,年鉴中的案件总数统计既有不正当竞争案件的数量,也有排除、限制竞争案件的数量,故,我们在总量数据选取时将别除后者案件的数量；第四,因《反不正当竞争法》（1993 年）中市场混淆条款与商业误导条款之间存在法条竞合的情形,而年鉴统计中,2013 年年鉴开始把"在商品上伪造或者冒用认证标志、名优标志等质量标志,伪造产地,对商品质量作引人误解的虚假表示"纳入"虚假表示和虚假宣传的行为",考虑到本次修法亦是将上述内容由商业误导条款调整,因此,在本次统计中,上述内容纳入商业误导执法案件的数量；第五,囿于部分统计中并未单列排除、限制竞争情形的罚没金额、案件总值的具体内容,且为保持数据的统一性,故,关于反不正当竞争执法案件的罚没金额、案件总值的统计会包括排除、限制竞争案件的内容。

件)比 2012 年(3706 件)整整多了 6880 件。而自 2014 年之后,执法案件数量又开始呈现波动下降趋势。总体来看,反不正当竞争执法案件的数量的变化与我国的市场经济政策推动、经济大环境运行和执法行动等密不可分。

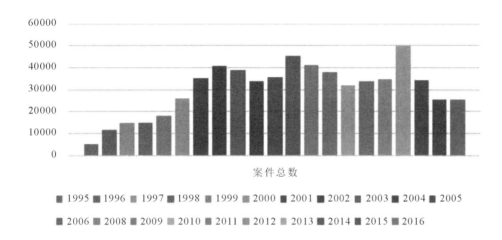

图 6-1　1995—2016 年反不正当竞争执法案件数量统计图

　　第二,各类案件数量变动态势不一。从具体类型的反不正当竞争行为来看,各类行为因其产生原因、行为特征、市场环境、政策驱动等的影响力的不同,在案件数量的分布和变动上呈现各自不同的态势(如图 6-2)。首先,市场混淆行为长期处于频发状态,而不正当有奖销售执法频率较低,商业诋毁和侵犯商业秘密的执法案件数量则一直保持最低状态。究其原因,搭便车和投机取巧等心理容易使市场行为人在优胜劣汰的市场竞争中做出市场混淆的行为,而不正当有奖销售因消费者对商品、服务质量意识的加强,其发挥作用空间也愈发有限,商业诋毁则因其道德谴责性以及商业秘密的隐秘性较强,使得这两种行为的执法案件数量一直在 0～100 的低位徘徊。其次,商业贿赂行为在 1995—2005 年期间处于缓慢增长的态势,但自 2005 年后则呈现小幅爆发的变化,并一直将高峰持续到 2012 年,而进入 2013 年随着党的十八大以来从中央到地方,"有腐必反、有贪必肃"的查案力度形成的高压态势,使得商业贿赂行为的发生一路走低,已下降到 2016 年的 1009 件。再次,商业误导行为整体上呈现一个明显波动增长的态势,这凸显出在现代市场竞争中,相比于消费者需求,产品种类供给尤为充足,致使商业宣传在产品销售中愈发显得重要,也进一步引致商业宣传中误导行为的增加态势,当然,相信随着社会诚信体系建设的愈发完善,商业误导行为的发生也会得到一定的抑制。最后,关于其他不正当竞争行为,其整体上则呈现出一个先升后降的发展趋势,也即 1995—2002 年间其案件数量持续走高,而自 2003 年以来则产生明显的下降情况,这可能与我国

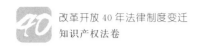
《反不正当竞争法》(1993)实施 10 年以来的配套规范等的出台有关,从而使一些行为在类别界定上更为清晰明确。

图 6-2　1995—2016 年反不正当竞争执法各类案件数量统计、趋势图

第三,罚没金额与案件总值呈波动增长后又回落的态势。随着我国经济规模的爆发式成长和执法规范的完善及执法能力的提升,执法案件的罚没金额与案件总值呈现高速成长态势是可以预期的。从图 6-3 整体来看,罚没金额与案件总值在发展态势上具有较强的关联性和一致性,且罚没金额占案件总值的比例平稳上升较为明显(即从 1995 年的 8％上升至 2016 年的 45％),而随着执法力度的加强,在近三年来又呈现小幅上涨的趋势。不过,囿于案件的不可预期性,导致罚没金额与案件总值在增长中出现较大的波动。而自 2013 年以来,罚没金额与案件总值则呈现出了一定的回落态势。同时,具体到图 6-4 可以发现,商业贿赂的案件总值及罚没金额的总量是最高的,其次是商业误导、其他不正当竞争行为以及市场混淆,而侵犯商业秘密、不正当有奖销售及商业诋毁则在案件总值及罚没金额的总量上处于较低水平。

2.司法情况

从中国裁判文书网、北大法宝等法律数据库的分类情况来看,实践中都是将"反不正当竞争司法案例"分类于"知识产权司法案例"之中。因缺乏相关反不正当竞争司法案例的年鉴数量统计,遂笔者仅以北大法宝的数据库统计为例,粗略分析 2007—2018 年以来我国反不正当竞争司法案例的情况。

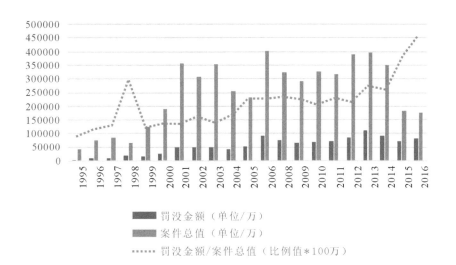

图 6-3　1995—2016 年竞争执法案件罚没金额与案件总值趋势图

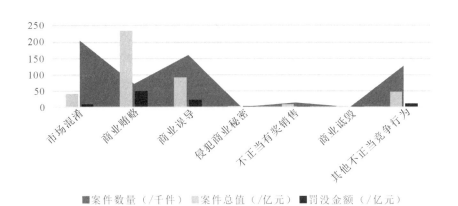

图 6-4　1995—2016 年各类不正当竞争行为之案件总量、罚没总额与案件总值图

从整体数量上来看，"北大法宝"记录的 2007—2018 年以来我国反不正当竞争司法案例总量为 7700 件(此处统计剔除了其所归类的低价倾销、捆绑销售及串通投标的"不正当竞争纠纷"案件数量)。而从具体行为类型上看(如图 6-5)，仿冒纠纷的司法案例数量是最多的，紧随其后的则为侵害商业秘密、虚假宣传纠纷、商业诋毁纠纷以及商业贿赂纠纷，不正当有奖销售纠纷数量则最少仅有 25 件。另外，从审级法院的审理案件数量来看(如图 6-6)，其中经过最高人民法院审理的有 225 件，基层人民法院及中级人民法院的审理数量则均超过了 3000 件，高级人民法院的审理数量仅有基层或中级人民法院审理的案件数量的三分之一。

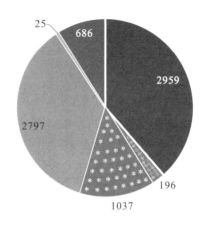

图 6-5　2007—2008 反不正当竞争司法案件数量统计图

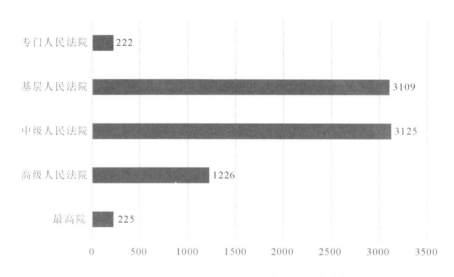

图 6-6　2007—2008 反不正当竞争司法案件各审级法院数量统计图

　　从实践发展来看,我国反不正当竞争司法案件主要呈现以下特点:第一,案件涉及的法律关系复杂,有的案件不仅涉及不正当竞争行为,还涉及侵犯著作权、商标权等行为;第二,案件社会影响较大,如有些案件往往涉及大型、知名企业,还有许多是外国企业,涉及具有较高知名度的商品或服务,社会影响重大;第三,新类型案件逐渐增多,近年来随着互联网产业的崛起和发展,除侵犯商业秘密、仿冒、虚假宣传等传统不正当竞争行为外,还出现了一些新类型案件,如刷单、链接跳转纠纷等;①第四,案件审判愈发专业化,随着我国知识产权法院的试点和推广,我国知识产权审判体系也趋于完善、审判能力也走向成熟,而不正当竞争案件囿于和知识产权纠纷关联甚密,也得以享受了这一专业化"福利";第五,裁判思路上从权利侵害式向行为可责式转变,②随着反不正当竞争法的竞争行为法属性的强化,已经确立了其迥异于绝对权侵权判断的竞争行为正当性判断模式,引致司法实践在裁判思路上也已开始改弦更张,如"脉脉案"二审判决在不正当竞争行为判定上的思路。③

(二)《反不正当竞争法》(2017年)实施情况

1.大部制改革下的反不正当竞争执法体制

1993年制定《反不正当竞争法》时,虽有诸多部门、地方和专家在征求立法意见过程中建议参考国外经验,专门设立处理不正当竞争行为的全国性权威机构,如类似美国的联邦贸易委员会、日本的公正交易委员会、韩国的公正交易委员会等,以保证该法统一、严格地实施。但考虑到我国实际情况,最终认为按照当时的行政管理体制和部门分工比较切实可行,即"根据工商行政管理职能,制止不正当竞争行为,维护市场经济秩序,工商行政管理部门是责无旁贷的。同时,法律、法规另有规定,由其他有关部门管的,还是应由有关部门负责"。④ 从此,我国反不正当竞争执法体制形成了以县级以上工商行政管理职能部门为主,法律、行政法规规定的质检、物价、卫生、建设、文化等部门为辅的多头执法体制。而2017年修法依然维持了上述关于执法体制的规定,并未作出实质性修改。但随着2018年大部制改革的推动,立法上规范的分散执法或可被行政体制上的机构合并而得以统一起来。如在2018年3月,中共中央印发了《深化党和国家机构改革方案》,根据该方案关于"深化行政执法体制改革"的要求,将整合组建市场监管综合执法队伍,即"整合工商、质检、食品、药品、物价、商标、专利等执法职责和队伍,组建市场监管综合执法队伍。由国家市场监督管理总局指导。鼓励地方将其他直接到市场、进企业,面向基层、面对老百姓的执法队伍,如商务执法、盐业执法等,整合划入市场监管综合执

---

① 张晓津:《不正当竞争案件审理中的若干问题研究》,载《电子知识产权》2005年第1期。

② 孔祥俊:《〈民法总则〉新视域下的反不正当竞争法》,载《比较法研究》2018年第2期。

③ 北京知识产权法院(2016)京73民终588号民事判决书。

④ 刘敏学:《关于〈中华人民共和国反不正当竞争法(草案)〉的说明——1993年6月22日在第八届全国人民代表大会常务委员会第二次会议上》,http://www.npc.gov.cn/wxzl/gongbao/2000-12/28/content_5003002.htm,下载日期:2018年10月15日。

法队伍"。当然,机构改革后的执法效果如何仍有待于实践的进一步检验。[①] 另外,值得注意的是,在 2017 年修法中,原法中的"监督检查"权已改为"查处"权,强调了相关部门不得随意对经营者进行检查,只有在发现经营者涉嫌不正当竞争后,才能依法进行调查处理,[②]进一步明晰了执法主体和执法权限。

2.建立反不正当竞争法工作协调机制

2017 年《反不正当竞争法》第 3 条第 2 款新增规定:"国务院建立反不正当竞争工作协调机制,研究决定反不正当竞争重大政策,协调处理维护市场竞争秩序的重大问题。"可以说,此款一方面确立了国务院从宏观角度拟定符合我国国情的反不正当竞争方面的重大政策的决定权,以结合产业发展等层面切实维护我国公平有序的市场竞争环境;另一方面则从微观角度针对执法交叉、执法空白以及多头执法标准不一等现实情况赋予国务院以重大市场竞争问题的决策权,从而改变了以往出现难以确定的不正当竞争问题时无人可作决定的尴尬处境,[③]以保证我国反不正当竞争执法工作的权威性和有效性。

五、反不正当竞争法的目的与作用

从反不正当竞争法的立法过程及修法状况来看,我国在反不正当竞争法的立法目的定位问题上仍举棋不定,至今仍对未来反不正当竞争法的目标定位缺乏把握,严重存在着传统与现代、本土化与全球化、中国特色与世界潮流、私益保护与私益保护兼顾公益保护等的分野和抉择。[④] 但毋庸置疑的是,从立法之初,《反不正当竞争法》在我国就并非一个经济转轨初期的临时产物和所谓主要保护竞争者的工具,而是具有现代竞争法所蕴含的通行价值,[⑤]只是在其内容表述、层次安排与法益规范上尚存争执。但这种犹疑或争执并非只发生在我国,因经济基础决定上层建筑,法律的产生需要一定的经济、社会条件,其又服务于这个基础,这种相互关系就决定了反不正当竞争法在不同社会背景与经济时期的目的取向和作用呈现有一些时代差异,这一点从 2004 年以来德国反不正当竞争法的修改来看就可见一

---

① 如 2018 年 5 月 14 日,国家市场监督管理总局即发布了《关于开展反不正当竞争执法重点行动的公告》〔2018 年第 4 号〕。为全面贯彻党的十九大精神,进一步促进新《反不正当竞争法》的实施,营造公平竞争的市场环境,市场监管总局决定,自 2018 年 5 月至 10 月,在全国范围内开展反不正当竞争执法重点行动。此次执法行动,重点围绕网络交易、农村市场、医药、教育等行业和领域,集中整治社会关注度高、反映强烈的市场混淆、商业贿赂、虚假宣传以及涉网不正当竞争等突出问题,切实维护公平竞争市场秩序,维护经营者、消费者合法权益。

② 王瑞贺:《中华人民共和国反不正当竞争法释义》,中国法律出版社 2018 年版,第 10 页。

③ 宁立志:《〈反不正当竞争法〉修订的得与失》,载《法商研究》2018 年第 4 期。

④ 郑友德:《浅议我国〈反不正当竞争法〉的修订》,载王先林主编:《竞争法律与政策评论》(第 3 卷),法律出版社 2017 年版,第 3 页。

⑤ 孔祥俊:《反不正当竞争法新论》,人民法院出版社 2001 年版,第 15 页。

斑。总体来说,我国反不正当竞争法的目的和作用主要有以下层次和内容:

第一,直接目的与作用是制止不正当竞争行为,保护经营者和消费者的合法权益。事实上,直接目的一般是指与某一内容有较为明显的、直接的联系,并直接促使其发生的目的,有时也称为手段。而反不正当竞争法作为一部行为规制法,首要的就是对行为的规制,以及对于行为判定构成要件中的经营者或消费者的合法权益的保护,这从我国反不正当竞争法对不正当竞争行为条款的列举和责任的设计中就能一目了然。如立法背景所述,我国自实行改革开放政策以来,竞争者之间为争夺交易机会和资源,往往会采取各种手段参与竞争,甚至不择手段,导致各类不正当行为早已泛滥成灾。这些行为不仅直接损害了经营者或消费者的合法权益,破坏了市场竞争秩序,严重阻碍了我国建立和发展市场经济,导致社会道德水准的下降,败坏了社会风气,助长了腐败现象,严重影响了我国改革开放事业的顺利发展,甚至还影响着我国的外贸信誉、投资环境和创新培育。[①] 因此,迫切需要通过立法来营造我国公平的竞争环境。而规制各类不正当竞争行为,防止这类行为的进一步泛滥,同时保护经营者和消费者的合法权益,无疑成为认定和打击不正当竞争的最直接的手段。故,制止不正当竞争行为,保护经营者和消费者的合法权益成为我国反不正当竞争法立法的直接目的和作用。

第二,根本目的与作用是鼓励和保护公平竞争,维护有序的市场竞争机制。与表象的直接目的相比,根本目的是某种行为从根源上、本源上所要追求的结果。公平有序竞争作为一种高度抽象的概念,其所追求的是一种秩序价值,其在法益呈现上是一种具有整体普遍性的社会公共利益,[②]其谋求的是整体的最大多数人的个体利益的实现,是个体利益的普遍化,而非简单的个体利益的相加,这也是竞争法法益目标的本质所在。[③] 而对不正当竞争行为的规制与个体经营者或消费者利益的保护则是实现这一根本目的的具体路径和先决条件,这也体现了反不正当竞争法的根本目标是"保护竞争秩序而非保护竞争者"的现代竞争法观念,亦凸显我国反不正当竞争法在起草过程和内容构造中,均充分体现了以社会为本位的竞争法的定位和取向。[④] 从经济基础来看,社会主义市场经济作为现代国家经济模式的典型之一,其建设过程同样离不开市场秩序。而市场秩序的核心则是形成健康的竞争机制,因为只有通过竞争这一优胜劣汰的法则,才能充分调动经营者的积极性,促使他们提高质量、技术、管理和服务水平,并实现市场对资源的优化配置。[⑤]尤其是,十八届三中全会通过的《中共中央关于全面深化改革若干重大问题的决

① 邵建东:《竞争法教程》,知识产权出版社 2003 年版,第 18 页。
② 刘继峰:《竞争法学原理》,中国政法大学出版社 2007 年版,第 256、261 页。
③ 蒋悟真:《论竞争法的基本精神》,上海三联书店 2008 年版,第 212 页。
④ 孔祥俊:《论反不正当竞争法的竞争法取向》,载《法学评论》2017 年第 5 期。
⑤ 种明钊主编:《竞争法》,法律出版社 2008 年版,第 119 页。

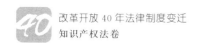
定》中,特别强调"建设统一开放、竞争有序的市场体系,是使市场在资源配置中起决定性作用的基础"。这已明确体现了国家对公平竞争制度的支持和对公平竞争理念的追求。

第三,最终目的与作用是与其他经济立法一道促进社会主义市场经济健康发展。我国《宪法》第 15 条规定:"国家实行社会主义市场经济。国家加强经济立法,完善宏观调控。国家依法禁止任何组织或者个人扰乱社会经济秩序。"鉴此,保障和促进社会主义市场经济健康发展是我国宪法这一规定的延伸和具体化,[①]也是我国反不正当竞争法立法的最终目的。事实上,在日本和我国台湾地区,"促进国民经济的健康发展""促进经济之安定与繁荣"作为竞争法立法目的之一,均是出于促进经济发展的迫切需要,服务经济发展的大局。而从 2017 年中国修法来看,立法目的条款唯一变动的一处即将"保障"一词改为"促进"一词,其不仅反映了我国立法态度愈发开放和积极,也深刻反映了我国经济基础条件的转变。如在我国市场经济发展初期,重点是破除计划经济的思想藩篱,减少政府这只"有形之手"对市场的干预,避免市场竞争处于混沌无序的状态,[②]以建立健全社会主义市场经济,在这样的背景下,旧《反不正当竞争法》在立法目的条款中明确提出了"保障社会主义市场经济健康发展"。这看似是一种较为被动和保守的表达方式,但确实是特定环境使然。而随着我国市场经济的不断健全,改革进程的不断深化,市场竞争观念的不断普及和法治意识的不断提升,此时人们对于社会主义市场经济的期待已经不再限于"保障市场经济依旧存在",而是过渡到更高阶的"促进市场经济深化发展"。因此,如果仍然停留在"保障"一词,就无法深刻地反映时代的变化和经济发展阶段的新要求,而改为较为主动的"促进"一词,方能凸显出法律与政府对市场公平竞争秩序的积极追求,也彰显出我国对于市场经济发展现状和未来的自信。

六、反不正当竞争法与知识产权法的关系

反不正当竞争法与知识产权法的关系问题实质上反映的是反不正当竞争法的性质与定位问题,但关于这一点,学界众说纷纭,2017 年修法也未能统一学界的共识。总体来看,学界主要呈现以下两种定位或关系的分野:第一,反不正当竞争法应属于知识产权法,即反不正当竞争法同商标法、专利法、著作权法等一同是知识产权法律体系的组成部分。如李明德教授认为:"无论是依据相关的国际公约,还是依据大多数国家的立法,反不正当竞争法都属于知识产权法,属于知识产权法律体系的一个组成部分。因此,按照此理念,我国首先应当定位反不正当竞争法是保

① 徐士英:《竞争法论》,兴界图书出版公司 2007 年版,第 139 页。
② 袁嘉:《以多元利益保护观重塑反不正当竞争法立法目的条款》,载《经济法论丛》2017 年第 1 期。

护某些智力活动成果的法律,是我国知识产权法律体系的一个组成部分。"①而本书编委会同其他知识产权教材编写一样,将本章"反不正当竞争法的变迁"纳入知识产权法编应该也是受此观点的指导和影响。第二,反不正当竞争法应属于竞争基本法的范畴,但对知识产权的保护具有补充和衔接的功能。如孔祥俊教授指出:"反不正当竞争法始终以竞争法方式实现知识产权保护功能。无论是历史还是现实,反不正当竞争法都属于竞争法的范畴,需要回归到竞争法的轨道中来,按照其竞争法属性确定法律理念、制度定位和适用方法,追求竞争法的目标取向,采用符合竞争法和市场竞争属性的行为判断标准。"②

可以说,上述观点的分野与反不正当竞争规范的历史渊源密不可分,尤其是在国际法脉络下,反不正当竞争法被纳入保护工业产权的国际条约之中,而在西方国家国内法的发展中,反不正当竞争法则出现了与反垄断法合流的趋势。

而从我国的实际修法来看,新法对于与反垄断法、知识产权法、广告法、产品质量法、招标投标法及消费者权益保护法等的关系问题也确实做了较大的区隔处理和规范厘清。同时,与早期相比,现代反不正当竞争法所关注的对象也早已不再限于知识产权保护(尤其是商业标志、商业秘密)的问题,而是拓展到整个市场竞争领域,如商业贿赂、不正当有奖销售,甚至新法所规范的互联网新型不正当竞争行为(如插入链接、强制进行目标跳转)等。并且在欧美反不正当竞争法走向效率取向的自由化过程中,③知识产权的财产法规制路径与反不正当竞争法的行为法规制路径的分歧亦愈发明显。故,从发展趋势来看,反不正当竞争法由知识产权辅助保护法到竞争法功能日趋强化的非知识产权法,由经营者的"私益保护"到经营者、消费者和公共利益的"私益与公益叠加保护",可能会更加凸显其在新时代潮流下的竞争基本法的属性与定位。当然,基于知识产权在市场竞争上的双重效果,对其必要的保护和规范仍然是反不正当竞争法的重要任务和使命。故,从其作为上来看,一方面,反不正当竞争法为知识产权提供的是有限的补充性保护,即知识产权权利人在专利权、著作权、商标权等典型权利形态之外,可依据反不正当竞争法对那些典型性不足的知识产权客体享有有限度的兜底性权益,以弥补专门的知识产权法保护不足的问题。另一方面,反不正当竞争法亦从维护市场公平竞争秩序的核心出发,对扰乱市场竞争秩序,损害其他经营者或者消费者合法权益的知识产权滥用行为予以规制和打击,如恶意出具知识产权警告函或实施知识产权滥诉可能构成的商业诋毁等独立的不正当竞争行为等。而从其底线来讲,反不正当竞争法一般提供的是消极禁止的保护,而非赋予积极的知识产权权利,因此,相对于知识产权

① 李明德:《关于〈反不正当竞争法〉修订的几个问题》,载《知识产权》2017 年第 6 期。
② 孔祥俊:《论反不正当竞争法的竞争法取向》,载《法学评论》2017 年第 5 期。
③ 邵建东:《德国反不正当竞争法研究》,中国人民大学出版社 2001 年版,第 13~14 页。

法基本、专门的权利保护和规范,反不正当竞争法应以尊重和保护知识产权为前提,而对其的规制和干预则要符合一定的比例原则。①

第二节　不正当竞争行为

一、一般条款

《反不正当竞争法》自 1993 年颁布实施以来,其一般条款的功能定位和规范设计就饱受各方关注和争论。事实上,反不正当竞争法之一般条款是多数国家普遍采用的立法体例,如德国 2004 年《反不正当竞争法》第 3 条第 1 款、《法国民法典》第 1382 条和第 1383 条、《意大利民法典》第 2598 条、瑞士 1986 年《联邦反不正当竞争法》第 1 和第 2 条、澳大利亚 1974 年《商业行为法》第 52 条、美国《联邦贸易委员会法》第 5 条、欧盟 2005 年《公平交易行为指令》第 5(2)条等均是适例。一般条款之所以成为各国的普遍选择,实因不正当竞争行为纷繁复杂,难以穷尽,故而通过兜底规范,在法律规定的具体事实构成不敷适用的地方,发挥查缺补漏的作用。② 这在我国也不例外,据笔者统计,在 1995—2016 年间全国工商行政管理机关查处的不正当竞争案件情况中,无法归类到具体行为条款的其他不正当竞争案件在案件总数中占比曾达到 30% 的最高水平(如图 6-7)。可见大量案件的存在,使得一般条款具有了适用基础和空间,一般条款在一定程度上确实发挥着克服成文立法不周延和滞后的弊端的功能。同时,其他不正当竞争案件无法具体、典型归类的现实,也侧面反映了“法无明文规定不处罚”与“现时市场交易中非典型不正当竞争行为案件却屡见不鲜”之间的矛盾。同样的,我国司法实践中以反不正当竞争法的　般条款来认定不正当竞争行为的案件也占到了不正当竞争纠纷案件总数的 17.2%。③ 故,在 2009 年“山东省食品进出口公司等诉青岛圣克达诚贸易有限公司等不正当竞争纠纷再审案”(简称“海带配额案”)④中,最高人民法院以再审方式第一次确立了独立适用第 2 条的“三要件”(即:第一,法律对该种竞争行为未作出特别规定;第二,其他经营者的合法权益确因该竞争行为而受到实际损害;第三,该种

---

① 宁立志:《经济法之于知识产权的作为与底线》,载《经济法论丛》2018 年第 1 期。

② 许可:《数据保护的三重进路——评新浪微博诉脉脉不正当竞争案》,载《上海大学学报(社会科学版)》2017 年第 6 期。

③ 在北大法宝法律数据库中,查得不正当竞争纠纷的案件统计数据,截至 2017 年 4 月,共有 5073 个案例,在这些案件中,以“诚实信用”为关键词进行进一步检索,发现适用《反不正当竞争法》第二条认定不正当竞争行为的案件有 874 个,占比为 17.2%。

④ 最高人民法院(2009)民申字第 1065 号。

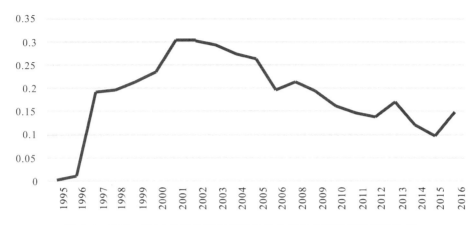

图 6-7　1995—2016 年其他不正当竞争地为案件占案件总数百分比图

竞争行为因确属违反诚实信用原则和公认的商业道德而具有不正当性或者说可责性），为后续不正当竞争纠纷的审判提供了操作上的指引。因此，在 2017 年修法过程中，理论与实务界对一般条款的修改尤为关注。

（一）基本原则条款（第 2 条第 1 款）①

1.修改评述

关于此款，《反不正当竞争法》（2017）主要修改了两个地方：其一，将"在市场交易中"改为"在生产经营活动中"。事实上，市场交易的说法过于具体和狭隘，不能完全体现不正当竞争行为涉及的范围，如商业秘密案件中员工未经许可披露、使用商业秘密的案件，往往不涉及商品交易，但也构成不正当竞争，因此修改为"在生产经营活动中"可以扩大法律适用范围。② 其二，新法将"遵守公认的商业道德"修改为"遵守法律和商业道德"，即强调守法原则并删除商业道德的"公认"性的要求。这里守法原则的强调类似于《民法总则》中合法原则的规定，但又似乎比第 2 款不正当竞争行为界定中"违反本法规定"的要求更为宽泛，但从实际效果来讲，此处重复性的规范更像是一种教导性的宣示。而关于"公认"的修改，如果从商业道德的本义来讲，商业道德的形成和发展本身体现的就是整体的、内在的和长远的变化，③而所谓的"公认"性应已内化于商业道德的评价之中了。但是，也有学者指出，在竞争行为正当性的认定上，应注意把握行业的惯例和公认的行为的标准，而不应当以偶然的行为或者非公认的标准进行认定，反不正当竞争法关于"公认"标

––––––––––––

① 　通常认为，我国《反不正当竞争法》第 2 条第 1 款、第 2 款合称为一般条款。郑友德：《浅议我国反不正当竞争法的修订》，载王先林主编：《竞争法律与政策评论》（第 3 卷），法律出版社 2017 年版，第 5 页。

② 　宁立志：《〈反不正当竞争法〉修订的得与失》，载《法商研究》2018 年第 4 期。

③ 　李舒东：《社会主义商业道德的特点及其变化》，载《学习月刊》2001 年第 12 期。

准的限定,体现了对于行业良善标准的认可,也体现了对于法律确定性的要求。①
因此,去掉公认是否会扩宽不正当竞争行为认定中商业道德的选取范围及增加商
业道德认定的不明确性是未来实践中值得注意的问题。除以上修改之外,与《民法
总则》的修改相比,②本次《反不正当竞争法》的修法并未进一步对原则的内容进行
调整,仍然保留了"遵循自愿、平等、公平、诚信"原则的要求,同时也留下了诸多
争议。

2.学术争论

关于到底设立何种原则为我国《反不正当竞争法》的基本原则的问题,学界尚
有争议。如除保留原立法规范的意见外,一些学者主张缩小设立范围,认为原则内
容仅保留"诚实信用原则"或其类似的规定即可。③ 其主要修改理由为:首先,从域
外来看,包括《巴黎公约》等国际条约及其他国家的反不正当竞争立法,其一般条款
均限缩于"工商业诚实惯例"这一核心内容,其具体表达包括"诚实信用""善良风
俗""职业道德""专业审慎要求"等,而我国规定的"自愿、平等、公平"并非市场竞争
秩序因素的核心考量。其次,从诚实信用原则与其他原则的关系来看,在民法中,
诚实信用原则是帝王原则,反映到市场竞争中,诚实信用原则则是根本内核,其他
原则也是其应有含义,因此现实设计的并列关系规定并非适当。最后,从反不正当
竞争法原则的特质化角度来说,如若该条款负荷的抽象价值过多,其利益平衡的复
杂性及价值因素的主观性会对司法实践造成一定困扰,同时现有的原则如只是反
映《民法总则》原则而欠缺本身特质,则不如像意大利《反不正当竞争法》一样直接
设计援引民法典条款,但这显然并不符合《反不正当竞争法》作为一部重要经济法
而独立立法的要义。而另外一些学者则基于《反不正当竞争法》实施二十多年来的
经验考量,认为可适度扩大原则的设立范围。④ 其理由包括:在《反不正当竞争法》
原则的树状结构中,已经在司法审判实践中形成许多次级原则,如"非公益必要不
干扰原则""最小特权原则""避让原则""社会公共利益原则"等,这些原则不仅在处
理具体纠纷上具有裨益,事实上这些法律原则也通过案件的归纳得到适用的证成。
同时,囿于立法与修法的所处时代发生重大变革,随着市场经济已趋向成熟,商业
伦理的积累也日益丰盈。因此,基于司法审判实践和法学理论研究成果而提取的
原则理应在修法中得以体现,以确保日益多元的法律价值运行不缺位,使我国《反

---

① 孔祥俊:《反不正当竞争法的创新性适用》,中国法制出版社 2014 年版,第 66 页。

② 《民法总则》确立了平等、自愿、公平、诚信、合法、不违背公序良俗及绿色(节约资源、保护生态环境)原则。

③ 郑友德等:《对〈反不正当竞争法(修订草案送审稿)〉的修改建议》,载《知识产权》2016 年第6 期。

④ 陶鑫良:《非公益必要不干扰原则与反不正当竞争法一般条款适用》,载《电子知识产权》2015 年第 3 期。

不正当竞争法》适应未来市场竞争态势的能力愈强。作为对多原则的负荷效应的回应,该学者也认为法律原则的具体化已是发展态势,因此不能惧于其可能带来的负担,归根结底的解决路径便是向审判者普及筛选和评价原则的手段。

笔者认为不正当竞争行为的判断应以该行为是否违反了诚信原则和商业道德作为基本判断标准,但同时应考虑各种市场因素,如各方利益、规模、相关竞争者数量、行为性质、严重性、持续性和反复性等。这趋向于缩小原则范围的主张,但支持理由与其并不完全一致。主要理由可析如下:第一,自愿、平等与公平原则在逻辑关系上尚需厘清,如平等是形式上的公平,并非并列关系,而是包含关系,自愿和平等之间也具有交叉性。如果只是像当初的立法考量一样——避免《反不正当竞争法》调整作为民事活动一部分的市场行为偏离《民法通则》规定的基本原则,[①]那么事实上任何市场活动都会遵守上述民法原则,这样的原则性规定的必要性便不是很充分。第二,相比于其他原则,诚信原则涉及的是当事人之间的利益关系(经营者之间)和当事人与社会间的利益关系(经营者与消费者、竞争机制代表的整体),因此该原则被认为是具有实现如上两个利益关系的平衡的目的,符合现时代反不正当竞争法的利益保护结构。第三,从抗辩角度来讲,诚信原则是在各时代的市场竞争发展中,逐渐成为更易判别的标准。因此,客观诚信的学说也变得流行,如费雷伊拉在介绍客观诚信时曾指出,诚信原则在客观上是在正直和忠诚的观念指导下的正当的行为。[②] 而"自愿、平等、公平"原则不仅成为裁判者的判定难题,更是当事人的抗辩盲点,同时也无端耗费了司法资源。[③] 现代的诚信原则的来源是古代罗马法中一般的恶意诈欺的抗辩,反过来抗辩权的功能发挥也有助于实现反不正当竞争法的保护目的,即保护所有市场参与者行动、决定自由及让消费者获得未受扭曲的商业选择。第四,诚信原则与商业道德之间虽有意涵上的重合之处,如诚信经营是商业道德的一种核心具体表现,但仅仅是以商人行为为标准有时又是不够的,需要从消费者或者社会公众的角度进行评判和伦理矫正。[④] 正如当初立法时认为,一些重要的商业惯例已被法律所吸收成为法律规范,但有限的条文不可能反映出商业道德的全部内容,因此,遵守商业道德依然对于发挥其规范作用具有重要意义。[⑤] 第五,我国已在司法实践中逐渐形成以诚信原则和商业道德为原则判断竞争行为正当性的思路,如在"山东食品公司与马庆达案"中,最高人民法院在裁

① 国家工商行政管理局条法司:《反不正当竞争法释义》,河北人民出版社1994年版,第14页。

② 徐国栋:《诚实信用原则二题》,载《法学研究》2002年第4期。

③ 谢晓尧:《〈反不正当竞争法〉修改的限度》,载王先林主编:《竞争法律与政策评论》(第3卷),法律出版社2017年版,第39页。

④ 孔祥俊:《反不正当竞争法的创新性适用》,中国法制出版社2014年版,第60页。

⑤ 国家工商行政管理局条法司:《反不正当竞争法释义》,河北人民出版社1994年版,第26~27页。

定中直接将诚信原则和商业道德作为衡量依据,并在其之后的司法政策中强调把握诚信原则和商业道德作为评判行为正当性标准的重要性及其尺度。① 第六,《反不正当竞争法》中法律原则的选取,也是其特殊样态即一般条款的构成,但这一般条款的原则性内容的选取困难不应被过分强调,因为大多数的不正当竞争行为已在行为列举章节第 6 条至第 14 条中被规定,实践中更细致化的原则解释几乎没有必要,② 而且越是下位阶的原则,其在案件领域的适用范围上便越窄,其内容也愈趋近于规则。而从那些法院在案件判决中适用的次级原则来看,虽然似乎有些原则在多个案子中有被适用,但其处理的案件领域也几乎重叠一致,如避让原则主要是在知名的商业标识领域,非公益必要不干扰原则则主要集中于互联网以及安全软件领域等。因此,更多细化原则的确立实在徒增困扰。如我国的《反不正当竞争法》修订主要参考了德国的《反不正当竞争法》,而事实上,从修法趋势来看,德国在2004 年《反不正当竞争法》解释性备忘录中已不再适用仅以"诚实商业惯例"来解释"不正当"的做法,而是抛弃了以往过于抽象、主观的表述,取代的是 2008 年改革后的综合考察,即"内容、目的、动机、频繁度以及商业后果"的判断。③ 因此,对不正当竞争行为的判断应更多从竞争功能角度出发,在以是否违反了诚信原则和商业道德作为判断标准的基础之上,考察所有的市场竞争因素,才符合其作为竞争行为基本法的规范定位。

(二)不正当竞争行为的界定

1.修改评述④

第一,新法完善了不正当竞争行为的概念。原《反不正当竞争法》在界定不正当竞争时,以"经营者损害其他经营者的合法权益"为核心要素,这就导致实践中对不正当竞争行为进行认定时出现了是否要以具有直接的竞争关系为前提的困惑。而新法以"扰乱市场竞争秩序,损害其他经营者或消费者的合法权益"为要件,摒弃了原法中对损害法益的限制,不再以"是否具有竞争关系"作为行为判断要件。

第二,新法在不正当竞争行为的概念里增加了"消费者合法权益",进一步彰显

---

① 最高人民法院:《关于充分发挥知识产权审判职能作用推动社会主义文化大发展大繁荣和促进社会主义文化大发展大繁荣和促进 经济自主协调发展若干问题的意见》,https://www.sogou.com/link? url＝DSOYnZeCC_qPT5Zdf7hoUThx0UK050ErH76Bqlj4NZJ27xyMV6JxOw.,下载时间:2018 年 10 月 20 日。

② 谢晓尧:《未阐明的规则与权利的证成——不正当竞争案件中法律原则的适用》,载《知识产权》2014 年第 10 期。

③ [德]弗诺克·亨宁·博德维希:《全球反不正当竞争法指引》,黄武双等译,法律出版社 2016年版,第 297 页。

④ 宁立志:《〈反不正当竞争法〉修订的得与失》,载《法商研究》2018 年第 4 期。

了《反不正当竞争法》对消费者的保护，与本法的立法目的保持一致，同时回应了不正当竞争行为损害消费者合法权益是不正当竞争行为的主要危害之一的疑问。一般而言，现代竞争法具有三种目的，即保护竞争者、保护消费者以及维护一般公众利益或未受扭曲的竞争利益。其保护对象经历了由保护诚实经营者到消费者的发展过程，因为竞争行为与消费者利益息息相关，加上 19 世纪六七十年代消费者运动的发展，各国反不正当竞争法越来越重视对消费者利益的保护，本次修法也顺应了这一国际立法趋势。

2.学术争论

在不正当竞争行为的界定中，对于是否将损害消费者利益纳入该行为成立要件的考量，在本次修法过程中曾出现过反复。如原法和国务院通过的修订草案，均是要求必须以损害其他经营者利益为唯一构成要件，而在修订草案前的送审稿中则加入了损害消费者利益这一客体选择要件。事实上，不正当竞争行为损害的客体呈现多重性，在市场交易活动中，参加者实施的不正当竞争行为首先侵害的是竞争对手的利益，在一些情况下呈现的是对特定竞争对手利益的侵害，如市场混淆、商业诋毁和侵犯商业秘密等，而在一些情况下则是侵害的不特定竞争对手的利益，如商业贿赂、虚假宣传和不正当销售等。同时，不正当竞争行为也侵害了交易相对人尤其是消费者的利益，因消费者是经营者争取的获利对象，其也在此竞争中理应获得不受混淆和非不正当指引的选择权，如在不正当有奖销售和虚假宣传行为中，消费者的选择权受到直接侵害，也可以说是通过损害消费者利益进而影响竞争者的利益。而国务院通过的《反不正当竞争法（修订草案）》中却并未将该客体纳入，可能主要是出于以下考量：一是《反不正当竞争法》未给予消费者或消费者团体以诉权，因而，如将该客体利益明文纳入一般条款的规定，则会呈现客体保护与救济程序不配套的状况；二是狭义保护经营者竞争关系的修法格局使两位一体或三位一体的构想难以呈现。但最终修法还是突破旧格局，将消费者利益纳入不正当行为的判定要件之中，也是符合现代《反不正当竞争法》的发展走向和立法宗旨的，但未同时赋予消费者或消费者团体以诉权，这也仍将成为未来理论和实务界进一步讨论的重点。

二、不正当竞争行为的类型化与一般条款的适用

（一）类型化的规范

有学者曾提出："从《反不正当竞争法》的观念形态和法律渊源上来解读的话，《反不正当竞争法》本质上属于原则之法或者一般条款法。"[①]不过，原则与规则相

---

① 谢晓尧：《〈反不正当竞争法〉修改的限度》，载王先林主编：《竞争法律与政策评论》（第 3 卷），法律出版社 2017 年版，第 37 页。

比,虽具有更大的包容性和更宽的适用范围,但明确程度显然不如后者。因此,《巴黎公约》在制定时为确保法律规定的清晰明了,特别吸收了普通法系的立法模式,采取了一般条款加非穷尽式的列举方式,以解决一般条款在适用时可能带来的过于宽泛及不精确的弊端。[①] 可以说,这种对于现实中典型的可类型化的不正当竞争行为的规范列举,在提升适用精确度的同时,也提高了审判效率,正如《反不正当竞争示范法》注释中指出,"被认为是当然的不正当竞争行为,不需要再用证据证明其违反诚实惯例这一一般条款"。

2017 年修法在不正当竞争行为的类型化问题上也主要做出以下努力:第一,剔除了非典型的不正当竞争行为,也就是删除了原法中应由《反垄断法》调整的排除、限制竞争行为的条款,如行政垄断、串通招投标、低价倾销等,以及删除了应由《商标法》调整的假冒他人注册商标的内容;第二,添加了新类型的不正当竞争行为,即对互联网领域中"利用技术手段,通过影响用户选择或者其他方式,实施妨碍、破坏其他经营者合法提供的网络产品或者服务正常运行的行为"进行了规范列举;第三,规范了不正当竞争行为类型内的竞合问题,如原法中市场混淆条款与商业误导条款之间存在着重复规范问题,本次修法均进行了相应调整。

当然,本次修法虽然在不正当竞争行为的类型化问题上做出如上诸多努力,但仍然留下了些许瑕疵和遗憾。如严格来看,第 6 条"市场混淆行为"属于"商品来源"方面的误导行为,第 8 条"虚假或引人误解的商业宣传行为"则表示"一般意义上"的商业误导行为,而第 11 条"商业诋毁"则是对"他人商誉"方面的误导行为的规范,且其中第 10 条"不正当有奖销售"第 1 款、第 2 款所规定的"所设奖的种类、兑奖条件、奖金金额或者奖品等有奖销售信息不明确,影响兑奖;及采用谎称有奖或者故意让内定人员中奖的欺骗方式进行有奖销售"的行为则也是一种在有奖销售信息上的误导行为。可见,如上四条的规范内容在种属关系上,第 8 条"虚假或引人误解的商业宣传行为"应是误导行为一般意义上的条款,即商业误导行为,因此,如分条规范则应放在其他三条前面或可统一编排规范,不然将导致这些条款在立法逻辑关系上稍显不顺。

(二)一般条款的适用

与《巴黎公约》的立法思路相反,我国《反不正当竞争法》(1993 年)立法参与者曾撰文指出:"在反不正当竞争法中,总则与分则的关系并非原则与规则之间的适用关系,即《反不正当竞争法》第二章所列明的各项不正当竞争行为就是本法所承认的不正当竞争行为,也就是说,不正当竞争行为需要依法制裁的只限于第二章列

---

① Frauke Hen-ning-Bodewig, International Handbook on Unfair Competition,转引自孔祥俊:《反不正当竞争法的创新性适用》,中国法制出版社 2014 年版,第 90～91 页。

明的各项,除非另有法律规定,是不允许执法机关随意认定的。"①这也导致一些学者在不正当竞争行为的界定解读中,认为"违反本法规定"应持立法论(亦即狭义解释),即"违反本法规定"的规范限定了认定不正当竞争行为的范围,凸显出《反不正当竞争法》的立法本意是将依法制裁的不正当竞争行为严格限定在第二章所列明的 11 种情况,不允许执法机关在此之外进行认定,形成了封闭体系。② 在此之下又形成法律定义与价值指令说以否定其一般条款的认定。但即便立法本意并非要将《反不正当竞争法》第 2 条设计为一般条款,在后续的司法实践中却早已普遍接受了该条规定的一般条款意义,即对于该法第二章没有列举的不正当竞争行为,如果确实违反了该条规定的竞争原则以及符合不正当竞争的定义,就可以认定构成不正当竞争行为。③ 因此,持目的论(亦即广义解释)的学者则认为"违反本法规定"应理解为整部《反不正当竞争法》,为弥补概念的周延性,其并不只含第二章的禁止性规定。④ 在其内部又划分为一般条款说和有限的一般条款说。为消弭上述争议和科学规范立法,本次修法在修订草案版本中曾采用了"违反前款规定"来取代"违反本法规定",但这一修改会使得不正当竞争行为的认定走向仅包括违反法律原则而不包括违反法律规则的误区,因此,在全国人大法律委员会、财政经济委员会和全国人大常委会法制工作委员会联合召开座谈会期间,中央有关部门提出将"违反前款规定"改回"违反本法规定"。⑤ 当然,这样的转折也并不一定能使概念界定显得更周延,如竞争法实践范围较广,但"违反本法规定"限制了其适用范围,导致其与其他法律没有接口,无法与其他法律对接,而实践部门却早已有突破,导致判决没有依据,超出本法规定范围,为保持本法的开放性,与其他法律相互呼应,将"违反本法规定"修改为"违反法律规定"也未尝不是一个解决之道。不过,虽然上述争议延续及条款改造最终回归规范原点,但是重新反映了立法者的本意,即立法者意图通过修改规范来打破立法论的基调,这确实值得肯定。尤其是在司法实践中出现诸多适用案例的情况下,对一般条款兜底功能的认同已形成理论与实务界的共识。不过,值得注意的是,行政执法与侵权行为之间存在是否奉行法定原则的差异,即人民法院在处理不正当纠纷时,可根据案件的实际情况在第二章未列举的情况下适用一般条款,但由于本法没有针对违反一般条

---

① 孙琬钟:《反不正当竞争法实用全书》,中国法律年鉴社 1993 年版,第 26 页。

② 陈立骅:《〈中华人民共和国反不正当竞争法〉解读》,中国政法大学出版社 1993 年版,第 14 页。

③ 孔祥俊、刘泽宇等:《反不正当竞争法原理·规则·案例》,清华大学出版社 2006 年版,第 10~11 页。

④ 邵建东:《〈反不正当竞争法〉中的一般条款》,载《法学》1995 年第 2 期。

⑤ 《法律委、财经委、法工委座谈会对不正当竞争法修订草案的意见》,载王瑞贺主编:《中华人民共和国反不正当竞争法释义》,中国法律出版社 2018 年版,第 160 页。

款设定相应处罚,故,按照我国《行政处罚法》第 3 条中"没有法定依据或者不遵守法定程序的,行政处罚无效"的规定,行政机关依然不能适用一般条款查处不正当竞争行为。[①]

第三节　市场混淆行为的规制问题

在生产经营活动中,经营者应当通过自身努力,提高商品和服务的质量,增加其影响力和美誉度,从而提高自身的市场竞争力。但在实践中,有的经营者却基于投机取巧、不劳而获的心理,试图通过"搭便车""傍名牌"等方式攀附他人的商业标志的声誉,这也成为国际公约及各国竞争法所重点规制的内容。尤其是在我国社会主义市场经济建设的初期,我国法治观念、权益观念等均较为薄弱,"搭便车""傍名牌"等行为层出不穷。因此,当时在立法之初,立法者就突出了从行为人从事竞争的手段和性质的角度,即行为人采取假冒或模仿的手段争取交易机会,来进行相关行为的列举和规范,并统称为"仿冒行为"。[②] 但从现在来看,这样的称呼和规范不仅没能在结果上突出混淆的核心标准,也与《商标法》的规范产生了适用冲突。故,本次修法特别在此方面做出了一些修改和完善。

一、修改评述

市场混淆条款的核心在于加强对商誉的保护。在商业标识使用市场中,除了擅自使用他人商标这种侵权行为以外,还存在其他可能攀附他人商誉的行为,也是一种不正当竞争。商标法主要保护注册商标专用权,对商品外包装、企业名称等保护不足,因此在反不正当竞争法中作出规制市场混淆的规定是对商标法的一种补充。[③] 总的来说,本条修订有以下亮点:

第一,引入了"混淆"概念,并明确判断标准。原《反不正当竞争法》规定所谓的市场混淆是指"采用不正当手段从事市场交易,损害竞争对手"的行为,这一规定较为模糊,而且在具体行为列举中也存在着"使购买者误认""引人误认""引人误解"等不同表述,致使实践中对该条文的理解容易出现分歧,且相关行为难被准确识别。此次修订,引入了"混淆"的概念,从行为后果角度将市场混淆行为限定为"引人误认为是他人商品或者与他人存在特定联系"的行为,确定了"引人误认"为市场混淆行为的核心判断标准,增强了条文在适用时的共识基础,提升了实践中对市场

---

① 王瑞贺:《中华人民共和国反不正当竞争法释义》,中国法律出版社 2018 年版,第 6 页。
② 邵建东:《竞争法教程》,知识产权出版社 2003 年版,第 52 页。
③ 宁立志:《〈反不正当竞争法〉修订的得与失》,载《法商研究》2018 年第 4 期。

混淆行为判断的准确性。

第二，明确了商品名称保护对象。原《反不正当竞争法》对商品名称的保护一直是学界和实践界讨论的焦点问题之一。其规定的"知名商品特有的名称"，不但本身存有歧义，即"知名"究竟是对商品的要求还是对特有名称的要求始终存在不同的理解；而且对于"知名"的判断在行政执法和司法保护中的理解与判断标准也不统一。此次修订，明确了禁止市场混淆主要是禁止"傍名牌"，故法律保护所关注的是"商品名称"这一商业标识，而非商品本身。同时，"知名"的要求也改述为统一的"有一定影响的"要求。

第三，扩大了市场混淆行为中标识的类型。原《反不正当竞争法》主要保护的是注册商标，商品特有的名称、包装、装潢，企业名称或者姓名，认证标志、名优标志等质量标志以及产地等商业标识。这一范围规定显然已经远滞后于实践中商业标识种类的快速增多，使得很多常见的商业标识在被他人擅自使用时往往无法找到明确的法律保护依据。此次修订，不仅将域名主体部分、网站名称、网页等新型商业标识加入其中，还细化企业名称、社会组织名称以及姓名的各种表现形式，同时增加了兜底性的表述，使得法律条文本身的包容性增强。

第四，协调了其与商标法的关系。原《反不正当竞争法》将"假冒他人注册商标"作为市场混淆行为的一种进行了规定。虽然出发点是好的，但由于商标法作为专门保护注册商标的立法日趋成熟，其已经可以为注册商标的保护提供较为充分的法律依据，故该条规定实际上不符合该法与商标法衔接关系的要求。此外，商标法中，商标侵权包括假冒注册商标和仿冒注册商标。在原《反不正当竞争法》中"假冒他人注册商标"主要是指仿冒注册商标，这使得"假冒"行为在两部法律中含义不同，导致行政执法和司法保护中出现行为判断标准的混乱。

第五，与第8条即商业误导条款进行了区分。旧法第5条第4款与商业误导条款存在一定的重合之处，因此在此次修法中明确二者的区别也显得尤为必要。第5条第4款即"在商品上伪造或者冒用认证标志、名优标志等质量标志，伪造产地，对商品质量作引人误解的虚假表示"，商业误导条款为"经营者不得对其商品的性能、功能、质量、销售状况、用户评价、曾获荣誉等作虚假或引人误解的商业宣传，欺骗、误导消费者"。二者并无实质性区别，都有在商品包装上使用虚假标志等内容，因此显得重复。第5条的存在并不影响第8条对商品或服务的相关内容进行误导之情形作规定，因为狭义的误导行为主要指向商业标识之外的商品或服务的品质或特征。也可认为，仿冒是误导的特殊表达，是关于商品来源的误导。因此在此次修法中删除了第5条第4款，对于第4款的内容由商业误导条款来进行规制。

二、学术争论

从此条款的上述修改情况来看，与原法相比确实进步明显，但是依然未解决一

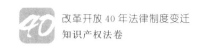

些棘手的问题,而且在学界产生了较大纷争。譬如,作品名称到底适用《著作权法》《商标法》还是《反不正当竞争法》获得保护?如果适用《反不正当竞争法》,其市场混淆条款中"其他"兜底的规定能否涵盖作品名称?随着 2018 年一些纠纷的发生(如"红星照耀中国"作品名称纠纷)和相关判决("金庸诉江南"等著作权和不正当竞争纠纷案)的出炉,使得这一问题在新法适用的第一年里探讨尤其激烈。整体来看,学界对这一问题的观点大体分跨三个阵营。第一,认可作品名称的可版权性空间,即从作品名称和作品本身可并列保护的角度来讲,作品名称可仿照作品的独创性来进一步判断其是否符合保护的要件。如有学者认为:"根据《著作权法》法理,只要作品标题具备独创性,完全可以与作品本身受到同等保护。"[1]甚至有学者认为:"作品名称可以转化为作品本身,即如果作品名称非常新颖别致,具有强烈的个性和独到特色,就应成为具有独创性的作品受到保护。"[2]第二,作品名称应按照商业标志性权益来进行保护,按其属性分类,已作商品化使用的作品名称应当定位于商业标志保护,除已注册为商标外,在民事上主要按照《反不正当竞争法》知名商品特有名称进行衡量和保护(即认可了适用市场混淆条款,而不再需要适用一般条款)。而未经实际商品化的作品名称和角色名称,即便具有知名度和潜在商业价值,并不当然成为受保护的现实法益。[3] 第三,作品名称等作品要素应适用一般条款进行综合判定,包括被告的主观意图、原被告之间的竞争关系、原告是否有损害、损害与收益之间是否有因果关系等。[4] 事实上,从实践来看,可版权性的说法不仅没有助力于作品名称得到《著作权法》的保护,反而使作品名称在实践认定中更倾向于被认定为不具有独创性。另外,第二种与第三种观点整体反映出学界对于作品名称等作品要素的保护持较为谨慎的态度,以避免不适当扩大保护范围而有损公益空间。当然,市场混淆条款的兜底规定与《反不正当竞争法》一般条款之间在适用关系上,仍需要通过在兜底条款的类推解释上出台更为详细的指引规则,以使其更为清晰明朗。

三、完善空间

与此同时,市场混淆条款的修订也留下了些许不足与遗憾:[5]

① 邹韧:《翻译出版有哪些相关的版权问题》,载《中国新闻出版广电报》2018 年 8 月 23 日第 5 版。
② 冯晓青:《著作权法》,法律出版社 2010 年版,第 45 页。
③ 孔祥俊:《作品名称与角色名称商品化权益的反思与重构——关于保护正当性和保护路径的实证分析》,载《现代法学》2018 年第 3 期。
④ 王太平:《知识产权的基本理念与反不正当竞争扩展保护之限度——兼评"金庸诉江南"案》,载《知识产权报》2018 年第 4 期。
⑤ 宁立志:《〈反不正当竞争法〉修订的得与失》,载《法商研究》2018 年第 4 期。

第一，"有一定影响"的判断问题。此次修订后，市场混淆条款对商业标识的保护皆以"有一定影响"为前提条件，这体现出了该法对未注册商业标识保护和商标法对注册商标保护的态度区别，何为"有一定影响"却缺乏明确判断标准。在行政保护与司法保护中，判断特定商业标识是否有一定影响，应当以消费者标准为据，还是以同业竞争者标准为据，抑或是以其他标准为据，还有待进一步明确。在我国商业标识法律制度体系中，驰名商标是一个确定的法律概念，其体现了法律对商业标识承载商誉的关注。"有一定影响"这一要求也是对商誉的关注，商誉的判断需要法律适用规则的创新。

第二，与商标法的衔接出现新问题。我国现行《商标法》第 58 条规定"将他人注册商标、未注册的驰名商标作为企业名称中的字号使用，误导公众，构成不正当竞争行为的，依照《中华人民共和国反不正当竞争法》处理"。然而此次修订删除了"假冒他人注册商标"，而且其他条款中亦未出现"商标"，那么《商标法》第 58 条应当怎么适用就成为一个需要明确的问题。实践中，有观点认为"擅自使用与他人有一定影响的商品名称、包装、装潢等"中的"等"应当包括"注册商标"，但如果适用此款，则要求注册商标应当"有一定影响"，这显然缩小了《商标法》规定的保护范围。也有观点认为"其他足以引人误认为是他人商品或者与他人存在特定联系的混淆行为"这一款可以适用，但这一款实际上是个兜底条款，将他人注册商标作为企业名称字号已经是实践中极为常见的一种侵权行为，依靠兜底条款来保护并不合适。

第三，"商业标识"概念未能最终保留。早在我国《商标法》第三次修订之时，就有不少研究者主张将"商业标识"概念法定化，并认为在反不正当竞争法中增加"商业标识"的法律概念是可行方法之一。在《反不正当竞争法》的多个修订草案中，都有"商业标识"的概念及范围，但在最终通过的修订稿中，"商业标识"的概念与范围被删除，也留下了遗憾。

第四节　商业贿赂行为的规制问题

商业贿赂作为一种不正当谋取交易机会或竞争优势的行为，不但排挤了其他竞争对手的交易机会，扭曲了市场竞争机制，而且会对正当的价格、价值竞争产生强烈的腐蚀效应。因此，商业贿赂行为被很多国家所禁止。尤其是在我国改革开放初期，市场交易机制不够透明且行政干预依然频发的氛围下，通过《反不正当竞争法》对商业贿赂行为进行适时打击，显得尤为必要。不过，从《反不正当竞争法》

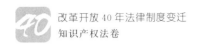
(1993 年)的具体规范来看,其规定相对简单,现实中的商业贿赂行为却是五花八门。[①] 于是,为制止商业贿赂行为,维护公平竞争秩序,根据《反不正当竞争法》(1993 年)的规定,国家工商总局于 1996 年发布了《关于禁止商业贿赂行为的暂行规定》,进一步对商业贿赂的法律内涵、手段、回扣的含义及法律要件等进行了细化。该暂行规定直接使用了"商业贿赂"这一术语,这在我国法律文件中也尚属首次。[②]

一、修改评述

商业贿赂作为一种严重损害公平竞争机制的不正当竞争行为,在新《反不正当竞争法》中体现出较大幅度的修改,尤其是明确并充实了受贿对象的范围。[③]

第一,修改了行为目的。原法将商业贿赂的目的定性为为了"销售或者购买商品",不当地限缩了商业贿赂概念的适用范围。而某一版修订稿完全删除了关于商业贿赂目的的规定也不尽合理。事实上,除了销售或购买商品以外,还存在其他可能实施商业贿赂的动机,如形成特定的排他市场,获取特定的优势地位等,但追根溯源,其一般目的在于谋取交易机会或竞争优势。因此修订稿将商业贿赂的目的修改为"谋取交易机会或竞争优势"更符合商业贿赂的本质特征。

第二,明确并充实了商业贿赂的对象。原《反不正当竞争法》对商业贿赂对象的规定仅限于"对方单位或个人"几个字,对对方单位或个人可能存在的情形并未作出列举,这就增加了法律适用上的模糊性。另外,原《反不正当竞争法》将商业贿赂主体规定为"对方单位和个人"一直广受诟病,事实上在商业交易中只要对交易的达成有一定影响力的主体都可能成为商业贿赂的对象,并不限于交易对方。这也与刑法相关规定保持一致,刑法虽然没有商业贿赂罪这一罪名,但刑法对贿赂犯罪主体的规定包括公司、企业人员,即商业贿赂犯罪适用刑法条文。而《刑法修正案(七)》将贿赂犯罪的主体扩大到"国家工作人员的近亲属或有密切关系的人",具体到商业贿赂中,即突破了"对方单位和个人"这一规定。

第三,增加了利用职权或者影响力影响交易的单位或个人。在《反不正当竞争法》修订过程中对此项规定一直争议不断,此前的修订草案有过"可能影响交易的第三方"的表述。对"利用影响力影响交易的第三方"是否需要作出范围上的限定,成为一个问题。如果不对该概念予以范围上的限定,可能导致该概念的泛化,执法部门做扩大解释,带来执法标准不统一、执法不公正等问题。如需作出限定,要限

① 吕来明、熊英:《反不正当竞争法比较研究——以我国〈反不正当竞争法〉修改为背景》,知识产权出版社 2014 年版,第 163 页。

② 孔祥俊:《反不正当竞争法的适用与完善》,法律出版社 1998 年版,第 334 页。

③ 宁立志:《〈反不正当竞争法〉修订的得与失》,载《法商研究》2018 年第 4 期。

定在什么范围,这些问题都急需加以解决。事实上,新法并未解决该问题,利用职权影响交易很容易理解,但利用影响力影响交易仍是一个开放的概念。

第四,对商业贿赂中员工的行为加以说明。"经营者的工作人员进行商业贿赂的,应当认定为经营者的行为;但是,经营者有证据证明该工作人员的行为与为经营者谋取交易机会或竞争优势无关的除外。"在实践中员工与单位的隶属关系一般使得员工的行为是单位意志的表达,因此将员工利用商业贿赂为经营者争取交易机会或竞争优势的行为认定为经营者的行为具有合理性。然而员工与所属单位存在利益不一致的情况,当员工私自采取商业贿赂行为时,单位既没有参与商业贿赂的意思表示也没有指示员工实施具体的商业贿赂行为,更没有获得经济利益或竞争优势,这种情况下不宜将员工的商业贿赂行为笼统地归属于单位的行为。并且明确了此种情况下举证责任归属于单位,而不让处于弱势地位的员工自证清白,是对员工的一种倾斜保护。[①]

二、学术争论

虽然社会各界对于禁止商业贿赂是有共识的,但从立法过程来看,各方特别是参与讨论的执法者也在考量,在积极打击商业贿赂的同时,应避免"泛商业贿赂化",这也体现了其对市场行为的审慎监管的态度,以保护新出现的交易模式和市场创新。在这之中的一个典型争议就是,"账外暗中给予、收受回扣"是否属于商业贿赂呢?从法条对比的角度可以发现,新法删除了账外暗中给予、收受回扣视同行贿受贿的规定,却保留了明示入账的要求。根据旧法的规定,"在账外暗中给予对方单位或者个人回扣的,以行贿论处;对方单位或者个人在账外暗中收受回扣的,以受贿论处",但这一规定并未对财务造假、财务过失或商业惯例等进行区分,而是一视同仁,难免会矫枉过正。而新法则直接删除了账外暗中给予回扣的条款,从而弱化了因入账不当而可能产生的商业贿赂问题。因此,有学者提出质疑,如不按照商业贿赂论处,则失去了在此处这样规定的意义,而如按照商业贿赂论处,则没有依据。将来,有可能在规章中明确按照商业贿赂论处,但是,这会有缺乏上位法依据、创设处罚之嫌。[②] 另外,值得注意的是,国家工商行政管理局在《关于禁止商业贿赂行为的暂行规定》中也还未作出相应修改,因此,是否其仍会继续参照之前的标准确有疑虑。

---

① 一般而言,与单位相比,员工处于弱势地位,其权利较易受到侵害。在实践中,可能出现单位实施了商业贿赂,但为了免于处罚将责任嫁祸给员工个人的情况。若让员工举证来自证清白,可能因员工的弱势地位而面临取证困难。因此,将举证责任施加给强势的单位,以在一定程度上能保护员工利益。

② 张士海:《反商业贿赂观点合集》,http://www.zzaic.gov.cn/sdgsj/xwzx/ztlm/xfbzdjzfxczl/fljd/956691/index.html,下载日期:2018 年 10 月 21 日。

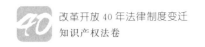

三、完善空间[①]

同时,值得注意的是,该条款的修订仍存在一些不足之处,譬如:

第一,贿赂物仍局限在以"财物或其他手段"。原意以"其他手段"补充"财物"所不能覆盖之物,然而在实践中"其他手段"作为一个模糊概念难以得到准确的理解与利用,缺乏具体的衡量标准,容易被执法人员作出扩大解释。另外,对"贿赂物"的内涵和外延都缺乏权威的解释。

第二,贿赂形式规定过于简单。原《反不正当竞争法》对贿赂的形式规定局限于回扣等,并与折扣、佣金作了区分,新法未作扩大,也未揭示各自的内涵,对于许诺给予、提议给予更未加以关注。

第三,仅规定了商业行贿。原《反不正当竞争法》既规定了商业行贿又规定了商业受贿,而新法仅仅关注行贿这一方面,忽略了受贿可能带来的不正当竞争。在实践中存在向他人索取贿赂的情况,此时商业贿赂是因受贿人的索要而生发。一般而言,行贿与受贿是伴生的,正因为受贿人接受行贿人的贿赂并对其予以优待才产生不正当竞争的后果,因此不仅要关注商业行贿,也要关注商业受贿。

第五节　商业误导行为的规制问题

现代的商品化社会中,关于商品和服务的宣传随处可见,而经营者给出的信息有时并不是真实的、完整的,其中存在着虚假、夸大、片面等情形,这会对消费者造成误导,因此需要《反不正当竞争法》加以规制。WIPO 的《反不正当竞争示范条款》主要针对混淆、诋毁、误导、商业秘密等行为进行了规定;《巴黎公约》更是列举了三种主要的不正当竞争行为:仿冒、诋毁和误导。不难看出,对误导行为的规制在《反不正当竞争法》中占据了重要地位。[②]

一、修改评述

新法对商业误导条款的修改主要有以下亮点:

第一,厘清了"引人误解"与"虚假宣传"的关系。"虚假"是与实际不符的内容,既包括子虚乌有根本不存在的情况,又包括歪曲了的事实与原本不一致。"引人误解"包含了真实的表示引人误解的情况和虚假的表示引人误解的情况。在旧法中"引人误解"是作为定语来修饰"虚假宣传"的,使得该条款仅能禁止虚假宣传行为,

---

① 宁立志:《〈反不正当竞争法〉修订的得与失》,载《法商研究》2018 年第 4 期。
② 宁立志:《〈反不正当竞争法〉修订的得与失》,载《法商研究》2018 年第 4 期。

会将其他情况的引人误解的表示排除在外,不利于对误导行为的全面规制,如"引人误解的真实宣传""不引人误解的虚假宣传"都不在规制范围之内。

第二,与原法第5条第4款进行了区分。旧法第5条第4款与本条款存在一定的重合之处,因此在此次修法中明确二者的区别也显得尤为必要。第5条第4款即"在商品上伪造或者冒用认证标志、名优标志等质量标志,伪造产地,对商品质量作引人误解的虚假表示",本条"经营者不得对商品的性能、功能、质量、销售状况、用户评价、曾获荣誉等作虚假或引人误解的商业宣传,欺骗、误导消费",二者并无实质性区别,二者都有在商品包装上使用虚假标志等内容,因此显得重复。对此部分可见前文关于"市场混淆条款"的论述。

第三,厘清了与《广告法》的关系。将旧《反不正当竞争法》第9条第2款对广告经营者发布虚假广告的规定删除,因为该第2款中的虚假广告问题可直接适用《广告法》第55条的规定。

第四,增加了虚假交易的规定。随着网络信息技术的发展,消费模式逐渐发生了改变,网络购物成为一种主流购物模式,这种无实物购物的主要参考依据除了商品的具体描述性信息以外,还有以往的消费者评价。对商品、消费体验的评价,最直观地反映消费者对商品的满意程度,故能左右、引导潜在消费者的选择。中评与差评不仅影响销售量,还会降低信誉评级,因此网络卖家对评价极为重视。这就催生了职业刷单人,他们既可以刷成交量,也可以给出虚假评价。

二、学术争论

针对电子商务领域虚假表示日益严重的现状,《反不正当竞争法》在修法中作出了回应。不仅是经营者对商品进行的虚假或引人误解的宣传,帮助其他经营者进行虚假或引人误解的宣传(主要表现为刷单、炒信、删差评、虚构交易量、虚假荣誉等)也被纳入规制范围。组织虚假交易的经营者与被帮助的经营者并不是同一市场的竞争者,与被帮助经营者该领域内的其他经营者也不具有竞争关系,那么组织刷单行为是不是不正当竞争? 即不正当竞争行为的构成是否以经营者之间存在着竞争关系为前提或者要件? 对此,学界有两派观点,不赞同扩大主体为非竞争者的观点,认为这种扩大对商业误导行为的侵权主体界定没有任何意义,而且会影响反不正当竞争法体系的统一。[①] 同意扩大主体的观点认为反不正当竞争法中的竞争关系应当是广义的竞争关系,"竞争关系的广义化,是反不正当竞争法本身变化的结果,如其保护目的由竞争者向消费者和公众利益转化和拓宽;其由单纯的私权保护向市场管制目标的发展。这就使得不正当竞争行为的界定不限于同业竞争者

---

① 洪伟:《〈反不正当竞争示范法〉与我国〈反不正当竞争法〉的完善》,载《福建法学》2003年第4期。

之间的竞争行为,而扩展到非同业竞争者的竞争损害","只要实质上是以损人利己、食人而肥、搭车模仿等不正当手段进行竞争、获取竞争优势,就可以认定构成不正当竞争行为"。^① 世界知识产权组织国际局起草的《反不正当竞争示范法》认为"在工商活动中违反诚实信用原则的任何行为都构成不正当竞争行为"。另外,从侵权法上来看,虽然刷单者与被帮助的经营者不具有竞争关系,但二者属于共同侵权,即帮助经营者实施侵害他人公平竞争权益的行为,因此也要承担责任。

三、完善空间

但不可否认,对商业误导行为的修改仍有待改善的余地。

第一,新法采取的是对引人误解的商业宣传行为进行列举的方法,"对商品的性能、功能、质量、销售状况、用户评价、曾获荣誉等作虚假或者引人误解的商业宣传",但上述列举并不能完全涵盖主要的引人误解的商业宣传行为,除此之外还有"无有效依据的评比活动、与社会善良风俗相违背的宣传、科学上的未定论、片面的宣传或对比"等损害竞争秩序的商业误导行为。而对经营者进行引人误解的商业宣传可能采取的手段进行列举不失为一种更好的选择,同时也与域外国家立法选择相似。我国《广告法》第 28 条直接对虚假广告的情形进行了列举。

第二,"商业宣传"一词内涵过于局限,应以"商业表示"代替"商业宣传"。在法条阐述中使用"表示"而非"宣传"一词,可以突出本条所规定的行为不限于一般意义上的作为,因为"宣传"只能体现出动态的广告行为,"表示"一词涵盖明示和默示,并且可以包括口头、书面、动作甚至手势和眼神等难以被"宣传"所涵盖的各种方式。

第三,本条款的核心概念应是"误导"而非"虚假"。本条规制的重点在经营者对其商品或服务作出足以误导他人的行为,误导是核心要素。多种行为都会引致对他人的误导,如虚假的许诺、夸大的宣传、隐藏不利信息的包装等,是一种意思表示有瑕疵的行为。笔者认为引人误解是误导行为的核心要素,而虚假表示只是引人误解表示的情形之一。另外,从域外立法来看,发展趋势是认为误导行为包含虚假宣传行为但不限于此。从反不正当竞争法的立法目的来看,无论是虚假表示还是真实表示,只要可能对消费者的正常选择进行误导式的干扰,均应当予以规制。

第六节　侵犯商业秘密的规制问题

自 1986 年《民法通则》在其第五章第三节"知识产权"中规定"其他科技成果"

---

① 孔祥俊:《反不正当竞争法的创新性适用》,中国法制出版社 2014 年版,第 115～116 页。

以来,有关隐含商业秘密的实际概念便不断涌现,包括我国《技术合同法》(1987年)的"非专利技术"、《合同法》(1999 年)的"技术秘密"等。但"商业秘密"作为法律术语首次使用,却是在 1991 年《民事诉讼法》这一程序法之中,而商业秘密保护的里程碑立法则应是 1993 年《反不正当竞争法》的第 10 条规定的设立,因其对商业秘密的概念、行为类型等作了较为明确的规定和清晰的指引。

一、修改评述①

商业秘密作为知识产权的一种形式,已成为企业的核心竞争力,越来越受到世界各国的关注与重视。特别是在我国打造大众创业、万众创新社会营商环境的今天,加强商业秘密保护具有重要现实意义。② 2017 年修法对侵犯商业秘密条款主要做了如下调整:

第一,2017 年修法在不正当获取商业秘密的手段的规定中,删除了"利诱",增加了"贿赂""欺诈"的内容。对于这一修改,从文义解释的角度来看,更为具体化,也更便于执法。

第二,2017 年修法完善了"视为侵犯商业秘密的情形",通过将某些主体的行为视为侵犯商业秘密的行为来概括非经营者主体的情形。而此处尤其强调"商业秘密权利人的员工、前员工或者其他单位、个人实施前款所列违法行为",即明确了企业员工可以适用本法予以规制。事实上,劳动雇佣关系是引发侵犯商业秘密的重要根源,也是构成商业秘密侵权判定原则之"接触"的主要方式,将员工、前员工特别列举规定确有其必要性。

第三,2017 年修法完善了商业秘密的概念。一方面,删除了"营利性"(能为权利人带来经济利益)、"实用性"要求,增加了"具有商业价值"的规定,周严了商业秘密的认定范围,这也将使得失败的实验数据等成为商业秘密保护的客体,扩大了对知识产权的保护范围。事实上,在旧法施行时,实践中就直接将"经济利益＋实用性"视为商业秘密的商业价值性的具体表述,同时结合相关规定③将实用性解释为现实实用和潜在实用。因此可以说,学界利用解释学的方式意图规避实用性所带来的认定困惑,而本次修法则通过删除这一要件,明确强调了商业价值性是商业秘密认定中的关键和核心要素。另一方面,在保密性的条件中,权利人采取"保密措

① 宁立志、董维:《反不正当竞争法发展研究报告(2016—2017)》,载吴汉东主编:《中国知识产权蓝皮书(2016—2017)》,知识产权出版社 2018 年版,第 10～130 页。

② 杨红灿:《砥砺前行,贯彻落实新〈反不正当竞争法〉》,载《中国工商报》2017 年 11 月 9 日。

③ 《关于禁止侵犯商业秘密的若干规定》第 2 条第 3 款将"能为权利人带来经济利益、具有实用性"解释为"该信息具有确定的可应用性,能为权利人带来现实的或者潜在的经济利益或者竞争优势";《关于审理不正当竞争民事案件应用法律若干问题的解释》第 10 条则将其解释为"有关信息具有现实的或者潜在的商业价值,能为权利人带来竞争优势"。

施"前增加了定语"相应",此处"相应"可以理解为"合理的保护措施"。从国内外的立法和实务案例来看,均不要求保密措施的"万无一失",只要权利人采取了合理的保密措施就足够了。① 因此,对于企业来说,其也应通过劳动合同等方式来划定自身对企业商业秘密的认定范围,并积极采取与商业秘密的市场价值相匹配的保护措施等,进一步完善商业秘密的保护体系。

第四,2017 年修法新增第 15 条,要求监督检查部门及其工作人员对调查过程中知悉的商业秘密负有保密义务,同时加大了对侵犯商业秘密行为的行政处罚力度。目前,工商和市场监管部门在工作中,应更须注重对商业秘密的事先保护以预防泄密的发生,指导帮助企业增强商业秘密保密意识,建立完善商业秘密保护制度,促进创新发展,巩固创新成果。② 但从司法救济的视角来看,新法缺乏必要的程序性规定,目前商业秘密持有人也只能依据民事诉讼法的相关规定,缺乏如欧盟商业秘密保护指令中所规定的避免商业秘密免受侵害的特殊性规定,如应该设置更多关于举证责任分配以及裁判规则的程序性条款,同时完善申请禁令、行为保全以及证据公示制度来保护当事人的商业秘密。因此,加强自身管理的保护和寻求高额侵权赔偿可能是商业秘密持有人应特别注意的现实路径。

二、学术争论

商业秘密本身是一个较为复杂的法学概念,其到底是权利还是利益,尚有争议。如倡导法益保护的学者认为,商业秘密本身具有模糊性和不确定性,因此其构不成权利而只是一种不甚确定的法律利益。③ 而支持商业秘密权利化的学者则从权利与法益的区分核心来论证,认为商业秘密可以被持有人积极行使,故而其是权利而不是法益。④ 事实上,法益与权利的界分在学界也有不同的声音,但是,从救济角度来说,学者们基本能达成共识,即权利兼具积极行使和消极禁止,而法益则只能在被损害之后消极行使。由此可见,客体的性质的确定对于商业秘密的保护来说极为关键,也决定着一国商业秘密保护的基本理论和保护强度。但同时,即便是认可商业秘密应作为权利客体保护的学者,亦在商业秘密的权利属性问题上未形成共识。如有学者认为商业秘密是一种特殊的知识产权,⑤ 也

---

① 邓恒:《反不正当竞争立法中商业秘密保护的理解》,载《人民法院报》2017 年 5 月 17 日。

② 杨红灿:《砥砺前行,贯彻落实新〈反不正当竞争法〉》,载《中国工商报》2017 年 11 月 9 日。

③ 孙山:《反思中前进:商业秘密保护理论基础的剖解与展望》,载《知识产权》2011 年第 8 期。

④ 胡滨斌:《质疑"商业秘密法益论"——兼论商业秘密权的具体内容》,载《上海交通大学学报(哲学社会科学版)》2010 年第 5 期。

⑤ 李永明:《商业秘密及其法律保护》,载《法学研究》1994 年第 3 期;徐朝贤:《商业秘密权初探》,载《现代法学》2000 年第 6 期。

有学者提出商业秘密权是知识产权与信息财产权的耦合，[①]更有学者主张商业秘密权既是一种财产权又是一种人格权等。[②③] 可见这些学说之间存在着错综复杂的逻辑关系和论证标准，虽然立法范本不代表学术正确，但不能否认的是，在此问题上众说纷纭的其中一个重要引致原因便是我国立法上未对此问题予以明确。而本次《民法总则》第123条的修订，通过"概括＋列举"知识产权客体的方式，确立了知识产权类型的"7＋N"模式，且商业秘密权被明确为七者之一。对此，有学者认为本条的规范是在遵循国际条约、惯例及吸收我国现有立法经验的基础上，[④⑤]将商业秘密权保护从《反不正当竞争法》中剥离出来，以确立为独立的知识产权客体。更重要的是，《民法总则》的立法规范明确了商业秘密作为私权利客体予以保护，且其权利性质是一种具有专有性质的知识产权。虽然这种立法明确难以消弭学术上的纷争，[⑥]但这对于我国立法体系的构建和司法案件的裁判具有无可争议的直接作用力。

三、完善空间[⑦]

从2017年修法状况和学术争论来看，2017年修法商业秘密条款可以在以下几方面进行完善：

第一，商业秘密获取典型手段列举仍不全面。其不足之处在于，应对"擅自复制"这一常见的获取商业秘密的方式进行单独列举。虽然该款规定了"其他不正当手段"这一兜底项，但一方面新法并未对"不正当获取"进行界定，另一方面"复制"

---

① 董慧娟、李雅光：《商业秘密权中知识产权与信息财产权的耦合》，载《江西社会科学》2015年第11期。

② 关今华：《精神损害的认定与赔偿》，人民法院出版社1996年版，第170页。

③ 除了以上三种学说之外，还存在其他几种学术观点，如我国有学者提出商业秘密权是一种信息权，如张守文等在《信息法学》一书中对此进行的论述；也有学者则倾向于美国的准财产权学说；甚至有德国学者认为商业秘密权属于企业权等。

④ 易继明：《知识产权法定主义及其缓和——兼对〈民法总则〉第123条条文的分析》，载《知识产权》2017年第5期。

⑤ 但持商业秘密权否定论的学者孙山则认为：各国法律及《TRIPS协定》中并没有所谓"商业秘密权"，甚至没有在商业秘密的定义中使用任何与"权利"有关的措辞，只有我国在表述商业秘密的概念时，直接使用了"权利人"的概念，这种中国特色，很大程度上是由于西法东渐过程中一些研究者不成熟或不慎重的误译所致。孙山：《无根的"商业秘密权"——从制定法看"商业秘密权"的虚妄》，载《河北法学》2011年第3期。

⑥ 如李琛教授认为此条的"专有的"限定只能被解释为一种语言习惯，既不意味着在实质上肯定了专有性是知识产权的特点，也不意味着排除了制止不正当竞争保护。因此，在知识产权列举的客体中，其虽然包含了商业秘密，但商业秘密不是专有权的客体，法律只能禁止恶意地获取或泄露商业秘密。李琛：《论〈民法总则〉知识产权条款中的"专有"》，载《知识产权》2017年第5期。

⑦ 宁立志：《〈反不正当竞争法〉修订的得与失》，载《法商研究》2018年第4期。

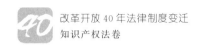
形式相较于其他手段属于较为特殊和常见的获取方式,因此,应予特别指出。如2016年修订的《欧盟商业秘密保护指令》就规定"非法获取"是指未经商业秘密持有人的同意故意或因重大过失取得商业秘密的下列行为:(1)未经授权获取或复制受商业秘密持有人合法控制的、含有商业秘密或从中可演绎出商业秘密的任何文件、资料;(2)窃取;(3)贿赂;(4)欺诈;(5)违反或诱使他人违反商业诚信原则的行为。[①] 另外,随着互联网的迅猛发展,侵犯商业秘密的手段也更为多样化,如通过密码病毒植入、黑客高手侵入对手主机硬盘等方式获取商业秘密的情形也将更为常见,这均应被解读为实施了不正当获取商业秘密的手段。

第二,将商业秘密权利化。既然新通过的《民法总则》第123条把商业秘密列入了知识产权客体中,将商业秘密等同于所列举的专利、版权、商标等一系列比较确定的知识产权权利客体对待,使之成为知识产权类型中的一项专有权利——商业秘密权,那么为与相应法条中所使用的"权利人"概念相呼应,反不正当竞争法中应当增加进行权利确定的内容,以体现出反不正当竞争法对民事基本法的应有遵循。笔者认为,商业秘密权实质上是对特定信息的控制权和对不正当竞争的禁止权。

第三,考虑增加本条款的除外规定。本条款采用的模式为正面列举实施某种行为就构成侵犯商业秘密。但单纯的强制性侵权认定可能带来负面效应——滥诉,甚至成为恶意商业竞争的工具。如企业的内部员工、前员工,因其他公益目的披露相关商业秘密,如劳动者权益、环境保护等,这种行为不应认定为侵权。企业因其违法行为产生的即使是商业秘密信息,本身也不能享有合法法益,也就不存在侵权问题。因此,可以在法律当中结合原则性规定,明确排除不构成商业秘密侵权的行为。

第七节　不正当有奖销售行为的规制问题

近年来,无论在理论界还是在实务领域,现行法关于不正当有奖销售的规定都广受诟病,因此,此次修法对之进行了较大幅度的修改与完善。有奖促销本身正当与否,不能一概而论,一方面,在市场经济条件下它是市场主体进行竞争的常见手段,可以激发消费者的购买欲望,活跃市场;另一方面,作为一种竞争手段,过度的或欺骗性的有奖促销会扭曲价格机制,造成经营者之间的不正当竞争,同时还可能诱发消费者的博彩心理,扰乱市场秩序。

---

① 李薇薇、郑友德:《欧美商业秘密保护立法新进展及对我国的启示》,载《法学》2017 年第7 期。

一、修改评述[①]

我国《反不正当竞争法》(1993年)没有简单地肯定或否定有奖销售,而是通过禁止特定形式有奖销售的方式对其进行规范和调整。其中,学界从不同的角度对有奖销售进行了研究,认为其与市场竞争的公平原则有一定冲突,具有限制的必要性这一点基本达成共识。[②] 本次修法也秉持这一共识,并主要在以下方面作出了修订:

第一,有奖销售表现形式多样化。随着市场发展,有奖销售的形式不断翻新,原法对欺骗性有奖促销、利用有奖销售的手段推销质次价高的商品的规定过于狭窄,不利于对有奖促销的规制,因此新法增加了对未尽明示义务的有奖销售的禁止,"所设奖的种类、兑奖条件、奖金金额或者奖品销售信息不明确,影响兑奖"。设奖者通过对设奖模棱两可的表述,使参与有奖促销的消费者对促销产生误解,对可能获得的奖励形成错误的期待,导致消费者获得的奖励与参与促销时预计其付出所获得的收获形成明显的差异,这使经营者获取了不正当的交易机会,给消费者带来不公平。因此新法规定经营者需要对有奖促销的信息进行明示,保障消费者的知情权。

第二,将抽奖式有奖销售最高奖金提高至5万元。法律对有奖销售的金额作出限制是从维护市场正常交易秩序的角度出发的,避免消费者产生赌博心理及经营者一味依赖有奖销售来吸引消费者,从而忽略提高质量、改善服务。1993年颁行的《反不正当竞争法》是结合当时的国民经济发展水平、物价水平制定的5000元最高奖金,而经过20多年的发展,我国的经济水平、消费水平早已突飞猛进,因此有必要提高最高额的限制。同时我国消费者的消费理性不断成熟,市场在资源配置中的决定性作用不断加强,应该赋予经营者更大的经营自由。

二、学术争论

有奖销售行为的性质判定一直是理论界的研究热点。事实上,《反不正当竞争法》(1993年)和国家工商局发布的《关于禁止有奖销售活动中不正当竞争行为的若干规定》对抽奖式有奖销售作了较为具体的规定,其行为性质相对容易判定,学界主流观点认为对其应当附加限制条件允许,但也有少数学者认为应当对其一律禁止。[③] 而附赠式有奖销售的规制在法律法规中仅仅略有涉及,因而学界对附赠式有奖销售展开了激烈的讨论。有学者提出附赠式有奖销售表现形式多样,目前

---

① 宁立志:《〈反不正当竞争法〉修订的得与失》,载《法商研究》2018年第4期。
② 李东方:《对我国限制有奖销售的立法思考》,载《现代法学》1994年第1期。
③ 孔祥俊:《反不正当竞争法的适用与完善》,法律出版社1998年版,第590页。

的经济情形下对我国利大于弊,立法上应限制性允许附赠。[①] 这也是学界的主流观点。而有学者就附赠式有奖销售与巨奖销售、附条件交易、商业贿赂、不正当削价竞销等容易混同的行为进行了比较分析,认为附赠式有奖销售有其独特的表现形式和价值,要通过法律设计来制止不正当竞争、防止损害购买方利益,以达到扬长避短的效果。[②] 但也有学者认为《反不正当竞争法》应规范附赠式有奖销售行为中赠品的性质、价值、赠品的宣传,并规范有奖销售申报制,加强对附赠式奖售的监管。[③] 还有学者通过对附赠式有奖销售的附赠利益在法律性质上属于价格折扣的论证,提出对附赠式有奖销售规制的完善设想。[④] 本次修法对此问题的规范则在修法过程中出现了反复。

三、完善空间[⑤]

本次对不正当有奖销售的修改并不尽如人意。首先,2016 年 2 月 25 日公开向社会征求意见的《反不正当竞争法(修订草案送审稿)》与新法相比,区分了附赠式有奖促销和抽奖式有奖促销,明确二者同为《反不正当竞争法》所规制的对象。给予确定奖励的是附赠式有奖促销,即经营者在销售商品或提供服务时,对购买者附带地提供物品、金钱或者其他经济利益作为赠与,以促进销售的行为;而以偶然性的方法确定奖励种类或是否给予奖励的是抽奖式有奖促销。在实践中附赠式有奖销售也广为存在,同时还有返点、满一定金额赠一定金额的购物券等不同形式的有奖销售方式,都需要立法的及时回应。其次,可以考虑改变不正当有奖销售具体行为进行单纯列举的模式,转而采取概括加列举的形式,即不仅对有奖促销的概念加以明确,同时还列举典型的不正当有奖促销行为,兜底性规定使得该条款在行政执法和司法中适用的空间增大,符合国际立法模式及现实需求。

第八节 商业诋毁行为的规制问题

商业诋毁是指经营者自己或者利用他人,通过捏造、散布虚伪事实等不正当手段,对他人的商业信誉、商品声誉进行恶意的诋毁、贬低,以削弱其市场竞争力,并为自己谋取不正当利益的行为。[⑥] 根据《巴黎公约》第 10 条之二的规定,商业诋毁

① 汪传才:《附赠式有奖销售的法律思考》,载《中国市场监管研究》1999 年第 12 期。

② 王继军:《附赠式有奖销售的若干法律问题》,载《法学研究》1998 年第 5 期。

③ 邹泓:《浅析附赠式奖售行为及其法律规范》,载《中国市场监管研究》1999 年第 1 期。

④ 安增科:《附赠式有奖销售的法律思考》,载《中南财经政法大学学报》2002 年第 3 期。

⑤ 宁立志:《〈反不正当竞争法〉修订的得与失》,载《法商研究》2018 年第 4 期。

⑥ 王先林:《竞争法学》,中国人民大学出版社 2009 年版,第 191 页。

是对竞争者的营业所、商品或工商业活动的信用性质的虚假陈述。改革开放后,在现实激烈的市场竞争中,经营者通过贬损他人商誉来谋取竞争优势的行为不断涌现,并因其成本低廉、效果显著而迅速蔓延,严重破坏了公平有序的竞争环境。故,商业诋毁行为作为一种典型的不正当竞争行为,应当予以严格禁止。

一、修改评述①

2017 年修订的《中华人民共和国反不正当竞争法》对于商业诋毁条款的变动主要有两条。第一,关于商业诋毁行为的禁止性规定:第 11 条,经营者不得编造、传播虚假信息或者误导性信息,损害竞争对手的商业信誉、商品声誉。第二,关于商业诋毁行为的行政责任之规定:第 23 条,经营者违反本法第 11 条规定损害竞争对手商业信誉、商品声誉的,由监督检查部门责令停止违法行为、消除影响,处 10 万元以上 50 万元以下的罚款;情节严重的,处 50 万元以上 300 万元以下的罚款。从这两条的修改情况来看,其中主要有两大亮点:

第一,将原条文"捏造、散布虚伪事实"的表述变更为"编造、传播虚假信息或者误导性信息",明确了商业诋毁"欺骗性信息行为"的属性,增加了诋毁行为的种类。一般而言,"事实"是指事情的真实情况,因而不存在所谓"虚伪事实"这一说法。相比之下,采用虚假信息的概念更加贴切。此外,原条文仅规定虚假信息不足以囊括所有诋毁行为,现实中有一些信息是居于中间地带的。如依照当前的科学或者知识无法判断真伪的未定论,还有那些片面的、断章取义的"真实信息";这些误导性信息亦可能损害他人的商誉并造成消费者的错误判断。本条的修订能够突破"非虚假信息不能认定商业诋毁"的局限,有助于更加全面地制约商业诋毁行为的发生。

第二,加入了商业诋毁行政责任的规定。我国原《反不正当竞争法》(1993)第 14 条明确对商誉诋毁行为作出了禁止性规定,遗憾的是该法未对商业诋毁行为的行政责任作出专门规定,即仅有禁止性规定而无处罚性规定。部分学者认为,商业诋毁行为是关于他人商誉的一种误导行为。由于原《反不正当竞争法》(1993)缺少对商业诋毁行为的行政处罚规定,当商业诋毁行为与商业误导行为发生竞合时,可以适用关于商业误导行为的行政责任规定。但《反不正当竞争法》把商业误导和商业诋毁认定为两种不同的不正当竞争行为就表明二者存在一定差异,故应当制定商业诋毁自己的行政责任条款。此次修法增加本条将有助于行政机关主动、积极采取措施消除商业诋毁带来的负面影响,这些带有惩戒性质的行政规制手段将有助于提升法律的威慑力、增加诋毁行为的违法成本,进而在一定程度上减少诋毁行为。

---

① 宁立志:《〈反不正当竞争法〉修订的得与失》,载《法商研究》2018 年第 4 期。

二、学术争论

事实上,经营者的商品的性能、功能、质量、销售状况、用户评价、曾获荣誉等,都是在经过日积月累的经营下所形成的一种无形价值。因此,有部分学者建议确认商誉权这一法律概念,当然不同的学者对商誉权的理解也大相径庭。学者们对商誉权的解读,总体可分为四种学说:"知识产权说""人格权说""复合权说""商事人格权说"。早期如有学者提出"知识产权说",认为商誉是人的脑力、智力的创造物,与各种各样的信息有关,而且这些信息与各种有形物质相结合,因此符合知识产权的固有特征。[①] 不过,随着《民法总则》对于知识产权客体的明确列举,已使得商誉权作为知识产权的观点在民法基础上没有了立法根据。随后又有学者提出"人格权说",认为当一个企业的名誉被一般人(即非竞争对手)侵害时,其所侵害的是名誉权;当一个企业的名誉被其竞争对手以反不正当竞争法等规范的手段侵害时,其所侵害的是商誉权。[②] 提出"复合权说"的学者认为商誉权兼具人身性(即人格权)和财产性(即知识产权),侵害商誉权的行为不仅侵犯了权利主体的知识产权,同时也侵犯了其人格权。[③] 主张"商事人格权"的学者则认为商誉权是一种公民、法人为维护其人格中包含经济利益内涵在内的、具有商业价值的特定人格利益——上市人格利益而享有的一种民(商)事权利。[④] 故,有学者建议修订《反不正当竞争法》时把商誉侵权作为内容之一,补充对商誉的解释和界定,增加"其他不正当手段"以弥补列举方式的不足。[⑤] 事实上,当时我国《反不正当竞争法》(1993 年)没有规定商业诋毁行为的行政责任,也是因为立法者将此类行为作为民事侵权行为来对待的,认为其是侵犯名誉权的一种特殊形式。[⑥] 不过,从本次的修法主流意见来看,商誉权的提法并未形成一种共识,而且《反不正当竞争法》的行为法属性,使其更加关注的是行为本身的正当性,而非客体归属于何种权益。故,商誉权的学术争论在《反不正当竞争法》的框架中将愈发"不得志"。

三、完善空间[⑦]

然而,2017 年的修法也有部分不足,未来还需关注这些问题:

第一,诋毁主体仍为经营者。随着互联网的迅速发展,信息传播更加快捷。消

---

① 梁上上:《论商誉与商誉权》,载《法学研究》1993 年第 5 期。

② 张新宝:《名誉权的法律保护》,中国政法大学出版社 1997 年版,第 35 页。

③ 关今华:《精神损害的认定与赔偿》,人民法院出版社 1996 年版,第 172～177 页。

④ 程合红:《商事人格权论》,中国人民大学出版社 2002 年版,第 13 页。

⑤ 江帆:《商誉与商誉侵权的竞争法规制》,载《比较法研究》2005 年第 5 期。

⑥ 孔祥俊:《反不正当竞争法的适用与完善》,法律出版社 1998 年版,第 598 页。

⑦ 宁立志:《〈反不正当竞争法〉修订的得与失》,载《法商研究》2018 年第 4 期。

费者个人、消费者团体、行业组织、新闻媒体等主体传递的市场信息也有可能造成其他社会公众的误导，进而发生消费转向并造成他人现实或潜在交易机会的丧失，这实际上也是一种商业诋毁，故需要对这些主体的言论予以适当限制。另外，互联网时代下的行业进出更加容易，市场竞争更加激烈，依旧强调诋毁者与被诋毁者的竞争关系会造成商业诋毁条款的适用受限。如今极易出现新的市场主体迅速加入某一行业竞争的局面，即某些市场主体之间可能不存在直接竞争关系，但两者的销售或服务对象是一致的，故双方可能发生潜在竞争致使诋毁行为的出现，但现行规定和修订后的诋毁条款可能会因双方缺乏竞争关系而被认定不存在诋毁行为。放眼世界，某些国家的立法、国际性法律文件已将反不正当竞争的规范扩大适用于"一切可能影响市场竞争的主体"，故在未来修订时是否可以考虑将诋毁主体扩大为"经营者及其他可能对市场竞争产生影响的法人、其他组织和个人"，从而顺应当前世界的立法新趋势。

第二，商誉范围的列举较为局限。修订后的条款采取将商业信誉和商品信誉并列的做法。毫无疑问，在形成商誉的诸多要素中，商品无疑起着最主要的作用，它往往可以决定商业信誉的好坏。但商品声誉只是商业信誉的一个组成部分，某一商品的良好声誉并不必然意味着该经济主体享有同等价值的商业信誉。因此，商业信誉是一个"综合印象"，而商品声誉只是对某项商品的"个别印象"，故二者应为隶属关系而非并列关系。相比商品声誉，商业信誉的范围则更为广泛：除了商品或服务产生的声誉、信誉之外，通常还涉及与商业活动有关的其他因素，如社会关系、公益形象、企业文化等均可成为商誉的载体或体现，商业信誉实质是一种社会公众评价，希望在未来的修订中能突破商誉的局限列举。

第三，"误导性信息"仍是一个模糊不清的说法，在执法、司法活动过程中仍需进一步解释方可适用。相比之下，采取"捏造、散布虚假信息或陈述不完整、无法证实的信息"，更能明晰诋毁行为之欺骗性信息行为的属性。

第四，缺乏真实信息、合法行使权利的除外适用规定。例如善意且无过错、陈述信息客观真实的且表达方式恰当的同业监督行为以及避免过高诉讼成本而表达合理要求的侵权警告行为都是符合法律规定的合法合理行为。由于我国目前没有侵权警告与同业监督的相关规定，且正当的侵权警告、同业监督并不是不法行为。因此，对于执法、司法活动而言，明确商业诋毁与上述两种行为之法律界限是十分重要的。可尝试加入以下说法："本着维护公平竞争秩序之目的，合理、恰当地发布客观真实信息的行为不适用本条（商业诋毁规制）之规定。"即规定侵权警告与同业监督的除外适用情形，这将有助于执法者与司法者对于具体行为性质的判断。

总而言之，2017年《反不正当竞争法》中有关商业诋毁条款的修订是一种积极的表现，表明了国家加大打击商业诋毁、维护公平市场竞争的决心，尽管还存在少许不足，但未来仍值得期待。

第九节　互联网领域不正当竞争行为的规制问题

近年来,随着互联网的快速发展,互联网领域的不正当竞争行为与日俱增,如抢注域名、竞价排名、软件捆绑、钓鱼网站等,一系列案件随之产生,如"3Q 大战"、优酷诉金山不正当竞争案等。这些案件中有一部分属于传统不正当竞争行为在互联网领域的延伸,对此应适用原有的相关规定进行规制,而有一部分则属于互联网领域特有的、利用技术手段进行的不正当竞争行为,对此可通过概括加列举的形式作出规制以适应实践发展之需要。① 因此,新增互联网专条也成为本次修法的重要亮点之一,被诸多媒体报道,甚至有人解读认为"新版法规或可有效避免互联网领域的劣币驱逐良币现象,保护企业创新的积极性,最终助推互联网行业迈入文明发展、良性运营的新时代"。② 不过,该条款的规范和设计在理论与实务界还是引起了诸多争议。

一、修改评述③

从新法(2017 年)的具体规定来看,新法对于互联网领域不正当竞争行为的规范主要有以下几个亮点:

第一,新法明确规定"经营者利用网络从事生产经营活动,应当遵守本法的各项规定"。这就意味着,立法者在第 12 条中对互联网不正当竞争进行了区分,即既包括互联网领域的新型(或者说特有的)不正当竞争行为(第 2 款),也涵盖了互联网领域所涉及的传统不正当竞争行为(第 1 款)。也就是说,对于传统不正当竞争行为在互联网领域的延伸也要按照本法相关各项规定进行执法、裁判,同时,对于这一部分的监管执法也并不因其领域的特殊性而实行差别待遇。

第二,新法对典型的互联网领域的不正当竞争行为进行了适当列举。新法规定的三项新型不正当竞争行为基本来自近期的司法实践总结,属于"回应型"立法。可以适应技术更迭给市场竞争行为带来的新变化,同时也避免了执法和司法机关在实践中一味使用原则性条款进行裁判的尴尬。但第三项中的"实施不兼容"从语法结构而言,本身的确存在语病,"实施"为动词,而"不兼容"为形容词,二者不能进

---

① 《全国人民代表大会法律委员会关于〈中华人民共和国反不正当竞争法〉(修订草案)修改情况的汇报》,载王瑞贺主编:《中华人民共和国反不正当竞争法释义》,中国法律出版社 2018 年版,第 115 页。

② 李立娟:《〈反不正当竞争法〉首次大修》,载《法人》2017 年第 4 期。

③ 宁立志、董维:《反不正当竞争法发展研究报告(2016—2017)》,载吴汉东主编:《中国知识产权蓝皮书(2016—2017)》,知识产权出版社 2018 年版,第 10～130 页。

行以上搭配,可修改为"不予兼容"或"实施不兼容措施"。另外从客观上讲,互联网相关领域经营者可能无法获取足够的信息以保证自己所提供的产品或服务能与其他产品实现完全的兼容。在相关领域中,"不兼容"是常态,"兼容"才是例外。一味地强调不同经营者产品或服务间的兼容性,不符合相关技术发展和社会需求的客观规律,不应当将其视为判断相关行为正当与否的价值尺度。在自由竞争的市场经济中,参与市场竞争的经营者有充分的自主经营权,在未扰乱市场竞争秩序及损害社会公共利益的前提下,市场竞争者并无"兼容"其他竞争者产品或者服务的义务。而且,恶意不兼容在反垄断法中可理解为拒绝交易,因此也可能与反垄断法中有关具有市场支配地位的"拒绝交易"行为相互重复。综上,此项内容不宜在新法中进行规定,其会加重经营者所谓的兼容义务,在一定程度上侵犯了经营者的经营自主权,也给执法机关造成困扰,因此,其宜通过反垄断法对这类拒绝交易行为进行合理规制。

第三,新法增加兜底条款"其他妨碍、破坏其他经营者合法提供的网络产品或者服务正常运行的行为"。和线下领域相比,互联网技术发展迅猛,且更新换代速度快,所以再周密细致的列举可能都难以适应技术的进步。新法于第12条第2款第4项规定了其他互联网的不正当竞争行为,这种兜底的规定使《反不正当竞争法》的适应性和开放性更强,更有利于制止基于网络技术的不正当竞争。但是同样值得注意的是,网络技术的特殊性也会导致互联网领域的技术竞争更容易产生权利边界不清的问题。因此如何厘清合法与非法、正当竞争与不正当竞争,还需要在执法过程中进一步探索和分析。所以,工商和市场监管部门在未来执法中,对互联网领域的竞争应采取审慎包容的态度,综合考量技术进步、对公平竞争市场秩序以及对消费者权益的影响作出判断,既要鼓励创业创新,也要维护好市场竞争秩序。同时互联网领域的竞争判断需要较高的技术支持,监管部门一方面要不断提高自身监管能力,另一方面也应积极协调有关部门,广泛运用各方面资源,从而促成全社会共治的监管局面。[①] 当然,具体的监管成效还有待于实践的进一步检验。

二、学术争论

关于是否应该将涉及网络技术的不正当竞争行为类型化为一种单独的新型不正当竞争行为,学界出现了较大的分歧。如有的学者并不认同将其独立类型化,认为该款的设计违反了技术中立规则的要求,而且法条中所列举的"插入链接""目标跳转""关闭""卸载""不兼容""网络产品"等,是不符合网络技术术语不断更新的现

---

① 杜长红、杨红灿:《国家工商总局有关负责人谈新〈反不正当竞争法〉》,http://www.gov.cn/wenzheng/2017-11/17/content_5240572.htm.,下载时间:2018 年 10 月 21 日。

状的,如果其中的有些技术术语一旦过时,立法机关就会面临再次修法的问题。[①]而也有学者从规制思路和域外考察的角度提出进一步的质疑,认为该条实质上是2011 年我国工信部《规范互联网信息服务市场秩序若干规定》第 5 条的升级版,并提出,互联网领域的不正当竞争行为一方面能被另外六种行为所覆盖,另一方面难以覆盖的亦可以通过一般条款来规制,而且如果按照新法的立法思路,以后对于人工智能、机器人、大数据、合成生物学等颠覆性技术领域出现的有别于网络不正当竞争行为的不正当竞争,在再次修法时是否应该逐一再设专条规范之? 而且国外反不正当竞争的成文法中也没有单独为新技术设立不正当竞争条款的先例,甚至该条的设立会产生反向效果,扼杀我国网络技术的发展。[②] 当然,学界也不乏支持的声音,如有学者认为"互联网专条"鲜明地体现和回应互联网时代的竞争特性与规制需求,也可以有效防止一般条款在处理互联网领域不正当竞争行为的适用泛化的问题。[③] 但笔者认为,《反不正当竞争法》的制定、规定和完善,是我国市场经济领域立法体系化、规范化发展过程中的重要内容,并处于顶层设计的地位。因此,该法的功能在于设计市场竞争的基本架构,对所调整的对象和行为进行全局性的概括和基本面上的界定,而非针对某些具体领域中的无序竞争问题进行回应。甚至可以说,该条款的设立是对竞争法领域"法典化"的破坏——"正确"的条文出现在了错误的位置。[④]

三、完善空间[⑤]

从该条款设立的初衷和内容安排来看,它在很大程度上迎合了相关领域经营者、网络用户以及社会公众的需求,是我国针对自身国情、面向市场经济新体制所开展的主动修法,在可以预见的将来能够迅速地发挥作用,规范相关市场的竞争秩序、保障消费者权益。在立法程序中,相关条款的提出、修改和最终定稿过程也由过去的"关门立法"模式转变为公开、广泛征求社会各界意见,当中的进步意义同样不容忽视。然而,从立法理由、内容设计以及保障实施等方面看,相关条款还有进一步完善的空间。

---

① 李明德:《关于〈反不正当竞争法〉修订的几个问题》,载《知识产权》2017 年第 6 期。

② 郑友德、王活涛:《新修订反不正当竞争法的顶层设计与实施中的疑难问题探讨》,载《知识产权》2018 年第 1 期。

③ 田小军、朱荭:《新修订〈反不正当竞争法〉"互联网专条"评述》,载《电子知识产权》2018 年第 1 期。

④ 宁立志:《互联网不正当竞争条款浅议》,载王先林主编:《竞争法律与政策评论》(第 3 卷),法律出版社 2017 年版,第 10 页。

⑤ 宁立志:《〈反不正当竞争法〉修订的得与失》,载《法商研究》2018 年第 4 期。

第一,在立法逻辑上,"互联网条款"更多体现的是立法对现实的妥协,而非逻辑的必然。虽然《反不正当竞争法》具有"竞争基本法"的地位,从内容、功能和价值追求角度看,属于相关制度体系中的"顶层设计"部分,但它并不是一部"务虚"的法律,也包含有大量的具体对象和行为。然而,什么样的对象或行为应当被纳入其中,并不是随意决定的,《反不正当竞争法》有自身的逻辑路径。具体而言,则体现在此次《反不正当竞争法》的修订思路上:除了应当对"一般条款"等重要问题加以明确之外,在对如何合理地"列举"方面,也应该同我国制定实施"民法典"的期望相一致,以法律制度的体系化、系统化为追求,而不应失于盲目。事实上,"互联网市场"也只是诸多社会部门或细分市场之一,当中的不正当竞争问题并不比其他领域的不正当竞争问题更重要。也就是说,可以通过专门制度加以规制的某些具体领域的无序竞争问题,没有写入《反不正当竞争法》的必要。而专门法的制定与出台,将是中国竞争法顶层设计完成后,在产业别化阶段的立法任务,彼此之间应当有清晰的逻辑顺序,不应该被混为一谈。①

第二,在内容设计上,对于"适度归纳"和"准确列举"的平衡,还应该更准确一些。其一,该条款所列举的四项内容之间既无清晰的逻辑关联,也没能体现出广泛意义上的互联网不正当竞争行为之间的共性,与《反不正当竞争法》的定位和应然的风格显得格格不入。在该条款的四项内容中,第一、二、三项更像是对数年前引起全社会广泛关注的"3Q"案的回应:确认了未经授权或未明示地在他人产品或服务中嵌入自己的软件代码,或者以"不兼容"为理由要求用户做出"二选一"取舍之类的行为属于不正当竞争行为。虽然就内容而言,这样的表述并无错误,该条所列举的行为也确实具有不合理性,但通过《反不正当竞争法》这一竞争基本法来重复某些具体案件判决书中的技术性内容,于立法层面难称妥当。"过强"的针对性同时也导致了相关条款适用范围过窄。对此,应当对相关领域的不正当竞争行为加以抽象,即从互联网竞争行为的本质和不正当竞争行为共性出发进行归纳,而非如此这般琐碎和片段化。

第三,在责任条款设计上,还应有进一步的明确与细化。一方面,对于行使处罚权的主体,本法第 24 条笼统地称之为"监督检查部门",并未做进一步的说明。当下,可能被纳入"监督检查部门"范畴的,至少包括满足一定级别要求的市场监管部门,但是,中华人民共和国工业和信息化部(工信部)、中华人民共和国国家互联网信息办公室、中共中央网络安全和信息化领导小组办公室(网信办)等其他政府部门和党中央下属机构也拥有介入某些重大互联网行业竞争纠纷案件的权力和职能。另一方面,"监督检查部门"的执法权体现为两部分:责令停止违法行为和处以

---

① 宁立志:《互联网不正当竞争条款浅议》,载王先林主编:《竞争法律与政策评论》(第 3 卷),法律出版社 2017 年版,第 10 页。

罚款。对于罚款情节和数额,尚需观察社会反应,方能判断处罚尺度是否宽严合理。但是,对于"停止违法行为"部分,则相对复杂一些:虽然我国诉讼法中并无对"禁令"的直接规定,但这一处罚在事实上相当于带有终局性的"禁令",而"禁令"对于相关市场经营者的影响是巨大的,尤其在互联网网络外部性的影响下,可能意味着被施加禁令的经营者在短期内就流失大部分的用户或者流量,并且难以恢复。这种可能造成严重影响的终局性的决定,事后的行政复议或者行政诉讼可能难以挽回之前行政行为失误所带来的损失,故而更应当由司法裁判来决定。事实上,在现代社会中,依托于信息网络的市场经营活动方式多变、内容复杂,以现行《反不正当竞争法》第 12 条并不足以明确地判断出某些行为是否属于不正当竞争行为,况且,在该条第 2 款第 4 项中,有"其他妨碍、破坏其他经营者合法提供的网络产品或者服务正常运行的行为"的表述,兜底意味十分明显。在这样的情形下,判断某一行为是否确实地属于"不正当竞争行为",更应谨慎。对此,笔者认为,将此方面的执法权略加限缩,控制在保存证据、在不严重影响相关经营活动的情形下查验、查封相关设备以及账目范围内更为妥当。

第十节　不正当竞争行为的法律责任

我国《反不正当竞争法》主要规定了行政责任和民事责任,同时涉及刑事责任。但三者在法律依据上略有不同,如行政责任主要是依据《反不正当竞争法》予以追究的,即除转致适用的其他法律外,对于不正当竞争行为都是直接依照《反不正当竞争法》的具体规定来追究行政责任;而民事责任(除主要强调损害赔偿外)和刑事责任则都是原则性地加以提及,责任的确定主要是依据民法、刑法的相关规定。[①]这样的责任设计与我国的国情密不可分,因我国既有行政救济处理纠纷的传统,又得益于行政救济的高效便捷性,遂主要形成了行政救济的模式,也突出了政府对于市场竞争活动的主动干预和对市场秩序的维护。众所周知,无救济则无权利,在这样一部法律中,对法律责任的明确同样十分重要,因为完善的法律责任可以起到威慑作用,更能增加法律的适用性。因此,在本次修法中,法律责任条款也是修法参与者关注的重点。

不可讳言的是,囿于时代的局限性,原《反不正当竞争法》对法律责任的规定在现在看来存在不少缺陷和漏洞,如民事责任的表述不够清晰,行政责任条款不全面,处罚力度落后于市场发展等。而新法则紧跟市场发展的步伐,增大了处罚

---

① 孔祥俊:《反不正当竞争法的适用与完善》,法律出版社 1998 年版,第 683～684 页。

力度、扩展了处罚手段、丰富了法律责任相关规定。具体修改变化主要有以下几点：[①]

第一，完善民事责任规定。原法未明确规定完整的民事责任，仅局限于"民事损害赔偿"责任，虽然不正当竞争行为处罚重点在赔偿，但并不能据此忽视其他的民事责任形式。新法在第17条明确提出"依法承担民事责任"，进一步完善了《反不正当竞争法》的责任承担方式。同时，当一不正当竞争行为既产生了民事责任，又带来行政责任和刑事责任时，法律规定，其财产不足以支付的，优先用于承担民事责任。民事责任中的权利主体即受到不正当竞争行为侵害的经营者，相对于行政责任与刑事责任中的罚款或罚金等收缴主体，经营者处在相对弱势地位，其经济利益也更容易受到不正当竞争行为的侵害，因此有必要优先偿付民事责任中的受害人。

第二，损害赔偿数额计算详细化，增设法定赔偿条款。原法对损害赔偿数额的规定比较模糊，而新法规定"因不正当竞争行为受到损害的经营者的赔偿数额，按照其因被侵权所受到的实际损失确定；实际损失难以计算的，按照侵权人因侵权所获得的利益确定。赔偿数额还应当包括经营者为制止侵权行为所支付的合理开支。经营者违反本法第6条、第9条规定，权利人因被侵权所受到的实际损失、侵权人因侵权所获得的利益难以确定的，由人民法院根据侵权行为的情节判决给予权利人五百万元以下的赔偿"。这些规定将侵权损害赔偿的数额计算方法进行了细化，便于反不正当竞争司法。

第三，行政罚款金额提升。随着市场的发展与时代的进步，企业和个人的收入不断提升，原法的处罚力度已大大落后于实际的生产经营状况，起不到威慑作用。因此，提高处罚额度的上限与下限，可以增加不正当竞争行为的"违法成本"，适当而有效地制止不正当竞争行为。

第四，新增法律责任的豁免规定。面对从事不正当竞争行为的经营者，法律规定若其主动消除或减轻违法行为的危害后果，可以依法从轻或减轻行政处罚；行为轻微并及时纠正没有造成危害后果的，不予行政处罚。该规定也是首次出现在《反不正当竞争法》中，积极倡导不正当竞争违法者主动地消除违法后果，维护市场的公平竞争，体现了反不正当竞争法律体系严肃性和包容性的兼顾。

第五，新增社会信用条款。当前，社会个人征信的作用越来越重要，涉及个人贷款买房买车、电信、出入境等诸多事项，而企业的信用记录是他人与其开展业务的重要参考指标，因此本次修法与时俱进，规定将经营者从事不正当竞争受到行政处罚记入信用记录，以此敦促经营者合法经营，呼应了当下社会征信的重要作用。

---

① 宁立志、董维：《反不正当竞争法发展研究报告（2016—2017）》，载吴汉东主编：《中国知识产权蓝皮书（2016—2017）》，知识产权出版社2018年版，第10～130页。

总体来看,法律责任条款的修改大体上符合人们对于责任条款完善的期待,但在实际修法中仍有学者就是否在民事责任中增设惩罚性赔偿的问题产生争论。如早期有学者认为:"我国《反不正当竞争法》设定的赔偿额度较轻,并不能调动起广大经营者和消费者反对不正当竞争的热情,同时也不能对相关违法经营者造成足够的威慑,因此,我国可以效仿其他国家或地区引入惩罚性赔偿制度。"[①]同时,在2017 年修法的征求意见过程中,也有部门建议参考商标法、专利法的相关规定,对是否增加惩罚性赔偿的规定进行研究。[②] 2017 年修法着力于进一步完善赔偿数额的计算标准并增设最高额 300 万元的法定赔偿条款以迎合修法期待,并未采纳惩罚性赔偿的规定,这应与惩罚性赔偿的制度功能定位和修法亦未支持消费者诉权有一定的关联性。2019 年《反不正当竞争法》再次修订,引入了惩罚性赔偿制度,这将极大地震慑恶意实施侵犯商业秘密行为的经营者,维护商业秘密权利人的利益,营造良性的市场竞争秩序。

---

① 倪振峰:《反不正当竞争法理解适用与修改完善》,复旦大学出版社 2013 年版,第 223~224 页。

② 《法律委、财经委、法工委座谈会对不正当竞争法修订草案的意见》,载王瑞贺主编:《中华人民共和国反不正当竞争法释义》,中国法律出版社 2018 年版,第 171 页。

第七章

植物新品种权保护制度的变迁

中国是世界农业发源地之一,也是世界上历史最悠久的农业大国之一。"农为国本,种铸基石",现代种业是中国战略性、基础性的核心产业。现代种业快速、健康、持续的发展离不开品种权保护制度的保驾护航。自改革开放以来,特别是中国正式加入国际植物新品种保护联盟之后,中国植物新品种保护事业取得了长足进步。

第一节　改革开放 40 年植物新品种权
保护制度变迁的概述

一、植物新品种权保护的立法发展脉络

我国植物新品种保护制度是在国内外背景下孕育而生的。

（一）植物新品种权保护的国际背景

国际上,植物新品种知识产权保护至今大致经历了四个发展阶段:萌芽阶段（20 世纪 30 年代前）、国内法阶段（20 世纪 30 年代至 20 世纪 50 年代末）、国际化

阶段(20 世纪 60 年代至 1994 年)和全球化阶段(1994 年《TRIPS 协定》签署至今)。① 如今,植物新品种保护处于全球化发展阶段,在这一阶段,发达国家力推以《TRIPS 协定》为核心、《国际植物新品种保护公约》(以下简称"UPOV 公约")为主要内容的立法模式。国际植物新品种知识产权的四个发展阶段如下:

1.萌芽阶段

15 世纪到 19 世纪,专利制度发展迅猛,但它只为有关工业技术的发明活动提供保护。19 世纪下半叶,孟德尔遗传规律的提出和应用让越来越多的人认识到育种者的育种行为对农业发展的重要作用,有关育种的专业组织开始建立②,与此同时,有关植物品种是否应受专利保护的争论也越演越烈。1883 年《保护工业产权巴黎公约》将植物新品种纳入了工业产权的范围(但仍然没有对植物新品种的具体保护方式作出规定)③,植物新品种的知识产权保护开始萌芽。

2.国内法阶段

20 世纪 30 年代至 20 世纪 50 年代末,植物新品种的知识产权保护进入国内法阶段,欧美等国家率先对育种者的权利进行立法保护。1930 年 5 月 13 日,美国颁布了"Townsen-Purnell 植物专利法案",将无性繁殖的植物品种(块茎植物除外)纳入专利保护范畴,④这是世界上第一部用特殊类别的专利来对植物品种进行保护的法律。由于欧洲更尊重专利法的传统理论,认为专利制度是用于保护无生命特性的工业产品的,而植物品种具有生命特性和遗传变异性,因此专利制度无法适用于植物新品种,植物新品种的保护需要制定专利法之外的特别法。1941 年,荷兰颁布了保护育种者权利的法律,明确育种者权利与专利权不同,根据植物育种工作的特点创设出新的权利类型。⑤ 1953 年,德国出台《种子材料法》,开创性地对育种者的权利规定专门的保护。⑥ 荷兰与德国所确立的权利类型构成了 UPOV 公约中品种权保护的基础。

3.国际化阶段

在国内法阶段,植物新品种的保护仅限于一国之内,由于各国授权条件不同,因此在一国得到保护的新品种在另一国可能得不到同等的保护。为了协调各国制

---

① 胡潇潇:《植物新品种权法律基础》,知识产权出版社 2018 年版,第 193~195 页。

② 1881 年,奥地利建立农业与种子检验联邦研究所,这是最早有关植物种子的国家研究机构。

③ 《保护工业产权巴黎公约》规定:"对工业产权应作最广义的理解,它不仅适用于工业和商业本身,而且同样适用于农业和采掘业,适用于一切制成品或天然产品。"

④ 郑成思、张晓都:《专利实质条件》,法律出版社 2002 年版,第 243 页。

⑤ 蒋和平、孙炜琳:《国外实施植物新品种保护的管理规则及对我国的借鉴》,载《知识产权》2002 年第 3 期。

⑥ 冯晓青:《关于生物技术知识产权保护的初步研究》,载胡旭晟主编:《湘江法律评论》(第二卷),湖南人民出版社 1998 年版,第 176 页。

度差异,一些欧洲国家开始探索在世界范围内建立植物新品种保护制度。正是这些欧洲植物育种发达国家促进了 UPOV 公约的建立。1957 年法国外交部邀请 12 个国家和 3 个政府间国际组织[①],参加了在法国召开的第一次植物新品种保护外交大会,并形成大会决议。1957—1961 年,经过几轮专家会议,拟订了 UPOV 公约草案。1961 年 12 月,第二次植物新品种保护外交大会在巴黎举行。这次外交大会对公约草案做了相应的修改,最终通过了具有 41 条内容的公约。1968 年 8 月 10 日公约正式生效,与此同时国际植物新品种保护联盟(UPOV)正式成立。UPOV 公约的生效和 UPOV 联盟的成立,标志着植物新品种知识产权保护从此进入了国际化发展时期。

4.全球化阶段

随着农林业科学技术以及生物技术的飞速发展,植物新品种保护成为国际经济竞争的新焦点。在 1994 年关贸总协定乌拉圭回合谈判中,以美国、欧盟为代表的发达国家强力推行将知识产权保护纳入世界贸易体系,并在《TRIPS 协定》对农林业领域内植物新品种的知识产权保护专门作出相应的规定[《TRIPS 协定》第 27 条第 3 项(b)]:WTO 成员应以专利或有效的专门制度(effective sui generic systems),或两种制度结合,给植物新品种提供有效保护。《TRIPS 协定》的形成,标志着植物新品种保护进入全球化发展阶段。

(二)我国植物新品种权保护的国内背景

中国现代农业育种技术萌芽较晚,相应地,植物新品种法律保护的起步也较晚。改革开放后,中国经济、科技和文化迅速发展。20 世纪 80 年代中期,中国开始对生物技术进行知识产权保护。

1. 我国植物新品种法律保护的起源

中国是历史悠久的农业大国,但中国现代农业育种技术远落后于发达国家。19 世纪末 20 世纪初,中国现代农业育种技术开始萌芽。由于政治制度和经济水平的限制,当时的社会尚缺乏植物新品种保护的意识。新中国成立后,社会主义大改造完成,计划经济体制建立起来。在计划经济体制下,全国育种工作由政府主导,有序统一地组织和实施。因此在该阶段,中国还不具备建立专门的植物新品种保护法律制度的社会需求和动力。但中国还是出台了一些有关育种管理的规定:1950 年农业部为开展群众性选种工作制定了《五年良种普及计划》,1958 年农业部提出种子工作实行依靠"农业生产合作社自繁、自选、自留、自用,辅之以调剂的方针",1962 年国务院发布了《关于加强种子工作的决定》。

自 1978 年改革开放以来,中国整个社会发生重大变革,经济、科技和文化迅速

[①]　保护知识产权联合国际局(BIRPI)、联合国粮农组织(FAO)、欧洲经济合作组织(OECE)。

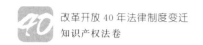
发展。20 世纪 80 年代中期,中国开始对生物技术进行知识产权保护。1984 年通过的《专利法》明确规定保护生物技术方法发明,包括动植物品种的生产方法和药品的生产方法发明。随着经济体制改革的深化和市场经济的发展,知识产权保护得到了进一步加强。1992 年修订的《专利法》将大部分涉及生物技术的产品和物质纳入其保护范畴。由于国际上的通行做法没有把植物品种本身纳入《专利法》保护范畴,而是专门立法加以保护,因此 1992 年修订的《专利法》也没有将植物品种纳入《专利法》保护范畴。

2. 我国植物新品种法律保护的诞生

20 世纪 80 年代,中国在改革开放方略确立和启动后不久,就毅然决定"复关"和"入世"。"入世"推进了中国法治的进程。[①] 为了满足"入世"有关要求,中国清理了一系列不符合 WTO 规则的法律法规,同时建立了一系列适应"入世"要求的法律法规。包括《专利法》《商标法》《著作权法》在内的法律都是在此期间诞生的。通过法律法规的清理和制定,中国初步建立了按照市场经济规则运行的外贸法律体系,为 2001 年的"入世"打下了坚实的基础。[②] 中国为了加入 WTO 就必须建立有效制度保护植物新品种。[③] 在 20 世纪 90 年代初期,中国植物新品种保护的立法进展得十分缓慢。1993 年 8 月,农业部、林业局、专利局、国家科委联合成立《植物新品种保护条例》立法小组,对制定专门的法律保护制度进行可行性分析。经过两年的调查研究,《植物新品种保护条例》草案于 1995 年 5 月问世。同年 8 月,立法小组将草案发放给近 400 个行政、教学、科研单位以征求修改意见。后来,为了加入 UPOV 公约 1978 年文本(UPOV 公约 1978 年文本将于 1999 年关闭,1999 年之后加入 UPOV 公约的国家就必须适用 1991 年文本),中国植物新品种保护立法进程加快。中国尚属育种水平不太高、知识产权保护制度还不太完善的农业大国,UPOV 公约 1978 年文本对植物新品种保护的要求相对较低,比较容易实施,而 UPOV 公约 1991 年文本对植物新品种的保护范围大、水平高,对中国而言过于苛刻。因此,加入 UPOV 公约 1978 年文本较符合中国当时的基本国情。1997 年 3 月 20 日,国务院正式颁布《植物新品种保护条例》。1999 年 4 月 23 日,中国正式加入 UPOV,成为其第 39 个成员国,并适用 UPOV 公约 1978 年文本。

---

① 鲁楠、高鸿钧:《中国与 WTO:全球化视野的回顾与展望》,载《清华大学学报(哲学社会科学版)》2012 年第 6 期。

② 吕晓杰等编:《入世十年,法治中国:纪念中国加入世贸组织十周年访谈录》,人民出版社 2011 年版,第 11 页。

③ 要加入 WTO 中国就必须接受《TRIPS 协定》,其中《TRIPS 协定》第 27.3(b)条规定缔约方必须建立有效制度保护植物新品种。

二、植物新品种权保护的立法过程

中国植物新品种权制度的建立除了含有为植物育种创新提供知识产权保护的初衷，还含有为了加入 WTO 以及在 UPOV 公约 1978 年文本关闭之前加入 UPOV 的目的。

（一）《国际植物新品种保护公约》（UPOV）的制定与变迁

UPOV 公约规定了保护植物新品种权的基本准则。UPOV 的成员国按照加入的不同 UPOV 文本建立各自的植物新品种保护制度。UPOV 公约自 1961 年通过、1968 年正式生效之后，分别于 1972 年、1978 年和 1991 年经历三次修订。1972 年文本修改不大，被合并到 1961 年文本中，合称 1961/1972 年文本；1978 年和 1991 年的修订对植物新品种保护制度具有实质性的影响。目前，1961/1972 年文本、1978 年文本和 1991 年文本都有效。现今国际上使用较普遍的是 1978 年文本和 1991 年文本。UPOV1991 文本与 UPOV1978 文本相比，在有关品种权制度的实体内容方面显得更加系统和规范，并赋予育种者以更大的保护范围和更强的保护效力。具体对比如下：

表 7-1　UPOV 公约 1978 文本与 1991 文本的比较[①]

	UPOV 公约 1978 文本	UPOV 公约 1991 文本	文本修改的意义
植物新品种相关概念	无	明确植物新品种、育种者、育种者权利等相关概念	适应新的育种技术发展的需要
保护方式	对一个和同一个植物属或种，仅提供其中一种保护方式	删除对保护方式的限制	不排斥其他保护方式，如专利保护
保护对象	繁殖材料	繁殖材料、收获材料、直接加工品、实质性衍生品种	扩展育种者权利范畴，加强育种者权利
品种权范围	为商业销售目的而进行的生产、销售、许可销售的专有权	生产（不再以是否商业销售目的为限）、繁殖、为繁殖而进行的调整、许可销售、销售或其他商业行为、进口、出口以及为上述目的而进行储存的专有权	扩展育种者权利范畴，加强育种者权利
实质性派生品种	为另一品种的商业生产反复使用受保护品种，须征得育种者同意	提出实质性派生品种，并进行明确解释	强化原创育种者权利

---

① 黄平、郑勇奇：《国际植物新品种保护公约的变迁及日本和韩国经验借鉴》，载《世界林业研究》2012 年第 3 期。

续表

	UPOV 公约 1978 文本	UPOV 公约 1991 文本	文本修改的意义
研究免责	有	有限制	为保护育种者权利提供更大的空间
农民免责	有	选择性限制	
保护种属数	生效时：5 个属或种；3 年内：10 个属或种；6 年内：18 个属或种；8 年内：24 个属或种	已签约国：5 年内扩大到所有植物属种；新签约国：至少 15 个植物属或种；10 年期满时，适用于所有植物	扩大保护范围，促进育种者对于植物遗传资源的开发应用
保护期限	一般不少于 15 年；对藤本植物、林木等，保护期不少于 18 年	一般不少于 20 年；对木本、藤本植物，该期限不少于 25 年	强化对育种者权利的保护
临时性保护	任何联盟成员国，可在注册申请至批准期间采取措施保护育种者的权利，以防止第三者侵权	从提交或公布育种者权利申请至授予育种者权利期间必须对申请品种实施临时性保护	强制临时性保护，在审查期内的权益受到保护
品种权保护的独立性	签约国国内一些对品种的管理措施应尽量避免妨碍品种权实施	在任何情况下，品种权管理措施均不应妨碍本公约条款实施	强化品种权实施的独立性
国民待遇	实施本公约的任何联盟成员国对某一属或种，将有权限制其他联盟成员的国民利益	删除 1978 文本中的上述限制	对植物品种保护实行国民待遇
是否允许专利制度与专门保护同时存在	不允许	允许	为用专利方式和专门方式保护植物品种提供了自由

UPOV 公约 1991 文本较 1978 文本收缩了限制，扩张了保护，在一定程度上表现出质的变化。UPOV 公约 1991 年文本与 UPOV 公约 1978 年文本的区别主要表现在保护范围（特别是进出口）、保护领域（特别是授权品种收获物的加工产品）、实质性派生品种概念的引用及其商业化的规定、农民特权的一些规定上。从这些变化可以看出 UPOV 公约 1991 文本减少了成员国法律保护的自由度，加大了对育种者权利的保护力度。总体而言，UPOV 公约 1978 年文本对植物新品种保护的要求相对较低，比较适合育种水平不是很高、知识产权保护制度还不太完善

的发展中国家;而 UPOV 公约 1991 年文本对植物新品种的保护范围大、水平高,加入公约的条件比较苛刻,适合法律保护机制比较健全、育种水平比较发达的国家。

(二)立法模式选择

《TRIPS 协定》第 27 条明确规定,"各成员应规定通过专利或一种有效的特殊制度或通过这两者的组合来保护植物品种"。目前,国际上有关植物新品种保护的立法模式,主要分为两种——单一制模式和双轨制模式。单一制模式就是以专利法或者专门法形式来保护植物新品种,双轨制模式就是以专门法和专利法相结合的方式来保护植物新品种。双轨制模式又可以分为专门法和专利法叠加保护模式与专门法和专利法分立保护模式。

我国的植物新品种保护采用的是双轨制分立保护模式,即对植物新品种本身通过专门法律制度实施保护,对植物品种的生产方法通过专利制度实施保护。我国《专利法》明确规定对"动物和植物品种"不授予专利权,对其生产方法可以授予专利权。

(三)我国植物新品种保护的立法过程

1997 年 3 月 20 日,国务院正式发布《中华人民共和国植物新品种保护条例》(以下简称《条例》)。为了更好地实施《条例》的相关规定,1999 年 6 月 16 日,农业部发布《中华人民共和国植物新品种保护条例实施细则(农业部分)》[以下简称《细则(农业部分)》],规定对农业植物新品种保护的具体实施。根据《细则(农业部分)》的规定,农业植物新品种包括粮食、棉花、油料、麻类、糖料、蔬菜(含西甜瓜)、烟草、桑树、茶树、果树(干果除外)、观赏植物(木本除外)、草类、绿肥、草本药材、食用菌、藻类和橡胶树等植物的新品种。1999 年 8 月 10 日,林业部发布《中华人民共和国植物新品种保护条例实施细则(林业部分)》[以下简称《细则(林业部分)》],规定对林业植物新品种保护的具体实施。根据《细则(林业部分)》的规定,林业植物新品种包括林木、竹、木质藤本、木本观赏植物(包括木本花卉)、果树(干果部分)及木本油料、饮料、调料、木本药材等植物品种。为了做好植物新品种权的司法保护工作,最高人民法院于 2001 年 2 月 5 日发布《关于审理植物品种纠纷案件若干问题的解释》(法释〔2001〕5 号)[①],就植物新品种案件的受理、管辖和诉讼中止等程序性问题进行规定,同时发布《关于开展审理植物新品种纠纷案件审判工作的通知》(法〔2001〕18 号)要求各级法院的审判人员及时学习植物新品种保护的相关理论和专业知识,及时向最高人民法院通报相关重大疑难案件。为了解决《条例》中没有规定植物新品种授权中的复审和品种权无效案件的审理程序等问题,农业部

---

① 该司法解释于 2020 年修正,并于 2021 年 1 月 1 日起生效。

于 2001 年 2 月 26 日颁布《植物新品种复审委员会审理规定》,就植物新品种复审委员会的组成与职责、复审审理的基本原则、驳回品种权申请的复审、无效宣告和品种更名的复审等问题进行规定。为了使农业行政主管部门查处品种权侵权案件和假冒品种案件有法可依,农业部于 2003 年 2 月 1 日颁布《农业植物新品种权侵权案件处理规定》,就品种权侵权、假冒品种案件的管辖、时效、处理程序、法律责任等问题予以规定。由于品种权纠纷案件数量不断增加,且"植物新品种纠纷属于新型的知识产权案件,涉及的专业性问题较强,且审判经验有限,审判思路尚欠成熟",最高人民法院于 2007 年 1 月 12 日颁布施行《最高人民法院关于审理侵犯植物新品种权纠纷案件具体应用法律问题的若干规定》(法释〔2007〕1 号)[1]。该规定就品种权侵权案件的诉讼主体、侵权认定、侵权鉴定、证据保全、法律责任、繁殖材料的处理以及农民免除赔偿责任等进行规定。此外,为进一步加强侵害植物新品种权纠纷案件审理,最高人民法院于 2021 年颁布施行《最高人民法院关于审理侵害植物新品种权纠纷案件具体应用法律问题的若干规定(二)》(法释〔2021〕14 号)。为规范农业植物品种命名,加强品种名称管理,农业部于 2012 年 3 月 14 日发布了《农业植物品种命名规定》。

另外,中国《种子法》于 2000 年 7 月颁布(分别于 2004 年 8 月、2013 年 6 月和 2015 年 11 月得到三次修订)。根据党的十八届四中全会提出的"完善知识产权保护制度"和 2015 年中央一号文件关于"加强农业知识产权法律保护"的要求,《种子法》于 2015 年 11 月经历第三次修订。2016 年 1 月 1 日施行的《种子法》专章规定了"新品种保护",从此,植物新品种权保护上升到"法律"层次。尽管《种子法》关于品种权保护的内容简单,且新品种保护的具体执行仍由《条例》及相关实施细则进行规定,但它降低了新品种保护的门槛,加大了侵权的惩罚力度,是中国植物新品种权保护体系中不可忽视的一部分。[2]

表 7-2　中国植物新品种保护的立法进展

时间	颁布机构	法律、法规、规定	修订时间
1997 年 3 月 20 日颁布	国务院	《中华人民共和国植物新品种条例》	于 2013 年 1 月和 2014 年 7 月经历两次修订
1999 年 4 月 23 日		中国正式加入 UPOV,适用 UPOV 公约 1978 年文本	

---

① 该司法解释于 2020 年修正,并于 2021 年 1 月 1 日起生效。该司法解释名称修改为《最高人民法院关于审理侵害植物新品种权纠纷案件具体应用法律问题的若干规定》。

② 李菊丹:《论中国植物新品种保护的立法例选择》,载中国社会科学院知识产权中心、中国知识产权培训中心编:《中国知识产权法律修订相关问题研究》,知识产权出版社 2014 年版,第 439～441 页。

续表

时间	颁布机构	法律、法规、规定	修订时间
1999 年 6 月 16 日颁布	农业部	《中华人民共和国植物新品种保护条例实施细则(农业部分)》	于 2007 年 9 月、2011 年 12 月和 2014 年 4 月经历三次修订
1999 年 8 月 10 日颁布	林业部	《中华人民共和国植物新品种保护条例实施细则(林业部分)》	于 2011 年 1 月得到修订
2000 年 7 月颁布	全国人大	2016 年 1 月 1 日施行的新《种子法》专章规定"新品种保护",植物新品种权保护上升到"法律"层次	《种子法》于 2000 年 7 月颁布,分别于 2004 年 8 月、2013 年 6 月和 2015 年 11 月经历三次修订
2001 年 2 月 5 日发布	最高人民法院	《关于审理植物品种纠纷案件若干问题的解释》(法释〔2001〕5 号)	
2001 年 2 月 26 日颁布	农业部	《植物新品种复审委员会审理规定》	
2003 年 2 月 1 日颁布	农业部	《农业植物新品种权侵权案件处理规定》	
2007 年 1 月 12 日颁布	最高人民法院	《最高人民法院关于审理侵犯植物新品种权纠纷案件具体应用法律问题的若干规定》(法释〔2007〕1 号)	2020 年修正
2012 年 3 月 14 日发布	农业部	《农业植物品种命名规定》	
2021 年 7 月 5 日发布	最高人民法院	《最高人民法院关于审理侵害植物新品种权纠纷案件具体应用法律问题的若干规定(二)》(法释〔2021〕14 号)	

至此,中国以《条例》为基础,其他法律法规相互补充的植物新品种保护法律体系基本形成。正如其第 1 条所称,《条例》的颁布可以"保护植物新品种权,鼓励培育和使用植物新品种,促进农业、林业的发展"。《植物新品种保护条例》的颁布不但使中国知识产权保护体系更加完整,而且推进中国植物新品种保护与国际接轨。其他规范性文件的制定,让《条例》的具体实施有法可依、有章可循。新《种子法》设专章保护植物新品种,提升了植物新品种保护的立法层级。其内容涵盖品种权授予原则、品种命名原则、品种权保护范围、品种权侵权救济机制和法律责任等内容,从种子产业发展的角度,将品种权保护与种子生产经营管理紧密结合,对中国的品种权保护起到了积极促进的作用。

三、植物品种权确立以来的保护实施情况

自 1999 年植物新品种权确立以来,中国农林业科技创新活动以及科研人员及

研究机构的知识产权保护意识不断增强,中国植物新品种权的申请量和授权量总体呈不断攀升趋势。如今,中国成为名副其实的品种权申请大国。

(一)农业植物新品种保护实施情况①

1. 农业品种权申请量和授权量总体变化趋势

1999—2017 年,农业品种权申请量、授权量基本呈增势(如图 7-1)。2017 年我国共受理农业植物新品种权申请 3842 件,同比增长 52.3%,年受理量和增幅均创新高,申请总量达到 21917 件数。全年授予农业品种权 1486 件,同比降低授权总量达到 9681 件。共处理品种权异议申请 42 件。

图 7-1　1999—2017 年农业品种权申请量和授权量变化图　单位(件)

2. 不同作物种类农业品种权申请总量和授权总量分布

1999—2017 年,农业植物新品种权申请总量以大田作物为主,共 17661 件,占比达到 80.6%;其次为蔬菜 1816 件,占比 8.3%;花卉 1544 件,占比 7.0%;果树 707件,占比 3.2%;牧草 22 件,占比 0.1%;其他包括茶组、食用菌、中草药等共 167 件,占比 0.8%。从以上分布可见,中国育种优势集中在大田作物,牧草育种水平较低,育成品种较少(如图 7-2)。

1999—2017 年,农业植物新品种权授权总量也以大田作物为主,共 8115 件,占比 83.8%;其次是花卉 652 件,占比 6.7%;蔬菜 546 件,占比 5.6%;果树 313 件,占比 3.2%;牧草 2 件,占比 0.02%;其他共 53 件,占比 0.5%(如图 7-3)。

---

①　农业农村部植物新品种保护办公室:《2017 年农业植物新品种保护年度报告》,中国农业出版社 2018 年版,第 3~27 页。

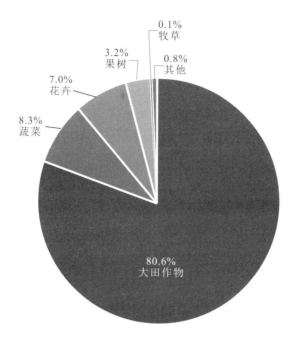

图 7-2　1999—2017 年不同作物种类农业品种权申请总量分布图

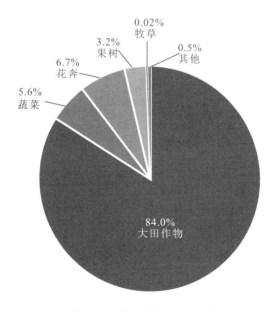

图 7-3　1999—2017 年按作物种类分类农业品种权授权总量分布图

3. 国内申请授权情况

从地区上来看,1999—2017 年,品种权申请总量地区间分布不均匀,居前五位
的地区及其申请量分别为北京 2406 件、河南 1762 件、山东 1603 件、黑龙江 1365

件和江苏 1360 件。品种权授权总量居前五位的是北京 814 件、四川 751 件、山东 708 件、江苏 701 件和河南 676 件。从主体上来看(如图 7-4),1999—2017 年,国内农业植物新品种权申请总量 20415 件,以企业和科研单位为主,分别为 9276 件和 8586 件,分别占比 45.4% 和 42.1%。从 2011 年起,企业申请量超过科研单位。国内授权总量 9186 件,仍以科研单位最高,企业次之,分别为 4606 件和 3406 件,分别占比 50.1% 和 37.1%。

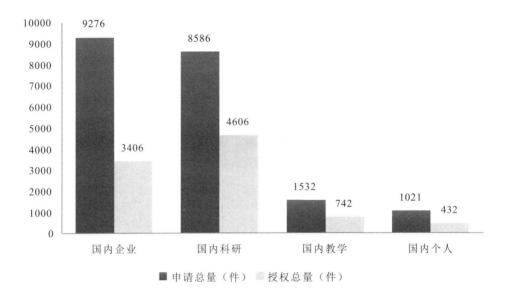

图 7-4　1999—2017 年国内各申请主体农业品种权申请总量和授权总量分布图

从年度申请量来看,企业增长迅速。自 2011 年首次超过科研单位后,企业品种权申请量已经连续 7 年超过科研单位,企业作为育种创新主体地位正在形成。

4. 国外申请授权情况

从国别上来看,1999—2017 年,来自国外的植物新品种权申请总量为 1502 件,占比 6.9%,涉及 20 个国家。其中,如图 7-5 所示,荷兰和美国申请量显著高于其他国家,分别为 472 件和 450 件。从主体上来看,1999—2017 年,国外申请总量大多数来自企业,共 1358 件,占比达到 90.4%;来自科研单位、教学单位和个人的申请共 144 件,占 9.6%(如图 7-6)。申请总量居前十位的几乎全为企业,分别为孟山都科技有限责任公司、先锋国际良种公司、荷兰安祖公司、大韩民国农村振兴厅、利马格兰欧洲、科沃施种子欧洲股份有限公司、先正达参股股份有限公司、荷兰德丽品种权公司、法国 RAGT2nSAS 公司、德瑞斯克公司。

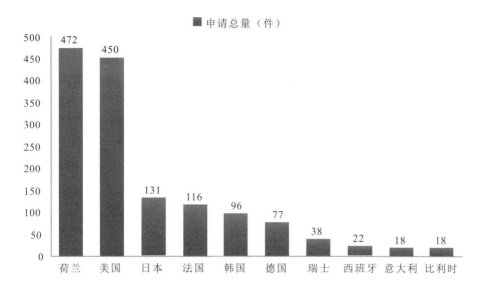

图 7-5　1999—2017 年来自国外农业品种权申请总量(top10)分布图

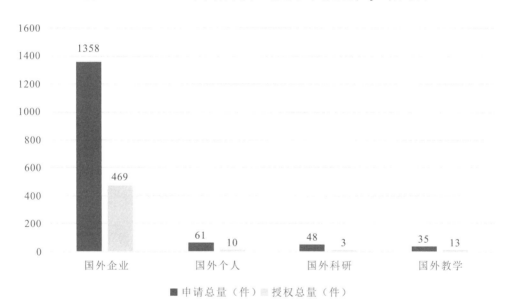

图 7-6　1999—2017 年来自国外各申请主体申请总量和授权总量分布图

(二)林业植物新品种保护实施情况①

1999 年至 2017 年,中国林业植物新品种的申请量和授权量呈不断上升趋势。

①　马文君:《1999—2017 年林业植物新品种统计分析报告》,http://news.yuanlin.com/detail/201854/264888.htm,下载日期:2019 年 4 月 10 日。

截至 2017 年年底,林业植物新品种申请量共 2811 件,其中国内申请 2325 件,占申请量的 82.71%,国外申请 486 件(17.29%),国内外申请量和授权量如图 7-7 所示。截至 2017 年年底,国家林业局共授予植物新品种权 1358 件。

图 7-7　1999—2017 年林业品种权申请量和授权量变化图

1. 林业品种权申请量和授权量总体变化趋势

1999—2017 年,中国林业植物新品种的申请量和授权量不断攀升。如图 7-8 所示,自 2012 年以来,林业植物新品种的年度授权量一直保持在 150 件以上。近五年(2013—2017 年),林业植物新品种的申请量和授权量分别达到 1727 件和 858 件,分别占林业植物新品种申请总量和授权总量的 61.44% 和 63.18%。

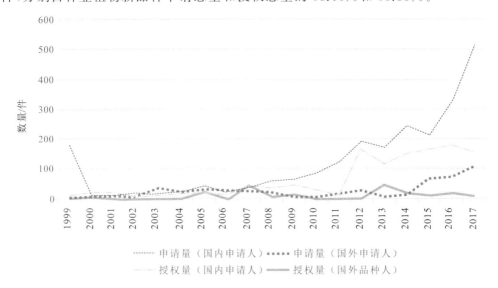

图 7-8　1999—2017 年林业品种权国内外申请量和授权量变化图

2. 不同植物种类林业品种权申请总量和授权总量分布

按属(种)分析,林业授权植物新品种的属(种)以蔷薇属和杨属为主。截至 2017 年年底,授权量最多的依次是蔷薇属 295 件,占授权总量的 21.72%,杨属 126 件(9.28%)、山茶属 79 件(5.82%)、杜鹃花属 69 件(5.08%)(如图 7-9)。国外品种权人的授权品种以蔷薇属为主,其次是大戟属,主要是观赏植物。按类别分析,林业授权植物新品种的植物类别以木本观赏植物为主,如图 7-10 所示,截至 2017 年

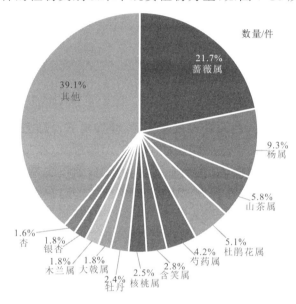

图 7-9 1999—2017 年各国授权品种的属(种)授权量统计

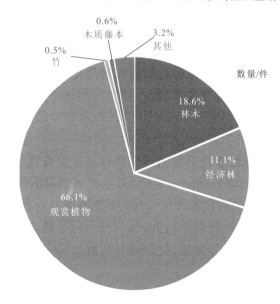

图 7-10 1999—2017 年林业授权植物新品种中不同植物类别的授权量

年底,林业授权植物新品种中木本观赏植物 897 件,占总量的 66.05%,其次是林木 252 件(18.56%)、经济林 151 件(11.12%)。

3. 国内申请授权情况

在地区方面,截至 2017 年,国内申请人共获得 1170 件林业植物新品种权,占授权总量的 86.16%,授权品种以蔷薇属和杨属为主,其次是山茶属、杜鹃花属和芍药属。如图 7-11,截至 2017 年年底,全国共有 27 个省(市)获得林业植物新品种权,授权量最多的是北京,共 258 件,占国内授权总量的 22.05%,其次是山东、云南和浙江。北京以杨属、山东以柳属、云南以蔷薇属、浙江以杜鹃花属为主要授权品种。在主体方面,截至 2017 年年底,林业植物新品种授权总量最多的是北京林业大学,共 136 件,排名前五的品种权人还包括中国林业科学研究院(91 件)、山东省林业科学研究院(82 件)、中国科学院(44 件)、昆明杨月季园艺有限责任公司(39 件)。

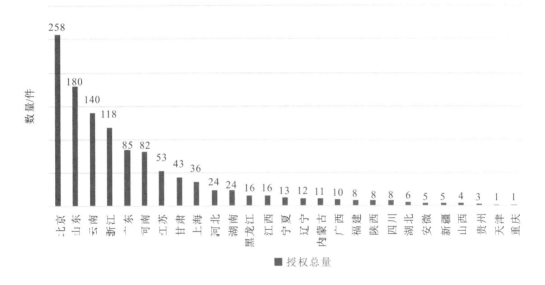

图 7-11　1999—2017 年全国各省(自治区、直辖市)的林业新品种权授权量

4. 国外请授权情况

如图 7-12 所示,在国别方面,截至 2017 年年底,国外共有 10 个国家在中国获得了 188 件植物新品种权,占授权总量的 13.84%,授权品种以蔷薇属和大戟属为主,授权量最多的是德国,共 57 件,其次是荷兰(46 件)和法国(30 件)。在主体方面,截至 2017 年,中国林业植物新品种权授权总量排名前十五的品种权人中有 4 家外国企业,分别是德国科德斯月季育种公司(W.Korder' Sohne)(26 件)、法国玫兰国际有限公司(Meilland International S.A)(23 件)、大卫奥斯汀月

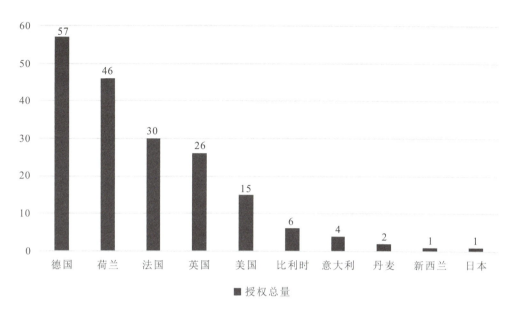

图 7-12　1999—2017 年来自国外林业品种权申请总量(top10)分布图

季公司(David Austin Roses Limited)(22 件)和荷兰彼得•西吕厄斯控股公司(Piet Schreurs Holding B.V.)(16 件)。

(三)植物新品种权侵权诉讼案件

2009 年至 2018 年 11 月我国裁判文书网共公布了 346 份涉及植物新品种权的判决书。由图 7-13 可见,我国植物新品种权侵权诉讼案件逐年攀升,并且,在 2014 年出现小高峰(2014 年,有 2 例植物新品种维权案件获选 2014 年中国法院 50 件典型知识产权案例,在历史上尚属首次)。

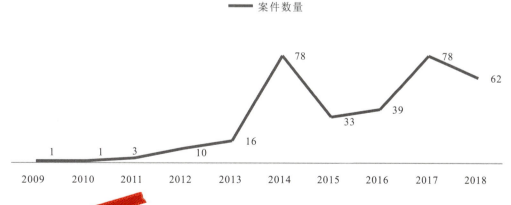

图　　　近十年我国植物新品种权侵权诉讼案件(2009 年至 2018 年 11 月)

四、植物新品种权的作用与意义

(一)与国际接轨,增强我国农业发展的国际竞争

随着经济全球化进程的加快,各国都在重视植物新品种的保护,植物新品种的发展已经进入全球化的模式。虽然我国颁布《植物新品种保护条例》的初衷是为了加入 WTO,但植物新品种权的保护与国际接轨已是全球化发展背景下不可阻挡的趋势。

《植物新品种保护条例》颁布后,从品种权确立后的实施情况来看,我国的植物新品种正朝着优质化、多样化的方向发展,同时在国际市场上的竞争力也逐步提高。随着我国植物新品种保护制度的健全,国外品种权人也逐渐放下了其权利在我国受到不法侵害的顾虑,这有助于我国引进更多先进的植物新品种,从而让我国植物新品种的开发工作能够更好地参考、借鉴国外经验。我国植物新品种保护制度逐步与国际接轨,有利于提升我国农林业在国际舞台上的竞争力。

(二)激发育种者的积极创造性

植物新品种的研发凝结了育种者无穷的心血,是育种者智力成果的体现,它本应受到知识产权的保护,维护育种者的合法权益。在《植物新品种保护条例》出台以前,育种者面临着许多问题,例如品种权的归属问题、品种权的转让问题、品种的侵权问题、品种买卖之间的经济收入的问题,等等。这些问题的存在导致育种者对植物新品种的创造积极性不高。育种者花费了大量的时间与精力,但最终得不到相应的回报。随着植物新品种保护制度的建立,它在一定程度上保障了育种者的合法权益,维护了品种权人的根本利益,激发育种者积极投身植物新品种的研发,为社会创造更多更好的植物新品种。该《条例》明确规定植物新品种权在转让过程中实行有偿转让,同时,该《条例》也加大对侵权和造假行为的打击力度,为育种者的研发工作创造一个良好健康的环境。

(三)促进科研成果的实际应用

在《植物新品种保护条例》制定以前,由于我国缺少对植物新品种保护相关的法律,导致侵权现象严重。一些科研机构人员不敢将自己研发出的产品推向市场,担心自己的成果会被不法分子窃取。还有一些科研人员往往只是为了评职称的需要,他们的研究成果不切实际,与市场的需求脱轨。在该条例出台之后,植物新品种的发展有了法律的保护,科研人员能够积极地将自己的科研成果推向市场,提高实际运用价值。在该条例中明确指出,按照科研成果实际运用价值的大小奖励科研人员,这也促进了科研工作者积极开发有市场价值的产品。中国政府专门建立品种保护基金,用于植物新品种的市场推广工作。

第二节　植物新品种权授予的实质条件

依据我国《种子法》《植物新品种保护条例》相关规定,对国家植物品种保护名录内经过人工选育或者发现的野生植物加以改良,具备新颖性、特异性、一致性、稳定性和适当命名的植物品种,由国务院农业、林业主管部门授予植物新品种权。其中,特异性、一致性、稳定性是植物新品种权授予必须满足的实质要件。

一、特异性

特异性是指,一个品种在申请日显然有别于任何其他品种。UPOV 公约 1978 年文本第 6 条对"特异性"进行了规定:"不论原始变种的起源是人工的,还是自然的,在申请保护时,该品种应具有一个或数个明显的特性有别于已知的任何其他品种。'已知'的存在可参考以下因素:已在进行栽培或销售,已经或正在法定的注册处登记,已登在参考文献中或已在刊物中准确描述过。使品种能够确定和区别的特性,必须是能准确辨认和描述的。"我国《条例》对"特异性"的规定在第 15 条:"授予品种权的植物新品种应当具备特异性。特异性是指申请品种权的植物新品种应当明显区别于在递交申请以前已知的植物品种。"根据《细则(农业部分)》的规定,在我国,"已知品种"包括品种权申请初审合格公告的品种、通过品种审定的品种或已经推广应用、相关社会大众公知公用的品种。申请授权的品种应当与"已知品种"有明显区别,才能被认定为具备特异性。

二、一致性

一致性是指,除可以预见的与其繁殖特点相关联的变异外,如果一个品种经过繁殖其相关特征或特性表现足够一致,就认为其具备一致性。UPOV 公约 1978 年文本对一致性的规定为:"就该品种的有性或无性繁殖特性而言,必须是充分均质或一致的。"根据我国《条例》及《细则(农业部分)》的规定,一致性是指申请品种权的植物新品种经过繁殖,除可以预见的变异外,其相关特征或特性一致。"相关特征或特性"是指至少包括用于特异性、一致性和稳定性测试的性状或授权时进行品种描述的性状,一致性就是同一品种的每一个个体植株在外观生物学形态特征上是一致的,没有明显差异。例如,绿色玫瑰品种,在进行 DUS 测试时,需要对其花色、花期、根茎表面的形状等性状进行审查,如果经过几代繁殖,该绿色玫瑰品种的这些性状保持不变,没有明显差异,则认为该品种具备一致性。当然,如果因为可预见的变异导致"不一致",也不能说明该品种不具有

"一致性"。除此之外,对申请品种的一致性进行审查时,还需考虑植物的繁殖方式和育种方法,不同的育种方法对植物变异有不同影响。

三、稳定性

根据《条例》第 17 条的规定,稳定性是指,如果一个品种经过反复繁殖,其有关特性保持不变,或者在特定繁殖周期的每个周期末,其有关特性保持不变,即同一品种的生物学形态特征经过繁殖而保持不变,则认为该品种具有稳定性。这里"有关特征或特性"是指至少包括用于特异性、一致性和稳定性测试的性状或授权时进行品种描述的性状。该规定与 UPOV 公约 1978 年文本的规定一致。例如,绿色玫瑰品种,在进行 DUS 测试时,需要对其花色、花期、根茎表面的形状等性状进行审查,在经过几代繁殖之后,后代和前代的这些性状保持不变,则认为该绿色玫瑰品种具有稳定性。一致性和稳定性的审查不仅仅考察用于特异性测试的性状,还应当考察授权时进行品种描述的性状。一致性和稳定性的区别在于:一致性是在一个品种群体中对每个个体植株进行比较,不区分前代和后代,只要生物学形态特征没有明显差异,就认为具备一致性;而稳定性主要是对品种的前代和后代进行比较,如果后代的生物学形态特征与前代保持不变,则认为具备稳定性。

第三节　植物新品种权授予的程序制度

植物新品种权的授予要经过申请、初步审查、实质审查和复审四个阶段(如图7-14)。[①]

一、申请阶段

植物新品种权的申请应遵循书面原则、单一性原则、优先权原则和先申请原则。申请的方式包括申请人自己直接申请和委托代理机构申请。申请需提交品种权申请请求书、品种权申请说明书和品种照片及其简要说明等文件。一件植物品种权申请包括两个以上新品种的,品种保护办公室应当要求申请人提出分案申请。若申请不符合法定规定,申请将被撤回或驳回。

---

① 胡潇潇:《植物新品种权法律基础》,知识产权出版社 2018 年版,第 10~80 页。

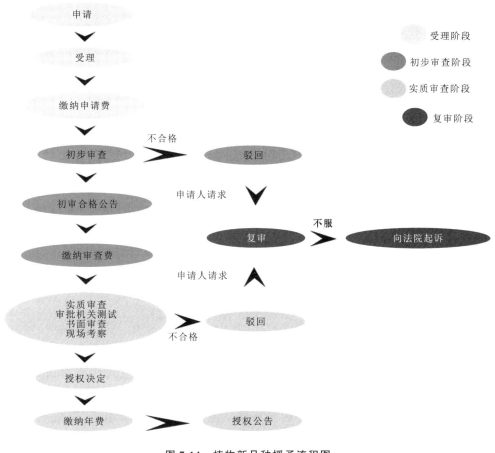

图 7-14　植物新品种授予流程图

（一）申请的原则

申请必须遵循书面原则、单一性原则、优先权原则和先申请原则。书面原则是指申请人为了获得品种权而履行的法定手续必须以书面形式办理。书面原则不仅适用于品种权的申请，也适用于审查、授权、复审等各环节，申请人的请求、答辩，审批机关的审查决定、授权决定等都以书面形式来实现。单一性原则是指一个植物新品种只能授予一项品种权。《细则（农业部分）》第 34 条规定："一件植物新品种权申请包括两个以上新品种的，品种保护办公室应当要求申请人提出分案申请。"优先权原则是指申请人在任一成员国首次提出植物新品种保护申请后的一定期限内，又在其他成员国就同一植物新品种提出保护申请的，可将首次申请日作为后来在其他成员国申请的申请日。先申请原则是指两个以上的申请人分别就同一植物新品种申请品种权的，品种权授予最先申请的人。先申请原则的关键在于申请日的先后。当事人有优先权的，申请日就是指优先权日。

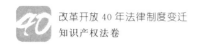

(二)申请的方式

《条例》第 19 条规定:"中国的单位和个人申请品种权的,可以直接或委托代理机构向审批机关提出申请。"中国的申请人既可以自己直接申请,也可以委托代理机构申请。在中国申请植物新品种权,不论是中国申请人还是外国申请人,如果选择委托代理机构申请,只能委托中国境内的并由审批机关批准或备案的代理机构。如果中国申请人在国外提出新品种保护申请,应按照国外的申请要求和程序进行,但是,应当在中国进行登记。

(三)申请提交的文件

根据《条例》及相关实施细则的规定,申请品种权的,申请人应当向审批机关提交品种权申请请求书、品种权申请说明书和品种照片及其简要说明各一式两份,还应同时提交电子文档。申请人若选择委托代理机构申请,代理机构还应当提交申请人出具的委托书。申请人要求优先权的,应在申请时提交书面说明,并在 3 个月内提交经原受理机关确认的首次申请的申请文件副本。

(四)申请的分案、撤回与驳回

分案申请是单一性原则的要求。《细则(农业部分)》规定,一件植物品种权申请包括两个以上新品种的,品种保护办公室应当要求申请人提出分案申请;申请人在指定期限内对其申请未进行分案修正或期满未答复的,视为撤回申请。《细则(林业部分)》规定,一件品种权申请包括两个以上品种权申请的,在实质审查前,植物新品种保护办公室应当要求申请人在规定期限内提出分案申请;申请人在规定期限内对其申请未进行分案修正或期满未答复的,该申请视为放弃。

品种权申请有以下情形之一视为申请人撤回申请:(1)在规定的时间内未缴纳或未缴足申请费的;(2)逾期不送交或送交不符合规定的繁殖材料的。《细则(农业部分)》规定,除品种权申请文件外,任何人向品种保护办公室提交的与品种权申请有关的材料,有下列情形之一的,视为未提出:(1)未使用规定的格式或者填写不符合要求的;(2)未按照规定提交证明材料的。

当品种权申请有以下情形之一该申请将被驳回:(1)对危害公共利益、生态环境的植物新品种;(2)申请品种不在保护名录范围之内的;(3)外国申请人不符合《条例》第 20 条规定的;(4)申请品种丧失了新颖性;(5)对品种保护办公室发出的补正通知书和审查意见通知书逾期未答复的;(6)对品种权申请的修正仍不合格的;(7)未在规定时间内提交证明材料的。

二、初步审查阶段

审批机关应当自受理品种权申请之日起 6 个月内完成初步审查。对经初步审查不合格的品种权申请,审批机关应当通知申请人在 3 个月内陈述意见或予以修正。申请人逾期不答复或修正后仍不合格的,审批机关驳回其申请。

根据《条例》第 27 条的规定,审批机关对品种权申请的下列内容进行初步审查:"(一)是否属于植物品种保护名录列举的植物属或种的范围;(二)是否符合本条例第 20 条的规定;(三)是否符合新颖性的规定;(四)植物新品种的命名是否适当。"

(一)是否属于植物品种保护名录列举的植物属或种的范围

《条例》第 13 条规定:"申请品种权的植物新品种应当属于国家植物品种保护名录中列举的植物的属或种。植物品种保护名录由审批机关确定或公布。"只有国家植物品种保护名录中列举的品种才能申请植物新品种权,不在范围内的品种不能申请。

UPOV 公约 1978 年文本对受保护品种的范围作了规定,第 4 条第 3 款:"(a)每个联盟成员国自本公约在其领土生效之日起,应至少对五个属或种实施本公约的规定。(b)随后,每个联盟成员国于自本公约在其领土生效之日起的以下期限内,应对更多的属或种实施本公约的规定:(Ⅰ)三年内至少有十个属或种;(Ⅱ)六年内至少有十八个属或种;(Ⅲ)八年内至少有二十四个属或种。"我国根据公约的规定,分批次公布植物品种保护名录,逐渐扩大受保护品种的范围。目前,我国发布了十一批农业植物品种保护名录,累计达到 191 个植物属(种),六批林业植物新品种保护名录,累计达到 206 个属(种)。

(二)是否有相关国际条约或协议

《条例》第 20 条规定,外国人、外国企业或外国其他组织在中国申请品种权的,应当按其所属国和我国签订的协议或共同参加的国际条约办理,或根据互惠原则依照条例办理。外国申请人在中国没有经常居所或营业所的,审批机关应当审查申请人的所属国是不是 UPOV 联盟成员国、是否同我国签订相关协议或其所属国法律是否有依互惠原则给外国人新品种保护的规定,如果上述情况均为否,审批机关可以要求外国申请人提供所属国承认中国公民和法人可以按照该国国民的同等条件,在该国享有品种权和其他有关权利的证明文件。外国申请人不能提供该文件的,以不符合《条例》第 20 条为由,驳回该外国申请人的品种权申请。

(三)是否符合新颖性的规定

《条例》第 14 条规定:"授予品种权的植物新品种应当具有新颖性。新颖性是指申请品种权的植物新品种在申请日前该品种繁殖材料未被销售,或者经育种者许可,在中国境内销售该品种繁殖材料未超过 1 年;在中国境外销售藤本植物、林木、果树和观赏树木品种繁殖材料未超过 6 年,销售其他品种繁殖材料未超过 4 年。"

判定新颖性的重要依据是品种是否销售。此处的"销售"是一种商业活动,不论其销售数量和销售金额如何,只要有经济行为,就构成"销售"。《细则(农业部分)》第 15 条对"销售"作了具体规定:"(一)以买卖方式将申请品种的繁殖材料转移他人;(二)以易货方式将申请品种的繁殖材料转移他人;(三)以入股方式将申请品种的繁殖材料转移他人;(四)以申请品种的繁殖材料签订生产协议;(五)以其他方式销售的情形。"同时,该条款也对"育种者许可销售"作了具体规定:"(一)育种者自己销售;(二)育种者内部机构销售;(三)育种者的全资或参股企业销售;(四)农业部规定的其他情形。"

除销售、推广行为丧失新颖性外,下列情形视为已丧失新颖性:(1)品种经省、自治区、直辖市人民政府农业、林业主管部门依据播种面积确认已经形成事实扩散的;(2)农作物品种已审定或者登记两年以上未申请植物新品种权的。我国关于新颖性的界定与 UPOV 公约 1978 年文本的规定是一致的。此外,UPOV 公约 1978 年文本对新颖性还作了特别的规定:"与提供出售或在市场销售无关的品种的试种,不影响保护权。以提供出售或市场销售以外的方式成为已知品种的事实,不影响育种者的保护权。"

(四)是否适当命名

授予品种权的植物新品种应当具备适当名称,并与相同或相近的植物属或种中已知品种的名称相区别。要求植物新品种适当命名,一方面是为了使植物新品种与已知品种相区别,另一方面是为了避免和他人的在先权利冲突。

根据《条例》第 18 条的规定,下列名称不得用于品种命名:"(一)仅以数字组成的;(二)违反社会公德的;(三)对植物新品种的特征、特性或育种者身份等容易引起误解的。"两部实施细则对植物新品种的命名也作了细化和补充,《细则(农业部分)》第 18 条规定了不得作为新品种命名的 8 种情形:"(一)仅以数字组成的;(二)违反国家法律或社会公德或带有民族歧视性的;(三)以国家名称命名的;(四)以县级以上行政区划的地名或公众知晓的外国地名命名的;(五)同政府间国际组织或其他国际国内知名组织及标识名称相同或近似的;(六)对植物新品种的特征、特性或育种者身份等容易引起误解的;(七)属于相同或近似植物属或种的已知名称的;(八)夸大宣传的。"《细则(林业部分)》第 13 条规定了不得作为新品种命名的 5 种情形:"(一)违反国家法律、行政法规规定或者带有民族歧视性的;(二)以国家名称命名的;(三)以县级以上行政区划的地名或者公众知晓的外国地名命名的;(四)同政府间国际组织或者其他国际知名组织的标识名称相同或者近似的;(五)属于相同或者相近植物属或者种的已知名称的。"

另外,根据 UPOV 公约 1978 年文本第 13 条对品种名称的专门规定,一个品种在所有的联盟成员国必须以同一种名称提出,品种应以通用的名称命名,但品种名称又必须能识别品种,且不得影响第三者的在先权。当品种提供出售或市场销售时,应准予登记的品种名称与商标、商品名称和其他类似的标志连用,若连用这类标志,则该品种名称应易于识别。

三、实质审查阶段

初审公告后,审批机关对申请品种的特异性、一致性和稳定性进行实质审查。审批机关进行实质审查时,主要依据申请文件和其他有关书面材料进行书面审查,必要时可以委托指定的测试机构进行测试或者考察业已完成的种植或其他试验结果。我国采取的植物新品种的实质审查方式包括书面审查、DUS 测试和现场考察。

(一)书面审查

根据我国《条例》的规定,审批机关进行实质审查以书面形式为主,主要依据请求书、说明书、照片及其说明等文件进行审查,必要时,审批机关可以邀请有关专家加入审查。如果书面材料足以说明申请品种是否具有"三性",则根据书面材料就能做出授权与否的决定;如果根据书面材料不能判定申请品种是否具有"三性",审批机关可以委托指定的测试机构进行测试或派员考察已经完成的种植或其他试验结果。

(二)DUS 测试

DUS 测试是对保护的植物新品种进行特异性(Distinctness)、一致性(Uniformity)和稳定性(Stability)的栽培试验或室内分析的过程(简称"DUS 测试")。审批机关对每个列入保护名录的植物的属或种有单独的 DUS 测试指南,DUS 测试指南中对各属或种可预见的变异均有相应的规定。对申请品种"三性"的审查,有测试指南的测试品种,其 DUS 测试应当按照测试指南和测试技术手册来进行测试;对于没有测试指南的测试品种,可以利用 UPOV 其他成员国的 DUS 测试经验或研制新的 DUS 测试程序来进行测试。测试员根据测试的品种制定 DUS 测试的设计,进行种植并作出观察和评价,最后完成 DUS 测试报告。DUS 测试中,需要将待测试品种与近似品种及标准品种一起种植开展测试,按具体差异判断标准和选择的近似品种及标准品种相对比来判定 DUS 三性。测试机构将 DUS 测试报告递交主管机关,由主管机关决定是否授权。

一般情况下,测试机构对繁殖材料进行至少两个连续相同季节的生长周期的测试。测试的条件应能保证测试品种植株的正常生长及其性状的正常表达,每个品种一般在一个测试点进行测试,有特殊要求的可以进行多点测试。在实践中,DUS 测试存在时间成本高、人力成本高以及测试难度大等问题。

(三)现场审查

审批机关依据书面审查结果难以作出授权与否决定,且申请品种不具备测试条件的,审批机关从专家库中选择 3 名以上专家组成专家组,对申请品种进行现场审查。专家现场审查需在评价品种的最佳时间,测试地点一般是育种者的试验点,如温室或田间,种植方式是盆栽、移栽或播种。现场审查中,专家根据测试指南、申请文件中的相关信息安排测试,比较测试品种与近似品种及标准品种的性状。专家现场审查需要准备申请文件、测试结果报告表格、特征记录表、测试指南和测试技术手册、近似品种和标准品种的性状描述等材料,同时需要询问育种者有关育种过程、育种方法、选择方法和材料的来源等信息。现场审查中,专家应当确保测试品种是申请品种并与申请品种的照片进行核对,检查试验条件使之符合测试指南的要求,保证植株数量及近似品种合适,通过观察和测量申请人提供的植物材料评价测试品种的每一个性状,从而判定测试品种的特异性、一致性和稳定性。

四、复审阶段

《细则(林业部分)》第 38 条:"国家林业局植物新品种复审委员会(以下简称'复审委员会')由植物育种专家、栽培专家、法律专家和有关行政管理人员组成。复审委员会主任委员由国家林业和草原局主要负责人指定。植物新品种保护办公室根据复审委员会的决定办理复审的有关事宜。"第 39 条:"依照《条例》第 32 条第 2 款的规定向复审委员会请求复审的,应当提交符合国家林业局规定格式的复审请求书,并附具有关的证明材料。复审请求书和证明材料应当各一式两份。申请人请求复审时,可以修改被驳回的品种权申请文件,但修改仅限于驳回申请的决定所涉及的部分。"第 40 条:"复审请求不符合规定要求的,复审请求人可以在复审委员会指定的期限内补正;期满未补正或者补正后仍不符合规定要求的,该复审请求视为放弃。"第 41 条:"复审请求人在复审委员会作出决定前,可以撤回其复审请求。"

依据《农业部植物新品种复审委员会审理规定》,申请人对驳回品种权申请的决定不服的,可以自收到通知之日起 3 个月内向复审委员会提交复审请求书,请求复审。复审委员会收到复审请求后,由秘书处对复审请求书进行形式审查,形式审查内容包括:"(一)复审请求应当属于新品种保护办公室在初步审查或者实质审查中驳回的品种权申请;(二)复审请求不应当属于复审委员会已经审理并作出审理决定,请求人又以同一事实和理由提出的复审请求;(三)复审请求人应当是被驳回品种权申请的全体申请人;(四)复审请求的期限应当符合规定;(五)复审请求书应当符合规定的格式并附具相关证明材料,且各文件材料一式两份;(六)复审请求中对被驳回的品种权申请文件的修改,仅限于驳回申请决定所涉及的部分;(七)委托代理机构办理的,应当提交代理委托书并写明委托权限等。"不符合上述规定的复审请求,秘书处应当通知复审请求人在指定的期限内补正,逾期不补正的,该复审请求视为撤回。

对形式审查合格的复审请求,秘书处可以直接交由复审小组审理,也可以交由新品种保护办公室进行"前置审查"。进行前置审查的，新品种保护办公室应当自收到案卷之日起 30 日内（特殊情况除外）提出审查意见。前置审查意见分以下三种："（一）复审请求证据充分，理由成立，同意撤销原驳回申请的决定；（二）复审请求人提交的申请文件修改文本克服了原申请中存在的缺陷，同意在修改文本的基础上撤销原驳回申请的决定；（三）复审请求人陈述的意见和提交的申请文件修改文本不足以使原驳回申请的决定被撤回，坚持原驳回申请的决定。"新品种保护办公室作出前两种审查意见，复审委员会不再进行审理，可以据此作出审理决定。新品种保护办公室作出第三种审查意见，由复审小组继续进行审理。

复审请求人在复审委员会作出审理决定前可以撤回复审请求，复审程序终止。复审委员会应当自收到复审请求书之日起 6 个月内完成复审，根据前置审查意见或复审小组的审理结果作出审理决定。审理决定分为以下三种："（一）复审请求的理由不成立，维持原驳回申请的决定，驳回复审请求；（二）复审请求的理由成立，撤销原驳回申请的决定；（三）品种权申请文件经复审请求人修改，克服了原驳回申请的决定所指出的缺陷，在新的文本基础上撤销原驳回决定。"申请人对复审委员会的决定不服的，可以自接到通知之日起 15 日内向法院提起诉讼。

五、权利的授予

对经审查符合《条例》及相关实施细则规定的品种权申请，新品种保护办公室拟定授权签报，并附专家现场审查报告或测试报告，报国家林业和草原局或农业农村部审批。国家林业和草原局或农业农村部应当作出授予品种权的决定，并予以登记和公告。林业植物新品种权的申请人应当自收到通知之日起 3 个月内领取品种权证书，办理相关手续，逾期未领取品种权证书的，视为放弃品种权（有正当理由的除外）。林业植物新品种权自作出授权决定之日起生效。农业植物新品种权的申请人应当自收到通知之日起 2 个月内办理相关手续，按期办理的，授予品种权，颁发品种权证书，并予以公告；期满未办理的，视为放弃品种权。农业植物新品种权自授权公告之日起生效。

在品种权申请的过程中，任何人在规定的异议期内均可以对不符合单一性原则的申请、不符合先申请原则的申请和不符合授权条件的申请向品种保护办公室提出异议，并提供相关证据和说明理由。未提供证据的，品种保护办公室不予受理。林业植物新品种权申请的异议期是自品种权申请公告之日起至授予品种权之日前；农业植物新品种权申请的异议期是自品种权申请之日起至授予品种权之日前。

第四节　侵犯植物新品种权的行为

一、保护范围

新《种子法》第 28 条是关于品种权保护范围的基本条款。其基本内容如下：完成育种的单位或者个人对其授权品种，享有排他的独占权。任何单位或者个人未经植物新品种权所有人许可，不得生产、繁殖或者销售该授权品种的繁殖材料，不得为商业目的将该授权品种的繁殖材料重复使用于生产另一品种的繁殖材料；但是本法、有关法律、行政法规另有规定的除外。该条款主要来自对《植物新品种保护条例》第 6 条的改造。与《条例》相比，本条有两处变化：（1）生产、繁殖和销售授权品种繁殖材料的，不再要求"商业目的"，只要行为人实施相关行为，未经许可，即构成侵权。但是，对于将该授权品种的繁殖材料重复使用于生产另一品种的繁殖材料，仍然必须要求"商业目的"，未经许可的情况下，才构成侵权。（2）将《条例》中的"但是，本条例另有规定的除外"改为"但是本法、有关法律、行政法规另有规定的除外"。这一个授权条款，授权《种子法》本身、未来的其他法律或者行政法规规定品种权保护的例外情况。这样处理考虑到了《种子法》与未来《条例》修订、其他法律制定之间的协调问题。从语言表达来说，也可以简化为"法律法规另有规定的除外"。这两处变化对品种权保护范围具有一定影响。其一，与《条例》相比，品种权的保护范围有所扩大，即任何生产、繁殖或者销售授权品种繁殖材料的，都应经品种权人许可，否则构成品种权侵权。品种权人无须证明被控侵权人是否属于"商业目的"的生产、繁殖或者销售授权品种繁殖材料。其二，授权法律（包括未来制定的《植物新品种保护法》）、法规（如未来修订的《条例》）对品种权作出新的限制规定。

关于品种权的限制与例外，新《种子法》没有改变《条例》的相关规定，即在下列情况下使用授权品种的，可以不经植物新品种权所有人许可，不向其支付使用费，但不得侵犯植物新品种权所有人依照本法、有关法律、行政法规享有的其他权利：（1）利用授权品种进行育种及其他科研活动；（2）农民自繁自用授权品种的繁殖材料。此处（1）就是通常所指的科研例外或育种者豁免的条款，而（2）指的是农民保存种子种植的权利，也就是"农民特权"条款。

此外，新《种子法》规定，为了国家利益或者社会公共利益，国务院农业、林业主管部门可以作出实施植物新品种权强制许可的决定，并予以登记和公告。取得实施强制许可的单位或者个人不享有独占的实施权，并且无权允许他人实施。上述内容即为品种权的强制许可制度，是对品种权的一种限制。该条保留了《条例》第 11 条第 1 款的内容，增加规定了"取得实施强制许可的单位或者个人不享有独占的实施权,并且无权允许他人实施"。根据《细则(农业部分)》的相关规定,实施品种权强制许可的主要理由和相关程序具体如下:有下列情形之一的,农业部可以作出实施品种权的强制许可决定:(1)为了国家利益或者公共利益的需要;(2)品种权人无正当理由自己不实施,又不许可他人以合理条件实施的;(3)对重要农作物品种,品种权人虽已实施,但明显不能满足国内市场需求,又不许可他人以合理条件实施的。申请强制许可的,应当向农业部提交强制许可请求书,说明理由并附具有关证明文件。

二、侵权行为

依据《细则(农业部分)》和《细则(林业部分)》的规定,根据行为目的和方法的不同,侵犯品种权的行为可概括为两大类——未经品种权人许可实施授权品种的行为和假冒授权品种的行为。

(一)未经许可实施授权品种的行为

实施授权品种的行为包括生产或销售授权品种的繁殖材料,也包括将授权品种的繁殖材料重复使用于生产另一品种的繁殖材料的行为,《条例》和新《种子法》中"侵犯植物新品种的行为"特指未经许可而实施授权品种的行为。《条例》第6条、《农业植物新品种权侵权案件处理规定》第2条、《最高人民法院关于审理侵犯植物新品种权纠纷案件具体应用法律问题的若干规定》第2条、《最高人民法院关于审理植物新品种纠纷案件若干问题的解释》第4条都明确规定:未经品种权人许可,以商业目的生产或销售授权品种的繁殖材料,将授权品种的繁殖材料重复使用于生产另一品种的繁殖材料的行为,属于侵犯品种权的行为。

除此之外,《条例》还为申请中的品种提供"临时保护",在自初步审查合格公告之日起至被授予品种权之日止的期间,未经申请人许可,为商业目的生产或销售该授权品种的繁殖材料的单位和个人,品种权被授予后,品种权人对其享有追偿的权利。

(二)假冒授权品种的行为

两部实施细则对假冒授权品种的行为有大同小异的规定。根据《细则(农业部分)》第57条的规定,假冒授权品种行为是指下列情形之一:(1)印制或者使用伪造的品种权证书、品种权申请号、品种权号或者其他品种权申请标记、品种权标记;(2)印制或者使用已经被驳回、视为撤回或者撤回的品种权申请的申请号或者其他品种权申请标记;(3)印制或者使用已经被终止或者被宣告无效的品种权的品种权证书、品种权号或者其他品种权标记;(4)生产或者销售《细则(农业部分)》第57条第(1)项、第(2)项和第(3)项所标记的品种;(5)生产或销售冒充品种权申请或者授权品种名称的品种;(6)其他足以使他人将非品种权申请或者非授权品种误认为品种权申请或者授权品种的行为。《细则(林业部分)》则将假冒授权品种的行为规定

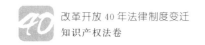
为：(1)使用伪造的品种权证书、品种权号的；(2)使用已经被终止或者被宣告无效的品种权的品种权证书、品种权号的；(3)以非授权品种冒充授权品种的；(4)以此种授权品种冒充他种授权品种的；(5)其他足以使他人将非授权品种误认为授权品种的。上述行为属于新《种子法》第 49 条规定的"假种子"行为。《细则(林业部分)》对假冒授权品种行为的规定范围比《细则(农业部分)》规定的范围较小，仅限于使用虚假的品种权证书和品种权号，因此《林业植物新品种保护行政执法办法》第 3 条还规定了销售授权品种未使用其注册登记的名称也属于侵犯品种权的行为。

三、法律责任

《种子法》《条例》《农业植物新品种权侵权案件处理规定》等分别对侵犯品种权应承担的法律责任有相应规定。侵犯品种权的，根据侵权行为的种类、性质、情节及后果的不同，侵权行为人应当承担相应的法律责任。

(一)民事责任

在品种权侵权行为中，行为人应当承担并且能够承担的侵权责任主要是赔偿损害、停止侵害等。《最高人民法院关于审理侵害植物新品种权纠纷案件具体应用法律问题的若干规定》中对侵犯品种权的赔偿数额作了相应规定：人民法院可以根据被侵权人的请求，按照被侵权人因侵权所受损失或者侵权人因侵权所得利益确定赔偿数额。权利人的损失或者侵权人获得的利益难以确定的，可以参照该植物新品种权许可使用费的倍数合理确定。权利人为制止侵权行为所支付的合理开支应当另行计算。依照前款规定难以确定赔偿数额的，人民法院可以综合考虑侵权的性质、期间、后果，植物新品种权许可使用费的数额，植物新品种实施许可的种类、时间、范围及权利人调查、制止侵权所支付的合理费用等因素，在 300 万元以下确定赔偿数额。故意侵害他人植物新品种权，情节严重的，可以按照第 2 款确定数额的一倍以上三倍以下确定赔偿数额。

2016 年 1 月 1 日实施的《种子法》加大了植物新品种侵权的赔偿力度。新《种子法》第 73 条第 3 款规定品种权侵权赔偿数额按如下方法确定：(1)按照权利人因被侵权所受到的实际损失确定；(2)按照侵权人因侵权所获得的利益确定；(3)参照该植物新品种权许可使用费的倍数合理确定；(4)法定赔偿方式确定。上述确定方法的适用具有先后顺序，只有用前一种方法不能确定的情况下，才适用后一种方法进行确定。对于具体的侵权赔偿数额，新《种子法》不仅提高了法定赔偿数额的标准，还将法释〔2007〕1 号规定的法定赔偿最高额由 50 万元提高到 300 万元，首次在植物新品种保护体系中纳入惩罚性赔偿制度，即对情节严重的品种权侵权行为，可以在上述(1)至(3)种方法确定数额的一倍以上三倍以下确定赔偿数额。对品种权侵权民事赔偿责任的强化，提高品种权侵权人的侵权成本，在一定程度上，不仅对品种权侵权行为有较大的威慑力,同时也将进一步促进品种权人积极维护其合法权益。

《最高人民法院关于审理侵害植物新品种权纠纷案件具体应用法律问题的若干规定》第8条规定了侵权赔偿的例外,即以农业或林业种植为业的个人、农村承包经营户接受他人委托代为繁殖侵犯品种权的繁殖材料,不知道代繁物是侵犯品种权的繁殖材料并说明委托人的,不承担赔偿责任。上述侵权赔偿的例外只适用于农民代繁,不适用于非农民代繁。而且,即便农民不知道代繁物是侵犯品种权的繁殖材料并说明委托人,不承担赔偿责任,但仍要承担停止侵害的侵权责任。

(二)行政责任

《条例》对未经许可实施新品种的侵权行为和假冒授权品种的行为作了行政处罚规定。根据《条例》第39条第3款和第40条的规定,未经许可实施新品种的侵权行为由省级以上人民政府农业、林业行政主管部门依各自职权处理,假冒授权品种的行为则可由县级以上人民政府林业、农业行政主管部门管理和处罚。这两种行为的处理机关虽然不相同,但是《条例》对这两种行为规定了相同的处罚方式和处罚数额:行政处理机关依各自职权责令停止侵权行为或假冒行为,没收违法所得和植物品种繁殖材料;货值金额5万元以上的,可处货值金额1倍以上5倍以下的罚款;没有货值金额或货值金额5万元以下的,根据情节轻重,可处25万元以下的罚款。对于销售授权品种未使用其注册登记的名称的行为,《条例》也作了相应的处理规定——由县级以上人民政府农业、林业行政主管部门依各自职权责令限期改正,可以处1000元以下的罚款。

2016年新施行的《种子法》降低了行政查处的门槛,也加大了行政处罚的力度。根据《种子法》第73条第5款、第6款的规定,未经许可实施授权品种的侵权行为和假冒授权品种的行为均可以由县级以上人民政府农业、林业行政主管部门进行查处。县级以上人民政府农业、林业行政主管部门责令停止侵权行为或假冒行为,没收违法所得和种子;货值金额不足5万元的,并处1万元以上25万元以下罚款;货值金额5万元以上的,并处货值金额5倍以上10倍以下罚款。《种子法》相对于《条例》而言,加强了品种权的保护力度,从《条例》中规定的"货值金额1倍以上5倍以下的罚款"上升为"货值金额5倍以上10倍以下罚款";另外,《条例》仅规定"可处"罚款,而《种子法》规定了"并处"罚款。

通过《条例》及其相关配套制度与《种子法》的对比可知,《种子法》规定县级以上政府农业、林业行政主管部门就可以管理和查处品种权侵权行为和假冒行为,降低了品种权的保护门槛,减轻了农业、林业行政主管部门的工作压力,加大了品种权侵权和假冒行为的民事赔偿力度和处罚力度,从而加强了品种权保护。在实务中,《种子法》和《条例》对品种权侵权民事赔偿或行政处罚的规定不一致

的,依照上位法优于下位法的原则,根据保护权利人的要求,应当适用《种子法》的相关规定。

(三)刑事责任

关于侵犯品种权应承担的刑事责任,《条例》和《种子法》中只作了笼统的规定。《条例》第 40 条规定,假冒授权品种,情节严重构成犯罪的,依法追究刑事责任。《种子法》第 91 条规定,违反本法规定,构成犯罪的,依法追究刑事责任。《刑法》第 3 章"侵犯知识产权罪"中也只规定了侵犯商标、著作权、专利和商业秘密应承担的刑事责任,对侵犯植物新品种权的行为并未提及,在实践中只能按照《刑法》第 140 条"生产、销售伪劣商品罪"和第 147 条"生产、销售伪劣种子罪"进行处理。根据《刑法》第 140 条的规定,生产者、销售者在产品中掺杂掺假,以假充真,以次充好或以不合格产品冒充合格产品,销售金额 5 万元以上不满 20 万元的,处 2 年以下有期徒刑或拘役,并处或单处销售金额 50% 以上 2 倍以下的罚金;销售金额 20 万元以上不满 50 万元的,处 2 年以上 7 年以下有期徒刑,并处销售金额 50% 以上 2 倍以下罚金;销售金额 50 万元以上不满 200 万元的,处 7 年以上有期徒刑,并处销售金额 50% 以上 2 倍以下罚金;销售金额 200 万元以上的,处 15 年有期徒刑或者无期徒刑,并处销售金额 50% 以上 2 倍以下罚金或者没收财产。根据《刑法》第 147 条的规定,销售明知是假的或者失去使用效能的种子,或者生产者、销售者以不合格的种子冒充合格的种子,使生产遭受较大损失的,处 3 年以下有期徒刑或者拘役,并处或者单处销售金额 50% 以上 2 倍以下罚金;使生产遭受重大损失的,处 3 年以上 7 年以下有期徒刑,并处销售金额 50% 以上 2 倍以下罚金;使生产遭受特别重大损失的,处 7 年以上有期徒刑或者无期徒刑,并处销售金额 50% 以上 2 倍以下罚金或者没收财产。其中,"较大损失"一般以 2 万元为起点;"重大损失"一般以 10 万元为起点;"特别重大损失"一般以 50 万元为起点。

从《刑法》第 147 条的规定看,生产、销售伪劣种子罪主要以行为后果为考量,根据行为对农业、林业的生产造成的损失来定罪量刑。从《刑法》第 140 条的规定看,生产、销售伪劣产品罪则以行为本身为考量,根据侵权假冒产品的销售数额来进行定罪量刑。结合这两条的规定,有关新品种的侵权假冒行为人应承担的刑事责任应分情况讨论(如表 7-3)。

表 7-3　依据不同情节新品种的侵权假冒行为人应承担的刑事责任

情节和法律责任	情形一	情形二	情形三	情形四
侵权假冒品种的繁殖材料销售数额	不满 5 万元	不满 5 万元	5 万元以上	5 万元以上
对农业生产造成的损失	未造成损失或造成的损失不足 2 万元	造成 2 万元以上损失	未造成损失或造成的损失不足 2 万元	造成 2 万元以上损失上

续表

情节和法律责任	情形一	情形二	情形三	情形四
是否符合"生产、销售伪劣产品罪"的构成要件，或是否符合"生产、销售伪劣种子罪"的构成要件	不符合两罪的构成要件	不符合"生产、销售伪劣产品罪"的构成要件，但是符合"生产、销售伪劣种子罪"的构成要件	不符合"生产、销售伪劣种子罪"的构成要件	符合两罪的构成要件
法律责任	不构成犯罪，仅需要承担民事责任或行政责任	依"生产、销售伪劣种子罪"进行刑事处罚	依"生产、销售伪劣产品罪"的规定定罪量刑	法条竞合，从一重处

第五节　我国植物新品种保护制度的未来展望

一、植物新品种保护的国内外发展趋势

随着 UPOV1978 文本的关闭，加入 UPOV1991 文本的国家越来越多，寻求更高的品种权保护水平已成为植物新品种保护的国际发展趋势。近些年，我国品种权的申请量、授权量，以及有效授权品种数量都已跻身国际前列。作为潜在的品种权保护大国，我国种业发展的现代化也呼吁提高我国品种权的保护水平。

（一）植物新品种保护的国际发展趋势

总体而言，寻求更高的品种权保护水平是植物新品种保护的国际发展趋势。随着 UPOV1978 文本在 1999 年关闭，越来越多的国家加入了 UPOV1991 文本，UPOV1991 文本所确定的品种权保护水平在国际上越来越具有影响力。根据 UPOV 公布的数据，截止到 2019 年 2 月 14 日，已经有 75 个国家或地区加入 UPOV 公约，其中比利时坚持的是 UPOV1961/1972 文本，包括中国在内的 17 个国家选择 UPOV1978 文本，其余包括欧盟、美国、澳大利亚、日本等 57 个国家均已加入 UPOV1991 文本。[①] 虽然目前中国的植物新品种保护水平已符合《TRIPS 协定》的要求和 UPOV1978 文本，但当中国与加入 UPOV1991 文本的国家进行与农产品有关的对外贸易时，同样将受到对方国家与 UPOV1991 文本相当保护水平的品种权保护制度的制约。因此，中国将不可避免地要考虑是否加入 UPOV1991 文本。

---

① UPOV，Members of the International Union for the Protection of New Varieties of Plants，https://www.upov.int/export/sites/upov/members/en/pdf/pub423.pdf，2019-04-10.

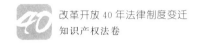
(二)植物新品种保护的国内发展趋势

1999 年 4 月中国首次受理品种权申请,截至 2018 年,中国植物新品种保护申请量突破 2 万件,授权总量达到 11168 件,申请量居世界第一。[①]

除了品种权申请数量逐年攀升,近年来,中国有效授权品种数量也快速递增。在 2012 年年底,中国有效授权品种数量尚位于欧盟、美国、日本、荷兰、乌克兰、俄罗斯、韩国之后,甚至刚及荷兰的 50%。[②] 但到 2016 年年底,中国有效授权品种数量已经超过了乌克兰、俄罗斯和韩国,直逼荷兰(见表 7-4)。[③] 这些数据表明中国已经成为潜在的品种权保护大国,品种权作为保护育种创新知识产权的一种重要方式,在中国已经越来越受到育种者的重视。

表 7-4 近年来相关国家与地区的有效授权品种数量(件)[④]

	欧盟	美国		日本	荷兰	乌克兰	俄罗斯	韩国	中国
		PVPA	PPA						
2012	20362	5077	14535	8202	6416	4448	4185	3482	3465
2013	21577	6001	15040	8048	6876	4716	4150	3757	3487
2014	22555	6834	15693	8274	7283	3635	4246	3932	4020
2015	23766	7139	16336	8231	7719	3635	4407	4400	5772
2016	25148	7433	16942	8339	7937	3635	4739	4801	6781

二、我国植物新品种保护制度的应对

在创新驱动下,全球种业市场竞争日益激烈。我国作为农业大国,要在国际种业市场占据一席之地,必须积极地从对外、对内两个方面都着手做好准备。对外,我国对加入 UPOV 公约 1991 年文本要持谨慎的态度,与此同时做好积极的准备;对内,我国宜早日启动《植物新品种保护法》制定工作。

---

① 农村土地网:《2018 年种业 6 件大事》,http://www.nctudi.com/news/detail-66057.html,下载日期:2019 年 4 月 10 日。

② UPOV, Plant Variety Protection Statistics for the Period 2009—2013, https://www.upov.int/edocs/mdocs/upov/en/c_48/c_48_7.pdf,2019-04-10.

③ UPOV, Plant Variety Protection Statistics for the Period 2012—2016, https://www.upov.int/edocs/mdocs/upov/en/c_51/c_51_7.pdf,2019-04-10.

④ UPOV,Plant Variety Protection Statistics for the Period 2012—2016,https://www.upov.int/edocs/mdocs/upov/en/c_51/c_51_7.pdf,2019-04-10.

（一）国际应对：对加入 UPOV1991 文本持谨慎的态度、做积极的准备

加入 UPOV 公约 1991 年文本是大势所趋，但这项工作的推进要采取既积极又谨慎的态度。

1. 持谨慎的态度。就目前而言，中国品种权保护已经符合《TRIPS 协定》规定的最低要求，符合中国现阶段应该承担的国际义务。由于中国目前的品种权结构以及权利主体结构与欧美日等发达国家与地区存在较大的区别，如，欧盟、日本的品种权申请与授权的数量最多的不是大田作物而是园艺类植物，品种权申请主体主要是企业。[①] 一旦加入 UPOV1991 文本，实施 UPOV1991 文本就成为中国的强制性义务，这将对中国农民和农业造成很大的挑战和冲击。一方面，对农民权利进行限制。中国是农业大国，但目前仍以一家一户的小农生产方式为主。1991 年文本对农民权的限制，将加重农民负担，短期内还可能对农民增收带来影响。另外，中国农民知识产权保护意识整体还比较薄弱，农民侵权的随意性将加大权利者的维权成本。致使 1991 年文本在中国难以得到有效实施。另一方面，对中国农业造成冲击，特别是育种薄弱领域。加入公约 1991 年文本后，将有大批国外植物新品种到中国申请注册保护，并且公约 1991 年文本将植物新品种的保护期限延长至最低 20 年，这意味着国外优势科研品种将长期占据中国植物新品种保护的份额，特别是中国一些育种薄弱领域如园艺、花卉等。这可能导致中国相关领域的育种科研不断萎缩，最终造成产业发展受制于人。[②] 因此，对于采用 UPOV 公约 1991 文本相关规定，中国应持审慎的态度，现阶段不必主动加入 UPOV1991 文本。

2. 做积极的准备。从长远来看，加入 UPOV 公约 1991 年文本对中国更好地融入国际植物新品种保护的竞争与合作，更加顺利地引进更多更优的国外植物新品种具有积极作用。推行实施 UPOV 公约 1991 年文本还将加强植物新品种保护的信息交流、数据交流、标准品种交流、品种测试合作、品种规范描述[③]以及其他方面的国际合作。事实上，UPOV1991 文本某些规定已经对中国的植物新品种产生影响，尤其是那些用于出口贸易的农业作物及其相关产品。在当前国际国内知识产权保护水平不断提高和日益严格的趋势下，我们必须充分利用好加入 UPOV1991 文本过渡期，做好相应的对策和准备，以应对未来的挑战。其一，中国要加快提升育种产业自主研发能力。"君子务本，本立道生"，种子科技自主创新能

---

① 李菊丹：《论中国植物新品种保护的立法例选择》，载中国社会科学院知识产权中心、中国知识产权培训中心编：《中国知识产权法律修订相关问题研究》，知识产权出版社 2014 年版，第 448～449 页。

② 孙洪武、周明月：《对我国加入 UPOV 公约 1991 年文本的思考》，载《农业科技管理》2008 年第 6 期。

③ 杨玉林：《加入国际植物新品种保护公约 1991 年文本及我国相关应对措施》，载《科技咨询导报》2007 年 11 期。

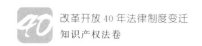
力是推进中国植物新品种保护水平的根本。中国政府应在过渡期加快建立种子科技自主创新体系,大幅度增加对育种科研的投资。其二,加强技术准备,完善植物新品种保护技术支撑体系。例如,尽快建立植物新品种已知数据库;加快修订DUS 测试指南,完善 DUS 测试技术体系,建立 DUS 测试技术共享机制;加快对原始品种和派生品种相关指标的研究,提高相关领域原始品种的数量和质量等。①其三,加快修订植物新品种保护相关的法律法规,缩小中国法律法规与 UPOV 公约 1991 文本之间的差距。同时,加强法制宣传,提高广大农民、种子公司、中介代理机构的植物新品种知识产权保护意识。

另外,日本作为亚洲唯一经历从 UPOV1978 文本向 UPOV1991 文本转变的国家,其植物新品种保护制度的发展历程和经验值得中国学习和借鉴。②

(二)国内应对:启动《植物新品种保护法》制定工作

《植物新品种保护条例》及相关规定,以及新《种子法》的颁布对中国植物新品种的保护起到了积极促进作用,但仍然存在一定的局限性。《条例》的颁布,尽管有主动为植物育种创新提供知识产权保护的初衷,但主要是为加入 WTO 和 UPOV1978 文本的需要。因此,《条例》的制定具有被动性和临时性。在这种背景下,《条例》的颁布并未过多关注国内种业发展的现状。另外,《条例》与其实施细则之间、两个实施细则之间以及条例和司法解释之间协调性较弱,明显存有相互冲突的规定,例如,对相同意思采取了不同的表达。"由于国内外社会、经济形势的变化和育种技术与种业的快速发展,加上 10 年前在制定《条例》时缺乏实践经验,也使《条例》在实施的过程中暴露出不完善之处"③,现行植物品种保护规定中的一些内容是值得商榷的,例如,关于侵权认定的规定。而品种权保护范围较窄,仅限于对授权品种的繁殖材料的生产、销售和重复利用三种行为,同时品种权侵权的法律责任轻,与中国《专利法》《商标法》《著作权法》规定的侵权责任相差巨大。④ 虽然国务院于 2013 年和 2014 年对《条例》进行了两次修订,但这两次修订并没有解决中国植物品种保护立法所面临的根本问题。2016 新修订的《种子法》虽然对中国植物新品种保护起到了促进作用,在一定程度上有助于解决品种权保护实践中存在的立法层级低、赔偿低、效果差等问题,但限于种子法本身的立法思路,新《种子法》仅

① 孙洪武、周明月:《对我国加入 UPOV 公约 1991 年文本的思考》,载《农业科技管理》2008 年第 6 期。

② 黄平、郑勇奇:《国际植物新品种保护公约的变迁及日本和韩国经验借鉴》,载《世界林业研究》2012 年第 3 期。

③ 卢新、刘平、张雪清:《〈植物新品种保护条例〉有关内容修改的探讨》,载《农业科技发展》2006 年第 6 期。

④ 李菊丹:《论 UPOV1991 对中国植物新品种保护的影响及对策》,载《河北法学》2015 年第12 期。

对植物新品种保护规定作微调，无法实现对植物新品种保护制度的规范化和体系化作出有效回应，如品种权行使环节的扩大、实质性派生品种制度的实施、生物技术背景下品种权与生物技术专利之间的衔接、品种权强制许可制度的完善以及农民留种权利的规范等问题。因此，启动《植物新品种保护法》制定工作，是中国植物新品种保护实践的长远之计和必然选择。[①]

另外，加入 UPOV 公约 1991 年文本还需要先修改中国现行《植物新品种保护条例》，使之适应和符合公约 1991 年文本的要求。在没有法律上的冲突后，UPOV 才会接受中国的申请启动加入公约 1991 年文本的手续。修订现行《植物新品种保护条例》，需参照 1991 文本与 1978 文本之间的差异，如"品种权范畴""依赖性派生品种""农民特权"等，在现行《植物新品种保护条例》基础上逐步提高中国植物新品种保护水平，把《植物新品种保护条例》上升为《植物新品种保护法》。可以制定 5～8 年的立法规划，并在立法准备过程中，积极提升中国育种产业自主研发能力、植物新品种测试能力，在切实、有效地保护生存型农民的权益的基础上，不断提高植物新品种的知识产权保护水平。

---

① 李菊丹、陈红：《新〈种子法〉对我国植物新品种保护的积极作用与局限》，载《法学杂志》2016 年第 7 期。

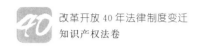

第八章

商业秘密保护制度的变迁

第一节　改革开放 40 年商业秘密保护制度变迁的概述

一、商业秘密保护的立法背景

保护商业秘密的思想在中国古已有之。但是，关于商业秘密保护的立法规定并未得到发展，各种"秘方"的保护往往是依靠严苛的传授程序来保障。新中国成立之前，国民政府在《中华民国刑法》中设置了保护"工商秘密"的条款。新中国成立之后，我国在立法上一直没有对商业秘密保护设置专门规定。

改革开放以来，在商品进口和涉外技术转让中涉及的专有技术问题逐渐引起学术界和实务界注意。[①] 为了扩大对外经济技术合作，提高我国科学技术水平，国务院于 1985 年颁布了《技术引进合同管理条例》。该条例中首次使用了"专有技术"的概念。[②] 1989 年国家科学技术委员会颁布的《技术合同法实施条例》则在关

---

① 郑成思：《从 Know-how 的一种译法说起》，载《国际贸易问题》1981 年第 4 期。
② 1985 年《技术引进合同管理条例》第 2 条。

于非专有技术转让合同的规定中使用了"技术秘密"的概念。① 在此阶段,技术秘密作为合同标的的法律地位得到了认可,但是对其保护则受到合同相对性的限制,作为商业秘密组成部分的经营秘密亦尚未得到法律的认可。

直到 1992 年年初《中美知识产权保护谅解备忘录》签订,我国政府承诺将依据《保护工业产权巴黎公约》的规定通过立法制止非法获取、披露他人商业秘密的行为。② 据此,1993 年颁布的《反不正当竞争法》中对商业秘密进行了界定,并对其提供了专门的法律保护,我国的商业秘密保护制度初步形成。 由此可见,我国商业秘密保护制度的确立,与著作权、专利和商标等其他知识产权制度一样,并非主要源自经济社会发展的内在需求,在更大程度上则是改革开放的大背景下为了引进技术、在外国压力下所做出的被动选择。《反不正当竞争法》颁布以后,随着经济的发展,商业秘密保护逐渐成为适应经济社会发展的主动需求。 近年来,商业秘密保护的重要性也越来越得到认可,我国企业商业秘密保护的需求逐渐增强,商业秘密争议逐渐增多,为主动适应推动创新驱动发展战略,如何完善商业秘密保护制度已经成为当前我国面临的重要课题。

二、商业秘密保护专门规范的发展

(一)民事规范的发展

1986 年《民法通则》并未明确对商业秘密提供保护。 关于知识产权的保护,《民法通则》规定:"我国公民、法人的著作权、专利权、商标专有权、发现权、发明权和其他科技成果权受到剽窃、篡改、假冒等侵害的,有权要求停止侵害、消除影响、赔偿损失。"③在这个阶段,商业秘密的保护只能通过被纳入"其他科技成果"的范畴获得保护。

"商业秘密"作为一个法律术语,最早出现在 1991 年修订的《民事诉讼法》中。该法规定,对涉及商业秘密的证据应当保密;涉及商业秘密的案件,当事人申请不公开审理的,可以不公开审理。④ 1992 年最高人民法院《关于适用〈中华人民共和国民事诉讼法〉若干问题的意见》对商业秘密的外延作了解释,规定商业秘密主要包括技术秘密、商业情报及信息等,如生产工艺、配方、贸易联系、购销渠道等当事人不愿公开的商业秘密。⑤ 上述规范解决了程序法中商业秘密的保护问题。

关于商业秘密保护的实体法条款,首次出现在 1993 颁布的《反不正当竞争法》

---

① 1989 年《技术合同法实施条例》第 74 条。
② 1992 年《中美知识产权保护谅解备忘录》第 4 条。
③ 1986 年《民法通则》第 118 条。
④ 1991 年《民事诉讼法》第 66 条、第 112 条。
⑤ 1992 年最高人民法院《关于适用〈中华人民共和国民事诉讼法〉若干问题的意见》第 154 条。

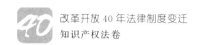
中。自此,我国商业秘密保护的实体法律规定被放置在《反不正当竞争法》的大框架下,侵犯商业秘密的行为与混淆行为、虚假陈述、商业贿赂等在性质上均属于不正当竞争行为。根据该法规定,商业秘密是指不为公众所知悉、能为权利人带来经济利益、具有实用性并经权利人采取相应保密措施的技术信息和经营信息。[①] 因此,我国不但保护技术秘密,而且保护经营秘密。侵犯商业秘密的行为具体包括:(1)以盗窃、利诱、胁迫或者其他不正当手段获取权利人的商业秘密;(2)披露、使用或者允许他人使用以前项手段获取的权利人的商业秘密;(3)违反约定或者违反权利人有关保守商业秘密的要求,披露、使用或者允许他人使用其所掌握的商业秘密。[②] 此外,第三人明知或者应知前述违法行为,获取、使用或者披露他人商业秘密的,视为侵犯商业秘密。[③] 侵犯商业秘密的行为人,应当承担相应的民事责任和行政责任。[④]

需要说明的是,制定专门的《商业秘密保护法》曾被列入第八届全国人大常委会的立法计划,国家经贸委曾受托于 1994 年 8 月组织有关部门和专家成立了《商业秘密保护法》起草小组,并先后拟订了《商业秘密保护法(征求意见稿)》和《商业秘密保护法(送审稿)》,但是《商业秘密保护法》至今没有出台。

2007 年最高人民法院颁布了《关于审理不正当竞争民事案件应用法律若干问题的解释》,该《解释》对商业秘密的构成要件、反向工程、客户名单、证明责任等问题作了一系列的详细规定,[⑤]为商业秘密保护的司法实践提供了指引。2017 年修订的《反不正当竞争法》修改了商业秘密的定义;[⑥]列举了侵犯商业秘密的行为,在旧法的基础上增加规定商业秘密权利人的员工、前员工侵犯商业秘密的情形;[⑦]增加了监督检查部门对调查过程中知悉的商业秘密负有保密义务;[⑧]并提高了对侵犯商业秘密行为的行政处罚力度。[⑨]

此外,2017 年颁布的《民法总则》明确地将商业秘密列为知识产权的保护客体之一,[⑩]从立法层面肯定了商业秘密作为的排他权客体的属性。2019 年《反不正当竞争法》再次修订,引入了惩罚性赔偿制度、确立商业秘密民事案件中举证责任转

---

① 1993 年《反不正当竞争法》第 10 条第 3 款。
② 1993 年《反不正当竞争法》第 10 条第 1 款。
③ 1993 年《反不正当竞争法》第 10 条第 2 款。
④ 1993 年《反不正当竞争法》第 20 条、第 25 条。
⑤ 2007 最高人民法院《关于审理不正当竞争民事案件应用法律若干问题的解释》第 9 条至第 17 条。
⑥ 2017 年《反不正当竞争法》第 9 条第 3 款。
⑦ 2017 年《反不正当竞争法》第 9 条第 2 款。
⑧ 2017 年《反不正当竞争法》第 15 条。
⑨ 2017 年《反不正当竞争法》第 21 条。
⑩ 2017 年《民法总则》第 123 条。

移的规则,2020 年《最高人民法院关于审理侵犯商业秘密民事案件适用法律若干问题的规定》公布施行,这一系列的立法、制定司法解释活动进一步完善了我国商业秘密民事规范体系,也极大地提升了我国商业秘密民事保护水平。

(二)刑事规范的发展

1979 年《刑法》并没有专门规定侵犯商业秘密罪。1993 年《反不正当竞争法》颁布之后,商业秘密保护的刑事规范亦没有被纳入刑法之中。在司法实践中,对于侵犯商业秘密的行为,往往以盗窃罪、贪污罪、泄露国家秘密罪、受贿罪、行贿罪论处。1994 年最高人民检察院与国家科学技术委员会联合发布《关于办理科技活动中经济犯罪案件的意见》,规定对于非法窃取技术秘密的,情节严重的,以盗窃罪追究刑事责任。[1] 同年,最高人民法院发布的《关于进一步加强知识产权的司法保护的通知》中也明确指出,对于盗窃重要技术成果行为应当以盗窃罪依法追究刑事责任。[2] 上述实践仅仅是《刑法》没有规定侵犯商业秘密罪时所采取的权宜之计,不利于打击侵犯商业秘密的犯罪活动。

1997 年《刑法》修订时,专门在"侵犯知识产权犯罪"部分增设了侵犯商业秘密罪这一罪名。从条文内容来看,《刑法》中对商业秘密的定义和列举的犯罪行为与1993 年《反不正当竞争法》的规定基本相同;对于从事侵犯商业秘密行为,给权利人造成重大损失的,构成犯罪,应负刑事责任。[3] 2004 年,最高人民法院、最高人民检察院发布《关于办理侵犯知识产权刑事案件具体应用法律若干问题的解释》,明确规定给商业秘密的权利人造成损失数额在 50 万元以上的,属于"给商业秘密的权利人造成重大损失"的情形;给商业秘密的权利人造成损失数额在 250 万元以上的,属于"造成特别严重后果"的情形。[4]

2001 年,最高人民检察院和公安部在《关于经济犯罪案件追诉标准的规定》,涉嫌给商业秘密权利人造成直接经济损失数额在 50 万元以上,或者致使权利人破产或者造成其他严重后果的,即应予以立案。[5] 2010 年,最高人民检察院和公安部发布《关于公安机关管辖的刑事案件立案追诉标准的规定(二)》进一步扩展侵犯商业秘密案件的立案标准,修订为包括给商业秘密权利人造成损失数额在 50 万元以上,因侵犯商业秘密违法所得数额在 50 万元以上,致使商业秘密权利人破产的,以

---

[1] 1994 年最高人民检察院、国家科学技术委员会《关于办理科技活动中经济犯罪案件的意见》第 5 条。

[2] 1994 年最高人民法院《关于进一步加强知识产权的司法保护的通知》第 3 条。

[3] 1997 年《刑法》第 219 条。

[4] 2004 年最高人民法院、最高人民检察院《关于办理侵犯知识产权刑事案件具体应用法律若干问题的解释》第 7 条、第 15 条。

[5] 2001 年《关于经济犯罪案件追诉标准的规定》第 69 条。

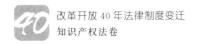

及其他给商业秘密权利人造成重大损失的情形。[①]

(三)行政规范的发展

1993 年《反不正当竞争法》规定了对侵犯商业秘密行为的行政处罚措施。为了有效保护商业秘密,国家工商总局于 1995 年制定了《关于禁止侵犯商业秘密行为的若干规定》。该条例对商业秘密的构成要件、保护范围、行为类型进行了详细的列举,同时专门对商业秘密行政保护的问题进行了规定。1998 年,国家工商行政管理局对该规定中超越《行政处罚法》规定处罚权限的内容进行了修改。该规定尚处于有效状态。

按照上述规定,侵犯商业秘密行为由县级以上工商行政管理机关认定处理。[②]该规定明确了权利人的证明责任,尤其是规定权利人能证明被申请人所使用的信息与自己的商业秘密具有一致性或者相同性,同时能证明被申请人有获取其商业秘密的条件,而被申请人不能提供或者拒不提供其所使用的信息是合法获得或者使用的证据的,工商行政管理机关可以根据有关证据,认定被申请人有侵权行为。[③]对被申请人违法披露、使用、允许他人使用商业秘密将给权利人造成不可挽回的损失的,应权利人请求并由权利人出具自愿对强制措施后果承担责任的书面保证,工商行政管理机关可以责令被申请人停止销售使用权利人商业秘密生产的产品。[④]对于侵犯商业秘密的行为,工商行政管理机关可以责令停止违法行为,并处以罚款。对侵权物品,工商行政机关可以责令并监督侵权人返还商业秘密载体、监督侵权人销毁可能造成商业秘密公开的产品。[⑤]应权利人的要求,工商行政管理机关可以对损害赔偿问题进行调解。[⑥]同时,该规定禁止国家机关及其公务人员在履行公务时,披露或者允许他人使用权利人的商业秘密;要求工商行政管理机关的办案人员在监督检查侵犯商业秘密的不正当竞争行为时,对权利人的商业秘密予以保密。[⑦]

三、商业秘密保护配套规定的发展

除了《反不正当竞争法》《刑法》等法律中关于商业秘密的专门规定以外,我国在其他法律中逐渐设置了一些涉及商业秘密保护的配套规范。

[①] 2010 年《关于公安机关管辖的刑事案件立案追诉标准的规定(二)》第 73 条。
[②] 1998 年国家工商行政管理总局《关于禁止侵犯商业秘密行为的若干规定(修正)》第 4 条。
[③] 1998 年国家工商行政管理总局《关于禁止侵犯商业秘密行为的若干规定(修正)》第 5 条。
[④] 1998 年国家工商行政管理总局《关于禁止侵犯商业秘密行为的若干规定(修正)》第 6 条。
[⑤] 1998 年国家工商行政管理总局《关于禁止侵犯商业秘密行为的若干规定(修正)》第 7 条。
[⑥] 1998 年国家工商行政管理总局《关于禁止侵犯商业秘密行为的若干规定(修正)》第 9 条。
[⑦] 1998 年国家工商行政管理总局《关于禁止侵犯商业秘密行为的若干规定(修正)》第 10 条。

(一)合同法中的保密义务

在合同法领域,我国法律中已经确立了保护他人商业秘密的附随义务。如前文所述,1987年《技术合同法》已经确立了对技术秘密的合同法保护。1995年《保险法》亦规定保险人或者再保险接受人对在办理保险业务中知道的投保人、被保险人或者再保险分出人的业务和财产情况,负有保密的义务。[①] 1999年《合同法》亦明确规定,当事人在订立合同过程中知悉的商业秘密,无论合同是否成立,不得泄露或者不正当地使用他人商业秘密;并规定泄露或者不正当地使用该商业秘密给对方造成损失的,应当承担损害赔偿责任。[②]

(二)公司法中的保密义务

在公司法中,我国法律亦明确规定特定人员的法定保密义务。1993年《公司法》还规定了董事、监事和经理的保密义务。[③] 2006年修改的《公司法》则取消了监事的法定保密义务,但是同时将承担保密义务的主体扩张至副经理、财务负责人、上市公司董事会秘书以及公司章程规定的其高级管理人员。[④] 但是在合伙企业中,我国法律没有明确规定合伙人的保密义务,1997年《合伙企业法》仅仅禁止合伙人从事损害本合伙企业利益的活动。[⑤]

(三)劳动法中的保密义务和竞业禁止

在劳动法中,我国法律设置了约定保密义务条款。1994年《劳动法》中即明确规定,劳动合同当事人可以在劳动合同中约定保守用人单位商业秘密的有关事项。[⑥] 2007年颁布的《劳动合同法》规定,用人单位可以与劳动者在劳动合同中约定保守用人单位的商业秘密和与知识产权相关的保密事项。[⑦] 为了防止商业秘密泄露,2007年《劳动合同法》允许用人单位与负有保密义务的劳动者在劳动合同或者保密协议中与劳动者约定竞业限制条款,并约定在解除或者终止劳动合同后,在竞业限制期限内按月给予劳动者经济补偿。[⑧] 该法对竞业限制条款的内容设定了一些限制:首先,竞业限制的人员限于用人单位的高级管理人员、高级技术人员和其他负有保密义务的人员;其次,竞业限制的约定不得违反法律、法规的规定,[⑨]竞

---

① 1995年《保险法》第31条。
② 1999年《合同法》第43条。
③ 1993年《公司法》第67条。
④ 2006年《公司法》第149条第(七)项。
⑤ 1997年《合伙企业法》第32条第3款。
⑥ 1994年《劳动法》第21条。
⑦ 2007年《劳动合同法》第23条第1款。
⑧ 2007年《劳动合同法》第23条第2款。
⑨ 2007年《劳动合同法》第24条第1款。

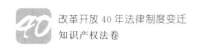
业限制的期限不得超过二年。[①] 2012 年最高人民法院发布《关于审理劳动争议案件适用法律若干问题的解释(四)》,对竞业限制中的补偿和解除等问题作出了进一步的规定。[②]

(四)专业人员的法定保密义务

根据我国法律的规定,专业人员对于其在从事服务过程中获得的商业秘密,亦负有保密义务。例如,1999 年修订的《会计法》规定,依法对有关单位的会计资料实施监督检查的部门及其工作人员对在监督检查中知悉的商业秘密负有保密义务;[③]2001 年修订的《律师法》明确规定律师应当保守在执业活动中知悉的商业秘密。[④] 此外,银行法、统计法、法官法、检察官法等部门法都规定了商业银行工作人员、统计机构和统计人员、检察官、法官等保守在工作过程中所获悉的商业秘密的义务。

四、法律实施状况

从法律实施的角度来看,据称,《反不正当竞争法》颁布以后,全国各级法院受理的商业秘密案件呈现出迅速增长的态势。[⑤] 但是,近年来各级法院的统计显示,民事领域的侵犯商业秘密案件呈现出数量并不多、员工流动中的商业秘密纠纷比例高、经营信息占比较重、胜诉支持比率较低等特点。据统计,2008 年至 2015 年八年期间,我国各级法院受理的商业秘密民事案件基本稳定在年均 200～250 件。[⑥] 另据统计,北京各级法院 2014 年至 2016 年受理的侵害商业秘密纠纷一审案件的总数不超过 100 件,在不正当竞争纠纷类的案件中所占比重较低;其中涉及经营信息的占 70% 以上,主要涉及离职员工侵害商业秘密的情形;从诉讼结果上看,原告撤诉的案件比例高,原告胜诉的案件则比例较低。[⑦] 类似的,据上海市高级人民法院统计,2009 年至 2011 年期间,上海各级法院受理的商业秘密案件在全部知识产权案件中占比不到 2‰;从诉讼结果上,亦呈现出原告胜诉率低、撤诉或和解率高的总体特点。[⑧] 上述情况在全国其他地域亦存在。据宁波市中级人民法院统计,2006 年至 2013 年 8 年间,宁波市两级法院受理的商业秘密民事纠纷案件仅为

---

① 2007 年《劳动合同法》第 24 条第 2 款。
② 2013 年《关于审理劳动争议案件适用法律若干问题的解释(四)》第 6 条至第 10 条。
③ 1999 年《会计法》第 34 条。
④ 2001 年《律师法》第 33 条。
⑤ 商业秘密法制丛书编辑委员会:《商业秘密法制现状分析及案例》,中国法制出版社 1995 年版,第 98 页。
⑥ 郑友德、钱向阳:《论我国商业秘密保护专门法的制定》,载《电子知识产权》2018 年第 10 期。
⑦ 陶钧:《商业秘密司法保护的困境与路径设计》,载《中国专利与商标》2018 年第 3 期。
⑧ 鲁周煌:《商业秘密保护的法制现状》,载《中国知识产权》2011 年第 8 期。

30 件,远远少于其他类型的知识产权案件。① 造成上述情况的原因,在很大程度上可以归因于商业秘密案件中当事人难以举证。因此,如何通过合理分配证明责任、设置合理的证明标准以降低当事人举证难度,是商业秘密民事保护司法实践面临的重大课题。

在刑事领域,涉嫌侵犯商业秘密犯罪案件的数量在经历了一个爆发期之后,已显现出一种平稳发展的态势。据统计,1998 年至 2003 年五年间,全国公安机关立案的涉嫌侵犯商业秘密犯罪案件超过 500 起,占侵犯知识产权犯罪立案总数的9%。② 而在 2003 年,全国各级法院受理涉嫌侵犯商业秘密犯罪案件的总数仅为50 件。③ 此后,涉嫌侵犯商业秘密犯罪案件的数量基本保持稳定。2010 年至 2015年五年间全国各级法院审结的侵犯商业秘密犯罪案件总共不到 200 件,平均每年在四五十件,在侵犯知识产权犯罪案件中所占比例较小。④ 随着近年来涉嫌侵犯知识产权犯罪案件总量的上升,涉嫌侵犯商业秘密犯罪案件的数量却基本保持稳定,最终导致其所占比例日益减少。造成该种现象的原因除了商业秘密难以认定以外,在侵犯商业秘密罪的入罪条件——"重大损失"的认定方面亦存在较大的困难,侵犯商业秘密造成的损失情形非常复杂,导致实践当中难以把握。⑤ 据统计,2011 年至 2017 年广东省各级法院审结的商业秘密刑事案件共计 33 起,其中约12%的案件因为证据不足无法成立侵害商业秘密罪。⑥

第二节　商业秘密的构成要件

改革开放以来,我国法律中关于商业秘密的构成要件的规定呈现出一个变化的过程。1993 年《反不正当竞争法》规定了不为公众所知悉、能够带来经济利益、具有实用性以及采取保密措施四个要件。⑦ 1997 年《刑法》亦采取了相同的规定。⑧

---

① 浙江省宁波市中级人民法院课题组:《加强商业秘密保护　营造公平竞争环境——浙江省宁波市中级人民法院关于商业秘密民事纠纷审判情况的调研报告》,载《人民法院报》2014 年 5 月 15日第 8 版。

② 孙春英:《当前侵犯知识产权犯罪呈现七大特点》,载《法制日报》2004 年 12 月 21 日。

③ 国家知识产权局主编:《中国知识产权年鉴 2004》,知识产权出版社 2004 年版,第 96 页。

④ 最高人民法院发布的历年《中国法院知识产权司法保护状况》白皮书。

⑤ 刘蔚文:《侵犯商业秘密罪中"重大损失"司法认定的实证研究》,载《法商研究》2009 年第1 期。

⑥ 史彩云:《2011 年至 2017 年广东法院商业秘密公开案例研究报告》,http://www.360doc.com/content/18/0730/00/9204183_774294855.shtml,下载日期:2019 年 10 月 2 日。

⑦ 1993 年《反不正当竞争法》第 10 条第 3 款。

⑧ 1997 年《刑法》第 219 条第 3 款。

2007 年最高人民法院《关于审理不正当竞争民事案件应用法律若干问题的解释》对上述要件的含义进行了细化，在一定程度上对个别要件的解释作了变通的解释。2017 年《反不正当竞争法》则修改为不为公众所知悉、具有商业价值并采取相应保密措施三个要件。① 上述修订使得我国商业秘密保护的构成要件与《TRIPS 协定》保持一致。② 本节以三要件为框架，分别回顾我国商业秘密的构成要件法律规范的演变情况。

一、秘密性

(一)秘密性与新颖性之争

商业秘密保护中"不为公众所知悉"这一要件，通常被归纳为"秘密性"，亦有观点将该要件归纳为"新颖性"。③ 在我国学术界和实务界，商业秘密是否应当具有新颖性，新颖性与秘密性的关系以及作为商业秘密要件的新颖性的含义问题均存在争议。肯定的观点认为，商业秘密中"不为公众所知悉"这一要件等同于专利法上的新颖性要件，据此，专利法上新颖性的判断标可以适用于商业秘密。否定的观点则认为，强调商业秘密的新颖性，在一定程度上提高了商业秘密保护的门槛，与商业秘密的特质不相适应，也容易产生不必要的混淆。④ 折中的观点则认为"不为公众知悉"同时包含了新颖性和秘密性两重含义：秘密性强调商业秘密为少数人知悉或者使用，着眼于市场竞争；新颖性则强调商业秘密与通行的技术信息或者经营信息存在差异，着眼于技术标准。⑤ 这种对新颖性的解释与专利法上的新颖性标准不同，而是更加类似于专利法上的创造性。受此影响，甚至有观点认为，新颖性并非对"不为公众所知悉"这一要件的归纳，而应当是一个独立的判断标准，它被用来着重审查涉案信息与现有技术的差异，确定涉案信息的技术进步或者创新程度。⑥ 为了说明上述特殊含义，有人将该要件归纳为"独特性"。⑦ 事实上，这种借助专利法上的新颖性与创造性解释"不为公众所知悉"含义的做法，无非是试图以商业秘密的独特性来推定其不为公众所知，不能以该标准代替秘密性的自有判断标准。从这个角度来看，所谓商业秘密的新颖性，是依附于秘密性的，至多仅仅是

① 2007 年《反不正当竞争法》第 9 条第 3 款。

② 《TRIPS 协定》第 39 条第 2 款。

③ 郑友德：《论我国〈反不正当竞争法〉对商业秘密的保护》，载《中国工商行政管理》1994 年第 11 期。

④ 孔祥俊主编：《商业秘密司法保护实务》，中国法制出版社 2012 年版，第 129 页。

⑤ 孔祥俊：《商业秘密法原理》，中国法制出版社 1999 年版，第 32 页。

⑥ 汤茂仁：《商业秘密中的新颖性标准》，载《人民司法》2013 年第 21 期。

⑦ 李永明：《商业秘密及其法律保护》，载《法学研究》1994 年第 3 期。

秘密性的派生条件或者组成部分，①并非商业秘密的构成要件。由于新颖性含义的不确定性，近年来，商业秘密的新颖性问题已经少有问津。

（二）不为公众所知悉的判断

秘密性是商业秘密的实质要件。关于不为公众所知悉的判定，在商业秘密的行政保护规范中，被解释为该信息是不能从公开渠道直接获取的。② 上述解释并未明确公众的范围和知悉的程度。2007年最高人民法院《关于审理不正当竞争民事案件应用法律若干问题的解释》对"不为公众所知悉"这一要件做出了限制性的解释，即相关信息不为所属领域的相关人员普遍知悉和容易获得。③ 上述解释与《TRIPS协定》第39条第2款的要求保持一致。

首先，秘密性要件并不要求相关信息不为社会公众知悉，而是仅仅要求其不为所属领域的相关人员知悉。此点与专利法上新颖性的判断标准不同。其次，所谓普遍知悉，是指一种客观状态。但是这并不意味着相关信息处于绝对保密的状态。负有保密义务的人知道了商业秘密的实质内容并不影响其秘密性。最后，所谓容易获得，强调相关信息为公众所知悉的可能性，如果获取商业秘密的难度不大，或者说无须付出一定的代价而容易获得，则不符合秘密性要件。将容易获得标准纳入秘密性要件为反向工程的合法性提供了前提。所谓反向工程，是指通过技术手段对从公开渠道取得的产品进行拆卸、测绘、分析等而获得该产品的有关技术信息。④ 需要注意的是，容易获得这一标准与专利法上的创造性不同，并非要求相关信息具有非显而易见性。

根据司法解释的规定，在实践中不具有秘密性的情形通常包括：该信息为其所属技术或者经济领域的人的一般常识或者行业惯例；该信息仅涉及产品的尺寸、结构、材料、部件的简单组合等内容，进入市场后，相关公众通过观察产品即可直接获得；该信息已经在公开出版物或者其他媒体上公开披露；该信息已通过公开的报告会、展览等方式公开；该信息从其他公开渠道可以获得；该信息无须付出一定的代价而容易获得。⑤

① 赵天红：《商业秘密的刑事保护研究》，中国检察出版社2007年版，第12页。
② 1995年国家工商行政管理总局《关于禁止侵犯商业秘密行为的若干规定》第2条第2款。
③ 2007年最高人民法院《关于审理不正当竞争民事案件应用法律若干问题的解释》第9条第1款。
④ 2007年最高人民法院《关于审理不正当竞争民事案件应用法律若干问题的解释》第12条第2款。
⑤ 2007年最高人民法院《关于审理不正当竞争民事案件应用法律若干问题的解释》第9条第2款。

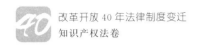
二、价值性

(一)实用性要件的摒弃

商业秘密应当具有商业价值,1993 年《反不正当竞争法》关于商业秘密的构成要件的规定中,专门强调了实用性这一要件。这是我国商业秘密保护与其他国家和地区以及国际法制度相区别的一大特色。因此,出现了一种将实用性作为一个独立构成要件的观点。① 对于该要件的解释,通常的观点是必须实际应用于产业部门,②这种理解与专利法中的实用性含义类似。1995 年国家工商行政管理总局颁布的《关于禁止侵犯商业秘密行为的若干规定》亦要求该信息具有确定的可应用性。③ 作为商业秘密独立的构成要件,一般要求相关信息需要表现为具体的、可以实施的方案,而不是单纯的构想。④ 对于实用性要件,有人提出了反对意见,指出实用性要求不符合《TRIPS 协定》的要求。⑤ 事实上,实用性标准是附属于价值性要件的。一般来说,商业秘密具有实用性,即表明其具有直接的、现实的使用价值,能够为权利人带来经济利益。

将实用性解释为可应用性,限制了价值性要件的适用范围:一方面,对实用性的要求可以适用于技术秘密,但是无法适用于经营秘密,对实用性的强调可能导致部分经营秘密无法获得保护;另一方面,可能得出对阶段性、未最终完成的技术成果或者中间数据,甚至失败数据、消极数据不予保护的结论。然而,从价值性的角度来看,失败的数据或者消极的数据完全可能具有降低研发或者经营成本的作用,根据实用性标准将该部分信息排除在商业秘密保护范围之外是不合适的。对实用性要件的强调限制了我国商业秘密的保护范围。为此,2007 年最高人民法院《关于审理不正当竞争民事案件应用法律若干问题的解释》将实用性要件与经济性合并为一个要件,规定其含义是指该信息具有现实的或者潜在的商业价值,能为权利人带来竞争优势。⑥ 这种解释将原本并列存在的价值性和实用性转换成一种包含关系,从效果上看则在实质上取消了实用性的要求。2017 年《反不正当竞争法》直接将实用性要件取消,商业秘密的价值性被修改为"具有商业价值",⑦从而与《TRIPS 协定》的要求保持一致。

---

① 孔祥俊:《商业秘密法原理》,中国法制出版社 1999 年版,第 45 页。
② 丁邦开等:《〈中华人民共和国反不正当竞争法〉释义》,南京大学出版社 1994 年版,第 66 页。
③ 1995 年国家工商行政管理总局《关于禁止侵犯商业秘密行为的若干规定》第 2 条第 3 款。
④ 孔祥俊:《商业秘密法原理》,中国法制出版社 1999 年版,第 49 页。
⑤ 郑成思:《WTO 与知识产权法研究》,载《中国法学》2000 年第 3 期。
⑥ 2007 年最高人民法院《关于审理不正当竞争民事案件应用法律若干问题的解释》第 10 条。
⑦ 2017 年《反不正当竞争法》第 9 条第 3 款。

(二)商业价值的判断

根据 2007 年最高人民法院《关于审理不正当竞争民事案件应用法律若干问题的解释》的规定,判断相关信息是否具有商业价值的实质性标准即在于其能否为权利人带来竞争优势。这种竞争优势既包括直接的经济收益或者市场地位的提升,也包括研发成本的降低或者市场先机的获得。商业价值在诉讼中往往表现为权利人因他人使用其商业秘密而遭受的损失或者被告因不法使用原告商业秘密产生的经济利润。不管是可以直接使用的,还是正在研究、开发中而具有可预期价值的信息,也不管是对生产经营活动直接有用的信息,还是在生产经营中有利于节省费用、提高经营效率的信息,例如失败的技术研究资料和经营信息等,只要对权利人改进科学实验或者经营思路具有重要价值,可以带来竞争优势,都满足价值性要件。① 从理论上讲,证明相关信息满足商业秘密价值性要件的证明责任归于原告。但是在司法实践中,我国法院在认定价值性要件方面采用了较为宽松的做法,往往在认定相关信息具有秘密性,并采取保密措施之后,很少以该信息不能为权利人带来竞争优势、不具有商业价值为由拒绝提供保护。

三、保密性

1993 年《反不正当竞争法》要求权利人对于商业秘密采取保密措施。对于商业秘密的保密性要件,有人称之为商业秘密的"管理性"。在实践中,要求权利人采取包括口头或书面的保密协议、对商业秘密权利人的职工或与商业秘密权利人有业务关系的他人提出保密要求等合理的保密措施。按照这种观点,国家工商总局认为,只要权利人提出了保密要求,商业秘密权利人的职工或者与商业秘密权利人有业务关系的他人知道或者应该知道存在商业秘密,即为权利人采取了合理的保密措施。② 上述标准对于保密措施的解释采取了相对宽泛的标准。2007 年最高人民法院《关于审理不正当竞争民事案件应用法律若干问题的解释》的规定,保密性要件要求权利人为防止信息泄漏所采取的与其商业价值等具体情况相适应的合理保护措施。③ 判断保密措施合理性的标准主要有:所涉信息载体的特性、权利人保密的意愿、保密措施的可识别程度以及他人通过正当方式获得的难易程度等。④ 上述判断标准显然更加严格。2017 年《反不正当竞争法》则将保密性要件修订为

---

① 袁博:《商业秘密的构成属性》,载《人民法院报》2007 年 2 月 8 日第 7 版。

② 1998 年国家工商行政管理局《关于商业秘密构成要件问题的答复》。

③ 2007 年最高人民法院《关于审理不正当竞争民事案件应用法律若干问题的解释》第 11 条第 1 款。

④ 2007 年最高人民法院《关于审理不正当竞争民事案件应用法律若干问题的解释》第 11 条第 2 款。

采取"相应的"保密措施。这里有问题的是:保密措施的标准到底是"合理的"还是"相应的",相应保密措施的判断标准是否不同于合理性的标准? 在司法实践中,对企业原则性的保密规定、在劳动合同格式条款中约定概括保密义务,但是没能进一步明确商业秘密的范围,亦未能采取具体保密措施的,法院会认定不符合保密性的要件。[①] 得到实践认可的保密措施主要包括:限定涉密信息的知悉范围,只告知必须知悉的相关人员;对于涉密信息载体采取加锁等防范措施;在涉密信息的载体上标有保密标志;对于涉密信息采用密码或者代码等;签订保密协议;对于涉密的场所限制来访者或者提出保密要求;确保信息秘密的其他合理措施。[②]

第三节　商业秘密保护存在的问题

一、缺乏专门的商业秘密立法

现代社会,商业秘密的重要性已经企业的重要资产。现实中以各种不正当手段侵害商业秘密的现象已相当普遍。加强商业秘密保护已经成为共识。2008 年国务院颁布的《国家知识产权战略纲要》明确将"商业秘密等得到有效保护与合理利用"作为五年规划目标。从世界范围来看,美国、英国、法国、德国等国家均已经制定或者正在着手制定专门的商业秘密保护法。[③] 我国现行的商业秘密保护规则分散于《反不正当竞争法》《合同法》《劳动法》《刑法》等单行法律之中。国家经贸委曾于 1994 年成立了由有关部门和专家参加的《商业秘密保护法》起草小组,先后拟定了《商业秘密保护法(征求意见稿)》和《商业秘密保护法(送审稿)》。但是,《商业秘密保护法》并没有最终出台。

由于关于商业秘密保护的相关规定比较分散,加之立法时间先后的影响,规定内容也不尽一致,给商业秘密保护带来一定的影响。例如,1993 年《反不正当竞争法》将侵犯商业秘密的责任主体仅限于经营者,与 1997 年《刑法》中侵犯商业秘密罪的主体则并无上述限制。又如,2017 年《反不正当竞争法》对商业秘密的构成要件进行了修订,但是 1997 年《刑法》中关于商业秘密要件的规定没有进行相应的调整,由此可能导致商业秘密民刑保护上存在不同的标准,2020 年 12 月 26 日《中华人民共和国刑法修正案(十一)》通过,对第 219 条侵犯商业秘密罪进行了专门修

---

① "唐山玉联实业有限公司、玉田县科联实业有限公司侵害商业秘密纠纷案"(2017)最高法民申 2964 号民事裁定书。

② 2007 年最高人民法院《关于审理不正当竞争民事案件应用法律若干问题的解释》第 11 条第 3 款。

③ 郑友德、钱向阳:《论我国商业秘密保护专门法的制定》,载《电子知识产权》2018 年第 10 期。

订。但总体上立法仍不尽完善,在司法实践中对诸如商业秘密的诉讼主体、合理保密措施等认定标准上尺度不一,在一定程度上影响了司法审判的公正性和权威性。[①] 分散式立法模式导致各个单行法律均从各自的角度对商业秘密保护进行规定,缺乏对商业秘密保护的全盘考虑,导致商业秘密保护方面存在疏漏,对于商业秘密保护的一些重要内容,例如商业秘密的归属、商业秘密的侵权判定与抗辩原则以及商业秘密的诉讼保障等问题,我国现行法律没有明确的规定。此外,随着侵犯商业秘密案件不断涌现,《反不正当竞争法》关于侵权方式列举已经不能适应时间的发展,不足以实现有效保护商业秘密的立法目的。因此,制定专门的《商业秘密保护法》已经成为我国当前知识产权立法的重要课题。

二、关于商业秘密保护法律基础的争论

关于商业秘密保护法律基础的争论,涉及对商业秘密法律性质的认识,是明确商业秘密法律保护依据、保护方式和保护程度的关键性问题。事实上,各国理论界和实务界对于商业秘密的属性问题是存在争论的。总结起来,有合同关系说、侵权行为说和知识产权说等。[②] 在我国,关于商业秘密保护法律基础为何亦存在争议。在立法上,1986 年《民法通则》明确确认了商标、专利、著作权等三项传统知识产权的民事权利属性,但是并未涉及商业秘密问题。1993 年《反不正当竞争法》虽然定义了商业秘密的保护要件,但是主要是从侵害商业秘密、维护竞争秩序的角度设置了商业秘密保护规则,并未明确商业秘密的知识产权属性。《合同法》《劳动法》等单行法则仅仅从合同义务的角度规定了保密义务。尽管商业秘密已经成为企业的重要资产,但是上述规则仅仅从禁止泄露商业秘密的角度对商业秘密提供保护。实际上,如前文所述,我国《反不正当竞争法》中关于商业秘密保护的规定与《TRIPS 协定》的规定是一致的。根据《TRIPS 协定》,商业秘密被划入知识产权的范畴通常被作为商业秘密保护属于知识产权法的证据。但是,《TRIPS 协定》的规定显然还是将商业秘密保护纳入行为模式保护,而非设立一种商业秘密专有权。2017 年《民法总则》的进步之处在于,明确将商业秘密纳入知识产权范畴的同时,将商业秘密作为一种受专有权利保护的客体。[③] 当然,将商业秘密纳入知识产权的范畴,需要解释商业秘密保护与著作权、专利权和商标权等知识产权一样具有专有性、地域性和时间性等特征的难题。[④] 从实际效果来看,专有财产权的保护模

---

① 郑友德、钱向阳:《论我国商业秘密保护专门法的制定》,载《电子知识产权》2018 年第 10 期。

② 曲三强:《论商业秘密的法律保护》,载《现代财经(天津财经大学学报)》2003 年第 12 期;陈茂国、邓社民:《论商业秘密的法律属性》,载《江汉论坛》1999 年第 9 期。

③ 《民法总则》第 137 条。

④ 崔明霞、彭学龙:《商业秘密权的知识产权属性——兼论知识产权的性质》,载《中南财经政法大学学报》2002 年第 4 期。

式,其逻辑起点与侵权法的保护模式大不相同,从积极使用权的角度强调法律赋予商业秘密所有人在利用方面的排他权,为商业秘密的转让和许可奠定了法律基础,同时为扩展商业秘密保护范围做好了准备。

三、商业秘密认定的困难性

商业秘密作为一种信息,与专利、商标和著作权的客体一样,均是无形的,加之商业秘密的非公开性、侵害行为的隐蔽性、保护方式的特殊性等特点,导致在实践中受保护的商业秘密难以界定,商业秘密案件的审理难度也远超其他各类知识产权案件。商业秘密保护的困难性是一个世界性难题。

从证明责任的分配的角度来看,商业秘密所有人需要证明商业秘密的具体内容(即秘点)、其符合商业秘密的构成要件,并且需要证明被告实施了侵权行为并且造成了损害等。商业秘密所有人面临着巨大的举证压力,往往因为无法举证而败诉。由此导致商业秘密案件诉讼成本高、耗时长,缺乏效率性。[1] 因此,有人建议适当减轻原告的证明责任,在判断秘密性时,原告仅需要进行适当的说明即可完成举证义务,重点应考察被告是否能够举证证明有关信息已被相关公众所知悉;在判断保密性时,只要原告能够证明其具有保密意图并采取了适当的保密措施即可,不应采取过于严格的标准。[2] 在司法实践中,如何通过合理分配侵害商业秘密案件的证明责任,是解决商业秘密认定难的关键所在。

在涉嫌侵犯商业秘密的刑事案件中,司法实践中除了商业秘密本身难以认定之外,由于我国此前的法律和司法解释并未明确侵犯商业秘密罪既遂标准——"重大损失"的具体内涵和计算方法,导致司法实践中对于"重大损失"的认定较为混乱。[3] 相关司法解释将"造成权利人的重大损失"限缩为"造成权利人的经济损失",混淆了民事赔偿和刑事责任的区别,有人建议"重大损失"认定标准应引入销售金额、侵权产品数额及造成企业停产、破产等标准。[4] 为了解决这一问题,2020 年施行的《最高人民法院、最高人民检察院关于办理侵犯知识产权刑事案件具体应用法律若干问题的解释(三)》第 4 条对"给商业秘密的权利人造成重大损失"的具体情形进行了列举,同年 12 月 26 日《中华人民共和国刑法修正案(十一)》通过,将"给商业秘密的权利人造成重大损失",将商业秘密罪由实害犯(结果犯)改为情节犯。

① 黎淑兰:《商业秘密侵权案件审理的难点问题及对策思考——以上海法院审判实践为视角》,载《东方法学》2012 年第 6 期。

② 姜昭:《论商业秘密的构成及司法认定》,载《电子知识产权》2010 年第 8 期。

③ 刘蔚文:《侵犯商业秘密罪中"重大损失"司法认定的实证研究》,载《法商研究》2009 年第 1 期。

④ 杨帆:《侵犯商业秘密罪"重大损失"司法认定的困境、成因及突破——以"刑、民损失"认定区分为切入点》,载《政治与法律》2013 年第 6 期。

为了解决商业秘密认定难的问题,商业秘密的司法鉴定得到了广泛的应用。但是,目前在我国,鉴定机构类型多样、鉴定的程序不透明等缺陷,使得鉴定报告的真实性、权威性均受到影响。[①] 因此,建立健全商业秘密司法鉴定制度,也是我国商业秘密保护领域面临的重大课题。

四、商业秘密案件的程序保障

商业秘密本身的特殊性,导致侵犯商业秘密案件的审判过程中体现出了一些不同于其他知识产权案件的特殊性。尤其是,侵犯商业秘密案件中需要特殊的程序保障制度加以配合,既需要关注商业秘密的秘密性,防止商业秘密在诉讼过程中泄露,同时又需要加强保全等配套程序的运用,切实提高商业秘密保护的水平。这些问题都是我国商业秘密保护实践中需要关注的问题。

首先,需要探索建立能够有效防止商业秘密二次泄漏的程序性保障机制。秘密性是商业秘密的核心要件,而我国目前的民事诉讼规则并不能完全解决商业秘密侵权诉讼中所面临的保密问题。防止保密信息在证据开示阶段遭受二次披露,避免商业秘密因诉讼而丧失秘密性或被不当利用,关乎商业秘密的价值维系和法庭审理的有序进行。我国法律除了就涉及商业秘密的案件是否不公开审理问题作出规定外,对于其他程序性问题并没有作出明文规定。当前审判实践中的通行举措虽可在一定程度上限制保密信息的披露范围和程度,但仍未形成体系规范和具体指引。[②] 尚需要在不公开审理、保密义务、裁判文书、卷宗归档等方面进行完善,还可以借鉴国外立法经验,设置秘密保持命令规则。[③]

其次,有必要对商业秘密案件中的保全程序的设置问题进行专门的探讨,制定适应侵害商业秘密案件特点的诉前行为保全及证据保全措施。[④] 尤其是侵犯商业秘密案件中行为保全的适用,对于及时制止侵权行为有着重要的意义。2012 年修订的《民事诉讼法》虽然引入了关于行为保全的规定,[⑤]但是就行为保全的具体适用条件仅作了一般性的规定。考虑到商业秘密案件的特殊性,我国法院在司法实践中参考美股的做法,主张涉及侵害商业秘密案件的行为保全,是否准许应当把握申请人的胜诉可能性与是否存在难以弥补损害之间的平衡、权利人利益与被控侵

---

① 张炳生:《论商业秘密的司法鉴定》,载《宁波大学学报(人文科学版)》2012 年第 6 期。

② 徐弘韬:《商业秘密案件证据开示中保密信息二次披露的防范》,载《上海法治报》2017 年 8 月 16 日第 B05 版。

③ 赵盛和:《论我国民事诉讼中商业秘密程序性保护制度的完善》,载《知识产权》2015 年第 5 期。

④ 吴国平:《商业秘密侵权救济程序规则的缺陷及完善对策》,载《知识产权》2013 年第 11 期。

⑤ 2012 年《民事诉讼法》第 100 条。

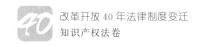

权人利益的平衡、私人利益和公共利益之间的平衡等几个因素。① 可见,商业秘密案件中行为保全的适用条件在我国仍然有进一步讨论的必要。

五、商业秘密领域的民刑交叉问题

在司法实践中,大量的侵犯商业秘密案件涉及民刑交叉问题。但是由于民刑事案件在级别管辖、证据规则、证明标准等方面存在差异,导致商业秘密领域的民刑交叉问题亦显得比较突出。2016 年以来,我国开始了知识产权审判三合一改革的尝试,②在一定程度上缓解了侵犯商业秘密案件中的管辖冲突。但是,侵犯商业秘密案件中的核心问题,即适用先刑后民原则还是先民后刑原则问题仍然没有达成一致意见。侵犯商业秘密的民事诉讼是否需要以刑事案件处理结果为基础,影响到案件的公正处理。我国司法实践中,主流的做法是先刑后民。该种意见亦影响到了侵犯商业秘密案件的处理。对于侵犯商业秘密罪这类以民事侵权为基础的犯罪来说,先刑后民的做法存在许多问题,民刑案件的证明责任和证明标准的不同导致民事和刑事不同的结果。此外,商业秘密领域刑事责任的泛化导致公安机关不当插手民事案件、对雇员跳槽引发的商业秘密纠纷过多依赖刑事保护,不符合商业秘密的私权客体属性。③ 为此,已经有学者提出处理侵犯商业秘密案件过程中应确立先民后刑原则的主张。④ 当然,实践中侵犯商业秘密案件中民刑交叉现象可能涉及不同的情况,因此需要根据不同的情形灵活处理民刑关系。例如,有人主张在分离诉讼模式中仍然应当坚持先刑后民的处理方式。⑤ 因此,商业秘密领域的民刑交叉问题仍然是我国立法和司法面临的重大问题,值得理论界和实务界进行深入的探讨。

第四节　侵犯商业秘密的救济

一、民事救济

侵犯商业秘密的民事责任形式主要包括停止侵害、损害赔偿等。所谓停止侵

① 范静波:《侵害商业秘密案件的行为保全应把握三个利益平衡》,载《人民法院报》2016 年 7 月 21 日第 6 版。

② 2016 年《最高人民法院关于在全国法院推进知识产权民事、行政和刑事案件审判"三合一"工作的意见》。

③ 魏玮:《商业秘密刑事保护优先论的思考》,载《知识产权》2007 年第 6 期。

④ 胡良荣:《侵犯商业秘密刑民交叉案件处理的困惑与出路》,载《知识产权》2011 年第 6 期。

⑤ 江波、喻湜:《知识产权刑民交叉案件审理问题研究——以侵犯商业秘密案件为视角》,载《知识产权》2008 年第 6 期。

害,即判令侵权者停止使用涉案商业秘密。1993 年和 2017 年《反不正当竞争法》中并未对停止侵害问题进行专门的规定。2007 年《最高人民法院关于审理不正当竞争民事案件应用法律若干问题的解释》规定,通常来说,停止侵害的时间须持续到该项商业秘密已为公众知悉时为止;[①]当然,如果停止侵害的时间明显不合理的,法院可以在依法保护权利人该项商业秘密竞争优势的情况下,判决侵权人在一定期限或者范围内停止使用该项商业秘密。[②]

1993 年和 2017 年《反不正当竞争法》并未专门就侵犯商业秘密案件中损害赔偿的计算设置专门规则,而是笼统规定了不正当竞争行为的损害赔偿计算问题。1993 年《反不正当竞争法》除规定给其他经营者造成损害应当承担损害赔偿责任之外,专门规定在损失难以计算的情形下,以侵权人在侵权期间因侵权所获得的利润为赔偿额的替代计算方式。[③] 此外,在商业秘密案件中,赔偿数额还应当包括经营者为制止侵权行为所支付的合理开支。[④] 2017 年《反不正当竞争法》保留了上述规定,并为侵害商业秘密案件设置了最高额为 300 万元的法定赔偿救济。[⑤] 2019 年《反不正当竞争法》再次修订,将法定赔偿最高额进一步提升至 500 万元,同时还引入了恶意侵犯商业秘密的惩罚性赔偿制度。侵犯商业秘密案件中,权利人实际损失的表现和计算方式一直存在争议。为了明确侵害商业秘密案件中损害赔偿的计算方式,2007 年《最高人民法院关于审理不正当竞争民事案件应用法律若干问题的解释》规定,侵犯商业秘密行为的损害赔偿额,可以参照确定侵犯专利权的损害赔偿额的方法进行。[⑥] 但是,《专利法》中损害赔偿的计算方式除了实际损失、侵权获利之外,还有许可费倍数和 100 万元以下的法定赔偿。[⑦] 上述规定是否意味着法院可以在商业秘密案件中准用上述规定,在实践中是有争议的。此外,对于营业秘密而言,能否适用专利损害赔偿的计算方法也不无疑问。该司法解释还规定,在侵权行为导致商业秘密已为公众所知悉、丧失价值的情形下,法院应当根据该项商业秘密的商业价值确定损害赔偿额,商业秘密的商业价值可以根据其研究开发

---

① 2007 年《最高人民法院关于审理不正当竞争民事案件应用法律若干问题的解释》第 16 条第 1 款。

② 2007 年《最高人民法院关于审理不正当竞争民事案件应用法律若干问题的解释》第 16 条第 2 款。

③ 1993 年《反不正当竞争法》第 20 条。

④ 1993 年《反不正当竞争法》第 20 条第 1 款、2017 年《反不正当竞争法》第 17 条第 3 款。

⑤ 2017 年《反不正当竞争法》第 17 条第 4 款。

⑥ 2007 年《最高人民法院关于审理不正当竞争民事案件应用法律若干问题的解释》第 17 条第 1 款。

⑦ 2008 年《专利法》第 65 条。

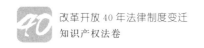
成本、实施该项商业秘密的收益、可得利益、可保持竞争优势的时间等因素确定。[①]
一般而言,商业秘密研发成本只能在因侵犯商业秘密行为导致其丧失秘密性的情
况下方可适用。[②]

二、行政救济

当商业秘密权受到侵害时,权利人可以通过行政途径寻求救济,向县级以上工
商管理部门提出申请查处不法行为。工商机关可以对损害赔偿问题进行调解。[③] 行
政机关则应责令停止违法行为,并且可以对行为人处以罚款。侵犯他人商业秘密权
的,政府市场监督检查部门应当责令停止违法行为。[④] 对被申请人违法披露、使用、
允许他人使用商业秘密将给权利人造成不可挽回的损失的,应权利人请求并由权利
人出具自愿对强制措施后果承担责任的书面保证,工商行政管理机关可责令被申请
人停止销售使用权利人商业秘密生产的产品。[⑤] 工商行政管理机关对侵权物品可以
做以下处理:(1)责令并监督侵权人将载有商业秘密的图纸、软件及其他资料返还权
利人;(2)监督侵权人销毁使用权利人商业生产的流入市场将会造成商业秘密公开的
产品,但是权利人同意收购、销售等其他处理方式的除外。[⑥] 对侵犯商业秘密的行
为,工商行政管理机关可以根据情节处以罚款。1993 年《反不正当竞争法》设置的罚
款金额为 1 万元以上 20 万元以下。[⑦] 2017 年《反不正当竞争法》提高了罚款的数额,
规定可以处 10 万元以上 50 万元以下的罚款;情节严重的处 50 万元以上 300 万元以
下的罚款。[⑧] 2019 年《反不正当竞争法》修订,进一步提升了罚款的数额,第 21 条规
定由监督检查部门责令停止违法行为,没收违法所得,处 10 万元以上 100 万元以下
的罚款;情节严重的,处 50 万元以上 500 万元以下的罚款。

三、刑事救济

根据 1997 年《刑法》的规定,侵犯商业秘密,给商业秘密的权利人造成重大损
失的,处三年以下有期徒刑或者拘役,并处或者单处罚金;造成特别严重后果的,处

---

① 2007 年《最高人民法院关于审理不正当竞争民事案件应用法律若干问题的解释》第 17 条第
2 款。
② "新发药业有限公司、亿帆鑫富药业股份有限公司等侵害商业秘密纠纷案",最高人民法院
(2015)民申字第 2035 号民事裁定书。
③ 1998 年《关于禁止侵犯商业秘密行为的若干规定》第 9 条。
④ 1993 年《反不正当竞争法》第 25 条。
⑤ 1998 年《关于禁止侵犯商业秘密行为的若干规定》第 6 条。
⑥ 1998 年《关于禁止侵犯商业秘密行为的若干规定》第 7 条第 2 款。
⑦ 1993 年《反不正当竞争法》第 25 条。
⑧ 2017 年《反不正当竞争法》第 21 条。

三年以上七年以下有期徒刑,并处罚金。① 刑法中规定的侵犯商业秘密的行为表现与民商事领域相同,仅仅是在上述行为造成法定后果时方构成犯罪。

关于"重大损失",在司法解释中存在不同的表述。2001 年最高人民检察院、公安部发布的《关于经济犯罪案件追诉标准的规定》的表述是"直接经济损失数额在五十万元以上",②而 2004 年最高人民法院、最高人民检察院发布的《关于办理侵犯知识产权刑事案件具体应用法律若干问题的解释》则表述为"损失数额在五十万元以上"。③ 后者放宽了重大损失的认定标准,已经不仅仅将损失的认定局限于直接损失,也不仅仅局限于经济损失。由此造成追诉标准高于量刑标准的局面。2010 年最高人民检察院和公安部发布的《关于公安机关管辖的刑事案件立案追诉标准的规定(二)》修订了侵犯商业秘密案件的立案标准,修订为包括给商业秘密权利人造成损失数额在 50 万元以上,因侵犯商业秘密违法所得数额在 50 万元以上,致使商业秘密权利人破产的,以及其他给商业秘密权利人造成重大损失的情形。④关于"特别严重后果",2004 年最高人民法院、最高人民检察院发布的《关于办理侵犯知识产权刑事案件具体应用法律若干问题的解释》规定,给商业秘密的权利人造成损失数额在 250 万元以上的,属于"造成特别严重后果"。⑤ 关于损失数额的认定,我国司法实践做法不一。2020 年施行的《最高人民法院、最高人民检察院关于办理侵犯知识产权刑事案件具体应用法律若干问题的解释(三)》以及《关于修改侵犯商业秘密刑事案件立案追诉标准的决定》对上述数额进行了调整,以符合经济发展水平以及加强商业秘密刑事保护的要求。同年 12 月 26 日《中华人民共和国刑法修正案(十一)》进一步提升了侵犯商业秘密罪的刑事责任,对于侵犯商业秘密构成犯罪,情节特别严重的,处三年以上十年以下有期徒刑,并处罚金。

---

① 1997 年《刑法》第 219 条第 1 款。

② 2001 年最高人民检察院、公安部《关于经济犯罪案件追诉标准的规定》第 65 条。

③ 2004 年最高人民法院、最高人民检察院《关于办理侵犯知识产权刑事案件具体应用法律若干问题的解释》第 7 条。

④ 2010 年《关于公安机关管辖的刑事案件立案追诉标准的规定(二)》第 73 条。

⑤ 2004 年最高人民法院、最高人民检察院《关于办理侵犯知识产权刑事案件具体应用法律若干问题的解释》第 7 条。

第九章

地理标志保护制度的变迁

第一节　改革开放 40 年地理标志保护制度变迁的概述

地理标志(geographical indications),在我国又称"地理标记""地理标识",是指用来标示商品或服务的地理来源的名称、标记或符号,是一项重要的知识产权客体。从地理标志国际保护发展历史来看,早在 1883 年《保护工业产权巴黎公约》(以下简称《巴黎公约》)①的缔结,地理标志就已经被纳入国际保护之列。从那以后它便得以跟其他知识产权(包括著作权、专利、商标等)一道,逐步演化为一项全球性保护议题。1891 年缔结的《制止商品虚假或欺骗性产地标记马德里协定》(以

---

① 《保护工业产权巴黎公约》签订于 1883 年 3 月 20 日,1900 年 12 月 14 日修订于布鲁塞尔,1911 年 6 月 2 日修订于华盛顿,1925 年 11 月 6 日修订于海牙,1934 年 6 月 2 日修订于伦敦,1958 年 10 月 31 日修订于里斯本,1967 年 7 月 14 日修订于斯德哥尔摩,1979 年 9 月 28 日修正。截至 2017 年 3 月 14 日,共有 176 个缔约国。WIPO 官网,http://www.wipo.int/treaties/en/ip/paris/,下载日期:2017 年 6 月 10 日。

下简称《马德里协定》）①、1958 年缔结的《原产地名称保护及其国际注册里斯本协定》（以下简称《里斯本协定》）②以及 1994 年缔结的《TRIPS 协定》等国际公约，也对地理标志的保护作了不同程度的规定。所不同的是，地理标志未能像著作权、专利、商标的保护那样，获得国际社会的一致重视。受诸多因素影响，"地理标志"迄今还没有一个单一的定义和统一的术语③。比如，与地理标志有关的法律术语还有"货源标记"（indications of source）、"原产地名称"（appellations of origin）、"地理来源标志"（indications of geographical origin），等等。同时，由于在国际上以欧洲国家为代表的"旧世界"和以美国、澳大利亚等为代表的"新世界"之间存在很大分歧，有关地理标志保护的法律也还未能形成相对一致的立法模式。从目前来看，世界各国各地区对地理标志的国内法保护主要有以下三种做法：一是通过商标法保护地理标志（也称"商标法模式"），具有代表性的国家和地区有美国、澳大利亚、日本，以及我国台湾地区等；二是通过专门立法的方式保护地理标志（也称"专门法模式"），代表性国家和地区有法国、印度、欧盟等；三是通过反不正当竞争法保护地理标志（也称"反不正当竞争法模式"），该做法作为一种补充保护方式，已被大多数国家和地区采用。现阶段，我国法律对地理标志的保护，主要通过商标法和地理标志专门保护制度（包括地理标志产品保护制度和农产品地理标志保护制度）进行保护，同时反不正当竞争法对地理标志也起着辅助保护作用。

一、地理标志保护的立法背景

在我国，包括地理标志保护在内的现代知识产权法律制度是改革开放和社会主义市场经济发展的产物。1978 年，党的十一届三中全会决定把全党工作重点转移到社会主义现代化建设上来，开启了改革开放和社会主义现代化建设的历史新时期。④ 1980 年 6 月 4 日，中国正式加入世界知识产权组织，成为世界知识产权组织成员国，《建立世界知识产权组织公约》对中国生效。自此以后，包括地理标志保护在内的知识产权法制建设事业得以快速、蓬勃发展。1986 年，原国家工商行政

---

① 《制止商品虚假或欺骗性产地标记马德里协定》签订于 1891 年 4 月 14 日，1911 年 6 月 2 日在华盛顿第一次修订，1925 年 11 月 6 日在海牙第二次修订，1934 年 6 月 2 日在伦敦第三次修订，1958 年 10 月 31 日在里斯本第四次修订。截至 2017 年 3 月 14 日，共有 36 个缔约国。WIPO 官网，http://www.wipo.int/treaties/en/ip/madrid/，下载日期：2017 年 6 月 10 日。

② 《原产地名称保护及其国际注册里斯本协定》于 1958 年 10 月 31 日在葡萄牙首都里斯本签订，1967 年 7 月 14 日在斯德哥尔摩修订，1979 年 9 月 28 日修正。截至 2015 年 5 月 30 日，共有 27 个缔约国。WIPO 官网，http://www.wipo.int/treaties/zh/registration/lisbon/，下载日期：2017 年 6 月 10 日。

③ 王笑冰：《论地理标志的法律保护》，中国人民大学出版社 2006 年版，第 9 页。

④ 中国共产党新闻网：《中国共产党十一届三中全会简介》，http://cpc.people.com.cn/GB/64162/64168/64563/65371/4441896.html，下载日期：2018 年 10 月 20 日。

管理局商标局在《就县级以上行政区划名称作商标等问题的复函》中,第一次以行政文件的形式提出了地理标志(原产地名称)的保护问题。1993 年《商标法实施细则》修订后,地理标志在我国立法上正式可以通过注册证明商标的方式获得保护。1996 年 11 月 7 日(1995 年 6 月 30 日提出申请),"库尔勒香梨"正式获得证明商标注册,成为我国第一件受保护的地理标志证明商标。1999 年,原国家质量技术监督局发布实施《原产地域产品保护规定》,开启了我国地理标志保护专门立法之先河。2001 年修订的《中华人民共和国商标法》(以下简称《商标法》),首次从国家法律层面对地理标志的保护作了明确规定。改革开放以来,地理标志保护立法在我国的兴起和不断发展,主要是受以下三个方面因素的促动和影响。

(一)为了加入相关国际条约和履行国际义务

1985 年 3 月 19 日,我国正式加入《巴黎公约》。《巴黎公约》是 19 世纪后期就缔结的重要知识产权国际条约,它涉及工业产权保护的方方面面,其中也包括地理标志的保护,其对 20 世纪许多国家的工业产权立法均产生了重大影响,我国也不例外。在《巴黎公约》当中,有关地理标志的保护具体包括:(1)对侵犯地理标志的商品在进口时予以扣押。《巴黎公约》第 10 条第 1 款对于直接或间接使用虚伪的商品原产地标记等情况,规定了与非法标有商标或厂商名称的商品相同的救济,即适用《巴黎公约》第 9 条的规定在进口时予以扣押等。(2)提供制止不正当竞争的有效保护。《巴黎公约》第 10 条第 2 款明文规定,"凡在工商业事务中违反诚实的习惯做法的竞争行为构成不正当竞争的行为",包括使用误导性的货源标记或原产地名称的行为。对于这些不正当竞争行为,《巴黎公约》第 10 条第 1 款规定,"本联盟国家有义务对各该国国民保证给予制止不正当竞争的有效保护"。(3)向法院起诉或向行政机关提出控诉。《巴黎公约》第 10 条之三规定,成员国应承诺"准许不违反其本国法律而存在的联合会和社团,代表有利害关系的工业家、生产者或商人,在其要求保护的国家法律允许该国的联合会和社团提出控诉的范围内,为了制止第九条、第十条和第十条之二所述的行为,向法院或行政机关提出控诉"。[①] 为了履行《巴黎公约》有关地理标志保护的规定和要求,1986 年 11 月,我国以行政文件的形式开启了地理标志(原产地名称)保护的实际行动。

1989 年 10 月 4 日,我国正式加入《商标国际注册马德里协定》。这一举动不仅方便了商标国际注册,同时也节约了外国商标在我国申请注册的时间和费用等成本。加入《商标国际注册马德里协定》以后,大量外国商标(包括证明商标和集体商标)开始在我国寻求注册。然而,我国 1982 年颁布的《商标法》、1983 年颁布并经 1988 年第一次修订的《商标法实施细则》等,均没有涉及证明商标和集体商标的

---

① 《保护工业产权巴黎公约》第 10 条之三第(2)款。

保护问题。所以,在加入《商标国际注册马德里协定》方便了商标国际注册的同时,外国证明商标和集体商标的进入,也使我国面临包括地理标志注册和保护等在内的新问题。加之随着改革开放的深入和社会主义市场经济逐步走向成熟,[①]我国一些具有地方特色的传统产品也提出了不同于普通商标的保护要求。基于此,我国开始了在商标法体系下对地理标志进行保护的立法设计。1993年《商标法实施细则》修订后,地理标志可以通过注册证明商标进行保护。

2001年12月11日,中国正式加入世界贸易组织,成为其第143个成员,《TRIPS协定》在我国生效。应当说,在诸多国际条约中,《TRIPS协定》是迄今为止"已经签署的在知识产权方面最有影响力的协议"。[②] 在《TRIPS协定》中,地理标志保护是一项十分重要的内容。《TRIPS协定》在第2部分第3节专门规定了地理标志的保护问题。《TRIPS协定》第22条第1款明文规定:"就本协议而言,'地理标志'指识别某一货物来源于某一成员领土或该领土内某一地区或地方的标识,该货物的特定质量、声誉或其他特性主要归因于其地理来源。"和其他知识产权客体相比,《TRIPS协定》对地理标志保护的一个特点就是在一个单一的"地理标志"这一主题定义之下,又根据商品的不同类别分别给予不同水平的保护,大体可分为三个标准:(1)适用于所有商品之地理标志的最低标准保护和共同保护;(2)适用于葡萄酒和烈性酒地理标志的附加保护;(3)仅适用于葡萄酒地理标志的额外附加保护。[③] 由于《TRIPS协定》是WTO的基本性法律文件,因此一国(地区)要成为WTO成员,其国内法上需要达到《TRIPS协定》对地理标志保护设定的基本要求。为了加入WTO、履行《TRIPS协定》中的地理标志保护义务,我国2001年11月27日修订《商标法》专门增设了地理标志保护条款。

由此可见,改革开放以来,我国地理标志保护立法的兴起和不断发展,首先是基于加入相关国际条约、履行相应的国际义务等外部因素促动下进行的。

(二)改革开放引发的日益密切的对外经贸往来

改革开放以后,我国与世界各国的经济与贸易往来日趋频繁。根据国家统计局公布的统计数据显示,改革开放后的第一年,即1979年全年进出口总额为454.60亿元(人民币),比1978年增长了28%;到我国《商标法》颁布的1982年,全年进出口总额达到了771.30亿元(人民币);再到中国加入WTO的2001年,全年

① 1993年3月29日,第八届全国人民代表大会第一次会议通过的《中华人民共和国宪法修正案》,明确将"国家实行社会主义市场经济"写入宪法。《中华人民共和国宪法修正案1993年3月29日第八届全国人民代表大会第一次会议通过》,载《人民日报》1993年3月30日第4版。

② Correa, Carlos M, Implementing the TRIPS Agreement in the Patents Field: Options for Developing Countries, *The Journal of World Intellectual Property* 1.1 (1998), pp.75-99.

③ 具体内容《与贸易有关的知识产权协议》第2部分第3节第22条至第24条。王笑冰:《论地理标志的法律保护》,中国人民大学出版社2006年版,第52~53页。

进出口总额已达 42203.28 亿元(人民币)。[①] 改革开放营造的愈发便利的进出口环境和日益密切的跨国(境)贸易联系,使得在国内商品逐渐走出国门的同时,国外产品也源源不断地进入中国市场、受到中国消费者欢迎,这其中不乏大量在国外受地理标志保护的产品,如法国"香槟酒(Champagne)""丹麦牛油曲奇",等等。伴之而来的是,中国市场上如何有效地保护它们的知识产权,备受国外相关市场主体和国际社会的关注和重视。

据考察,我国在加入《巴黎公约》以后,第一次专门针对地理标志保护的行动,即 1987 年 10 月 29 日国家工商行政管理局商标局答复北京市工商行政管理局《关于保护原产地名称的函》,就是在外国委托人反映下启动的。1999 年《原产地域产品保护规定》出台,也主要是受到中国和法国之间日益密切的双边经贸往来的影响,在 1997 年签署的《中法联合声明》和 1999 年签订的《中法关于成立农业及农业食品合作委员会的声明》等双边协定的直接推动下建立起来的。

(三)我国本身潜藏着优越的地理标志资源禀赋

我国作为一个地域辽阔、民族众多的资源和文化大国,复杂多样的气候和地理条件,历史悠久的民族资源和文化传统,以及国人世世代代的不辞劳苦和勤奋耕耘,造就了难以计数的地方名优特色产品,不但包括农产品和食品,而且涉及中药材、手工艺品等。其中的很多产品,比如瓷器、丝绸、茶叶、宣纸、刺绣等,经过长期的创造和培育,早已在国内外盛誉远扬。而改革开放营造的现代市场经济条件,让这些地方特色资源更加神采焕发,日益流露出独有的市场魅力。运用地理标志制度加强对这些特色资源的保护和利用,既是改革开放后地方特色产业经济高质量发展的需要,同时也关系到民族资源和传统工艺的传承及弘扬。

进入 21 世纪,特别是 2001 年我国正式加入 WTO 以后,随着地理标志保护制度在我国落地生根,国内知识产权界对地理标志保护研究热度持续升温,产业界、实务界对地理标志多元价值的关注度不断高涨,地理标志开始受到国内相关层面的重视,人们的地理标志保护意识不断增强,地理标志保护及相关立法工作得以大踏步向前迈进。截至目前,我国不仅在商标法体系下建立起了运用集体商标和证明商标保护地理标志的制度实践,还初步构建起以《地理标志产品保护规定》和《农产品地理标志管理办法》为依托的地理标志专门保护制度。不过,由于"地理标志保护在我国是外来新生事物,是制度移植的结果"[②],受多重因素影响,改革开放至今,与著作权、专利和商标等知识产权已形成相对成熟的保护体系不同,目前我国

---

① 中华人民共和国国家统计局:《全国年度统计公报(对外贸易部分)》(1979 年、1982 年、2001 年),http://www.stats.gov.cn/tjsj/tjgb/ndtjgb/index_1.html,下载日期:2018 年 10 月 20 日。

② 王笑冰、林秀芹:《中国与欧盟地理标志保护比较研究——以中欧地理标志合作协定谈判为视角》,载《厦门大学学报(哲学社会科学版)》2012 年第 3 期。

对地理标志的保护存在数种并行的法律机制,且相互之间存在着严重的矛盾和冲突。地理标志这一我国知识产权的可能性强项,还缺乏体系化的立法保障。立足国内优越的地理标志资源禀赋,如何更好地保障和推动地理标志资源的发掘与特色产业经济的健康发展,更有效地促进地理标志多元价值的发挥,成为当前背景下影响我国地理标志立法进程的关键因素和核心动力。

综合看来,改革开放后我国的地理标志保护立法,是在国际贸易环境和国内资源禀赋的共同作用下,逐步向前迈进的。不过,我国虽然拥有丰富的地理标志资源,但由于我国并不像法国、意大利等欧洲国家那样具有悠久的地理标志保护历史和强烈的地理标志保护意识,地理标志保护问题在改革开放初期并没有引起国内足够的重视。相应地,早期地理标志保护及立法更多是为了满足相关国际标准和回应国外地理标志权利人的利益关切,而对国内地理标志资源禀赋的洞察和地理标志产业经济的倾注有所不足。所以我国地理标志保护立法的起步,虽然是上述三方面因素共同作用的结果,但前两个因素的实际影响在当时要大于第三个因素。近年来,伴随我国地理标志资源潜力得到有效发掘,地理标志产业经济发展迅速,地理标志保护立法逐步从"被动调整"转为"主动安排",上述第三个因素对当前我国地理标志保护立法的进一步健全和完善开始发挥主导作用。2016 年 12 月 30日,国务院印发《"十三五"国家知识产权保护与运用规划》,明确将做好地理标志立法工作列入"完善知识产权法律制度"的一项重点工作。

回顾改革开放四十年我国地理标志保护立法的历史变迁,在总结所取得成就的同时,系统梳理和反思四十年来地理标志保护立法及实践还存在的诸多问题,以此鞭策相关立法的完善和制度建设的持续推进,以此进一步加强对地理标志的知识产权保护,对我国具有十分重要的现实社会经济价值和深远的发展意义。

二、地理标志保护的立法过程

如前所述,地理标志制度作为一项舶来品,在我国诞生之初,更多是为了加快融入国际市场,以及向世界表明中国负责任地履行国际公约义务,所以,国际上的既成经验和国外相关市场主体的积极推动,对我国启动地理标志保护立法具有重要影响。但是,由于国际上对地理标志的保护存在巨大分歧,还同时并行多个法律概念和多种不同保护模式,再加上地理标志在我国是一种外来的新生事物,国内缺乏地理标志保护传统,广大消费者也缺乏地理标志认知。因此,虽然我国地理标志保护早在 20 世纪 80 年代中后期就已经启动,但是它在我国经历了较为缓慢的发展过程,而没有能够像普通的商标、专利、著作权等知识产权的保护那样,在短期内就取得突破性进展,并建立起了较为完善的保护体系。总体而言,我国地理标志保护立法经历了从商标法律制度框架下运用行政手段进行个案保护,到商标法体系下的证明商标、集体商标保护,再到专门保护制度的建立,最终演变为现今的商标

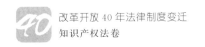
法体系与专门保护体系并存的"双轨制"格局。

（一）商标法律制度基本框架下的行政个案保护

地理标志在我国的保护，发端于 20 世纪 80 年代中期。如上文所述，自 1985 年加入《巴黎公约》伊始，我国便开始以行政文件的形式积极履行公约规定的地理标志（即《巴黎公约》中的"原产地名称"）保护义务。与此同时，国内相关层面还对商标注册涉及原产地名称的处理等问题展开了积极的实践探索。

例如，1986 年 11 月 6 日，原国家工商行政管理局商标局在答复安徽省工商行政管理局《就县级以上行政区划名称作商标等问题的复函》即明确指出："一、不得使用县级以上行政区划名称作商标的主要原因是：1.行政区划名称不能作商标，是国际上的通常做法；2.行政区划名称不该由某一企业或个人作为商标注册而排除该地区其他企业或个人在同一种商品上和类似商品上使用；3.与保护原产地名称产生矛盾；4.县级以上行政区划名称只能表示商品的产地，用作商标缺乏所应具有的显著性。鉴于这些原因，商标局自 1983 年 6 月起，决定不再核准注册用行政区划名称构成的商标，但附有图形明确表示其他事物而与行政区划名称偶合的，不在此限。已经在商标局注册的商标继续有效。但仅限定在核定使用的范围内。"①由此，我国在商标法律制度的基本框架之下，第一次提出了原产地名称的保护问题，并且还指出了使用县级以上行政区划名称的注册商标与原产地名称产生矛盾的处理原则，即该注册商标仅限在核定使用范围内继续有效。

1988 年 5 月 9 日，原国家工商行政管理局商标局在答复山东省工商局《关于"龙口"名称的意见》中指出，"'龙口'是地方长期使用在粉丝商品上的带有产地名称性的称谓，不宜由某一企业作商标注册专用"。同时指出，"为了维护塔牌龙口粉丝商标在国内外市场上的声誉，山东省粮油食品进出口分公司可以将塔牌龙口粉丝装潢中的特征图案双龙图形作商标申请注册"。另外还指出，"为了有利于保护山东省的拳头产品，发挥烟台地区名特产品的优势，防止滥用龙口粉丝名称的现象，在目前国家尚无产地名称或原产地名称保护法的前提下，建议你局请山东省政府主持，同有关部门进行协调，统一对龙口名称的认识，并制定相应的保护产地名称或原产地名称的地方性的暂行规定或相应的保护措施"。②由此，我国有关部门通过行政文件的形式，进一步明确了原产地名称与商标关系的处理原则，并对原产地名称的保护及立法开展提出了具体的建设性意见和建议。

① 中国法院网：《国家工商行政管理局商标局就县级以上行政区划名称作商标等问题的复函》（1986 年 11 月 6 日），https://www.chinacourt.org/law/detail/1986/11/id/5737.shtml，下载日期：2018 年 10 月 25 日。

② 中国法院网：《国家工商行政管理局商标局关于"龙口"名称的意见》（1988 年 5 月 9 日），https://www.chinacourt.org/law/detail/1988/05/id/7760.shtml，下载日期：2018 年 10 月 25 日。

　　1987 年 10 月 29 日,原国家工商行政管理局商标局在答复北京市工商行政管理局《关于保护原产地名称的函》中,就"北京某食品公司在其生产的一种食品上使用'丹麦牛油曲奇'名称而侵犯该商品原产地名称一事",特别指出:"我国是《保护工业产权巴黎公约》成员国,有义务遵守该公约的规定。若外国委托人反映的情况属实,你局应责令北京某食品公司立即停止使用'丹麦牛油曲奇'这一名称,以保护《巴黎公约》缔约国的原产地名称在我国的合法权益。"①这是我国相关部门第一次专门针对地理标志(原产地名称)保护而发出的行政文件。此后,原国家工商行政管理局于 1989 年 10 月 26 日专门发出通知,要求"我国企业、事业单位和个体工商户以及在中国的外国(法国除外)企业不得在酒类商品上使用'Champagne'或'香槟(包括大香槟、小香槟、女士香槟)'字样"。该通知特别指出:"香槟是法文'Champagne'的译音,指产于法国 Champagne 省的一种起泡白葡萄酒。它不是酒的通用名称,是原产地名称。近年来我国一些企业将香槟或 Champagne 作为酒名使用。这不仅是误用,而且侵犯了他人的原产地名称权。原产地名称是工业产权保护的内容之一。《保护工业产权巴黎公约》明确规定各成员国有义务保护原产地名称。我国是巴黎公约的成员国,有保护原产地名称的义务。"②该通知基于个案情形,以行政文件形式在我国明确认可了原产地名称的知识产权(工业产权)客体属性。针对市场上部分企业违反该通知要求而使用"香槟或 Champagne"的情况,原国家工商行政管理局商标局在批复文件中认为其"已构成违反《商标法》第八条第二款规定的行为,应当依照《商标法》第三十四条第二项以及《商标法实施细则》第三十二条的有关规定查处"③。

　　从上述系列行政文件可以充分发现,改革开放初期我国对地理标志(原产地名称)的保护,主要是在既有商标法律制度的基本框架下,依托工商行政管理部门运用行政手段进行个案保护。当时的相关部门所采取的个案保护行动,更多是为了履行国际条约义务,以及回应个别国外地理标志(原产地名称)的保护诉求。相关行政文件没有对原产地名称的具体内涵作界定,实践中对原产地名称的法律概念等问题也未形成统一认识。但难能可贵的是,自那时起相关部门就已经逐步意识到了保护地理标志(原产地名称)对于发挥地方特色产品优势、发展区域产业经济

---

① 中国法院网:《国家工商行政管理局商标局关于保护原产地名称的函》(1987 年 10 月 29 日),https://www.chinacourt.org/law/detail/1987/10/id/7013.shtm,下载日期:2018 年 10 月 25 日。

② 中国法院网:《国家工商行政管理局关于停止在酒类商品上使用香槟或 Champagne 字样的通知》(1989 年 10 月 26 日),https://www.chinacourt.org/law/detail/1989/10/id/9803.shtml,下载日期:2018 年 10 月 26 日。

③ 《国家工商行政管理局商标局关于依法制止在酒类商品上使用香槟或 Champagne 字样行为的批复(商标管〔1996〕292 号)》,转引自国家工商行政管理局:《中华人民共和国商标法律法规最新汇编》,工商出版社 1999 年版,第 387 页。

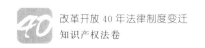
的重要性,这为后来我国地理标志保护立法的正式启动奠定了基础。

(二)商标法体系下的证明商标和集体商标保护

1.第一阶段:商标行政法规、规章层面对证明商标的保护

1993 年 7 月 28 日,我国对《商标法实施细则》进行了第二次修订。新修的《商标法实施细则》第 6 条规定:"依照商标法第三条规定,经商标局核准注册的集体商标、证明商标,受法律保护。集体商标、证明商标的注册和管理办法,由国家工商行政管理部门会同国务院有关部门另行制定。"根据该规定,1994 年 12 月 30 日,原国家工商行政管理局发布了《集体商标、证明商标注册和管理办法》,其中第 2 条规定,"集体商标是指由工商业团体、协会或其他组织的成员所使用的商品商标或服务商标,用以表明商品的经营者或服务的提供者属于同一组织。证明商标是指由对某种商品或者服务具有检测或监督能力的组织所控制,而由其以外的人使用在商品或服务上,用以证明该商品或服务的原产地、原料、制造方法、质量、精确度或其他特定品质的商品商标或服务商标"。该规定虽然没有明确指出地理标志(原产地名称)的保护问题,但从 1995 年 7 月 13 日原国家工商行政管理局发布的《集体商标与证明商标注册指南》第四部分"原产地名称与证明商标"的解说中,可以得知《集体商标、证明商标注册和管理办法》(1994)第 2 条第 2 款(证明商标)中所指的"原产地"应是指"原产地名称"[①]。至此,通过注册证明商标成为商标法体系下保护地理标志的实际路径。《商标法实施细则》(1993)和《集体商标、证明商标注册和管理办法》(1994)等法规、规章对地理标志保护的吸纳,在我国立法上"首次明确了以证明商标的形式来保护地理标志"[②],标志着"我国对于地理标志保护正式立法的开始"[③]。但是,对于地理标志是否能够通过注册集体商标进行保护的问题,相对规定并没有指明。

2.第二阶段:《商标法》对证明商标和集体商标的保护

2001 年,中国加入 WTO。为履行入世承诺,满足《TRIPS 协定》对地理标志保护的标准设定,同时也为了适应新时期国内地理标志保护的具体实际,在国家法律层面,我国于 2001 年 10 月 27 日对《商标法》进行了第二次修订。修订后的《商标法》首次规定了"地理标志"的具体内涵,并将证明商标、集体商标的保护从行政

---

① 《集体商标与证明商标注册指南》第四部分明确指出:"我国法律、法规将原产地名称或标志纳入证明商标保护范围","我国目前尚无保护原产地名称的专门立法,地名一般不能作为普通商标注册,如何保护原产地名称一直没有找到切实可行的办法。现在随着《集体商标、证明商标注册和管理办法》的颁布实施,通过证明商标对原产地名称进行保护已成为一种现实"。田芙蓉:《地理标志法律保护制度研究》,知识产权出版社 2009 年版,第 240~241 页。

② 谢冬伟:《我国地理标志保护制度的历史与发展——兼对新修订的〈集体商标、证明商标注册和管理办法〉的解读》,载《工商行政管理》2003 年第 11 期。

③ 黄晖:《商标法》,法律出版社 2004 年版,第 282 页。

法规提升到了国家法律层次。在行政法规层面,2002 年 8 月国务院颁布《商标法实施条例》①,取代了《商标法实施细则》。该条例明确规定,地理标志可通过注册集体商标或证明商标进行保护。在部门规章层面,2003 年 4 月原国家工商行政管理总局发布新的《集体商标、证明商标注册和管理办法》,详细规定了地理标志注册集体商标或证明商标的具体事宜。至此,一个既有上位法依据,又有配套法规、规章的地理标志商标法保护体系在我国正式形成。

(1)《商标法》对地理标志的定义

2001 年《商标法》修订时,主要借鉴了《TRIPS 协定》第 22 条第 1 款规定的地理标志定义,在第 16 条第 2 款规定:"前款所称地理标志是指标示某商品来源于某地区,该商品的特定质量、信誉或其他特征,主要由该地区的自然因素或人文因素所决定的标志。"同时,2001 年《商标法》修订对集体商标、证明商标的定义也做了一定调整,②并将其与商品商标、服务商标并列规定、同等保护,③同时还规定,"集体商标、证明商标注册和管理的特殊事项,由国务院工商行政管理部门规定"。④

(2)地理标志在商标法中的具体保护方式

在我国现行商标法体系下,地理标志主要通过注册集体商标、证明商标的方式进行保护。2002 年《商标法实施条例》第 6 条第 1 款规定,"商标法第 16 条规定的地理标志,可以依照商标法和本条例的规定,作为证明商标或者集体商标申请注册"。2001 年修订后的《商标法》规定,"申请商标注册不得损害他人现有的在先权利,也不得以不正当手段抢先注册他人已经使用并有一定影响的商标"。⑤ 依照该规定,如果地理标志未注册,但是如果其满足该规定所称的"已经使用并有一定影响"构成条件,也应该是可以通过该规定寻求保护的。除此之外,2001 年《商标法》第 41 条第 2 款还规定:"已经注册的商标,违反本法第十三条、第十五条、第十六条、第三十一条规定的,自商标注册之日起五年内,商标所有人或者利害关系人可以请求商标评审委员会裁定撤销注册商标。对恶意注册的,驰名商标所有人不受五年限制。"可见,如果注册商标违反了《商标法》第 16 条的规定,则无论是地理标

---

① 2003 年 4 月 17 日公布、并于 2002 年 9 月 15 日正式施行,2014 年 4 月 29 日第一次修订。

② 《中华人民共和国商标法》(2001)第 3 条第 2 款规定:"本法所称集体商标,是指以团体、协会或其他组织名义注册,供该组织成员在商事活动中使用,以表明使用者在该组织中的成员资格的标志。"第 3 条第 3 款规定:"本法所称证明商标,是指由对某种商品或者服务具有监督能力的组织所控制,而由该组织以外的单位或者个人使用于其商品或者服务,用以证明该商品或者服务的原产地、原料、制造方法、质量或者其他特定品质的标志。"

③ 《中华人民共和国商标法》(2001)第 3 条第 1 款规定:"经商标局核准注册的商标为注册商标,包括商品商标、服务商标和集体商标、证明商标;商标注册人享有商标专用权,受法律保护。"

④ 《中华人民共和国商标法》(2001)第 3 条第 4 款。

⑤ 《中华人民共和国商标法》(2001)第 31 条、《中华人民共和国商标法》(2013)第 32 条。

志注册人还是利害关系人,均可请求商标评审委员会撤销该注册商标。2013 年,《商标法》第三次修订把该项规定调整到了第 45 条第 1 款,并且在第 33 条新增了初步审定公告的商标与地理标志冲突的异议处理,即如果经初步审定公告的商标,自公告之日起 3 个月内,在先权利人或利害关系人认为违反商标法第 16 条第 1 款等规定的,可以向商标局提出异议。[①]

改革开放四十年来,我国商标法律制度对地理标志的保护,从起步、不成熟到逐步走向成熟,经历了通过行政个案进行保护,到行政法规、部门规章的低位阶保护,再到《商标法》层面对地理标志保护做出系统安排的"渐进式"的制度构建过程。作为现阶段我国地理标志知识产权保护的一项基本法律手段,地理标志商标法保护制度的建立、健全和不断完善,为推动全国各地传统特色资源的知识产权保护、开发和利用,促进地方特色产业经济的振兴,包括农产品品牌的形成和农业经济发展方式的转型等,做出了巨大贡献。

(三)地理标志专门保护制度的建立

在商标法保护之外,申请地理标志产品保护和农产品地理标志登记是我国地理标志保护的另一重要途径,也称专门保护制度。该制度是 WTO 成立后我国在筹备加入的过程中,通过学习和借鉴法国、欧盟等国家和地区的原产地名称制度基础上发展而来。如学者所言,我国地理标志专门保护制度"是取自法国的'真经'并结合我国实际情况和特点而建立的"。[②] 在我国,该制度又进一步演化为地理标志产品保护体系和农产品地理标志保护体系等两套相对独立的保护机制。

1.地理标志产品保护体系的建立

1994 年 WTO 成立以后,为进一步加强对外经贸合作,特别是为了加强与法国、欧盟等国家和地区的双边对话,我国在逐步构建和完善地理标志商标法保护制度的同时,另一套与地理标志保护有关的制度,即原产地域产品保护制度开始在我国酝酿,并伴随 1999 年原国家质量技术监督局发布实施《原产地域产品保护规定》而得以初步确立。[③] 1999 年 12 月 7 日,原国家质量技术监督局还发布了强制性国家标准《原产地域产品通用要求》。2000 年 1 月,第一件原产地域产品"绍兴酒"

[①] 《中华人民共和国商标法》(2013)第 33 条。

[②] 刘兆彬:《我国原产地域产品保护制度实施的现状与发展》,载《中国标准化》2001 年第 12 期。

[③] 据相关文献介绍,催生该项保护制度的直接动力是,1997 年 5 月中国国家主席江泽民同志与法国总统希拉克签署的《中法联合声明》,以及 1998 年 9 月中国国务院总理朱镕基与法国总理诺斯潘签订的《中法关于成立农业及农业食品合作委员会的声明》。这两个声明均提出了要进一步加强两国在原产地命名和打击假冒行为方面的合作,因此对中国原产地域产品保护制度的建立起到了极大的推动作用。刘兆彬:《我国原产地域产品保护制度实施的现状与发展》,载《中国标准化》2001 年第 12 期。

（也是我国第一件地理标志保护产品）获得批准保护。2001 年 9 月，国家层面还专门成立了"全国地理标志产品标准化工作组"。该工作组的职责主要是根据国家质检总局原产地域产品保护工作的相关要求，组织开展有关原产地域产品标准的起草、审查等工作。

2001 年 3 月 5 日，原国家出入境检验检疫局通过发布《原产地标记管理规定》和《原产地标记管理规定实施办法》，在我国建立起了原产地标记管理制度。当时，由于相关层面对地理标志（原产地名称）内在本质缺乏清晰和统一的认识，以致该制度将"地理标志"和"原产地标记"同时纳入了原产地标记管理范围，混淆了作为一项知识产权保护对象的地理标志与作为进出口贸易管制手段的原产地规则的关系。2001 年 4 月 10 日，也即在该套制度规定出台仅一个月之隔，国务院机构改革把国家出入境检验检疫局与国家质量技术监督局合并，组建了新的国家质量技术监督检验检疫总局（简称"国家质检总局"）。由此引发了两套拥有不同法律依据的原产地域产品保护制度和原产地标记管理制度之间的矛盾和冲突。[①] 对此，当时新组建的国家质检总局通过调整内部管理体制，在科技司组建专门的地理标志处，统一承担地理标志（包括原产地域产品保护申请和原产地标记登记）的管理工作。2005 年 6 月 7 日，国家质检总局发布新规章《地理标志产品保护规定》（2005 年 7 月 15 日施行），替代了原国际质量技术监督局公布的《原产地域产品保护规定》，规定："原国家出入境检验检疫局公布的《原产地标记管理规定》《原产地标记管理规定实施办法》中关于地理标志的内容与本规定不一致的，以本规定为准。"[②] 至此，上述两套制度正式被整合、变更为"地理标志产品保护制度"。2016 年 3 月，国家质检总局还出台了《国外地理标志产品保护办法》，填补了该项保护体系长期以来对国外地理标志保护的制度缺漏。

2.农产品地理标志保护体系的建立

地理标志是一项具有高度亲农性特征的知识产权保护对象。这种亲农性特征不仅能够从国内已注册地理标志的产品类别中农产品的占比上直观体现，同时也可从欧盟层面将其作为实现共同农业政策（CAP）工具等方面得到充分证实。

我国是农业大国，做好"三农"工作直接关乎国计民生之大计。针对地理标志在发展农业产业和农村经济、实现农民脱贫致富等方面的独特功能，早在 2002 年《中华人民共和国农业法》修订时，就在第 23 条第 3 款明文规定："符合规定产地及生产规范要求的农产品可以依照有关法律或者行政法规的规定申请使用农产品地理标志。"2004 年，原农业部与原国家工商行政管理总局根据 2003 年 12 月 31 日《中共中央国务院关于促进农民增加收入若干政策的意见》（中发〔2004〕1 号）的相

---

① 田芙蓉：《地理标志法律保护制度研究》，知识产权出版社 2009 年版，第 243 页。

② 《地理标志产品保护规定》第 28 条。

关精神,联合发布了《关于加强农产品地理标志保护与商标注册工作的通知》,力求在农产品地理标志保护方面加强沟通协作、形成保护合力,共同推进农业品牌化战略,促进农业增效和农民增收。2007 年,原农业部发布《农产品地理标志管理办法》,规定对来源于农业的初级产品进行农产品地理标志保护登记,正式开启了农业部体系下的地理标志保护实践。至此,我国地理标志保护"两种立法模式并行、三套保护体系同在"的格局得以形成,且一直延续至今。

三、民法"法典化"时代的地理标志保护

2020 年 5 月 28 日,第十三届全国人民代表大会第三次会议通过了《中华人民共和国民法典》(以下简称《民法典》),2021 年 1 月 1 日起正式施行。《民法典》的出台,标志着我国民事权利保护立法"法典化"时代的正式到来。

民法"法典化"时代,同时是我国知识产权法律的体系化时代。《民法典》第一编总则第 123 条第 2 款规定:"知识产权是权利人依法就下列客体享有的专有权利:(一)作品;(二)发明、实用新型、外观设计;(三)商标;(四)地理标志;(五)商业秘密;(六)集成电路布图设计;(七)植物新品种;(八)法律规定的其他客体。"与《民法通则》相比,《民法典》不仅对知识产权客体范围做了大幅调整和补充,还对知识产权客体给予体系化归纳,我国知识产权法律的体系化进程由此迈出了关键一步。在地理标志保护方面,《民法典》明确将地理标志纳入知识产权客体范畴,为地理标志的"私权"属性界定及后续"私法"保护的系统化安排奠定了重要基础。

在新时代背景下,不仅民事基本法已经体现出了对地理标志保护的重视,在司法实践层面,为了能够有效化解地理标志保护难题,2017 年最高人民法院发布《关于审理商标授权确权行政案件若干问题的规定》(2016 年 12 月 12 日最高人民法院审判委员会第 1703 次会议通过,自 2017 年 3 月 1 日起施行),也对地理标志的保护作了明确规定。最高人民法院《关于审理商标授权确权行政案件若干问题的规定》第 17 条规定:"地理标志利害关系人依据商标法第十六条主张他人商标不应予以注册或者应予无效,如果诉争商标指定使用的商品与地理标志产品并非相同商品,而地理标志利害关系人能够证明诉争商标使用在该商品上仍然容易导致相关公众误认为该产品来源于该地区并因此具有特定的质量、信誉或者其他特征的,人民法院予以支持。如果该地理标志已经注册为集体商标或者证明商标,集体商标或者证明商标的权利人或者利害关系人可选择依据该条或者另行依据商标法第十三条、第三十条等主张权利。"从该规定可发现,地理标志在我国不仅已能寻求跨类保护,对于已注册为集体商标、证明商标的地理标志,甚至可以寻求驰名商标保护。该司法解释的出台,在实践中能够有效弥补现行《商标法》的刚性和其他相关法律法规等对地理标志保护的相对不足。

同时,在政策规划层面,2018 年 1 月 2 日中共中央、国务院发布的《中共中央国务院关于实施乡村振兴战略的意见》和 2018 年 9 月 26 日中共中央、国务院印发的《乡村振兴战略规划(2018—2022)》也明确指出,培育农产品品牌、保护农产品地理标志、加强地理标志商标的注册和保护等,是提升农业发展质量、培育乡村发展新动能、助力乡村振兴战略目标实现的重要举措。这一系列政策规划,为我国进一步完善相关法律制度以加强地理标志保护指明了前进的方向。

改革开放至今,我国地理标志保护立法的建立、健全和不断变革完善,既是改革开放四十年来我国社会主义法治建设的硕果之一,同时也是未来继续深化改革开放、推动社会主义现代化建设事业迈上新台阶的一项重要环节。

第二节 地理标志保护制度的实施情况

改革开放以来,特别是从 20 世纪 90 年代地理标志保护立法在我国正式出台至今,经过几十年的探索和耕耘,我国地理标志法律保护制度得以逐步建立、健全,地理标志行政管理不断加强,地理标志司法保护不断取得新成就,地理标志保护制度的实施效果明显,地理标志法律保护的学术研究也方兴未艾。

一、地理标志的行政保护

(一)地理标志注册量呈现快速增长

地理标志保护制度确立以来,我国注册保护的地理标志数量不断增多,地理标志产业规模持续扩大,已成为推动地方经济社会可持续发展的重要力量。据权威媒体报道,我国地理标志产业规模已经远远超过 2 万亿元(人民币),[①]很多地理标志都已发展成为当地的产业支柱。比如,"库尔勒香梨""镇江香醋""中宁枸杞""凤冈锌硒茶""德化陶瓷""烟台苹果""五常大米",等等。统计显示,截至 2016 年底,我国三套地理标志保护体系已累计对超过七千件地理标志进行了注册保护。其中,商标局已注册地理标志商标(包括证明商标和集体商标)共 3374 件,国家质检总局批准保护地理标志产品共 2147 个,农业部登记保护农产品地理标志共 2117 个。[②] 2018 年 12 月 3 日,根据 WIPO 发布的《世界知识产权指标 2018》显示,中国

---

① 中国经济网:《地理标志产业正迎发展良机》,http://www.ce.cn/xwzx/gnsz/gdxw/201508/28/t20150828_6346186.shtml,下载日期:2017 年 7 月 8 日。

② 中国商标网:《中国地理标志法律制度的新进展》,http://sbj.saic.gov.cn/dlbz/xwbd/201707/t20170708_267423.html,下载日期:2017 年 7 月 8 日。

有效地理标志数量已达 8507 个,跻身世界前三甲。①

改革开放至今,国内有效地理标志资源数量的大幅度跃升,充分反映了我国对地理标志保护意识的增强和保护力度的不断提高。相关数据不仅表明,我国已经进入"全球知识产权引领者的行列",更折射出了在当下的中国,"由知识产权所支持的创新成为竞争和商业活动中愈发重要的组成部分"。②

(二)地理标志行政管理体制不断完善

改革开放以来,我国从中央到地方,已建立起立体化的地理标志行政管理体制。在商标法框架下,由国家工商行政管理总局商标局统一受理地理标志商标的注册管理工作,地方各级工商行政管理部门负责指导各辖区内的地理标志保护和管理工作。在地理标志产品保护体系下,已建立起由县级以上地方人民政府参与、省级质量技术监督局初审和国家质检总局审批登记的三级地理标志产品保护体系。在农产品地理标志保护体系下,同样已建立起由县级以上地方人民政府参与、省级人民政府农业行政主管部门受理和初审以及农业部组织评审登记的三级农产品地理标志保护体系。客观地讲,这三套地理标志行政管理体制各有优势,对我国地理标志保护均做出了重要贡献。

2018 年 3 月,国务院机构改革新组建了国家市场监督管理总局,并重新组建了国家知识产权局(由国家市场监督管理总局管理),不再保留国家工商行政管理总局、国家质量监督检验检疫总局、国家食品药品监督管理总局;同时组建了农业农村部,不再保留农业部。③ 经调整,原国家工商总局的商标管理职责和原国家质检总局的地理标志产品管理职责已由新组建的国家知识产权局承担。在地方层面,也做了对应的改革和调整。此次知识产权行政管理机构的调整及职能职责整合,意味着地理标志行政管理体制得到了一定程度完善,为推动我国地理标志法律制度的更进一步做了十分重要的铺垫。

二、地理标志的司法保护

改革开放至今,我国在地理标志保护问题上,不仅相关立法得以建立、健全,并建立起了立体化的地理标志行政管理体制,同时司法实践领域的保护和探索也取

① WIPO：World Intellectual Property Indicators—2018, https://www.wipo.int/pressroom/en/articles/2018/article_0012.html,下载日期:2018 年 12 月 3 日。该报告显示,德国的有效地理标志数量最多(14073 个),奥地利次之(8749 个),中国排名第三(8507 个),匈牙利(6646 个)和捷克共和国(6191 个)分列第四位、第五位。

② WIPO：World Intellectual Property Indicators—2018, https://www.wipo.int/pressroom/en/articles/2018/article_0012.html,下载日期:2018 年 12 月 3 日。

③ 王勇:《关于国务院机构改革方案的说明》,载《人民日报》2018 年 3 月 14 日第 5 版。

得了较大进步。通过在北大法宝司法案例数据库精确全文检索"地理标志"显示，截至 2018 年 12 月 31 日，涉及地理标志保护的相关司法案例及裁判文书已达 1318 件(其中，判决书 1242 件)。在我国，尽管地理标志存在三种不同立法模式和授权确权体系，即商标法体系、地理标志产品保护体系和农产品地理标志保护体系。但是，通过对代表性案例的司法观察发现，地理标志产品保护体系和农产品地理标志体系进入司法程序的案例(包括行政或民事诉讼等)较少，司法实践中涉及地理标志保护案件多集中在商标法领域。考察发现，目前与地理标志保护有关的司法案例主要包括两大类：一类是行政案件，一类是民事案件。

(一)行政案件中的地理标志保护

行政案件中地理标志保护主要体现在商标授权确权诉讼环节，主要包括：

第一，关于不同地理标志保护体系发生冲突的协调。如上文所述，我国对地理标志的保护存在认定主体上的多样性和认定结果上的差异性。在司法实践当中，基于实际情况，对于不同确权主体的认定结果，目前法院持一种比较开放的态度。也就是说，无论是哪一个行政机关认定的地理标志，无论是地理标志证明商标、集体商标，或者地理标志保护产品，或者是农产品地理标志，"只要符合商标法的相关规定，尤其是《商标法》第 16 条第 2 款的规定，法院对于相关的认定结果通常是给予认可的"。[①] 尽管如此，对于多套确权制度的冲突性并存、地理标志的重叠保护引发权利冲突的具体处理，还缺乏明确的指引和解决方案。

第二，关于地理标志的形成时间。该问题本质上涉及地理标志权利取得应遵循的原则，也即基于"注册取得"，还是基于"历史取得"。对此，实践中存在不同的认识和做法。例如，在"东陂腊味"案中，原告主张，"东陂腊味"地理标志的形成时间应当为 2006 年第 11 号公告(国家质量监督检验检疫总局《关于批准对东陂腊味实施地理标志产品保护的公告》)发出之时，晚于争议商标(第 3162871 号"东陂 DONG PI"，该商标指定颜色，其申请日为 2002 年 4 月 28 日，核准注册日为 2003 年 4 月 21 日，核定使用商品为第 29 类：肉；香肠；板鸭；腊肉)。但法院认为，"地理标志所标示的商品的特定品质是由该地区的自然因素或者人文因素所决定的，并经长期的经营，为相关公众所知晓，具有相对稳定性和明确性的特点。因此该自然因素或者人文因素对于商品特定品质的影响、作用和塑造，存在历史积淀的过程。就本案而言，国家质量技术监督检验检疫总局第 11 号公告虽然于 2006 年发布，但是其只是对业已成为地理标志的'东陂腊味'的事后确认。由第三人提交的《故乡

---

① 周波：《地理标志司法保护的中国实践》，https://mp.weixin.qq.com/s?_biz=MzU4ODA1NTMyMw==&mid=2247484075&idx=2&sn=228e3f362ab3e91eb36bf4f3315fb485&chksm=fde3d4dfca945dc9608994ba13fc62d405b991867f1d47cc423f3bf548cc7dfbad55ffba2c12&mpshare=1&scene=23&srcid=0101wpHvNCvIYQpsvbySybKa#rd，下载日期：2018 年 12 月 27 日。

这方土》等书籍、报刊所记载的内容可知,'东坡腊味'在争议商标申请日之前在工艺特点、品种、感官特色等方面已经形成了与当地自然因素、人文因素相关的相对确定的品质特点"。① 基于此,法院认定"东坡腊味"与其产地东陂形成了对应关系,符合《商标法》第 16 条第 2 款规定的地理标志条件,遵循了基于"历史取得"的认定原则。同时,在"西山焦枣"案中,法院也认为,"对于地理标志的保护,是基于对地区特定的自然因素或者人文因素形成的客观事物的保护,也是对相关公众对地理标志信赖利益的保护。而且这种保护对象是一种客观事实状态,故对该保护并非以地理标志受保护时间为起点,而是一种长期持续的状态"。②

第三,关于地理标志与普通商标之间关系的处理。地理标志与普通商标(尤其是地名商标)的关系处理问题,是目前司法实践中的一项难题。该问题具体又包括以下情形:一是地理标志与善意在先注册商标的关系处理。从目前来看,法院一般严格依照《商标法》第 10 条第 2 款和第 16 条的规定,遵循"在先原则"进行处理,认可在先取得注册商标的有效性。比如,在"金华火腿"案中,法院认为,"上诉人的注册商标是'金华火腿',其中'金华'是县级以上行政区划的地名,'金华火腿'具有地理标志性质或含义,但原告持有的'金华火腿'商标,是在现行《商标法》修正之前已经取得注册,因此继续有效,依法享有注册商标专用权"。③ 二是地理标志被抢注为普通商标的处理问题。该问题具体又涉及产区内的经营者抢注和产区外的经营者抢注。其一,对于产区内的经营者抢注的处理,商评委和法院的做法并不一致。比如,在"东坡腊味"案中,商评委认为,"争议商标为'东陂'及'DONG PI'组成,文字'东陂'为该商标的认读和呼叫部分,东陂大酒店地处东陂镇,其经营者关治欢亦经营腊味企业,应当知晓'东陂'为腊味商品的地理标志,仍将其注册为集体商标、证明商标以外的商标,易导致相关公众对该地理标志所标识的产品的性质、来源产生误认,已属于《商标法》第十六条第一款所禁止的情形,争议商标在腊肉及类似商品上的注册应予撤销"。而法院则认为,"原告为东陂大酒店的经营者,经营地位于'东坡腊味'的产地广东省连州市东陂镇,并不属于《商标法》第十六条第一款所规定的不予注册并禁止使用的情形"。① 其二,对于产区外的经营者抢注,实践中的处理比较一致。比如,在"西山焦枣"案中,二审法院认为,"陈建华也已明确表示其

---

① 《关治欢等诉国家工商行政管理总局商标评审委员会商标行政纠纷案》,北京市第一中级人民法院行政判决书,(2010)一中知行初字第 3531 号。

② 《陈建华诉国家工商行政管理总局商标评审委员会商标争议行政纠纷案》,北京市高级人民法院行政判决书,(2015)高行(知)终字第 1568 号。

③ 《浙江省食品有限公司与中华人民共和国国家工商行政管理总局商标局商标管理行政批复纠纷上诉案》,北京市高级人民法院行政判决书,(2005)高行终字第 00162 号。

④ 《关治欢等诉国家工商行政管理总局商标评审委员会商标行政纠纷案》,北京市第一中级人民法院行政判决书,(2010)一中知行初字第 3531 号。

不是西山焦枣的生产者、经营者,没有相关商品,因此,陈建华未能举证证明使用争议商标的干枣商品来源于该地理标志所标示的地区,且争议商标的使用不会误导公众"。① 据此,二审法院维持了商评委的裁定和原审判决,认定争议商标在"干枣"商品上的注册违反了《商标法》第 16 条第 1 款的规定。

(二)民事案件中的地理标志保护

民事案件中主要涉及地理标志商标侵权与救济等问题,具体包括:

第一,地理标志商标侵权的判定。在地理标志商标(包括证明商标和集体商标)侵权行为的判定标准上,目前司法实践中还存在一些争议。其中,有的法院排斥"混淆可能性"标准在该类案件中的适用。比如,在"舟山带鱼"案中,一审法院认为,"是否侵犯证明商标权利,不能以被控侵权行为是否容易导致相关公众对商品来源产生混淆为判定标准,而应当以被控侵权行为是否容易导致相关公众对商品的原产地等特定品质产生误认作为判断标准"。② 与之相反,有的法院仍然采用"混淆可能性"标准进行判定。比如,在"五常大米"案中,关于永超公司在其生产、销售的大米包装袋上所标识的"五常"文字是否侵犯"五常大米"证明商标,法院审理认为,"永超公司未经证明商标权人许可,在同一种商品上使用了与该证明商标相近似的标识,容易导致消费者对其商品与证明商标使用者的商品发生混淆,其生产、销售行为侵犯了五常市大米协会的商标专用权,应承担停止侵权并赔偿损失的民事责任"。③

第二,损害赔偿的认定。对于侵犯地理标志商标专用权损害赔偿的认定,目前司法实践中通常也遵循普通商标侵权损害赔偿的认定规则,即首先主要考虑原告的损失及被告因侵权获利的情况,如果两者不能确定,则酌定赔偿额。比如,在"五常大米"案中,法院认为,"由于五常市大米协会未举证证明其因侵权所受损失及永超公司因侵权所获利润的证据,因此综合考虑涉案商标的知名度、永超公司经营规模、侵权行为的性质、情节以及五常市大米协会为维权支出的合理费用等因素予以确定"。④ 在"古丈毛尖"案中,法院也认为,"鉴于被告华茗公司侵权所得及原告实际损失无法确定,根据商标法及司法解释规定,被告华茗公司所需承担的赔偿额由本院依法酌定"。在该案中,法院在确定赔偿额时,具体考虑了以下几方面的因素:其一,作为证明商标注册人,原告不能在其商品上使用该商标,故其本身对商标没

---

① 《陈建华诉国家工商行政管理总局商标评审委员会商标争议行政纠纷案》,北京市高级人民法院行政判决书,(2015)高行(知)终字第 1568 号。

② 《舟山市水产流通与加工行业协会诉北京申马人食品销售有限公司、北京华冠商贸有限公司侵害商标权及不正当竞争纠纷案》,北京市高级人民法院二审民事判决书,(2012)高民终字第 58 号。

③ 《五常市大米协会与黑龙江省永超米业有限公司侵害商标权纠纷案》,山东省高级人民法院二审民事判决书,(2016)鲁民终 812 号。

④ 《五常市大米协会与黑龙江省永超米业有限公司侵害商标权纠纷案》,山东省高级人民法院二审民事判决书,(2016)鲁民终 812 号。

有直接的经济利益,不具有营利性;其二,原告作为注册人对证明商标负有管理、维护义务,这些义务的履行需要一定的资金支持;其三,作为对商标的维护,原告已支出的相应合理费用,依法应纳入赔偿范围;其四,被告所实施的侵权行为属于经营性行为。①

第三,地理标志正当使用的界定。在地理标志商标侵权纠纷案件中,"正当使用"通常都是被诉侵权人主张的一项重要的法定抗辩事由。关于被诉侵权人对某一地理标志的使用行为是否构成"正当使用",司法实践中通过个案逐步形成了一些比较清晰的裁判标尺。比如,在"金华火腿"案中,国家商标局及二审法院均认为,"在实际使用中,正当使用方式应当文字排列方向一致,字体、大小、颜色也应相同,不得突出'金华火腿'字样"。② 在"沁州黄小米"案中,对于吴阁老公司使用"沁州黄"是否属于正当使用的问题,最高人民法院在再审过程中,结合"沁州黄"是一种谷物品种的通用名称、吴阁老公司在其生产销售的小米商品包装明显位置使用了自己的注册商标,其在包装上使用"沁州黄"文字属于表明小米品种来源的行为,吴阁老公司未在包装上突出使用"沁州"文字,也没有证据表明其攀附"沁州"注册商标商誉的主观故意等因素,支持二审判决认定吴阁老公司对"沁州黄"文字的使用属于正当使用,不构成侵权。③

三、学术研究情况

改革开放四十年来,我国对地理标志的法律保护,不但制度设计和实践操作成就显著,而且有关地理标志法律保护的学术研究也取得了很大进展。通过文献梳理发现,国内学界对地理标志法律保护问题的研究,从早期对地理标志概念术语的分析,对相关国际条约及国外地理标志制度的介绍,到对地理标志保护模式的选择、对地理标志权利性质的论争,以及对地理标志与商标、通用名称等的关系处理,再到后来对我国地理标志保护制度应如何完善等问题的讨论,也经历了一段较为漫长的、渐进式的学术演变历程。相关研究具有代表性的如:

第一,关于地理标志的概念及相关术语的讨论。在国内,早在 1994 年,即WTO 成立之时,我国已故知识产权法泰斗郑成思教授就对"什么是地理标志"做了阐释,并指出了它与产地标志的不同。④ 此后,有学者认为,"地理标志"这个概

---

① 《古丈茶业发展研究中心诉湖南省华茗茶业有限公司、湖南平和堂实业有限公司侵犯商标专用权纠纷案》,湖南省长沙市天心区人民法院民事判决书,(2008)天民初字第 2500 号。

② 《浙江省食品有限公司与中华人民共和国国家工商行政管理总局商标局商标管理行政批复纠纷上诉案》,北京市高级人民法院行政判决书,(2005)高行终字第 00162 号。

③ 《山西沁州黄小米(集团)有限公司与沁县吴阁老土特产有限公司侵害商标权纠纷申请案》,最高人民法院民事裁定书,(2013)民申字第 1643 号。

④ 郑成思:《关贸总协定中的"地理标志"保护》,载《国际贸易》1994 年第 7 期。

念是在产地标记、原产地名称概念的基础上发展出来的一个概念,它本身就是调和各方立场的一个折中的产物。① 有学者指出,"地理标志"是一个较新的概念,它在WIPO讨论建立有关产品地理来源名称或标记之国际保护条约的过程中首次被提及。在把握地理标志的概念时,应注意区分货源标记、原产地名称和地理标志。② 同时,有学者认为,地理标志有广义和狭义之分,与广义的地理标志相比,狭义地理标志实际上包括货源标记和原产地名称,③等等。

第二,关于国外地理标志法律制度的介绍。地理标志作为一件舶来品,其在我国的萌生,是制度移植的产物。改革开放之后,其在华夏大地从发芽到翠绿,与学界对各国地理标志制度的比较考察和借鉴有密切的联系。比如,我国加入WTO以后,有学者对法国原产地名称保护制度做了比较仔细的制度观察。④ 有学者通过对澳大利亚地理标志保护制度的介绍,分析了采用证明商标和独立的地理标志保护体系保护地理标志的利弊。⑤ 有学者通过持续的研究和跟踪,分别介绍了印度、欧盟、德国等国家和地区的地理标志保护制度。⑥ 也有学者在深入了解日本的地理标志保护制度后,指出近年来日本对地理标志的保护政策趋强。⑦ 还有学者基于中欧地理标志合作协定谈判的视角,对中欧地理标志立法体系、具体制度内容等方面的差异以及差异产生的根源做了深入的比较考察。⑧

第三,关于地理标志保护模式的选择。在国内,学界对地理标志保护模式的选择,存在不同的认识和看法。一种观点认为,对地理标志的保护应采取以《商标法》为主的模式,同时辅之以其他相关法律、特别是反不正当竞争法的保护。⑨ 一种观点认为,商标法保护地理标志的方式存在缺陷,有必要制定专门的地理标志保护法。⑩ 还有一种观点认为,在地理标志保护模式上,应选择商标法与专门法保护相

① 张玉敏:《我国地理标志法律保护的制度选择》,载《知识产权》2005年第1期。

② 王笑冰:《论地理标志的法律保护》,中国人民大学出版社2006年版,第10～100页。

③ 田芙蓉:《地理标志法律保护制度研究》,知识产权出版社2009年版,第27～28页。

④ 李忠:《法国原产地名称保护制度及借鉴》,载《海峡科技与产业》2005年第6期。

⑤ 原琪:《澳大利亚对地理标志的保护》,载《中华商标》2003年第10期。

⑥ 王笑冰:《印度对地理标志的保护》,载《中华商标》2004年第4期;《欧盟对地理标志的保护》,载《中华商标》2005年第12期;《德国对地理标志的法律保护》,载《中华商标》2006年第2期。

⑦ 管育鹰:《日本地理标志保护制度研究》,载《知识产权》2011年第6期。

⑧ 王笑冰、林秀芹:《中国与欧盟地理标志保护比较研究——以中欧地理标志合作协定谈判为视角》,载《厦门大学学报(哲学社会科学版)》2012年第3期。

⑨ 张今、东方:《地理标志的国际保护及我国保护中存在的问题》,载《中国知识产权报》2002年5月22日第3版;邢森、查丽娟、杜妍妍:《地理标志及其法律保护的基本问题——知识产权专家王先林访谈》,载《中国工商管理研究》2005年第2期。

⑩ 王连峰:《制定我国地理标志保护法的构想》,载《法学》2005年第5期;黄汇:《我国地理标志保护模式质评——兼论发展中国家知识产权立法的应然思维》,载《学术论坛》2008年第1期。

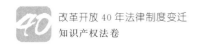
结合的双轨制。^① 此外,有学者还指出,地理标志保护模式的选择应遵循本国利益最大化的原则、与国际保护协调的原则、实效兴农的原则和保持法律协调的原则。^②

第四,关于地理标志权利性质的争论。对于地理标志的权利性质,国内学界尚未达成共识,代表性的观点有两种。第一种观点认为,地理标志是一种私权。^③ 在私权论者看来,地理标志是一类商业标志,所以因地理标志而产生的利益关系应为民事权利即私权。其权利主体是特定地区内符合特定生产条件的多个经营者。另一种观点则认为,地理标志属于公权。^④ 在公权论者看来,地理标志与商标的相似仅仅是表象,两者之间本质上存在很大区别。地理标志是一种集体性的共有权利,不能归个人,只能由地理标志所指示的地区或地方所有,具有永久性。有学者明确指出,《TRIPS 协定》关于知识产权是私权的论断不符合地理标志的实践和规律。^⑤在此之外,还有一种折中主义观点,认为地理标志是一种集体财产,它既不能归个人所有,也不能归国家所有,而应当属于地理标志产品产地的居民共同所有。但对于这种集体财产,应当用保护私产的方法,即通过赋予私权的方法来保护。^⑥

第五,关于地理标志与商标、通用名称等关系处理的讨论。在地理标志与商标的关系处理上,有学者认为,解决地名商标与地理标志之间的冲突,应该客观地、历史地分析地名商标与地理标志的形成原因,在不违背《商标法》规定的前提下,依照商标法的原理,并根据效益最大化的要求来妥善地解决。^⑦ 有学者认为,在先原则应当作为解决商标与地理标志冲突的一项基本原则,但不应不分情况地机械适用,而应当作一些必要的修正,即以在先原则为主,以商标与地理标志的并存作为适当

---

① 张玉敏:《地理标志的性质和保护模式选择》,载《法学杂志》2007 年第 6 期;李顺德:《地理标志与商标协调发展战略》,载《贵州师范大学学报(社会科学版)》2005 年第 1 期。

② 王笑冰:《地理标志保护模式选择的几个问题》,载《电子知识产权》2007 年第 2 期。

③ 张今、东方:《地理标志的国际保护及我国保护中存在的问题》,载《中国知识产权报》2002 年 5 月 22 日第 3 版;邢森、查丽娟、杜妍妍:《地理标志及其法律保护的基本问题——知识产权专家王先林访谈》,载《中国工商管理研究》2005 年第 2 期;黄汇:《我国地理标志保护模式质评——兼论发展中国家知识产权立法的应然思维》,载《学术论坛》2008 年第 1 期;李祖明:《地理标志的保护与管理》,知识产权出版社 2009 年版,第 9 页;田芙蓉:《地理标志法律保护制度研究》,知识产权出版社 2009 年版,第 39 页;王弈通:《论地理标志权的性质》,载《行政与法》2011 年第 1 期。

④ 王连峰:《制定我国地理标志保护法的构想》,载《法学》2005 年第 5 期;王笑冰:《地理标志法律保护新论——以中欧比较为视角》,中国政法大学出版社 2013 年版,第 26～28 页;赵小平:《地理标志的法律保护研究》,法律出版社 2007 年版,第 26～36 页。

⑤ 王笑冰:《地理标志法律保护新论——以中欧比较为视角》,中国政法大学出版社 2013 年版,第 28 页。

⑥ 张玉敏:《地理标志的性质和保护模式选择》,载《法学杂志》2007 年第 6 期。

⑦ 张伟君:《地名商标与地理标志冲突的法律调整》,载《中华商标》2002 年第 7 期。

的补充。① 关于地理标志与通用名称的关系处理,有学者认为,处理地理标志与通用名称的问题时可参考欧盟的做法:首先,历史上的不保护并不构成该名称演变为通用名称的理由;其次,生产者团体对于一些名称未寻求保护的事实,并不意味着这些名称被自动归类为通用名称。② 有学者明确指出,地理标志作为一国历史延续的文化现象,同时又是具有重要国际竞争利益的财产,其不能也不应被转化为商品的通用名称。③

第六,关于完善我国地理标志保护制度的思考。有学者认为,我们应当考虑中国无形财产权长项、短板的基本情况,斟酌地理标志保护"新旧世界"利益格局,建立起一个独立的、统一的地理标志保护体系。④ 有学者认为,我国应建立以专门法保护为主、商标法保护为辅,彼此协调共存的保护模式。⑤ 也有学者认为,我国应回归《商标法》模式保护地理标志,并通过《反不正当竞争法》对未注册地理标志进行保护,⑥等等。

改革开放以来,上述与地理标志知识产权保护相关的学术研究的繁兴,既是我国地理标志法律保护实践快速发展在理论上的必然延伸,同时也是不断改进和完善我国地理标志法律保护制度及实践的重要驱动力。国内学界对地理标志法律保护的一系列学术探索,对我国加强地理标志知识产权保护、推动地理标志法律保护制度的构建和不断完善,有着十分重要的理论指导意义。

第三节 地理标志保护制度的构成要件

一、地理标志的性质:论争与评析

关于地理标志的性质,在国际上存在不同的认识和做法。在欧洲国家,特别是对于南欧国家来说,地理标志就是产品本身。例如,"Beaufort"这一名称就代表了该名称所指示的那种奶酪所包含的所有要素:生产的地域、奶牛的品种和它们的食

---

① 王笑冰:《时间在先,权利在先?——论地理标志与商标的冲突及其解决途径》,载《电子知识产权》2006 年第 1 期。

② 田芙蓉:《地理标志与通用名称相互转变条件的比较研究》,载《知识产权》2006 年第 1 期。

③ 黄汇:《我国地理标志保护模式质评——兼论发展中国家知识产权立法的应然思维》,载《学术论坛》2008 年第 1 期。

④ 吴汉东:《无形财产权基本问题研究》,中国人民大学出版社 2013 年第 3 版,第 10~100 页

⑤ 王笑冰:《关联性要素与地理标志法的构造》,载《法学研究》2015 年第 3 期。

⑥ 汪泽:《融合与共享:地理标志的未来》,中国商标网,http://sbj.saic.gov.cn/dlbz/xwbd/201707/t20170708_267423.html,下载日期:2018 年 12 月 31 日。

物、生产的方法等,以及赋予该名称的所有非物质因素:传统、山水、地域身份的价值等。但是,在美国、澳大利亚等国家,地理标志在大多数情况下只是商标显著性要素的一个方面,地理标志在这些国家更多被看作是标示在产品上的、与生产者的名称或地址相类似的信息。[①] 也就是说,在美国、澳大利亚等国家看来,地理标志的本质在于它的符号属性,认为它只是一种具有与商标功能类似的指示商品来源的商业标识,区别仅在它主要指示商品的地理来源。但对于拥有悠久地理标志历史传统的欧洲国家,则存在不同的认识和看法,其不仅仅关注地理标志的商业符号属性,而是更加重视对地理标志背后所承载的历史、遗产和生态等多元价值的守护,并将其作为扶持农业发展、维持农村生计的公共政策工具。这种对地理标志的价值认知和制度功能的不同定位,在国际上引发了关于地理标志究竟是"私权"还是"公权"的持久论争。[②] 其中,一种观点认为,地理标志与商标、专利、著作权等知识产权一样,都是私权;另一种观点则认为,地理标志应属于公权利。改革开放以后,我国在进行地理标志制度移植的过程中,这一争论顺带也被国内学者"移植"了过来,由此国内也曾引发了关于地理标志究竟是"公权"还是"私权"的讨论。

(一)不同保护模式对地理标志性质的理解

从世界范围来看,与普通的商标、专利以及著作权的保护相比,各国对地理标志保护的制度和实践具有高度多样性,存在多种不同的保护模式,包括反不正当竞争模式、商标法模式、专门法模式等。不同地理标志保护模式的并存,主要是由于各国有着不同的具体国情和国家利益,但同时,它也跟各国对地理标志的性质认识的不同存在很大关联。对地理标志性质的不同理解,决定了各国地理标志的权利归属、行使及其具体保护路径走向的巨大差异。

在专门法模式下,地理标志被看作是当地社区的共同遗产。基于此,它被划归为一种独立类型的知识产权,是一种属于国家或者国家职权机构所有的公权或集体性权利。这种权利由国家政府机构予以管理和监督,地理标志产区内的个别生产商不得买卖、转让或继承。同时,地理标志永远不能成为通用名称。比如,按照法国的专门保护制度,受监控原产地名称(AOC)具有鲜明的公权属性。法国官方的观点也认为,"地理标志与私人所有权没有任何关系,它是一种使用权"[③]。专门法模式给予了地理标志全面、直接、自动的保护,这种保护不要求原告证明被告的

---

① Thévenod-Mottet, Erik. The Protection of Geographical Indications in Multilateral Systems: a Cultural Clash. 转引自王笑冰:《论地理标志的法律保护》,中国人民大学出版社 2006 年版,第 151 页。

② 王笑冰:《地理标志法律保护新论——以中欧比较为视角》,中国政法大学出版社 2013 年版,第 25~28 页。

③ Gangjee, Dev. Quibbling Siblings: Conflicts Between Trademarks and Geographical Indications, *Chi.-Kent L. Rev.* 82 (2007), p.1253.

使用行为具有误导性,也不需要证明被告的行为给原告造成或可能造成损失。自地理标志获得注册或公布之日起,凡是不符合要求的产品均不得使用地理标志。对于侵害地理标志的行为,由国家或国家职权机关直接出面干预。[①]

在商标法模式下,地理标志就是词语或符号,是指一个地理方位或地理来源的名称或标记,该名称或标记被使用在交易过程中,具有与商标类似的功能和商业价值。[②] 基于此,地理标志一般不被认为是一种独立的知识产权,而是将其纳入商标法范畴,作为证明商标或集体商标等进行保护。比如,美国《商标法》就明确将地理标志当作商标的一个子集并提供商标法保护(通常作为证明商标和集体商标)。[③]作为商标的地理标志显然属于一种私权,一般由同业公会或者生产商协会所有。商标法模式下,地理标志能够受到商标法一般规定的保护。如果地理标志被认定为驰名商标,也可寻求反淡化保护。在商标法模式下,对于地理标志商标侵权行为,由商标所有人以自己的名义向法院提起诉讼寻求保护。

(二)我国的做法

如前所述,在我国,学界关于地理标志的权利性质尚未达成共识。一种观点认为地理标志属于公权,另一种观点则认为地理标志属于私权。而在现实当中,由于我国对地理标志的保护并存商标法和专门保护制度两种不同的模式和做法,所以事实上两种不同性质的地理标志在当下的我国地理标志制度实践中同时存在。在商标法体系下,地理标志主要通过注册证明商标、集体商标进行保护,其专用权归地理标注册人享有,具有明显的私权性质。在专门保护制度当中,我国对地理标志的保护,从产品培育、申报、审批,到后续的使用管理、监督和维权,国家公权力直接介入的痕迹十分明显。即便是符合条件的企业对受保护地理标志的使用,也需要向政府部门提出申请,并经其严格审核、审查和核准。由此可见,在我国现行专门保护制度下,地理标志实质上被视为一种"公权"在维护。国内层面,对于地理标志的权利性质的观点分歧和实践中的不同做法,一定程度上反映出了我国地理标志保护制度的欠完善和理论研究的不够成熟。

2020年《民法典》第一编总则第123条将地理标志纳入知识产权客体范畴,在民事立法上肯定了地理标志的"私权"属性。对于这一民事立法已明确了的知识产权客体,未来"私法"保护的方法在地位上可能会位居主导。应当明确,作为知识产权保护对象的地理标志,是一类特殊的商业标识,是一种兼有标示商品地理来源和

---

① Barham, Elizabeth, Translating Terroir: the Global Challenge of French AOC Labeling, *Journal of Rural Studies* 19.1 (2003), pp.127-138.

② 王笑冰:《论地理标志的法律保护》,中国人民大学出版社2006年版,第151页。

③ Beresford, Lynne, Geographical Indications: The Current Landscape, *Fordham Intell. Prop. Media & Ent*. LJ 17 (2006), p.979.

保证商品品质特殊性功能的识别性标记,这是它的本质特性。[①] 不可否认,大多数地理标志都是"某一特定传统知识的凝聚"[②],甚至是发展农业和地方特色产业经济十分重要的制度和政策工具。但站在知识产权法的视野,这些都并不足以湮灭地理标志的商业标识本质。在此意义上,《民法典》明确将地理标志这种特殊商业标识而产生的利益关系界定为民事权利即私权,不仅契合地理标志的内在本质,同时也符合当下我国的实际国情,有利于地理标志保护。

二、地理标志保护的实质要件

根据《TRIPS 协定》第 22 条第 1 款和我国《商标法》第 16 条第 2 款的规定,所谓地理标志,实际上是指用来识别某商品来源于某区域或某地方、该商品所具有的特定质量、声誉或其他特征主要由其地理来源所决定的商业标记。从中我们可以将地理标志的构成解剖为四个核心要素:一是商品要素,二是产地(地理来源)要素,三是商品与其产地之间的关联性要素,四是标识或名称要素。某一标志能否构成受保护的地理标志,应当结合上述四个核心构成要素进行判断,因此可称之为地理标志保护的实质要件。

(一)商品要素

地理标志构成之商品要素,强调的是地理标志所标示商品本身的特殊性,即该商品具有特定质量、声誉或其他特征。这实际上是地理标志应具备的保证商品品质特殊性功能之所指。如果某一地理标志产品具有由其地理来源所决定的特定质量、声誉或其他特征,则其在商品要素上即满足了一项合格地理标志的要求。

1.商品的范围

地理标志保护的"商品"范围,具体包括哪些领域?《TRIPS 协定》和我国《商标法》均未明示。可以认为,凡是符合地理标志定义的商品,不论是天然产品、人造产品、农产品、农业加工产品、工业产品,还是手工产品,都可以使用地理标志。[③]但在实践中,各国做法存在很多不同。比如,在商标法模式国家,一般直接援用《商标注册用商品或服务国际分类尼斯协定》(以下简称《尼斯协定》)确定商品范围。但在专门立法保护地理标志的国家和地区,通常会在专门法中特别规定受保护的商品范围。例如,印度《地理标志法》将"商品"界定为农产品、天然产品或者制造产

① 孙智:《地理标志国际保护新发展的路径分歧及我国选择》,载《知识产权》2019 年 1 期。
② 李祖明:《地理标志的保护与管理》,知识产权出版社 2009 年版,第 11~18 页。
③ 王笑冰:《论地理标志的法律保护》,中国人民大学出版社 2006 年版,第 51 页。

品;欧盟《1151/2012 号条例》[①]、《1308/2013 号条例》[②]和《110/2008 号条例》[③]分别适用于农产品和食品、葡萄酒产品、烈酒类产品等。

在我国,商标法体系下地理标志商标(包括集体商标和证明商标)指定商品的范围也遵循的是《尼斯协定》的分类标准。但从已经注册的地理标志商标的情况来看,地理标志商品范围主要集中在茶类、酒类、果蔬类、养殖类、中药材类、粮油类、加工食品类和工艺品类等领域。在专门保护制度之下,《地理标志产品保护规定》虽然规定,"地理标志产品包括:(一)来自本地区的种植、养殖产品;(二)原材料全部来自本地区或部分来自其他地区,并在本地区按照特定工艺生产和加工的产品"。[④] 但其并没有对产品的具体范围进行限定,经实证观察发现,其产品范围实际上与已注册地理标志商标的情况类似。根据《农产品地理标志管理办法》的规定,农产品地理标志登记的产品范围则仅限来源于农业的初级产品,即农业活动中获得的植物、动物、微生物及其产品。

2.服务的可地理标志性问题

我国《商标法》第 4 条规定:"本法有关商品商标的规定,适用于服务商标。"《集体商标、证明商标注册和管理办法》第 3 条也规定:"本办法有关商品的规定,适用于服务。"那么能否将之理解为,在我国尤其是在商标法体系下,地理标志的保护范围已将"服务"囊括其内呢?相关立法也未明示,目前在实践中则倾向否定。在国际上,对这一问题也存在很大争议。通说认为,地理标志保护范围不包括服务,《TRIPS 协定》第 2 部分第 3 节的规定也不适用于服务。[⑤] 但是,《TRIPS 协定》将服务排除在地理标志保护范围之外,并不意味着服务就不能受到地理标志的保护。《TRIPS 协定》第 1 条第 1 款规定:"各成员可以,但并无义务,在其法律中实施比本协议要求更广泛的保护,只要此种保护不违反本协议的规定。"因此,是否将服务纳入地理标志的保护范围,由各成员自行决定。事实上,在一些特色服务业十分发达的国家,比如瑞士等,其国内法早就明确对服务给予地理标志保护,并且还在国际谈判中积极呼吁、要求各国也将服务纳入地理标志的保护范围。由此而言,是否将地理标志保护的范围延伸到服务领域,关键取决于本国相关产业的实际发展情

---

① REGULATION (EU) No.1151/2012 OF THE EUROPEAN PARLIAMENT AND OF THE COUNCIL of 21 November 2012.

② REGULATION (EU) No.1308/2013 OF THE EUROPEAN PARLIAMENT AND OF THE COUNCIL of 17 December 2013.

③ REGULATION (EC) No.110/2008 OF THE EUROPEAN PARLIAMENT AND OF THE COUNCIL of 15 January 2008.

④ 《地理标志产品保护规定》第 2 条。

⑤ Gervais, Daniel J., Daniel J. Gervais, The TRIPS Agreement: Drafting History and Analysis, Vol.2, London: Sweet & Maxwell, 1998, p.125.

形。正如吴汉东教授所言,"地理标志的知识产权保护,与各国的经济水平发展无涉,但与产业或产品的'传统'有关"。①

3.商品的特定质量、声誉或者其他特征之间的关系

地理标志所标示商品的特定质量、声誉或者其他特征之间,究竟应当是一种选择性要素,还是并列条件,即是只要商品的"特定质量"(given quality)、"声誉"(reputation)或"其他特征"(other characteristic)等三个因素当中的其中一个因素实质上可归因于其地理来源,在商品要素上就能够满足受地理标志保护的要求,还是需要三个要素同时满足,目前国内外学界还存在理解上的分歧。

这里需要进一步明确:

首先,关于商品的"特定质量"。其不仅仅是指商品应当符合《产品质量法》等法律法规所规定的有关标准和要求,也还跟普通商标对其所标示商品的品质一致性的指示功能有所差别。地理标志所标示商品的"特定质量",必须是一种特定的产品质量,即其特定质量主要归因于生产该产品的独特地理环境,包括自然生态条件和历史人文因素。如果站在消费者的角度看,地理标志通常就是一种"特定质量标志"的代名词,②这也正是地理标志缘何能够通过注册证明商标进而获得商标法保护的重要原因。

其次,关于"声誉"。它是《TRIPS 协定》在《里斯本协定》中的"原产地名称"定义基础上发展而来的一个特有因素。有观点认为,这里的"声誉"与前述"特定质量"的关系不大,③更多是指地理标志使用者在实际的生产经营活动中通过对它的长期使用,而在消费者心目中积累起来的一定的或者较高的信誉或知名度。它是一种由于长期使用而产生的"习惯性的吸引力"所带来的声誉,所以这种"声誉"的形成因素通常是在"特定质量"之外。④

最后,关于"其他特征"。其更多是出于立法技术考虑而进行的兜底性规定,以便将"特定质量"和"声誉"未涵盖或难以涵盖的其他重要因素,比如当地的行业传统或产业环节上的某些重要特征等合理地纳入受保护的范围,以填补列举式规定的不周延性缺陷。

对于地理标志所标示商品的"特定质量、声誉或其他特征",若换个角度进行解读,实际上它强调的是地理标志功能上的特殊性,即它不仅具有标明商品地理来源的来源识别功能,更兼具品质保证的功能,所表彰的恰是这类商品在品质上的独特

---

① 吴汉东:《关于地理标志的知识产权保护》,载《法制日报》2005 年 9 月 11 日第 3 版。

② 田芙蓉:《地理标志法律保护制度研究》,知识产权出版社 2009 年版,第 242 页。

③ Conrad,Albrecht,The Protection of Geographical Indications in the TRIPS Agreement,Trademark Rep. 86(1996),p.11.

④ Dawson,Norma,Locating Geographical Indications-Perspectives from English Law,Trademark Rep. 90(2000),p.590.

性和差异性。实践中,这些"特定质量、声誉或其他特征"应当如何认定?通常来讲,其既需要用一些客观的指标量化,尤其对于"特定质量"的认定;同时,更多地还需要结合地理标志的形成历史和使用情况,以及消费者的知晓程度等主观因素,进行综合判定。

在我国,现行商标法体系对地理标志注册集体商标或证明商标进行保护的规定,以及地理标志产品保护体系和农产品地理标志保护体系对地理标志产品保护申请和农产品地理标志登记条件的规定,均对商品的"特定质量、声誉或其他特征"做了相对应的贯彻。比如,《集体商标、证明商标注册和管理办法》第7条规定:"以地理标志作为集体商标、证明商标注册的,应当在申请书中说明下列内容:(一)该地理标志所标示的商品的特定质量、信誉或者其他特征……"《地理标志产品保护规定》第10条规定:"申请人应提交以下材料:……(三)地理标志产品的证明材料,包括:……3.产品的理化、感官等质量特色及其与产地的自然因素和人文因素之间关系的说明;4.产品生产技术规范(包括产品加工工艺、安全卫生要求、加工设备的技术要求等);5.产品的知名度,产品生产、销售情况及历史渊源的说明。(四)拟申请的地理标志产品的技术标准。"《农产品地理标志管理办法》第7条规定:"申请地理标志登记的农产品,应当符合下列条件:……(二)产品有独特的品质特性或其特定的生产方式……(五)产地环境、产品质量符合国家强制性技术规范要求。"

(二)产地要素

作为一项识别性商业标记,与普通商标的功能近似,地理标志的首要功能也是来源识别功能。其区别仅在于,地理标志主要用来标示商品的地理来源。换句话说,地理标志不同普通商标的情形之一在于,它还需要划定产品的地理范围,即涉及产地要素的证立。那么,地理标志产品的产地范围应当如何划定?多大范围内生产的产品可以被称为地理标志产品,能够使用相关地理标志并获得法律保护?该问题不仅关涉到地理标志的认定,同时也决定着地理标志权利的归属与使用。实践中,由于其牵涉到地理标志实际使用者的核心利益,往往成为地理标志利害关系人争议的焦点,[①]是一项困扰着产业界和实务界的难题。综合来看,地理标志产地要素的确定需要考虑两个方面的情形:一是产地类别的界定,二是地域边界的划分。

第一,地理标志可以包含的产地类别。从《TRIPS协定》和我国《商标法》对地理标志保护的规定来看,地理标志产品产地类别既可以包括某一特定的地方、地区和区域,也可以包括国家乃至跨越国界。也就是说,某一地理标志的产地类别既有可能是比较小的酒庄、茶区、果园等地方(如"西湖龙井"因产于浙江省杭州市西湖

---

① 可见"祁门红茶"地理标志证明商标之争案,北京市高级人民法院行政判决书,(2017)京行终3288号。

龙井村周围群山而得名），也有可能是相对较大的地区（如福建省德化县的"德化陶瓷"、江苏省镇江市的"镇江香醋"、山西省的"山西老陈醋"等），还有可能是一个国家（如泰国的"泰国丝绸"等），甚至是跨越国界的区域（如"Basmati 香米"地理标志即产于印度和巴基斯坦交界的印度河、恒河平原）。但无论如何，地理标志产地类别需要结合地理标志形成的历史事实，并根据产品来源的实际情况进行合理界定。在界定过程中涉及两个关键性考量因素：一是考察其是否为产品主要部分的生产地，二是结合相关商品的消费者认知。

第二，地理标志产地范围的划分。准确划定地理标志产品的产地范围，是判断相关商品的"特定质量、声誉或其他特征"是否真正由其地理来源所决定的关键因素。但对其地域边界如何精确划分，在实践中操作起来实属不易。通常需要综合考虑以下几个因素：（1）地理因素，即地理标志所标示商品产区的自然地理条件，包括气候、土壤、水质、微生物含量等；（2）人文因素，包括该地区人们的传统技艺和独特的生产加工方法等；（3）历史因素，即尊重地理标志的成长历史，尤其是其地域范围历史形成与变迁的实际情况；（4）经济因素，主要是应当严格控制和制止出于短期经济利益目的的盲目扩张做法，可能导致地理标志价值的减损，从而可能给地理标志产业的长期发展造成不利，同时也应充分考虑地理标志使用者的具体使用情况，在效益与公平之间寻求平衡。[①]

改革开放以来，经过几十年实践积累和制度完善，现有三套保护体系均对地理标志的产地要素作了明确。其中，《集体商标、证明商标注册和管理办法》第 7 条规定："以地理标志作为集体商标、证明商标注册的，应当在申请书中说明下列内容：……（三）该地理标志所标示的地区的范围。"同时，《商标审查及审理标准》第七部分（集体商标、证明商标的审查）明确规定，"地理标志所标示地区的生产地域范围可以是县志、农业志、产品志、年鉴、教科书中所表述的地域范围；也可以由地理标志所标示地区的县级以上人民政府或其上一级行业主管部门出具的地域范围证明文件确定。地理标志所标示的地域范围为一个市、县内的，由该市、县人民政府或行业主管部门出具证明文件；地域范围为同一省两个以上市、县范围的，由该市、县的共同上一级人民政府或行业主管部门出具证明文件。跨省的由中央人民政府农业主管部门或相应省人民政府协商解决。该地域范围可以与所在地区的现行行政区划名称、范围不一致。生产地域范围可以下列方式之一或其组合界定：（1）行政区划；（2）经纬度；（3）自然环境中的山、河等地理特征为界限；（4）地图标示；（5）其他能够明确确定生产地域范围的方式"。《地理标志产品保护规定》第 9 条规定，"申请保护的产品在县域范围内的，由县级人民政府提出产地范围的建议；跨县域范围的，由地市级人民政府提出产地范围的建议；跨地市范围的，由省级人民政

① 田芙蓉：《地理标志法律保护制度研究》，知识产权出版社 2009 年版，第 98～99 页。

府提出产地范围的建议"。《农产品地理标志管理办法》第 7 条规定:"申请地理标志登记的农产品,应当符合下列条件:……(四)产品有限定的生产区域范围……"不难发现,在我国现行商标法体系下,不但对地理标志可以包含的产地类别作了明确,而且在具体的产地范围划定上也有较为清晰的界分尺度。

(三)商品与其产地之间的关联性要素

根据我国《商标法》对地理标志的内涵界定,地理标志所标示商品的特定质量、声誉或其他特征与其地理来源之间存在必然的因果联系,即地理标志商品与其产地之间存在密切关联性。有学者认为,这种商品与其产地之间的关联性要素,"是地理标志制度的核心,其重要性好比独创性之于作品、新颖性之于专利、显著性之于商标,是地理标志确权的必备条件,也是地理标志保护的灵魂"。[①] 并认为,地理标志保护的各项制度设计均与关联性要素密切相关,国际上与地理标志有关的争论实际上都与对关联性要素的不同理解有关,其实质就是主观关联性与客观关联性之争。对于关联性要素的主、客观两种理解,在国际上塑造了不同的地理概念,形成了不同的地理标志保护模式和操作实践。[②]

1.客观关联性与专门立法保护制度

所谓客观关联性,着重强调的是,地理标志的产地环境(包括自然生态条件和历史人文因素)造就了产品的特定质量或特征,这种因果关系是客观事实。客观关联性主要是在"terroir(风土)理论"基础上发展而来。所谓 terroir,指的是产品的质量与地域相伴而生,它是一种"投入/产出"的概念:独特的投入制造了独特的产出,特定产地造就了特定产品,即土地与产品质量之间具有实质关联性。[③]

需要注意,terroir 理论并非仅指产地与产品的简单联系,而是指地理标志所标示商品的特定质量或特征,是在当地独特的自然气候条件、生物物理特征与社区实践和文化因素的长期互动下逐渐形成的。这当中,既包含了当地独特的水质、土壤、气候等自然因素,也体现了特殊的人文智慧和传统技艺等文化因素。所以,站在客观关联性的视角,地理标志产品所凝聚的特定质量或特征,实际上是由自然生态条件和历史人文因素相互作用、彼此配合的结果,它是人们敬重自然、遵循自然规律,与自然和谐共舞的佳作。基于此,客观关联性在自然因素和人文因素之间,采用一元论的观点,即"视其为不可分割的有机整体,两者的结合互动体现了当地劳动群众对自然的认识和改造利用,是创造性活动的成果和结晶"[④],由此构成了

---

① 王笑冰:《关联性要素与地理标志法的构造》,载《法学研究》2015 年第 3 期。

② 王笑冰:《关联性要素与地理标志法的构造》,载《法学研究》2015 年第 3 期。

③ Hughes, Justin, Champagne, Feta, and Bourbon: The Spirited Debate about Geographical Indications, 转引自王笑冰:《关联性要素与地理标志法的构造》,载《法学研究》2015 年第 3 期。

④ 王笑冰:《关联性要素与地理标志法的构造》,载《法学研究》2015 年第 3 期。

原产地名称保护(或专门立法保护制度)的客观事实基础。比如,《里斯本协定》第2条第1款对原产地名称的定义即"原产地名称系指一个国家、地区或地方的地理名称,用于指示一项产品来源于该地,其质量或特征完全或主要取决于地理环境,包括自然和人为因素"。其中即特地明确,原产地名称所指示产品来源的独特地理环境是在"自然和人为因素"共同作用下形成的。2015年《原产地名称和地理标志里斯本协定日内瓦文本》(以下简称《日内瓦文本》)第2条第1款对原产地名称的定义延续了这一做法。

在客观关联性理论下,某一地理标志关联性要素的认定,需要结合长期因素(如产品的地质、土壤、环境等)和短期因素(如品种、耕作方法及生产技术工艺等),进行综合判断,而不只是考察自然因素和人文因素当中的某一个侧面。我国《地理标志产品保护规定》第10条对地理标志产品保护申请证明材料的相关要求,充分反映出了我国在专门保护制度下在对地理标志关联性要素进行认定时,需要同时考虑短期因素和长期因素。

2.主观关联性与地理标志商标法保护

所谓主观关联性,是指地理标志所标示商品与其产地之间的关联性就是消费者将特定商品与特定产地相联系,它存在于消费者的认知当中。也就是说,地理标志必须被相关公众完全理解为地理性的,指向特定地域,其所标示商品被认为来自该地域。[1]

站在主观关联性的视角,地理标志要受到法律保护,就必须建立起一定的"声誉"或"知名度",即它已能够使相关公众将商品与特定地理来源相联系。主观关联性为地理标志的商标法保护提供了认知基础,同时也是地理标志能够获得反不正当竞争法、假冒诉讼等保护的基础,更是《TRIPS协定》在第22条将"声誉"因素引入地理标志保护之列的主要动因。有观点认为,主观关联性所强调的"声誉"或"知名度"的形成,可能是基于产品的特定质量或其他特征而生,也可能是单纯的声誉而与该产品的特定质量或其他特征无关。该声誉可能是由于自然因素和人文因素的结合,也可能仅与自然因素或人文因素之一相关,甚至可能是与自然、人文因素均不相关的"质量中立"产品,只要其具有与产地相关的声誉,均可受到地理标志保护。在此意义上,"自然与人工"的区分失去了意义。[2] 比如,根据《TRIPS协定》第22条第1款字面意义上的规定,在界定地理标志的关联性要素时,商品的"特定质量"、"声誉"或"其他特征",只要有一个因素与地理来源有密切关系,即"主要归因

---

① 王笑冰:《关联性要素与地理标志法的构造》,载《法学研究》2015年第3期。

② Dev, Gangjee, Relocating the Law of Geographical Indications, Cambridge University Press, 2012, p.117.

于其地理来源"①,或"主要由该地区的自然因素或者人文因素所决定"②,就可以构成一个受保护的地理标志。

我国《商标审查及审理标准》对地理标志关联性要素审查所列举的三种情形中,第一种即为"主要由当地的自然条件决定的"情形,如"安溪铁观音"地理标志证明商标所标示商品与其产地的关联性在于,"'安溪铁观音'属半发酵茶,产于福建省安溪县境内,产区属亚热带海洋性季风气候,群山环抱,土层厚,有机质含量高。产区的土壤、海拔、积温、降水、温度和湿度,加上独特的初制工艺,造就了'安溪铁观音'外形紧结重实、色泽乌绿油润,冲泡后香气浓郁持久、汤色金黄明亮、浓艳清澈、滋味醇厚、鲜爽甘甜的独特品质"。第二种是"由自然因素和人文因素决定的"情形,如"绍兴黄酒"地理标志证明商标所标示商品与其产地的关联性在于,"绍兴黄酒的特定品质是由鉴湖水及独特的生产工艺所决定的。产地内四季分明,雨水充沛,适宜酿酒所需的微生物生长。鉴湖水系水质清澄,富含微量元素和矿物质。绍兴黄酒采用精白糯米为原料,配以鉴湖水酿制,形成色泽橙黄、清亮透明,味醇厚、柔和鲜爽的品质"。第三种则为"主要由人文因素决定的"情形,如"南京云锦"地理标志证明商标所标示商品与其产地的关联性在于,"南京云锦是明代早期南京织锦艺人发明的工艺方法,已由1500多年的手工织造历史。其'木机妆花'工艺是在我国织锦历史中唯一流传至今且不可被机器取得,只凭人口传心授的编制工艺"。③

3.关联性要素认定中的"使用历史"要求

应当说,对于不同类别产品的地理标志,在判定与其产地的关联性时,具体的认定标准和方式必然存在一定的差别。有些地理标志商品与其产地之间的关联性要素相对明确,有些则难以清楚地说明。但无论如何,地理标志作为一项商业标识类知识产权保护对象,实践中对它的保护,特别是对于其所标示商品的特定质量、声誉或其他特征与其产地之间的关联关系的形成情况进行认定时,无论是其主要受自然因素的影响,还是主要由人文因素影响,或者是受自然和人文等因素的共同影响,均应当加入"使用历史"的判断标准。

地理标志作为一种历史形成的事实性标志,其功能的实现并非由某一单一自然因素或人文因素促成的,实际上是由于长期的使用和公众的认知等因素所共同铸就的。为此,法律对某项地理标志是否给予保护以及保护的程度,不仅要站在地

---

① Agreement on Trade-Related Aspects of Intellectual Property Rights (TRIPS),Article 22:Protection of Geographical Indications (1),https://www.wto.org/english/tratop_e/trips_e/trips_e.htm.

② 《中华人民共和国商标法》第 16 条第 2 款。

③ 《商标审查及审理标准》(2017)第七部分"五、地理标志集体商标、证明商标的审查"。

理标志注册人或利害关系人的角度衡量,更需要关注相关商品的消费者及公众的利益。所以,无论是以客观关联性为基础的地理标志专门立法保护,还是以主观关联性为基础的地理标志商标法保护等,在认定地理标志所标示商品与其产地之间的关联性时,均需要对相关地理标志的实际"使用历史"进行认定。这既是对地理标志权利人的充分激励,也是对社会公众利益的合理维护,更是对地理标志作为一项知识产权客体的内在本质的认可和遵循。同时,它还能够有效防止普通商标注册实践中存在的"符号圈地"现象可能在地理标志保护领域的重演。这也正是地理标志与普通商标注册保护差异性的重要体现。在我国现行《商标法》上,对于普通商标注册而言,相关标识是否已经实际使用具有或然性。但是,对地理标志的注册申请,则应当加入实际使用的要求。

(四)标识或名称要素

作为一种商业标记,地理标志在标识(名称)的构成上,一般由地理名称或者足以代表来源地的其他标志构成。但无论是地理名称,或者是足以代表来源地的其他标志,从目前的实践来看,均仅指人们视觉能够感知的可视性标识。

一方面,地理标志可以由地理名称构成。这里所指的地理名称,可以是行政区划名称,这是目前最典型的一类地理标志命名形式,如"烟台"苹果、"浏阳"花炮、"桂林"米粉、"都匀"毛尖茶、"郫县"豆瓣、"涪陵"榨菜等均属此类;可以是自然地理名称,如"梵净山"翠峰茶、"贺兰山东麓"葡萄酒;还可以是历史上的地名,如"汴绣"等。另一方面,地理标志也可以由足以代表来源地的其他标志构成。这些足以代表来源地的标志,包括名人的姓名、国家的象征、著名的历史建筑标志、地方知名的自然生态景观等文字、符号、图案以及它们的组合,如"意大利帕尔玛火腿"地理标志集体商标上的五角星公爵皇冠标志,"梵净山翠峰茶"地理标志证明商标上的蘑菇石图案,等等。同时,它还可以是其他的非地名标志,如"Basmati"香米、"化橘红"、"端砚"等。总之,地理标志在标识或名称要素上并无严格限制,只要相关可视性标志足以代表地理标志所标示商品的来源地,能够表达相应的地理含义,消费者通过它已能够识别相关商品源自特定地域。

需要强调的是,从《TRIPS 协定》以及我国《商标法》的相关规定来看,地理标志在标识要素上并不要求必须含有地名(特别是现行行政区划名称)。《集体商标、证明商标注册和管理办法》第 8 条也规定:"作为集体商标、证明商标申请注册的地理标志,可以是该地理标志标示地区的名称,也可以是能够标示某商品来源于该地区的其他可视性标志。前款所称地区无需与该地区的现行行政区划名称、范围完全一致。"通常情况下,某一现行行政区划名称对于直接表明相关商品的地理来源或许更易理解和接受,实践中以此命名无可厚非。但同时,特别需要注意遵循客观事实,尊重地理标志的成长历史。

三、地理标志保护的形式要件及相关注册申报程序

在我国,地理标志获得保护不仅需要具备相应的实质要件,也应当满足一定的形式要件。具体到三套不同保护体系,在形式要件上的要求有所不同。

(一)商标法体系下的地理标志注册条件及程序

根据《集体商标、证明商标注册和管理办法》的规定,申请集体商标注册的,应当附送主体资格证明文件并应当详细说明该集体组织成员的名称和地址;以地理标志作为集体商标申请注册的,应当附送主体资格证明文件并应当详细说明其具有的或者其委托的机构具有的专业技术人员、专业检测设备等情况,以表明其具有监督使用该地理标志商品的特定品质的能力。申请以地理标志作为集体商标注册的团体、协会或其他组织,应当由来自该地理标志标示的地理范围内的成员组成。① 申请证明商标注册的,应当附送主体资格证明文件并应当详细说明其所具有的或者其委托的机构具有的专业技术人员、专业检测设备等情况,以表明其具有监督该证明商标的特定商品品质的能力。② 申请以地理标志作为集体商标、证明商标注册的,除了需要满足集体商标、证明商标注册的一般要求外,还应当附送管辖该地理标志所标示地区的人民政府或者行业主管部门的批准文件。对于外国人或者外国企业申请以地理标志作为集体商标、证明商标注册的,申请人还应当提供该地理标志以其名义在其原属国受法律保护的证明。③ 同时,如果多个葡萄酒地理标志构成同音字或者同形字的,在这些地理标志能够彼此区分且不误导公众的情况下,每个地理标志都可以作为集体商标或者证明商标申请注册。④

按照规定,对于集体商标、证明商标(包括以地理标志注册集体商标、证明商标)的注册申请,在审查程序上,除了应遵循一般商标的注册审查程序之外,集体商标、证明商标的初步审定公告的内容,还应当包括该商标的使用管理规则的全文或者摘要。集体商标、证明商标注册人对使用管理规则的任何修改,都需要报经商标局审查核准,并自公告之日起生效。⑤

为加强我国地理标志保护,统一和规范地理标志专用标志使用,国家知识产权局于 2020 年出台了《地理标志专用标志使用管理办法(试行)》(以下简称《办法》)。《办法》第 2 条规定,"本办法所称的地理标志专用标志,是指适用在按照相关标准、管理规范或者使用管理规则组织生产的地理标志产品上的官方标志。"专用标志使

---

① 《集体商标、证明商标注册和管理办法》第 4 条。
② 《集体商标、证明商标注册和管理办法》第 5 条。
③ 《集体商标、证明商标注册和管理办法》第 6 条。
④ 《集体商标、证明商标注册和管理办法》第 9 条。
⑤ 《集体商标、证明商标注册和管理办法》第 13 条。

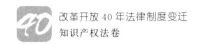

用人可以按照《办法》第 8 条所规定的标示方法使用相关专用标志。①《办法》同时明确了未规范使用专用标志的处罚措施,即"地理标志专用标志合法使用人未按相应标准、管理规范或相关使用管理规则组织生产的,或者在 2 年内未在地理标志保护产品上使用专用标志的,知识产权管理部门停止其地理标志专用标志使用资格"②,并规定"对于未经公告擅自使用或伪造地理标志专用标志的;或者使用与地理标志专用标志相近、易产生误解的名称或标识及可能误导消费者的文字或图案标志,使消费者将该产品误认为地理标志的行为,知识产权管理部门及相关执法部门依照法律法规和相关规定进行调查处理"③。

(二)专门保护制度下的地理标志申报或登记条件及程序

1.地理标志产品保护申请

根据《地理标志产品保护规定》的规定,申请地理标志保护的产品应当符合安全、卫生、环保的要求,对环境、生态、资源可能产生危害的产品,不予受理和保护。④

对于本国地理标志产品的保护申请,由当地县级以上人民政府指定的地理标志产品保护申请机构或人民政府认定的协会和企业(即申请人)提出,并征求相关部门意见。⑤ 申请人应提交的材料包括:"(一)有关地方政府关于划定地理标志产品产地范围的建议。(二)有关地方政府成立申请机构或认定协会、企业作为申请人的文件。(三)地理标志产品的证明材料,包括:1.地理标志产品保护申请书;2.产品名称、类别、产地范围及地理特征的说明;3.产品的理化、感官等质量特色及其与产地的自然因素和人文因素之间关系的说明;4.产品生产技术规范(包括产品加工工艺、安全卫生要求、加工设备的技术要求等);5.产品的知名度,产品生产、销售情况及历史渊源的说明。(四)拟申请的地理标志产品的技术标准。"⑥其中,出口企业的地理标志产品保护申请向本辖区内出入境检验检疫部门提出;按地域提

---

① 《地理标志专用标志使用管理办法(试行)》第 8 条:"地理标志专用标志合法使用人可采用的地理标志专用标志标示方法有:(一)采取直接贴附、刻印、烙印或者编织等方式将地理标志专用标志附着在产品本身、产品包装、容器、标签等上;(二)使用在产品附加标牌、产品说明书、介绍手册上;(三)使用在广播、电视、公开发行的出版物等媒体上,包括以广告牌、邮寄广告或者其他广告方式为地理标志进行的广告宣传;(四)使用在展览会、博览会上,包括在展览会、博览会上提供的使用地理标志专用标志的印刷品及其他资料;(五)将地理标志专用标志使用于电子商务网站、微信、微信公众号、微博、二维码、手机应用程序等互联网载体上;(六)其他合乎法律法规规定的标示方法。"

② 参见《地理标志专用标志使用管理办法(试行)》第 9 条。

③ 参见《地理标志专用标志使用管理办法(试行)》第 10 条。

④ 《地理标志产品保护规定》第 7 条。

⑤ 《地理标志产品保护规定》第 8 条。

⑥ 《地理标志产品保护规定》第 10 条。

出的地理标志产品的保护申请和其他地理标志产品的保护申请向当地(县级或县级以上)质量技术监督部门提出。^① 本国的地理标志产品保护申请,由省级质量技术监督局和直属出入境检验检疫局,按照分工,分别负责对拟申报的地理标志产品的保护申请提出初审意见,并将相关文件、资料上报国家质检总局。^② 国家质检总局对收到的申请进行形式审查。审查合格的,由国家质检总局在国家质检总局公报、政府网站等媒体上向社会发布受理公告;审查不合格的,国家质检总局将会书面告知申请人。^③ 有关单位或个人对申请有异议的,可在公告后的 2 个月内向国家质检总局提出。^④ 国家质检总局按照地理标志产品的特点设立相应的专家审查委员会,负责地理标志产品保护申请的技术审查工作。^⑤ 国家质检总局组织专家审查委员会对没有异议或者有异议但被驳回的申请进行技术审查,审查合格的,由国家质检总局发布批准该产品获得地理标志产品保护的公告。^⑥ 此外,根据《地理标志产品保护规定》的规定,对于拟保护的地理标志产品,还应当根据产品的类别、范围、知名度、产品的生产销售等方面的因素,分别制订相应的国家标准、地方标准或管理规范。^⑦ 地理标志产品产地范围内的生产者使用地理标志产品专用标志,应当向当地质量技术监督局或出入境检验检疫局提出申请。该申请经省级质量技术监督局或直属出入境检验检疫局审核,并经国家质检总局审核合格注册登记后,发布公告,生产者即可在其产品上使用地理标志产品专用标志,获得地理标志产品保护。^⑧

对于外国地理标志在我国的保护,应当由该产品所在原产国或地区地理标志保护的原申请人申请,经原产国或地区地理标志主管部门推荐,向国家知识产权局提出。^⑨ 同时,国外地理标志产品在我国的保护申请,需要提交以下中文书面材料:"(一)国外地理标志产品在华保护申请书;(二)申请人名称和地址、联系电话,在华联系人、地址和联系电话;(三)在原产国或地区获准地理标志保护的官方证明文件原件及其经过公证的中文译本;(四)原产国或地区地理标志主管部门出具的产地范围及其经过公证的中译本;(五)该产品的质量技术要求;(六)检测报告:原

---

① 《地理标志产品保护规定》第 11 条。

② 《地理标志产品保护规定》第 12 条。注:2018 年 3 月国务院机构改革后,原国家质检总局的地理标志产品保护职能已由新组建的国家知识产权局承担。基于既有规定和表述方便,下文仍使用"国家质检总局"。

③ 《地理标志产品保护规定》第 13 条。

④ 《地理标志产品保护规定》第 14 条。

⑤ 《地理标志产品保护规定》第 15 条。

⑥ 《地理标志产品保护规定》第 16 条。

⑦ 《地理标志产品保护规定》第 17 条。

⑧ 《地理标志产品保护规定》第 20 条。

⑨ 《国外地理标志产品保护办法》第 7 条。

产国或地区出具的,证明申请产品感官特色、理化指标的检验报告及其经过公证的中译本;(七)其他辅助证明材料等。"①对于外国地理标志在我国的保护申请,由国家知识产权局在收到申请材料后,在 30 个工作日内组织对申请材料进行形式审查。形式审查的结论分为予以受理、需要补正和不予受理三种。予以受理的,国家知识产权局发布公报,并在其官方网站向社会公示。② 其中,受理公告的异议期为60 日,自国家知识产权局公告受理之日起计算。在异议期限内,国内外任何组织或个人均可以书面形式向国家质检总局提出异议。③ 受理公告期满且无异议,或异议协商一致,或异议经裁定不成立的,国家知识产权局将组织专家进行技术审查。④ 技术审查结论分为通过、需要整改和不予通过三种。审查通过的,国家知识产权局发布国外地理标志产品在华保护批准公告,依法予以保护。⑤ 在华保护的国外地理标志产品与中国地理标志产品享受同等保护。此外,在我国获得保护的外国地理标志产品产地范围内的生产者、协会等社团,可向国家知识产权局申请使用中国地理标志专用标志。⑥

2.农产品地理标志保护登记

根据《农产品地理标志管理办法》的规定,国家对农产品地理标志实行登记制度,经登记的农产品地理标志受法律保护。农产品地理标志登记申请人为县级以上地方人民政府根据相关条件择优确定的农民专业合作经济组织、行业协会等组织。⑦ 符合条件的申请人,可以向省级人民政府农业行政主管部门提出登记申请,并提交下列申请材料:"(一)登记申请书;(二)申请人资质证明;(三)产品典型特征特性描述和相应产品品质鉴定报告;(四)产地环境条件、生产技术规范和产品质量安全技术规范;(五)地域范围确定性文件和生产地域分布图;(六)产品实物样品或者样品图片;(七)其他必要的说明性或者证明性材料。"⑧

在我国,由农业部负责全国农产品地理标志的登记工作,农业部农产品质量安全中心⑨负责农产品地理标志登记的审查和专家评审工作。省级人民政府农业行

---

① 《国外地理标志产品保护办法》第 9 条。

② 《国外地理标志产品保护办法》第 11 条。

③ 《国外地理标志产品保护办法》第 12 条。

④ 《国外地理标志产品保护办法》第 17 条。

⑤ 《国外地理标志产品保护办法》第 20 条。

⑥ 《国外地理标志产品保护办法》第 22 条。

⑦ 《农产品地理标志管理办法》第 8 条。

⑧ 《农产品地理标志管理办法》第 9 条。

⑨ 根据农业部办公厅于 2017 年 12 月 29 日印发的《关于调整无公害农产品认证、农产品地理标志审查工作的通知》的相关要求,目前该项职能已调整为由"中国绿色食品发展中心"承担。2018年 3 月国务院机构改革后,农业部已调整为"农业农村部"。基于既有规定和表述方便,下文仍使用"农产品质量安全中心"和"农业部"。

政主管部门负责本行政区域内农产品地理标志登记申请的受理和初审工作。农业部设立的农产品地理标志登记专家评审委员会,负责专家评审。农产品地理标志登记专家评审委员会由种植业、畜牧业、渔业和农产品质量安全等方面的专家组成。① 按照规定,省级人民政府农业行政主管部门自受理农产品地理标志登记申请之日起,应当在45个工作日内完成申请材料的初审和现场核查,并提出初审意见。符合条件的,将申请材料和初审意见报送农业部农产品质量安全中心。② 农业部农产品质量安全中心应当自收到申请材料和初审意见之日起20个工作日内,对申请材料进行审查,提出审查意见,并组织专家评审。③ 经专家评审通过的,由农业部农产品质量安全中心代表农业部对社会公示。有关单位和个人有异议的,应当自公示截止日起20日内向农业部农产品质量安全中心提出。公示无异议的,由农业部作出登记决定并公告,颁发《中华人民共和国农产品地理标志登记证书》,并公布登记产品相关技术规范和标准。④ 农产品地理标志登记证书长期有效。农产品地理标志实行公共标识与地域产品名称相结合的标注制度。符合《农产品地理标志管理办法》第15条规定条件的标志使用申请人可以向登记证书持有人提出标志使用申请。经审核符合条件的,登记证书持有人应当与使用申请人签订使用协议,在协议中载明标志使用数量、范围及相关责任义务。⑤ 同时,农业部也接受国外农产品地理标志在我国的登记并给予保护。⑥

(三)对现行三套地理标志注册申报程序的比较

通过比较,可以发现在我国,无论是商标法体系下将地理标志注册为证明商标和集体商标,还是专门保护制度下的地理标志产品保护申请和农产品地理标志登记,均遵循自愿注册或申请登记的原则。但同时,两种保护制度在具体的程序性要求上存在诸多不同。

在商标法体系下,地理标志注册证明商标和集体商标遵循一般证明商标和集体商标的注册程序,这与国际上的通行做法比较一致。首先由地理标志注册申请人向国家商标局提出注册申请,然后由商标局进行审查,经初步审定合格后向社会公告,公告无异议的,核准注册并办理注册登记、发给相应的注册证书。但是,申请以地理标志作为集体商标、证明商标注册,在注册条件上与一般商标(包括一般的集体商标、证明商标)的注册申请又存在一些区别:首先,在申请文件上,其还应当

---

① 《农产品地理标志管理办法》第4条。
② 《农产品地理标志管理办法》第10条。
③ 《农产品地理标志管理办法》第11条。
④ 《农产品地理标志管理办法》第12条。
⑤ 《农产品地理标志使用规范》(2008)第2条至第4条。
⑥ 《农产品地理标志管理办法》第24条。

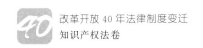
附送管辖该地理标志所标示地区的人民政府或者行业主管部门的批准文件。对于外国人或者外国企业申请以地理标志作为集体商标、证明商标注册的,申请人还应当提供该地理标志以其名义在其原属国受法律保护的证明。其次,在审查程序上,也有特殊的规定,即初步审定公告的内容应当包括该商标的使用管理规则的全文或者摘要。此外,在注册费用上也不同于一般商标,根据目前的收费标准,受理每件集体商标、证明商标的注册费为 1500 元。

在专门保护制度之下,地理标志产品保护申请和农产品地理标志登记有着更为浓厚的行政干预色彩,这与法国的"受控原产地名称(AOC)"登记制度具有很多相似之处。具体来看,在专门保护制度下,地理标志产品保护申请和农产品地理标志登记之间既存在诸多相同的地方,也存在一定差异。其相似之处在于,在申报程序上,无论是地理标志产品保护体系还是农产品地理标志保护体系,地理标志的保护申请或登记申请都需要经由地方政府初审,然后再上报国务院相应的主管部门,由其做出批准或登记并公告。其差异在于,农产品地理标志登记仅限于初级农产品领域,而地理标志产品保护体系具有广泛的保护范围,不仅包括农产品,也包括手工艺品等。同时,地理标志保护产品的使用需要经质检机关审批和注册,农产品地理标志的使用则由登记证书持有人发放许可,等等。

第四节　侵犯地理标志的法律救济

改革开放至今,在我国,包括地理标志保护在内的知识产权法律理论和实践,"经历了从移植、引进到自立、创新的过程"[①]。其中,在地理标志法律保护方面,我国立足本国国情,经过四十年持续探索已经形成的商标法保护与专门保护制度并行的"双轨制"保护格局,均对侵犯地理标志的救济作了相应规定。

一、商标法体系下的地理标志商标侵权及救济

在商标法体系中,地理标志主要是作为商标出现的,对其侵权的实质是商标侵权。对于侵犯商标专用权的行为,我国商标法律制度拥有一整套较为完善的救济规则,其中包括侵权行为的判定、侵权救济措施以及损害赔偿等方面。现行《商标法》第 3 条规定:"经商标局核准注册的商标为注册商标,包括商品商标、服务商标和集体商标、证明商标;商标注册人享有商标专用权,受法律保护。"[②]由此可见,在我国商标法上,集体商标、证明商标具有与普通的商品商标、服务商标同等的法律

---

① 吴汉东:《中国知识产权法律变迁的基本面向》,载《中国社会科学》2018 年第 8 期。
② 《中华人民共和国商标法》第 3 条第 1 款。

地位。通过注册集体商标、证明商标取得商标专用权的地理标志,其侵权行为的判定、具体的救济途径等,与普通注册商标的侵权救济基本一致。比如,对于地理标志商标专用权的保护范围,按照商标法的规定,仍然"以核准注册的商标和核定使用的商品为限"[①]。对于地理标志商标侵权行为的判定,也应当结合地理标志的来源识别和品质保证等功能,以混淆理论为基础,认定侵权行为是否成立。

(一)侵犯地理标志商标专用权的行为

现行商标法律制度对侵犯商标专用权(包括地理标志商标专用权)行为类型的规定,主要体现在《商标法》第 57 条、《商标法实施条例》第 75 条、第 76 条以及最高人民法院《关于审理商标民事纠纷案件适用法律若干问题的解释》第 1 条。归纳起来,具体包括以下几种侵权行为类型:

1.地理标志商标的假冒(包括反向假冒)、仿冒行为。这类侵权行为主要体现在《商标法》第 57 条第 1 项、第 2 项、第 5 项和《商标法实施条例》第 76 条,具体包括:第一,未经地理标志商标(包括集体商标和证明商标)注册人许可,在同一种商品上使用与其注册商标相同的商标的;第二,未经地理标志商标注册人许可,在同一种商品上使用与其注册商标近似的商标,或者在类似商品上使用与其注册商标相同或近似的商标,容易导致混淆的;第三,未经地理标志商标注册人同意,更换其地理标志商标并将该更换商标的商品又投放市场的;第四,在同一种商品或者类似商品上将与他人注册商标相同或者近似的标志作为商品名称或者商品装潢使用,误导公众的。其中,《商标法》第 57 条第 1 项规定的行为属于对地理标志商标的假冒行为,第 2 项规定的相关行为属于对地理标志商标的仿冒行为(又可称地理标志商标的混淆行为),第 5 项规定的行为属于对地理标志商标的反向假冒行为;《商标法实施条例》第 76 条规定的行为,属于以商品名称或商品装潢侵害地理标志商标专用权的行为。应当注意的是,包括地理标志在内的商标假冒行为和仿冒行为,在构成条件及举证责任等方面存在很大的不同。首先,在构成条件上,对于仿冒行为,法律规定了"容易导致混淆的"要件,而假冒行为则无此规定。[②] 其次,在混淆的举证上,假冒行为推定"混淆"存在,[③]但对于仿冒行为,权利人必须证明混淆的存在。

2.销售侵犯地理标志商标专用权的商品的行为。该行为是在 2001 年《商标法》第二次修订时增加进来的,具体体现在《商标法》第 57 条第 3 项,即"销售侵犯注册商标专用权的商品的"行为,构成侵权。值得注意的是,对于销售侵犯地理标

---

① 《中华人民共和国商标法》第 56 条。

② 杜颖主编:《商标法》,北京大学出版社 2016 年第 3 版,第 138 页。

③ 需注意,假冒行为中推定混淆存在只是一种推定,它解除了原告的举证责任负担,但如果被控侵权人确有证据能够证明不会造成混淆的,则这种推定不成立,相应的行为亦不构成侵权。杜颖主编:《商标法》,北京大学出版社 2016 年第 3 版,第 138 页。

志商标专用权的商品的行为,只有在销售者主观上存在"知道或应当知道"的过错情况下,才承担损害赔偿责任,否则只需要承担停止侵权等民事责任。比如,《商标法》第64条第2款规定:"销售不知道是侵犯注册商标专用权的商品,能证明该商品是自己合法取得并说明提供者的,不承担赔偿责任。"根据《商标法实施条例》第79条规定,下列情形属于商标法所规定的"能证明该商品是自己合法取得"的情形:(1)有供货单位合法签章的供货清单和货款收据且经查证属实或者供货单位认可的;(2)有供销双方签订的进货合同且经查证已真实履行的;(3)有合法进货发票且发票记载事项与涉案商品对应的;(4)其他能够证明合法取得涉案商品的情形。①

3.侵犯地理标志商标标识的行为。依照《商标法》第57条第4项的规定,伪造、擅自制造他人注册地理标志商标标识或者销售伪造、擅自制造的注册地理标志商标标识的行为,同样构成侵权。该行为具体可分为四种类型:一是伪造他人注册地理标志商标标识,二是擅自制造他人注册地理标志商标标识,三是销售伪造的注册地理标志商标标识,四是销售擅自制造的注册地理标志商标标识。

4.以商号侵害地理标志商标专用权的行为。依照最高人民法院发布的《关于审理商标民事纠纷案件适用法律若干问题的解释》第1条第1项的规定,将与他人注册地理标志商标相同或者相近似的文字作为企业的字号在相同或者类似商品上突出适用,容易使相关公众产生误认的,属于给他人注册地理标志商标造成其他损害的行为。

5.以域名侵害地理标志商标专用权的行为。依照最高人民法院发布的《关于审理商标民事纠纷案件适用法律若干问题的解释》第1条第3项的规定,将与他人注册地理标志商标相同或者近似的文字注册为域名,并且通过该域名进行相关商品交易的电子商务,容易使相关公众产生误认的,也属于给他人注册地理标志商标造成其他损害的行为。

6.地理标志商标的帮助侵权行为。依照《商标法》第57条第6项的规定,故意为侵犯他人地理标志商标专用权行为提供便利条件,帮助他人实施侵犯地理标志商标专用权行为的,构成帮助侵权,应承担相应的法律责任。那么,实践中哪些情形满足为侵犯他人地理标志商标专用权行为"提供便利条件"呢?《商标法实施条例》第75条规定:"为侵犯他人商标专用权提供仓储、运输、邮寄、印制、隐匿、经营场所、网络商品交易平台等,属于商标法第五十七条第六项规定的提供便利条件。"应当说,该类行为是所有侵犯地理标志商标专用权行为中最为特殊的一类。需要注意,该情形所规制的针对的并非直接实施了侵害地理标志的行为,而是对直接实施侵害行为的帮助行为,因此其责任承担应特别强调行为人在主观状态上的"故意",遵循过错责任原则。

---

① 《商标法实施条例》第79条。

除此之外,《地理标志产品专用标志管理办法》还规定了侵犯地理标志产品专用标志的情形,具体包括:第一,擅自使用专用标志;第二,擅自使用与专用标志近似的标记。

(二)侵权救济措施

对于侵犯地理标志商标专用权的行为,与侵犯普通商标专用权行为的法律后果相一致,均应当承担商标法上规定的多重法律责任,包括民事责任、行政责任和刑事责任。

1.民事责任

侵犯地理标志商标专用权的行为,应承担停止侵害、排除妨碍、消除危险、赔偿损失、消除影响等民事责任。根据最高人民法院《关于审理商标民事纠纷案件适用法律若干问题的解释》第21条的规定:"人民法院在审理侵犯注册商标专用权纠纷案件中,依据《民法典》第179条、《商标法》第60条的规定和案件具体情况,可以判决侵权人承担停止侵害、排除妨碍、消除危险、赔偿损失、消除影响等民事责任,还可以作出罚款,收缴侵权商品、伪造的商标标识和主要用于生产侵权商品的材料、工具、设备等财物的民事制裁决定。"[1]另外,值得一提的是,由于包括地理标志在内的注册商标专用权是一种具有财产价值的权利,因此在商标侵权案件中,侵权人原则上不承担赔礼道歉的民事责任。

(1)停止侵害。停止侵害是最重要的商标权救济手段。[2]在我国,商标法上的停止侵害按时间标准可划分为诉前停止侵害、诉中停止侵害和诉终停止侵害三种类型。[3]《商标法》第65条规定,地理标志商标的注册人或利害关系人有证据证明他人正在实施或者即将实施侵犯注册地理标志商标专用权的行为,如不及时制止将会使其合法权益受到难以弥补的损害的,可以依法在起诉前向人民法院申请采取责令停止有关行为和财产保全的措施。

(2)损害赔偿。损害赔偿同样是地理标志商标专用权受到侵犯时一项十分重要的民事救济手段。关于损害赔偿责任,如何确定具体的赔偿数额是关键。按照《商标法》第63条的规定,侵犯地理标志商标专用权的赔偿数额,按权利人被侵权受到的实际损失确定;实际损失难以确定的,可以按照侵权人因侵权所获得的利益确定;权利人的损失或者侵权人获得的利益难以确定的,参照该商标许可使用费的倍数合理确定。对恶意侵犯地理标志商标专用权,情节严重的,可以在按照上述方法确定数额一倍以上五倍以下确定赔偿数额。赔偿数额应当包括权利人为制止侵权行为所支付的合理开支。人民法院为确定赔偿数额,在权利人已经尽力举证,而

---

① 最高人民法院《关于审理商标民事纠纷案件适用法律若干问题的解释》第21条第1款。
② 王太平:《商标法:原理与案例》,北京大学出版社2015年版,第405页。
③ 王太平:《商标法:原理与案例》,北京大学出版社2015年版,第406页。

与侵权行为有关的账簿、资料主要由侵权人掌握的情况下,可以责令侵权人提供与侵权行为相关的账簿、资料;侵权人不提供或者提供虚假的账簿、资料的,人民法院可以参考权利人的主张和提供的证据判定赔偿数额。权利人因被侵权所受到的实际损失、侵权人因侵权所获得的利益、注册商标许可使用费难以确定的,由人民法院根据侵权行为的情节判决给予 500 万元以下的赔偿。[①]

(3)地理标志的驰名商标保护。最高人民法院《关于审理商标授权确权行政案件若干问题的规定》(2020 修正)第 17 条第 2 款规定,如果地理标志已经注册为集体商标或者证明商标,集体商标或者证明商标的权利人或者利害关系人可选择依据该条或者另行依据商标法第 13 条、第 30 条等主张权利。也就是说,对于已经注册为集体商标、证明商标的地理标志,若受到侵犯时,权利人或利害关系人可以依照《商标法》第 13 条等规定,寻求驰名商标的特别保护。

2.行政责任

对于侵犯地理标志商标专用权的行为,按照我国《商标法》,权利人不仅可以通过民事救济途径寻求保护,还可以请求工商行政管理部门处理。

工商行政管理部门处理时,认定侵犯地理标志商标专用权的行为成立的,可责令立即停止侵权行为,没收、销毁侵权商品和主要用于制造侵权商品、伪造注册商标标识的工具,违法经营额 5 万元以上的,可以处违法经营额五倍以下的罚款,没有违法经营额或者违法经营额不足 5 万元的,可以处 25 万元以下的罚款。对五年内实施两次以上商标侵权行为或者有其他严重情节的,应当从重处罚。销售不知道是侵犯注册商标专用权的商品,能证明该商品是自己合法取得并说明提供者的,由工商行政管理部门责令停止销售。[②]

对侵犯地理标志商标专用权的行为,工商行政管理部门有权依法查处。[③]

3.刑事责任

根据《商标法》的规定,对于地理标志商标的假冒行为,即未经地理标志商标注册人许可,在同一种商品上使用与其注册商标相同的商标,构成犯罪的,除赔偿被侵权人的损失外,依法追究刑事责任。对于侵犯地理标志商标标识的行为,即伪造、擅自制造他人注册地理标志商标标识或者销售伪造、擅自制造的注册地理标志商标标识,构成犯罪的,除赔偿被侵权人的损失外,依法追究刑事责任。对于销售明知是假冒注册地理标志商标的商品,构成犯罪的,除赔偿被侵权人的损失外,依法追究刑事责任。[④]

---

① 《中华人民共和国商标法》第 63 条。
② 《中华人民共和国商标法》第 60 条。
③ 《中华人民共和国商标法》第 61 条。
④ 《中华人民共和国商标法》第 67 条。

根据《中华人民共和国刑法》的规定,未经注册商标所有人许可,在同一种商品上使用与其注册商标相同的商标,情节严重的,处以三年以下有期徒刑或者拘役,并处或单处罚金;情节特别严重的,处三年以上七年以下有期徒刑,并处罚金。① 销售明知是假冒注册商标的商品,销售金额数额较大的,处三年以下有期徒刑或者拘役,并处或单处罚金;销售金额数额巨大的,处三年以上七年以下有期徒刑,并处罚金。② 伪造、擅自制造他人注册地理标志商标标识或者销售伪造、擅自制造的注册地理标志商标标识,情节严重的,处以三年以下有期徒刑,并处或单处罚金;情节特别严重的,处三年以上七年以下有期徒刑,并处罚金。③

4.侵犯地理标志专用标志的救济

按照《地理标志专用标志使用管理办法(试行)》的规定,专用标志属于《中华人民共和国商标法》第10条规定保护的官方标志,国家知识产权局组织实施地理标志专用标志使用监督管理,地方知识产权管理部门负责地理标志专用标志使用的日常监管。对于未经公告擅自使用或伪造地理标志专用标志的;或者使用与地理标志专用标志相近、易产生误解的名称或标识及可能误导消费者的文字或图案标志,使消费者将该产品误认为地理标志的行为,知识产权管理部门及相关执法部门依照法律法规和相关规定进行调查处理。④

二、专门保护制度中的救济

(一)地理标志产品保护体系中的救济

1.侵犯地理标志保护产品的行为

依照《地理标志产品保护规定》的规定,侵犯地理标志保护产品的行为包括:

(1)擅自使用或者伪造地理标志名称及专用标志的行为;

(2)不符合地理标志产品标准和管理规范要求而使用该地理标志产品的名称的行为;

(3)使用与专用标志相近、易产生误解的名称或标识及可能误导消费者的文字或图案标志,使消费者将该产品误认为地理标志保护产品的行为。⑤

2.具体的救济途径

根据《地理标志产品保护规定》,各地质检机构依法对地理标志保护产品实施

---

① 《中华人民共和国刑法》第213条。

② 《中华人民共和国刑法》第214条。

③ 《中华人民共和国刑法》第215条。

④ 参见《地理标志专用标志使用管理办法(试行)》第10条。

⑤ 《地理标志产品保护规定》第21条。

保护。对于侵犯地理标志的行为,由质量技术监督部门和出入境检验检疫部门①依法进行查处,并依据《中华人民共和国产品质量法》《中华人民共和国标准化法》《中华人民共和国进出口商品检验法》等有关法律予以行政处罚。社会团体、企业和个人可监督、举报。其中,《产品质量法》规定,生产者、销售者不得伪造产地,不得伪造或者冒用他人的厂名、厂址,不得伪造或者冒用认证标志等质量标志。伪造产品产地的,伪造或者冒用他人的厂名、厂址,伪造或者冒用认证标志等质量标志的,责令改正,没收违法生产、销售的产品,并处违法生产、销售产品货值金额等值以下的罚款;有违法所得的,并处没收违法所得;情节严重的吊销营业执照。②

同时,《地理标志产品保护规定》还规定,获准使用地理标志产品专用标志的生产者,未按相应标准和管理规范组织生产的,或者在 2 年内未在受保护的地理标志产品上使用专用标志的,国家质检总局将注销其地理标志产品专用标志使用注册登记,停止其使用地理标志产品专用标志并对外公告。③

依照规定,国家质检总局、省级质检部门受理侵犯在华保护的国外地理标志产品合法权益的举报投诉,各级质监部门依法对违法行为进行查处;在华保护的国外地理标志产品申请人也可向人民法院提起诉讼。④

(二)农产品地理标志保护体系中的救济

1.侵犯农产品地理标志的行为

根据《农产品地理标志管理办法》的规定,侵犯农产品地理标志的行为包括:

(1)伪造农产品地理标志的行为;

(2)冒用农产品地理标志的行为;

(3)伪造农产品地理标志登记证书的行为;

(4)冒用农产品地理标志登记证书的行为。⑤

2.具体的救济途径

对于侵犯农产品地理标志的行为,由县级以上人民政府农业行政主管部门依照《中华人民共和国农产品质量安全法》有关规定处罚。《农产品地理标志使用规范》第 10 条也规定:"任何单位和个人不得冒用农产品地理标志。冒用农产品地理标志的,依照《中华人民共和国农产品质量安全法》第五十一条规定处罚。"《农产品质量安全法》第 51 条规定,冒用农产品质量标志的,责令改正,没收违法所得,并处

① 2018 年 3 月,国务院机构改革之后,此部门已从质检系统分出并入海关,没有并入新成立的市场监管总局。

② 《中华人民共和国产品质量法》第 53 条。

③ 《地理标志产品保护规定》第 23 条。

④ 《国外地理标志产品保护办法》第 31 条。

⑤ 《农产品地理标志管理办法》第 20 条。

2000 元以上 2 万元以下罚款。[①]

国家鼓励单位和个人对农产品地理标志进行社会监督。对违反农产品地理标志管理规定的行为,任何单位和个人有权向县级以上地方农业行政主管部门举报或者投诉。接到举报或者投诉的农业行政主管部门应当依法处理。

三、反不正当竞争法上的救济

从国际上看,近代以来,反不正当竞争法实际上一直在地理标志保护的领域存在,"为地理标志提供了一般的、兜底的保护"[②]。《巴黎公约》第 10 条之二和《TRIPS 协定》第 22 条均为地理标志提供了反不正当竞争法的保护。比如,《巴黎公约》第 10 条之二规定:"(1)本联盟国家有义务对各该国国民保证给予反不正当竞争的有效保护。(2)凡在工商业活动中违反诚实的习惯做法的竞争行为构成不正当竞争行为。(3)下列各项特别应予以制止:A.具有采用任何手段对竞争者的营业所、商品或工商业活动产生混淆性质的一切行为;B.在经营商业中,具有损害竞争者的营业所、商品或工商业活动的信用性质的虚伪说法;C.在经营商业中使用会使公众对商品的性质、制造方法、特点、用途或数量易于产生误解的表示或说法。"[③]根据 WIPO 官方解释,上述第(3)项与地理标志的保护密切相关。《TRIPS 协定》第 22 条第 2 款也规定:"就地理标志而言,各成员应向利害关系法提供法律手段以防止:(1)在某一货物的标志或说明中使用任何手段标明或暗示所涉货物来源于真实原产地之外的某一地理区域,从而在该货物的地理来源方面使公众产生误解;(2)构成属《巴黎公约》(1967)第十条之二范围内的不公平竞争行为的任何使用。"[④]可见,反不正当竞争法对地理标志提供保护不但是国际上的通行做法,而且是《巴黎公约》和《TRIPS 协定》的明确要求。不过,与"设权模式"下的商标法保护或专门保护制度不同,反不正当竞争法对地理标志的保护,着眼于防范市场上违反诚实商业习惯的不正当竞争行为。

(一)地理标志不正当竞争行为的认定

在我国,除商标法保护和专门保护制度之外,反不正当竞争法同样是地理标志法律保护的重要补充。早在 1993 年颁布的《反不正当竞争法》第 5 条即规定:"经

---

① 《中华人民共和国农产品质量安全法》第 51 条。

② 王笑冰:《论地理标志的法律保护》,中国人民大学出版社 2006 年版,第 147 页。

③ 《保护工业产权巴黎公约》(1967 年文本)第 10 条之二,WIPO-Administered Treaties,https://www.wipo.int/treaties/en/ip/paris/.

④ Agreement on Trade-Related Aspects of Intellectual Property Rights (TRIPS),Article 22:Protection of Geographical Indications (2),https://www.wto.org/english/tratop_e/trips_e/trips_e.htm.

营者不得采用下列不正当手段从事市场交易,损害竞争对手:(一)假冒他人的注册商标;(二)擅自使用知名商品特有的名称、包装、装潢,或者使用与知名商品近似的名称、包装、装潢,造成和他人的知名商品相混淆,使购买者误认为是该知名商品;(三)擅自使用他人的企业名称或者姓名,引人误认为是他人的商品;(四)在商品上伪造产地或者冒用认证标志、名优标志等质量标志,伪造产地,对商品质量做引人误解的虚假表示。"①特别是第(四)项的规定,虽然没有明确使用"原产地名称"或"地理标志"概念,但实质上它是对《巴黎公约》相关规定的国内法转化,是《反不正当竞争法》保护地理标志的具体体现。

2017 年,新修订的《反不正当竞争法》对上述相关内容做了大幅调整和完善。遗憾的是,新《反不正当竞争法》仍然未出现"地理标志"一词。新《反不正当竞争法》第 6 条规定:"经营者不得实施下列混淆行为:(一)擅自使用与他人有一定影响的商品名称、包装、装潢等相同或近似的标识;(二)擅自使用他人有一定影响的企业名称(包括简称、字号等)、社会组织名称(包括简称等)、姓名(包括笔名、艺名、译名等);(三)擅自使用他人有一定影响的域名主体部分、网站名称、网页等;(四)其他足以引人误认为是他人商品或者与他人存在特定联系的混淆行为。"同时,在第 11 条规定:"经营者不得编造、传播虚假信息或者误导性信息,损害竞争对手的商业信誉、商品声誉。"地理标志作为一项特殊的、标示商品的独特地理来源,并通过长期使用而形成的商业标识类知识产权客体,其所标示商品大多具有较高的市场知名度和美誉度。运用反不正当竞争法对它进行保护,包括实践中对相关不正当竞争行为的认定等,其法律依据可以从新《反不正当竞争法》第 6 条的兜底性规定和第 11 条当中寻找。

(二)救济途径

1.民事救济。根据新《反不正当竞争法》的规定,对于侵犯他人地理标志的不正当竞争行为,给他人造成损害的,应当依法承担民事责任。地理标志经营者的合法权益受到不正当竞争行为损害的,可以向人民法院提起诉讼。因不正当竞争行为受到损害的地理标志经营者的赔偿数额,按照其因被侵权所受到的实际损失确定;实际损失难以计算的,按照侵权人因侵权所获得的利益确定。赔偿数额还应当包括经营者为制止侵权行为所支付的合理开支。如果权利人因被侵权所受到的实际损失、侵权人因侵权所获得的利益难以确定的,由人民法院根据侵权行为的情节判决给予权利人 300 万元以下的赔偿。②

2.行政救济。新《反不正当竞争法》第 18 条第 1 款规定:"经营者违反本法第六条规定实施混淆行为的,由监督检查部门责令停止违法行为,没收违法商品。违

---

① 《中华人民共和国反不正当竞争法》(1993)第 5 条。
② 《中华人民共和国反不正当竞争法》(2019)第 17 条。

法经营额五万元以上的,可以并处违法经营额五倍以下的罚款;没有违法经营额或者违法经营额不足五万元的,可以并处二十五万元以下的罚款。情节严重的,吊销营业执照。"第23条规定:"经营者违反本法第十一条规定损害竞争对手商誉、商品声誉的,由监督检查部门责令停止无法行为、消除影响,处十万元以上五十万元以下的罚款;情节严重的,处五十万元以上三百万元以下的罚款。"

第五节　地理标志保护制度存在的问题及完善

改革开放以来,我国地理标志保护制度从无到有,从不成熟到逐步走向成熟,取得了长足的发展和进步。发展至今,地理标志保护立法不断健全,地理标志行政管理体制和司法保护均在逐步完善。地理标志产业发展也正如火如荼,逐渐成为引领地方经济社会发展的持续动力。四十年来,我国地理标志保护制度的蓬勃发展,与改革开放以来社会主义市场经济建设的辉煌成就密不可分,与社会主义法治建设事业的发展进步,尤其是整个知识产权法律制度的建立健全和日臻完善密不可分,同时也与国内各层面对地理标志价值的认可及其保护意识的提升密不可分。回顾过去,审视当下,方能更好地着眼未来。回顾过去,四十年的不断进取,包括地理标志保护在内的我国知识产权法制建设取得的卓越成就有目共睹。审视当下,在地理标志保护方面,我国已取得巨大成绩,但不可忽视的是,当前对地理标志的保护还存在诸多的问题和不足。考察地理标志保护实践,不难发现,虽然国家层面已逐步建立起包含了法律、法规、部门规章以及其他规范性文件等立体化的制度体系。但应当知道,"地理标志保护是个复杂的系统工程,不仅是个立法制度的问题,还面临许多具体实践问题"。[①] 事实上,即便在立法层面,我国对地理标志的保护仍然还存在诸多有待改进的地方,同时在实践中还存在不同程度的盲目和混乱。展望未来,我国地理标志的有效保护,既需要仰仗相关立法的更进一步,更需要在实践上给予周密部署、统筹协调和精耕细作。

一、地理标志保护立法中存在的问题

(一)地理标志商标法保护存在的问题

通过梳理我国地理标志保护制度的历史变迁发现,改革开放后,我国对地理标志的法律保护实际上最早发端于商标法体系。在商标法框架下,我国已从多个层面、多个角度对地理标志保护做了较为全面的制度配套。但进一步分析,发现商标

---

① 王笑冰:《地理标志法律保护新论——以中欧比较为视角》,中国政法大学出版社2013年版,第319页。

法体系对地理标志的保护仍然存在诸多需要进一步完善之处,包括但不限于下列问题:

第一,现行《商标法》第 16 条对地理标志保护还存在的问题。该问题主要涉及善意取得注册的误导公众的含有地理标志的商标问题,即普通商标与地理标志的冲突与协调问题。《商标法》第 16 条第 1 款规定,"商标中有商品的地理标志,而该商品并非来源于该标志所示的地区,误导公众的,不予注册并禁止使用;但是,已经善意取得注册的继续有效"。[①] 根据该规定,对于已经善意取得注册的地理标志,无论是否会误导公众,均不能依照该规定获得救济。但问题是,何谓"善意取得"? 对之是否需要设定一定的时间标准和其他条件限制? 目前我国的商标法并无具体规定。由此导致实践中存在大量的地理标志与含有地理标志的普通商标之间的冲突,且缺乏清晰的裁判标尺,这对地理标志保护是不利的。

第二,现行《商标法》第 10 条对地理标志保护还存在的问题。该问题主要涉及县级以下行政区划名称和非行政区划名称的商标注册与地理标志的保护问题[②]。《商标法》第 10 条第 2 款规定:"县级以上行政区划的地名或者公众知晓的外国地名,不得作为商标。但是,地名具有其他含义或者作为集体商标、证明商标组成部分的除外;已经注册的使用地名的商标继续有效。"[③]按照该规定,对于县级以上行政区划名称,不得作为商标注册已无争议。但如果是"非行政区划名称",或者"县级以下的地名",其是否能够获得商标注册? 从该规定来看,并不存在禁止注册的理由。由此可见,这一规定对地理标志保护也是十分有限的。事实上,从《TRIPS协定》和《商标法》第 16 条第 2 款的地理标志定义可知,地理标志在地理类别构成上,并不必然涉及"县级以上的行政区划名称",它既有可能比县级行政区划名称的范围大,也可能要小,甚至可能完全不涉及现有的行政区划名称。因此,如果他人将属于这类名称组成的地理标志申请商标注册,必然导致这类地理标志成为个体的普通商标。实际上在实践中这方面的问题更多,特别是存在大量的这类地理标志被个人(尤其是产区内的生产经营者)不正当抢注商标的问题。而如何协调之,现行《商标法》的规定却难以顾及。

（二）专门保护制度存在的问题

改革开放以来,地理标志专门保护制度在我国的形成,充分体现了相关层面对地理标志价值认识的深化,是基于现实中地理标志保护迫切需要而做出的审慎抉择。因此,无论是地理标志产品保护制度,还是农产品地理标志登记制度,与前述地理标志商标法保护一样,均为我国地理标志资源的挖掘及保护作出了积极贡献。

---

① 《中华人民共和国商标法》第 16 条第 1 款。
② 赵小平:《地理标志的法律保护研究》,法律出版社 2007 年版,第 281 页。
③ 《中华人民共和国商标法》第 10 条第 2 款。

但从目前来看，尤其在立法上，地理标志专门保护制度仍面临诸多问题。

整体看来，目前专门保护制度存在的最大问题是，由于《地理标志产品保护规定》和《农产品地理标志管理办法》均为国务院有关部门制定的部门规章，因此其立法位阶较低，难以为地理标志保护提供充分保护。同时，由于《农产品地理标志管理办法》仅限于对初级农产品的登记保护，保护范围十分有限。

（三）商标法保护与专门保护制度的冲突性并存

如前所述，改革开放以来，通过几十年的制度探索，我国对地理标志保护已形成了"两种立法模式并行、三套保护体系同在"的格局。但目前这种格局存在的最大问题是，对地理标志保护规定各行其是，相互之间缺乏配合支持，由此引发了重叠保护和权利冲突等一系列问题，给地理标志产业实践造成困扰。

首先，三套保护体系对地理标志定义逻辑混乱。根据《商标法》第16条第2款的规定，"地理标志是指标示某商品来源于某地区，该商品的特定质量、信誉或者其他特征，主要由该地区的自然因素或者人文因素决定的标志"。① 根据《地理标志产品保护规定》第2条的规定，"地理标志产品，是指产自特定地域，所具有的质量、声誉或其他特征本质上取决于该产地的自然因素和人文因素，经审核批准以地理名称进行命名的产品"。② 而根据《农产品地理标志管理办法》第2条第2款的规定，"农产品地理标志，是指标示农产品来源于特定地域，产品品质和相关特征主要取决于自然生态环境和历史人文因素，并以地域名称冠名的特有农产品标志"。③ 不难发现，三套不同保护体系分别对地理标志下了三个不同的定义，地理标志的内涵和外延存在很大差别，由此导致三套保护体系在地理标志获得保护的实质条件乃至程序要件等方面的规定和要求各不相同，在实践中给地理标志的确权和保护带来很大的麻烦。

其次，地理标志确权程序各自独立及其所引发的重叠保护和权利冲突等问题。综合考察各国的地理标志保护做法，其中既有采用商标法模式的，也有采用专门法保护模式的，同时还有商标法和专门法之外的其他模式，但像我国这样存在地理标志商标保护、地理标志产品保护和农产品地理标志保护等三种并行体制的国家，绝无仅有。我国商标法体系下，地理标志主要通过注册集体商标或证明商标进行保护，其确权程序与普通商标注册基本一致，均由国家商标局直接受理、审查和公告。在专门保护制度之下，按照《地理标志产品保护规定》的规定，地理标志产品保护申请由当地县级以上人民政府指定的地理标志产品保护申请机构或人民政府认定的协会和企业提出，由省级质量技术监督局等进行初审，最后由国家质检总局审核批

① 《中华人民共和国商标法》第16条第2款。
② 《地理标志产品保护规定》第2条。
③ 《农产品地理标志管理办法》第2条第2款。

准、注册登记并发布公告;而按照《农产品地理标志管理办法》的规定,农产品地理标志登记申请由县级以上地方人民政府确定的农业专业合作经济组织、行业协会等组织提出,由省级人民政府农业行政主管部门负责其行政区域内农产品地理标志登记申请的受理和初审工作,由农业部农产品地理标志登记专家评审委员会负责专家评审,再由农业部农产品质量安全中心(现为中国绿色食品发展中心)代表农业部对社会公示,最后由农业部作出登记决定并公告。从目前来看,这三套确权程序对地理标志的保护完全是各自独立运行的,是缺乏必要的信息沟通和协调机制的。由此导致实践中很多地理标志在三套保护体系进行重复注册或登记,并且存在注册主体不一致等情况,[①]引发了大量的地理标志重叠保护和权利冲突等问题。甚至可以说,这是目前"我国地理标志立法最大的问题"。[②] 重叠保护和权利冲突等问题的存在,不仅徒增了制度运行的成本,也增加了权利的维护成本;不仅破坏了国家法制的统一性,也导致了立法、行政和司法资源的浪费。更严重的是,它会对地理标志产业的健康发展形成钳制。

二、地理标志保护实践层面存在的问题

在实践层面,我国对地理标志保护还存在的主要问题包括:受保护地理标志的产品品类相对单一,保护范围涵盖面较窄;由于"行政区划式"命名和产区界定,导致一定程度上忽视了地理标志的成长规律;地理标志标识的选择等方面还有待进一步改进之处,等等。

(一)地理标志保护范围较窄的问题

地理标志制度产生之初,以保护酒类(主要是葡萄酒)和奶酪等农副产品为主。演变至今,地理标志已成为传统特色资源保护的主要法律机制,其保护范围具有较宽的覆盖面和开放性特征。国外最新实践显示,地理标志保护已经覆盖到工业品乃至服务等领域,不再局限于传统的农副产品。

但在我国,从国家商标局、国家质检总局和农业部公布的信息可以发现,无论是地理标志商标,还是地理标志保护产品或者农产品地理标志,目前绝大多数均集中在初级农产品领域,且产品品类较为单一。而具有深加工背景的地理标志,以及充分体现当地独特地域文化和民族特色的地理标志资源还比较少。在此意义上,我国受保护的地理标志资源虽已有一定数量的积累,但其潜力还有待进一步挖掘。同时,实践中对地理标志的保护领域也需要进一步拓展。

---

① 孙智:《我国地理标志注册保护:现状、问题及对策——基于贵州省的实证观察》,载《贵州师范大学学报(社会科学版)》2018 年第 5 期。

② 王笑冰、林秀芹:《中国与欧盟地理标志保护比较研究——以中欧地理标志合作协定谈判为视角》,载《厦门大学学报(哲学社会科学版)》2012 年第 3 期。

（二）地理标志命名和产区划定存在的问题

地理标志的注册及保护不同于普通商标注册以及其他知识产权保护,如专利申请、著作权登记等。地理标志的注册保护,还涉及名称规则、产区划定和产品说明等诸多环节。从我国的制度实践来看,商标法体系的地理标志注册涉及地理标志商标使用管理规则拟定,特别是对有关商品特殊品质的阐述等;地理标志产品保护体系和农产品地理标志保护体系对地理标志的审批登记,涉及地理标志产品保护地域范围、产品质量特色、生产工艺方法等事项的详细说明。其中,拟申请注册的地理标志如何命名,地理标志产地范围如何划定,是地理标志保护十分关键的环节。尤其是地理标志产地范围的确定,不仅涉及地理标志所标示商品与其产地之间关联性要素的阐明,更关涉到地理标志实际使用者的核心利益。

从目前的我国地理标志注册保护实践来看,绝大多数地理标志均为"行政区划名称＋产品名称"的命名方式(以下简称"行政区划式"),并且多以现行行政区划为依托来划定地理标志产品的产地范围。其中,还存在一些为了眼前利益等目的,违背事实和规律,漠视相关地理标志的形成历史,武断地进行"行政区划式"命名和产区范围划定的混乱现象。比如,从历经了十三年的"祁门红茶"地理标志证明商标之争,①便可以窥见。实践中,那些对地理标志命名和产地范围划定的不适当做法,不仅违反了地理标志注册应当遵循的诚实信用原则,也误导了公众,同时其更难以起到证明使用该地理标志的商品来源于特定产区,具有特定品质的品质保证作用,进而不可避免导致该地理标志关联性要素的瑕疵。

（三）地理标志标识选用还存在的一些不足

我国三套不同地理标志保护体系当中,地理标志产品保护制度和农产品地理标志保护制度实际上均属于"原产地名称"模式,这种模式的形成主要是受法国"受控原产地名称(AOC)"制度和欧盟"受保护原产地名称(PDO)"的影响。该模式在地理标志的标识构成要素方面,严格遵照地理名称界定,不附加任何其他的可视化元素,拟借此直接传达相关地理标志产品的品质或其他特征"完全"或"主要"归因于特定地理环境,包括自然和人文因素。不同于"原产地名称"模式,地理标志商标法保护则相对灵活。尤其是地理标志标识要素的构成,商标法上并没有特别限制或要求,实践中将地理标志注册证明商标或集体商标保护时,可以附一些有个性的可视性图案,甚至可以将单纯的图案注册地理标志商标。

通过观察全国已注册地理标志商标发现,相当一部分地理标志商标都采用了"名称＋图案"式的标识设计。其好处是,通过多元化的视觉要素组合,能够更直观

---

① 北京市高级人民法院行政判决书,(2017)京行终 3288 号。

地传达地理标志的差异性和特殊性,形成视觉冲击力,在市场上博取消费者的眼球。所不足的是,目前国内地理标志注册人申请注册的地理标志商标,很多标识特别是其中的图案选择,虽然新颖靓丽,但其较为缺乏具有联想性的内涵深度或文化寓意,缺乏对产地独特地域象征的可视化符号的充分挖掘,等等。

三、我国地理标志保护的完善

改革开放四十年来,我国地理标志保护既取得了巨大成就,同时也还存在不少的问题。针对问题,近年来相关层面正在积极采取措施,进行一系列的变革和调整,包括对地理标志行政管理体制进行改革等,不过到目前为止,其成效还不够明显。究其缘由,在于当前实践层面对地理标志的保护本质上仍然走的是"三条道路"。而究其根本,在于地理标志保护"三法"冲突性并存的制度运行框架尚未改变。虽然说,在我国地理标志保护已经取得的积极成效上,曾经的三套保护体系因各有所长,均功不可没。但是,由于体系化法律制度的缺失所引发的地理标志重叠保护和权利冲突等一系列问题,也给地理标志产业实践造成了很大麻烦,更困扰着我国地理标志保护的未来。地理标志作为一类特殊商业标识,不同于一般的商业标志,它是地方传统知识的凝聚,是地域文化资源(尤其是非物质文化遗产等传统资源)商业化和市场化的制度寄托。[①] 地理标志的重要性虽立足于商业和贸易,但它已经"超越了商业和贸易"[②],涉及更为广泛的领域。就我国而言,保护地理标志不仅关涉到地方和民族特色产业的振兴,关涉到地方经济社会的可持续发展,更关乎地域文化的传承和弘扬,甚至关系到自然生态平衡的维系和人类文化多样性的保护和发展。因此,我国地理标志保护制度的进一步健全和完善,还需要从立法、制度运行以及产业实践等环节进行系统化改造。

(一)地理标志法律制度的健全和完善

针对目前我国地理标志保护存在的制度缺陷,应从顶层设计上加以完善,加快构建体系化的地理标志法律制度,破除现有三套地理标志保护体系的冲突性并存。同时在各地方层面,也应结合各地实际情况,在地方性地理标志保护规则的构建上有所作为。由此在我国搭建起更加完备的地理标志产品质量监控与私权保护相结合,以及国家层面与地方层面协调配合的立体化的地理标志保护运行机制,从根本上实现对我国地理标志的充分保护。让这座知识产权的"富矿"得以充分开采,让

---

① 孙智:《我国地理标志注册保护:现状、问题及对策——基于贵州省的实证观察》,载《贵州师范大学学报(社会科学版)》2018 年第 5 期。

② Gangjee, Dev. Relocating the Law of Geographical Indications, Vol.15, Cambridge University Press, 2012, pp.8-10.

"地理标志有可能成为我国知识产权的强项之一"①,真正化身为我国知识产权的一个强项。

首先,我国地理标志保护需要走私权保护与产品质量监控相互结合、协调配合的新型"双轨制"道路。这种新型的"双轨制"体现在:其一,基于地理标志在功能等方面的特殊性,尤其是它在促进区域经济增长、扶持农业和农村发展、推动文化遗产保护与传承以及生态环境保护等方面的重要价值,我国需要尽快制定专门立法,对地理标志所标示产品的质量、特色等问题进行标准化维护和制度化管控。其二,立足地理标志作为一类特殊商业标识的本质特性,我国应当在《民法典》的统领下,明确《商标法》作为地理标志私权保护的主要法律机制,特别是应以它为地理标志确权的唯一途径,据此破除地理标志的重叠保护和权利冲突。地理标志作为一项旨在打造地域品牌的商业标识类无形财产,对它的保护实际上根本离不开商标法。从国际上可以看到,虽说当前多数地理标志弱势利益国家偏向选择商标法规制地理标志,但地理标志商标法保护并非弱势利益国家的"专利"。很多地理标志强势利益国家和地区,同样在运用商标法律制度对地理标志进行系统化保护,比如日本、韩国以及欧盟、瑞士等。由此,选择哪种模式来保护地理标志,关键取决于本国的实际国情。根据我国的实际情况,明确商标法作为地理标志私权保护的主要法律机制,不但能够有效节约制度运行的成本,而且可以充分利用商标法律开放、成熟、灵活的制度体例和运行经验,恰当处理地理标志与普通商标以及公有领域等的关系,达到地理标志权利保护的合理效果。

其次,加强我国地理标志知识产权保护,应当进一步完善现行商标法律制度。我国《商标法》有关地理标志保护的既有规定,还是 2001 年为了加入 WTO、履行《TRIPS 协定》有关义务进行修法时加入进来的,2013 年和 2019 年《商标法》的新修订均未对其作调整。虽然在商标法体系下,按照《商标法实施条例》,地理标志可通过注册证明商标和集体商标进行保护,但实际上现行商标法体系对地理标志保护仍存在相当多的问题和不足。这种不足在实践中不仅体现为地理标志与普通商标冲突协调的不协调,也体现在地理标志侵权救济的不得力,以及地理标志确权环节不同程度的混乱等。近年来,随着国内地理标志产业经济的快速发展,《商标法》层面有关地理标志保护仅有的几条规定,在应付实践中的地理标志保护难题时,已经越来越显得捉襟见肘。针对地理标志区别于普通商标的特殊性,在我国加强地理标志权利保护,需要对现行商标法律制度做必要修订和改进。

(二)地理标志行政管理体制的进一步完善

在我国,长期以来地理标志商标注册由国家商标局受理,地理标志产品保护申

---

① 郑成思:《中国入世与知识产权保护》,载《法学》2002 年第 4 期。

请由国家质检总局审批,农产品地理标志保护登记由农业部公告。2018 年 3 月,国务院机构改革之后,已由新组建的国家知识产权局统一负责商标注册(包括地理标志注册为集体商标和证明商标)和地理标志产品保护的审批登记。但农产品地理标志保护登记仍由新组建的农业农村部负责。从目前来看,虽然国家层面已对包括地理标志在内的知识产权行政管理体制作了必要调整,但在地理标志方面还不够彻底,本质上仍然运行着三套确权体系,承担地理标志注册工作的各主管部门之间仍然缺乏有效的信息沟通和协调。更主要的是,目前的机构调整还未能从根本上改变我国地理标志注册及保护实践中的相对混乱。对此,"如何使原产地的生产、经营者能够依据国家制定的法律法规获得有效的保护,而不是增加不必要的负担,是国家的立法、行政主管机关都不能不认真对待的问题"。[①] 其中,体现在行政管理方面,仍需要进一步完善现行地理标志行政管理体制。

结合实际,现阶段应尽快建立地理标志申请和注册信息的交叉检索系统,加强部门之间的沟通和协作,防范不正当抢注,相互承认注册登记的效力。条件成熟时,应考虑建立统一的地理标志确权机制。以此从根本上消除地理标志行政管理机构冗余等弊端,使其更好地发挥行政管理的效能,助推地理标志资源潜力的深度挖掘和产业经济的勃兴,更优质地服务于地方经济社会的可持续发展。

(三)地理标志注册环节的完善

完善我国的地理标志保护,不仅需要科学设计相关立法,更需要从产业实践层面增进制度运行的高效率和高效益。尤其是注册申请等环节,包括地理标志命名、产区界定以及地理标志标识选用等方面,均需要周密地设计和安排。

其中,关于地理标志的命名和产地范围划定。如上文所言,从《TRIPS 协定》和我国《商标法》的相关规定来看,地理标志并不需要必须含有地名(行政区划名称),产地范围的划定也非必须与现行行政区划一致。因此,在地理标志确权时,切忌不能搞"一刀切"的方式,武断地进行"行政区划式"的命名和产地范围划定,而是应当遵循地理标志的成长规律,充分尊重那些已经历史形成了的、已能够很好地向消费者传达地理标志产品的独特品质、声誉或其他特征与产地关联性的可视性符号的实际使用情况,恰当地进行命名和划定产区。[②] 因为那些已经历史形成的称谓和产地范围,早已凝聚着该地理标志的知名度,象征着特定的地域文化,所呈现的恰是该地理标志的内在生命力。地理标志注册保护遵循既已形成的传统和划界,既是对地理标志本质的遵从,也是对地域文化的尊重。

---

① 刘春田主编:《知识产权法》,中国人民大学出版社 2009 年第 4 版,第 267 页。
② 李祖明:《地理标志的保护与管理》,知识产权出版社 2009 年版,第 167 页。

第

十

章

知识产权国际保护制度的变迁

知识产权国际保护制度是基于双边或多边国际公约,以政府间国际组织为协调机构,旨在确立并保护各类知识产权的国际法律制度,经过一两百年的发展,诞生出了诸如《巴黎公约》《伯尔尼公约》《TRIPS 协定》等代表性的国际公约,同时孕育出了如世界知识产权组织、世界贸易组织等相关的国际组织。相比之下,我国的知识产权保护制度建设要追溯到改革开放初期,其先经过早期的制度重建,后至紧跟国际潮流移植《TRIPS 协定》,再到加入 WTO 后不断完善知识产权保护制度,仅仅用了 30 年的时间便建立起相对完备的、高质量的知识产权制度体系,扭转了中国在国际贸易争端中落后挨打的局面。时至今日,在知识产权的国际保护进程当中,我国已然是推动相关制度建设与完善的重要力量,为提高知识产权的国际保护水平做出了不可磨灭的贡献。

第一节　中国改革开放以前的国际知识产权保护制度

19 世纪末,在《保护工业产权巴黎公约》(以下简称《巴称公约》)签订之前,由于各国逐步开展对外贸易且规模不断扩大,知识产权的地域性特征使其无法适应各国的经济交往与技术引进需求,建立国际知识产权制度的呼声日益高涨。为了促进国际贸易的发展,各国开始寻求双边或多边合作。知识产权国际保护制度成为国际贸易发展的必然产物和建立国际经济新秩序的内在需求。缔结国际公约也成为建立知识产权国际保护制度的重要途径,传统的知识产权国际保护公约主要有:《巴黎公约》《伯尔尼公约》《罗马公约》《保护植物新品种国际公约》等,这些公约共同奠定了知识产权国际保护制度的法律基础。

20 世纪初,西方列强在带来进口鸦片和治外法权的同时,也带来了中国闻所未闻的专利、商标及版权法律制度。西方列强利用这些先进的知识产权法律制度保护自己的知识产权,同时宣告着所谓的治外法权。为了满足西方列强的要求,换取列强在中国取消治外法权的承诺,中国第一次在知识产权领域里西学东渐。同时,上述的知识产权国际保护公约,为我国改革开放初期知识产权法律体系的建构提供了充足的范本,加快了我国知识产权立法的进程,同时也使得我国能够成功地与国际知识产权保护制度接轨。

一、《保护工业产权巴黎公约》

《巴黎公约》是工业产权领域的基本公约,素有"工业产权母约"之称。早期由于各国之间的制度差异及利益冲突等,各国对给予工业产权保护标准和保护范围的需求各不相同,且难以协调统一。后来随着技术全球化的趋势和世界贸易的不断发展,各国迫切希望能够达成共识以解决知识产权保护争端,《巴黎公约》便在这样的背景下应运而生。

《巴黎公约》于 1883 年在巴黎签订,1884 年 7 月 7 日正式生效。《巴黎公约》不仅是知识产权领域的第一个世界性多边公约,也是成员国最广泛、对其他国际公约影响最大的公约。截至 2017 年 5 月 14 日,《巴黎公约》已有 177 个成员国,中国于 1985 年 3 月 19 日正式成为加入《巴黎公约》。《巴黎公约》共三十条,其中第 1 条至第 12 条为实质性条款,第 13 条至第 17 条为行政性条款,第 18 条至第 30 条是关于成员国的加入、批准及退出等内容。调整对象包括专利、实用新型、外观设计、商标、服务标记、厂商名称、货源标记、原产地名称以及制止不正当竞争。

《巴黎公约》在尊重各国国内立法的基础上,确立了各成员国必须共同遵守的包括国民待遇原则、优先权原则、独立性原则、强制许可专利原则等基本原则,以协调各成员国立法。根据《巴黎公约》第 2 条、第 3 条的规定,确立了国民待遇原则。根据《巴黎公约》第 4 条的规定,确立了优先权原则。根据《巴黎公约》第 4 条之二、第 6 条的规定,确立了独立性原则。根据《巴黎公约》第 5 条的规定,确立了强制许可专利原则。除了基本原则之外,《巴黎公约》还规定了商标权的转让、驰名商标的保护、展览产品的临时保护、制止不正当竞争等重要条款。根据《巴黎公约》第 6 条之四的规定,如果成员国的法律规定商标权的转让应与其商行或商誉一并转让方为有效,则只需转让该国的商行或商誉就足以认可其有效,但这种转让应以不会引起公众对使用该商标的来源、性质或重要品质发生误解为条件。对于驰名商标,《巴黎公约》第 6 条之二规定,无论驰名商标是否取得注册,公约成员国都应禁止他人使用与驰名商标相同或类似的商标,拒绝或取消注册易于混淆的商标,且对于依恶意注册或使用的商标,驰名商标所有人的请求期限不受限制。为鼓励创新,《巴黎公约》第 11 条还规定了展览产品的临时保护制度,即缔约国应对各成员国领域内举办的官方或经官方认可的国际展览会上展出的产品提供临时法律保护,以有效均衡展览者个人利益与社会公共利益。与此同时,《巴黎公约》最早以公约的形式对国际间的反不正当竞争问题作出了明确规定,《巴黎公约》第 10 条规定,公约各成员国应当对各该国国民提供有效的反不正当竞争保护,对于混淆行为、虚假宣传、诋毁商誉等不正当竞争行为应予以禁止。

1985 年我国成为《巴黎公约》的成员国,《巴黎公约》极大地促进了我国的知识产权保护制度建设进程,并在经济发展、科技创新等方面产生积极影响。早在 1978 年,我国决定设置专利制度,并在 1973 年成立了专利法起草小组,其制定制度的指导思想就是加入《巴黎公约》并适应改革开放的需求,且明确我国《专利法》的设置不仅要吸引外国先进技术,更要促进本国技术走出去,融入国际专利社会中。所以我国的《专利法》制定中,包含了如优先权原则等与《巴黎公约》相一致的内容。同时,在我国《商标法》《反不正当竞争法》的制定中,也能看到对《巴黎公约》进行本土化的内容。在我国《专利法》与《商标法》颁布的基础上,我国正式加入了《巴黎公约》,这为我国后期加入如《马德里协定》《专利合作条约》等相关国际条约创造了基础条件。

在我国加入《巴黎公约》后,我国的知识产权保护制度建设加快,专利、商标等各类概念快速普及,《巴黎公约》的各项基本原则也为我国法律制度所遵循。我国对《巴黎公约》基本原则的遵循,在一定程度上增强了国际社会对我国的信任,减弱了外商在对我国进行投资与技术转让方面的顾虑。同时,《巴黎公约》也是 WTO 成员所必须遵守的国际条约之一,我国的加入也为我国企业走向世界提供了有利条件。我国企业可以根据《巴黎公约》在各成员国范围内主张合法权益,良好的营商环境和科技创新氛围得以创造。自我国加入《巴黎公约》后,外商来华进行专利申请的数量与我国企业在外所提出的专利申请数量均保持着高速增长的态势。《巴黎公约》的缔结,在对促进我国对外招商引资、引进外国先进工业技术等经济贸易、科技创新层面的交流起到了重要作用。

可以说,《巴黎公约》作为工业产权领域最为重要的国际条约之一,其为我国的国内法提供了一定的立法基础和理论支持,加快了我国的知识产权立法进程。同时也使得我国能够成功地与国际知识产权保护制度接轨,创造出良好的知识产权保护环境,鼓励企业创新发展,从而实现我国经济的快速增长,为我国后期更多地

参与国际治理,在国际社会中发出更多的中国声音打下了坚实基础。

二、《保护文学艺术作品的伯尔尼公约》

《伯尔尼公约》是著作权领域的基本公约,《伯尔尼公约》的产生标志着国际著作权保护体系的初步形成。截至 2018 年 6 月 2 日,《伯尔尼公约》共有 176 个成员国,我国于 1992 年 10 月 15 日加入该公约。

《伯尔尼公约》正文共 38 条,其中前二十一条和附件为实质性条款,正文后十七条为组织管理性条款,主要涉及著作权的客体范围、权利内容、权利限制和保护期限。《伯尔尼公约》保护的作品范围是缔约国国民的或在缔约国内首次发表的一切文学艺术作品,包括科学和文学艺术领域内的一切作品,而不论其表现方式或形式如何。《伯尔尼公约》旨在保护的著作权包括署名权和保护作品完整权在内的两项精神权利以及复制权、翻译权、广播权等八项经济权利。

《伯尔尼公约》规定了各成员国著作权保护的最低要求,包括国民待遇、自动保护和独立保护。其中国民待遇是指公约各成员国应给予外国作者同本国作者相同的权利。具有公约成员国国民身份的作者,其作品不论出版与否,都受到保护。对于在某一公约成员国定居的非成员国国民,其作品首次在某一成员国出版,或同时在某一成员国和其他非成员国首次出版的,同样可以取得该成员国的保护。自动保护是指享受国民待遇原则的作者,其著作权的享有和行使无须履行任何手续,作品一旦产生,自动获得公约成员国的保护。我国《著作权法实施条例》第 6 条规定"著作权自作品创作完成之日起产生"就是对《伯尔尼公约》自动保护原则的国内法转化。独立保护是指公约各成员国按照本国著作权法规定的保护范围、保护方式、侵权救济等具体内容独立保护其他成员国的作品,而不受其他国家的影响。

对于保护期限,《伯尔尼公约》针对不同作品作了不同规定。根据《伯尔尼公约》第 7 条,一般作品的保护期限为作者有生之年加上其死后五十年。同时,根据《伯尔尼公约》第 12 条、第 15 条,作者享有的人身权利和财产权利,其中人身权只规定了署名权和修改权,根据公约第 8 条至第 12 条,财产权包括翻译权、复制权、表演权、广播权、改编权和录制权等。

《伯尔尼公约》是世界上第一个关于著作权保护的国际公约,共经历了 8 次修改,对于著作权的保护日臻完善,其所确立的在对文学艺术作品的保护内容和原则被沿用至今,影响着诸多国家的著作权国内立法。

《伯尔尼公约》很大程度地影响了我国著作权法的发展轨迹。1979 年,我国中央指示尽快草拟《著作权法》,在长达十年的起草过程中,其中最大的一次争论即与《伯尔尼公约》有关,即中国当时有待提升的版权保护水平与《伯尔尼公约》保护力度之间的差异矛盾。但是我国制定《著作权法》且加入《伯尔尼公约》,实现内外著作权保护一致性的思想是非常明确的。我国《著作权法》(1990)第 2 条规定,外国人的作品首先在中国境内发表的,依照本法享有著作权。该规定表明了我国为实现内外著作权保护一致性的积极态度。1990 年 9 月,我国颁布了《著作权法》,该法不仅符合中国社会主义特色,也基本符合《伯尔尼公约》的原则。但是基于当时我国的著作权保护环境,我国 1990 年的《著作权法》在部分具体规定上仍与《伯尔尼公约》存在一定差异,如我国未明确规定保护建筑作品、未明确保护电影放映权、合理使用的范围超过了《伯尔尼公约》的规定等方面。但各项差异性规定也都是基于我国实际国情而作出,随着我国著作权保护环境的逐步提升,我国积极地开展修订《著作权法》以及其实施条例的工作,以使得我国《著作权法》与国际规则相一致。如我国在《著作权法实施条例》中扩大了"美术作品"的定义,将"建筑作品"包含于其中予以保护等,逐步减小我国《著作权法》与《伯尔尼公约》等国际条约之间的差异,以尽可能地匹配著作权国际保护的精神。历年来,我国一方面提升我国著作权的保护力度,改善我国的著作权保护环境,另一方面贴合国际保护潮流,逐步参与到相关国际治理的事务中。

随着我国知识产权保护的进步,我国也逐步开始参与到著作权保护国际治理当中。在 2011 年 9 月 26 日至 10 月 5 日在瑞士日内瓦举行的世界知识产权组织成员国大会上,我国新闻出版总署副署长、国家版权局副局长阎晓宏当选为 2011 年度至 2013 年度伯尔尼联盟大会副主席,这是我国自加入《伯尔尼公约》以来,我国知识产权领域的行政首脑首次担任伯尔尼联盟副主席职务。我国知识产权保护力度的加大和保护环境的改善,使得我国在国际知识产权领域的影响力逐步提升,话语权逐渐加大。我国知识产权领域的行政首脑对国际知识产权保护治理的参与,不仅加强了我国国家版权局与 WIPO 各成员国尤其是发展中国家之间的广泛沟通和交流,更是进一步将我国著作权保护的发展与成果推向国际社会,展现更多的中国形象。我国知识产权保护环境在国际社会中的宣传,一方面利于增进我国与他国的知识产权领域合作,另一方面有助于提升我国处理国际知识产权事务的能力和影响力。我国进一步参与到国际知识产权保护规则的制定与调整之中,有利于我国推动国际知识产权保护规则公平发展的同时,也为发展中国家争取更多空间。

三、《商标国际注册马德里协定》

《商标国际注册马德里协定》(以下简称《马德里协定》)于 1891 年 4 月 14 日在马德里缔结,1892 年正式生效,我国于 1989 年 10 月 4 日加入。马德里协定的主要内容是针对规范商标的国际注册问题,其目的在于简化商标权人的商标国际注册

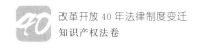

程序,使其能以更低成本、更高效率地取得商标的国际注册保护。①

以《马德里协定》与《商标国际注册马德里协定议定书》为基础,成立了商标国际注册特别联盟,即马德里联盟。关于全球商标注册和管理解决方案的马德里体系便在该联盟下逐渐发展,商标注册人可仅提交一份申请,缴纳一组费用,便可同时在多达 122 个国家申请商标保护,并通过一个集中化的系统,就可变更、续展或扩展全球商标。该体制对于缔约国的商标注册人而言,既高效便捷又节约成本。

《马德里协定》的主要内容包括商标国际注册的申请条件、国际注册的效力和期限等方面。根据《协定》第 1 条第 2 款的规定,申请商标国际注册的前提条件之一就是该标记已在其所属国注册。对于国际注册的效力范围,《协定》第 4 条第 1 款规定,自商标在国际局生效的注册日期起,商标在每个有关缔约国受到的保护应如同该商标直接在该国注册所受到的保护相同,并且还额外赋予办理国际注册的商标注册人可以享有《巴黎公约》中规定的优先权。《协定》第 4 条第 2 款则是规定了国际注册的替代效力,即如果某一商标已在一个或多个缔约国提出注册,后来又以同一所有人或其权利继承者的名义经国际局注册,该国际注册应视为已代替原先的国家注册,但不损及权利人基于这种原先注册的既得权利。

《马德里协定》规定的商标保护以十年为期,并且可以予以续展。自商标国际注册之日起满五年,除协定第 6 条另行规定的特殊情形,该国际注册就具有一定的独立性,国际注册即分别与基础申请或由之产生的注册,或者基础注册相独立。

《马德里协定》以《巴黎公约》的基本原则为基础,因此我国早期制定并颁布的《商标法》符合《马德里协定》的基本原则。同时,我国《商标法》中规定了如国际通用的尼斯分类等涉外规范,为我国更好地接轨国际商标注册的程序性事项奠定了基础。自 1989 年我国加入马德里体系后,我国在商标国际注册的方面取得较快发展,我国不仅建立了成熟的国际商标注册机制,也建立了业务能力很强的商标国际注册工作队伍,比如我国在商标网公布了办理马德里国际商标注册申请的基本程序、注意事项、成员国名单、收费标准,且提供最新的申请表格等,以方便申请人便捷高效地了解马德里国际商标注册的相关事项。随着马德里国际商标注册的普及,与我国有关的马德里商标国际注册数量也持续且快速增长。早在 1990 年时,我国工商局仅收到我国企业提交的 40 件马德里商标国际注册申请,指定我国的延伸申请 2048 件。在 2004 年,我国马德里国际商标注册数量达 1015 件,同比 2003 年增加 115%,增幅在当时位居世界第一,且申请量位于世界第八位,在当时我国是唯一申请量在前十名内的发展中国家。到 2008 年,金融危机的影响下,我国企业提交申请量仍达到了 1547 件,相比于 2007 年申请量还增长了百分之八,同时他

① 世界知识产权组织:《商标国际注册马德里体系》,https://www.wipo.int/madrid/zh/,下载日期:2019 年 10 月 28 日。

国企业指定我国的延伸申请在该年达 17829 件,切实推动了我国企业走向国际的国家战略。至 2018 年,我国提交马德里商标国际注册申请数量达 6541 件,相较 2017 年增长 37%,该年我国马德里商标国际注册申请量在马德里联盟中排名第三,申请量再创新高,且已连续两年进入前三排名。如此迅猛的发展离不开我国对于马德里商标国际注册工作的重视和改革。

同时,我国也极力推动了马德里体系的发展,推动马德里体系下各国间的合作,以提升商标的国际保护力度。我国一直高度关注《马德里议定书》,不仅先后派出多个代表团参加相关工作组的议定会议,还参与起草了议定书实施细则,积极推动马德里体系的达成与完善。在我国向 WIPO 递交加入书并成为《马德里议定书》的第四个缔约方后,《马德里议定书》开始生效。议定书生效后快速地吸引了世界各国加入,增扩了马德里体系的成员。而且我国工商总局也非常重视与 WIPO 等国际组织、相关国家在商标保护方面的事宜,积极展开合作并进行信息交流,如我国一直致力推动商标申请和审查的电子化与无纸化,在 2011 年时,我国与国际组织之间就已实现了电子通信项目,以此接收制定我国领土延伸的申请,且我国也积极担当全面推行电子通信项目的工作。至 2017 年,国际层面的电子通信全面开通,该项技术的运用不仅节约了企业的成本,更是加快了商标国际保护的效率,更好地实现了企业的自我保护。

四、《WIPO 公约》

《成立世界知识产权组织公约》(*The Convention Establishing the World Intellectual Property Organization*,简称《WIPO 公约》)。《WIPO 公约》于 1967 年 7 月 14 日在斯德哥尔摩签订,并于 1970 年 4 月 26 日正式生效。截止到 2004 年 12 月 31 日,缔约方总数为 181 个国家,我国于 1980 年 6 月 3 日成为该公约成员国。各国签订《WIPO 公约》的目的是建立世界知识产权组织,并且通过世界知识产权组织协同其他国际组织构建一个更为紧密的、世界范围内的知识产权保护布局,同时保证各知识产权同盟间的行政合作,提高各联盟的管理水平和工作效率。

《WIPO 公约》设立了三个主要机关:WIPO 大会、WIPO 成员国会议和 WIPO 协调委员会。WIPO 大会由《WIPO 公约》的各当事国组成。WIPO 大会的主要职能包括根据协调委员会的提名任命总干事、审议和批准总干事的报告以及协调委员会的报告和活动,通过各联盟共同的两年期开支预算以及通过本组织的各项财务条例。除此之外,《WIPO 公约》还具体规定了大会的议会流程,决议条件等议事规则。WIPO 成员国会议由《WIPO 公约》的成员国组成。成员国会议的基本职能是组织讨论知识产权领域的热点事项并提出建议,制定二年法律一技术援助计划,通过对于《WIPO 公约》的修订案。WIPO 协调委员会的成员从巴黎联盟执行委员会和伯尔尼联盟执行委员会的成员中选举产生。该委员会的主要职能是向各联盟

机关、大会、成员国会议以及总干事就所有与其相关的行政和财务和其他事项提供意见、拟订大会的议程草案以及成员国会议的议程、计划、预算草案。①

签订《WIPO 公约》并加入世界知识产权组织是我国知识产权制度发展进程中最重要的一个决定。自从加入 WIPO 后，在 WIPO 与我国合作的近四十年间，WIPO 带给我国最前沿的知识产权信息，诸如相关概念的明确、保护范围的界定等，对我国知识产权立法草案的起草和完善提供了巨大帮助，产生了深远的影响。WIPO 不仅与我国探讨知识产权制度建设的立法草案，还积极在我国举行如外观设计保护巡回研讨班、PCT 高级巡回研讨班等相关培训与研讨活动，提升我国知识产权领域人员的专业素养。在 WIPO 的影响和帮助下，我国几乎空白的知识产权保护制度得以迅速建立和完善，而且结合我国国情，建立了如对知识产权行政保护等具有我国特色的规定。在我国知识产权制度与国际接轨后，我国的市场经济也逐步发展，外商投资和技术转让得以被促进。

逐渐地，我国从一个单纯的义务履行者和条约参与者的角色开始转变，积极地支持和参与 WIPO 制度的建设。如我国支持 WIPO 秘书处所提出的通过建立 WIPO 驻外办事处来加强全球知识产权体系的战略思路，在多次 WIPO 成员国大会中，我国政府代表均直接表达了希望 WIPO 在华设立办事处的请求，且表示会提供必要的场地等相关资助。至 2014 年 7 月，WIPO 在我国设立的办事处正式揭幕并启动，这是继美国、日本、新加坡、巴西之后，WIPO 设立的第五个驻外办事处。我国办事处的设立，为我国与 WIPO 之间合作交流提供了一个新的纽带和重要平台。我国也致力于人才培养和能力建设，为 WIPO 知识产权国际保护提供坚实的人才储备和内在动力，并与 WIPO 设立了中国信托资金，在能力范围内向发展中国家提供能力支持和技术援助，推动全球知识产权事业发展。我国还积极参与 WIPO 有关条约的修订和制定工作，例如 2012 年 6 月，WIPO 保护音像表演外交会议在我国北京举办，来自 WIPO 的 154 个成员国、49 个国际组织的代表参会，通过这次会议，顺利签订了《视听表演北京条约》。该条约对表演者权利给予了全面保护。这不仅是国际著作权保护的重大进步，也是我国在国际社会中影响力的提升的体现，同时对我国完善本国著作权保护制度具有重大意义。此外，对包括传统知识、民间文学在内的传统知识产权和遗传资源的保护，对涉及发展中国家重大利益的技术转让、实体专利法等问题的国际规则的谈判与起草，我国也一直秉持着积极态度参与、推动相应的活动，为发展中国家发声，提高发展中国家在知识产权国际保护层面的话语权。

---

① 世界知识产权组织：《〈建立世界知识产权组织公约〉（〈WIPO 公约〉）（1967 年）提要》，https://www.wipo.int/treaties/zh/convention/summary_wipo_convention.html，下载日期：2019 年 10 月 28 日。

第二节　中国改革开放以后的国际知识产权保护制度

在经历了一系列的内忧外患、发展变迁后,中国原有的法律体系已难以适应经济、科研、文化快速发展下中国社会的实际情况。而在国际经济和政治双重压力的作用下,我国于 1979 年提出了改革开放方针。这一举措带动了我国知识产权法律重建工作,我国的知识产权保护制度也正式与国际规范接轨。但在改革开放初期,中国在与美国的国际贸易争端中仍旧处于弱势地位。自从 1984 年以后,中国几乎每年都要收到美国根据"301 条款"而亮出的黄牌警告。同时在 1989 年到 1996 年几年间,中美就"301 条款"共进行了四次正式谈判,并签订了三个中美知识产权协议。但当知识产权保护被当作谈判的筹码时,则势必要去迎合西方国家的需求。[①]虽然这一系列知识产权协议确实推动了中国的知识产权立法和执法水平,但是这一时期过高的知识产权保护标准是有违当时国情的,造成我国知识产权保护理论与实践脱节。

2001 年,中国在加入 WTO 的同时加入《TRIPS 协定》,我国被动移植知识产权保护制度的局面才开始慢慢扭转。中国于 2004 年、2005 年分别成立了国家保护知识产权工作组和国家知识产权战略制定工作领导小组。2006 年 1 月,胡锦涛总书记在全国科学技术大会上提出建设创新型国家的战略目标。2008 年 6 月,国务院发布《国家知识产权战略纲要》,这一纲要的出台标志着中国以一种更加主动积极的姿态担负起知识产权强国的责任。时至当下,习近平总书记在党的十九大中提到,创新是引领发展的第一动力,强化基础研究的同时,要瞄准世界科技前沿。要加强国家创新体系建设,深化科技体制改革,培养造就创新团队。我国目前对科技创新领域已手握主动权,更要根据本国国情和国际发展趋势,不断建设和完善出一套有本土化、特色化的知识产权保护体系。

一、《TRIPS 协定》

《与贸易有关的知识产权协定》(简称《TRIPS 协定》)于 1993 年 12 月 5 日通过,1994 年 4 月 15 日正式签署,1995 年起生效,是 WTO 成员国所共同遵守的多边协议。《TRIPS 协定》是内容最为广泛的国际知识产权协定,它在吸收《巴黎公约》《伯尔尼公约》《华盛顿公约》《罗马公约》的相关规定的基础上,增加了新的内容。同时《TRIPS 协定》将知识产权问题纳入 WTO 体制,一方面旨在为各成员国

---

① 曲三强:《被动立法的百年轮回——谈中国知识产权保护的发展历程》,载《中外法学》1999年第 2 期。

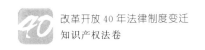
设定知识产权保护的国际最低标准,另一方面借助 WTO 具有统一性、效率性和强制性等特点的争端解决机制,适应各国谋求知识产权国际纠纷高效、公正解决的需求。我国于 2001 年加入 WTO 时即接受了包括《TRIPS 协定》在内的 WTO 一揽子协议并受其约束。之后,中国踏上了知识产权制度建设的快车道。

（一）《TRIPS 协定》概述

在《TRIPS 协定》签订之前,WIPO 体制下已有一套相当完备的知识产权国际规则和组织机构,将知识产权问题纳入 WTO 多边贸易体制受到许多国家尤其是发展中国家的反对。然而知识产权经济时代的到来,意味着知识产权在国际经济发展中有着举足轻重的地位。尤其是在发达国家,知识和科技对经济发展的贡献率呈快速增长之势,面对日益增多的知识产权侵权纠纷,已有的国际公约或条约与各国国内立法在协调国际知识产权纠纷层面存在诸多不足,各国迫切需要一个有效的争端解决机制加以规范,同时美国利用"301 条款"对发展中国家在国际贸易中施压,迫使发展中国家接受知识产权谈判,最终《TRIPS 协定》被纳入"乌拉圭回合"谈判之中并最终达成。

《TRIPS 协定》总共 73 条,分成序言和正文七个部分。序言部分阐述了协议的宗旨,即加强对知识产权的充分有效保护,并确保行使知识产权的措施和程序本身不会阻碍国际经济和贸易的发展。第一部分规定了各成员实施协议的基本遵循,具体包括义务的性质与范围、权利用尽的适用问题、制定目标等,并规定了国民待遇和最惠国待遇原则。第二部分对知识产权的效力、范围和使用的标准作出规定,涵盖了版权（包括计算机程序和数据汇编）、商标、地理标记、工业设计、集成电路布图设计（拓扑图）以及未披露信息等各知识产权领域,并规定成员国可按有关法律法规,采取适当的措施规制许可协议中限制竞争行为。第三部分是知识产权的实施,对一般义务、民事与行政程序及救济、临时措施、刑事程序等作出了细致规定,增强了知识产权执法的可操作性,并增加了与边境措施有关的特殊要求。第四部分内容涉及知识产权的取得和维持及当事方之间的相关程序。第五部分规定各国要加强与协议相关的立法、司法、执法等各方面的信息披露,旨在防止和解决知识产权国际争端。第六部分规定了过渡性安排以便于发展中国家成员和最不发达国家成员有足够的期限完成相关的制度转型。第七部分是《TRIPS 协定》的相关机构安排、协议的审议与修正等程序性内容。

《TRIPS 协定》统一提升和细化了知识产权国际保护标准,其特点主要体现在以下三个方面:(1)保护范围广泛,几乎涵盖了知识产权的各个领域,将计算机程序、数据汇编、集成电路布图设计和商业秘密等囊括其中,满足了科学技术发展的需要。(2)保护水平高,《TRIPS 协定》不仅扩大了权利保护范围,特别强调了专利权人的专利进口权、计算机软件和电影作品的版权人的出租权,还延长了知识产权的最短保护期,规定专利权的保护期最少不低于 20 年,包括计算机软件在内的著作权保护期不得少于 50 年,集成电路布图设计的保护期不得少于 10 年。《TRIPS 协定》的高水平保护标准从其规定的海关中止放行(第 51 条)、扣押、没收和销毁侵权货物等刑事程序和处罚(第 61 条),也可见一斑。(3)完善了知识产权执法措施,建立了民事、行政、刑事三位一体的执法措施与程序,规定了禁令(第 44 条)、赔偿(第 45 条)、临时措施(第 50 条)以及其他补救手段(第 46 条),增强了知识产权国际公约的可实施力度,完善了国际贸易中的知识产权纠纷解决机制,对知识产权人的权利予以全方位保护,促进了国际经济的蓬勃发展。

(二)《TRIPS 协定》对中国知识产权保护的影响

《TRIPS 协定》对中国知识产权保护的影响分为加入 WTO 前和加入 WTO 后。

"入世"前,《TRIPS 协定》的达成一定程度上加快了我国知识产权制度建设走向国际化的进程。但在这个阶段,《TRIPS 协定》对我国知识产权保护制度的影响是强硬的,中国更多处于被动状态。这是因为中国一方面受迫于美国"301 条款"的压制,亟须提高知识产权保护水平;另一方面为加入 WTO,对改善本国进出口贸易环境这一美好愿景的推动,使得我国在更多情况下选择被动接受现有的国际知识产权保护规则。

2001 年,中国在加入 WTO 后,《TRIPS 协定》自此对我国正式产生法律上的约束力,同时我国作出承诺,即中国将在完全遵守 WTO 协定的基础上修改本国相关制度。就《TRIPS 协定》对我国知识产权保护制度的影响方面,我国着重于落实"入世"承诺,在"入世"前后专门修正了相关规定以适配《TRIPS 协定》的要求,如我国《专利法》于 2000 年 8 月修正,分别在专利法客体、专利权属性、权力处分和转移、强制许可等方面进行更改和完善。我国《商标法》于 2001 年 10 月修正,扩大了商标权的主体、增大了商标权的范围、增加了对地理标志和驰名商标的保护等。我国《著作权法》于 2001 年 10 月修正,进一步明确了著作财产权的具体内容、合理使用的范围并加强了著作权执法措施等。可以看出我国在知识产权保护制度方面逐渐符合 WTO 所要求的知识产权法律体系,并匹配国际保护标准。"入世"后的中国在知识产权制度建设上是主动引领的一方,我国对《TRIPS 协定》的规范更多是取其精华,去其糟粕,未对国际规范直接生搬硬套,而是伴随着国家知识产权战略的提出,慢慢地融合本国国情。这一点具体体现在知识产权保护的执法实践中,中国基本上形成了行政保护和司法保护两个途径并行运作、相互衔接的保护模式。[①]总的来说,中国借助《TRIPS 协定》体系完善了自身的知识产权保护制度体系,延展了知识产权的保护范围,同时也较大程度地提高了知识产权保护水平。

---

① 沈国兵:《TRIPS 协定下中国知识产权保护的核心难题及基准》,载《财经研究》2008 年第 10 期。

（三）中国对 TRIPS 体系的促进作用

《TRIPS 协定》是乌拉圭回合谈判的产物，中国作为后来者加入，也将其在发展中国家的强大影响力反作用于 TRIPS 体系。长期以来，西方发达国家充当着知识产权国际规则主导者的地位，而中国及大多数发展中国家扮演着甚至谈不上是参与者的角色。但是中国在加入 WTO 后，中国重视与相关国际组织的交流与合作，在积极参加 WTO、WIPO、APEC 等国际组织在知识产权领域的各项活动的基础上，还建立了"中欧知识产权对话机制""中美知识产权工作组""中日韩知识产权双边及三边对话与合作机制"，并与巴西、墨西哥、东盟等国家和地区开展多种形式的交流与合作。[①] 这种积极主动参与知识产权国际保护体制的举措为发展中国家谋取了相应的福利，改善了发展中国家与发达国家知识产权对话中不对等的地位。同时，中国也发挥着其在国际知识产权制度变革过程中的建设性作用，针对 TRIPS 体系中的不足，在后续多边贸易谈判中提供着中国思路，平衡发展中国家和发达国家的利益。

《TRIPS 协定》虽是在发达国家的引导下签订，但也并非对发展中国家无益。一方面，WTO 的争端解决机制可以为发展中国家提供一种新的纠纷解决途径，另一方面，协议的签订有利于发展中国家吸引和鼓励外商投资，引入先进技术，以实现国内产业结构的升级，这也是发展中国家支撑国内经济发展与现代化建设的需要。《TRIPS 协定》作为知识产权国际保护的主要法律制度，在其推行过程中显见不足，其主要表现是知识产权与其他基本人权（包括精神权利、表现自由、隐私权、健康权、发展权等）的冲突。[②]

总的来说，《TRIPS 协定》是当今世界经济发展的必然产物，也意味着知识经济时代的到来，加强知识产权国际保护是各国的必然选择，也是大势所趋。《TRIPS 协定》建立了世界范围内较高水平的知识产权保护体系与标准，协议在各成员国之间的适用，为维护知识产权人利益、规范市场秩序、促进国际经济发展做出了突出贡献。

二、后 TRIPS 时代的国际知识产权保护制度

虽然在 TRIPS 框架下，知识产权的国际保护水平已有很大提升，但面对屡禁不止的盗版、假冒等知识产权侵权行为，《TRIPS 协定》及相关条约的实施成效并不尽如人意，发达国家与发展中国家之间的利益冲突更是导致条约的执行陷入僵局。以专利强制许可制度为例，《TRIPS 协定》规定的药品专利强制许可的高实施成本往往使发展中成员难以承受，且协议规定强制许可的药品专利只能供应本国

---

① 吴汉东：《中国知识产权法制建设的评价与反思》，载《中国法学》2009 年第 1 期。
② 吴汉东：《知识产权国际保护制度的变革与发展》，载《法学研究》2005 年第 3 期。

市场,这使得艾滋病、肺结核、疟疾等流行病严重的发展中国家成员、最不发达国家成员面临更大的公共健康危机,这也对全人类健康造成严重威胁,由此《TRIPS 协定》与公共健康的冲突成为国际社会关注的焦点。为应对公共健康危机,发展中成员,尤其是最不发达成员与发达成员进行了历时 4 年的艰苦谈判,最终于 2005 年 12 月 6 日通过了《关于修正 TRIPS 协定的决定》,这是 WTO 下知识产权发展的重要成果。

随着国际贸易的迅速发展,贸易结构发生转变,交易模式日趋复杂,为了应对 21 世纪带来的新挑战,发达国家试图推行更高的知识产权国际保护标准,但这一举措遭到发展中国家的强烈抵制。由于发达国家和发展中国家在知识产权国际保护制度上的立场不同,双方之间存在着巨大的分歧和利益冲突,无法达成共识,知识产权谈判陷入僵局。

在多边贸易体制内推行无果的发达国家转而寻求新的体制,即自由贸易协定(简称"FTA")。对于发达国家而言,其有着相同的利益追求,贸易自由化水平和知识产权保护能力都普遍较强,能够更容易地以较低成本达成区域性知识产权条约。而对于发展中国家而言,可以通过区域性知识产权条约,协调各方之间资源互相利用,营造出一个更有利的发展环境。[①] 美国、欧盟等发达国家借着促进自由贸易的旗号与发展中国家签订了大量的 FTA 协议,发展中国家由此被动接受了远高于《TRIPS 协定》最低标准的知识产权保护要求,诸如知识产权保护客体的范围扩大、保护期限的延长、保护措施的细化等。FTA 协议虽具有灵活性高、方便高效等优点,却也使得原本就已经错综复杂的知识产权国际保护格局更加混乱。

与此同时,中国国内知识产权制度快速发展,国家知识产权战略得到贯彻实施,知识产权相关工作取得相应成就。随着中国在全球知识产权领域影响力的快速提升,中国逐渐加强与国际知识产权组织的各项合作,积极参与并增进与国际组织和其他国家在知识产权领域的接触与交流,从被动接受国际知识产权规则的状态逐渐转向了主动参与并推动国际知识产权制度发展。至 2013 年始,中国提出的"一带一路"倡议逐渐受到国际社会的各方关注。本着共同发展的根本目标,中国与各国在"一带一路"背景下形成了共同加强知识产权领域合作的愿景,并从倡议逐渐转化为细化的项目合作,从接受国际知识产权规则逐渐转向制定超出原有知识产权保护标准的新多双边协定。"一带一路"倡议下的国际知识产权合作也在一定程度上逐渐改变着原有的国际知识产权保护制度。

(一)"一带一路"国际知识产权制度

中国在后 TRIPS 时代纷繁复杂的贸易环境下,提出了建设"新丝绸之路经济

---

① 范超:《区域贸易安排中的知识产权保护问题研究》,载《财经问题研究》2014 年第 6 期。

带"和"21世纪海上丝绸之路"的合作倡议,即"一带一路",迅速得到高度关注。"一带一路"以共同繁荣、共同发展为根本目标,以既存的国际知识产权保护制度和多双边合作平台为基础,积极推动现阶段国际贸易等各体系下的国家合作关系,促进各国和地区的政治、经济、文化的快速发展,构建人类命运共同体。

在知识产权发展方面,"一带一路"推动沿线各国和地区之间开展更加广泛、密切和务实的知识产权交流和合作。2016年7月,第一届"一带一路"知识产权圆桌会议在北京举行。会议通过了《加强"一带一路"国家知识产权领域合作的共同倡议》,提出各国能够通过"一带一路"加强与其他国家之间的协同合作、信息共享,不断推进各国知识产权制度的完善和相关机构的能力建设。通过协商交流的一系列方式能够在一定程度上减少或是消除各国之间在知识产权产业、制度等方面存在的法律政策差异,加强国家间的协调机制。2017年5月14日,在"一带一路"国际合作高峰论坛期间,中国和WIPO共同签署了《中华人民共和国政府和世界知识产权组织加强"一带一路"知识产权合作协议》。该协议是中国与国际组织签署的首个有关"一带一路"知识产权合作的文件。2018年8月,于北京举行的第二届"一带一路"知识产权圆桌会议,发布了《关于进一步推进"一带一路"国家知识产权务实合作的联合声明》,进一步细化了知识产权相关的合作项目,包括建设合作网站、加强制度交流、推进工业产权领域的对比研究和数据交换等。截至2019年8月底,中国已与沿线136个国家和30个国际组织签署了195份共建"一带一路"合作文件,[①]并与沿线40余个国家建立了知识产权合作关系,包括与老挝、菲律宾等国的知识产权主管部门签署知识产权合作文件,并与海湾阿拉伯国家合作委员会(GCC)、东南亚国家联盟(ASEAN)、欧亚专利局(EAPO)等地区组织开展了深入合作。随着"一带一路"的稳步推进,越来越多的中国声音在"一带一路"沿线发出,中国在"一带一路"知识产权保护的建设中,极力促进各国间的互联互通,推动对区域知识产权保护制度的建设,本着共同发展的理念主动推进知识产权领域的各项合作。

"一带一路"提出以来,中国与沿线各国在知识产权教育、宣传培训、信息化建设等方面开展了广泛务实的合作。在知识产权教育方面,我国国家知识产权局、教育部及国内高校专门面向"一带一路"沿线国家联合开展了知识产权法学位项目,前两期已共有近五十名学员来华参加该硕士学位教育项目。在宣传培训方面,我国开展了"一带一路"国家专利审查培训班等其他各种形式的人员培训,已为近三十个"一带一路"沿线国家的相关人员提供短期培训,并向"一带一路"沿线国家派出多批次授课专家。而且,举办了亚洲地区知识产权战略及政策高级研讨会、欧亚

---

① 已同中国签订共建"一带一路"合作文件的国家一览,https://www.yidaiyilu.gov.cn/gbjg/gbgk/77073.htm,下载日期:2019年10月29日。

专利制度报告会等,沿线各国知识产权领域的相关人员围绕知识产权发展方向、具体制度等内容进行深度交流。在信息化建设方面,我国积极推进沿线国家间知识产权信息交换与共享,以实现不同行业间知识产权数据资源的需求,并发布"一带一路"知识产权合作最新动态及新闻等,对各国知识产权保护动态进行披露。同时,我国也积极向沿线各国提供便利,累计已向沿线二十余个国家知识产权机构提供"云专利审查系统"账号。"云专利审查系统"覆盖多国相关机构的专利审查信息,并为用户提供多种语言版本,以便于各国的信息沟通,且我国的"一带一路"知识产权合作网站已建设并上线,大力加强了知识产权领域的信息互联互通。

另外,中国企业在"一带一路"沿线国家知识产权布局也显著增强。中国企业在"一带一路"沿线国家进行的经济往来日渐频繁,"中国制造""中国品牌""中国建设"等受越来越多沿线国家所欢迎,在更广意义上实现了"一带一路"合作成果的共享。根据中国与柬埔寨、老挝签署的知识产权领域合作协议,在中国国内授权的发明专利可直接在柬埔寨、老挝办理登记生效手续,在此合作的基础上,多家中国企业和科研机构的多项专利在沿线国家更加便利地登记生效。此类合作使中国的专利权人可以更加便捷地在有关国家获得知识产权权利保护,避免了繁杂的审查程序,节省时间和经济成本。此类合作鼓励中国企业走出去,推动沿线的经济贸易往来与发展,同时也便于中国企业在沿线国家的市场上展现中国实力与中国发展。

正如国家知识产权局副局长何志敏所指出,在中国的发展与推动下,世界知识产权格局已由欧美主导转变为欧美与东亚两足并立。中国作为"一带一路"倡议的提出者,更要落实好"一带一路"知识产权合作总体目标,一方面,对内加强知识产权保护,营造良好营商环境和创新环境,另一方面,对外深化知识产权国际合作,推动构建平衡有效的知识产权国际规则,积极构建"一带一路"知识产权合作机制和平台,推进知识产权全球治理体系的积极发展。

(二)中国参与的区域性知识产权条约

在后 TRIPS 时代,中国所参与的区域性知识产权条约可以分为三个板块,分别是 WIPO 管理下的国际条约,其他国际组织管理下的国际条约和其他相关国际条约。① 此外,还应注意到新近签署的重要区域性条约,如《区域全面经济伙伴关系》(RCEP 协定)等。

WIPO 管理多数知识产权条约,如《世界知识产权组织版权条约》(WCT)与《世界知识产权组织表演和录音制品条约》(WPPT)。在 1996 年 12 月,WIPO 召开了关于版权与邻接权相关问题之外交会议,会议主要讨论了数字环境与电子环境下所引发的版权问题,并通过了 WCT 与 WPPT。基于 WCT 第一条规定,WCT

---

① 知识产权国际条约汇编(中英文对照),http://ipr. mofcom. gov. cn/zhuanti/law/conventions/index.html,下载日期:2019 年 10 月 28 日。

不得与除《伯尔尼公约》以外的条约有任何关联,即 WCT 属于《伯尔尼公约》下的特别协议。该条约主要涉及数字环境中对作品和作品作者的保护。WPPT 主要涉及表演者和录音制品制作者的知识产权,特别是数字环境中的知识产权。我国于 2007 年 3 月 9 日加入上述公约,公约均于 2007 年 6 月 9 日对我国生效。在高新技术下的数字环境对传统版权保护带来较大冲击,数字环境快速发展的背景下,我国加入 WCT 与 WPPT 自然也是大势所趋。现阶段我国已系统地建立了网络版权等相关制度,并积极应对新技术所引起的版权问题。此外,WIPO 管理下的条约还包括《新加坡条约》(我国于 2007 年 1 月 29 日签署)、《视听表演北京条约》(我国于 2012 年 6 月 26 日签署,2014 年 7 月 9 日批准加入)、《马拉喀什条约》(我国于 2013 年 6 月 28 日签署,尚未批准)、《洛迦诺协定》(我国于 1996 年 6 月 17 日加入,1996 年 9 月 19 日协定对我国生效)、《斯特拉斯堡协定》(我国于 1996 年 6 月 17 日加入,1997 年 6 月 19 日协定对我国生效)。

在后 TRIPS 时代,WIPO 之外的国际组织所管理的知识产权国际条约包括《国际植物新品种保护公约》(UPOV 公约)。该公约后经多次修订,于 1998 年生效。根据该公约,成立了"国际保护植物新品种联盟"(UPOV)。按照 WIPO 与 UPOV 之间的协定,该公约虽不是 WIPO 管理的条约,但与 WIPO 有着十分紧密的联系。1999 年 4 月 23 日,我国加入 UPOV 公约,并成为 UPOV 成员国。UPOV 公约通过授予并保护育种者的专有权利,以激励植物新品种的培育工作。UPOV 公约下,成员国对植物新品种的保护方法包括通过专利法、专门法或同时适用专利法与专门法进行双重保护。我国为与 UPOV 公约接轨,于 1997 年颁布了《植物新品种保护条例》,对植物新品种本身予以保护。同时,对于培育获得新品种的方法,则通过专利法来保护。

根据《建立世界知识产权组织公约》中关于知识产权种类的规定,下列国际条约也与知识产权相关,即其他相关国际条约。《保护非物质文化遗产公约》系旨在保护以传统、口头表述、节庆礼仪、手工技能、音乐、舞蹈等为代表的非物质文化遗产的国际条约,我国于 2004 年 8 月加入。《保护和促进文化表现形式多样性公约》,规定了"文化多样性"的具体定义,是指各群体和社会借以表现其文化的多种不同形式,2006 年 12 月 29 日,我国批准了该公约,加强了国内对如民间传统文化与社会文化等非物质文化的重视性。

此外,新近签署的区域性条约 RCEP 协定也应予以重视。RCEP 是由东盟十国于 2012 年发起,邀请中国、日本、韩国、澳大利亚等国共同参加,旨在通过削减关税及非关税壁垒,建立统一市场的自由贸易协定。该协定的达成,有利于削弱《跨太平洋伙伴关系协定》（TPP）在国际社会中的影响力，并提升中国在亚太地区的话语权。[①] 就 RCEP 协定的文本，在知识产权章节分别规定了一般规定与基本原则、版权、商标、地理标志、专利、工业设计、基因资源、传统知识与民间文艺、不公平竞争、民事执法与救济、边境执法与边境措施的刑事救济、电子环境下的执法、透明度、过渡期等内容，且在小节部分均予以细化。同时，吸收了包括《伯尔尼公约》、《巴黎公约》、WCT、WPPT 等大多数国际条约。总体来看，RCEP 协定的知识产权保护规则是超《TRIPS 协定》的内容范围的，且吸收了 TPP 的部分内容，执法部分与《反假冒贸易协定》（ACTA）相比更是进一步增强。在该协定的制定过程中，中国广泛参与了多项条款的谈判。

RCEP 协定也是中国在自由贸易区战略方面推动亚太自贸区建设的重要一步。[②] 总之，从早期中国为加入知识产权国际条约而制定相关国内立法，到后来中国积极参与条约谈判与文本确定，在一定程度上体现了中国知识产权制度发展力度与国际影响力的提升。

（三）中国签署的双边自由贸易协定（FTA）中的知识产权保护

中国的经济发展现阶段进入了新常态，作为经济全球化的积极参与者、坚定支持者、重要建设者和主要受益者，加快适应并实施自由贸易战略，既是中国适应全球化的客观要求，也是促进中国内部发展的必然选择。目前，中国已签署 19 份自贸协定，涉及 26 个国家或地区。[③]

早在 2002 年 11 月 4 日，中国和东盟签署了《中国－东盟全面经济合作框架协议》，这是中国对外签署的第一个自贸协定，标志着中国与东盟的经贸合作进入了一个新的历史阶段。该协定未对知识产权保护进行详尽规定，仅在第 3 条与第 7 条规定了基本性内容，即各缔约方应基于 WTO 及世界知识产权组织现行规则和其他相关规则，便利和促进对与贸易有关的知识产权进行有效和充分的保护。2005 年 11 月 18 日，中国与智利签署了《中华人民共和国政府和智利共和国政府自由贸易协定》，该协定是继中国与东盟自贸协定之后中国对外签署的第二个自贸协定，也是中国与拉美国家签署的第一个自贸协定。在该协定第 111 条，将知识产权保护进行单列规定，具体内容包括知识产权合作目标与合作途径，同时在第 11 条特别规定了边境知识产权保护。但是，协定对知识产权保护还多侧重于原则性内容，对具体行为模式与行为标准等尚未作出细化规定。

---

① 黄骥：《RCEP 谈判中的知识产权博弈》，载《中国社会科学报》，http://phil.cssn.cn/sf/bwsf_fx/201604/t20160413_2965360.shtml，下载日期：2019 年 10 月 28 日。

② 黄骥：《RCEP 谈判中的知识产权博弈》，载《中国社会科学报》，http://phil.cssn.cn/sf/bwsf_fx/201604/t20160413_2965360.shtml，下载日期：2019 年 10 月 28 日。

③ 中国自由贸易区服务网：http://fta.mofcom.gov.cn/index.shtml，下载日期：2021 年 8 月 3 日。

　　后至 2013 年始,中国签署的双边自由贸易协定明显提高了对知识产权保护的重视性,并在各协定中对相关内容予以细化。2013 年 4 月 15 日,中国与冰岛签订的《中华人民共和国政府和冰岛政府自由贸易协定》,该协定第六章单列知识产权保护,强调了双方已缔结的知识产权相关国际条约下的义务,加强对知识产权保护的合作与信息交流。2015 年 6 月 1 日,经过十四轮谈判,中国与韩国签署《中华人民共和国政府和大韩民国政府自由贸易协定》(简称《中韩协定》),该协定在第十五章中,详细规定了知识产权相关内容,包括版权、技术措施、权利管理信息、商标、专利、实用新型、工业外观设计、遗传资源、传统知识、民间文艺、植物新品种、边境执法与民事、刑事以及行政程序和救济。相似地,在 2015 年 6 月 17 日中国与澳大利亚签署的《中华人民共和国政府和澳大利亚政府自由贸易协定》(简称《中澳协定》)中,第十一章也规定知识产权保护的各方面内容。不难发现,中国签署的双边自由贸易协定对知识产权保护的相关内容从原则性的软规定逐渐强硬化、高标准化。规定内容也不断完善,从个别条款发展为独立成章。

　　此外,部分双边自由贸易协定下的规定,如《中韩协定》第十五章第 4 条,鼓励缔约方在与协定不矛盾的情况下,于国内规定保护标准强于该协定的知识产权立法与执法规范。第十五章第 11 条规定,关于声音商标,缔约方不得将"视觉上可感知"作为注册条件,也不得仅因"标记由声音构成"而拒绝商标注册,诸如上述条款等规定已超过《TRIPS 协定》所规定的保护标准。又如,《中澳协定》第十一章第 20条规定了在一定情况下,限制互联网服务提供商因用户使用其服务或设施而为发生的版权侵权承担侵权责任等,更是《TRIPS 协定》所未涉及的。可以看出,随着中国国际地位与影响力的提升,中国在双边自由贸易协定的知识产权保护方面已由曾经的被动接受转换为主动应对与积极参与。当然,但这并不意味着中国已然可以应对国际知识产权保护发展变化中所产生的问题,我国仍应紧密关注国际社会中自由贸易协定的发展,特别是发达国家利用自由贸易协定以达到特定目的之动向。[①] 同时,深度研习自由贸易协定机制,加强并巩固我国现阶段积极参与国际规则制定的状态。此外,还应注意自由贸易协定与国内知识产权立法之间的协调关系,提升国内知识产权保护环境。总体来看,在推动双边自由贸易协定中知识产权保护的进程中,需结合本国实际情况,立足于现有国际知识产权保护原则与国内知识产权发展水平,[②]以避免因双边协议的构建而对本国与缔约国产生不利影响。但在此基础上要保留弹性,主动对科学技术发展下的新知识产权保护问题做出适应性变化,合理地在一定程度上改变或超过现有国际知识产权保护规则。

---

　　① 李顺德:《自由贸易协定(FTA)与知识产权国际环境》,载《知识产权》2013 年第 10 期。
　　② 杨静、朱雪忠:《中国自由贸易协定知识产权范本建设研究——以应对 TRIPS-plus 扩张为视角》,载《现代法学》2013 年第 2 期。

中国作为追求均衡发展与普惠共赢的大国,自然要充分发挥自由贸易区对经济的促进作用,在保障本国知识产权保护的前提下积极进行国际交流,树立中国坚定保护知识产权的国际形象,推动国际知识产权保护体系的重构,并充分运用双边自由贸易协定的特性,在国际知识产权保护规则的进程中发出更多中国声音,注入更多中国元素。

(四)《反假冒贸易协定》

ACTA(Anti-Counterfeiting Trade Agreement)是后《TRIPS 协定》时代颇具代表性的国际条约之一,其旨在打击日益猖獗的假冒和盗版产品交易,以诸边协定(plurilateral agreement)的形式将后《TRIPS 协定》时代的知识产权保护措施加以整合,增强知识产权执法效果,巩固美日欧等发达国家的知识产权战略成果,同时也开启了国际知识产权保护的新时代。但协定自诞生之初就饱受争议,因为部分条款超越了 WTO 的相关规定。由于提交批准文件的签字国数量未达到 ACTA 生效条件,所以 ACTA 至今仍未生效。

最初对 ACTA 的提议系 2004 年 5 月在比利时的布鲁塞尔召开的全球反假冒反盗版大会发端,[①]美国建议签订新国际知识产权条约来加强知识产权执法。后在 2005 年 7 月,在苏格兰格伦伊格尔斯举办的第 31 届八国首脑峰会,[②]日本时任首相小泉纯一郎提出新的国际法律框架以应对假冒和盗版行为。ACTA 的产生是美日两国事先共同商讨的结果,[③]是发达国家出于迫切提高知识产权执法效果目的的产物。2008 年 6 月,美国、欧盟、墨西哥、加拿大、澳大利亚、日本、新加坡等11 个国家(地区)正式启动了 ACTA 谈判,谈判共经过了十一轮。[④] 2010 年 10 月,包括美国和欧盟成员国等在内的将近 40 个国家代表就主要原则达成初步协议。2010 年 12 月 3 日,最终文本出炉,并在 2011 年 4 月 15 日,分别以英文、法文和西

---

① 全球反假冒反盗版大会是由世界知识产权组织、世界海关组织、国际刑警组织以及众多国际商业组织创办的,旨在应对解决知识产权领域日益猖獗的盗版和假冒问题。

② 八国首脑峰会(Group of 8 Summit Meeting,简称"G8 峰会")是指现今包括美国、英国、法国、德国、意大利、加拿大、日本,以及俄罗斯在内的世界八大工业领袖国的联盟,始创于 1975 年六国首脑高峰会议。

③ 袁真富、郑舒妹:《〈反假冒贸易协定〉(ACTA):制度评价及其国际影响》,载《国际贸易问题》2012 年第 7 期。

④ 第一轮于 2008 年 6 月 3 日至 4 日在瑞士日内瓦举行;第二轮于 2008 年 7 月 29 日至 31 日在美国华盛顿举行;第三轮于 2008 年 10 月 8 日至 9 日在日本东京举行;第四轮于 2008 年 12 月 15 日至 18 日在法国巴黎举行;第五轮于 2009 年 6 月 16 日至 17 日在摩洛哥拉巴特举行;第六轮于 2009 年 11 月 4 日至 6 日在韩国首尔举行;第七轮于 2010 年 1 月 26 日至 29 日在墨西哥瓜达拉哈拉举行;第八轮于 2010 年 4 月 12 日至 16 日在新西兰灵顿举行;第九轮于 2010 年 6 月 28 日至 7 月 1 日在瑞士卢塞恩举行;第十轮于 2010 年 8 月 16 日至 8 月 20 日在美国华盛顿举行;第十一轮于 2010 年 9 月 23 日至 10 月 2 日在日本东京举行。

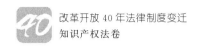

班牙文正式公布了供各国签署的版本。2011 年 10 月,美国、日本、澳大利亚、新西兰、韩国、摩洛哥、新加坡、加拿大 8 个国家在协议上签字,欧盟、瑞士和墨西哥对此表示支持,但仅做出了确认会尽快签署的声明。根据 ACTA 第 39 条和第 40 条的规定,谈判方和经谈判方一致同意的任何 WTO 成员都可以在 2011 年 5 月 1 日至 2013 年 5 月 1 日内签署加入 ACTA,ACTA 将在 6 个缔约国签署批准通过后满 30 天正式生效。由于 ACTA 签署批准程序的特殊性,其生效之路异常坎坷。2012 年 9 月,日本议会批准了 ACTA,这是 ACTA 在签署国中第一次获得批准,日本也是迄今为止唯一批准 ACTA 的签署国。

根据 2010 年公布的最终文本,ACTA 共有六章,包括初始条款、通用定义、加强知识产权执法的法律体制、执法实践、国际合作与机构安排等内容。其中,初始条款具体规定了 ACTA 的宗旨与适用范围等。通用定义是对协议中涉及的假冒商标货物、海关转运等基础概念的解释。加强知识产权执法的法律体制是 ACTA 的主要内容,其中具体规定了成员对有关执法的一般义务、民事执法、边境措施、刑事执法、数字环境下的知识产权执法。执法实践部分对执法技术、各国信息协调、边境风险管理、公共意识等内容予以规定。国际合作部分旨在强调各国能力建设、加强技术援助和信息共享。机构安排部分对 ACTA 委员会职责与执法程序等内容作出规定。

由于知识产权保护措施对于当时的环境过于苛刻等原因,ACTA 遭受多方反对。但不可否认的是,严格的知识产权执法措施是知识产权保护发展的必然阶段,所以 ACTA 虽未能生效,但仍对我国的知识产权制度发展具有重要参考意义。ACTA 与我国知识产权执法措施相较而言,ACTA 在民事、刑事、边境执法、数字执法等范围内的执法力度更严,适用范围更广。[1] 但近年来,我国在不断加强知识产权执法措施,如数字环境下在 2006 年通过、2013 年修订的《信息网络传播条例》中所规定的执法规范,与 ACTA 相比已无较大差异。同时,如"剑网行动"等专项打击盗版的治理工作力度也在加强,我国的执法环境进而不断提升。

总而言之,ACTA 是一个完全独立于 WIPO 和 WTO 等任何现有国际组织框架的多边知识产权协定,建立了更加严格的知识产权执法规则,将知识产权博弈战场从实体权利转为执法实践,其实质是知识产权发展体制较为成熟的国家试图在世界贸易领域内构建起更高知识产权保护标准的产物,拉开了知识产权国际保护的新序幕。

（五）《跨太平洋伙伴关系协定》

TPP 是继 ACTA 之后又一涵盖知识产权强保护的协定,该协定将众多知识产

---

[1] 高兰英:《〈反假贸易协议〉研究——基于人权视阈的分析》,中国政法大学出版社 2018 年版,第 277 页。

权公约与谈判国的知识产权实践相结合,进一步明确了知识产权管理与执法保护的内容,确立了现今知识产权国际保护领域的最高标准。[①] 中国虽未加入 TPP,但鉴于国际知识产权保护制度的快速发展与中国国际社会影响力的提升,TPP 中所形成的知识产权条款对中国而言仍具有重要研究价值。

2005 年 5 月,新加坡、文莱、新西兰和智利四个国家发起跨太平洋伙伴关系协议,通过签订经贸协议加强四国在货物、服务、知识产权以及投资等领域的互利合作,加快实施自由贸易区战略。2008 年,美国加入四国的自由贸易区谈判,并于 2009 年正式提出要进一步扩大跨太平洋伙伴关系计划。随后,澳大利亚、秘鲁、马来西亚和越南加入谈判。[②] 2011 年,美国政府借助已有的经贸协议着手起草 TPP,TPP 开始进入快速发展壮大的阶段。2012 年 10 月,随着墨西哥、加拿大的加入,TPP 成员数量扩至十一个。2013 年 3 月,日本也加入 TPP 谈判,使得 TPP 参与国 GDP 综合占据当时全球经济总量的 40%。2015 年 9 月 30 日至 10 月 5 日,以美国为代表的共十二个成员国在美国亚特兰大举行的部长级闭门谈判确立了 TPP 的基本内容,其几乎涵盖了所有与贸易有关的议题。TPP 前后共经二十轮谈判,在 2016 年 2 月,十二国代表在新西兰的奥克兰正式签署 TPP。但协议的生效之路并非一帆风顺,2016 年 11 月,日本通过了 TPP,但美国的时任总统唐纳德·特朗普于 2017 年 1 月 23 日签署行政命令宣布正式退出 TPP。2017 年 11 月 11 日,日本、越南两国就继续推进 TPP 达成一致意见,除美国外的十一国将共同推进新的自由贸易协定。

TPP 的内容充分涵盖了商品贸易、服务贸易、知识产权、劳工、环境、临时入境、国有企业、政府采购、金融等各方面。具体而言,在 TPP 的知识产权内容部分,协议对国际条约的适用、各国国内知识产权立法的透明度以及商标、地理标志、计算机域名、著作权、邻接权等各类知识产权客体的保护均作出了详细规定。在国际条约方面,TPP 对包括《TRIPS 协定》在内的 13 个国际公约进行整合,要求成员国在协定生效前批准或加入。在知识产权立法的透明度方面,协定要求缔约国必须及时公开国内与知识产权保护相关的法律法规与程序。在各类知识产权客体保护方面,协定不同程度地突破了现有国际条约或各国国内立法的规定。此外,协议有关知识产权执法措施一章与 ACTA 如出一辙,也包括了民事和行政程序及救济、边境措施、刑事执法、数字环境下的执法措施等。毕竟,诸如美国、澳大利亚、加拿大、墨西哥和新西兰等 ACTA 的部分缔约国也参与了 TPP 的谈判。

---

① 陈福利:《知识产权国际强保护的最新发展》,载《知识产权》2011 年第 6 期。

② 2010 年 3 月 15 日,跨太平洋伙伴关系协议首轮谈判在澳大利亚墨尔本举行。美国、智利、秘鲁、越南、新加坡、新西兰、文莱和澳大利亚八国对关税、非关税贸易壁垒、电子商务、服务和知识产权等议题进行谈判。

TPP 与以往跨区域自由贸易协定的不同之处在于,其成员国在政治、经济、文化发展水平等方面表现出巨大的差异性与复杂性,协议涵盖内容广泛,并确立了高标准保护要求,这体现了 TPP 特有的广度与深度,也彰显了以美国为代表的发达国家的自由贸易理念与战略诉求。

中国作为世界第一贸易大国,虽非 TPP 成员国,但 TPP 对中国的影响是客观存在且无法回避的。TPP 更加宽泛的知识产权立法规范与严格的执法措施,对中国的知识产权保护发展产生一定压力。例如,商标权保护方面,协定对不具有可视性的声音、气味等新型商标予以保护,我国《商标法》对气味商标尚未予以明确规定。专利权保护方面,协定规定可对动植物、对人或动物的诊断、治疗和外科手术方法授予专利,这与我国《专利法》的规定也有出入。[①] 但该压力促进了中国知识产权保护制度的健全与发展,利于我国积极修订完善知识产权立法与健全执法措施。在国际知识产权保护日渐高标准化的背景下,TPP 系顺应知识产权发展而产生,代表着当今国际知识产权保护的发展趋势,对中国的知识产权发展进程具有指引性的作用。

总之,TPP 作为谈判伊始就备受关注的协定,其知识产权规则在国际社会中具有较大的争议性。TPP 对国际知识产权保护内容与力度的扩大,对亚太地区的知识产权规则产生了较大影响。TPP 在推动知识产权保护高标准的同时,过度限制弹性条款与例外条款,缺乏均衡性,很多条款甚至远超发达国家之间 FTA 中对知识产权保护的标准。[②] 因 TPP 的知识产权规则与中国的实际情况存在较大出入,我国不应盲目追求高标准的保护力度,而是要结合本国知识产权保护的社会环境发展与法治建设情况,寻找与国际社会的利益平衡点,作出适应性调整,以利于适应现有及将有的国际知识产权规则。

第三节　本章小结

总体而言,知识产权国际保护水平会随着发达国家不断提出的新要求而提高,发展中国家的弱经济实力决定了其在知识产权保护谈判中话语权的不足,导致发展中国家承担与其经济发展水平不相适应的高标准的知识产权保护义务《TRIPS 协定》体制下所赋予发展中国家的一定选择权已经不复存在。知识产权国际保护

---

① 陈福利:《知识产权国际强保护的最新发展》,载《知识产权》2011 年第 6 期。
② 李洁琼:《TPP 知识产权规则与中国的选择》,载《政法论坛》2017 年第 5 期。

规则逐渐发生"异化",[①]甚至已然演变为跨国企业保障垄断优势的手段。因此,平衡发达国家与发展中国家在知识产权国际保护问题上的利益分配,对于全球市场的健康稳定发展至关重要。发展中国家应善于利用现行国际保护体制所赋予的特殊保护优势,提高自主创新能力,完善内部制度建构与外部环境打造,扩展知识产权国际谈判与斡旋的空间,追求知识产权国际保护制度的理性发展。

回溯中国知识产权法律体系的建设过程,从改革开放初期的知识产权法律重建,到加入 WTO 后的全面修法,再到后 TRIPS 时代,中国实现了知识产权保护水平上质的飞跃。经过了近 40 年的发展,中国不再是那个面对知识产权国际规范只能被动接受的一方,如今的中国活跃于国际的舞台,书写着我国知识产权事业的新篇章。

---

① 钟立国:《后 TRIPS 协议时代:国际知识产权制度的晚近发展》,载《暨南学报(哲学社会科学版)》2009 年第 2 期。

后　记

本书各章作者简介及其具体分工如下：

林秀芹（厦门大学知识产权研究院教授、博士生导师）：第一章；

董慧娟（厦门大学知识产权研究院副教授、法学博士）：第二章；

罗立国（厦门大学知识产权研究院副教授）：第三章；

陶乾（中国政法大学法律硕士学院副教授、法学博士）：第四章；

刘铁光（苏州大学王健法学院教授、博士生导师）：第五章；

宁立志（武汉大学法学院教授、博士生导师）：第六章；

游凯杰（厦门大学知识产权研究院博士研究生）：第七章；

朱冬（厦门大学知识产权研究院副教授、法学博士）：第八章；

王笑冰（山东大学法学院副教授、法学博士）、孙智（厦门大学知识产权研究院博士研究生）：第九章；

李晶（厦门大学知识产权研究院助理教授、法学博士）：第十章。

以下博士研究生和硕士研究生参与了本书资料的收集与整理工作：

第一章：博士研究生郭壬癸、周克放、黄宗琪、周治德、李超光、娜迪亚·叶尔肯、陈俊凯负责部分写作与资料整理，硕士研究生王悦玥、罗春阳、黄佳琳、耿华潇负责资料收集。

此外,由于我国《知识产权法》在 2020 年前后又进行了大量的修改,博士研究生王轩、陈俊凯承担了本书涉及的法律条文更新与相关校对工作,硕士研究生王悦玥、罗春阳、黄佳琳、耿华潇、罗忆梅协助完成了全书的审校和统稿工作。